의사소통과 협상론

-Communication & Negotiation-

김 재 득

도서출판 대영문화사

머리말

요즘 많은 사람이 소통, 소통을 외친다. 소통! 참 많이 접하는 단어다. 그래서인지 소통의 기술이 풍미하는 시대가 되었다. 하지만 깨달음이 없는 기술의 적용은 오히려 삶의 진정성을 훼손시킬 수 있다. 참으로 관계하는 법을 알고 진정으로 소통할 수 있어야 함에도 불구하고, 소통한다는 것이 무엇인지조차 알지 못하는 사람들이 너무 많다. 필자의 판단으로 유머, 스피치, 인간관계, 설득과 협상과 같은 소통에 관한 기교가 날마다 쏟아지는 이유는 행복해지고 싶기 때문이며, 그것은 인간이 지닐 수 있는 최고의 가치다. 그러나 목적을 잃은 수단은 가치를 파괴한다.

소통한다는 것은 상대의 마음을 얻는 일이다. 사람의 마음을 얻는다는 것은 세상에서 참으로 어려운 일이다. 잘 통할 것 같으면서도 조그마한 불씨가 갈등의 원인이 되고, 결국엔 거대한 불신의 벽으로 단단히 막혀버리는 것이 우리의 인간사다. 필자 역시 그런 경험이 있다. 내가 마땅히 해야 할 일을 먼저 찾지 않고 상대에게 먼저 받으려는 기대부터 했기 때문에 소통이 되지 않았다. 그래서 상대가 나의 기대에 조금이라도 못 미치면 불신과 불만이라는 퇴적물이 생겨 서로를 힘들게 했다.

필자가 느낀 소통은 끝없이 올라가야 하는 산이며 받아줘야 할 바다와 같은 존재였다. 소통이 되면서 삶은 쉬워졌다. 행복도, 인간관계도, 자신에 대한 만족도도 훨씬 쉬워졌다. 소통은 자기라는 존재를 내려놓고 모든 것과 눈높이를 맞추는 작업이었다. 가빠진 호흡을 낮추는 숨고르기와 같은 것이었다. 자존심을 자존감으로 바꾸는 일이었다. 이러한 과정에서 과거와, 미래와, 타인과, 사회와 막혔던 벽이 뚫리고 말의 물줄기가 유유히 흐르게 됨을 이제야 알게 되었다. 그래서 필자는 소통을 "한 사람의 영혼이 상대의 흩어진 머리결을 지나, 심오한 감정선을 타고, 심장에 울림을 주는 것"이라고 하고 싶다.

이 책은 서로 通(통)하지 못하면 痛(통)한다는 관점에서 총 5부 13장으로 구성되어 있다. 제1부는 '불통의 시대, 소통을 논하다: 말의 물꼬를 터라' 편으로 제1장과 2장으로 구성되어 있다. 제1장은 '불통, 먹통 그리고 소통'으로 소통=리더십이란 전제하에 리더는 실력과 소통으로 비상해야 함을 밝히고 있다. 따라서 소통의 중요성, 소통의 현주소, 소통 교육의 방향, 나를 만나는 소통 여행 10단계를 다뤘다. 무엇보다 지음(知音), 엄이도종(掩耳盜鐘)과 같은 고사성어에 큰 관심을 갖고 소개했다. 제2장은 '소통을 가능하게 하는 것'으로 소통 이전에 알아야 할 것들, 통하는 리더의 진정한 소통력, 기본 예절을 벗어난 소통의 태도, 소통에 관한 속담과 더불어 누구도 피할 수 없는 소통의 현장(MOT, 건배사, 악수법, 야자타임)에 대해 언급했다.

제2부는 '나를 찾아가는 소통: 소통의 필수 도구' 편으로 DiSC, 에니어그램, NLP 등 소통의 3대 필수 도구를 집중적으로 다뤘다. 특히, 제3장 'DiSC로 푼 소통의 퍼즐'은 대학가 소통 서적으로는 최초로 다루고 있다. 자체 개발한 DiSC 진단지를 통한 자기점검은 자신의 스타일을 조절하고 상대에 대한 관점 바꾸기(reframing)를 가능하도록 다뤘다. 제4장에서는 에니어그램을 통한 소통 기술을 소개했다. 에니어그램은 양심 성찰과 힐링(healing)하기에 적합한 소통 도구의 최고봉이다. 그래서 '내가 진정한 나일까?'를 되새기게 하고 유형별로 기여할 것과 도약의 기회를 조용히 묻고 있다. 제5장은 NLP를 다뤘다. NLP는 가장 값비싼 교육 프로그램이면서 기간 역시 장기간 훈련이 요구되는 소통 도구의 진정한 최강자다. 인간의 뇌를 다룬 이 도구의 탁월성은 예술적이며, 동시에 과학적이다. NLP의 다양한 기법 중에서 앵커링과 공중분리 기법, 영화관 기법과 탁월성의 원 이외에도 실전에 활용 가능한 미래 상상과 끌어당김의 법칙에 관한 멘트도 제공했다.

제3부는 '소통의 핫 버튼: 소통의 세 가지 욕망' 편으로 스피치와 침묵, 칭찬(편), 인간관계를 다뤘다. 제6장 '스피치' 부문은 '리더의 표현력, 연설과 스피치'라는 제목으로 말이 힘이며 운명임을 다뤘다. 또 백 마디 말보다 더 강한 표현인 침묵과 제스처, 상대가 무엇을 원하는지 아는 것(면접법, 자기소개법)과 조직을 살리는 리더의 언어를 제시했다. 제7장 '인간관계와 유머' 부문은 휴먼 네트워킹과 유머를 통한 소통 사례와 함께 미소의 위력을 다뤘다.

제4부는 '소통의 산맥들: 협상으로 가는 길' 편으로 경청과 질문, 갈등, 설득 그리고 협상을 다뤘다. 제8장 '경청과 질문'에서는 소통의 시작은 경청임을 강조하면서 올바른 경청, 적극적 경청에 대해 이야기했다. 그리고 소통의 뿌리는 질문이라 강조하며

질문하는 리더, 생각하는 팔로어를 제시하고 좋은 질문, 나쁜 질문을 열거했다. 제9장 '갈등관리'에서는 고객과의 갈등인 불만 고객 다루는 법, 영원한 라이벌이면서 동반자라고 할 수 있는 남녀 차이의 갈등에 대해 언급했다. 추가적으로 욕설도 갈등의 원인이지만, 새로운 시선으로 접근하여 다뤄 보았다, 제10장 '설득'에서는 설득의 비밀과 광고 속 설득 이야기를 찾아보았다. 또 설득에는 역시 스토리텔링이 최고임을 강조했다. 동시에 삶은 설득의 연속이며, 설득의 어려움도 함께 언급했다. 제11장 '협상'에서는 위기를 기회로 바꾸는 협상의 심리학, 부탁과 거절이 오가는 대화의 극치에 대해 집중적으로 다뤘다. 또 중국, 유대인과 같은 협상 대국의 놀라운 협상술도 함께 제시했다. 동시에 외국인이 본 한국의 협상술도 포함했다.

제5부는 '소통의 종결자를 찾아서: 소통의 플러스 알파' 편으로 소통에 대한 알파적 요소를 다뤘다. 제12장은 제자백가와 소통하고자 공자, 노자, 순자, 손자, 오자, 한비자 등 제자백가를 대표하는 사상가를 불러내어 서술했다. 이를 통해 2500년 전 중국 고대 사상의 지혜를 21세기식 소통 기법에 맞게 재구성해서 소개했다. 그 이유는 고전 학습을 통해 과거의 역사적 경험을 창조적으로 활용하고, 현대적 소통법을 개발하는 지혜의 기회로 삼아보고자 함이다. 마지막 제13장은 '영혼에 놓는 주사, 힐링을 찾아서'라는 제목으로 영화, 자연, 신을 통해 소통을 이야기하고 싶었다. 사실 영화는 우리가 살고 있는 세상과 인간의 이야기로 필자에게 항상 말을 건다. 영화는 내가 생각하는 것, 내가 말하는 것, 내가 느끼는 것과 내가 선택한 것들에 대해 너는 어떻게 생각하느냐고 때로는 조용히 때로는 강렬하게 묻는다. 그래서 필자는 영화 이야기를 늘 다루고 있다. 또 자연과의 소통은 내 삶을 촉촉한 여유로움으로 채워주는 애인이자 연인이다. 특히, 바닷가 등대를 보면 생각나는 사람이 있다. 마찬가지로 신과의 소통은 종교와 상관없이 늘 선하고 거룩한 선물로 내게 다가온다.

첨언하면 제1장에서 13장에 이르기까지 전 부문에 걸쳐 소통을 위한 진단 코너(coaching point), 소통의 창, 소통의 현장(communication site)을 마련했고, 각 장마다 다년간 검증된 설문지와 심층 토론문도 게재했다. 그 이유는 냉철하되 냉혹하지 않은 판단력과 나와 다른 것을 이해하는 마음, 화를 다스릴 줄 아는 관용의 정신을 표출하기 위한 토론 장터를 마련하기 위함이었다. "사진을 촬영할 때 가장 중요한 것이 무엇이냐?"는 질문에 유명한 사진작가는 이렇게 대답했다. "제일 먼저 사진기의 뚜껑을 열어야 합니다." 사진기의 뚜껑을 열어야만 아름답고 멋진 작품사진을 찍을 수 있듯 상대를 바라보는 마음의 눈을 열어야 상대의 아름다운 마음을 볼 수 있다. 진정한 소통을 위해 주변의 동료들에게 먼저 마음을 여는 토론 시간이었으면 하는 마음으로 마련한 코너다.

이 책을 5부 13장으로 구상하면서 각오한 것이 있다. 그것은 필자가 28권의 저서를 집필하면서 오는 '경험의 감옥'에 빠지지 않고, 새로운 시각으로 또 다른 경험을 쌓아가는 마음으로 적어야겠다는 다짐이었다. 즉, 이 책은 '황홀한 글 감옥'을 출소하면서 기념하는 29번째 저서임과 동시에 작은 연구실의 '글 감옥' 속에서 힘들고 어려운 작업이었지만 "가슴 뛰게, 깊이 있게, 멀리, 흔들림 없이, 함께!"라는 사명을 간직한 채 심금을 담아 에세이같이 적어 내려가고 싶었다. 이 글을 쓰면서 필자는 동동주 한잔 술에 구름이 되고, 바람이 되고, 신선이 되었던 2012년 가을에서 2013년 겨울 사이 신촌, 분당, 강남, 인천, 일산을 오가던 그 길가의 풍경을 잊을 수가 없다. 왜냐하면 이 책은 오직 소통에 대한 열정 하나만으로 '영화감독의 심정'으로 적어 내려간 글이기 때문이다.

특히 이번 책은 외국 서적의 번역이나 기존 학자의 책을 그대로 답습한 대학 교재를 벗어나고자 했다. 그래서 연구를 거듭할수록 무거운 짐처럼 점점 버거워지는 소통을 촘촘한 관찰력과 따뜻한 설득력으로 풀어내고자 많은 사람과 현장 전문가를 만났다. 그래서 장님 코끼리 만지는 듯한 이론이 아닌 풍부한 현장 경험과 귀에 쏙쏙 들어오는 사례와 검증된 진단지로 학생에게 감동을 주고자 하는 일념으로 집필했다.

사실, 그동안 필자는 네이버와 다음 카페 등에서 실시하는 작은 강좌까지도 직접 찾아다녔다. 대학교라는 안정된 울타리와 교수라는 타이틀을 벗어던졌다. 리더십의 대가이며 소통의 정통파라는 굴레를 과감히 탈출하여 중원의 고수들이 난무하는 기업 강좌의 현장을 창피를 무릅쓰고 과감히 찾아가 도전하여 배우고 얻어낸 결과물이다. 그들을 찾아간 이유는 분명하다. 그들의 실전 경험과 단시간에 감동으로 다가오는 기업 강사의 현란한 테크닉을 배우고자 함이었다. 그래서 대학교가 최고라는 안일한 사고를 깰 수 있었다.

그 결과 이 책에는 최고급 시설의 연수원을 지닌 초일류 기업체에서 시골의 작은 복지관까지 진출한 중원의 고수로부터 배운 야생의 글도 많이 담겨 있다. 그래서 이 책은 새내기 기업 강사에서 수십억 연봉의 명강사에 이르기까지 그들의 강연장을 쫓아다니며 얻어낸 자료와 노하우를 담은 책이다. 외국 서적의 번역과 일류 학자의 논문을 배제하고 이 길을 택한 이유는 단 2~4시간 사이에 압축적으로 수강생에게 전달하는 그들의 진검승부식 강의를 우리 대학생들에게 미리 알려주고 싶은 일념뿐이었다.

이 같은 고단한 일정 속에서도 마음의 여유를 갖고 소통 현장에서 당장에 써먹으면 좋을 멘트와 상황별 유용한 표현을 정리해 놓았다. 따라서 이 책은 신라의 석가탑처럼 단어 하나, 문장 하나에서 필자의 지인과 오랜 현장 경험과 숨결을 느낄 수 있도록 담았다.

한 가지 바람이 있다면 여전히 부족한 책이지만 실무를 하면서 느꼈던 각종 문제점과 궁금한 점에 명쾌한 해답을 주는 책이었으면 좋겠다. 이 책을 읽는 순간, 진심으로 통하는 필자와 독자 사이가 되었으면 더 이상 바랄 것이 없다. 특히, 독불장군처럼 하늘만 보며 불만불평을 하는 이들에게 이 책을 권하고 싶다. 필자는 촛불을 보고 감사할 줄 아는 이에게 별빛을, 별빛을 보고 감사할 줄 아는 이에게 달빛을, 달빛에 감사하는 이에게 햇빛을 준다는 사실을 믿는다. 그래서 나의 숨겨진 은인들에게 감사한다. 특히 바람과 바다, 눈과 온천을 좋아하는 사람에게 이 책을 바치고 싶다.

끝으로, 그동안 소통에 대한 깊은 관심과 후원을 아끼지 않은 대영문화사의 임춘환 사장님께 또 한 번 진정으로 감사의 마음을 담아 전한다. 항상 바쁜 일정임에도 불구하고 번개처럼 전화 주는 정재훈 과장, 두 눈에 꽂히도록 멋진 디자인과 치밀하게 끝맺음을 하는 편집부 여러분께도 다시 한 번 감사의 인사를 전한다. 정말 무엇보다도 지금까지 한없는 애정으로 아껴 주신 전국의 독자와 이 책을 주교재로 선정해 주신 전국의 명강사, 명교수님께 감사드린다.

2013년 1월 겨울 아침에 쓰다
침묵과 침묵 사이의 울림을 깨닫는 사람
秋空 김재득(金載得)

차 례

제 5 부 소통의 종결자를 찾아서: 소통의 플러스 알파

제 1 부

불통의 시대, 소통을 논하다

-말의 물꼬를 터라-

제 1 장 불통, 먹통 그리고 소통

코칭(coaching)

『동의보감』에 "서로 通(통)하지 못하면 痛(통)한다" 했다. 소통(疏通)이 이뤄지지 않으면 고통(苦痛)이 찾아온다는 말이다. 소통=리더십이라고 해도 과언이 아니다. 소통이 원활하지 못한 리더는 리더십을 상실하는 것은 물론 아예 세상으로부터 왕따를 당할 수도 있다. 가톨릭에서 파문(破門)이란 말이 영어로 excommunication, 즉 '소통 채널에서 제외되었다'는 뜻이라는 사실은 시사하는 바가 크다. 말 한마디로 천 냥 빚을 갚는다는 옛 말도 있다. 그런가 하면 말 한마디로 천 년 원수가 되기도 한다. 우리 생활 속에서 이렇게 개인의 현재와 미래가 말의 힘에 의해 영향을 받는 사례는 쉽게 찾아볼 수 있다.

제 1 절 리더는 실력과 소통으로 비상한다

누구나 말을 잘하고 싶어하고, 말이 통하는 사람과 함께 살고 싶어한다. 이런 갈망이 있다는 말은 역설적으로 말을 잘하는 사람도 드물고, 말이 통하는 사람도 드물다는 말이다. 현대 문명의 발달로 삶의 질이 높아졌지만, 정작 인간 소외의 문제는 더 심각해지고 극단적으로 스스로 세상과의 단절을 시도하는 사람들도 매년 늘어나고 있다. 영화 <올드보이>에서는 무심코 던진 말 한마디가 무서운 결과가 되고 복수를 낳는다. 말은 그토록 중요한 것이다. 생각 없이 던지는 말이 엄청난 피해를 주기도 하고, 오해를 불러올 수 있다.

말하는 사람과 듣는 사람이 다르게 해석할 경우 의도와는 다른 결과를 얻거나 상처를 받고 서로 오해를 한다. 소통이란 그런 것이다. 새는 좌우의 날개로 날고, 리더는 실력과 소통으로 비상한다. 지금 세상에는 전문지식을 갖춘 리더는 많지만 효과적인 소통을 통해 사람의 마음을 움직이고 성과와 승리를 이끌어 내는 리더는 찾아보기 어렵다. 이제 대세는 소통이다. 트위터(twitter), 페이스북(facebook), 블로그(blog) 등 뉴미디어의 등장으로 우리는 이전 세대를 살던 그 누구보다도 더 많은 사람과 자주 대화를 나눈다. 하지만 풍요 속의 빈곤, 군중 속의 고독을 호소하는 사람들이 늘고 있다.

1 소통의 개념 및 유형

1) 소통의 개념

소통은 상대방과 나를 엮어주는 가장 기본적인 도구다. 음식을 먹고, 옷을 입고, 잠을 자듯, 대화도 자연스럽게 이뤄져야 한다. 그래서 의사소통의 국어사전적 의미는 "가지고 있는 생각이나 뜻이 서로 통함"이다. 영어의 커뮤니케이션(communication)이란 말도 "공통적으로 나눠 갖는다"라는 의미를 지닌 라틴어 'communis'에서 비롯된 것으로, 일방적인 의사전달이 아니라 상호 소통까지 포함한다. 따라서 영어의 커뮤니케이션은 의사전달, 의사소통, 소통, 정보전달 등으로 번역되지만 그 영어의 포괄적 의미를 담을 만한 번역 용어는 아직 발견하지 못했다.

다만, 소통 전문가에 의하면 소통이란 전달자가 자신의 사상과 감정 등 외부의 각종 사실을 담은 정보를 수집, 분석해 메시지를 계발하고, 그것을 수신자에게 구두 언어나 종이문서, 전자문서, 그리고 신체 언어(body language)로써 표현하고 변화를 요구하는 행위다. 이때 중요한 것은 생각과 뜻이 일방적 전달만으로 끝나는 것이 아니라, 수신자가 전달자의 메시지를 이해하고 행동에 변화를 보이는 것이 비로소 소통이 완성된 것이라는 점이다.

수많은 서적과 연구자의 견해를 바탕으로 소통에 대한 필자의 견해를 시적으로 표현하고 싶다. 소통이란 "한 사람의 영혼이 상대의 흩어진 머리결을 지나, 심오한 감정선을 타고, 심장에 울림을 주는 것"이라고 개념을 정리한다.

2) 연구자별, 유형별 개념

소통에 대한 개념은 다음과 같이 기능적 정의, 의도적 정의, 구조적 정의, 종합적 정의 등 유형별로 분류할 수 있다. 첫째, 기능적으로 보면 소통이란 메시지의 기호화와 해독 과정이다. 거브너(George Gerbner)나 바너드(Chester I. Barnard)는 소통을 인간들의 기호 사용 자체라고 본다. 이들은 전달하고자 하는 정보원(정보, 사상, 아이디어)을 어떻게 기호화(encoding)하며, 그것을 어떻게 수신자가 해독(decoding)하느냐 하는 기능적 측면에 관심을 갖는다. 즉, 거브너(Gerbner, 1958: 85)는 소통을 "기호와 메시지 체계를 통한 사회적 상호작용"이라고 정의한다. 바너드(Barnard, 1938: 82, 89-91)는 소통을 "조직에는 양극에 공통의 목적을 달성할 가능성과 조직에의 협동 의사를 지닌 개인이 있는데, 이 두 개인을 연결해 조직을 동태적으로 만드는 과정"이라고 했다.

둘째, 의도적으로 보면 소통이란 영향을 미치는 과정이다. 체리(Coin Cherry)와 호블랜드(Carl I. Hovland)는 소통을 "전달자가 수신자에게 영향을 미치기 위해 의도적으로 계획한 행동"이라고 했다. 특히, 호블랜드(Hovland, 1953: 12)는 소통을 "어떤 개인이 다른 사람들의 행동을 변화시키기 위해 자극을 보내는 과정"이라고 했고, 체리(Cherry, 1961: 219)는 소통을 "한 유기체가 다른 유기체의 행동에 기호라는 수단을 통해 영향을 미치는 과정"이라고 정의했다.[1)]

셋째, 구조적으로 보면 소통이란 정보의 전달이다. 정보의 전달과 수신의 문제를 연구하는 정보학 학자는 소통을 단순히 "정보를 보내고 받는 과정"이라고 말한다. 즉, 소통이란 메시지의 단순한 "송수신 과정" 혹은 전달구조(전달자-메시지-수신자) 자체라고 정의한다. 이러한 정보 이론학자에는 샤논(Claude Shannon), 위버(Warren Weaver), 위너(Nobert Wiener), 밀러(George A. Miller), 벨로스(Bellows) 등이 있다. 이들 중 대표적인 학자인 사이먼(Herbert A. Simon)은 소통이란 "조직의 한 구성원으로부터 다른 구성원에게 의사결정이 전달되는 과정"이라 했다. 즉, 상징에 의해 정보, 생각, 감정 등을 전달하는 것이다 (Simon, 1957: 154).

넷째, 총체적 · 종합적 정의다. 지금까지 연구되어 온 소통학자들의 정의를 종합해 보면 "소통이란 어떤 상징을 사용해 정보나 메시지를 전달하고, 받은 정보를 상호 이해하는 것이다. 나아가 계획적인 변화를 가져오게 하는 행동 과정 및 기능"이라고 종합적으로 정의내릴 수 있다.

3) 소통의 구성 요소와 과정

우리는 깨어 있는 시간의 거의 70%를 의사소통을 하면서 보내고 있다. 오늘날 모든 관리의 기능과 조직의 단위가 통합 · 연결되므로 인체의 신경세포와 마찬가지로

1) 미국관리자협회(American Society of Training Directors)에서는 소통을 "상호간의 이해와 신뢰, 혹은 좋은 인간관계를 가져오기 위한 사고와 정보의 교환"이라고 정의했다.

조직에서 소통은 불가결한 요소다. 조직에는 두 가지의 흐름이 있다. '돈의 흐름'과 '의사소통의 흐름'이다. 돈의 흐름은 금방 파악되지만 소통의 흐름이 막히면 조직은 서서히 고사한다. 혈관을 따라 피를 세포로 보내 우리 몸을 유지하는 것처럼 소통은 조직의 생명을 유지하는 혈관이다.

[그림 1-1]에 나타난 바와 같이 위너(N. Wiener)에 의하면 발신자, 부호화, 메시지, 경로, 수신자, 해독, 피드백 및 노이즈(잡음) 등이 소통의 구성 요소와 과정이다.[2] 의사소통 과정을 세 단계로 나눴다. 보낼 내용을 부호화(encoding)하는 단계, 해독(decoding)하는 단계, 피드백 단계다. 이때 피드백은 송신자로 하여금 메시지가 제대로 전달되어 이해되었는지를 알게 해주는 수신자의 반응이다. 즉, 수신자가 송신자가 되고 송신자가 수신자가 되는 또 하나의 메시지 전달이다. 좀 더 구체적으로 언급하면 다음과 같다.

첫째, 발신자(sender)는 수신자에게 전달하고자 하는 의도, 생각, 감정의 출발점이 된다. 둘째, 이러한 심리적 의도나 생각(encoding)은 구체적인 언어나 행동으로 표현된 메시지로 전환된다. 셋째, 메시지는 전달매체(channel)를 통해 수신자에게 전달된다. 즉, 메시지는 직접적인 언어적 전달, 타인을 통한 간접적 전달, 휴대폰, 문자 메시지, 이메일 등의 전달 경로를 통해 수신자에게 전달된다. 넷째, 수신자(receiver)는 메시지의 의미를 해석(decoding)한다. 다섯째, 해석 과정을 통해 파악된 발신자의 생

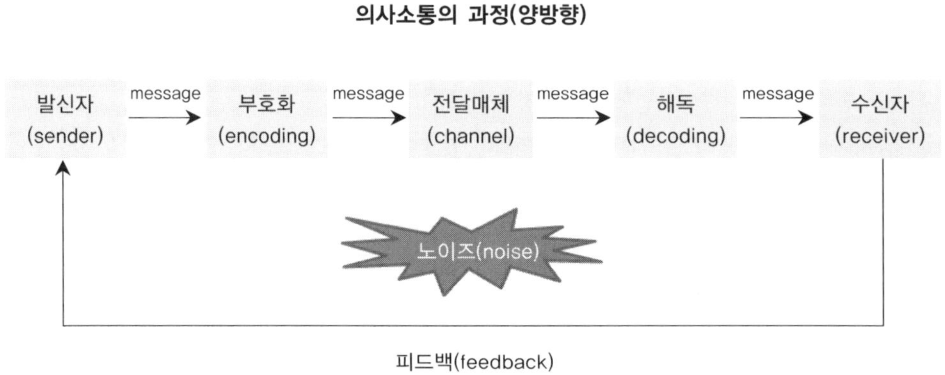

그림 1-1 소통의 구성 요소와 과정

2) 위너(N. Wiener)는 사이버네틱의 아버지로 여겨지는 사람인데 의사소통모형에 피드백 개념을 첨가함으로써 정보전달의 순환이 계속되는 완전한 모형을 만들어 놓았다. 즉, 의사소통을 정적(static)인 개념보다 동적(dynamic)인 개념으로 이해할 수 있도록 만들었다.

각이나 감정이 최종적으로 수신자에게 전달되는 내용이 많다. 마지막으로, 발신자의 생각이나 감정이 수신자에게 전달되는 과정에는 많은 방해 요인이 개입된다. 이러한 방해 요인에는 발신자의 미숙하고 부적절한 표현 방식, 전달매체의 불완전성 및 방해 요인(작은 목소리, 과다한 정보, 생략, 불분명한 발음, 왜곡, 소음) 등이 있다.

2 소통력이 리더십이다

소통력이란 '무엇을 누구에게, 언제, 어떻게 적절하게 말하는가?' 하는 언어 능력이다. 즉, 고도의 소통 기술을 구사하는 화제의 깊이 및 넓이, 그리고 대화를 위한 기본적 의식을 말한다. 따라서 소통력은 쓰고, 말하고 전달하는 능력, 적절한 매체의 선택 능력, 매체의 정확한 사용 능력, 소통 문장의 구성 능력 등이 포함된다. 소통력은 남녀 간, 계층 간, 학력 간, 지역 간에 차이가 있는데, 그것은 전달 능력의 학습 과정과 형성 과정이 다르기 때문이다.[3)]

1) 리더의 말은 희망이 되고 비전이 된다

말하는 비결과 소통력에 대해 웰치(Jack Welch)는 "쉽게 보여주고 솔직하게 대면하라", 카이사르(Gaius Julius Caesar)는 "짧고 쉬운 말이 오래 기억에 남는다", 링컨(Abraham Lincoln)은 "이야기로 마음을 훔쳐라," 처칠(Winston Churchill)은 "충분한 준비가 고품격 유머를 낳는다", 잡스(Steven Jobs)는 "남과 다른 차별화가 관건이다", 윈프리(Oprah Winfrey)는 "마음으로 대화하라", 대처(Margaret Thatcher)는 "공감 능력이 사람을 부른다", 칭기즈칸(成吉思汗)은 "내 귀가 나를 가르쳤다", 세종대왕은 "눈높이를 맞춰야 잘 들린다." 소크라테스(Socrates)는 "사람을 만날 땐 질문을 준비하라."고 갈파했다. 소통 전문가들은 "배려하는 말하기, 경청 훈련은 어릴 때부터 이뤄져야 한다."고 입을 모은다. 특히 유머 감각은 부모의 창의력과 긍정적인 사고 방식에서 지대한 영향을 받는다. 말썽꾸러기에 학교 공부는 꼴찌였던 에디슨(Thomas A. Edison)을 역사에 기록될 발명왕으로 만든 사람은 "톰, 네가 너무 우수

3) 예를 들면 여성이 남성보다 사교적인 기술이 뛰어난데 그것은 뇌의 구조상 차이 때문이기도 하다. 소년들이 공을 차며 노는 동안 소녀들은 소꿉장난을 하며 서로 이야기를 나누게 되는 학습 때문이기도 하고, 소녀들은 놀이 자체를 통해 말하는 연습을 하기 때문이다. 그래서 어른이 되어서도 여성은 남성보다 감정이 풍부하며 함께 대화를 나누고 싶어하는 경향이 높다.

해서 학교 공부가 널 따라오지 못하는구나." 하며 격려했던 그의 어머니였다.

처칠은 30분 늦게 의회에 참석했다. 정적들이 '게으른 사람'이라고 비난했다. 처칠은 머리를 긁적이며 "예쁜 부인을 데리고 살면 일찍 일어날 수가 없습니다. 다음부터는 회의가 있는 전날 각방을 쓰겠습니다."라고 답해 의회를 웃음바다로 만들었다. 영국 국민은 처칠의 익살과 유머를 사랑했고, 처칠은 영국민의 익살과 유머 수준을 높였다. 미국에서 가장 영향력 있는 여성 윈프리가 국민들의 사랑을 받는 이유는 유창한 언변이 아닌 '가슴으로 안아주는' 대화를 시도하기 때문이다. 토크쇼에서 성폭행 피해자와 이야기를 나누던 중 자신의 어릴 적 성폭행 경험을 고백하며 피해자를 포옹해 미국 전역의 시청자들을 울린 일화는 유명하다. 윈프리의 토크 쇼 테이프는 수백만 장씩 팔려 나간다.

말을 잘하는 것보다 다양한 생각을 인정하는 포용력과 사람의 마음을 얻는 소통 기술이 중요한 시대다. 실제로 역사의 한 페이지를 장식한 위대한 리더들의 말은 분열 대신 통합, 좌절 대신 도전하는 용기를 줌으로써 희망이 되고 비전이 됐다. 리더의 말은 국민의 말을 이끄는 마차다. 그동안 우리 역사 속 많은 리더는 일방적 소통으로 국민을 이끌어 왔다. 산업화 시대엔 리더의 말 한 마디에 이견을 낼 사이 없이 일사불란했다. 하지만 이제는 지도자의 '막말' 한 마디가 나라의 언격(言格)을 떨어뜨리기도 한다. 그래서 벼랑 끝 언어전술, 파괴적 언어 희열, 상대를 논리적으로 굴복시켜야 한다는 강박은 소통력의 실패로 이어진다. 그래서 소통력이 리더십이다.

2) 소통력 향상을 위한 기본 요소

말뜻을 이해하지 못하는 사람과 어떻게 편하게 대화를 할 것인가? 자기가 무슨 말을 하는지도 모르는 사람과의 관계를 어떻게 이어갈 것인가? 일상의 모든 관계에서 생기는 오해와 불편한 감정을 어떻게 피할 것인가? 이 모든 것은 굉장히 힘들고 어려운 일이다. 그래서 소통력은 배우고 연습해야 한다. 따라서 소통을 잘하는 재주는 타고나는 것이 아니라, 배우고 익히고 연습하면 된다. 소통의 기술도 학습을 통해 향상될 수 있는데, 소통력 향상을 위한 기본 요소로 음성 능력, 음속 능력, 발음 능력, 수사 능력, 화제 선택 능력 등이 있다. 추가적인 내용은 '스피치' 부문에서 언급하겠다.

(1) 음성과 음속 능력

소통력에서 음량, 음폭, 음질, 음색 등 네 가지로 분류한다. 첫째, 음량은 목소리의 크기가 장소에 따라 적절하게 조절되어야 함을 말한다. 둘째, 음폭은 '목소리가 굵으냐? 가느냐?'를 말한다. 음폭이 좁으면 위엄이 서지 않는다. 셋째, 음질은 '목소리가 맑으냐? 탁하냐?'를 말한다. 음질이 탁하면 싫증을 느끼고 불쾌감을 갖게 한다. 넷째, 음색은 구별되는 목소리의 특질을 말한다. 어미(語尾)의 처리에 신경을 써야 한다.

한편, 음속이란 목소리의 속도로서 음절과 음절, 낱말과 낱말 사이의 쉼을 나타낼 때 걸리는 시간의 빠르고 느린 정도를 말한다. 소리의 속도가 늦으면 단조로움과 싫증을 갖게 한다. 그래서 속도를 늦춰야 할 곳은 강조하는 곳, 엄숙한 사실, 고유명사, 의혹을 자아내기 쉬운 곳 등이다. 하지만 속도를 빨리 해야 할 곳은 누구나 아는 사실과 중요하지 않은 사항, 이야기의 클라이맥스 부분 등이다.

(2) 발음 능력

명확한 발음은 정확한 소통을 위한 기본 요소가 된다. 따라서 발음의 장단(長短)에 의미가 바뀌는 단어에 유의해야 한다. 모음의 길이에 따라 달라지는 단어도 있다. 예를 들면, '눈(目)-눈-(雪), 배(船)-배(倍)와 같은 단어를 발음할 때다. 이때 말투는 매우 중요한 소통 능력이다. 말투가 풍기는 분위기나 느낌은 전달자의 의사를 더욱 분명하게 전달하거나 반대로 엉뚱한 결과를 초래할 수도 있다. 예를 들면 다음과 같은 상황에서 벌어지는 말투다.

첫째, "저기요"는 부르는 말이다. 자신을 알아달라, 주의를 기울여달라고 할 때 쓰는 말이다. 둘째, "뭐야, 걔 뭐냐?", 이것은 의문부로 사용된다. 말할 때 습관적으로 붙이지는 않는지 이 말을 듣는 이에겐, 성급하고 자기 표현이 서툴고, 세련되지 못한 사람이라는 인상을 준다. 셋째, 상대가 말한 것에 대해 "정말?" 하는 것은 "거짓말! 정말이야? 참말로!?"라는 불신의 표현으로도 비칠 수 있다. 경외의 표현이기도 하지만 성인이 쓰는 것은 숙고해야 한다. 천박한 인상을 주기 때문이다. 넷째, "믿을 수 없어"는 부정어다. 사용하는 본인은 그다지 깊은 뜻 없이 놀라움을 나타낼 때 쓰지만 이 말은 어디까지나 부정어다. 이 말의 부정적인 힘을 깨닫지 못하고 계속 부정적인 단어를 쓰다 보면 무의식적으로 부정적 이미지를 받게 되는 위험한 면이 있다. 다섯째, "그럴 줄 알았어", "그러니까 말했었잖아", "그러게, 내가 말하지 않았니" 식으로 자신이 과거에 말했던 것에 대해 강조하는 듯한 말투는 자기 중심적이고 제멋대로라는 인상을 주게 된다. 여섯째, "~것 같아"라는 표현은 단정적 사실을 부드럽게 하고 싶을 때 사용한다. 상대에게 가능성을 느끼게 하고 '설득하면 통하겠다'는 인상을 주는 단어다. 또 이것은 사실에 대해 책임 회피를 뜻하는 단어이기도 하다. 일곱째, "별로"는 역설의 단어다. 아주 냉정하게 상대를 거부하는 인상을 주는 말로 음파학적으로 보면 냉정하게 상대를 얼씬도 못하게 하는 의미가 있다. 그 밖에도 발음 능력에는 여러 가지 말투가 있다.[4)]

(3) 수사 능력

수사(修辭) 능력이란 소통 언어들을 수신자가 이해하기 쉽고, 흥미를 가질 수 있도록 꾸밀 수 있는 능력을 말한다. 수사 능력에는 크게 강조, 변화, 비유의 능력이 있다.

첫째, 강조의 능력 중에서 중요한 것은 다음과 같다.

▲반복법: 되풀이하는 구절로서 인상을 깊게 한다. "꽃 피네 꽃이 피네." ▲미화법: 사물을 구체적으로 묘사하지 않고 아름다운 것은 더욱 아름답게, 추한 것도 아름답게 미화하는 표현법이다. ▲감탄법: 벅찬 기분을 표시하는 감탄어를 말한다. "아!" ▲과장법: 어떠한 사물을 과장해 크게, 작게 표현하는 기법이다. "티끌만한." ▲대조법: 나타내려는 사물과 반대되는 사물을 비교시키는 기법으로서 쉽게 이해시키는 데 활용된다. "충신과 간신," "미녀와 야수." ▲역설법: 이치에 어긋난 표현으로 강조하거나 비난하는 표현으로 궤변과 같은 기법이다. "속도 위반을 능사로 하는 세상에서 여대생치고 처녀가 있겠습니까?"

둘째, 변화의 능력 중에서 중요한 것은 다음과 같다.

▲인용법: 격언, 고사 등으로 자기의 주장에 권위를 주는 기법 "인생은 짧고 예술은 길다." ▲비약법: 이야기해 나가던 화제를 돌연 다른 화제로 바꾸거나 비약시키는 기법이다. ▲생략법: 말을 간결하게 줄여서 그 핵심이 되는 부분만을 요령 있게 이야기하는 기법이다. ▲문답법: 사물의 설명을 두 인물의 대화 형식으로 엮어 표현하는 기법이다. ▲경구법: 속담, 격언 등의 기발한 말귀로 사람을 놀라게 하는 기법이다. ▲설의법: 의심의 여지가 없는 말을 고의로 의문 형식을 취해 듣는 이로 하여금 생각할 여유를 주어 스스로 결론을 내리게 하는 기법이다. "~있겠습니까?"

---

4) 그 밖에 발음 능력에는 다음과 같은 것이 있다. ▲거짓말: "거짓말~!"이라는 말은 "믿을 수 없어"와 마찬가지로 부정을 나타내는 단어다. 입버릇처럼 "거짓말!?", "거짓이지~"를 연발하는 사람을 볼 수 있는데 이것도 계속 사용하면 상대에게도 자신에게도 무의식적으로 부정적인 이미지를 받게 된다. 그렇게 되면 상대나 혹은 자신에 대해서도 '싫다'는 인상이 생기므로 주의할 필요가 있다. ▲무척: "무척~"은 강조를 표시하는 단어다. "굉장히 맛있었어요", "무척 멋진 사람이네!" 등등, 어떤 말을 강조하고 싶은 경우에 사용한다. 단지 '무척'이라는 말은 아주 에너지 넘치는 단어다. 젊고 싱싱한 사람이 사용하면 회화에 리듬이 생기지만 20~30대 이상의 사람들이 쓰면 역으로 상대에게 위화감을 안겨주며 그 나이에 '무리하고 있다'는 인상을 주게 된다. ▲역시: "역시"라는 단어는 단정을 나타낸다. "역시 그럴 거라고 생각했어", "역시 너로구나" 등등 다양한 사용법이 있으나, 이를 연발하면 '자신이 말한 것, 한 것에 대한 확신의 의미다. 하지만 잘못한 행동에 대해 "역시"라며 확인하면 자존심을 건드리게 되고, 무능력자로 본다는 인식을 심어줄 가능성이 높다.

셋째, 비유의 능력 중에서 중요한 것은 다음과 같다.

▲상징법: 본래의 의도를 숨기고 암시하는 기법이다. "인생이란 장미를 꺾으려다 낙엽을 안고 돌아오는 것." ▲의인·활유법: 무생물의 사물에 인격적 요소를 부여하는 표현법이다. "꽃이 웃는다." ▲의태법: 사물의 움직임을 모방하는 기법이다. "반짝 반짝 빛나는 눈." ▲직유법: 표현하고자 하는 사물을 다른 사물에 직접 비교해 형용하는 기법이다. "같이, 듯이, 처럼, 가령, 마냥, 말하자면, 예를 들면" 등이다. ▲은유법: 연결어 없이 간접적으로 두 개의 유사한 사물을 은근하게 비유하는 기법이다. "인생은 나그네 길, 내 마음은 호수"와 같은 표현이다. ▲풍유법: 직설적으로 자기의 소신을 나타내지 않고 비유하는 말을 내세우는 풍자적 기법이다. "지렁이도 밟으면 꿈틀한다", "우물 안의 개구리" 등이다. ▲모순법: 모순되는 말의 연결로 특별한 의미를 표현하는 기법이다. "공개된 비밀" 등이다.

(4) 화제 선택의 능력

필자는 '아차!' 하는 말실수와 사실 관계를 확인하기도 전에, 내뱉는 말의 결과를 생각 못하고 단어를 잘못 선택하는 실수를 저지른 적이 있다. 화제의 선택 능력도 리더의 소통력에 당연히 속한다. 화젯거리에는 유용한 것과 곤란한 것이 있다. 유용한 화제로는 친밀감이 있는 것, 관심도가 높은 것, 자기에게 도움이 되는 것, 구체적인 것, 적절한 것, 타이밍에 맞는 것, 시사성 있는 것, 새로운 것, 유머러스한 것, 욕망에 호소하는 것, 스릴 있는 것이다. 하지만 곤란한 화제는 불쾌감을 주는 화제, 공석에서의 사담, 음식에 대한 불평, 남의 이야기, 자기 이야기만 하는 것, 설교나 교훈적 이야기, 질책하는 것, 참석자 전체에게 흥미를 주지 못하는 것, 여성 참석자에게 불쾌한 화제, 때와 장소에 어울리지 않는 화제, 분위기 파악을 못한 화제는 곤란한 화제라 할 수 있다.

소통의 현장(communication site): 지음(知音)

『열자(列子)』의 「탕문편(湯問篇」에 나오는 지음(知音)은 말로써 소리를 알아듣는다는 뜻으로 자기의 속마음을 알아주는 친구를 일컫는 말이다. 즉, 마음까지 통하는 절친한 친구로서 요즘 말로 '절친', '베프(Best Friend)'를 의미한다. 지기지우(知己之友)와 같은 뜻으로 쓰인다.

그 말은 중국 춘추 시대 진(晉)나라의 유백아(兪伯牙)라는 사람에게서 유래되었다. 본디 초(楚)나라 사람으로 거문고의 달인이었다. 어느 날 백아는 자신이 태어난 초나라에 사신으로 가게 되어 오랜만에 고향을 찾았다. 때마침 추석 무렵이라 그는 휘영청 밝은 달을 배경으로 구성지게 거문고를 뜯었다. 그때 몰래 그의 연주를 엿듣고 있는 사람이 있었다. 허름한 차림의 나무꾼이자, 고향 친구인 종자기(鐘子期)라는 사람이었다. 놀랍게도 종자기는 지음(知音)의 경지에 이른 사람이었다.

그는 그의 음악을 꿰뚫고 있었다. 백아가 거문고를 들고 높은 산에 오르고 싶은 마음으로 이것을 타면 종자기는 옆에서, "참으로 근사하다. 하늘을 찌를 듯한 산이 눈앞에 나타나 있구나"라고 말했다. 또 백아가 흐르는 강물을 생각하며 거문고를 타면 종자기는 "기가 막히다. 유유히 흐르는 강물이 눈앞을 지나가는 것 같구나" 하고 감탄하면서 거문고 소리만 듣고도 백아의 속마음을 읽어냈던 것이다. 백아는 깜짝 놀랐다. 그가 산(山)의 웅장한 모습과 격류(激流)의 우렁찬 기상을 표현하면 나무꾼은 정확하게 맞힌 것이었다.

백아는 무릎을 치면서 말했다. "당신이야말로 진정 소리를 아는 분이군요." 그는 종자기와 의형제를 맺고 내년에 다시 만나자는 약속을 하고서 헤어졌다. 하지만 이듬해 백아가 종자기의 집을 찾았을 때 그는 이미 죽고 없었다. 종자기의 묘를 찾아간 백아는 너무도 슬퍼서 마지막 최후의 한 곡을 뜯었다. 그리고는 거문고 줄을 끊고 산산조각 냈다. 종자기 같은 지음이 없으니 더 이상 거문고를 연주하고 싶은 생각이 없었고, 이 세상에 자기의 거문고 소리를 제대로 들어줄 사람이 없었기 때문이다. 이른바 백아가 거문고 줄을 끊었다는 '백아절현(伯牙絶絃)'의 고사가 여기서 시작된 것이다. 이때부터 지음은 마음까지 통할 수 있는 '절친한 친구'를 뜻하게 되었다.

살다 보면 이 같은 지음의 친구를 만나게 된다. 눈빛만 보아도 마음을 읽어 내고 영혼을 읽어 내는 친구, 부부도 아니고 연인도 아니지만 마음이 통하는 면에서 부부나 연인을 뛰어넘는 도저히 끊을 수 없는 관계의 사람을 만나게 된다. 그 벗이 이성이든, 동성이든 상관없다. 서로 지음이 되도록 승화하면 되는 것이다. 그런 친구라면 입에서 아무 소리를 내지 않아도 마음의 소리, 침묵의 소리, 영혼의 소리를 읽어 내고, "힘내세요!" 하며 밝은 미소를 건네는 진정한 지음의 사랑을 느끼게 된다. 당신에게 '지음'이라 할 수 있는 사람이 있는가? 필자에게도 그런 사람이 한 명만 있다면 더 이상 바랄 것이 없겠다!

그림 1-2 지음(知音), 마음을 움직인다

제 2 절 왜 소통을 논해야 하는가?

인간은 누구나 보람되고 행복한 삶을 추구한다. 하지만 비도덕과 불신이 성행하는 조직에 산다면 살아도 살아온 보람이 없는 시궁창 속의 무가치한 삶을 산 것이다. 역사적으로 충신이 역적으로 몰려 비참한 생을 마감하고, 민초가 고통을 겪는 경우는 비일비재다. 로마의 멸망도 내부에서 시작되었고 그 시발점은 중상모략으로 혼탁해진 소통의 문제에서 시작되었다. 『삼국지』나 동서냉전의 첩보전에서 보듯이 유능한 인재를 이중간첩으로 모략하여 제거하는 것과 같이 공사조직을 막론하고, 중상모략과 혼란스런 소통은 그 어떤 무기보다 무섭다. 그래서 '정보가 곧 쌀'이라 하는 오늘날 소통의 현주소는 처세술로서 술수가 난무하고 이전투구(泥田鬪狗)의 다툼이 횡행하며 소통 문화의 발전을 심각하게 방해하고 있다. 그럼 우리가 이 시점에서 왜 소통을 논해야만 하는지 그 이유와 소통의 현주소, 교육의 방향에 대해 살펴보자.

1 소통의 현주소와 말의 물꼬

소통에 대해 고민해 보지 않은 리더가 있을까? 리더와 속 시원히 소통하고 싶지 않은 팔로어가 있을까? 서로 통하기를 원하지만 통하지 못하는 이유는 과연 무엇인가? 무엇이 소통을 막는가? 그것은 바로 차이다. 정보의 차이, 목표의 차이, 방법의 차이 그리고 역할과 입장의 차이다. 정보의 차이는 '코끼리와 장님'의 우화 속 개념과 같다. 같은 대상을 보더라도 다른 정보를 가지고 있기 때문에 다른 인식을 하게 되니 생각이 다를 수밖에 없다. 목표의 차이와 방법의 차이 역시 갈등의 명백한 이유가 된다. 관리자의 입장과 실무자의 입장의 차이라는 현실적인 조건이 더 의견을 다르게 만든다. 게다가 대부분의 사람은 자기 기준이 옳다고 생각하기 때문에 자기 기준을 내려놓지 않는 한, 소통을 시도하면 할수록 단절감만 커질 뿐이다.

1) 소통의 자유, 말의 물꼬를 터라

"말은 죽은 이를 무덤에서 불러내기도 하고, 산 자를 묻을 수도 있으며, 소인을 거인으로 만들고, 거인을 철저하게 두드려 없앨 수도 있다."라고 프랑스의 하이네

(Heinrich Heine)가 말한 바 있다. 천년을 이어갈 분노가 말 한마디로 봄눈 녹듯이 사라지는 경우가 있는가 하면, 충성과 사랑의 마음으로 행한 선행조차도 경솔한 표현 하나로 인해 악행으로 남는 것이 인간사다.

일제하의 암울했던 시대에 "백마 타고 오는 초인이 있어 이 광야에서 목놓아 부르게 하리라"고 외쳤던 시인 이육사(李陸史)의 소망처럼 의인과 위대한 리더의 목소리가 방방곡곡 전파되도록 말의 문화, 말의 물꼬, 말의 터전을 다져 나가야 한다. 의식구조나 사고 방식의 변화에는 오랜 세월이 걸리지만 소통문화는 지금 당장부터 하나씩 고쳐 나갈 수 있기 때문이다. 그래서 소통의 자유는 우리가 맨 처음 가꿔야 할 변화의 토양이며, 맨 마지막까지 지켜야 할 발전의 주춧돌이다. 사람다움과 정겨움이 샘솟는 공동체로 만들려는 정의로운 의지와 합리적인 생각은 자유로운 소통을 통해 이뤄진다. 원칙이 통하는 소통의 자유를 통해 리더와 팔로어 모두가 빛날 수 있어야 한다.

하지만, 소통의 자유가 있기 위해서는 비판적 토론이 활성화되어야 한다. 즉, 외치는 고함의 목소리가 아니라 토론하는 목소리가 되어야 한다. 서로를 견제하기도 하고 지원하기도 하는 비판적 소통 시스템이 먼저 제 자리를 잡아야 한다. 우리 사회의 그 어느 집단도, 어느 개인도 비판으로부터 성역화할 수 없도록 비판 소통 체제를 구축해야 한다. 이러한 사실은 소통을 지향하는 『대학(大學)』에서도 발견할 수 있다.

> 大學 제10장에 의하면, "윗사람에게 싫다고 느껴진 것은 아랫사람에게 시키지 말 것이요, 아랫사람에게 싫다고 느껴진 것을 윗사람에게 섬기지 말 것이며"(所惡於上 毋以使下 所惡於下 毋以使上), 앞사람에게 싫다고 느껴진 것은 뒷사람에게 전하지 말 것이요, 뒷사람에게 싫다고 느껴진 것은 앞사람에게 쓰지 말 것이며(所惡於前 毋以先後 所惡於後 毋以從前), 오른쪽 사람에게 싫다고 느껴진 것을 왼쪽 사람에게 건너지 말 것이요, 왼쪽 사람에게 싫다고 느껴진 것은 오른쪽 사람에게 건네지 말 일이니(所惡於右 毋以交於左 所惡於左 毋以交於右), 이런 것을 말해서 혈구지도라고 한다(此之謂穴矩之道).

이것은 리더가 행한 고약한 소통 행위를 자신의 팔로어에게 쓰지 않으며, 팔로어가 행한 소통 중 잘못된 점이 있을 경우에는 그것을 배워 자신의 리더에게 쓰지 않는다는 것이다. 전임자가 잘못한 일을 후임자에게 그대로 넘기지 않으며, 동료에게서 얻은 불만을 그대로 다른 동료에게 전하지 않고, 외부에서 당한 악감정을 내부의 동료에게 화풀이하지 않는다는 의미다. 전, 후, 좌, 우 누구에게 대해서나 내가 바라지 않는 것을 누구에게도 하지 않는 혈구지도(血溝地圖)[5]의 태도가 필자가 구현하고자 하는 소통에 대한 최종 목표상이다.

2) 소통의 현주소

한국 사회의 소통은 미숙함을 넘어 우려할 만한 수준이다. 리더라고 해서 아무 말이나 해도 된다는 특권이 있을 리 없는데도 온갖 험한 말을 서슴없이 하거나 실없는 말을 하는 사람들이 정부기관이나 고위층에 아직도 존재한다. 군대에서 고참병이 하는 듯한 수준의 잔소리는 팔로어로 하여금 '또 미쳤군' 하고 무시하는 반응을 보이게 만들 뿐인데도 무슨 효과를 바라고 화를 내는지 모를 지경이다. 이러한 '우락부락형' 리더의 명령은 아무리 욕설을 담아 강하게 팔로어를 질책한다고 해도 효력이 있을 리 없다. 마찬가지로 팔로어는 리더에게 필요한 말을 하기보다는 아첨성 정보를 중심으로 보고하고, 나아가 자신의 지위를 보존하고 출세를 하기 위해 자기에게 유리한 정보만을 가공하고 선별해 보고하려는 경향이 강하다.

현재 한국 사회의 소통 능력은 계급 고하를 구별할 수 없을 정도다. 그동안 소통 능력에 대한 검토나 교육이 없었기 때문이다. 군대를 예로 든다면 장군 수준의 탁월한 능력을 지닌 초급 장교가 있는가 하면, 언행의 선후를 못 가리고 어쩌면 저럴 수 있을까 하는 탄식이 나올 정도의 저급한 수준의 고급 장교도 있다. 향후 소통력에 대한 교육이 강화된다면 직급에 불문하고 공평하게 시행되어야 한다. 그럼 주마간산(走馬看山)격으로 넘어가는 소통교육의 필요성과 향후 어떠한 교육이 진행되어야 할 것

그림 1-3 소통의 현주소와 말의 물꼬

---

5) '곱자를 가지고 재는 방법'이라는 뜻으로, 자기의 처지를 미뤄 남의 처지를 헤아리는 것을 비유하는 고사성어다. 『대학(大學)』에서 유래되었다. 혈구는 곱자를 가지고 잰다는 뜻이며, 곱자는 나무나 쇠를 이용하여 90도 각도로 만든 'ㄱ'자 모양의 자를 말한다. 여기서 유래하여 혈구지도는 목수들이 집을 지을 때 곱자를 가지고 정확한 치수를 재듯이 남의 처지를 헤아리는 것을 비유하는 고사성어로 사용된다(두산백과, 2012).

인지 살펴보자.

3) 소통교육의 필요성

소통에 대한 체계적 교육이 필요하다. 현재 한국 사회는 소통에 대한 교육훈련이 빈약하다. 체계적으로 소통 기법을 교육하거나 평가하고 있지도 못하다. 초등학교에서부터 시작되는 국어교육과 외국어교육을 통해 소통의 기본 능력인 읽기, 쓰기, 말하기의 교육을 받지만 주로 읽기 기능에 치우친 지식교육에 그칠 뿐 실생활에서 요구되는 소통을 위한 교육은 아니다. 더욱이 경청 교육, 비언어적 소통교육은 아주 빈약하다. 일상생활과 학교, 직장생활에서 차지하는 소통의 비중을 볼 때 학생이나 일부 정치인을 대상으로 한 웅변학원과 스피치 교육기관의 교육을 제외하고는 스토리텔링, 토론, 설득과 협상과 같은 고급 소통 기법에 대해 배우려는 노력이 약하다.

그런 까닭에 정치인이나 정부 관료들이 얼마나 많은 잘못과 거짓말을 거리낌 없이 행하고 있는지 알 수 없다. 우리의 생활 전체가 말로써 시작해 말로써 끝을 맺는다고 할 수 있음에도 불구하고 말하는 능력을 키우기 위한 교육적, 국가적, 행정적 관심이 너무나 부족한 현실에서 대학이나 국가기관에서 소통교육을 체계적으로 실시하지 않음은 큰 잘못이다.

소소한 대화 기법의 교육부터 전문 소통 기법의 교육에 이르기까지 소통 관련 교육 과제는 쌓여 있고 시급함에도 불구하고 말을 잘하거나 많은 말을 하는 사람을 '경박'하다거나 '요물' 같다고 심하게 깎아내리는 경향이 있다. 경박하다거나 여수(여우) 같다는 식의 비난어가 발생한 원인을 찾아보면 전제군주 시대와 일제 강점기를 거치면서 아랫사람들의 세계에서 말이 많아지면 자연히 상전에 대한 비판도 성행할 것을 우려해 소통을 억압하려던 통치집단의 의도가 작용한 것이다. 미래학자들은

그림 1-4 소통교육의 필요성과 단계별 순서

화술이 능란한 사람이 능력을 인정받고, 정보를 전달하고 전달받는 소통 능력이 뛰어난 사람이 권력을 갖게 되는 '소통 권력자' 시대, '정보 권력자' 시대가 될 것이라고 전망한다. 따라서 이제부터라도 공무원 교육기관이나 대학에서도 외국어와 컴퓨터 교육만큼 소통 과목(설득과 협상)을 집중적으로 추가해야 한다.

필자는 경험상 소통교육 이전에 제일 먼저 CS교육을 받기 원한다. CS교육[6]을 통해 매너, 친절. 이미지 파워를 교육받아야 한다. 그 다음에 보이스 트레이닝, 복식 호흡, 발음 훈련, 화술과 발표력 같은 스피치 과정을 이수하기를 원한다. 이런 과정을 거친 다음에 경청과 질문에 대한 기술을 익히는 소통 과정을 배우면 된다. 소통교육에는 자녀 간의 대화, 남녀 간의 대화, 직장 상사 간의 대화, 부부 간의 대화 등 다양한 대화법을 익혀야 한다. 이런 대화법을 배우고 나면 에니어그램, DiSC와 같은 상대를 이해하고, 개인차를 인정하는 '다양성' 과정을 반드시 공부해야 한다. 그러나 다양성 과정을 공부했다 해도 갈등과 불만은 일어나는 법이다. 그러므로 갈등관리와 인맥관리 같은 HR(human relations) 과정을 거쳐야 한다. 그 후에 고급 단계로서 설득과 협상과 같은 코칭 리더십 과정으로 내공을 쌓아야 한다. 물론 최종적으로 섬김과 낮아짐을 강조하는 영성적 단계까지 가게 된다면 현 단계에서는 더 이상 배울 것이 없는 소통의 고수로 진입하게 될 것이다.

4) 나를 만나는 소통 여행 10단계

필자는 인간의 삶을 '여행' 혹은 '순례'로 표현하고 싶다. 즉, 개인의 성장과 삶의 변화와 인생의 과정을 '영웅의 여행', '영웅의 순례', '리더의 여정'에 비유할 수 있다고 보았다. 그래서 나를 만나는 과정, 나를 찾아가는 여정을 10단계 구조로 분류했다. 우리의 삶도 이러한 여정으로 진행되어 가고 있으며, 내가 여행의 주인공이기 때문이다.

내 삶의 실타래, 내 마음의 퍼즐을 찾아가는 여행 10단계는 다음과 같다.

첫째, 일상의 세계다. 스토리의 시작 부분으로 일상의 평범한 세계에서 자신의 평범함을 보여주고, 내가 가게 될 새로운 세계와의 차별성을 보여준다. 즉, 아직 자신의

6) CS(custormer service, custormer satisfaction)란 고객을 만족시켜 주는 서비스이다. 또 고객만족(CS) 행정이란 말도 사용한다. 이것은 고객의 요구를 적극 수렴, 행정 서비스를 획기적으로 개선하는 총체적 활동을 말한다. 고객에는 일반시민, 민원인 외에 상·하급기관, 직원, 유관단체 등도 포함된다. 고객만족 행정의 기본 틀은 우수한 행정, 신속한 행정, 친절한 행정이다. CS 관련 사이트로는 'CS를 스케치하는 코치; http://cafe.daum.net/reikiselfhealing'가 있다.

잠재력을 모른 채 그저 평범하게 살아가고 있는 것이다.

둘째, 모험으로의 부름이다. 어떤 사건 등을 통해 자신이 일상 세계를 떠나 특별한 세계로 모험을 떠나게 될 것이라는 사실을 암시해 준다. 사람은 일상의 터전인 오두막이나 성에 안주하지 않는다. 그는 무엇인가에 끌리거나, 타인에 의해, 혹은 자발적으로 모험의 문턱에 들어서게 된다. 우리는 자신의 세계가 변화하고 있음을 인지하고 그 변화에 반응했을 때에만 모험에 대한 '부름' 혹은 '소명'이라 한다.

셋째, 부름에 대한 거절이다. 누구든지 모험으로의 부름에 대해 금방 나서거나 재빠른 결정은 주저하게 된다. 불안, 의심, 두려움 등으로 인해 부름에 일차적으로 거절하게 된다. 잘못 들었다고 판단하거나 자신감 부족, 실패에 대한 두려움에 휩싸여 고민하고 주저하게 된다.

넷째, 멘토와의 만남이다. 3단계에서 행동을 취하지 못하거나 앞으로 못 나가고 있을 때 향후 자신이 가야 할 방향을 제시해 줄 멘토를 만난다. 이때 멘토는 자신이 소명을 받아들일 수 있도록 도와주는 역할을 한다. 멘토는 조언이나 보호를 통해 '걸림돌'을 제거해 준다. 이때 멘토는 주위 사람일 수도 있으며 갑자기 나타난 사람일 수도 있다.

다섯째, 첫째 관문의 통과다. 마침내 두려움의 걸림돌이 제거되고 멘토로부터 배움을 받은 '초보자'는 부름을 받아들여 새로운 세계로 진입하게 된다. 이 단계에서 영웅은 모험을 떠나게 되는 첫 계기가 마련된다.

여섯째, 시험, 적과 동지의 만남이다. 몇 가지 시험을 통과하게 되면, 동맹군과 적들이 자연스럽게 생긴다. 이 과정에서 특별한 세계에 대한 습성을 배우고 터득하게 된다. 이때 주인공은 여신과의 만남(meeting with the godness)이 이뤄진다. 어머니상을 보여주는 여신은 대체로 긍정적인 면을 가지고 있으며, 주인공이 목표에 도달하도록 특별한 능력으로 도와준다. 반대로, 아버지의 화해(atonement with the father)도 동시에 일어난다. 이 말은 아버지의 이미지를 연상시키는 인물과의 만남을 의미한다. 어머니가 후원과 격려를 공급하는 인물이라면, 아버지는 주인공을 일부러 시험(test)하고 점검한 후 쓸 만한 가치가 있다고 판단되면 자신의 능력을 전수해 주거나 상을 주며, 화해를 시도한다. 이때 아버지와 어머니는 성별의 차이는 아니며 역할의 차이다.

일곱째, 깊숙한 동굴로의 접근이다. 시험 과정을 성공적으로 끝낸 영웅이 향후 다가올 엄청난 시련에 대비하는 과정이다. 이 과정을 통해 적의 깊은 성채(citadel)를 상상해 볼 수 있다. 주인공의 내공과 능력이 쌓이면 쌓일수록 위험 수위는 더 커지며 주인공이 위험에 직접 직면해서 대결해야 함을 암시한다. 마침내 그곳에서 그는 길목을 지키고 있는 어둠의 존재와 마주치게 된다. 주인공은 그 어둠의 힘에 맞서 싸우거나 혹은 그를 회유하는 과정에 치명적인 부상을 당하거나, 죽음의 나락으로 떨어지는 고통을 당한다. 이 단계에서 비로소 진정한 나만의 전설이 시작된다.

여덟째, 호된 시련(ordeal)이다. 이러한 문턱을 지나면 그는 전혀 생소한, 하지만 왠지 친근한 힘이 느껴지는 세상으로 들어서게 된다. 그 힘은 그를 시험에 들게 하여 심각하게 위협하기도 하고, 협력자로서 마법적인 도움을 주기도 한다. 그가 수많은 위험을 뚫고 어둠의 왕국 최종 기착지에 도착했을 때 그 앞에는 최대의 난관이 기다리고 있다. 마지막 최후의 전투가 벌어지는 것이다. 영웅은 적진 깊숙한 곳에서 도저히 이길 수 없는 어둠(악마)의 실체와 만나게 되는 것이다. 이러한 시련의 직면은 반드시 악하거나 나쁜 것만은 아니다. 우리가 맞서 싸우거나 수용하는 것을 필요로 하는 '에너지'이거나 '힘', '내적 두려움'이거나 '그림자'의 반영일 수도 있고, 자신이나 부모, 동료로부터의 부정적 메시지일 수도 있다. 이러한 죽음에 직면한 상황을 극복하고 나면, 영웅은 비로소 다시 태어난다. 재탄생의 순간이다.

아홉째, 보상(reward)이다. 그는 여기에서 승리하고 드디어 보상을 손에 쥐게 된다. 승리에 대한 보상은 여러 형태로 주어진다.[7] 이런 보상은 본질적으로 자기 존재와 자의식의 연장이다. 이러한 보상은 시련을 극복한 자에게만 수여되는 특별한 영광이다. 승리를 위한 영감, 불멸의 영약, 중요한 정보, 행복한 결혼 등을 얻는 것이다. 바로 그것은 지식과 경험, 특별한 기술과 자원, 도구의 발견일 수도 있다.

열째, 귀환과 새로운 도전이다. 이제 마지막으로 해야 할 일은 현실 세계로 귀환하거나 새롭게 도전하는 것이다. 대부분 두려움의 왕국에서 당당하게 다시 현실 세계로 돌아온다. 그가 가져온 혜택은 세상과 자신의 주변을 구제한다. 즉, 여행 중에 얻은 보상(육체적·정신적 성숙)을 가지고 고향으로 돌아오거나 새로운 모험을 시작하거나 또는 고향에서 후학을 양성하거나, 행복한 죽음으로 끝이 난다.

나를 찾아가는 소통 여행 10단계는 개인의 변혁, 즉 정체성의 변화에 대한 이야기다. 자신의 여행을 시작하면서 우리는 확실성의 세계를 떠나야 한다. 우리는 수많은 모험과 삶을 담보로 한 위험들이 기다리고 있는 낯선 곳으로, 새로운 방식으로 생각하지 않으면 안 될 새로운 문제가 기다리고 있는 곳으로 용감하게 여행을 시작해야

7) 보상의 형태는 정신적 성숙, 교화, 변모, 자유, 자기 발견, 원하던 자격증 취득, 취직, 상금, 오디션에서의 우승, 혹은 성적 결합(예: 신성한 결혼), 왕으로의 추대, 영토 회복, 해방 등등이다.

만 한다.

삶을 담보로 우리는 앞에 놓인 문제에 도전하고 해결해야만 한다. 이것을 성공적으로 이끌어 내기 위해 현재의 자아를 버리고 낡은 패러다임에서 벗어나야 한다. 현재의 자아로부터 벗어나는 이런 모험은 우리에게 지금과는 전혀 다른 방식으로 생각할 것을 요구한다. 이 여행을 계속하는 것은 자아를 재창조하는 것이다. 그렇게 되면 패러다임에 변화가 생기고 의식의 확장(expansion of consciousness)을 경험하게 된다. 자기를 둘러싼 환경에 자기자신을 재조율하기 시작한다. 세상을 다른 각도에서 볼 뿐만 아니라 좀 더 깊게 볼 수 있게 되는 것이다.

세상을 바라보는 눈이 달라지면 자신을 보는 눈도 달라진다. 우리의 존재 양태에 변화가 생기고 자아에 변화가 일어난다. 이런 재조율의 결과 우리는 좀 더 지혜롭게 주변 환경에 자기의 영향력을 비출 수 있다. 성공은 또 다른 성공으로 이어지면서 강력한 추진력과 에너지로 충만하게 된다. 이처럼 우리의 인생은 미약한 시작, 모험에로의 부름, 도전, 멘토와의 만남, 역경과 시험 그리고 영웅의 승리, 보상과 함께 이 여행은 끝을 맺는다. 사람은 누구나 이 모험의 길을 떠난다. 이 이야기를 해묵은 이야기로 무시할 것인지 새로운 이야기를 찾아 도전과 모험의 길로 나갈지는 스스로가 결정해야 한다.

결국 나를 찾아가는 인간이라면 과거의 패러다임에 얽매이거나 현실에 안주하지 않고, 자신의 신념과 야심찬 미래를 향해 기꺼이 모험을 감행한다. 그 과정에서 무수히 많은 실패와 좌절도 겪게 되지만, 그 모든 과정이 자신을 단련시키고, 학습시키고, 성장시키는 소중한 자원임을 이해해야 한다.

그림 1-5 나를 만나는 소통 여행 10단계

소통의 중요성

무용과와 미팅했네. 카카오톡 번개였네/사대사로 미팅했네. 자칭소녀 시대라네.
내친구들 기대했네. 미팅전날 밤설쳤네/강남역서 미팅했네. 메가박스 앞이었네.
약속시간 넘었다네. 가시내들 안보이네/내친구가 그랬다네. 퀸카들은 원래늦네.
삼십오분 늦게왔네. 다가가서 인사했네/내친구들 기절했네. 알고보니 빅마마네.
그녀들이 그랬다네. 자기들이 윤아라네/내친구들 울부짖네. 그럼우린 욘사마네.
아무카페 들어갔네. 분위기가 썰렁하네/친구들이 손짓하네. 화장실로 날부르네.
못들은척 딴짓폈네. 웃으면서 끌려갔네/내어금니 꽉물리네. 돌려가며 맞았다네.

막아봐도 소용없네. 주먹합이 여덟이네/봐달라고 애원했네. 막무가내 맞았다네.
내가봐도 너무했네. 폭탄세트 메뉴였네/할수없이 자폭했네. 나혼자서 돈다썼네.
헤어지며 인사했네. 또나오면 죽음이네/차비없이 걸어왔네. 걸으면서 눈물났네.
나도한번 보고싶네. 퀸카한번 보고싶네/나도한번 보고싶네. 퀸카한번 보고싶네.

2 불통에 상처받고 쓰러진 소통 함정

이 세상의 원한, 속상함, 응어리, 분노 등의 마음병과 인간과 인간, 조직과 조직 갈등의 원인 중에서 소통의 변질이 차지하는 비중은 상상을 초월한다. 우리 주변에는 소통에 대한 무관심과 화술의 미숙함으로 상처받고 쓰러진 비극의 주인공들이 수없이 많다. 그 대표적인 사례로 법조계의 창에서 볼 수 있는 피해 사례다. 거짓 증언, 고문에 의한 자백은 증거 능력이 없다고 하지만 우리는 가끔 누명을 쓰고 사형부터 징역에 이르기까지 억울한 형벌을 받았다는 사람들의 이야기를 듣는다.[8)]

경솔하게 내뱉은 한마디가 오랜 동안의 우정을 상하게 하고, 조화롭던 조직 분위기를 가장 비참한 파국으로 몰아넣는다. 아닌 밤중에 홍두깨 격으로 엉뚱한 곳에서 날아온 거짓말, 왜곡, 흑색선전, 중상모략과 같은 말의 화살에 의해 패가망신하는 일도 더러 있다. "말로써 말이 많으니 말 말음이 좋아라."라는 격언과 같이 모두가 소통

8) 불을 맨 처음 발견하고 불을 끄러 들어간 사람이 방화범으로 몰리는 경우, 길 잃은 어린아이의 부모를 찾아주려는 사람이 유괴범으로 몰리는 경우, 버스 안에서 가방을 받아주려던 사람이 소매치기로 몰리는 경우, 함께 간통을 하고는 강간범으로 몰리는 사람 등이다. 이처럼 자신이 의사 표시를 잘못하거나 상대가 오해함으로써 빚어지는 억울한 사례들이 많다

의 변질에 신중해야 한다. 따라서 무의식중에 범하게 되는 소통 실수를 방지하기 위해 소통 변질 형태, 방해 요인을 인지해 둘 필요가 있다. 왜냐하면 소통을 방해하는 각종 소통의 변질 형태를 파악함으로써 어떤 소통에 경각심을 가져야 하고, 무엇을 조심하고 제거해야 하는지 알 수 있기 때문이다.

1) 거짓말

어느 비오는 가을, 대학 후배이자 재선 출신인 국회의원과의 대화에서 거짓말에 대한 필자의 견해를 말한 바 있다. 그때 나눈 이야기다. "사람들은 재미없는 진실보다 위트 있는 거짓에 더 많은 점수를 준다. 그래서 두서 없는 진실보다 잘 짜여진 거짓에 고개를 끄덕이고, 침묵하는 진실보다 소리치는 거짓에 더 귀를 기울인다. 이것이 바로 당연한 진실이 명백한 거짓에 지고 마는 이유다"라고 했더니 필자의 말에 공감하면서 한잔 막걸리에 서로 취한 적이 있다.

이처럼 소통에서 의도적인 왜곡을 거짓말이라고 한다. 게오르규(Constantin Virgil Gheorghiu)의 말을 빌면 "단 한 마리의 파리가 한 접시의 요리를 못 먹게 망치고, 미세한 바이러스가 건강한 사람을 죽게 만들 듯 한마디의 거짓말만으로도 세계의 평화는 깨질 수 있다."고 한다. 거짓말을 이용해 자신의 부당한 이익을 추구하는 경우에는 "하나의 거짓말을 참말처럼 하기 위해 일곱의 거짓말을 필요로 한다."는 말처럼 연쇄적인 거짓말을 하게 된다. 따라서 거짓말의 파괴력은 의도하지 않은 엄청난 재난을 가져올 수 있다. 건축 담당 하급 공무원이 자신이 집행한 공무의 결과에 대해 책임을 회피하기 위해 거짓 보고를 하게 되면 그 거짓말의 결과는 자칫 아파트가 무너지거나 한강의 대교가 내려앉는 비극의 원인이 될 수도 있다.

거짓말에는 선의의 인간적인 거짓말 이외에 중상모략성이 강한 거짓말을 어떻게 통제하느냐가 건강한 소통을 확보하는 관건이다. '거짓 명령'과 같은 중상모략은 특정인을 음해하기 위해 거짓말을 하거나 중간에 다른 사람을 넣는 방법이다. 이는 명령을 전달하면서 특정 고위층의 지시라고 사칭한다든가, 혹은 협의를 마친 사항이라고 말하며 업무를 지시한다. 또한 중간에 엉뚱한 사람을 개입시켜 그를 통해 거짓을 전하게 한다. 이는 아무런 악의도 없는 엉뚱한 사람을 개입시킨다는 점에서 대단히 비도덕적인 행위다.

대부분 갈등은 피해자와 가해자의 주장이 서로 다르다. 그래서 얼른 보아서 매우 간단해 보이는 사건도 진상을 제대로 알기가 힘든 경우가 많다. 피해자나 가해자 어느 한쪽이, 때로는 양쪽 모두가 거짓말을 하거나 자신에게 불리한 부분을 빼고 진술하기 때문이다. 가해자들은 십중팔구 거짓말을 한다. 100대를 때리고도 "서너 번 때렸다" 하고, 피해자들도 거짓말을 한다. 한 대 맞고도 "열 대 이상 맞았다" 하고…… 증인들도 거짓말을 한다. 가해자나 피해자로부터 매수를 당해 엉뚱한 거짓말을 늘어놓기 일쑤다.

따라서 거짓말이 중상모략적 성격을 가진 것인지 아니면 선의의 거짓말인지 양자를 구별하는 능력을 구비하는 것이 리더가 갖춰야 할 중요한 소통 기술이다. 어느 한쪽의 의도적 거짓말은 미친 개가 천연덕스럽게 하듯이 가장 선량한 가면을 쓰고 있기 때문에 진실을 파악하기가 어렵다. 게다가 약간의 진실을 섞은 거짓말은 가장 위험하다. 진실이 철저히 매장되어 역사 속으로 묻히고 마는 두려운 결과를 빚기가 쉽다. 의도적이면서도 교묘하게 거짓말을 하는 사람들을 제대로 판별하고 즉시 제거하지 않는 한 올바른 소통문화는 세워지지 못한다. 거짓을 구별하는 최고의 방법은 리더 스스로가 언제나 바르고 참된 가치관과 기준을 지니고 사고하고 판단하는 것이다. 상식에 의한 판별과 철저한 확인만이 거짓을 구별해 몰아낼 수가 있다.

물론, 거짓말 중에서도 엄벌에 처하지 못하는 인간적인 거짓말의 경우도 있다.[9] 하급 공무원이 보고 시에 하는 거짓말은 허위 보고라는 형태를 띠는데, 허위 보고에는 남을 해치려는 의도의 질 나쁜 허위 보고와, 정 등에 이끌리는 인간적인 허위 보고가 있다. 특히 인간적인 허위 보고의 경우 처리하기가 매우 어려운 경우가 많다.

2) 생략과 누설

생략(omission)은 소통 과정 중에 전달 내용의 일부 또는 전부를 전달하지 않거나 파악하지 못하는 경우를 말한다. 그 원인은 전달자와 수신자가 부담 과중으로 메시지가 등한시되는 경우, 능력이 부족한 경우, 고의적인 경우, 보안상의 이유로 인한 경우, 위기에 처한 경우가 있다. 특히, 건망증은 일반인들이 범하는 대표적인 생략이다. 전달해야 할 제반 사항을 메모나 체크도 하지 않은 채 자신의 머리를 믿고 구두 전달함으로써 훗날 낭패를 보는 경험은 누구에게나 있었을 만큼 잘 범하는 소통 실패다.

---

9) 경기도 평생교육 사이트 홈런에서 본 '만우절 기념 설문조사'다. 이 설문에서 아내의 거짓말 1위로 '이거 싸게 주고 산 거야', 2위는 남편을 상대로 '화 안 낼 테니까 솔직히 말해봐'였다. 기타로는 '이번 달도 마이너스야', '돈 안 벌어도 돼, 건강만 해' 등도 아내의 거짓말에 올랐다. 남편이 아내에게 가장 많이 하는 거짓말 1위는 "오늘 일찍 들어갈게", 2위는 "나 이제 술 담배 끊고 운동해서 살 뺄 거야", 자녀가 부모한테 하는 거짓말의 경우 "딱 5분만 더 잘게요", "응 밥 먹었어", "게임 한 판만 더 할게요", "5분만 있다가 공부할게요" 등이 선정됐다. 부모가 자녀에게 하는 거짓말은 "공부하기 싫으면 하지 마"가 올랐다(homelearn.go.kr).

하지만, 상대방을 밟고 넘어서기 위해 생략이라는 소통 방법을 사용하는 경우도 있다. 특정 중요 정보를 일부러 상대방에게 알리지 않음으로써 상대방이 실수를 하도록 조장하는 것이다. 예를 들어 리더가 A군에게 특정 사실을 전하라고 B군에게 지시를 했을 때, B군이 실수를 가장해 전달하지 아니하고 리더에게는 전했다고 허위 보고를 하게 되면, 결과적으로 A군은 어느 날 갑자기 리더로부터 무책임한 인간이라고 평가받게 된다. 이처럼 생략은 적극적인 중상모략이 아니라 실수를 가장한 소극적인 공격이므로 범죄성을 발견해 처벌하기가 매우 어렵다. 그래서 이 방법은 이중인격자들이 많이 사용한다. 외형적으로는 대단히 신사적이고 정의로운 사람이 장막 뒤에 숨어서 절친한 동료를 음해할 때 많이 사용하는 수법이다.

따라서 생략에 의해 피해를 당하지 않으려면 평소부터 부단하게 여러 정보 채널을 구축해 두어야 한다. 다양한 정보 인맥을 형성해 놓아야 수시로 직접 정보를 제공받을 수 있는 것이다. 그리고 리더의 위치에 있는 사람은 평소 직접 전달의 원칙과 확인의 원칙을 늘 지켜야 한다.

한편, 정보가 차단되고 단절되는 생략과는 반대로 소통 과정에서 절대로 알려져서는 안 되는 내용이 발설되는 부정적 현상이 누설(漏泄)이다. 사생활에 관한 사항이나 고급 정보가 외부인에게 누설되면 큰 피해가 발생한다. 만일 경찰관이나 보건소 직원이 업무상 알게 된 개인에 관한 비밀을 발설하게 되면 그 개인은 공권력에 의해 피해를 입게 된다. 보통 중상모략 행위자는 무의식적 누설을 가장해 의식적으로 정보를 흘린다. 또한 과실에 의한 누설을 가장해 고의적으로 정보를 전한다. 따라서 누설에 의한 피해를 막기 위해서는 엄격한 처벌이 필요하다. 하지만 문제는 법률에 의한 처벌과 누설에 의한 이익이 균형을 이루기가 어렵다는 점이다. 따라서 웬만한 처벌로는 실효성을 보장하기가 매우 어려운 것이 사실이다.

3) 왜곡

왜곡(distortion)은 의사전달의 내용이 변조되는 것을 말한다. 의도적인 왜곡이 '거짓말'이라면, 비의도적인 것은 '과오'다. 소통의 왜곡은 메시지가 지나치게 압축되거나 강조되는 경우 많이 발생한다. 그 원인은 언어상의 장해, 프레임의 차이, 지위상의 장해, 지식상의 격차, 전달자의 자기 방어 등이 지적되고 있다. 이는 열 명을 한 줄로 세워 메시지를 전달시키면 원래의 메시지와는 다른 결과가 나타나는 실험으로도 증명된다. 왜곡에는 기사에 의한 왜곡이 가장 대표적인 사례인데 기사에 의한 왜곡으로는 다음과 같은 유형이 있다.

첫째, 오보다. 소통을 전문으로 하는 기자들도 오보를 한다. 기자의 사명은 현상의 정확한 전달이지만 기자의 착각이나 확인 소홀로 인해 잘못된 보도를 하게 되는 경우가 있다. 이를 오보라고 한다. 둘째, 날조 기사(허보)다. 가장 경계해야 할 기사는 객관적 사실을 이용해 자신이 뜻하는 방향으로 기사를 몰고가는 날조 기사다. 사실을 형성하는 여러 요소 가운데 특정 사실만을 부각시킴으로써 그것이 전체이며 진실인 것처럼 보이게 쓰는 편향된 기사다. 흔히 국민과 시민이라는 추상적인 이름을 동원해 자신의 의도를 위장시키고 의도적으로 왜곡하는 기사다. 셋째, 과장 기사다. 오보와 허보 사이에는 과장 기사가 있다. 기사에 초를 쳐서 쓰는 창작 기사나 조그마한 사건을 근거로 하여 속단, 미숙한 추리, 기사를 키우려는 욕심 등으로 부풀리는 기사다.

4) 곡론

곡론(曲論)은 교활한 중상모략자가 사용하는 최대의 무기다. 곡론이란 형식적으로는 올바른 형태를 갖췄지만 진실은 전혀 담지 않고 일방의 이익만을 옹호하는 소통이다. 곡론은 정확한 사실을 확인하기가 매우 어려운 현실 상황 속에서 그릇된 사실을 유포, 전파시키는 것이다. 따라서 곡론은 지식을 갖춘 교활한 모략가가 많이 사용한다. 대부분의 곡론 사용자는 높은 지위와 신뢰감, 적당한 사실을 등에 업고 행하기 때문에 진실을 파헤치기가 매우 어렵다. 그래서 모략 대상자가 곡론에 대응하는 데에는 몇 배의 노력이 필요하다. 곡론을 간파하는 능력이 모든 사람에게 있지 않는 한 피해를 예방하거나 불을 끄기가 매우 어렵다. 그럼 곡론에는 어떤 유형이 있을까?

첫째, 선결 문제의 곡론이다. 1차적으로 고려해야 할 논제를 제쳐놓고 2차, 3차적인 것만을 내세우며 변론을 펴는 것이다. 남북대화에서 선결 조건을 많이 활용한다. 북한의 핵무기 폐기 주장이 선결 조건으로서 주한미군 철수 등을 내놓는 것과 같다. 이는 동문서답형과 유사한 것으로 가장 중요한 핵심 문제는 접어둔 채로 자신에게 유리한 지엽적인 사항만을 논의함으로써 사실을 왜곡시키는 것이다.

둘째, 집합의 곡론이다. 부분적으로는 맞지만 전체적으론 그렇지 않은 것을 마치 확고한 진실인 양 말하는 것이다. "국민이 원하고 있다"거나 "모두 그렇게 생각한다"는 식으로 전체 상황을 명확하게 모르는 리더나 팔로어에게 자신의 옳음을 강조하거나, 자신의 실수를 변명하고, 모략 대상자의 잘못을 확대하기 위해 사용하는 수법이다.

셋째, 은폐(隱蔽)의 곡론이다. 자기 쪽에 유리한 말만 늘어놓고, 불리한 말은 덮어두는 아전인수격인 말을 의미한다. 그래서 상황의 전반을 파악하고 있지 못한 제3자의 경우에는 쉽게 아전인수격의 주장이 받아들여지기 쉽다.

5) 착각과 환상

착각과 환상은 무의식적인 정신적 결함으로 발생하는 소통의 변질 형태다(허태균, 2012). 착각과 환상은 심리적 잘못으로 인해 주의를 소홀히 하거나 과도한 스트레스에 시달리는 경우에 발생하기 쉽다. 환상은 의도적이 아니었기 때문에 비난하기에는 한계가 있지만 소통을 심각하게 방해했다면 결과에 대한 책임만은 엄중하게 물어야 한다.

해결하기 힘든 문제에 부딪혔을 때 어떤 사람들은 현실에서 도피하고 싶은 생각에 비현실적인 방법을 통해 문제에서 벗어나려고 한다. 그러나 이런 방법을 추구하면 환상병에 걸리기 쉽다. 환상은 아름답지만, 때로는 잔인하다. 성공하고 싶다면 환상을 버리고 현실적으로 행동해야 한다. 현실을 제대로 인식하지 못하면 문제를 해결할 수 없고 발전도 할 수 없다.

착각과 환상은 전투 상황에서 흔히 찾아볼 수 있다. 전장에서 벌어지는 매복 환상과 착각이다. 환상과 착각이 나타나는 원인은 죽음과 부상에 대한 불안과 두려움 때문이다. 전투에서 적을 많이 사살하고 나서 피비린내 나는 비참한 현장을 본 신병이 근무를 설 때 적의 주검이나 전우의 주검이 환상이 되어 나타난다. 드라큘라 같은 귀신이 피를 흘리며 너울너울 날아오고, 아가씨가 해골 귀신이 되어 눈앞에 나타난다. 이때 옆에서 부스럭 소리가 난다거나 산짐승이 움직이는 발자국 소리가 난다거나, 음산하고 으시시한 바람이 '휘익, 휙-' 지나가면 근무 서는 병사는 반쯤 돌아버린다. 그러한 상태가 지나치고 정도가 넘으면 소위 심리적 공황의 단계까지 도달한다.[10]

독자 중에는 그(녀)와의 사랑이 영원할 거라 믿었던 순간이 있는가? 내 자식만은 'SKY대'에 갈 수 있다고 믿은 적은 없는가? 로또를 사면서 죽기 전에 한번은 당첨될지도 모른다고 기대한 적 있는가? 직장에서 최고의 자리에 오를 거라 확신했던 적은 없는가? 거울을 보면서 문득 내 얼굴 어딘가가 장동건이나 김태희와 비슷하다고 생각해 본 적은 없는가? 내 배우자만은 바람을 피우지 않으리라 자신한 적은 없는가? 로또에 당첨될 확률은 벼락에 두 번 맞아 죽을 확률보다 낮다. 첫사랑과 결혼한 사람

---

10) 이때는 자기 머리를 흔들어도 보고, 때려도 보고, 얼굴과 허벅지를 꼬집어 보아야 한다. 그래도 정신이 맑아지지 않을 때는 이미 전쟁공포증을 느끼는 상태로서 인접 전우의 위장한 모습이 죽은 시체로 보이고, 잘려 나간 나무등걸이 총을 들고 걸어오는 적으로 보이며, 음산한 바람소리는 귀신이 부르는 소리로 들리고, 동물의 발자국소리는 적이 접근하는 소리나 귀신이 다가오는 소리로 들린다. 마침내 정상적인 판단을 못하고 무서워서 부들부들 떨다가 환상과 착각에 빠지게 된다. 이것이 바로 전쟁공포증인 것이다.

은 얼마 되지 않고, 결혼한 10쌍 중 한 쌍은 이혼을 한다. 우리나라 전체 청소년의 2% 정도만이 SKY대에 입학한다. 20대에 품었던 꿈을 실제 이루는 사람은 1~2%에 불과하다. 하지만 똑같은 착각을 하더라도, 자신이 착각할 수 있다는 것을 인정하는 사람과 그렇지 못하는 사람은 근본적으로 삶의 태도와 상대에 대한 배려가 달라진다.

필자는 자신이 착각할 수 있다는 진실만 인정한다면 우리는 자신과 다른 주장이나 의견에 대해 무조건 비판적이거나 공격적으로 대하지 않게 될 것이라고 생각한다. 또한 방어적으로 타인을 미워하지 않게 될 수 있다. 그리고 자책에 시달리거나 자존감 부족으로 괴로워하지 않을 것이다. 우리가 좀 더 행복해지기 위해 마음속에 갖고 있는 '착각'을 잘못 열면 판도라의 상자가 되겠지만, 조심해서 잘 열 수만 있다면 자신과 세상의 참모습을 보여주고 타인에게 자신의 마음을 열게 하는 '행복의 선물'이 될 것이다.

6) 흑색선전

선거 때 잘 등장하는 흑색선전은 금품, 향응 제공과 더불어 정치의 후진성을 보여주는 치부다. 엄창록 씨에 의해 개발되었다는 선거판 잔꾀들은 대부분이 흑색선전형이다. 이것은 사람과 사람 사이를 이간질하는 수단이며 인간성을 피폐하게 만든다. 예를 들면 A의 이름으로 좋지 않은 일들을 행하거나 자신을 비방하는 말들을 본인 몰래 퍼뜨린 뒤에 그것이 A의 소행이었다고 하는 것 등이 그 예다.

역사적으로 가장 유명한 흑색선전 중의 하나는 서기 64년 로마의 대화재를 기독교인들이 일으켰다는 흑색선전이다. 당시 황제가 로마를 불태웠다는 소문이 널리 퍼지자 폭군 네로가 자신을 방어하기 위해 퍼뜨린 유언비어였다. 당시 자기 못지않은 증오의 대상이었던 기독교인에게 죄를 뒤집어씌운 역유언비어인 셈이다 소크라테스는 아테네의 청년을 타락시키고 신을 모독했다는 흑색선전 때문에 독배를 마셔야 했다. 네로처럼 고대 로마황제들은 감시인을 임명해 백성들 사이에 들어가 헛소문을 수집하고 보고하도록 하는가 하면 때로는 역선전을 퍼뜨리기도 했다 우리나라에도 삼국시대에 호동이 신라 진평왕의 셋째 공주 선화를 노래로 된 유언비어를 퍼뜨려 아내로 삼았다. 흑색선전은 예나 지금이나 여전히 판을 치고 있다.

7) 오인

여러 가지 소통 방해 요인이 복합적으로 작용해 진실을 왜곡되게 인식하도록 만드는 것이 오인(misperception)이다. 이는 주로 정신적 결함과 상황의 급박함, 그리고 복잡성에서 비롯된다. 즉, 진실을 확인할 적절한 소통 수단이 결여되어 있거나 수신자의 이해력이 부족하거나 편견이나 환상이 생길 때 발생하는 현상이다. 주로 사기꾼이나 중상모략에 능한 사람이 다른 사람들을 오인에 빠지도록 유도할 때 사용한다. 오인 사격도 소통의 실패에 기인한 것인데 급박한 상황 속에서 우군인지의 여부를 확인할 적절한 소통 수단이 결여되어 있었기 때문에 발생하는 것이다.[11]

소통에서 오인은 갈등의 근원이 되고 또한 소통 실패의 원인이 된다. 따라서 중상모략의 악의를 지닌 상대방에 의해 오인에 빠지지 않기 위해 리더는 늘 편견에 현혹되지 않도록 지식과 이해력을 높이려는 노력이 요구된다.

8) 회피행위와 억지 통보

회피행위(escaping)란 전달된 내용을 고의적으로 피해 전달받지 못한 것처럼 보이려는 행위다. 특정 정보가 자신에게 불리하고 모략 대상자에게 유리한 것일 경우에 의도적으로 수령을 거부하고 퇴짜를 놓는 것이다. 주로 리더가 팔로어를 곤혹스럽게 할 때 쉽게 사용하는 방법으로서 꼬투리를 잡고서는 결재를 미루거나 보고받기를 거부하는 것이다. 수신자의 회피행위는 대세가 확고한 경우에는 모략 행위자가 오히려 의심을 받고 비난을 받게 되지만, 상황이 모호하고 혼란스러운 경우에는 모략 행위자에게 유리한 수법이다.

억지 통보란 파워게임 당사자가 다른 사람에게도 사실을 통보하도록 강요함으로써 만일 일이 실패할 경우 그 수신자도 책임을 함께 지게 함으로써 자신을 돕도록 강제하는 행위다.[12]

9) 중상

중상(中傷)은 사람을 서서히 죽게 만드는 '사회적 암'과 같은 것이다. 국가 간의 관

11) 미군은 걸프전에서 사망자 146명을 내었다. 이 중 오인 사격으로 인한 사망자는 36명이며 부상자 467명 중 72명이 동료의 총에 피해를 보았다. 24명은 우군의 지상사격으로, 12명은 우군의 공습이나 로켓 공격에 의해 목숨을 잃었다. 걸프전이 끝난 후 오인 사격에 대한 책임 논란이 있었다. 걸프전 이후 미래의 전쟁은 전장이 제한되어 있지 않고, 적과 우군의 포진 경계도 분명하지 않아서 오인 사격이 더욱 심해질 것으로 예측하고 있다. 과거의 전쟁에서는 오인 사격에 의한 피해자는 전체 피해자의 2%에 불과했으나, 걸프전에서는 25%로 늘어난 것이다. 미군은 우군 식별 방법을 개선하는 교육을 하고 있다.

12) 10·26 당시에 김재규 중앙정보부장이 정승화 육군참모총장과 중앙정보부 차장보를 궁정동으로 불러들인 것도 억지 통보와 같은 전술이다.

계이든 대인 관계이든 상대를 거꾸러뜨리는 무기로서 중상이 크게 활용되어 왔다. 중상은 마치 세균과 같아서 당하기만 하면 아무리 건강한 사람이라도 고통을 겪고 만다.[13)]

세상에는 자신의 노력보다는 다른 사람을 억압하고 음해함으로써 자신을 높이고, 다른 사람을 해치고 속이는 처세술에만 능숙한 사람들이 분명히 존재한다. 중상모략꾼의 미꾸라지 같은 행위는 조직의 선량한 사람을 해치고, 조직에서 인화의 끈을 잘라내며 급기야 공동체 전체의 분열까지 조장한다. 바로 이와 같은 암적인 존재가 중상모략꾼이므로 개인적으로 날아오는 불티를 피하기 위해서라도 리더는 중상에 대비할 줄 알아야 하며 제도적으로도 중상과 모략을 분석하고 연구해 이를 방지하는 장치를 수립해야 한다.

이 같은 중상모략하는 풍토가 제거되려면 조직구성원의 사고 방식에 일대 변화가 동반되어야 한다. 주변의 동료들이 적이 아니라 자신을 성장시켜 주는 훌륭한 동반자임을 인식할 줄 알아야 한다. 경쟁자를 비하시키려 애쓰기보다는 오히려 멋있는 경쟁자가 없음을 서러워할 수 있는 풍토가 되어야 한다. 아랫사람과 윗사람 모두가 개벽하지 않으면 중상모략 풍토는 몰아낼 수가 없다. 요령과 예외, 특권과 특혜만을 먼저 아는 사람은 훗날 조직을 팔아먹는 배신자가 될 것이다. 지금부터라도 똑바로 세워진 생존 규칙을 확고히 정립하고 가정교육, 학교교육에서부터 분위기를 일신하는 거국적 해법이 요구된다. 모호한 인정을 앞세워 사회 전체의 기틀을 뒤엎은 무리한을 방치하는 어리석음을 반복해서는 곤란하다. 과거의 행위라 하더라도 질타를 받고 곤욕을 치러야 한다. 사실의 심판과 역사의 비판을 가함으로써 미래의 거울로 삼아야 한다.

중상의 씨를 말리기 위해 중상이 무엇인가에 대해 구체적이고 좀 더 분석적으로 알아야 한다. 조직 내부에서의 중상은 주로 승진이라는 이익을 중심으로 행해진다. 그 이외에도 중상을 하는 동기로는 금전적 이익, 이성 관계, 명예의 손상, 개인적 원한 등에 의한 경우가 많다. 그래서 중상의 가해자와 피해자의 관계는 주로 승진과 관

---

13) 춘추전국 시대부터 상대국에 유능한 인물이 있는 경우에 그를 신뢰성 없는 인물인 것처럼 중상함으로써 내쫓는 방법이 사용되어 왔다. 중상은 권위적인 정치 체제에서 더욱 극성을 부린다. 1970~80년대 권위주의 시대에 어떤 이는 "지금 이 시대에는 이순신 장군이나 그 누구도 뜻을 세우기 이전에 모함에 먼저 쫓겨나고 말 것이다"라고 탄식하기까지 했다. 남의 말을 험하게 하는 풍토가 이러한 수준에까지 이르렀는데, 일단의 개개인의 산발적 노력으로 우리 사회의 중상모략하는 풍토병을 거세할 수 없다며 우리 사회를 총체적 부패사회로, ROTC(Republic of Total Corruption)형 사회로 규정했다.

련된 동료 간에 많다. 이외에도 리더가 유능한 팔로어의 성장을 방해할 목적으로 행하는 경우와, 팔로어가 특정 리더를 해치려는 경우도 있다.

중상에 대응하기 위해 사람들은 중상에 대한 면역성을 만들어 두는 일이 필요하지만 이는 어려운 일이다. 가장 바람직한 것은 우리 사회에서 중상모략하는 습성, 음해하는 풍토, 남의 말을 험하게 하는 태도, 모해(謀害)하려는 시도를 깨끗이 청소하는 생활 변화, 의식 변화를 추진하는 것이다. 그래서 중상에 대응하는 방법은 인내를 요구한다. 일반적으로 소문이란 부정하면 부정할수록 퍼져 나간다. 그러므로 중상을 묵살함으로써 이겨내야 한다. 상대를 의식하지 않고 모든 것을 자연 그대로 두고 행동하는 것이다. 무방비의 방비, 무책의 책(策)이 최고의 중상 대응책이다. 배짱과 무욕으로 자신의 일에만 열중하며 전혀 개의치 않아야 한다. 또한 적극적 대책으로는 예측되는 중상이나 방해에 대해서는 사전에 손을 써 두는 것이다. 평소부터 요소요소에 한편을 두어 불리한 소문을 꺼버리도록 하는 것이다. 자연스럽게 해명성 정보를 전파시키는 것으로, 예를 들어 만일 여성 관계로 중상받을 소지가 있다고 한다면 열심히 부인과 나들이라도 하여 화목한 모습을 보여주는 것이다.

10) 모략

모략이란 비도덕의 극치를 일컫는 소통으로 사람의 마음을 움직이거나 권력 쟁취를 위한 방법으로 매우 원시적이며 후진적 방법이다. 기만이 적을 향한 속임수라면 적을 향한 속임수가 아니라 자기 편 사람을 속임으로써 목적을 관철하는 것은 모략이다. 그래서 도의상 용납할 수 없는 소통이다. 정치 투쟁은 주로 권력 투쟁이며, 권력이란 사람을 움직이는 힘이다. 사람을 움직이는 데에는 대체로 네 가지 방법이 사용된다. 첫째, 말로써 설득하는 방법, 둘째, 금품으로 매수하는 방법, 셋째, 고의적으로 기만하는 방법, 넷째, 힘으로 강제하는 방법이 있다. 이상 네 가지 중에 설득을 제외하고는 모두 비민주적 방법이다. 이러한 비민주적 방법 중에서 기만이 바로 모략이다.

본래 모략은 지배계급 간의 내부적 암투 수단의 하나였다. 모략은 결백한 사람을 정죄하고 전체를 기만하여, 많은 우군의 희생자를 내며, 동시에 자신의 이익만을 도모하는 것이다. 하지만 루소의 말대로 "자유는 태양과 같아서 아름다운 초목을 성장하게 하는 동시에 해로운 잡초도 무성하게 하는 것"과 같이 어느 집단에서나 모략을 특기로 하는 잡초 같은 존재는 있게 마련이다. 현대 조직에서도 전체의 투명성을 해치는 미꾸라지 같은 크고 작은 모략행위가 행해지고 있다.[14]

따라서 모략에 당하지 않으려면 중상모략의 대응법을 알아야 한다. 대체적으로 악한 사람이라면 당연히 했어야 할 행동마저도 선한 사람들은 참고 말기가 일쑤다. 하지만 악한 사람들은 그것을 역이용해 선한 이가 하지도 않은 행동을 했노라고 떠벌이고 다녀서 오히려 죄는 선한 사람이 지는 어처구니없는 경우가 빈발하는 것이 세상사다. 없는 사실을 만들어 사람을 매장하는 모략배들이 있는 한 그 조직은 곡소리가 끊이지 않을 것이다.

모략행위 하나하나에 일일이 대응하는 기법은 존재하지도 않거니와 실행도 불가능하다. 마치 모략이 두려워 정작 중요한 일을 못하게 되기 때문이다. '한 명의 도둑을 열 사람이 못 막는다'는 원칙에 주목할 필요가 있다. 항상 정도(正道)를 걷는 태도가 중상모략에 대응하는 기본 원칙이다. 그리고 대국적 차원에서 소통에 대한 학습과 교육을 강화하는 것이 또 하나의 방법이 될 수 있다. 하지만 무엇보다 중요한 방법은 중상모략이 발붙일 수 없는 소통 환경을 조성하는 것이다.

11) 식언

우리는 거짓말을 일삼는 사람을 두고 흔히 '거짓말을 밥 먹듯이 한다'고 한다. 이를 그대로 한자로 옮긴 말로 '식언(食言)'이다.[15] 먹을 食자에 말씀 言자, 식언, 내가 한 말을 먹어버렸다는 뜻이다. 한번 뱉은 말은 삼킬 수가 없다. 그런데 자기가 한 말을 다시 꿀꺽 먹어치우는 사람이 있다. 분명히 자기가 말해 놓고, 내가 언제 그랬냐고 시치미를 뚝 떼거나, 기억나지 않는다며 고개를 갸웃한다. 이런 것을 두고 식언을 일삼는다고 한다. 비슷한 의미의 단어로는 한 입으로 두 말을 한다는 뜻의 '일구이언(一口二言)'이나 남을 속이기 위해 거짓말을 한다는 뜻의 '위언(僞言)'이 있다.

살다 보면 식언을 피할 수 없지만 가장 자주 하는 건 역시 정치인들이다. 처칠도 정치인의 자질에 대해 "내일 내주 내달, 그리고 내년에 일어날 일들을 예언할 수 있는 재능과 훗날 그 예언이 들어맞지 않았던 이유를 잘 설명할 수 있는 능력"이라고

---

14) 모략의 대표적인 수단으로 투서(投書)가 사용된다. 투서 행위는 눈에 가시인 리더나 팔로어를 제거할 목적으로 다른 사람의 이름을 허가 없이 도용해 탄원서나 진정서를 써 보내는 방법이다. 양심선언격인 실명(實名) 투서는 뒷골목의 부정을 고발해 사회를 정화하는 순기능을 하기도 하지만 익명(匿名) 투서는 심각한 역기능을 가지고 있다. 기본적으로 투서에 의한 모략은 자신의 정체는 밝히지 않은 채 특정인을 해침으로써 자신의 이익을 추구하는 행위다. 마치 커튼 뒤에서 몰래 자기의 원한을 복수하거나 경쟁자의 시체를 밟고 진급하려는 것과 비교되는 음해행위다.

15) 식언(食言)이란 말이 나오는 가장 오래된 기록은 『서경(書經)』 탕서(湯書)다. 『서경』 탕서는 은나라 탕 임금이 하나라 걸왕을 치기 위해 군사를 일으켰을 때 모든 사람에게 맹세한 말이다. 그 끝 부분에서 신상필벌의 군규(軍規)를 강조하고, "너희들은 내 말을 믿으라. 나는 말을 먹지 않는다"라고 말했다.

했다.[16] 거짓말 잘하는 직업을 묻는 한 여론조사에서 76%가 정치인을 꼽았을 정도다. 국익은 나 몰라라 한 채 정략에 따라 툭하면 말을 바꾸는 식언의 정치판이다. 대구고등법원에 근무하는 대학 선배인 정판사가 재경 동창회에서 필자에게 한마디 했다. "식언을 경계하라."

그림 1-6 거짓말과 식언

3 막혀버린 소통의 문화

흔히 볼 수 있는 막혀버린 소통으로 인해 개인적·국가적 손실은 어느 정도인지 조사된 바도 없고 확인하기도 어렵다. 하지만 고도 정보화 시대에 소통의 변질에 대한 근본 원인이 무엇인지 파악하고 그 실태를 연구해 볼 필요가 있다. 필자가 맑고 깨끗한 소통과 소통의 오염을 방지하기 위한 변화 방향을 찾아보기 위해 우리나라의 문화적 측면에서 접근한 분석이다. 경찰대학교를 나와 대구경찰청에 근무하는 경무관과의 만남 이후 소통의 변질 원인을 제대로 연구하게 되었다.

1) 권위주의적 문화

한국은 유교사회의 권위주의적 사회 질서가 유지되어 온 탓으로 윗사람의 말에 무

16) 프랑스의 정치 풍자 유머는 더 통렬하다. 정치인들을 태운 버스가 밭으로 굴러 떨어졌단다. 밭을 갈던 농부는 부상당한 정치인까지 모두 땅에 묻었다. 경찰이 생존자는 없느냐고 묻자 농부는 "몇몇은 아직 죽지 않았다고 말했지만 묻어버렸다"고 했다. 왜 그랬느냐는 질문에 대한 농부의 대답은 이랬다. "정치인이 하는 말은 모두 거짓말 아닌가요?"

조건 복종하고 아랫사람에게는 호령하는 문화 성향이 굳어져 왔다. 윗사람에 대한 절대 복종과 아랫사람에 대한 절대 순종을 요구하는 문화는 귀납적이고 분석적인 사고와 정확하고 근거 있는 소통을 마비시킨다. 대화 부재의 조직은 질문과 대답이 없는 조직이다. 대화가 없는 조직에서 말은 '독백'이며 '영혼의 방황'이다. 침묵은 조직의 실어증(失語症) 증세다. 정당한 대화가 부정되는 조직에서 사람의 마음은 열리지 않는다. 높은 이는 낮은 자리로 내려서야 하며, 낮은 이는 높은 곳으로 올라서야 대화가 이뤄진다.

참여적 소통은 쌍방이 수평의 자리에 서서, 아무런 제약이 없는 분위기 속에서, 끝없는 말길의 개방 속에서 행해진다. 소통이란 한 사람의 영혼이 상대방의 흩어진 머리결을 지나 그의 영혼 속으로 파고드는 것이기 때문이다. 자존심과 명분을 중시하는 수직적 소통문화 속에서 영혼 속에 파고드는 대화는 상상을 할 수 없다. 갈등은 소통으로 해결하는 것이 순리적인 것이지만 독재적 권위가 억압하는 속에서는 활발한 비판과 반론의 소통이 존재할 수 없다. 지위를 넘어서는 진심이 담긴 소통이 없다면 진정한 소통이 수행될 수 없다. 바로 그것은 실효성이 없는 독백과 같은 것이다.

2) 정보 차단적 비밀문화

정보의 차단은 대단한 위력을 지닌다.[17] 정보의 차단은 유기체로서의 개인과 조직을 죽게 만드는 위력을 지닌다. 정보의 흐름을 보면 그 조직을 알 수 있다. 조직의 분위기가 어두운 조직은 대체로 소통이 막혀 있지만 밝은 조직은 소통이 활달하다. 고객 접대에도 차이가 난다. 소통이 단절된 조직은 미심쩍은 얼굴로 귀찮다는 식의 응대를 한다. 모두 제 할 일만 하고 무관심하다는 표정이다. 반면에 소통이 잘 되는 조직은 모두가 관심을 지니고 환영한다. 이는 정보의 공유 정도에 따라 달라진다. 항상 활발한 소통이 유지되고 고객 정보에 대해 사전에 알고 있는 조직은 함께 맞이할 태도가 되어 있다.

작은 사무실에서도 정보가 흐르지 못하고 차단된다면 문제가 아닐 수 없다. 한 사무실에서 모든 사람은 서로의 업무에 대해 조금씩은 알고 있어야 하지만 한국 사회에는 비밀이 너무 많다. 한 책상을 사이에 두고 비리와 부정을 수십 년 동안 자행하

17) 1891년 자동전화기 특허를 따낸 사람은 장의업자 스트롱어(Almon Stronger)였다. 하지만 그에게 자동전화기 발명의 동기를 제공한 사람은 경쟁업체 사장의 부인이었다. 미국 캔자스시티 전화국의 교환원이었던 이 여자는 장례 주문전화가 걸려오면 자기 남편의 장의사로만 연결해 버렸던 것이다. 장의업자 스트롱어는 살아남는 방법을 찾아야 했고 결국 전화기를 발명하게 되었다.

는 것이 가능해지는 이유다. 폐쇄적 비밀문화에는 알 필요도 없고, 알아서도 안 되는 일들이 너무 많다. 마음을 열고 햇빛을 받아들이는 사람은 절대로 자기자신을 폐쇄하지 않는다. 설령 실의에 빠지더라도 스스로를 일으켜 세워 방향을 잃지 않고 전진한다. 능력 면에서 뒤지는 리더가 유능한 팔로어를 휘어잡는 유일한 방법이 정보 차단과 같은 폐쇄적 태도다. 그래서 정보 차단적 비밀문화는 반드시 개선되어야 한다.

3) 국민성

한국인들은 이동이 적은 농경사회에서 정착생활을 해 온 민족이기 때문에 마을의 어른에게 배척되면 살기가 어려웠다. 그래서 윗사람에게는 말을 절제하고 복종하는 존칭문화와 연장자 우대문화가 정착되었다. 좁은 마을에서 대대로 살기 위해서는 언어 절제는 꼭 필요한 지혜였고, 일제 강점기와 남북의 사상 대립 시대를 살아오면서 본능적으로 말조심에 대한 강박 관념이 깊게 뿌리 박혔다. 밖에서 할 말과 안에서 할 말을 구별하고, 내 편에게 할 수 있는 말과 타인에게 하는 말이 달라지는 삶 속에서 '소통의 이중구조'가 '사고의 이중구조', '도덕의 이중구조'로 확산되어 갔다. 가장 극단적인 것이 성문화에 대한 이중 기준이다. 한국인에게 남자의 외도는 있을 수 있고 여자의 외도는 엄벌해야 한다는 짝짝이 저울에 의한 윤리 의식이 잠재하고 있다. 이렇게 말과 행동이 이중적으로 달라지는 문화가 오래 지속되다 보니 행동에 맞춰 말과 의식 자체마저 변화되어 버리고 말았다. 이렇게 안팎이 다른 오도된 국민성은 하루아침에 달라지기 어렵다.

인도 사람은 자기 의사를 분명히 밝히지 않고, 조금 전에 한 말도 부정하기 일쑤이며, 남의 말꼬리를 물고 늘어지고, 자기 이익만을 계산하는 버릇 때문에 협상하기가 어려운 존재라고 한다. 유대인이 아랍 상인에게 뒤지고, 아랍인은 인도 상인에게 매번 당한다는 이야기가 전설처럼 내려온다. 이와같이 좋지 못한 소통 행태를 보이는 사람이 우리나라에도 있다. 우리 사회의 문제 해결 방식이 대화로써 차근하게 따져보기보다는 욕설과 주먹질이 먼저 나가는 경향이 있다는 것은 신문지상에서 자주 확인할 수 있다.[18]

---

18) 툭하면 말다툼과 싸움을 벌이는 대화 결여와 폭력성, 빨리빨리 하는 조급성, 감정적 격분성과 단순성, 이러한 것들이 어울려 병적인 소통문화를 야기하고 있다고 분석할 수 있다. 어떤 사람의 정서는 너무도 급변하고 안면을 참으로 쉽게 바꾼다. 유리할 때는 상냥하던 얼굴이 불리해지게 되면 금방 분노의 얼굴로 변한다. 이득이 되면 간을 빼어 줄듯이 호들갑을 떨다가도 불이익이 되면 매몰찬 눈으로 바라보는 정서의 급변성이 바람직한 소통을 어렵게 만든다. 약간의 스트레스에도 큰 소리를 지르고, 걷어차고 주먹으로 친다거나 한두 마디 건네다가 아니다 싶으면 금방 멱살을 잡거나 주먹

또한 지나치게 단순하고 순진한 국민적 정서도 큰 문제다. 내 편인 사람은 무조건 좋고, 반대편은 무조건 나쁘다는 이분법적 사고 방식을 가지기 쉬운 때문이다. 사실과 진실을 통해 평가하지 않고 내 편이 아니기 때문에 나쁠 것이 분명하다는 것이다. 노무현과 이명박은 좋은 대통령이라거나 나쁜 대통령이라는 이분법적 사고 방식, 김대중이나 전라도 사람은 어떻다는 식의 사고 방식은 무조건적이고 관념적이다. 본래 정서에는 합리성이 끼어들 소지가 부족하지만 객관성이 사라진 정서는 패거리 정서, 깡패 정서일 뿐이다.

지역 감정도 지역이기주의와 단순한 내 편 의식이 어우러져 지역 차별로 이어지고 있는 것이 현실이다. 딱 부러지는 자기 의견을 개진하지 않고 머뭇대거나, 어중간한 입장을 취하면 '사쿠라'라고 지적받는다. 중간 영역의 존재를 부인하는 분위기 때문에 본의 아니게 선명성을 내보이려고 과격한 소통을 행할 수밖에 없다. 극단적인 흑백 논리에 어쩔 수 없이 말려가는 소통문화인 셈이다. 일제 강점기에 독립투사들의 저항운동이나, 해방 후 정치를 국가 발전의 걸림돌로 여긴 권위적 통치자들에 대항해 어둡고 암울하기만 했던 통제의회 시대에 거친 말과 몸부림으로라도 항거해야 했던 민주투사들의 소통 행태도 이제는 시대가 바뀌면 달라져야 한다.

소통의 현장: 엄이도종(掩耳盜鐘)

대단한 리더십을 지닌 S정유회사 전무의 사무실을 방문했다. 대화 도중에 엄이도종이란 단어가 나왔다. 엄이도종(掩耳盜鐘, 가릴 엄, 귀 이, 훔칠 도, 쇠북 종)을 직역하면 '귀를 막고 종을 훔친다'는 뜻이고, 의역하면 '나쁜 일을 하고서도 남의 비난이 듣기 싫어 자기 귀를 막아 보지만 그래도 소용없다'는 뜻으로 풀이된다. 이 말은 곧 떳떳하지 못한 짓을 했음을 자기도 알고 다른 사람들도 다 아는데 짐짓 떳떳한 척하거나 모르는 체하는 행동거지를 빗댄 말이다.

유래는 중국 전국 시대 말기 진나라의 승상 여불위가 문객들과 함께 우화집 『여씨춘추(呂氏春秋)』에서 시작되어 『통감기사본말』, 『문헌통고』 등의 문헌에 사용된 것으로 알려진다. 진(晉)나라 육경(六經) 중의 한 사람인 범씨(范氏)는 중행씨(中行氏)와 함께 다른 네 사람에 의해 망하게 되었다. 범씨가 망하자 혼란(混亂)을 틈타 범씨의 종을 훔치러 들어 온 자가 있었다. 하지만 종이 매우 무거워 지고 갈 수가 없어 종을 깨뜨려 가지고 가면 되겠다고 생각하고 망치로 그것을 치니 종이 '쨍' 하는 소리가 있어 사람들이 그 소리

질을 하는 모습이 보인다. 이 같은 폭발성과 격정성은 소통을 방해한다.

그림 1-8 엄이도종

를 듣고 자기의 종을 빼앗을까 두려워 재빠르게 그의 귀를 막았다는 일화다. '소통 부재'와 '염치 상실'의 뜻을 내포한 말이기도 하다. 고의적인 잘못이든 어쩌다 저지른 실수이든 간에 그 잘못을 스스로 깨닫지 못하거나 스스로가 옳다고 우기기만 하는 태도를 두고 '염치가 없다'고 말한다. 이를 후안무치(厚顔無恥)라고 쓰기도 한다. 같은 뜻을 가진 한자어로는 엄이투령(掩耳偸鈴), 엄이도령(掩耳盜鈴), 엄목포작(掩目捕雀)이 있다.

제 3 절 기본 예절을 벗어난 소통의 태도

1 소통 실패의 근본 태도

혜안이 부족한 사람들은 눈앞의 사사로운 이익에만 급급해 하는 경향이 있다. 나뭇잎 하나가 눈을 가려 태산을 보지 못하는 것이다. 그들의 시야는 눈앞에만 고정되어 있다. 문제가 생긴 곳만 해결하고, 문제의 근본적인 해결책은 생각해 내지 못한다. 오로지 눈앞의 상황에서 벗어나려고 애쓰느라 장래의 이익은 생각할 겨를이 없다. 결국 얻는 것보다 잃는 것이 훨씬 많아진다.

따라서 소통을 할 때 지켜야 할 기본 예절이 있다. 예를 들면, '발언을 독점하지 않는다.' '단정적이거나 고압적인 말은 피한다.' '결론을 내리지 못하는 잡담으로 끝나는 말이나 주제와 어긋나는 탈선은 피한다.' '참석자가 다 같이 듣고 다 같이 생각할 수 있는 말을 한다.', '발언을 중도에서 막지 않는다.' 등이 있다. 이러한 것들이 소통의 기본적인 예의다. 따라서 이러한 기본적 예절을 지키지 않는 것은 리더가 소통 실패를 자청하는 행위다.

1) 타인을 평가하는 태도

타인을 무분별하게 평가하지 말아야 한다. 자신이 옳다는 시각에서 보면 타인은 결함투성이로 보이기 마련이며, 인간은 그 한계 능력으로 인해 타인의 사정에 관해 정확히 알지 못할 뿐 아니라 보는 사람의 입장에 따라 사실에 대한 평가가 달라지기 때문이다. 남을 비난하는 평가를 하는 태도는 곧 자신의 인격을 비하시키는 것이다. 이성계와 무학대사의 '돼지 눈에는 돼지만 보인다'는 고사와 같은 것이다.

2) 논쟁하는 태도

"논쟁에서 이기는 방법은 하나밖에 없다. 논쟁을 피하는 것이다."라는 말이 있다. 논쟁이란 서로 자기 의견만이 옳다고 주장하는 데서 생기기 때문에 다른 한편이 패배를 인정해야 끝나는 것이다. 진 쪽은 열등감을 갖게 되고 자존심이 상하게 된다. 좁은 골목길에서 개와 부딪치게 되었을 때 권리를 주장하다 개에게 물리는 것보다는 길을 비켜 주는 게 상책이다. 개와 싸워 승리하더라도 물린 상처는 남는 법이다. 그래서 논쟁하는 말은 백해무익한 것으로서 정당한 토론으로 이끌어야 한다. 인간의 마음은 논쟁으로 움직여지는 것이 아니다. 아무리 무지한 사람과의 논쟁일지라도 논쟁에서 이기는 것은 불가능하다.

논쟁을 하는 동안에 상대방을 이기고 있다는 기분이 들지도 모르지만 그것은 무의미한 승리다. 왜냐하면 상대방의 호의는 그만큼 멀어지기 때문이다. 논쟁에서 승리와 상대방의 호의는 두 마리의 토끼와 같다. 자기 발전에 열심인 사람은 논쟁을 할 겨를이 없다. 논쟁의 결과로 빚어지는 불쾌감을 생각한다면 미리 양보하는 것이 좋다. 소통의 목적을 생각한다면 논쟁할 이유가 없는 것이다. 적을 만들려면 친구에게 이기고 내 편을 만들려거든 친구가 이기게 하라는 격언을 기억하라.

3) 서투른 충고적 태도

소통에서 상대의 잘잘못을 지적해 그의 생각을 바꾼다는 것은 아무리 좋은 조건에서도 곤란하다. 누군가에게 충고하고 싶거든 상대가 알아차리지 못하도록 감쪽같이 하라는 말이 있다. 가르쳐 주지 않는 척하면서 가르쳐 주고, 상대의 무지는 다만 잊었을 뿐이라고 말해 주는 것이 현명하다.

소크라테스는 자신이 알고 있는 것은 오직 한 가지, 아무것도 모른다는 사실뿐이라고 했다. 상대가 잘못되었다는 사실을 분명히 알았을 때라도 그것을 노골적으로 지적하기보다는 한 발짝 물러나서 "아마 제가 잘못 생각한 것이겠지요. 다시 한 번 신중히 생각해 봅시다." 하고 말한다. 그래서 특정인의 의견을 조소나 비난으로 바꾸게 할 수는 없지만 이해와 의논으로 쉽게 변화시킬 수 있는 것이다.

영국의 정치가 필드경(Sir Chester Field)은 처세에 관해 "가능하다면 남보다 현명해져라. 하지만 그것을 남이 알게 해서는 안 된다."고 했다. 사람은 이성보다는 감정으로 움직이는 경우가 많으므로 누구나 자신의 잘못을 지적당하면 화가 나기 마련이고 자존심이 상하게 된다. 따라서 충고는 간접적으로 상대가 모르는 사이에 하는 것이 원칙이다.[19] 사람을 납득시키는 데는 조금은 외교적 태도가 필요하다. 암시를 주고서 결론은 상대방이 내리게 하는 것이 가장 현명하다. 금연 장소에서 담배를 피우는 팔로어에게 오히려 담배를 나눠주며 "우리 나가서 피우고 오는 게 어떨까?"라고 말하는 리더의 '깊음'이 필요하다.

4) 타인을 비난하는 태도

인간은 본능적으로 남을 칭찬하기보다는 헐뜯기를 좋아하는 법이다. 왜냐하면 상대를 비난함으로써 자신이 이익을 취하거나 유리한 입장에 선다고 믿기 때문이다. 이를 심리학에서 '투사행위'라고 한다.[20] 과거 독일 군대에서는 어떠한 불평불만도 하룻밤을 지낸 후에만 말할 수 있게 했다. 불만이 가득한 마음으로 하룻밤을 지내면서 화를 진정시키고 이성을 되찾게 한 것이다. 남을 비난한다는 것은 유해무익한 일이다.[21]

---

19) 프랭클린(Benjamin Franklin)은 남의 의견을 면전에서 반박하거나 자신의 의견을 결코 결정적인 투로 얘기하지 않았다. 꼭 해야 할 필요가 있을 때는 "조금 다르게 생각되는데"라고 부드럽게 서두를 꺼냈다.

20) 투사란 자기 내부에 있는 바람직하지 못한 생각과 감정을 자신은 깨닫지 못하고 타인을 비난함으로써 자신을 무결점 인간으로 인식하고 싶어하는 행동이다.

21) 미국 암흑가의 알 카포네는 자신은 사회를 위해 일하려고 했지만 세상은 차가운 시선과 비난만을 했다고 불평했다. 뉴욕 주의 싱싱(Sing Sing)형무소의 소장은 대부분의 수감자가 자신들의 잘못을 깨우치지 못하고 자신들의 위법행위에 대해 그럴듯한 이유를 가지고 타인을 비난할 줄만 안다고 말했다.

링컨(Abraham Lincoln)은 "남의 잘못을 심판하지 말라! 타인으로부터 심판받는 것이 싫다면"이라는 좌우명을 즐겨 사용했다. 아내가 남부 사람들을 욕하면 링컨은 "너무 나쁘게만 말하지 말아요. 남부 사람들 입장에서 보면 우리들도 똑같이 되니까" 라고 말했다. 1863년 7월 게티즈버그에서 범람한 강물로 궁지에 몰린 남군을 미드(George G. Meade) 장군의 실수로 놓치고 말았다. 이에 링컨은 미드 장군에게 불쾌한 편지를 썼지만 부치지는 않았다. 그는 생각하기를 "나는 백악관에 앉아서 미드 장군에게 공격을 명령하기만 했지만 미드 장군은 전사자들의 비명과 신음소리 속에서 공격하기 어려웠을 것이다. 미드 장군이 경험한 것과 같은 것을 내가 경험했더라면 나도 마찬가지 였을 것이다. 더구나 만사가 끝난 마당에 이 편지를 보내면 미드 장군은 자신을 정당화하고 나를 비난할 것이다. 결국 비난은 아무런 쓸모가 없는 것이다."라고 결론내린 것이다.

영국 의회에서는 동료 의원들을 호칭할 때 반드시 존칭을 사용해야 한다. 써서는 절대 안 되는 표현으로는 '거짓말쟁이, 악당, 비겁자, 위선자, 부패분자, 천한 자, 반역자' 등이다. 만일 이 불문율을 어기게 되면 퇴장과 의사당 시계탑 지하실에 갇혀서 13.5톤에 달하는 시계의 굉음에 시달리는 제재를 받는다.

타인을 비난한다는 것이 얼마나 무서운 행위인가를 경고하는 말들은 많이 있다. 영국의 문학자 존슨(Samuel Johnson)은 "신(神)조차도 인간을 판단하는데 그 사람의 사후까지 기다린다"고 했으며, 프랭클린(Benjamin Franklin)은 성공의 비결을 "남의 결점을 들춰내지 않고 남의 장점만을 찾아 칭찬하는 것"이라고 말했다. 선불리 남을 교정하려 하기보다는 자신을 먼저 고쳐 나가는 것이 훨씬 현명한 일이다.

5) 역린의 태도

"용이란 동물은 길들이면 순하다. 하지만 목구멍 아래 지름 한자가 되는 비늘이 거꾸로 나 있는데 이것을 건드리면 난폭해져 인간마저 잡아먹고 만다." 이것을 역린(逆鱗)이라고 일컫는다. 인간관계에서 방심할 수 없는 것이 마음이다. 모르는 사이에 상대의 마음을 상하게 하여 그것이 뜻하지 않은 상황에서 폭발해 봉변을 당할지 모른다. 역린을 겁내야 한다. 무심코 한 말이 상대방의 격노를 초래하거나 잘못된 오해가 되어 상대의 역린을 건드리는 일이 있을지도 모른다. 따라서 상대방이 열등감을 지니고 있는 점이나 소중히 생각하는 것에 대해 자극하는 태도를 줄여야 한다. 역린은 다음과 같은 것으로서 누구에게나 있는 것이다. 소통 과정에서 불필요하게 역린을 건드리지 않도록 숙고해야 한다.

첫째, 상대방에게 그의 능력 밖의 일을 시키든가 그가 하고자 원하는 일을 이유 없이 못하게 하는 태도다. 둘째, 상대에게 중대한 과실이 있을 때 정면으로 도덕적 비난을 가하는 태도다. 셋째, 상대가 타인의 공을 가로채서 자기의 공인 것처럼 자랑할 때 그 내막을 밝히는 태도다. 따라서 상대방의 심정이 되어 상대방의 입장에서 내 몸의 안전을 도모하면서 상대방을 움직일 수 있도록 하는 요령이 요구된다.

6) 반복적이고 위협적인 태도

겁을 주어 공포심을 유발시킴으로써 변화를 일으키려는 소통을 위협적 소구(威脅的訴求)라고 한다. 참혹한 교통사고의 현장을 보여주면서 교통 질서 준수를 유도한다든가, 흡연자의 암 발생률을 발표하면서 금연을 권장하는 것, 프로야구 선수들에게 '볼을 놓치면 밥그릇이 떨어진다' 등의 말이 그것이다. '~해라 그렇지 않으면' 식의 말이 위협적 소구다.

위협적 소구는 위협과 처방을 동시에 둠으로써 겁을 먹고 정서적 긴장을 한 상태에서 처방을 수용하도록 만드는 것이다. 하지만 겁을 주기 위한 위협의 강도가 너무 세다든가, 겁을 먹는 횟수가 너무 누적되면 '양치는 목동과 늑대'의 이야기처럼 효력이 사라지게 된다. 불법 부동산 투기자, 성 매매자, 마약 복용자, 병역 기피자 등에게 써먹던 위협적 소구가 명단 공개였다. 하지만 그 효과는 미지수다.

7) 불쾌한 호칭의 태도

낯선 사람에겐 당연하게 "여기요, 아줌마, 아저씨, 할머니"로 부르는 사람이 있다. 청와대에 근무하는 어느 고급공무원은 청와대 앞에서 택시를 탈 때 한 여직원이 "아저씨, 어디까지 가세요"라고 해서 많이 놀랐다고 한다. 상대방을 뭐라고 불러야 적당할지 망설여지는 경우에는 기분 나쁘지 않은 호칭을 사용하는 것이 바람직하다. 직장이나 학교 등 사회적 자리에서는 사회적인 호칭인 '아무개 씨' '아무개 선생님'으로 부르는 것이 바람직하다. 하지만 연령 차이가 나는데도 불구하고 '아무개 씨'라고 이름을 부르는 것은 곤란하다.

8) 팔로어의 공로를 가로채는 태도

깨끗하지 못한 소통의 대표적인 태도가 팔로어의 공로를 가로채는 것이다. 리더는 기본적으로 공로를 양보하고 팔로어를 내세우는 것이 본연의 모습이다. 자연스러운

그림 1-8 역린, 과다한 말, 불쾌한 호칭

형태로 공을 양보하는 리더는 그 업적에 대한 보상이 따로 있다. 하지만 가로채어진 팔로어에게는 아무것도 없이 오직 낙담만 남을 뿐이다.

2 소통 리더의 자격에 어울리지 않는 언어들

저명한 컨설팅 회사에서 25년째 근무하고 있는 김상무는 주어진 권한과 우월한 위치 때문에 자칫 경솔한 언어를 표한 적이 있음을 말해 주었다. 말에는 사람을 살리는 말이 있고, 사람을 죽이는 말이 있다. 팔로어가 일에 의욕을 갖게 되거나 사기가 올라가는 것은 리더의 아주 사소한 말투나 질문, 잡담, 농담에서 시작된다. 하지만 사적 감정만으로 팔로어의 내면적인 고뇌나 인간 존엄성을 고려하지 않고 거친 말을 사용하는 것은 옳지 않다. 그것은 팔로어의 반발이나 좌절을 초래하고 결국 리더의 권위를 해칠 뿐이다. 기본적으로 상대를 신뢰하고 잘되기를 바란다는 마음을 가지고 있다면 감정 섞인 말투는 나오지 않는다.

리더의 자격에 어울리지 않거나 불필요한 쓰레기 같은 말을 찾아보면 다음과 같다.

1) 욕설

인격을 모독하는 욕으로 사람을 다스릴 수는 없다. 왜냐하면 소통에는 '반사의 원칙'이 작용하기 때문이다. 누가 자신을 무시하면 그만큼 상대에게 반발하는 것이 인간이다. 채찍질의 역할을 하는 충격요법적 언어도 자주 사용하면 효과가 반감된다. 평소에 고운 말을 쓰지 않으면 위급할 때에 아무리 험한 말을 사용해도 효과가 나타나지 않는다.

욕쟁이로는 박정희 개발연대의 경제부총리 김학렬 씨가 있다. 그가 애용하던 욕은 동물급(개새끼), 불구자급(병신)이었고 경우에 따라선 패륜적 표현도 가리지 않았다.[22] 한참 동안 욕을 먹은 어떤 과장은 문을 열고 나온다는 것이 캐비닛 도어를 열기도 했다고 한다. 당시 외국 박사, 고시 출신으로서 훗날 경제부처의 장, 차관이 되었던 엘리트 관료들은 이 지옥 같은 스트레스를 이겨내기 위해 무진 애를 썼다. 저축률, 통화량, 경제 개발 목표 등 웬만한 수치는 달달 욀 정도로 책을 파야 했고 그래도 깨지면 퇴근길에 대포로 모멸과 시름을 달래곤 했다. 당시의 관료사회의 분위기가 척박한 나라에서 잘살아보자고 소매를 걷어붙이고 한번 해보자는 열정이 있었기에 이러한 군기잡기식 언어는 그나마 통했었다.

하지만 욕설과 위협으로서 팔로어를 닦달해 일을 시키던 시대는 지났다. 이른바 신세대는 물론 군대 사병들조차 민주 의식과 자기 존엄성, 자기 권리 찾기에 민감한 것이 현실이다. 리더가 욕설로 지휘하던 모습은 과거의 군대에서 찾아볼 수 있었다. 1984년 10월 훈련소행 야간열차에 몸을 실은 필자는 인솔 장교가 "이 새끼들! 여기가 어디인 줄 알아? 이리 나와 봐!"라고 욕설로 엄포를 놓음으로써 군기를 잡으려 했던 당시의 모습이 지금도 떠오른다. 그 순간 끓는 물에 찬물을 부은 듯 실내의 분위기는 급속히 냉각되어 정적과 침묵이 흘렀다. 그때 나에게 느껴지는 체감이 '야아! 이것이 말로만 듣던 군대로구나! 말과 행동이 너무나 거칠구나!'라고 느꼈다.

하지만 대중을 다루는 방법에도 이런 방법이 사용되어 왔음을 군대생활을 하면서 깨닫게 되었다. 집단 통솔에 유용했던 이러한 욕설과 거친 태도가 군복무 기간 중에 계속적으로 행해졌고 이런 분위기에 훈련된 병사는 제대 이후에도 습관화되어 좋지 못한 군사문화가 사회까지 스며든 면이 있다.[23]

현대 사회에서 팔로어에게 반말이나 욕설을 사용하는 관습은 사라졌지만 아직도 상명하복을 절대적으로 요구하는 그 잔재가 남아 있다. 이러한 폐습은 업무 추진에 도움이 되지 않는다. 이제는 상대방도 말로 하면 통하는 지식인이요 지성인이라는 믿음, 그리고 인간에 대한 예의 및 존중하는 마음을 지니려고 노력해야 한다. 무엇보다 욕으로 다그치면 일이 잘된다는 사고 방식의 변화가 최대 관건이다. 당신이 '욕쟁이'

---

22) 그는 팔로어를 야단칠 때 항상 국가와 민족을 앞세웠다. "네가 국장이야 이 새끼야, 나라가 망하겠다. 너 같은 놈은 빨리 뒈지는 게 좋아. 여기 15원이 있어. 요새 버스값이 15원 한다니까~ 버스를 타고 한강으로 가. 다리 위에 서서 동쪽 하늘을 쳐다보고 한번 곰곰 반성해 봐. 내가 이 나라 이 민족을 위해 뭘 했나 말이야. 한 일이 없다는 생각이 들 거야. 그러면 뛰어내려. 그게 애국하는 길이야. 이봐. 우리나라가 쌀을 수입하잖아. 네가 죽으면 입 하나가 줄어드니 애국하는 거야!" 하는 식이었다.

23) 미국 뉴저지주 래리턴(Raritan) 의회는 욕을 하는 사람을 구속하는 '상소리금지법'을 제정했다.

할머니처럼 정겨운 욕쟁이가 아니라면 말이다.

2) 불신하고 비관하는 말

팔로어를 믿지 못하겠다는 의심하는 말은 팔로어를 지휘해 나가는 데 많은 지장을 초래한다. 무엇인가 일이 잘못 되었을 때 "믿었던 도끼에 발등 찍힌다더니", "너를 믿었던 내가 잘못이지" 하는 등 당초부터 믿지 않았어야 했다는 식의 말은 피하는 것이 좋다. 이런 투의 불신은 개선하고자 하는 팔로어의 노력에 찬물을 끼얹는 결과를 초래한다. 마찬가지로 동료의 행동에 의심을 품는 듯한 말도 불신을 조장하므로 회피해야 한다. 의심은 우리가 자주 빠지기 쉬운 생각의 함정 중 하나이며, 남과 자신을 해치는 근원이다. 의심을 하기 시작하면 주변의 모든 사물에 습관적으로 부정적인 생각을 갖게 된다. 일단 의심이라는 함정에 빠지고 나면, 모든 사물에 과민 반응하게 된다. 주변 사람들 역시 자신을 의심한다고 여겨 대인 관계에도 나쁜 영향을 가져온다.

마찬가지로 비관적인 언어를 쓰면 팔로어의 사기를 꺾는다. '어차피 못할 일인데……'라고 단정하면 팔로어도 '어차피 일해도 인정해 주지 않을 일인데……' 하는 태도로 일한다. '이럴 줄 알았어'식의 말, '글쎄 가능할까' 등은 팔로어의 재기를 꺾는 말이다.

비관적인 사람들은 짐짓 부와 명예에 관심이 없는 것처럼 행동한다. 그들은 늘 공허함을 느끼며, 매사에 비관적이고 소극적이다. 적극적으로 행동하지 않으며, 능력이 뛰어난데도 평생 이룬 것이 하나도 없다. 비관적인 태도와 긍정적인 태도는 생각의 차이에 기인한다. 치열한 경쟁사회를 살아가다 보면 우울해질 때도 있고, 무력감을 느낄 때도 있다. 하지만 성공하고 싶고 행복해지고 싶다면 반드시 긍정적인 태도를 가져야 한다. 스스로에게 희망을 불어넣고, 내가 나의 진정한 주인이라는 사실을 항상 명심해야 한다.

3) 비겁한 말

표면적으로는 동조해 주지만 실제로는 아무런 도움을 주지 않는 리더가 있다. 팔로어의 하소연에 "응, 응, 알겠어" 하고 고개를 끄덕이면서 곧 해결해 줄 것같이 하고는 감감 무소식으로 팔로어의 애간장을 녹이는 리더다. 나중에 찾아가면 "그런 말을 한 적이 있었나" 하고 잡아떼거나, "자네 생각이나 입장은 이해하지만 윗사람이 결정하는 일이니. 내가 노력은 했지만 어쩌겠어" 하며 윗사람에게 책임을 전가하는 변명을 한다. 이런 리더는 팔로어에게 생색만 내고 공수표만 끊을 뿐이지 정작 문제 해결에 관심을 두지 않는다.

처음부터 감당하기 어려운 일이라면 사실대로 이야기하면 될 터인데, 그것을 가능한 것처럼 해놓고는 세월만 보내려는 비겁한 사람이다. 평소에는 다정해도 긴요한 때는 반드시 도망치는 이중인격적 리더형이다. "나는 모른다……윗사람이 결정한 일이라서" 하고 자신의 책임은 없는 듯이 하고 꽁무니를 빼는 것이다. 이와같이 다정하기만 할 뿐 실속이 없는 소통을 하는 리더는 결국 팔로어에게 경멸의 대상이 된다.

4) 업신여기고 인격을 무시하는 말

업신여기는 말은 불타는 열정에 찬물을 끼얹는 언동이다. 많은 리더는 팔로어가 뭔가 잘 해보려고 하다가 잘 안 되었을 때 무조건 큰 질책을 하는 경향이 있다. 특히 누구와 비교해서 업신여기거나 인격을 무시하는 말을 무차별적으로 퍼붓는다. "그렇게 될 줄 알았어!", "네까짓 것이 뭘!", "네가 하는 일이 항상 그렇지 뭐!" 하는 따위의 말이다. "어려운 일인데 네가 잘해 낼 수 있을까?", "잘 못할 것 같은데?", "걱정이 되는데" 등의 말을 하면서 업무를 맡기는 리더의 태도는 팔로어에게 미래의 희망을 갖기 어렵게 만들고 혼이 살아 있는 조직을 만들기 어렵다.

상대방이 아무리 말단 직원이거나 나이가 어려도 인격을 무시하는 말을 해서는 사람을 효율적으로 지휘할 수 없다. 리더라고 해서 그 팔로어의 사생활이나 인생, 그리고 정신까지 지배한다고 생각하는 것은 금물이다. 팔로어의 인격을 멸시하는 투의 "이 답답한 놈아", "너만 보면 피곤해", "너 같은 것이" 하는 따위의 말은 팔로어의 감정을 상하게 하여 "두고 보자!"는 적개심만을 심어주거나, "나는 안 돼!"라고 자포자기하게 만든다.

5) 극단적인 말

평소에 거친 말씨를 사용하는 리더가 불편한 상황에 처하게 되면 극단적인 언어를 아무렇지 않게 쓰기가 쉽다. 하지만 어떠한 경우에라도 허리 아래를 지칭하거나 동물과 비유하는 등의 결정적 타격을 주는 말은 결코 피해야 한다. "당장 없어져(꺼져) 버려", "내 눈앞에서 사라졌으면 좋겠다", "너와 같이 일하는 내가 한심하다", "차라리 그만둬라", "차라리 죽어버려" 등의 말을 내뱉음으로써 순간적인 감정은 해소되겠지만 듣는 사람의 입장을 헤아린다면 그 결과는 두려운 것이다. 평생 후회하게 되거나 인간관계를 끝맺음하려고 각오하지 않는 이상 막다른 극한적인 말은 억제해야 한다.

6) 영합하는 말

쓸데없이 팔로어에게 영합하는 말도 곤란하다. 팔로어를 제대로 다루지 못하는 리더가 팔로어의 의견이나 행동에 쓸데없이 저자세로 영합한다. 늘 팔로어를 추켜주거나 비위를 맞춰야 하는 리더의 무능함은 "자네 같은 유능한 인물이 이런 일을 하기는 아까워", "너무 무리하지 마", "왜 그래 오늘 기분이 안 좋은 것 같아" 등의 속보이는 말에서 드러난다. 심한 경우는 팔로어와 함께 윗상사의 험담을 한다. 동료끼리 어울려 불평하는 거라면 이해할 수 있지만, 팔로어와 함께 그런다면 체신머리 없는 행동이 된다. 사람이 불평을 하면 스트레스가 해소된다지만, 그와 정반대로 매사에 감사하는 마음으로 언동을 하게 되면 잠재의식 속에 어두운 그늘도 남지 않고 생동적이 된다는 사실을 몸소 시범해 보이고 팔로어의 잘못을 적당히 꾸짖는 리더가 되어야 한다.

7) 특정인에 대한 막말

증권회사 인사팀에 근무하는 30대 중반의 제자를 만났다. 사내에 막말하는 상사가 있다면서 고충을 토로한 자리였다. "아무개는 문제가 많아" 등의 개인을 공격하는 언어를 절제하지 않으면 자신도 고립되는 것은 물론이고 조직 분위기를 파괴시키는 결과를 초래한다. 다른 사람에게 특정인의 결점이나 흠을 확인하는 듯이 묻는 말도 인화를 해치는 이간질이 된다. 리더의 이러한 말은 팔로어를 혼란시키고, 결국 나도 다른 곳에서 말하고 다니는 것은 아닐까 하는 의심을 하게 만든다.

8) 편애하는 말

팔로어의 지위나 개인적 친분, 호감에 의해 차별하는 언행도 피해야 할 부정적 언어의 대표적이다. 편드는 발언으로 면박을 주는 것은 팔로어의 기를 꺾는다. 사사로운 감정으로 특정 팔로어를 편들면 조직원 전체로부터 비난을 받을 우려가 높다. 이렇게 편애를 하게 되면 집단의 능력이 반으로 사장되고 만다. 왜냐하면 편애를 받은 팔로어는 자아도취와 오만해지게 된다. 반면에 소외된 자는 불쾌감을 느끼고 일의 의욕을 상실해 버리기 때문이다. 아울러 리더는 팔로어로부터 신뢰와 권위를 잃게 된다. 결국 팔로어는 권위를 잃은 리더의 말을 듣지 않는다.

자신감을 가지게 하는 것은 중요한 일이다. 하지만 자신감이 지나치면 '자아도취'로 변질될 수 있다. 많은 사람이 편애를 받거나 성공하고 나면 자신도 모르게 자아도취에 빠져들어 초심을 잃어버린다. 스스로를 과대평가하고, 주변 사람을 무시한다. 그러다가 경솔한 판단을 내려 실수하기도 하고, 결국 실패의 나락으로 떨어진다. 매사에 자아도취의 함정을 피하고, 겸손한 자세를 늘 잃지 말아야 한다.

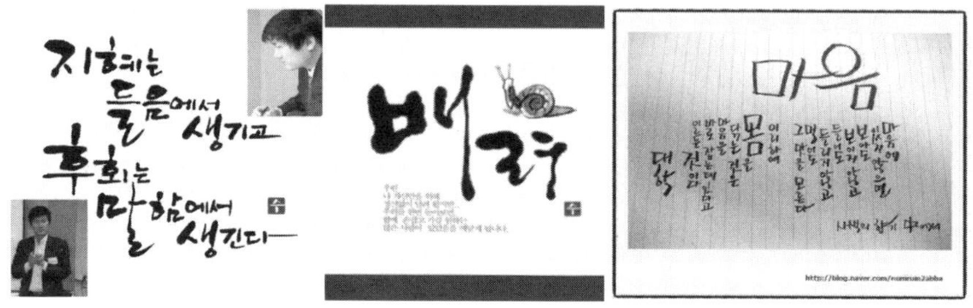

그림 1-9 지혜는 들음에서 생기고, 후회는 말함에서 생긴다

소통을 위한 진단 코너(coaching point): 소통 능력 자기진단

소통을 잘하는 것은 '마음을 담아서 말하는 것'이다. 다른 사람과 소통을 할 때는 항상 마음이 오가는 대화를 나눠야 한다. 소통의 목적은 '공감대 형성'이며, 소통 능력이 리더십의 성공을 결정한다!

아래 문제들은 내가 상대의 이야기를 어떻게 듣는지 알아보기 위한 것이다. 만약 다음과 같은 말을 상대가 나에게 해 온다면 어떻게 반응을 보일 것인지 가장 가깝다고 생각되는 것에 ○표 하라.

1. "퇴근 시간만 다가오면 일거리를 많이 주니 저는 퇴근하지 말라는 것입니까?"
   ① 직장 일이 다 그런 것 아닌가, 자네가 좀 참아줘야지.
   ② 오늘 무슨 약속이 있는가?
   ③ 이봐, 여기가 퇴근하러 다니는 곳인가?
   ④ 남의 사정은 알아보지도 않고 무리하게 일을 시킨다는 말인가?

2. "저는 매일 같은 일만 되풀이하고 있습니다. 더구나 그 일은 중학생 정도면 할 수 있는 일입니다."

① 불평도 소용없네. 업무가 본래 그런 것인데 난들 어떻게 하겠나!
② 일을 좀 더 재미있게 할 수 있는 방안이 있으면 얘기해 보게.
③ 조금만 더 참고 하면 위에서도 무슨 배려를 해 주시겠지.
④ 너무 단순히 작업을 반복하려니 지루하지?

3. "제가 맡은 일의 진전도 별로 없고 그것 때문에 두 번씩이나 실장님께 심한 꾸중을 들었습니다. 그래서 저는 어떻게 해야 좋을지 모르겠습니다."
① 그러니까 열심히 노력하게!
② 왜 일의 진척이 없는가?
③ 당신이 맡은 일이 중요한 것이니까 그러시겠지. 가능하면 빨리 마칠 수 있도록 최선을 다해 보게.
④ 일의 성과가 좀처럼 없고 또 꾸중까지 들으니 의기소침해졌군!

4. "이 부서에 왔을 때 승진을 다소나마 기대하고 열심히 일했습니다. 그런데 4년이나 지난 지금까지 저는 같은 지위에 머물러 있습니다."
① 당신에게 무엇인가 문제가 있어서 그런 것 아니야?
② 인사과에서 당신이 왜 승진이 안 되었는지 얘기하던가?
③ 조금만 더 참게. 인사체증이 있지만 이번에는 승진하겠지.
④ 승진이 되지 않아 무척 실망하고 있군.

5. "과장님은 다른 사람에게는 쉬운 일을 맡기면서 왜 저한테만 항상 어려운 일을 맡기십니까?"
① 무슨 말이야! 이제는 쉬운 일을 시켰다는 것을 모르나?
② 어째서 자네한테만 힘든 일을 시킨다고 생각하는가?
③ 그렇게 어려운 일을 잘해낼수록 조직에서 유능한 사람이란 인상을 주네.
④ 업무의 할당이 불공평한 것 같아 기분이 상했군!

〈응답지 1〉

구분	자신의 반응	토의 결과	바람직한 반응
1			
2			
3			
4			
5			

〈응답지 2〉

구분	비판		정보의 요구		충고		공감	
	자신	팀	자신	팀	자신	팀	자신	팀
1								
2								
3								
4								
5								

결과 분석

응답 문항 중에서 ①번은 비판, ②번은 정보의 요구, ③번은 충고, ④번은 공감을 의미한다.

(1) 판사형 : 상대방의 이야기를 듣고 평가하고, 판단하고, 지적해 주는 반응. 주로 ①번이 많다.

(2) 형사형 : 반응을 하기 전에 이해하기 위해 더 많은 정보를 요구하는 일. 상대방은 심문당하는 것처럼 느낄 우려가 있다. 자신이 중요하다고 여겨지는 방향으로 대화를 끌고 간다. 주로 ②번이 많다.

(3) 해결사형 : 상대에게 어떻게 하는 것이 좋은가를 조언해 주는 반응. 주로 ③번이 많다.

(4) 도사형 : 상대방이 말한 내용을 해석해 준다. 자신에게 중요한 것에만 반응, 관심. 상대방이 말하고자 하는 내용 왜곡. 설명거리를 찾는다. 주로 ③번 유형이다.

(5) 로저스형[24] : 상대방의 입장에서 그의 기분을 수용하며 이야기의 내용을 이해하는 반응. 친밀감을 조성하고 상호 이해를 돕는다. 주로 ④번 유형이다.

(6) 꽃장수형 : 지지적 대답, 상대방 격려, 위로, 보상, 동정하는 형이다. 주로 ④번 유형이다.

그림 1-10 판사형, 형사형, 도사형, 꽃장수형

24) 로저스(Carl Rogers)는 미국의 심리학자로서 내담자(來談者) 중심의 상담요법 또는 비지시적(非指示的) 카운슬링의 창시자다. 치료적 변화를 위해 필요한 치료자의 태도를 중시했다. 치료자 자신의 자기일치, 환자에 대해 무조건적인 긍정적적 관심, 일치된 공감적 이해를 중시했다.

제 2 장 소통을 가능하게 하는 것

● 코칭(coaching)

노자는 "진실한 말은 아름답지 않고, 겉만 번지르르한 말은 진실하지 못하며, 착한 사람은 달변이 아니고, 달변인 자는 착하지 않다(信言不美 美言不信. 善者不辯 辯者不善)"(81장)고 말했다. 이처럼 상대를 속이지 않고 진실만을 말하는 태도가 소통의 기본이다. 마치 법정에서 판사에게 선서하거나 성당에서 신에게 기도하는 듯한 정성된 소통 태도를 유지하는 것이 바람직하다. 그래서 소통하는 리더는 성찰하고 겸손한 태도를 지닌다.

제 1 절 소통 이전에 알아야 할 것들

1 소통! 그 이전의 이야기들

지금 우리는 전철에서 고개 숙여 문자를 보내거나, 카카오톡을 보내거나, 트위터, 페이스북으로 사람들과 24시간 소통하며 살고 있다. 아니, 소통하며 살고 있다고 믿고 있다. 그러나 상대방의 얼굴을 마주보고 나의 의견을 최대한 '오해 없이' 전달하며 대화를 '무리없이' 이끌어가는 소통은 여전히 어렵다. 필자 역시 카카오톡으로 많은 연락을 취해 보지만 전달되는 문자의 순서가 바뀌거나, 입력 속도가 느려 오해를 받은 경험을 가지고 있다.

따라서 소통을 방해하는 요인을 발견하고 제거하는 기법을 연구하는 것은 소통 기술에서 중요한 과제다. 소통에서 의식적 또는 무의식적으로 작용하는 방해 요인은 각각 분리되어 있는 것이 아니라 상호 인과관계를 갖고 연쇄적인 영향을 미치고 있다. 즉, 어느 한 가지 방해 요인이 작용하면 그것이 다른 방해 요인에도 영향을 미쳐서 건강하고 깨끗한 소통을 방해한다. 전달자와 수신자 모두 동시에 책임을 물을 수 있는 소통 저해 상황과 방해 요인을 살펴보면, 다음과 같은 요인이 있다.

1) 부족한 인간성에 대한 통찰력을 익혀라

소통을 저해하는 최대 요인은 소통에 참가하는 사람 자체다. 당 태종 때 위징(魏徵)은 좋지 못한 신하를 다음과 같이 지적했다. "망국지신(亡國之臣)인 간신(奸臣)은 사람이 지니고 있는 인격의 폭과 넓이가 옳지 못해 소통이 올바로 이뤄질 수가 없다. 그래서 그들의 속마음은 간악하면서도 겉으로는 성실한 체하며 말주변이 능해서 온화한 말솜씨로 은근히 자기보다 잘난 사람을 헐뜯는다. 핑계대기, 돌려대기의 명수이며, 위아래로 이간질을 잘하고 자신의 사적인 욕심과 권위를 위해 말썽을 잘 일으킨다. 윗사람의 명령을 뒤틀어놓고 직권을 남용해 사리사욕를 채운다. 음흉스런 잔꾀와 아첨으로 리더의 눈을 멀게 해 리더가 시비를 가릴 수 없게 만든다. 이들을 망국지신, 간신이라 한다." 그래서 탁월한 리더는 이러한 간신을 간파할 수 있는 통찰력이 필요하다.

2) 가치관과 프레임의 차이를 고려하라

전달자와 수신자 간에 가치관이나 프레임(frame)이 다를 경우 대화는 방해를 받게 된다. 대화의 쌍방이나 구성원 모두의 준거 기준이 유사하거나 동일할 때 소통은 그만큼 효과적으로 이뤄질 것이다. 반면에 사용하는 용어나 사고 방식에서 차이가 날 경우에 소통은 장애를 받는다. 동일한 용어라 하더라도 대화자 쌍방이 지니고 있는 선입견과 편견에 의해 취사선택되어 해석되기 때문이다. 필자는 '그냥'이라는 단어는 무성의한 답변이거나 무개념적 생각이라고 알고 있었지만, 무언가 마음은 있지만 말이 마음을 담지 못할 때 '그냥'이라고 한다는 감성적이고 시인 같은 여선생님의 이야기에 프레임의 차이와 대화의 중요성을 깨달은 바가 있다.

성장 배경, 교육 정도. 기대 가치 등의 차이는 상이한 사회적·문화적 가치관을 갖게 하며, 프레임은 이러한 여러 요인의 결정적 영향을 받는다. 문화의 차이가 프레임에 영향을 미치는 것은 인간은 기본적으로 일정한 사고 방식, 느낌, 행위, 습관에 길들여져 안정을 추구하기 때문이다. 사실 프레임의 차이로 인해 발생하는 해석의 다양성에 관한 사례는 많다.[1)] 인간의 정신적 성장 과정을 보면 어린 시절에는 '나는 틀리

1) 스파르타의 카리우스 왕(Carius)은 매우 관대해 좀처럼 벌을 주지 않았다. 그러자 사람들은 틀림없이 자신이 잘못한 것이 많기 때문에 악인들에게 관대할 것이라고 의심했다. 하지만 『영웅전』을 쓴

고 어른들이 하는 일은 모두가 무조건 옳아' 보이는 단계에서 출발하여, 사춘기 이후에 약간의 지식을 갖게 되면 '다른 사람의 생각은 거의 덜 익은 것으로 보이고 나의 생각만이 옳다'는 단계를 거쳐, 중년 이후에는 세상 풍파를 회고하면서 모두가 나름대로 옳아 보이는 수준에 이른다. 만일 항상 옳다는 프레임을 가진 권위적인 사람들과 부분적으로 옳을 수도 있고 그를 수도 있다는 열린 프레임을 가진 사람과 대화를 한다면 제대로 된 소통 효과를 가져올 수 없다.

어느 것이나 보기에 따라 생각하기에 따라 해석이 크게 달라진다. 병에 든 물의 양을 보는 비관주의자와 낙관주의자의 해석이 다른 것과 같다. 결혼하는 남녀는 이유가 없이 그냥 좋아서 결혼한다고 하지만 이혼하는 남녀는 하룻밤을 새면서까지 이유를 말할 수 있다고 한다. 보는 사람의 입장에 따라서, 그리고 어느 편에서 어느 쪽을 보느냐에 따라서 해석이 달라진다. 당신의 가치관과 프레임은 어느 쪽인가?

3) 대화의 갈등은 참 대화의 부족 때문이다

소통이 부족한 가정, 조직, 사회, 국가가 있다. 대화가 부족한 가정은 문제가 발생할 가능성이 높고, 통치자가 의도적으로 대화를 통제하는 독재국가에서는 혁명이 일어날 가능성이 높다. 즉, 대화의 부족은 문제를 낳는다. 또한 나타난 문제를 순리적으로 해결하지 못한다. 어떤 조직은 잦은 회식 등으로 만남의 기회를 갖기는 하지만 활발한 소통 속에서도 대화의 갈증을 풀지 못한다. 언어는 범람해도 참 대화를 하지 않기 때문이다. 대화가 아닌 절규의 아우성이나 불호령의 외마디만 무성할 뿐이다. 함께 일한다고 동료가 아니라 말을 나눠야만 인간적 동료지간이 된다. 일방의 이야기만 듣고 타방을 비난하는 풍토에서는 참 대화가 불가능하다. 빈 언어, 죽은 언어, 안개 속의 언어가 범람하는 조직 속에서는 늘 소통의 부족 현상이 빚어지게 된다.

그래서 참 대화의 부족은 소통 실패의 결정적 원인이 된다. 평소에 활발한 소통을 통해 상호간에 인식의 갭을 메우고 생각의 공유를 꾀하며 서로에 대한 이해와 공감력을 높이는 노력이 행해지지 않게 되면 중요한 시기에 상호 이해력 부족과 불신으로 소통 실패가 발생하기 쉽다.

4) 계층과 지위 차이를 진지하게 다뤄라

계층과 지위의 차이가 크면 클수록, 권위주의적 성격이 강한 사람일수록 소통이

플루타르코스(Plutarchos)는 악인들에게조차 관대할 수 있었던 카리우스 왕이야말로 영웅이라고 평가했다.

제대로 작동되기 어렵다. 상의하달 과정에서 리더와 팔로어의 의견이 합의되지 않은 경우에 팔로어는 리더의 지시 사항에 단순히 "알겠습니다." 해놓고는 아래까지 전달하지 않는 경우가 종종 있다. 대통령 생각과 장관 생각이 다르다고 한다면 수도관에 스케일이 낀 것과 마찬가지 결과가 된다. 하의상달 과정에서도 팔로어의 요구를 중간 리더가 상부에 제대로 전달하지 않은 채 소통 통로를 차단함으로써 팔로어의 속을 태우는 경우가 허다하다.

상의하달의 경우 소통 방해 현상은 빈번하다. 일반적으로 리더는 많은 지시를 하고 싶어하고 팔로어의 변명을 경청하려 하지 않는다. 어떤 리더는 변명을 많이 하는 팔로어를 책임을 전가하기 잘하는 무능한 사람이나 리더를 우습게 보는 반항아로 여기기까지 한다. 리더는 자기의 결정이 현명하다는 인상을 주기 위해 팔로어에 대해 호의를 과시하거나, 자기 능력에 대한 평가에 나쁜 영향을 줄 수 있는 문제, 조건, 결과 등을 솔직하게 시인하지 않으려는 경향이 있다.

하의상달의 경우 팔로어는 자기 방위를 위해 듣기 좋은 말을 하게 된다. 정보를 유리하게 과장하거나, 과오·실책은 꾸며서 보고하는 경향이 있다.[2] 자기에게 돌아오는 책망에 대한 공포, 자신의 개인적인 잘못을 숨기기 위해 또는 단지 윗사람을 기쁘게 해 주려는 이유로 나쁜 뉴스는 여과시켜 버린다. 따라서 리더는 실태를 파악하지 못하게 되고 낙관적인 견해를 갖게 되며, 이렇게 여과된 정보를 받은 리더는 그와 같은 편견과 부정확한 정보를 근거로 저질의 의사결정을 하게 된다. 일이 잘못된 것을 아는 시기는 대부분 돌이킬 수 없는 강을 건넌 후다.

이러한 현상은 리더가 독재적인 감독 방법을 많이 사용할수록 더욱 심해진다. 또한 고위직에 있는 사람의 심리적 미숙성 때문에 하층계급의 팔로어로부터 온 정보를 상부로부터 온 정보와는 달리 진지하게 다루지 않을 때 강하게 작용한다.

5) 지성과 감성의 차이를 인정하라

손뼉도 마주쳐야 소리가 나듯이, 도둑질도 죽이 맞아야 한다. 재미있는 유머나 농담도 비슷한 지적 수준이라야 의미가 전달된다. 비유나 상징으로 표현하는 말을 제대로 이해하기 위해서는 상상력이 필요하다. '마음을 비웠다', '욕심을 내려놨다'라든가 '누구도 아닌 자기 걸음을 걸어라', 혹은 '산은 산이요, 물은 물이다', '능력보단 노력

---

2) 명령을 받은 팔로어의 입장에서는 대통령과 같은 고위층이 행한 우연한 말이 온갖 의미로 재해석되듯이 추측과 억측을 하게 되며 견강부회(牽强附會)하기 쉽다. 팔로어는 윗사람이 듣고 싶어하는 것만을 전달하고 싶어하는 경향이 있다.

할 줄 아는 여자', '내면을 볼 줄 아는 여자', '하나를 새롭게 하면 많은 것이 변하고, 하나를 버리면 많은 것을 얻는다'라는 말은 듣는 사람에 따라서 천차만별의 의미를 갖는다. 이 같은 긴 문장이 아니라 '마음', '배려', '새로움', '행복', '인생', '경험', '실패', '노력', '그리움', '가능성', '용기', '겸손', '술', '불륜', '이기적', '불쌍함', '미안함', '그냥', '미워', '짐승' 등과 같은 짧은 단어도 마찬가지다.

이처럼 말해진 것(what is said)과 의미하는 것(what is meant)이 서로 다른 반어(irony)나 겉으로는 모순되는 것 같지만 실상은 진실을 담고 있는 역설(paradox)을 주고받을 수 있으려면 지성과 감성의 수준이 동일하거나 서로 다름을 인정해야만 소통이 가능하다.

6) 인간은 감정적 동물이다

인간은 감정의 동물이기 때문에 첫인상이나 작고도 사소한 일로 서로 미워하거나 증오하는 사이가 되기 쉽다. 같은 조직에서 일을 하면서 옆 동료와 감정적으로 틀어지게 되면 거기서 받는 스트레스는 크다. 우리가 살아가면서 가장 힘든 것 중의 하나가 바로 같은 조직에서 미운 사람과 함께 근무하는 것이다. 안 볼 수도 없는 노릇이고, 하루 온종일을 함께 지내야 하니 그만한 고통이 없다. 업무에 주는 악영향도 커서 열 받는 스트레스나 정신적인 에너지 낭비는 실로 엄청나다. 하지만 대부분의 악감정은 상대방의 진심과 관계없이 나 혼자 미워하고 나 혼자 스트레스를 받는 것이다. 그러므로 얽힌 실타래를 풀듯이 지혜롭게 마음을 열면 의외로 쉽게 원만한 관계로 반전되는 경우가 많다.

감정 중에도 믿음이 없다면 소통은 더욱 어려워진다. 소통 부재의 조직을 보면 항상 대화가 부족하다. 같은 밥을 먹고, 함께 땀 흘리며, 얼굴을 맞대고 살면서도 대화가 부족하다. 시간이 부족했을까? 아니다. 믿음이 없기 때문이다. 타인을 인정할 줄 모르며, 자기를 털어놓는 믿음이 부족하기 때문이다. 인간관계가 편의주의가 된 것이다. 자신에게 유리하면 좋은 관계이고, 불리한 것은 악이 된다면 그 조직은 소통의 부재로 나타난다.

7) 통계적 속임에 현혹되지 마라

미국 해군에서 "해군에 입대하면 뉴욕 시민으로 있을 때보다 사망률이 낮아진다"는 모집 광고를 낸 적이 있다. 뉴욕 시민의 사망률은 1천 명당 16명임에 비해 해군의 사망률은 9명이므로 해군이 더 안전하다는 주장이었다. 하지만 사망률을 높이는 것은 노인과 갓난애들이다. 뉴욕의 사망률이 높은 것은 그만큼 노인과 갓난아이가 많기 때문이다. 한편 해군에는 건강한 젊은이들만 있다. 비행기는 자동차보다 안전하다는 얘기도 있다. 통계를 보면 비행기 사고에선 1억km를 날아서 한 명꼴로 사망한다. 그런데 자동차는 5천만km를 달리면 1명씩 죽는다. 하지만 거리로 따지지 말고 시간으로 따지면 어떻게 될까? 가령 자동차 평균 시속을 25km로 잡고 비행기 평균 시속을 5백km로 잡는다면 비행기는 20만 시간 날아서 한 명씩 죽는 꼴이 되지만 자동차는 2백만 시간 달려야 한 명 죽는 셈이 된다. 일반적으로 과학의 상징인 통계 숫자는 정직할 것이라고 믿는다. 하지만 얼마든지 통계 숫자는 속임수를 쓸 수가 있다. 과학과 통계에 대한 일방적인 신뢰에 현혹되면 사실을 파악하지 못할 수가 있다.

8) 모호한 어의상의 문제를 직시하라

소통의 주요한 수단은 언어다. 하지만 언어는 어떤 실재의 목적물이나 과정에 대한 상징이나 추상적 개념에 불과하며, 그 의미는 수신자의 마음속에 환기시키게 되는 경험과 관념에 의해 결정된다. 집단에 따라서 한 낱말을 갖고도 전혀 다른 의미로 해석을 한다. 일부러 모호한 표현을 사용하는 경우도 있다. 핵, 정의, 복지, 인권, 생명, 생태, 임금, 민중, 민족, 평화, 자주 등의 용어의 의미는 사용하는 측의 의도에 따라 달리 해석되는 것이다.

언어의 부정확한 사용은 효과적인 소통을 방해하는 요인이 된다. 사투리, 특정 계급어, 특정 분야의 전문어, 슬랭어, 약어, 속어 등이 문제를 일으킨다. 동일한 낱말이나 문장의 뜻에 대해 전달자와 수신자가 서로 다르게 해석하는 경우가 많다. 특히 노사 간 단체협약의 경우 임금이라는 용어에 대해 사용자는 급여와 상여금뿐만 아니라 기타 복지후생 비용도 임금에 포함시켜서 말하고, 반면에 근로자들은 돈으로 지급되는 것만을 임금으로 생각하는 경우가 있다.

9) 비언어적 소통의 모순성을 극복하라

말이나 글 이외에 비언어적인 소통 수단인 뉘앙스, 소통 장소, 신체적 표현 등의 잘못을 들 수 있다. 비언어 소통 수단을 사용할 때 모순되게 보이면 유효성은 감소한다. 진지한 의사를 전달하면서 신체 언어(body language)는 농담처럼 보이게 되면 의미가 반감되고 만다. 뉘앙스란 전달된 말이나 글이 풍기는 이미지를 나타내는 것이다. 단어의 선택이나 문장의 표현, 표정에 따라 서로 다른 뉘앙스가 나타난다. 또한 사무실의 크기, 조명도, 장소의 선택 등이 언어의 의미를 변화시킨다. 그래서 신체적 표현으로 두 사람 간의 거리, 눈짓, 손짓, 몸짓, 얼굴 표정 등이 소통 당사자에게 영향을 미친다.

10) 파벌과 사조직의 습성을 방관하지 마라

파벌은 어느 사회에서도 마찬가지겠지만 특히 동양 사회에서 완전히 없애기 어려운 요소다. 혈연, 지연, 학연뿐만 아니라 과거에 누구하고 같이 일을 했느냐 하는 인연도 있다. 파벌은 한 조직 안에서 공통된 이해관계를 가지고 있는 배타적인 집단으로서 동족 번식하는 습성이 있으며, '끼리끼리' 의식이나 '패거리' 의식으로 집단 구성원들 사이에서만 소통을 전개하는 경향이 있다. 파벌은 자연발생적으로 형성되므로 막을 수 없으나, 방관만 할 수도 없는 조직의 필요악이다.

파벌이 다소 무정형적이고 비공식적인 분파라면 사조직은 더욱 정형적이고 구성원들 간에는 대단히 공식적인 분파다. 따라서 사조직이 조직 소통에 미치는 영향력이 더 크다. 상하 계급별로 구성된 사조직은 조직의 위계 질서와 단합을 저해한다. 군 조직에서 사조직을 중심으로 한 임관 구분별-근무 연고-지연-학연에 줄을 대는 풍토는 조직 내 소통뿐만 아니라 조직의 사기에도 부정적 영향을 미친다. 소수 구성원들이 집단이기주의로 이에 소속되지 않은 부류에게 좌절감, 소외감을 느끼게 하고 배타의식과 갈등, 엉뚱한 비용과 희생을 자아낸다. 따라서 파벌이나 사조직이 형성되는 것은 인사상 공정성에 영향을 미치게 되고 결국 소통에 좋지 못한 영향을 미친다.

11) 정보전술에 현혹되지 마라

정보화 시대가 무르익을수록 갖가지 정보전술(info-tactic) 및 정보파업(information strike)이 소통을 저해하는 요소로 작용하게 될 것이다. 과거에는 국가가 적대국가를 향하거나, 정부가 국민을 향해 사용하던 정보전술이 이제는 조직 내에서 다른 조직원을 향해 사용되고 있다. 이제는 거의 모든 사람이 정보전술을 이용할 수 있게 되었다. 개인이 조직 전체의 생산을 정지시킬 만한 힘을 지니게 된 것이다. 예를 들면 프로그램에 컴퓨터 바이러스를 슬쩍 집어넣는다든가, 데이터베이스의 정보를 약간 왜곡시킨다든가, 경쟁사에 정보를 누설시킨다는가 하는 일은 새로운 사보타주 방법의 초보급에 속한다. 소통에 큰 영향을 미칠 수 있는 이러한 정보전술에 대해 토플러(Alvin Toffler)의 견해를 중심으로 살펴보자(토플러, 1990: 327-341).

정보사회에서 행사할 가능성이 있는 소통 저해 행위 중에 정보전술적 측면을 살펴보면 다음과 같다.

첫째, 누설 유도 전술(guided leak tactic)이다. 리더나 동료를 망신 주기 위해 비밀을 적당히 누설하는 경우다. 고의적으로 정보를 흘림으로써 자신의 일을 방해하지 못하도록 이른바 '정보 미사일'을 고의로 발사하는 것이다. 닉슨이 대통령직에서 물러나야만 했던 것은 익명의 내부고발자가 있었기 때문이다. 이로 인해 공직자들은 솔직한 기록을 남기지 않으려 하고 말썽날 발언을 하지 않으려고 입조심을 하게 되었다.[3)]

둘째, 위장 출처 전술(masked source tactic)이다. 눈에 가시인 리더나 팔로어를 제거할 때 다른 직원의 이름을 허가 없이 도용해 탄원서나 진정서를 써 보낸다. 사례를 찾아보면 좌·우익의 갈등이 심각할 때에 협박성 행동이 위장 출처를 통해 자행된 바 있다. 각종 관변 봉사단체나 조직들이 비밀리에 정부기관의 지원을 받고 행동하는 경우도 위장 출처 전술에 속한다.

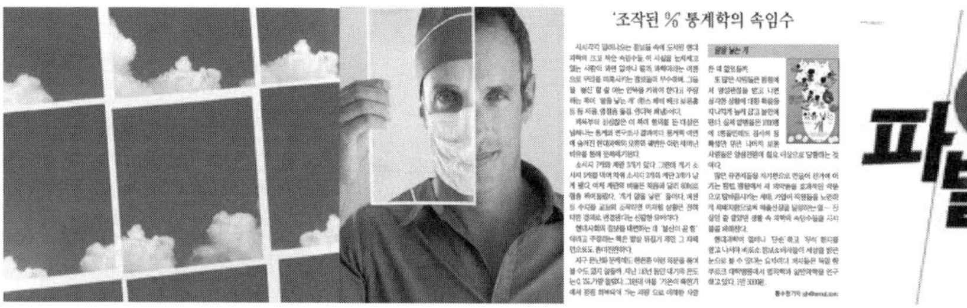

그림 2-1 프레임, 통계적 조작, 파벌

2 소통 리더의 함정과 덫

필자는 그동안 소통과 리더십에 관한 서적을 많이 읽어 보았고 수백만 원씩 하는 리더십 워크숍과 훈련에 참석한 바 있지만 소통 실패에 대한 강의는 아주 드물었다. 성공한 리더가 있는 반면에 실패한 리더도 주변에서 어렵지 않게 찾아볼 수 있다. 그러나 대부분의 사람은 성공한 리더에 대해서만 관심을 갖고, 실패한 리더에 대해서는

3) 제5공화국 당시의 박종철 군 치사사건에 대한 양심 선언, 노태우 정부 때의 이문옥 감사관, 이지문 중위, 연기군수 등의 폭로, 3당 합의문서의 유출, 김영삼 정부 때의 1992년 남북회담 훈령조작사건에 대한 폭로, 김덕 안기부장을 물러나게 한 안기부 지방선거 연기 검토 문서 유출, 안영모 동화은행장의 정치권 뇌물 공여 사건에 대한 수사 중단 압력 폭로 등이 그 예다.

무관심하다. 마찬가지로 성공적인 리더십의 사례를 살펴보는 것도 중요하지만, 무엇이 리더의 앞길을 막았고, 소통 실패로 이어졌는지에 대한 깊은 분석이 필요하다.

손자(孫子)의 전승불복(戰勝不復)이 의미하는 것처럼 영원한 승자는 없다. 항상 성공하는 리더는 없다는 말이다. 그렇다면 소통 실패를 최소한으로 줄이고, 소통의 성공을 위한 발판을 마련하는 소통하는 리더를 향한 여행에서 소통 리더가 당하기 쉬운 함정과 정글에서 탈출하기 위한 이야기를 해보자.

'성공 함정(success trap)'이란 말이 있다. 한 번의 성공이 제2, 제3의 성공을 보장하는 것이 아니고 한두 차례의 성취를 과신하고 방심했다가는 언제든지 위험에 노출될 수 있다는 뜻이다. 소통 실패 요인은 대부분 자신의 실수에서 배우지 못하고, 융통성 있게 대처하지 못한 결과다. 그리고 과거를 인정하지 않고 이끌기보다 명령한다. 그리고 듣지 못하고, 자신의 욕구를 먼저 생각한다. 따라서 자신은 영원할 거라고 생각해서 팔로어를 가르치지 못한다. 그리고 유머 감각이 없고 세상을 흑백 논리로만 본다. 소통하는 리더라면 과거의 성공에 집착하지 말고 그동안의 성공 함정에 빠져서는 결코 안 된다.

1) 소통의 네 가지 트랩(T · R · A · P)

소통하는 리더는 자신이 미래에 대해 탁월한 통찰력을 가지고 있거나, 혹은 유능한 팔로어를 선발하고 이들로 하여금 강한 몰입과 최선의 노력을 이끌어 낼 수 있는 사람들이다. 반면, 소통에 실패한 리더는 팔로어에게 과도한 스트레스를 유발하는 폭군적 행동을 보이거나, 혼란을 가져올 수 있는 우유부단한 행동을 보여준다. 이처럼 실패하는 리더들이 흔히 저지르는 핵심 오류를 반면교사 차원에서 네 가지 함정(T · R · A · P)이라는 글자의 조합으로 알아본다.[4)]

첫째, T(Talk only, no action), 실행력 부족이다. 실행력이 뒷받침되지 않은 채 비전과 전략에 대해 말로만 무성하게 내세우는 일종의 ' NATO족'이다. 미래에 대한 방향 설정이 중요하다. 그러나 비전과 전략은 충분 조건이 아니라, 필요 조건일 뿐이다. 도요타나 사우스웨스트 항공사가 전략 때문에 1등으로 된 것이 아니다. 사우스웨스트의 저가 전략은 이보다 앞서 피플 익스프레스라는 항공사가 도입했지만, 이것을 실현할 수 있는 고효율의 관리 시스템과 실행력이 뒷받침되지 못해 결국 파산하고

---

4) 소통 실패를 초래하는 네 가지 함정(T · R · A · P)으로는 T: 실행력 부족(Talk only, no action), R: 현장과의 괴리(Remoteness from reality), A: 권위주의(Authoritarianism), P: 인기주의(Populism)를 들고 있다.

말았다. 이처럼 소통 리더라면 미래의 방향을 끌어갈 수 있는 분명한 의지와 함께 액션 플랜(action plan)을 갖고 있어야 한다. 그렇지 못하면 조직은 미래에 적극 대응할 능력을 상실하게 된다.

둘째, R(Remoteness from reality) 현장과의 괴리다. 현장과 괴리되어 제한된 정보에 의존하는 것도 소통 실패를 초래하는 주요한 요인이다. 군주가 간사한 자를 신임하면 귀와 눈을 가리듯, 현장을 소홀히 하거나 참모의 보고 자료만으로 의사결정을 한다면 치명적인 실수를 당할 수 있다. 물론 모든 일에 일일이 관여해 팔로어의 문제해결 능력을 키우지 못하게 한다면 이 역시 문제가 될 것이다. 소통에 실패한 리더는 자신은 핵심적인 결정만 하면 된다는 생각으로 좀 더 세세한 것들에 대해서는 무시하는 경우가 많다.[5)]

셋째, A(Authoritarianism) 권위주의다. "시키는 대로만 해"라는 식의 권위주의도 소통의 실패를 자초하는 요인이다. 불과 몇 해 전만 해도 대부분의 리더에게 팔로어는 단지 효율적으로 관리해야 할 대상이었지만, 이제는 인재들이 열정과 의욕을 가지고 업무에 몰입할 수 있도록 동기 부여하는 것은 리더의 핵심 역할로 부각되었다. '시키는 대로나 해' 식의 행동은 가장 경계해야 할 모습이 되었다. 이러한 리더의 특징은 팔로어와 열린 마음으로 대화하지 못한다는 점이다. 항상 자신의 업무 스타일에 맞추도록 강요하기 때문에 팔로어가 주눅 들어 자신감을 상실하기도 한다. 결국 이런 리더들이 이끄는 조직에서는 새로운 기회의 모색과 아이디어의 창출이 어렵게 된다.

넷째, P(Populism) 인기주의다. 인기나 호감에 연연하고 영합하는 행동 역시 소통 실패로 가는 원인이다. 우리 주위에는 팔로어에 대한 따끔한 질책을 꺼리는 성격 좋은 리더들이 있다. 그런데 이것도 사실 인기주의에 영합하는 소극적 형태의 하나다. 이런 태도의 문제점은 높은 성과를 올린 팔로어의 사기를 떨어뜨리는 문제를 초래한다는 것이다. 그리고 대외적으로 성과를 내보이고 싶어 하는 개인적 욕심 역시 장기적인 조직의 성과에는 부정적인 영향을 초래하게 된다.

대부분의 경우 조직의 리더라면 이미 충분한 자격을 갖추고 있기 때문에, 네 가지의 함정에 자주 빠지지는 않는다. 그러나 간혹 하는 행동이라 할지라도 그 결과가 팔로어, 조직 그리고 리더 자신에게 미치는 파급 효과는 매우 크다는 점을 항상 인식해

---

5) 실례로 S공사의 이사장은 지역본부장들에게 도전적인 목표를 주고 그에 필요한 예산을 지원했지만, 그 추진 과정이나 결과에 대한 관심과 확인 노력은 기울이지 않았다. 이처럼 리더가 현장을 간과함으로써 용두사미의 성과와 함께 팔로어는 목표와 실적을 부풀려 보고하는 잘못된 관행만을 낳고 말았다. 그리고 몇 년 후 S공사는 심각한 후유증을 겪게 된다.

야 한다.

2) 장자의 우화와 손자의 전승불복

세상은 시시각각 변하고 과학기술도, 사회도 시시각각 변한다. 우리는 그 속에서 살아남고 발전해야 한다. 현실 안주라는 덫에서 빠져나와 자신을 재정비하지 못하면 지금 손에 쥐고 있는 것도 놓쳐버리고 아름다운 미래도 잃게 된다. 소통 리더의 함정 또는 소통의 덫을 경고하는 문구로 필자가 판단하기에 가장 적합한 것은 장자(莊子)의 우화와 손자(孫子)의 전승불복(戰勝不復)이다. 세상에 영원한 강자는 없다. 자기만 옳다는 듯 오만방자하게 행동하면 발전하고 성공할 수 있는 기회를 잃어버린다. 스스로를 돌아보고 제때 반성하지 않으면 생각의 함정에 더욱 깊이 빠져들어 소통의 방향까지 잃고 오만함에 대한 뼈아픈 대가를 치르게 된다.

장자의 우화는 다음과 같은 메시지를 던진다. 장자가 밤나무 밭에 놀러갔다가 이상한 까치 한 마리가 나무에 앉아 있는 것을 보았다. 장자가 까치를 향해 돌을 던져 잡으려 하는 순간 까치는 본인이 위험에 빠진 것도 모르고 나무에 있는 사마귀 한 마리를 잡아먹으려고 정신이 팔려 있었다. 그런데 사마귀는 자기 뒤에 까치가 자신을 잡아먹으려는 사실을 모른 채 매미를 향해 두 팔을 쳐들어 잡으려 하고 있었고, 매미는 그것도 모르고 그늘 아래서 모든 것을 잊고 노래하고 있었다.

장자는 순간 세상의 모든 것들 중에 진정한 승자가 없다는 것을 깨닫고 던지려는 돌을 내려놓았다. 그때 밤나무 밭지기가 쫓아와 장자가 밤을 훔친 줄로 알고 그에게 욕을 퍼부었다. 장자 역시도 최후의 승자는 아니었던 것이다. 세상 사람들은 서로 먹히고 물려 있으면서 자신이 영원한 승리자인 듯 착각하고 있는 것이다.[6)]

『손자병법』에 나오는 전승불복(戰勝不復)이란 '전쟁에서 한번 거둔 승리(戰勝)는 반복되지 않는다(不復)'라는 뜻이다. '세상에 영원한 승리란 없다! 내가 지금 이룬 이 승리가 영원히 반복되지 않는다. 그러니 지금의 승리에 도취되어 이것이 영원히 지속되리라는 착각을 하지 마라! 승리는 하는 것보다 유지하는 것이 더욱 힘들다! 똑같은 방법으로 승리를 쟁취하려 하면 승리는 멀어질 것이다!' 뭐 이런 여러 메시지를 복합

6) 통계에 의하면, 30년 전 국내 30대 기업에 속했던 그룹 중에 현재까지 30위 안에 드는 것은 채 10개도 안 된다고 하니 승리를 유지하는 것이 얼마나 힘든 일인지 알 수 있다. 성공한 사람들이 영원히 그 승리를 유지한다는 것은 승리를 하는 것보다 정말 어려운 일이다. 한때는 잘 나가던 리더가 몇 년이 지나 다시 만나면 철저하게 망가져 있는 것을 본다. 그가 한번 이룬 승리에 도취되어 있는 순간 그의 뒤에는 또 다른 승자가 기다리고 있었던 것이다.

적으로 담고 있는 구절이 바로 이 '전승불복'의 정신이다.

또한 손자는 승리란 영원하지 않다는 것을 오행(五行)의 순환[7]으로 비유한 바 있고, "춘하추동 사계절도 영원히 계속되지 않는다(四時無常位)고 했다. 저 하늘의 태양도 동쪽에서 떠올랐다 끝내는 서쪽으로 지고 만다(日有短長). 달도 차고 기우는 순환을 한다(月有死生)"고 했다. 손자의 이러한 철학은 세상에는 영원한 승자도 영원한 패자도 없다는 뜻이다. 승리했다고 환호할 시간이 없다. 그 승리 뒤에 다가오는 또 다른 실패를 항상 기억하고 준비해야 한다. 북송(北宋) 때 재상을 지냈던 구래공(寇萊公)은 「육회명(六悔銘)」이란 글에서 승리했을 때 잊으면 후회할 일에 대해 다음과 같이 전하고 있다.

> 내가 높은 관직에 있을 때 자리를 이용해 개인의 이익을 취한다면 관직에서 쫓겨날 때 후회할 것이다. 내가 부자로 성공했을 때 검소한 생활을 하지 않는다면 망해서 가난해질 때 후회할 것이다. 내 몸이 건강할 때 건강을 과신하고 충분히 쉬지 않으면 쓰러져 병날 때 후회할 것이다.

어떤 누구도 영원히 권력을 유지할 수는 없다. 부(富)와 건강이 영원히 내 곁에 있으리란 생각은 착각이다. 권력은 잠시 내게 머물렀다 가는 것이고 부와 건강도 영원히 내 것은 아니다. 승리 뒤에는 언제 또 다른 승자가 기다리고 있다는 것을 명심해야 한다.

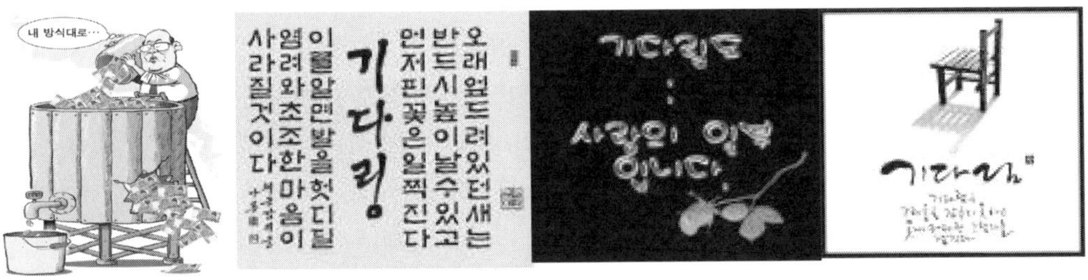

그림 2-2 소통 리더의 함정과 덫

7) '저 우주의 구성 물질인 오행(五行)을 보라! 어느 하나 승리를 독점하는 것은 없다(五行無常勝).' 가장 강하다고 생각되는 쇠(金)는 불(火) 앞에서는 녹아버리고, 승자인 화(火)도 또 다른 승자인 수(水) 앞에서 승리의 자리를 내주고 만다. 물은 다시 땅의 기운인 토(土)에게 빨려 들어가며 무릎을 꿇고, 흙은 다시 나무인 목(木)에게 머리를 숙이고, 나무는 다시 금(金)에게 찍혀지고 만다. 과연 어느 기운이 이 우주의 진정한 승자인가?

3 소통에 성공한 자, 실패한 자

"군주의 재지(才智)가 뛰어나 호걸을 부릴 수 있거나, 재치는 부족하더라도 현자를 임용할 줄 알면 치(治)가 된다. 한편 군주가 자신의 총명을 믿고 아랫사람을 불신하거나, 반대로 간사한 자를 신임해서 귀와 눈을 가리면 난(亂)하게 된다." 율곡 이이(李珥) 선생이 『동호문답(東湖問答)』 군도(君道) 편에서 나라를 다스리는 방법에 대해 갈파한 말이다.

실정(失政)과 선정(善政)의 차이에 대한 이이 선생의 위와 같은 명쾌한 지적은 왕조 시대의 임금에게만 적용되는 것은 아니다. 오히려 21세기 소통 리더십에도 똑같이 적용될 수 있다. 우리 주위를 살펴보면 매우 성공적인 소통 리더가 있는 반면, 소통에 실패한 리더의 사례도 어렵지 않게 찾아볼 수 있다. 소통에 성공하는 리더와 실패하는 리더의 차이는 과연 무엇인지 살펴보자! 왜 이들은 소통에 실패를 할까? 왜 사람들은 어느 지도자는 따르고 어느 지도자는 따르지 않는 것일까?

1) 탁월한 연설가, 히틀러의 몰락

히틀러(Adolf Hitler)는 사람들을 끌어당기는 힘이 있었다. 그만의 카리스마는 많은 사람을 전율시켰으며 그를 찬미하게 만들었다. 웅변술 또한 탁월해서 연설을 할 때면 능숙한 방법으로 지도자와 대중 사이의 일체감을 이끌어 냈고 군중의 마음을 움직이기 위해 다양한 방법을 사용했다. 히틀러를 만난 독일 국민들은 그가 무엇이든 성취할 수 있다는 믿음을 가졌다. 히틀러는 도탄에 빠진 국가 경제를 재건했고 좌절해 있는 국민들을 독일 통일이라는 기치 아래 하나로 집결시켰다. 게다가 외교 정책이나 개전 초기 전쟁 능력 수행 능력에서 탁월한 능력을 발휘했다.

특히 그의 천재적인 선동적 연설 기법은 후세의 정치인들이 모범으로 삼을 정도였다. 차라리 경제 정책에 성공했을 때 죽었더라면 세계에서 가장 존경받는 지도자 중의 한 사람이 되었을지도 모른다. 아무리 대단한 카리스마와 영감을 주는 능력을 가지고 있어도 시대가 그러한 리더를 맞을 준비가 되어 있지 않으면 잊혀진 존재가 되고 만다. 한때 한 시대를 풍미했던 히틀러는 시대를 잘 타고나 독일 국민의 추앙을 받았지만 우리에게 역사적인 죄인, 독재자, 실패한 리더, F학점의 소통 리더로 기억된다.

당신은 어떠한 리더가 되고 싶은가? 어떤 사람에 대한 진정한 평가는 후세 사람들로부터 나오게 된다. 일이 벌어지는 당시에는 냉철한 눈으로 그것에 대한 평가를 하기가 어렵기 때문이다. 따라서 진정한 소통 리더가 되기 위해 현재에 나타나는 다른 사람들의 평가에 귀 기울이지 않고 묵묵히 자신의 길을 가는 자세를 갖는 것도 필요하다. 이러한 리더의 진가는 언젠가는 사람들이 반드시 알아주기 마련이다.

2) 고르바초프와 카터의 소통력 비교

지난 20세기의 리더들 가운데 소통에 성공한 리더와 실패한 리더로 비교되는 인물을 말하자면 고르바초프(Mikhail S. Gorbachev) 전 러시아 대통령과 카터(Jimmy Carter) 전 미국 대통령을 꼽을 수 있다. 고르바초프는 1985년에 소련 공산당 서기장에 취임했고, 1990년에는 다시 러시아 초대 대통령으로 취임했으며, 그 해 노벨 평화상을 받았지만 옐친(Boris N. Yeltsin)에게 정치적으로 패배해 1991년 권좌에서 물러났다. 고르바초프는 눈부신 성공 뒤에 허망한 실패를 맛본 리더였다.[8)]

고르바초프는 페레스트로이카를 추진해 70년에 걸친 공산 압제의 사슬을 걷어내고 탈이데올로기화, 탈군사화의 시대를 열었으며, 사유재산 소유와 자유 창업이 허용되는 개방화를 단행했다. 또한 글라스노스트를 통해서는 사상과 정보 공개의 자유화를 이뤘다. 그뿐만 아니라 독일의 통일을 비롯한 동유럽의 민주화 개혁에도 엄청난 기여를 했다. 한마디로 그는 21세기의 세계 지도를 새로 그린 주인공의 한 사람이라 할 만큼 눈부신 업적을 남겼다. 그러나 이런 눈부신 업적에도 불구하고 그는 확실하고 신속한 개혁을 단행하지 않았다는 이유로 소련 국민들에게 비판받고 권좌에서 끌어내려졌다.

고르바초프와는 대조적으로 카터는 참담한 실패 뒤에 눈부신 성공을 이룩한 리더다. 대통령 재직 시절에는 하는 일마다 시비와 비난이 그칠 줄 몰랐고 급기야 1980년 재선 도전에 실패하고 조지아 주의 땅콩 농장으로 돌아갈 때 신문들은 그를 패가망신한 소인배로 매도했고, "어떻게 저런 사람이 미국의 대통령이 되었을까" 하는 말들이 난무하는 등 그의 실패는 극에 달했다. 그러나 대통령직에서 물러나고 33년이 지난 오늘날, 그는 미국인들로부터 "역사상 가장 위대한 전직 대통령"이라는 찬사와 함

---

8) 페레스트로이카(perestroika)와 글라스노스트(glasnost)를 외치며 공산당이 독점하고 있는 권력을 시민들에게 돌려줄 때, 고르바초프의 영향력은 하늘을 찌를 듯이 높았다. 엄청난 기대와 찬사를 받으며 세계를 누비고 다닐 때 그의 모습은 마치 세상에 존재하는 모든 문제에 대한 답을 다 가지고 있는 것처럼 보였으며, 언제나 다른 사람들에게 갈 길을 환히 밝혀 줄 것처럼 보였다. 세계 언론의 스포트라이트가 매일 그에게 집중되었다. 그렇지만 전 세계가 지켜보는 가운데 의회에서 옐친의 손가락질을 받으며 고개를 숙이고 물러난 후로 그는 잊혀진 인물이 되고 말았다.

께 세계 언론의 초점이 되고 있으며, 지금까지도 세계에서 가장 영향력 있는 리더 중의 한 사람으로 남아 있다.

한편, 할 일을 찾지 못한 채 이리저리 소일하던 어느 날 카터는 깨달았다. 삶은 점점 축소되는 것이 아니라 점점 확장되는 것이라고. 그는 이내 망치를 들었다. 집 없는 이들을 위해 기꺼이 목수가 되었다. 그것이 해비타트(Habitat)운동이다. 그는 해외의 민주화 노력을 지원했다. 니카라과의 선거감시인으로 활동하고 분쟁 지역을 제 발로 찾아 나섰다. 누가 시킨 것도 아니고 직함이 따로 있을 리도 없었다. 그저 전직 미국 대통령이었을 뿐이다. 처음에는 쓸데없이 일에 개입한다는 비판도 적지 않았다. 하지만 그는 실질적으로 일을 풀어냈다.

그는 청바지를 입고 무주택자를 위한 집을 지어 주는 현장에서 머리에 수건을 두른 채 땀을 뻘뻘 흘리며 망치질과 톱질로 세월을 보냈다. 개발도상국에서 중요한 선거가 있으면 아무 권력도 없는 일반 시민의 자격으로 달려가서 공명선거 감시단원으로 활동했다. 고르바초프의 업적에 비하면 카터의 업적은 보잘것없어 보이지만 그는 재임 당시의 고르바초프보다 더 존경받고 있으며 더 높은 평가를 받고 있다.[9)]

그런 노력에 대한 국제적 평가를 받아 카터는 1976년 대통령에 당선된 후 4년 뒤 레이건에게 패배해 실패한 대통령으로 기록되어 권좌에서 물러났지만 그로부터 다시 26년이 지난 2002년도에는 노벨 평화상을 받았다. 그는 재임 중 가장 형편없는 대통령으로 평가받았지만 퇴임 후에는 가장 성공한 대통령이 된 것이다. 우리나라에도 그

그림 2-3 히틀러, 고르바초프, 그리고 카터

---

9) 1994년 한반도에 북핵 위기의 먹구름이 잔뜩 끼어 전쟁 발발 직전의 상황까지 치달았을 때 카터는 평양을 방문해 김일성 주석을 만났다. 그리고 다시 남으로 내려와 김영삼 대통령을 만나 극적으로 남북 정상회담을 성사시켰다. 비록 김 주석의 갑작스러운 사망으로 남북 정상회담은 불발로 끝났지만 한반도의 북핵 위기는 한 고비 넘길 수 있었다.

런 대통령이 나오길 바란다.

제 2 절 진심은 통한다, 통하는 사람

공자는 "아는 것을 안다고 하고 모르는 것은 모른다고 하는 것이야말로 참으로 아는 것이다"라고 말했다. 대기업 전략기획팀의 오팀장은 한문학에 조예가 깊다. 그가 필자에게 전해 준 말 중의 하나다. 노자는 "알면서도 알지 못한다는 것이 상(上)이고, 알지 못하면서도 안다는 것은 병(病)이다(知不知上 不知知病)"(71장)라고 말했다. 공연히 아는 척 하는 것과 알고 있지만 겸손하게 반성하며 자신이 잘못 알고 있는 바는 없는가를 성찰하는 겸손을 지닌 리더가 되어 보자.

1 통하는 리더의 진정한 소통력

노자는 "아는 자는 말하지 않고, 말하는 자는 알지 못한다(知者不言 言者不知)"(56장)라고 말한다. 즉, 도통할 정도로 잘 아는 사람은 유별나게 자기 주장이나 자기 자랑을 하지 않으며, 오히려 잘난 체하거나 열심히 변명하는 사람은 진상을 잘 모르는 사람일 경우가 많다는 이야기다. 따라서 성공적 의사전달은 전달자의 소통력에 달려 있다. 소통의 성패를 좌우하고 성공적인 소통을 담보하는 기초적이고 보편적인 전달 기법을 완벽하게 체질화하는 것이 소통의 달인이 되는 지름길이다. 그럼 성공적 의사전달을 위한 리더의 소통력에 대해 알아보자.

1) 감정을 배제한 소통력

J신문사에 근무하는 김기자를 강남역에서 만났다. 그와 잠시 나눈 말 중에서 팔로어에게 지시나 불만을 표현하기 전에는 그에 대한 개인 감정은 배제해야 한다는 점이 기억에 남는다. 그렇다. 리더는 팔로어에 대한 감정에 의해 목소리의 톤이 달라지면 곤란하다. 말 속에 호(好), 불호(不好)의 감정이 섞여 있거나 과거의 불만을 표현하는 말이 포함되면 곤란하다. 특히 충고나 질책의 경우에는 감정을 억누르고 현재의

행동에만 국한시켜서 대해야 한다. 리더 자신도 잠시 잘못 판단할 경우도 있으므로 이런 실수를 염려해서라도 극단적인 감정을 배제한 채 늘 중용을 지키는 소통 태도가 중요하다. 따라서 감정을 배제하기 위해서는 늘 객관적인 언어를 사용하는 습관을 들여야 한다.

상대방에 대해 말할 때에도 성격이 아닌 행동에 대해 이야기해야 한다. 수신자가 어떤 사람인가를 전체적 인상으로 추상화해 지적하는 것은 무모한 짓이다. 그 사람의 과거나 인격에 대해 전부 알고 있지 못한데도 자기 잣대로 상대를 몰아붙이는 것은 몰상식한 언행이다. 반드시 그 사람의 어떤 행동에 대해 초점을 맞추는 것이 실수와 반발을 줄이는 데 도움이 될 것이다. 추상어가 아닌 구체어로서 행동 과정을 설명하는 듯한 표현이 객관적인 언어다. 따라서 객관적인 말은 선택 가능한 상황, 아이디어, 지각에 대해 함께 의견을 나누는 형태다. 객관적인 언어를 통한 충고는 수신자에게 정보를 제공해 스스로 개선하도록 유도할 수도 있다.

2) 격려하는 소통력

팔로어가 실수했거나 벽에 부딪혔거나 좌절했을 때 격려하는 기술이 뛰어나야 한다. 팔로어를 과보호하지도 않고, 방관하지도 않으면서 의욕을 불러일으키고 분발심을 자극하는 능력이 필요하다. "이 문제만 해결하면 자네는 대통령감이야", "내가 힘닿는 대로 도와줄 테니까 다시 한 번 잘해 보라구", "힘 내!"와 같은 것이다. 격려는 팔로어를 키우는 소통이다. 팔로어에게 그들이 10년 후에 성취해야 할 비전을 심어주면서 격려를 하는 것이다.

팔로어가 커다란 실패와 과오를 범했을 때에 리더는 격려할 줄 알아야 한다. 리더는 팔로어의 실수에 대한 패턴을 파악하고 대처해야 한다.[10] 실수를 용서받고 격려를 받은 팔로어는 리더에 대해 충성심을 갖게 된다.[11]

---

10) 팔로어가 저지르기 쉬운 실수는 초보적 단순 실수, 심리 메커니즘에 의한 실수, 조직을 위해서라는 명목에서 기인한 실수, 인간성의 결여에서 비롯한 실수가 있다. 조직을 위한 노력이 실패를 초래한 경우에는 적절히 평가해 이끌어주며, 반복되기 쉬운 실수는 수정해 준다. 자신의 실패담을 들려주기도 하며 팔로어가 자기성찰을 통해 다시 일어설 용기를 가지도록 격려한다.

11) 미국의 사법부는 죄의 흥정(plea bargaining)을 한다. 초기에 잡힌 범인이 모든 것을 다 자백하면 그 대신 그에겐 벌을 주지 않는 것이다. 미국 상원 정보위원회는 이란-콘트라사건으로 기소된 노스(Oliver North) 중령에게 죄에 대한 흥정을 제안했었다. 만일 그가 실토하면 레이건을 포함한 고위 측근들이 걸려드는 것이다. 하지만 노스 중령은 죄를 뒤집어쓸만큼 명예심과 충성심이 강했다고 한다. 충성심 있는 팔로어의 존재는 사명감도 중요하지만 리더가 얼마나 격려했느냐에도 달려 있다.

목표 달성을 위해 바보 같은 리더는 자신과 팔로어 모두를 혹사하고, 우직한 리더는 자신만 혹사하며, 비열한 리더는 팔로어만을 혹사시키며, 현명한 리더는 두뇌의 지혜를 모아 수월하게 일한다. 따라서 위대한 리더라면 타인의 지혜를 충분히 활용할 줄 알며, 주위에 믿음직스러운 두뇌를 많이 확보해 두고 있어야 한다.

고급 인력에 대한 소통은 일반 사람들과는 다를 수밖에 없다. 그들은 리더가 자주 질문을 해 배우는 듯한 자세를 보인다면 연구에 더욱 열의를 보일 것이다. 지식인들은 자신의 학식을 가르친다거나 유용하게 적용하는 일에 가장 큰 가치를 둔다. 그들은 돈이나 지위, 권력보다는 자유로운 연구 분위기, 자신의 연구 업적에 대한 인정에서 자긍심을 갖는다. 반면에 그들은 오락이나 잡기로 시간을 보내는 것을 연구 시간의 확보나 흥미 부족 때문에 삼가는 경향이 있다. 고급 두뇌에게 회식 자리를 마련하는 것으로 격려할 수 있다고 생각하면 오산이다. 그들에게는 학술 세미나와 같은 지식 교환의 장을 마련하는 것이 최대의 격려가 된다. 지식인들은 자신의 학식을 활용하며 인정해 주고 알아주는 리더에게 충성을 한다. 물론 돈과 명예만를 밝히는 지식인이 늘고 있지만…….

3) 역지사지의 소통력

팔로어의 아픔을 아는 리더가 되도록 노력해야 한다. 계급이 높아지면 자기도 모르는 사이에 독재적인 사람이 되고 갑자기 남의 사정을 헤아리지 않고 자만해지는 경우가 많다. 팔로어가 계속 떠받들므로 그러지 않으려고 노력해도 경솔해지게 된다. 그래서 팔로어는 당연히 자신의 명령을 듣지 않을 수 없다고 믿고 거리낌 없이 팔로어를 무시하고 희생시키는 명령도 하게 된다. 팔로어가 겪고 있는 고통을 하찮게 여기며 자신이 당한 것에 비하면 너희들은 아직 멀었다는 식의 태도를 보인다. 자신이 직접 경험해 보지 않은 일의 어려움은 정확히 알 수 없다. 어려움이라는 것은 시대 상황에 따라서 모양과 색깔이 변할 뿐 그 고통의 총량은 시대가 변해도 같은 것이다. 그리고 경험한 일이라도 시간이 지나면 쉽게 보이는 것이 일반적인 것이다. '내가 겪은 바에 비하면 자네들 고생은 아무것도 아니라'는 식의 말은 곤란하다.

따라서 역지사지(易地思之)의 소통은 '너희가 받고 싶어하는 대로 남에게 베풀라'는 성경 구절이 있듯이 자신이 팔로어였을 때 리더가 이렇게 말해 주었으면 좋겠다고 생각했던 것을 실천하는 것이다. 일을 잘 처리했을 때 칭찬의 말이나, 실패했을 때 위로의 말을 적절하게 하는 것이다. 이처럼 상대의 고충을 헤아려 주는 소통은 나이 많은 팔로어에 대한 소통에서도 적용된다. 자기보다도 나이 많은 팔로어와 함께 일해야 한다는 것은 가정에서 부모나 형과 직면해야 했던 갈등과 비슷한 문제를 갖는다. 마찬가지로 나이 어린 직원들과 함께 일을 하는 경우에는 집에서 자녀나 동생들과 부딪치는 문제들을 생각하면 어느 정도 들어맞는다. 기본적으로 나이 많은 팔로어에 대해서는 경의를 표해야 하며, 그들의 감정을 짓밟지 말아야 한다.

4) 배려의 소통력

배려의 소통은 사람의 따뜻한 마음을 전하는 것이다. 배려의 소통은 상대방에 대한 호의를 바탕으로 한 자상함을 의미한다. 배려를 위한 소통의 예로서, 불행한 사실을 공표하기 이전에 수신자에게 미리 통고를 하는 것과 같은 것이 있다. 해임을 결정한 트루먼 대통령은 맥아더 장군이 당황하게 될 것을 고려해 기자회견 이전에 한국전선을 시찰 중이던 페이스(Frank Pace, Jr.) 육군장관으로 하여금 교대 명령을 맥아더 장군에게 전달하도록 할 계획이었다. 하지만 상업통신시설의 고장과 육군 통신망의 느린 전파력으로 인해 공식 전문이 맥아더 장군에게 도착하기 전에 워싱턴에서의 기자회견 결과가 도쿄 라디오 방송에 의해 보도되었다. 맥아더 장군 부관이 그 방송을 듣고 맥아더 장군 부인에게 전화를 걸었다. 이리하여 맥아더 장군은 그의 해임을 부인을 통해 알게 되었다. 하지만 트루먼의 맥아더 장군에 대한 소통 배려는 존경할 만한 것이었다(미국합동참모본부, 1990).

배려의 마음은 다른 사람에 대한 깊은 관심과 호의에서 출발한다. 만약 오늘밤 당신이 죽었다고 가정하면 당신의 장례식에 몇 명이나 참석할 것인가? 참된 친구가 몇 명이나 있는가? 흔히들 '타인의 일에 관심을 갖지 않는 사람은 고난의 길을 걷게 된다'고 말한다. 소설 쓰는 법에 '작가가 인간을 좋아하지 않으면 세상 사람들도 그의 작품을 좋아하지 않을 것이다. 작가가 성공하고 싶다면 다른 사람들에게 관심을 가져야 한다'고 가르친다. 엘리엇(Charles W. Eliot)이 명성을 떨칠 수 있었던 비결은 그가 다른 사람들의 문제에 대해 깊은 관심을 보였기 때문이라고 한다. 그는 대학총장 시절 자취를 하는 한 신입생에게 고기 요리를 잘하는 방법까지 가르쳐 줄 정도였다.

사람들은 진심에서 우러나는 관심을 보이면 아무리 어려운 일도 협력하려고 애쓰기 마련이다.[12] 진심을 다하면 마음은 움직인다. 거짓으로 대하면 마음은 포기한다.

---

12) 미국 루스벨트 대통령의 인기 비결을 말해 주는 한 토막 이야기가 있다. 어느 날 흑인 시종의 아내가 메추리란 새에 대해 물었다. 루스벨트는 자세히 설명해 주었다. 그리고 며칠 뒤에 그녀에게 전화를 걸어서 "지금 그 쪽 창 밖에 메추리가 앉아 있으니 보라."고 했다. 그는 주방의 하녀에 이르기까지 이름을 기억해 보이든 보이지 않든 지나칠 때면 정겹게 이름을 불러주었다고 한다. 상대방의 이

마음은 마음을 알아본다. 진심의 마음은 진심의 마음을 본능적으로 알아본다.

5) 언행일치의 소통력

팔로어 앞에서 뒷거래하는 리더로 보여서는 곤란하다. 팔로어 앞에서 하는 말과 리더 앞에서 하는 말이 전연 반대이거나, 자신은 실천하지 못할 규범을 팔로어에게만 요구하거나, 입으로 말하는 것과 실제로 행하는 일이 전혀 다르다면 팔로어는 곧 그 교활함을 간파해 버린다. 팔로어가 이런 인식을 하고 나면 명령하는 일의 이면만을 생각하게 되고 리더의 본심을 사사건건 의심하게 되므로 지휘가 곤란하게 되는 것은 당연한 결과다. 리더가 먼저 탁 털어놓고 언행일치한다면 팔로어는 안심하고 따라오기 마련이다. 리더는 사소한 일에서부터 언행이 일치해야 한다. 작은 일일수록 언행일치를 보이는 것이 중요하다. 팔로어와의 약속은 반드시 지키되 지키지 못할 경우에는 그 이유를 차근히 설명해 납득시켜야 한다. 그 약속이 몇 년 전에 한 것과 같이 오래될수록 팔로어를 놀라게 할 것이고 그 효과는 크다.

6) 겸허하고 경청하는 소통력

리더의 겸허한 경청 태도는 팔로어를 편안하고 솔직하게 대화할 수 있는 분위기로 이끌어 준다. 듣기 거북한 의견일수록 허심탄회하게 듣는 태도를 보여줌으로써 팔로어로부터 신뢰감과 존경을 받게 된다. 그리고 명령의 수행 도중에 경과 보고를 반드시 하도록 하며, 보고를 받을 때에는 자기를 이해시키려 하기보다는 먼저 팔로어의 의견을 허심탄회하게 받아들이는 겸허한 태도를 취한다. 팔로어의 의견이 보잘것없어도 묵묵히 귀를 기울이는 배려를 보인다.

하지만 단순한 반복이나 리더를 깔보고 무시하려는 의도의 말은 즉시 중지시켜야 한다. 팔로어의 주제넘은 의견, 리더에 대한 막연한 비판, 리더를 꾸짖는 듯한 발언은 즉시 중지시키고 잘못된 태도를 질타해야 한다. 리더의 말에 대해 무조건 반대하고 나서거나 비판적인 것이 훌륭한 태도인 것으로 잘못 알고 건방진 행동을 보이는 신세대 팔로어가 많기 때문에 이를 적절하게 통제할 수 있어야 한다.

7) 칭찬하는 소통력

모든 리더는 팔로어에 대해 칭찬의 귀재가 될 필요가 있다. 자신의 공적을 팔로어의 도움으로 가능했다는 식으로 말하는 것이 기본이 되어야 한다. 칭찬에 인색하면

름을 기억함으로써 아랫사람에게까지 마음으로 우러나는 진정한 소통을 실행한 것이다.

팔로어의 사기를 죽인다. 칭찬받지 못한 팔로어는 힘들여 일한 것을 후회한다. 팔로어에 대한 욕을 타인에게 털어놓으면 반드시 당사자의 귀로 들어가는 것이 세상일이라면 팔로어의 장점을 선전하고 다닌다면 어떤 결과가 올 것인지는 예상할 수 있다. 팔로어를 협력자로 만들기 위해서는 의욕을 높여주고 기분 좋게 일하도록 해야 한다. 가급적 팔로어의 결점은 재워두고 장점이나 공적만을 치켜세워 선전하고 다닌다. 리더가 자신을 칭찬한다는 사실을 다른 사람을 통해 들었을 때 좋아하지 않을 팔로어는 없다.

사람을 움직이는 소통으로서 칭찬보다 좋은 것은 없다. 사소한 행위라도 그것이 좋은 일이면 반드시 칭찬을 한다. 별로 두드러지지 않은 일을 하고서 칭찬을 예상하지 않았을 때 칭찬을 받게 되면 그 효과가 배가되기 마련이다. 동기부여라는 같은 목적을 위해 꾸짖음보다는 칭찬이 효과적이다. 칭찬을 들은 사람은 상대방에게 관심을 갖고 자신의 좋은 이미지를 지속시키려고 노력한다. 사람을 움직이는 비결은 그 사람으로 하여금 스스로 하고 싶은 마음을 갖게 만드는 것이다. 곧 사람을 움직이게 하려면 상대가 바라는 것을 먼저 주어야 한다.[13)]

팔로어가 가지고 있는 단점보다 장점을 발굴해 내어 육성시켜야 한다. 팔로어의 성과에 곧바로 칭찬해 주는 기교가 필요하다. 자신감을 잃은 팔로어일수록 자주 칭찬하고 격려하지 않으면 안 된다. 한번 칭찬한 팔로어의 좋은 점을 기억해 두었다가 다음에도 같은 방법으로 칭찬해 주어야 한다. 설사 일의 결과가 잘못되었다 할지라도 전에 칭찬했던 것을 끌어들이면서 꾸중의 강도를 낮춰야 한다. “전엔 잘했는데 왜 그래, 슬럼프인 모양이지” 하는 등이다. 엘리트 의식이 강한 까다로운 팔로어도 칭찬 한 마디로 쉽게 움직인다. 물론 자부심을 부추기고 자극하는 칭찬에도 기교가 있다.[14)]

하지만 칭찬은 천박하게 아첨하라는 의미가 아니라 진실되게 감사하고 경탄하라는 것이다. 무작정적인 칭찬, 비아냥대는 칭찬, 허위가 섞인 칭찬은 오히려 역효과를 내

---

13) 프로이트(Sigmund Freud)에 의하면 인간은 성의 충동과 위대해지고 싶은 욕망에 의해 움직인다고 했으며, 듀이(John Dewey)는 인간은 가장 중요한 인물이 되고자 하는 욕구에 의해 움직인다고 말한다. 카네기(Dale Carnegie)는 자신보다 뛰어난 인물들을 활용할 줄 알았고, 록펠러(John D. Rockefeller)는 자신의 동업자인 베드포드가 자기 회사에 백만 달러의 손해를 입혔어도 그가 잘 해낸 점을 찾아 내어 “잘 했소. 그만큼의 손해에 그친 것도 큰 수완이오”라고 오히려 칭찬했다.

14) 리더인 자신도 못하는 일을 해냈다는 식으로 자신의 약점을 비교해 은근히 칭찬하는 방법, 고전적인 친근감의 표현 방법으로 최고라는 엄지손가락을 치켜 올린다든지, 웃으며 어깨를 툭 치는 등의 신체 언어(body language)가 있다.

어 불신만 높인다. 의미 없는 과찬은 금물이다. 상대방이 칭찬받을 만한 행위를 했을 경우에만 칭찬을 한다. 전혀 칭찬할 가치가 없을 때 칭찬하게 되면, 팔로어가 오히려 불쾌하게 생각하거나 자만에 빠질 가능성이 높다. 엉뚱한 칭찬은 아부하거나 수신자를 비아냥하기 위해 칭찬한다는 기분을 느끼게 만든다. 그래서 칭찬을 할 때에는 진심에서 우러나오는 태도로 해야 한다.

8) 눈높이 소통력

상의하달이 철저할 때 위계 질서가 엄정하게 유지되고, 하의상달이 잘 받아들여질 때 조직의 사기가 충천하게 되며, 횡적 소통이 원활하게 이뤄졌을 때 조직의 단결력이 굳건해진다. 그런데 요즈음 신세대들은 충성심이나 복종심이 희박해지고 더군다나 리더를 조금도 무서워하지 않는다. 결국 위로부터는 명령을 받고 아랫사람은 말을 듣지 않는다면 중견 리더만 '샌드위치 맨'이 되고 만다. 이러한 상황에서 리더가 자기 쪽으로 팔로어가 오도록 기다리는 것이 아니라 스스로 팔로어에게로 다가가는 자세가 필요하다.

신세대들은 기성세대에 비해 자신들의 요구를 쉽게 응답해 주는 부모 밑에서 성장했으므로 이들과의 소통은 리더가 부모와 같이 먼저 접근하는 형태가 되어야 한다. 리더가 소통 통로를 개방·개척함으로써 그들의 욕구가 담긴 발언을 청취하는 형태가 바람직하다. 눈높이 대화가 요구된다는 것이다. 눈높이 소통은 먼저 찾아가 베푸는 소통이다. 지나친 친분은 경멸을 사게 된다는 부정적인 면도 있지만 그러한 시행착오를 거치면서 중용의 도를 깨치게 될 것이다.

계급이 높다고 지위만 내세우면 정작 급할 때 아무도 따라오지 않는 결과가 발생한다. 이렇게 쓰라린 경험을 하기 전에 신세대 팔로어를 잘 다루는 요령을 터득해야 한다. 먼저 다가가 마음을 터놓고 이야기를 거는 자세를 반복하게 되면 리더가 50%의 마음만을 드러내도 팔로어는 100% 마음을 열게 된다.

그들을 대할 때 항상 참고해야 하는 것은 특히 말투를 조심하여 부드러우면서도 납득시키려는 방향으로 얘기를 꺼내야 한다. 팔로어에게 개인적인 감정이나 적의가 전혀 없음을 보여주도록 하는 것이다.[15] 팔로어의 심리 상태, 건강, 가정 등에 대해

---

15) 신세대 팔로어에게는 호·불호를 분명히 하는 소통이 필요하다. 좋고 나쁨을 분명히 나타내 지도하지 않으면 팔로어는 인재로 크기 어렵다. 팔로어에게 모든 일을 분명히 좋다 나쁘다라고 구체적으로 지시해 기초적인 예의 범절과 업무 기술까지 철저하게 가르쳐야 한다. 모호하게 넘어가거나 어물어물 질타의 기회를 놓치면 곤란하다.

세심하게 알고 있으면 팔로어를 더욱 쉽게 지휘할 수 있다. 하지만 팔로어를 무르게 다뤄서 기어오르게 하거나 경거망동하게 만들라는 것이 아니다.

좋은 사람과 좋은 리더는 구별해야 한다. 속마음을 바보처럼 다 털어놓는 리더는 결국 깔보이고 얕보여 지휘권이 무력해진다. 소탈하지만 형님 같은 까닭 모를 무서움도 필요하다. 회의장에 리더가 들어가면 일순 실내가 쥐죽은 듯 조용해지는 그러한 권위를 지닌 참 리더가 되어야 한다. 누가 누구를 두려워하거나 존경하거나 도무지 어렵게 여기는 것이 없는 신세대들에게, 대화와 친화력으로 이해시킴으로써 스스로 따라오게 만들라는 것이지 그들에게 속마음을 보여서 가벼이 보이도록 하라는 의미는 절대 아니다.

9) 품위 있는 소통력

품위 있는 소통은 판단보다는 정보를 교환하는 방식이다. 즉, 좋다-나쁘다, 옳다-그르다 등의 판단을 하거나 동기를 평가하기보다는 일어났던 일을 보고하고, 행동을 설명하는 방식으로 사실(fact)만을 교환하는 화법이다. 영국의 의회에서는 "거짓말쟁이"나 "바보"라는 표현은 금물이다. 처칠이 수상으로 있을 때 어떤 의원이 큰 비웃음을 터뜨리며 야유하자, 그는 "솥 밑에서 타는 가시나무의 소리처럼 나는 아무렇지도 않게 생각한다"고 되받았다. 그 말의 뜻을 당장 알아차리기 힘들었던 그 의원은 구약성서의 전도서를 뒤적였다. "어리석은 자의 웃음은 솥 밑에서 타는 가시나무의 소리처럼 어리석고 헛되다"는 구절을 읽은 그 의원은 기가 막혔다. 말을 잘하는 수사의 능력을 몸으로 익힌 처칠이 험한 말을 성경의 한 구절로 포장한 것이다. "왜 나를 보고 비웃느냐"고 말하는 것보다 "당신이 나를 보고 웃었을 때 나는 천대받는 기분이 들고 내 자신이 비참하게 느껴진다"고 말하는 것이 고상하다.

이와같이 소통은 절대적인 방식으로 말하기보다는 정도와 범위, 상대적인 입장에 따라 말하는 것이 효과적이다. '이번 보고서가 형편없다'고 말하기보다는 "이전 보고서가 내게는 더 좋게 보인다"고 말하는 것이다.

10) 선견지명의 소통력

농민을 평가하는 기준이 있다. '풀을 보지 않고 풀을 뽑는 것을 상농(上農), 풀이 난 것을 보고서 풀을 뽑는 것을 중농(中農), 풀이 나 있는데도 풀을 보지 못하는 것을 하농(下農)'이라 했다. 리더는 항상 상농의 정신으로 문제 의식을 갖고 시대와 환경을 살펴야 한다. 일진월보(日進月步)하는 정보화 시대에는 우수한 리더일수록 시대를 앞서가는 선견지명이 중요하다. 이러한 선견지명은 SNS,[16] 일간신문, 경제지, 스포츠신문, 9시뉴스, 주간지, 월간지, 베스트셀러 등은 꼭 보는 부지런함에서 나온다. 가능하면 일정한 시간을 창조적 사고의 시간으로 정해 객관적으로 자신의 업무를 돌아보는 데 사용할 필요가 있다.

팔로어를 해박한 지식인으로 만들 수 있도록 유인하고 장려해야 한다. 평소에 지식 교환을 활용하여 조직의 운영 방침을 자주 팔로어에게 설명하고 의견을 듣는 방법이 있다. 팔로어에게 조직 내외의 여러 가지 흐름을 설명해 업무에 참고하도록 하며 그들도 대국적인 지식 탐구열을 갖게 하는 것이다.

11) 공감하는 소통력

스트레스는 술을 마신다던가 노래를 부른다던가, 운동을 하면 해결할 수 있지만, 심각한 스트레스인 경우에는 멘토와 코칭을 필요로 한다. 팔로어가 스트레스 때문에 상담을 요청해 올 때 하찮은 고민으로 보이더라도 상대방에게는 커다란 문제이므로 사소한 일이라고 핀잔을 주지 말고 진지하게 경청하고 공감해야 한다. 멘토와 코치로서 어떤 일이라도 절대 비밀을 엄수하며, 상대의 입장에서 동정하는 태도를 갖춰야 한다. 가급적이면 비판하거나 지시하거나 명령하거나 강요하지 말고 자신의 경험담과 해결 경험을 말해 줌으로써 지금의 문제가 결국에는 대단한 문제가 아니며 상대방의 능력으로 쉽게 해결할 수 있다는 용기를 북돋워 주는 데서 자신의 역할을 한정하고, 결론적 판단은 팔로어 스스로 내리도록 백지로 놓아둔다.[17]

팔로어가 상담을 하기 위해 찾아오게 되면 가장 먼저 팔로어가 고민하는 문제를 파악해야 한다. 그러기 위해서는 질문을 적절하게 해야 하는데 가장 좋은 질문의 형태는 개방적 질문이다. 상대방으로 하여금 대답할 자유를 좀 더 폭넓게 부여해 주고 리더인 자신의 편견을 드러내지 않을 수 있기 때문이다. 또한 온화한 표정으로 질문

---

16) SNS(Social Network System)는 1인 미디어로 사용자 중심의 소통 도구다. 이제까지 인터넷 서비스가 제공하지 못했던 깜짝 놀랄 만한 새로운 기능이 있다. 트위터에서 어떤 주제에 대해 실시간으로 검색할 수 있고, 소셜인인 올린 글을 RT(Retweet: 다시 퍼뜨리기)를 통해 다시 신속히 전파할 수 있고, 어떤 다른 언어로 즉시 번역하여 소통할 수 있는 글로벌 기능이 있다.

17) 이처럼 멘토 같은 리더의 태도는 공감 능력이 풍부한 감수성 있는 태도다. 리더는 팔로어가 바라는 바를 그의 표정이나 짧은 침묵 속에서 읽어 내어 반응할 정도가 되어야 하며, 늘 팔로어가 마음놓고 상담해 올 수 있을 정도로 편한 분위기를 만들어 놓는다. 평소에 친밀감이 담긴 인사나 말을 걸면 팔로어의 기분을 이완시켜 주고 관계를 돈독히 할 수가 있다. 리더는 늘 팔로어의 감정곡선을 감지하고 있어야 하는데 팔로어 한 사람 한 사람에게 관심을 가지게 되면 그들의 입장에서 지시내리는 것이 자연스럽게 이뤄진다.

하는 것이 좋다. 긍정적인 태도로 부정적이고 결핍된 것을 지적하지 않으려고 애써야 하며, 팔로어를 비판하는 것이 아니라 “긍정적인 무엇이 있는가?”라는 방향으로 물음을 가져야 한다.[18] 손쉽게 “왜” 그러느냐는 식의 질문을 던지는 것은 맨 마지막에 해야 할 질문이다. 명심하라.

12) 창의력을 자극하는 소통력

리더는 팔로어의 아이디어를 존중하고 그의 독창성을 육성시킬 수 있어야 한다. 팔로어의 발안 능력이 개발되지 못하고 침체되어 있지 않는가를 관찰하면서 팔로어가 제출하는 아이디어나 연구에 동기부여해 주어야 한다. 팔로어의 의견은 대부분이 여러 사람의 생각을 모방하고 차용한 것일 확률이 높다. 이른바 ‘빌린 발상’이다. 하지만 이 세상에 완벽하게 창조적인 것은 태초에 천지창조 이외는 없었다는 사실을 인식한다면 색다른 팔로어의 자기 발안을 칭찬해 주고 분발시킬 수 있어야 한다.

13) 친근한 소통력

사람들은 자신에게 관심을 보여주는 사람에게 친근감을 느낀다. 친구를 원한다면 먼저 상대방을 위해 자신의 시간과 노력을 쓸 수 있어야 한다. 개가 인간에게 귀여움을 받는 이유는 사람들을 보면 반가워하고 좋아하기 때문이다. 항상 밝게 반기는 표정은 말보다 더 강한 메시지를 전달한다. 좋은 인간관계는 좋은 인사에서 비롯된다. 직장생활이 불행하다던 한 직장인이 아침마다 직원들에게 미소 담긴 아침 인사를 하기 시작하자 그때까지 느껴보지 못했던 행복이 찾아왔다고 한다. 좋은 인사란 상대방에 대한 존경심을 반영해 따스한 정을 표하는 것이다. 더 나아가 상대방의 입장이 되어 단순한 안부보다는 상대가 관심을 가질 만한 정도의 화제를 찾아내어 건네는 것이 좋다. 인간은 감정의 지배를 강하게 받는다. 그래서 이성으로는 납득하면서도 감정의 불은 좀처럼 꺼지지 않고 오래 남는 법이다. 마찬가지로 이성적으로는 용서하지 못하면서도 웃는 얼굴에 폭력을 행사하지는 못하는 것이다.

14) 의연한 소통력

리더 스스로 고독하게 결단해야 할 일이 있다. 정상은 외롭다는 뜻으로 고성낙일(孤城落日: 아무 도움 없이 고립된 정상의 처참함)이라는 말도 있다. ‘참여주의’ 운운

18) 우선은 6하 원칙에 따라 누가, 언제, 어디서, 무엇을, 어떻게 했기 때문에 지금 이런 고민에 빠져 있다는 사실을 정확하게 파악해야 한다.

하며 리더가 결정해야 할 사항까지 일일이 팔로어의 의견을 듣는 것은 팔로어로부터 결단력 없는 리더로 얕보이거나 책임을 회피하기 위한, 약고 사악한 행동으로 비난받게 된다. 또한 팔로어로부터 위로받을 말을 하는 리더가 있다. 그렇게 되면 팔로어로부터 이런 리더를 믿고 따르다가는 안 되겠다고 따돌림을 받게 되고 찬밥 신세가 된다. 팔로어 앞에서 우는 소리를 하거나 "너희들이 못나서 내가 윗사람한테 꾸중만 듣는다" 등의 불평을 해서는 실익도 없이 리더 자신의 위신만 손상된다. 윗사람의 명령이나 행동이 마음에 들지 않거나, 인사 불만이 있더라도 팔로어 앞에서는 투덜대지 말아야 하며 팔로어 앞에서는 아무리 괴로워도 의연한 태도를 견지해야 한다. 팔로어에게도 다 알려진 실패담은 반농담조로 명랑하게 투덜거림으로써 팔로어에게 자신의 비참함을 숨기고, 대범한 면모를 보일 수 있어야 한다.

15) 확인하는 소통력

대화를 주고받는 두 사람은 절대로 틀로 찍어 낸 듯이 동일한 사항에 관해 이야기한다는 것이 원초적으로 불가능하다. 사람은 하나의 이미지를 마음속에 구축해도 언어로 표현할 수 있는 것은 극히 일부분에 지나지 않는다. 상대방은 그 일부분을 듣고, 또 자기 나름의 이미지로 해석하는 것이다. 말이 나타내는 것은 이미지의 측면뿐이며, 이미지 전체는 아니다. 인간은 이미지의 측면에 대해서만 말할 수 있는 것으로서 전체에 대해서는 말할 수 없다. 같은 말이라도 받아들이는 편의 이미지는 가지각색이다. 이심전심(以心傳心)으로 통하면 좋겠지만 동상이몽(同床異夢)일 경우도 많다.

전달자의 말이 정확하고 완전하더라도, 두 사람이 동일한 경험을 가지고, 동일한 감정적 반응을 나타내며, 동일한 태도를 취하고, 동일한 소망을 갖기는 어려운 일이다. 그러므로 자기의 이미지를 상대방의 이미지와 수시로 비교해야 한다. 지금 이야기되고 있는 사항에 대해 이쪽의 진의를 전달하고 수신자도 그렇게 하도록 촉구할 것을 잊어서는 안 된다. 이른바 '확인 소통'이다. 따라서 상대방의 이미지를 확인하는 것은 선장이 정기적으로 항해 위치를 확인해서 항로에서 벗어나지 않도록 하는 행위와 같다.

16) 해학적 표현력

사람 간에 이해의 벽을 넘어서 경직되어 있는 인간관계를 해소하는 수단이 해학이다. 해학은 인생의 윤활유와 같이 친근함을 더해 주며 스트레스를 해소시켜 각박한 관계를 풀어준다. 하지만 유교문화권에서 해학은 '허튼 수작'으로 취급되어 해학문화가 많이 발달하지는 못했다. 린위탕(林語堂)은 "독재자의 큰 결점은 유머의 결여에 있다. 독재자는 항상 엄숙하고 성난 얼굴을 하고 있다. 자기가 위대하다는 것을 자만하고 있기 때문에 조화의 센스를 잃고 있는 것이다"라고 말했다. 권위주의하에서는 해학이 삐져나올 틈이 없다는 것이다.

해학은 마음의 고통을 쉽게 풀어주는 고리로서 기능하며 협상 타결의 명분을 제공하기도 한다. 해학문화가 체질화된 관료사회가 된다면 그만큼 부드럽게 일을 처리할 수 있게 될 것이다. 레이건 대통령이 저격 받고 병원에서 의사들에게 "당신들은 물론 공화당원이겠지"라고 조크를 하는 여유를 보여줌으로써 의사들의 긴장을 해소시켜 주었다고 한다.

17) 간접 표현의 미화력

누군가에 대해 좋지 못한 평을 해야만 할 때에 직선적인 언어를 사용하기보다 동문서답 형식으로 다른 칭찬으로 대신함으로써 질문자가 알아서 추리하기를 바라는 소통 기술이다. 사람은 자신의 행위를 미화(美化)시키려고 하는 욕구가 있다. 자신을 아름답게 꾸미고 싶어하는 것이다. 소통에서도 직접적이고 거친 듯한 언어보다는 약간 치장한 언어가 더욱 강한 설득력이 있다. 어떤 유명인사는 공개하고 싶지 않은 자신의 사진이 잡지에 실리는 것을 보고 그 신문의 편집장에게 편지를 썼다. "그 사진을 싣지 마시오"가 아니라 "저의 어머니께서 대단히 싫어하시니 제 사진을 싣지 말아 주십시오"라고 전했다.[19]

소통에서 직접적인 것보다는 배려가 담긴 간접적인 것, 미화된 것이 사람의 마음을 더 쉽게 움직인다. 한 번 더 생각해 배려하고 미화하는 소통 행위는 지혜로움의 대명사다. 동양어보다는 서양어에 간접 표현이 많다. 문화가 발달할수록 간접 표현과 미적 표현이 늘어나는 경향이다.[20] 수신자의 추리 능력을 고려해 대화할 때 '말한 것' 자체의 액면적 의미와 '말하지 않은 것'의 행간의 의미를 적절하게 분배해 전달하는

---

19) 어떤 정치인은 자신의 자녀들 사진이 잡지에 실리는 것을 막기 위해 "어린이들에게 상처를 입히고 싶지 않은 것이 어른들의 공통된 마음일 것입니다"라고 간접적인 표현을 사용했다. 한 부인은 어린이들이 정원을 자주 망치기에 야단을 쳤지만 그때뿐이었다. 안 되겠다 싶어 그 장난꾸러기의 대장에게 '수비대장'이라는 직함을 주며 잔디에 불법으로 침입하는 자를 감시하라는 임무를 맡겼더니 그때부터는 걱정할 필요가 없게 되었다고 한다.

20) "해 주실 수 있겠습니까?"류의 간접 표현은 상대방에게 할 의사가 없으면 안 해도 괜찮다는 여운을 남김으로써 공손한 태도를 느끼게 한다. "해 주시겠습니까?" "할 수 있겠어요?" 등의 의문형을 사용해 상대방의 의사를 고려하는 간접 표현이 고급의 전달 기술임은 물론이다.

함축적 소통을 할 필요가 있다. 함축된 의미가 많은 언어를 구사할수록 세련된 화자이며 외교적인 사람이다.

18) 비판적 소통력

동서고금을 막론하고 사회 발전의 기초는 정직과 원칙이 대접받는 도덕성의 존재다. 그래서 도덕성이 봄에 꽃이 피어나듯 잘 자랄 수 있도록 비판적 소통 역시 성숙되어야 한다. 도덕성의 존립 여부는 공동체 간 상호 비판을 통한 깨끗한 소통의 확립 여부에 달려 있다. 승진과 도태가 필수적인 대규모 조직사회에서 어느 정도의 왜곡과 단절은 존재하기 마련이다. 하지만 그 정도가 너무 심해서 중상모략이 횡행하게 되면 조직의 업무 수행은 심각하게 차질을 빚게 된다. 부도덕한 사람의 중상모략적 행태가 오히려 약삭빠른 행동으로 평가받기 시작하면 그 조직은 걷잡을 수 없이 허물어지기 시작한다.[21]

결국, 비판을 통한 조직 발전을 성취하려면 중상모략하는 습성, 거짓말하는 풍토, 막말하는 태도, 흑색선전하려는 시도를 깨끗이 청소하는 소통의 변화가 먼저 진행되어야 한다. 하지만 잘못된 조직에서는 리더의 명령이 왜곡되어 전달되고, 실무자의 업무 실적이 포장되어 보고되며, 구성원 간에 음해와 이간질로 파벌이 형성된다면 그

그림 2-4 소통을 가능케 하는 것, 진심! 마음은 전해진다

21) 멀쩡한 사람이 소문에 의해 음해를 당하는 과정은 의외로 간단하다. 남이 잘못되는 이야기에 솔깃하는 인간 심리 때문이다. "아니 땐 굴뚝에 연기 나랴?" 하는 식으로 짐작해 버리는 풍토 때문에 소문의 덫에 한번 걸린 사람은 '걸어다니는 시체'가 되어 버리거나 명예회복에 커다란 비용을 치러야 한다. "설마 그 사람마저!"가 몇 사람의 입을 거치면 곧 바로 "역시 그 사람도 별 수 없이……"로, "그런 몹쓸 놈이 있나!"로 낙인되어 버리는 것이 현실이기 때문이다. 따라서 아무리 결백을 주장하더라도 백약이 무효가 되어 버리는 현실 상황 속에서 당사자는 해명에 진이 빠져 버린다. 얼마 가지 않아 명예회복을 포기해 버리고 중상모략에 백기를 들고 마는 것이다.

조직은 후진 조직이란 오명으로 계속 머물 수밖에 없다. 왜냐하면 아침마다 "꼴 보기 싫은 자들 때문에 출근하기도 싫은 조직을 단지 먹고 살기 위해" 억지로 출근하는 전쟁터나 복마전과 같은 형상이 될 것이기 때문이다.

2 소통을 위한 리더의 능력과 태도

유명한 자동차 회사에서 임원으로 있는 이상무가 들려준 이야기다. 비공식적인 통계에 의하면 직원 사기의 70%는 상사와의 갈등에서 비롯된다. 즉, 팔로어의 근무 사기는 리더의 태도가 좌우한다는 사실이다. 현재 벌어져 있는 팔로어와의 이해 상충과 갈등을 해소하지 않고서 조직 내의 안일무사, 책임 회피를 제거하거나 팔로어의 근무 의욕을 고무시키지 못한다. 리더가 부정적인 생각으로 팔로어의 기안을 무시한다거나, 시키는 대로만 하라든가, 편견을 가지고 대한다든가 하는 것은 조직의 능력을 감소시키는 행동이다. 리더의 통솔 능력은 곧 인격의 능력이다. 인격이 있어야 팔로어가 따른다. 인격은 팔로어를 여러모로 헤아려 주고 세심하게 배려해 주는 소통의 태도에서 나온다. 그럼 소통을 위한 리더의 능력과 태도에 대해 알아보자.

1) 부드러운 태도

상대방 수신자의 마음이 반항심과 증오로 채워져 있을 때는 절대로 성공적인 대화를 나눌 수가 없다. 분노에 찬 노동자나 군중들을 상대로 논쟁을 벌이는 것은 마치 기름에 불씨를 던지는 것과 같다. 소통을 할 때에는 상대방의 태도를 잘 살펴야 한다. "한 방울의 벌꿀이 한 방울의 쓸개즙보다 많은 파리를 잡을 수 있다"는 속담이 있다. 만약 자신의 말에 상대방이 경청하도록 만들고 싶다면 먼저 자신이 그의 편이며, 그를 이해하기를 원한다는 부드러운 태도를 먼저 보여줌으로써 상대방이 의욕을 갖도록 유도해야 한다. 고압적인 말투 대신에 부드럽고 온화한 말로 상대의 마음을 열도록 하는 것이 그 방법이다. 태양의 따스함은 바람의 차가움보다 훨씬 효과가 있다. 칭찬과 이해의 부드러운 말투는 세상의 어느 독재자의 성난 고함보다 더욱 쉽게 사람의 마음을 움직인다.

2) 상대방이 말하도록 유도하는 태도

프로 세일즈맨의 기술은 소비자로 하여금 먼저 많이 스스로에 대해 이야기하도록 만드는 기술이라고 한다. 소통의 첩경은 상대방이 수다쟁이가 되도록 만드는 것이다. 인간의 심리는 자신이 하고 싶은 말을 모두 한 다음에야 상대편 쪽의 말을 경청할 여유가 생기는 법이기 때문이다. 상대방이 먼저 말하도록 유도하자면 먼저 상대방에 관해 관심을 갖고 사전조사를 해야 한다.

특히, 설득의 효과를 달성하려면 먼저 상대방에게 충분히 말하도록 한다. 상대방의 이야기 속에 잘못이 있거나 반대하고 싶은 충동이 일어나도 우선 참도록 하라. 그리고 상대에게 자기 자랑을 하게 만드는 재치가 설득을 유리하게 발전시킨다. 인간은 누구나 상대보다 뛰어나 있을 경우에는 자신감이 생겨 우월한 기분에 잠기게 되므로 이런 순간을 포착해 설득을 하면 쉽게 설득의 효과를 이룰 수 있다. 그러므로 상대에게 우월감을 인정해 주고, 자기 자랑을 하게 만들어 충분히 자랑하게 만든 후 설득의 말문을 열면 결과는 절대적인 것이 된다.

3) 걱정과 위로하는 마음의 태도

격려의 소통은 먼저 수신자의 처지를 정확하게 이해한 후, 수신자의 장점을 들면서 어떤 어려움도 극복할 수 있다는 용기를 전달하며, 수신자와 비슷한 불행에 처했던 사람의 극복 사례를 전해 주는 것이다. 막무가내로 걱정만 하는 수신자의 감정에 어떻게 대처해야 하는지 모르는 처지에 놓일 때가 있다.

감정은 사람으로 하여금 행동하게 만드는 본질적인 원동력이다. 주변에서 일어나는 일에 대응해서 감정이 일어나고, 감정은 긴장을 발생시키며, 그 긴장을 제거하기 위해 인간은 걱정하는 말과 행동을 하게 된다. 자신의 내심에 자리 잡은 불유쾌한 것을 자신으로부터 감춰 버리고 싶은 것이 인간이지만 이치적으로는 어떻게 할 수 없이 표현하게 되는 것이 감정의 힘이다. 따라서 분노하거나 근심하는 사람에게 이치에 맞지 않는 일이라고 아무리 가르쳐 주어도 소용이 없다. 이치적으로 수신자의 불안이나 분노를 제거하려고 해도 헛수고일 것이다. 감정이란 이성으로써는 어쩔 수 없기 때문이다.

이러한 경우에는 표현을 재촉해야 한다. 상대방의 감정적 긴장을 제거하는 것이 급선무이므로, 우선 그 감정의 표현을 재촉해야 한다. 긴장이 고조된 상태에서는 남의 말에 귀를 기울일 여유가 없기 때문에 이쪽에서 아무리 설득해도 소용이 없다. 대신 수신자로 하여금 말을 하도록 유도하는 데 전심해야 할 것이다. 또한 상대방의 불안이 걱정할 필요가 없다고 단순히 말해서는 불안 감정이 해소되지 않는다. 상대방에게 좀 더 그 일에 대해서 이야기해 달라고 부탁해 그가 설명하게 함으로써 그의 불안이 돌파구를 찾도록 유도한다. 잠시 그의 이야기를 들은 후에 그러한 일에 대해 이쪽이 알고 있는 것을 말해 주어 그를 안심시킬 수도 있다. '당신과 똑같은 일을 당한 어떤 사람도, 매우 걱정했지만 잘 해결되었다'고 말해 주는 것이다. '어째서 그런 걱정을 하느냐' '걱정할 필요 없다'는 식보다는 이야기를 시켜보는 방법이 좋다. 기쁨을 표현하고 싶어하는 경우에는 그 일을 좀 더 자세히 이야기하라고 하면 기뻐한다. 노여움도 말로써 해소하여 진정되고 원상태로 되돌아가는 것이다.

감정이란 완전히 억제할 수 있는 것이 아니다. 그 감정 자체를 품었다는 사실은 자기의 의지로 어쩔 도리가 없는 것이다. 수신자가 노하거나 불안해 할 때는 야단치기보다는 '지금의 당신 기분을 안다'고 말해 주어야 한다. 이것은 수신자의 말에 맞장구를 치는 것이 아니라, 그런 감정이 되더라도 걱정할 것이 없다는 것을 알게 하는 것이다. 즉, 상대방이 어려운 일로 의기소침하거나 절망에 빠져 있을 때는 상대방의 용기나 의욕을 북돋워 힘을 내게 하는 격정과 위로의 태도로 소통하는 것이 바람직하다.

4) 짧고 강력한 태도

인간은 한순간에 한 가지 일밖에 주의력을 집중시키지 못한다. 수신자의 주의력이라는 가늘고 불안정한 광선을 포착해서 이쪽이 하는 말로 집중시켜 나가지 않으면 안 된다. 이 광선이 사라져 버리면 대화가 아니라, 혼자 독백처럼 지껄이게 되는 상황으로 되어 버리는 것이다. 한 화제에 필요 이상의 시간을 낭비하지 말아야 한다. 수신자의 주의력은 오락가락한다. 수신자에게 기대할 수 있는 것은 기껏 주의력이 아주 떠나 버리지 않기를 바라는 것뿐이다. 상대방을 계몽하거나 움직이고 싶다면, 한 번에 20초 이상 이야기를 계속해서는 안 된다고 학자들은 권고한다. 그래서 대화를 할 때 1분 내로 마치기를 권한다. 인간의 집중도는 45초에 가장 집중하고 1분 30초를 넘으면 듣는 사람이 지루해지기 시작하며, 2분 10초를 넘기면 말하는 사람이 횡설수설하기 시작한다.

수신자는 그 이상 끄는 말은 들으려고 하지 않으므로 때로는 사이를 두는 것이 바람직하다. 수신자는 말하는 자와 같은 속도로 이미지를 형성할 수 없기 때문에 중요한 말, 특히 수식어 등을 계속해서 전달하는 것은 좋지 못하고 시간을 두고 반복하는 것이 바람직하다. 수신자의 주의력을 유지시키는 다른 방법은 본론에서 벗어나지 않는 것, 수신자가 잘 알고 있는 것은 반복해 말하지 않는 것, 가능한 구체어를 쓰는 것 등이다. 구체어란 물체나 동작과 같이 시각화할 수 있는 말이다. 시각화될 수 없는 관념어, 추상어는 여러 종류의 이미지를 그릴 수 있게 해 오해를 불러일으키고 사고를 하도록 함으로써 주의를 산만하게 만든다.

5) 진의를 알아차리는 태도

리더는 항상 동기와 진의를 분석하는 습관을 들일 필요가 있다. 수신자는 말로 의사를 나타내는 외에 또 무엇을 의도하고 있을까, 무엇을 느끼고 있을까, 무엇을 바라고 있을까 하는 의문에 대해 스스로 대답을 찾아보고, 또 대화의 목적을 잊어버리지 않도록 해야 할 것이다. 이때에 언외(言外)의 말이야말로 그의 참된 감정이나 욕구를 현저하게 나타내 준다. 누가 칭찬하는 말을 하는 것은 액면 그대로의 말 이외에 당신을 기쁘게 해 주려는 뜻과 계속 좋은 관계를 유지하고 싶다는 의사 표현이기도 하다.

비언어 소통은 어려운 일을 부탁할 때에 유용하다. '노골적인 요구'란 어떤 일을 솔직히 부탁하는 것이라면 '언외의 요구'란 부탁하기 전에 말을 멈추는 것이다. 무엇을 달라든가, 해달라고는 하지 않고 자기의 소망을 말만 해놓고 수신자의 친절한 마음에 기대를 걸고 기다리는 것이다. 그래서 언외의 요구는 수신자의 기분을 상하게 하지 않고 자기 뜻을 달성할 수 있다.

다른 사람한테 언외의 요구를 받는 경우에는, 우선 수신자의 요구라고 생각되는 것을 말로써 명백히 밝히고, 다음에 어느 정도까지 이쪽이 해 주기를 바라고 있는가를 물어보아야 한다. 상대방이 모르는 척 비언어로 표현한다고 해서 언외의 요구를 무시해서는 안 된다. 그러면 상대방은 알면서도 일부러 해 주지 않는다고 해석해 버릴 것이다.

제 3 절 리더십의 극치, 소통 리더십

소통이 잘되면 만사형통(萬事亨通)이라 했다. 리더와 팔로어, 대통령과 국민은 서로 동반자다. 성공적인 소통은 팔로어십을 기반으로 한다. 팔로어가 밀어주고 믿어주지 않으면 리더가 큰 업적을 이룩할 가능성은 낮다. 12번째 선수였던 붉은 악마의 위력처럼, 팔로어의 응원과 기도는 리더에게 열정을 솟구치게 한다. 팔로어는 부하가 아니라 파트너다. 추종자나 견제자가 아니라 동반자이자 조력자다. 팔로어는 무조건 복종하는 예스맨도 아니고 언제든 제치고 올라갈 기회를 노리는 2인자도 아니다. 탁월한 리더를 만나는 것도 중요하지만 탁월한 리더를 만드는 것도 중요하다. 국민의 수준이 대통령의 수준을 결정하는 것처럼 팔로어의 수준이 리더의 수준을 좌지우지한다. 바람직한 팔로어는 리더에게 긍정적 영향력을 행사하며 리더의 부족한 점을 메워준다.[22)]

우리는 아랫사람에게는 너그럽다가도 윗사람에겐 가혹하다. 칭찬하는 사람도 없고 위로하는 사람도 없다. 리더도 외롭고 두렵다. 지위가 올라갈수록 고달프고 슬프다. 무거운 책임감과 막중한 스트레스만 덤벼든다. 여기저기 받은 화살로 고슴도치가 될 지경이다. 이제 '조금만 더', 마지스(magis)의 정신으로 리더의 마음을 알고 존경해 보자.

1 만사형통의 소통 리더십

1) 혼자 빛나는 별은 없다

지금의 시대는 성경 속 바벨탑의 전설처럼 소통의 부재와 단절된 관계들 속에서 오해와 서로 다름에 대한 이질적 편협성으로 점철되어 가고 있다. 그럼 소통은 개인만의 문제일까? 가족이든 대기업이든 국가든 결국 소통의 문제 아니겠는가? 소통은 쌍방향이어야 함에도 불구하고, 우리는 일방적이거나 불통(不通)인 경우가 허다하다. 혼자 빛나는 별은 없다. 누군가의 빛을 받고 누군가에게 빛을 주는 것, 그것이 인생(人生)이며 인(仁)이다. 인은 사람 인(人) 변에 두 이(二) 자를 쓴다. 소통은 결코 혼자 할 수 없고, 적어도 둘이 있어야 비로소 트이는 것이다. 아무리 탁월해도 일방적이면 통할 수 없는 것이 소통의 원리다. 소통은 너와 나를 연결하는 다리다. 다리가 붕괴되면 여기저기서 소통의 부재로 신음소리가 들린다.

말이 안 통할 때, 소통이 안 될 때, 우리는 죄 없는 가슴만 친다. 하지만 도저히 말이 안 통하는 사람들과도 일을 해야만 하고, 관계를 맺어야 할 때가 많은 법이다. 따라서 '관리자'와 '리더'의 차이는 '업무 능력'의 차이가 아니라 '소통 능력'의 차이라고 할 수 있다.

---

22) 리더십의 대가 후버(John Huber) 박사는 "나쁜 리더는 없어지지 않는다. 다만, 리더를 전략적으로 보좌하고 대응할 수 있을 따름이다."라고 했다.

만백성을 걱정해 줘야 할 정부기관이 오히려 만백성으로 하여금 사회 갈등과 국민 간 근심과 갈등의 원인을 제공하고 있다. 갈등이 없을 수는 없지만 갈등이 주체 세력이 되면 선진국을 기대할 수 없다. 정부기관 간에도 서로 다른 통계 자료를 보유하고 있는 소통의 부재 현상은 없어야 한다. 자치단체 간에는 어떠한가? 인접한 자치단체 간에 유사·중복 시설의 난립 문제가 심각하다. 서로 가까이 위치한 자치단체들이 체육관이나 문화시설 등 공공시설을 함께 계획을 세워 건립하면 예산을 효율적으로 쓸 수 있고 운영도 내실 있게 할 수 있을 텐데, 서로 다른 자치단체라는 이유로 여기저기 경쟁적으로 공공시설을 건립하고 있다.[23]

마찬가지로 리더는 끊임없이 자신이 이끄는 아래 사람과, 또 다른 리더들, 외부인사들과 대화하는 사람이어야 한다. 특히 어렵고 힘든 때일수록, 난해한 장애물에 부딪쳤을수록, 공동체가 매너리즘과 물질주의에 빠져서 도태되어 있을수록 리더는 새로운 도전과 용기와 따뜻한 사랑이 담긴 소통을 끊임없이 해서 조직구성원의 사기를 진작시켜야 한다.[24]

2) 소통을 위한 리더의 세 가지 패턴

리더가 소통을 효율적으로 하기 위해서는 다음의 기본적인 행동 패턴을 원활하게 수행해야 한다.

첫째, 관찰(observe)해야 한다. 팔로어에게 업무를 맡기고 너무 자주 간섭해서도 안 되지만 결과만을 기다리는 게으른 리더가 되는 것은 더욱 나쁘다. 수시로 팔로어의 업무 수행을 관찰해 필요한 지원과 잘못의 수정을 제때에 해 주어야 한다. "그것은 이렇게 하면 어때", "어려운 일인데 잘하고 있군" 등으로 묻고 격려하기도 한다.

둘째, 분석(anaysis)해야 한다. 업무보고서의 결과나 숫자의 이면을 읽을 수 있어야 한다. 능률성을 체크하고, 행간에 숨어진 행동이나 의식을 발견해야 한다. 누가 말해 주지 않아도 경험에 비춰 어떤 사건이 발생하고 있으며, 문제의 뼈대가 무엇인지

---

23) 쓰레기 소각장이나 화장장과 같은 소위 혐오시설은 극심한 님비(NIMBY) 현상으로 인해 반드시 필요한 시설이고 분명 적합한 지역이 있음에도 불구하고 이곳에서 저곳으로 내몰리고 있다. 이러한 현상은 대부분 당사자 간 소통의 부재에서 비롯된다고 볼 수 있다

24) 세종대왕은 소통하는 리더, 모두가 반대하더라도 끝까지 설득하고 이끌어 추진하는 리더였다. 왕은 소통을 원했고, 왕은 인재를 찾았고, 왕은 여론을 알았다. 특히 국정 철학의 정립을 위해 자신과의 소통, 백성들과의 소통, 2인자 시스템을 통한 소통을 실천했다. 자신의 의지를 독단적으로 강요하지 않고 신하·백성과 충분한 대화를 거쳐 합일점을 도출했다. 실례로 세제 변화를 추진하는 과정에서 백성 18만 명을 대상으로 여론 조사를 했다. 훈민정음을 창제한 것도 백성과 소통하기 위한 것이었다.

를 파악할 수 있어야 한다. 큰 일이 터진 후에야 "어째서 좀 더 일찍 의논하러 오지 않았나" 하는 식으로 닦달하는 것은 자신의 무능을 말하는 것이다. 평소부터 의논하기 좋은 분위기를 조성하고 팔로어를 늘 관찰하고 업무 진척도를 체크해야 한다.

셋째, 설득(persuade)해야 한다. 리더가 팔로어에게 말하는 것은 대부분이 일을 시키는 내용이다. 즉, 설득을 필요로 하는 것들이다. 설득을 잘하는 기본 원칙이란 사람은 위급한 상황에서 타인을 돕는 이타행동(altruistic behavior)을 잘한다는 점이다. 상대방이 죄책감에 빠진다든지 미안해 할 때 요구를 잘 받아준다는 사실과 부담이 큰 일보다는 작은 일부터 차차 부탁을 하면 한꺼번에 큰 부탁을 하는 것보다 더 잘 들어준다는 심리를 잘 활용해야 한다. 단순히 팔로어를 속이고 수단으로 악용하는 것을 의미하는 것이 아니라 합리적인 사실을 정확하게 제시하고 정직하게 불가피함을 토로하는 소통이 바로 설득력의 요체다. 설득을 통해 팔로어의 순종(compliance)과 복종(obedience)을 이끌어 내는 소통이야말로 리더십의 극치다.

2 누구도 피할 수 없는 소통의 현장

1) 진실의 순간(MOT)과 ZMOT

'진실의 순간(Moment of Truth: MOT)'이라는 말이 있다. 고객이 어떤 회사의 제품이나 서비스를 처음 접하는 바로 그 순간이 그 회사의 이미지, 나아가 사업의 성공을 좌우하는 결정적인 순간이라는 것이다. 그런데 요즘은 고객이 제품이나 서비스를 접하기도 전에 검색을 통해 먼저 판단을 한다. 진실의 순간 이전에 진실이 결정된다는 의미로 'ZMOT(Zero Moment of Truth)'라는 말도 나왔다. 요즘 기업들은 SNS 관리팀을 만들어 SNS 여론이 오도되지 않도록 촉각을 세우고 있다. 이런 상황은 기업 경영에도 큰 위협이다. LG경제연구원이 펴낸 '높아진 여론 쏠림의 파고' 보고서에 인용된 한 연구에 따르면 한국의 100대 기업이 최근 3년간 가장 많이 경험했던 위기 유형은 악성 유언비어와 같은 '정보 관련 위기'로 37%를 차지했다.

실제로 소통의 현장에서 필자가 크게 느낀 사례는 2012년 3월 조선일보가 주최한 '아시안 리더십 콘퍼런스'의 백미인 퍼거슨((Niall Ferguson)과 프리드먼(George Friedman) 두 석학의 '디베이트(debate, 논쟁)' 세션이었다. 오랜만에 뵙는 변호사 출신의 박교수와 같이 간 자리였다. 그 자리는 청중이 태블릿 PC로 전자 투표를 하는 경합 방식이라 논쟁은 더욱 뜨거웠다. 퍼거슨 하버드대 교수는 “50년 후 중국이 미국의 세계 패권을 대체할 것”이라고 주장했고, 미국 싱크탱크 스트랫포의 프리드먼 소장은 “여전히 미국의 패권이 유지될 것”이라고 했다.

논쟁 내용 못지않게 흥미로웠던 것은 투표 결과의 극적인 반전(反轉)이었다. 토론 전 1차 투표에선 퍼거슨이 프리드먼에게 42 대 58로 뒤졌다. 토론 도중 2차 투표에선 차이가 32 대 68로 더 벌어졌다. 그런데 토론이 끝난 뒤 최종 투표에선 62 대 38로 퍼거슨이 역전승을 거둔다. 물론 토론의 내용이 영향을 미쳤겠지만, ‘여론의 쏠림’ 현상을 보여주는 한 징후로도 읽혔다. 대중의 생각은 분위기에 따라 급변할 수 있음을 보여준 것이다. 이번 콘퍼런스의 주된 청중이었던 오피니언 리더조차 예외가 아니었다.[25]

이 같은 여론 쏠림과 ‘여론의 가벼움’ 현상이 발생하기 쉬운 이유는 인간이 가진 태생적 약점을 인터넷이 증폭할 수 있기 때문이다. 사람은 누구나 자기가 듣고 싶은 정보만 골라 듣고, 듣기 싫은 정보는 흘려버리는 확증 편향이 있는데 인터넷이 이를 증폭한다는 것이다. 인터넷 공간에선 자기 입맛에 맞는 뉴스만 선택하고, 자기가 원하는 사람들과만 소통할 수 있기 때문이다. 또 인터넷 공간의 대중은 사실 확인보다 정서적 공감 표시를 먼저 해버리는 경향을 보인다. 실제로 국내 영화는 개봉 2주 동안의 온라인 리뷰가 흥행 성적에 가장 영향을 미치는 것으로 나타났다. 극장 근처에 가보지도 않은 채 그 리뷰에 판단을 맡기는 것이다.

그림 2-5 진실의 순간(MOT)과 ZMOT

---

25) 정보기술(IT)의 발전과 한국인의 ‘빨리빨리’ 조급증은 이 같은 쏠림 현상을 더욱 가속했다. 이제 모바일, 인터넷, SNS(소셜네트워크서비스)는 단순히 대중의 의견을 교환하는 수단이 아니라 정치적 의사 결정의 도구로 진화하고 있다. 그런데 그 결정이 ‘참을 수 없이 가벼울’ 수 있다고 생각하면 거대한 소통의 도구로 등장한 느낌이다.

2) 올바른 악수법을 익히자

최근 E대학 법대 출신으로 금융회사 기획팀에 일하는 여성과 만났다. 악수에 관한 명확한 개념을 가진 여성이었다. 그때 나눈 이야기를 토대로 글을 구성해 보았다. 소통의 현장에서 자주 사용하는 행동 중 하나로 악수가 있는데, 악수는 본래 중세 유럽에서 낯선 사람끼리 맞닥뜨렸을 때 상대방에게 적의가 없음을 나타내는 신체 언어(body language)였다. 사냥이나 전쟁을 하러 나갔을 때 우호적인 상대방을 만난 경우, 오른손에 들고 있던 무기를 버리고 대신 손을 내민 데서 시작되었다. 오늘날에는 격식과 사람 간의 친근한 정을 함께 담는 매우 중요한 행위로 우리는 악수를 하게 된다. 그런데 악수를 청하는 것에도 서열, 즉 기준이 있다. 여성이 남성에게 먼저 청할 수 있다. 또 윗사람이 아랫사람에게 청할 수 있고, 선배가 후배에게, 기혼자가 미혼자에게, 리더가 팔로어에게 청할 수 있다. 하지만 국가 원수, 왕족, 성직자 등은 이러한 기준에서 예외가 될 수 있다.

악수에는 거리(distance), 눈맞춤(eye contact), 미소(smile), 힘(power)에 따라 소통의 의미가 달라진다. 예를 들면 악수를 청하고 받을 때는 자연스럽고 부드러운 미소로 상대방과의 눈을 맞춘다. 이때 상대방의 눈을 보지 않고 악수를 하는 것은 큰 실례가 된다. '당신을 만나서 정말 반갑습니다'라는 마음을 담은 시선과 눈빛으로 상대방의 눈을 부드럽게 바라본다. 적당한 눈맞춤은 상대에게 신뢰감을 줄 수 있다. 지나치게 팔을 뻗기보다는 50~100㎝ 이내에서 손을 뻗는 것이 자연스럽다. 팔꿈치가 자연스럽게 굽혀지는 정도의 거리에 서서 손을 내밀어야 한다.

힘 있는 악수는 '나는 당신에게 관심이 있습니다. 그리고 나의 업무 능력에도 자신이 있습니다'라는 메시지를 전달한다. 그러나 힘없는 악수는 '나 자신에 대해 확신이 없고 이 자리에 당신과 함께 있는 것이 불편합니다'라는 메시지가 강하다. 또한 악수를 할 때 손을 지나치게 흔드는 것은 실례다. 악수를 먼저 건넨 사람이 반가움의 표시로 손을 흔들 경우, 같이 흔들릴 수는 있지만 서열이 낮은 사람이 먼저 흔드는 것은 실례가 된다. 그런데 흔히 보면 너무 반가운 나머지 두 손을 맞잡고 악수하는 경우가 종종 있는데 비즈니스에서 두 손을 맞잡는 것 역시 매너에 어긋난다.

악수를 할 때는 적당한 힘을 실어 주어야 한다. 본 크러시(bone crush)형 악수법은 손의 뼈가 으스러지도록 세게 잡는 유형이다. 처음 만난 사람에게 이렇게 힘을 주는 것은 당신을 꼭 이기고야 말겠다는 뜻으로 상대에게 전해질 수 있다. 핑거 핀치(finger pinch)형 악수법은 손가락만 세게 쥐면서 악수하는 유형으로 이러한 악수

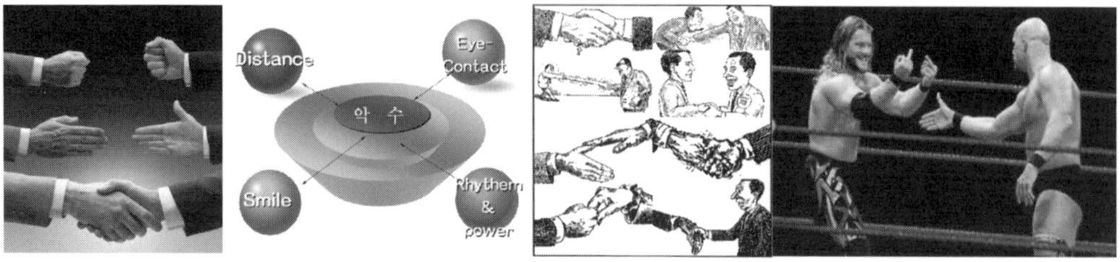

그림 2-6 올바른 악수법을 익히자

역시 상대방에게 좋지 않은 인상을 줄 수 있다. 데드 피쉬(dead fish)형 악수법은 특히 여성들이 남성과 악수할 때 많이 실수하는 유형인데 죽은 물고기를 잡듯 힘없이 잡는 유형이다. 이런 유형의 악수는 상대방의 손을 특히 세게 잡는 미국인들이 가장 싫어하는 악수법이라고 한다. 즉, 차갑게 손을 내밀면서 무관심을 표현하는 것이다. 이러한 악수는 현대인들 사이에서 상대방에 대한 신뢰감이 덜하다는 뜻으로 인식되기 때문에 여성은 남성과 악수를 할 때에도 당당하게 손을 내밀어 손을 꽉 맞잡아 주는 것이 서로에게 신뢰감을 줄 수 있다. 이 밖에도 장갑을 끼거나 땀에 젖은 손으로 악수를 하거나 악수를 한 채 너무 긴 대화를 나누는 것, 시선을 마주치지 않는 악수 등은 상대방에게 불쾌감을 줄 수 있으니 조심해야 한다.

3) 마음을 따뜻하게 하는 진짜배기 건배사를 익혀라

오늘날 소통의 현장인 술자리에서 건배사는 누구도 피할 수 없다. 한때 '스토리 건배사'라고 외운 건배사가 아니라 현장과 상황에 맞게 즉시에서 행하는 스토리 건배사가 유행한 바 있다. 어쨌든 우리는 생일, 결혼, 가족모임, 격려의 장소, 회식, 송년 및 신년 모임, 부부 모임, 친목 모임에서 갑자기 건배사를 요청받으면 당황하게 된다. 그 순간 준비된 이는 큰 소리로 건배 구호를 외치며 분위기를 띄우지만, 준비가 미비한 이들은 쉽게 당황하고 만다. 하지만 모임의 성격과 분위기를 파악하고, 하고 싶은 이야기를 찾아내고, 그걸 축약해서 구호로 외치면 된다. 술자리에서 사실 말단 직원이 눈에 띄기는 쉽지 않다. 그러나 의외로 술자리에서 대표, 또는 팀장 외에 말단 직원도 건배사를 제안받을 때가 종종 있다. 그럴 때 멋진 건배사로 화답한다면 리더에게 멋진 사람으로 각인시킬 기회도 오는 것이다. 때로는 재미있고 때로는 마음을 따뜻하게 하는 진짜배기 건배사를 익혀두어라.

건배사를 공들여 준비했지만 우물쭈물하는 경우가 있다. 이러한 상황을 피하기 위해선 평상시 스피치 연습도 중요하다. 아무리 멋진 표현과 어휘들로 머릿속이 꽉 차 있다 해도 그것을 입 밖으로 내뱉는 연습을 하지 않으면 절대로 실전에서 빛을 발할 수 없게 된다. 건배사는 품위와 인격을 반영한다. 너무 길면 듣기 부담스러우며, 판에 박힌 건배사는 싱거울 수 있다. 전체적인 뜻은 좋아도 축약어의 어감이나 의미가 좋지 못하면 그 또한 무안할 수 있으니 주의하도록 하자.

술자리에서 건배사를 멋진 말을 해 봐야지 생각하고 뱉어낸 건배사엔 호응 역시 그럴싸하다. 반면 숨을 들이켜고 한 템포 쉬며 내 진심을 담자는 생각에서 뱉어 낸 건배사엔 순간 반짝이는 눈빛이 대답이 되어준다. 진심은 참 예쁘다. 각종 모임이 많아지는 연말연시에 누구에게나 찾아올 수 있는 건배사, 때와 장소, 상황에 맞는 적절한 건배사는 그 어떤 장문의 연설보다도 강한 메시지를 전해줄 수 있다. 분위기를 한껏 살리며, 자신을 제대로 표현할 수 있는 방법은 무엇일까?

건배사의 내용에 대해 무슨 말을 해야 할지 고민이 된다면, 우선 건배를 제의한 사람에게 전하는 감사의 인사말로 시작해 보자. 회사 대표, 모임의 회장인 경우는 참석한 분들에 대한 고마움으로 당일 모임 취지와 관련된 멘트를 하면 된다. 뒤이어 건배구호를 선창하고 마신 다음 박수를 유도한다. 대표적으로 "위하여!"라는 말은 기원을 담고 있는 경우가 많다. 따라서 모임 취지 관련 멘트는 칭찬과 희망에 찬 말로 전하는 것이 좋다. 특히 건배 구호 제창은 전체가 하나임을 확인하는 순서인 만큼 구령하듯이 크고 힘차게 하는 것이 중요하다. 건배사는 모인 이들의 건강과 행복과 발전을 빈다는 점은 비슷하지만, 쓰이는 단어는 시대를 반영해 수시로 변하곤 한다.[26]

소통의 중요성을 강조한 '통통통 · 쾌쾌쾌'(의사소통 · 만사형통 · 운수대통, 유쾌 · 상쾌 · 통쾌)가 있는가 하면 '불광불급'(미치지 않으면 미치지 못한다), '적선여경'(선을 쌓는 집안에 경사가 있다) 같은 사자성어도 있으며 '하쿠나 마타타'(괜찮아 다 잘 될 거야) 같은 스와힐리어도 쓰인다. 알아두면 유용한 건배사로는 다음과 같은 것이 있다. 멋진 건배사로 스타가 되어보라.

첫째, 단합과 감사, 발전을 다짐할 때 사용하는 건배사는 다음과 같다.

▲나가자: 나라를 위하여, 가정을 위하여, 자신을 위하여. ▲세우자: 세상도 세우고 우정도 세우고 거기도 세우자. ▲성행위: 성공과 행복을 위하여, ▲소나무: 소중한 나눔의 무한한 행복을 위하여. ▲사우나: 사랑과 우정을 나누자. ▲개나발: 개인과 나라의 발전을 위하

26) '오바마'(오로지 바라옵건대 마음먹은 대로 이루소서)와 '소녀시대'(소중한 여러분의 시간에 잔 대보자)가 유행한 것도 하나의 사례다.

여. ▲재건축: 재미있고 건강하게 (서로를) 축복하며 살자. ▲ 우생순: 우리 생애 최고의 순간을 위하여. ▲무화과: 무척이나 화려했던 과거를 위하여. ▲개나리: '계(개)급장 떼고, 나이는 잊고, Relax & Refresh 하자'는 뜻. ▲고사리: 고마워요, 사랑해요, 이해해요. ▲고감사: 고생하셨습니다, 감사합니다, 사랑합니다. ▲지화자: 지금부터 화끈한 자리를 위하여. ▲당나귀: 당신과 나의 귀한 만남을 위하여. ▲진달래: 진하고 달콤한 내일을 위하여. ▲얼씨구: 얼싸안고 씨뿌리자 구석구석. ▲거시기: 거절 말고 시방부터 기가 막히게 보여주자. 거절하지 말고 시키는 대로 기쁘게. ▲단무지: 단순하고 무식해도 무지 행복하게 살자. 단순하게 무식하게 지금을 즐기자. ▲니나노: 니랑 나랑 노래하고 춤추자. ▲지화자: 지금부터 화목한 자리를 위하여. ▲무시로: 무조건 시방부터 로맨틱한 사랑을 위하여. ▲변사또: 변함없는 사랑으로 또다시 만나자. 변치 마라 사내놈아 또 만날 때까지. ▲오징어: 오늘도 징하게 어울리자. 오래도록 징그럽게 어울리자. ▲더하고 빼고 곱하고 나누자: 사랑은/더하고(+), 미움은/ 빼고 (−), 사랑/곱하고 (×), 우정은/나누자 (÷). ▲통통통: 의사소통, 운수대통, 만사형통. ▲주전자: 주인답게 살고, 전문성을 갖추고, 자신 있게 살자. ▲위하여: 위기를 기회로, 하면 된다, 여러분 힘내세요.

둘째, 부부 동반 모임에서의 아부용 건배사로는 다음과 같은 것이 있다.

▲당신 멋져: 당당하게, 신나게, 멋지게 져주며 살자. ▲남존여비: 남자가 존재하는 이유는 여자의 비위를 맞추기 위해 있다. 남자의 존재 이유는 여자를 밤새도록 비명(?) 지르게 만드는 것. 남자의 존재 이유는 여자의 비밀을 지켜주기 위해서. ▲남존여비 여필종부: 남자의 존재 이유는 여자의 비위를 맞추는 것이며, 여자는 필히 종부세를 내는 부자와 결혼하라. ▲자연보호: 자? 연마하여 보? 호강시켜 주자(?은 상상에 맡김). ▲당나귀: 당신과, 나의, 귀한 만남을 위하여~. ▲변사또: 변치 말고 사랑하자. 또 사랑하자. ▲우아미: 우아하고 아름다운 미래를 위하여 ▲사이다: 사랑합니다, 이 생명 다 바쳐서, 다시 태어나도. ▲사우나: 사랑과 우정을 나누자. ▲소취하당취평: 소주에 취하면 하루가 즐겁고 당신에게 취하면 평~생이 즐겁다.

셋째, 건강을 기원하며 희망을 다짐하는 건배사로는 다음과 같은 것이 있다.

▲나이야가라!: 나이는 숫자에 불과하다. 새로운 것에 끊임없이 도전하자. ▲ 9988 234: 99세까지 팔팔(88)하게 살다 이틀만 아프고 3일째 죽자. ▲ 일십백천만: 하루에 한 번 이상은 좋은 일을 하고, 10번 이상은 큰소리로 웃으며, 100자 이상 쓰고, 1000자 이상 읽으며 1만 보 이상 걷자. ▲오바마: 오직, 바라는대로, 마음먹은 대로. ▲원더걸스: 원하는 만큼 더도 말고 걸러서 스스로 마시자. ▲소녀시대: 소중한 여러분들 시방 (잔을) 대보자. ▲고사리: 고맙습니다. 사랑합니다. 이해합니다. ▲변사또: 변함없는 사랑으로 또 만납시다. ▲무

화과: 무척이나 화려했던 과거를 위하여.

넷째, 1차로만 끝내자는 실속파를 위한 건배사로는 다음과 같은 것이 있다.

▲119: 한 가지 술로만 1차로 끝내고 9시까지 집에 가자. ▲초가집: 초지일관 가자 집으로. 2차는 없다. ▲마돈나: 마시고 돈 내고 나가자. 이런 사람들에게 가장 미움을 받는 사람들이 바로……. ▲노틀카: 놓지도 말고 트림도 말고 (다 마신 후) 카 하지도 말고…….

다섯째, 무지무지 고상한 현학적 구호용 건배사로는 다음과 같은 것이 있다.

▲카르페 디엠(Carpe diem): '현재를 즐기자(Seize the day)'는 뜻의 라틴어. ▲스페로 스페라(Spero Spera): '숨을 쉬는 한 희망은 있다'는 뜻의 라틴어. ▲아보트르 상테(A Votre Sante): 프랑스어의 뜻은 '당신의 건강을 위하여'(프랑스의 일반적인 건배 구호). ▲코이노니아(Koinonia): '가진 것을 서로에게 아낌없이 나눠주며 죽을 때까지 함께하는 관계'를 의미하는 그리스어. ▲메아 쿨파(Mea Culpa): '내 탓이오'란 뜻의 라틴어로, 어떤 결과에 대해 남을 탓하기 전에 먼저 나를 돌아보자는 의미. ▲쿠나 마타타(Hakuna Matata): 스와힐리어로 '괜찮아 잘될 거야'란 의미다.

그 밖에 외국어로 된 건배사를 살펴보면 다음과 같다

▲북한: '축배'가 쓰이다가 살기가 어려워지니 '잔을 비우자'는 쭈우욱.' ▲중국: 乾杯(칸페이). ▲일본: 乾杯(간빠이). ▲미국/영국/호주: cheers(치어스), cheer up!(치어럽). ▲캐나다: toast(토스트). 영국에서 찰스 2세 때 술맛을 내려고 유리잔 속에 토스트 한 조각을 넣은 데서 유래했다. ▲독일/네덜란드: prost(프로스트). ▲프랑스: avotre sante(아보트르 상태) ▲이탈리아: cin cin(찐찐), alla salute(알라 살루떼). ▲스페인/멕시코: salud(사룻).

그림 2-7 건배사

▲그리스: 이스이지안 스텐휘게이아. ▲러시아: 스하로쇼네, 즈다로비에 ▲하와이: Okole Maluma(오커레 마루마). ▲에스키모: 이히히히히.

무엇보다 중요하고 멋진 건배사는 외운 것이 아니라 마주하고 있는 현장과 사람에 맞춘 건배사임을 잊지 말자.

4) 야자타임, 계급장을 떼라

조직이나 단체 혹은 회사에서 가끔 재미삼아 하는 놀이 중에 속어로 '야자타임'이라는 게임이 있다.[27] 야자타임은 최근 사내 소통을 위한 훈련 과목의 일환으로도 실시하고 있다. 왜냐하면 사장부터 막내까지 역할을 정해 '야자타임'을 한 것은 심리학에서 말하는 '관점의 전환'을 통해 서로를 이해하는 훈련이기 때문이다.[28] 한편으론 재미있을 것 같고 파격적인 게임 같지만 야자타임에는 반드시 주의해야 할 점이 있다. 이를 간과했다가 나중에 엄청난 손해와 피해를 보는 경우가 생길 수 있다. 이처럼 유별나고 부정적 이미지와 재미를 동시에 지닌 야자게임에서 발생하는 사람의 심리 현상에 대해 살펴보았다. 안과병원을 경영하는 강선배는 폭탄주 제조 기술자이자 대학 시절 한때는 야자타임을 좋아했던 강골의 멋진 사람이다. 그와 계급장을 뗀 상태이지만 '절제의 미'가 필요했던 그 시절을 상기하면서 야자게임에 대한 필자의 견해를 밝힌다.

첫째, 게임의 의도와 목적을 파악하고 신중하게 임하는 것이 좋다. 이 게임은 보통 윗사람이 제안하게 된다. 조직의 활성화를 위할 목적이거나 자유로운 대화의 장을 마련함으로써 허심탄회한 의견 개진과 솔직 담백하고 진솔한 의견의 수렴을 위해 시도하는 경우가 많다. 물론 처음 말을 꺼낼 때는 재미있는 게임을 한 번 하자고 대수롭지 않게 말하지만, 사실은 내면적으로 감춰진 의도가 자리 잡고 있다고 보는 게 정확하다. 따라서 리더의 이러한 저의를 파악하지 못하고 팔로어가 함부로 행동하게 되

27) 사전적으로 야자타임이란 나이에 따른 서열을 뒤집어 나이 어린 사람이 나이 많은 사람에게 말을 놓을 수 있도록 일정하게 정해 놓은 시간, 또는 그런 놀이다. 이때는 계급장(신분, 직책)을 떼어놓고 시작하게 된다. 즉, 신분이나 직위 상하 간의 서열 등 제약 조건을 모두 없애고, 모두가 대등한 자격으로 돌아간다는 의미다.

28) "왕고참 윤 차장님, '막내'라고 적힌 티셔츠 입으세요. 제일 어린 김한주 사원은 '사장님' 티셔츠 입으시고요. 자, 이제 위아래가 완전히 뒤바뀐 겁니다. 지금부터 '야자타임' 시~작! 막내야, 뭐 하니? 선배님들한테 물 한 잔씩 따라드려야지. 불판에 고기도 올리고." 교보생명은 지난 2010년부터 직원들이 역할극을 통해 부서의 문제를 스스로 드러내고 해결 방법을 찾아내는 '소시오 드라마(socio drama)' 경연대회를 열고 있다 (조선일보, 2012.12.27).

면, 나중에 두고두고 후회할 일이 생길지 모른다.

둘째, 팔로어는 게임에 몰입해서 깊이 빠져들어서는 안 된다. 게임이 시작되어 분위기가 무르익어 가게 되면, 자신도 모르게 분위기에 푹 젖어 할 말, 안 할 말 가리지 않고 하게 된다. 이때 너무 재미있어 하지 말고 애초의 게임 목적이나 의도를 망각하는 일이 없어야 한다. 따라서 상사나 선배 등 상위 서열에 해당하는 윗사람에 대해 무례하거나 예의에 어긋나는 말을 함부로 남발해서는 안 된다. 그저 친구 사이처럼 말만 '하대'를 하는 것이지. 내용까지 마구잡이로 장난질쳐서도 안 된다. 상대방은 겉으로는 재미있어 하는 척 웃어넘기지만, 속으로는 매우 불쾌하게 생각하고 있다는 사실을 반드시 알아야 한다.

셋째, 군중심리나 우월적 영웅심리로 자신의 무덤을 파지 않는 게 좋다. 게임에 참가한 사람들이 재미있어 하고, 특히 아랫사람들이 더욱 신이 나는 등, 웃고 떠들썩한 분위기가 점점 고조되기 시작한다. 많은 사람이 잘한다고 격려 아닌 지원을 하면, 철없는 팔로어는 그저 신이 나서 우월적 영웅심리가 작동하게 된다. 또한 한 사람 두 사람 계속해서 참여도가 높아지게 되면, 군중심리에 휩쓸려 너도 나도 적극 참여하게 된다. 이때 이러한 분위기에 편승해 경솔하게 뇌화부동해서는 안 된다. 절대적으로 금해야 할 사항은 상대방인 상사나 선배, 윗사람의 자존심이나 권위를 깎아내리고 함부로 매도하는 언사를 사용해서는 안 된다는 것이다. 따라서 자기 자신의 무덤을 스스로 파는 잘못을 저지르지 않는 게 좋다.

넷째, 논리적인 이유가 감정적인 결과를 뒤집지는 못한다. 게임이라고 부담 없이 내뱉는 말이 상대의 기분을 상하게 한다. 문제는 게임 이후에 발생한다. 드디어 '뒤끝'이 작렬하게 되는 것이다. 게임에서 할 수 있도록 규칙을 정해 놓았으므로 논리적으로는 기분이 상할 수는 없다. 그러나 인간의 감정이라는 것은 논리적인 사고와는 아무런 관계가 없다. 감정에 상처를 입거나 기분이 상한 기억은 오랫동안 지워지지 않고 마음 속 깊이 자리 잡게 마련이다. 대개 여성은 거의 평생 동안을 기억하게 되고, 남성이라도 10년 넘게 기억하게 된다. 게임이 끝나고 나서도 그러한 감정은 언제까지나 지속되어서 그 사람을 볼 때마다 속으로 생각하게 된다. "괘씸한 놈! 네놈이 나에게 그런 말을 함부로 하다니! 평소에 나를 그렇게 생각하고 있었단 말이지?…… 두고두고 기억하겠다! 너의 그 불손하고 돼먹지 않는 행동과 언사를……." 인간 심리라는 것이 너무나 복잡하고 심오해서 심리학이라는 학문도 생겨났는지는 모르겠으나, 우리가 알아야 할 한 가지 사실이 있다. 바로 "이 세상에 합리적이고 논리적으로만 행동하는 사람은 아무도 없다는 것"이다.

사회 정의나 논리적인 관점에서 볼 때, 틀림없이 이것이어야 하는데도 불구하고, 개인의 감정이 판단에 게재되어 저것으로 결론을 내린다는 것이다. 그렇다 하더라도, 사람들은 그러한 판단이 감정에 치우친 판단이라고 절대 인정하지 않는다는 사실 또한 특이하다. 어떤 합리적인 이유를 갖다 붙여서라도, 자신의 판단착오나 판단오류를 정당화시킨다. 특히, 지식 수준이 높고 사고의 폭이 깊을수록 이러한 기술은 탁월하다고 볼 수 있다.

필자의 경험에 따르면 세상을 살아가면서 상대의 감정을 건드리고서 좋은 판단과 결과를 기대하는 것은 어리석은 생각이다. 따라서 탁월한 소통 전략은 사람들의 감정을 살피고 이를 상황에 적절히 이용하고 활용하는 것이다. 간신배 같이 항상 사람들 기분을 맞춰야 한다는 것이 아니다. 원리 원칙이나 논리적 판단보다도, 인간의 감정이 행동에 미치는 영향력이 월등하게 크다는 사실을 인지하고, 삶을 살아가는 데 적용하는 것이 현명하다는 것이다. 때로는 감정이 논리를 이긴다! 이 사실 하나만큼은 야자타임에서 기억해야 할 것 같다.

어쨌든 야자타임은 역할연극이라는 형식을 통해 소통을 시도하기 때문에 잘만 성사된다면 조직원의 참여도도 높고 소통 채널로서의 창구 역할을 톡톡히 할 것이다. 결국 소통은 사람 간 문제이므로 마음을 움직일 수 있는 예술이 소통에 큰 도움이 되기 때문이다.

그림 2-8 야자타임

소통의 창(窓): 그냥

"왜 좋아?"라고 물었을 때 "그냥"이라고 하면 대답이 참 섭섭하게 들릴 때가 있었다. 나에게 무심한 척, 관심 없는 말 같기도 했기 때문이다. 하지만 그렇지 않다는 사실을 청소년과 소통 전문가인 최강사와의 대화에서 알게 되었다. 그냥이라는 말은 그냥 아주 자연스럽게, 산에 그냥 오르듯이, 물이 그냥 흐르듯이, 무심코 툭 튀어난 말이면서도 그 사람과의 딱딱한 선을 넘는 말이라는 것도 알게 되었다. 그냥이란 별 변화 없이 그 모양 그대로라는 뜻이다.

마음으로 사랑했던 사람에게 전화를 걸어 난처할 때 "그냥 했어요"라고 하면 다 포함하는 말이다. 사람으로 치면 변명하지 않고 허풍 떨지 않아도 그냥 통하는 사람이다. 필자는 이제 그냥이라는 말 참 좋다. 자유다! 속박이다! 이러한 경계를 지우고 허무는 말인 것 같아서 더욱 그러하다. "그냥 살아요", "그냥 좋아요"처럼 그냥이라는 말이 그냥 좋다. 그냥 그 사람이 좋다. 그냥 글 쓰는 것이 좋다. 난 그냥 강의가 좋다.

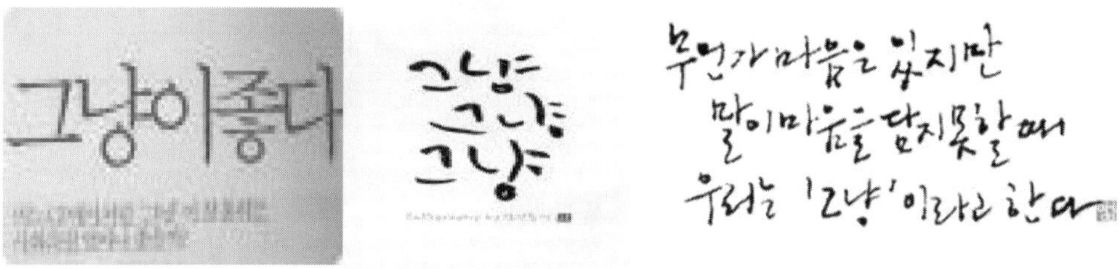

그림 2-9 그냥

행동(practice)과 습관(habit)의 장: 나의 대화 스타일은?

당신의 대화 스타일은? 말투와 감정에 관련된 문항을 읽고 해당하는 쪽을 골라보자. '딱 내 스타일이야' 싶은 사람이 있고, 어딘가 마음에 안 들고 잘 통하지 않을 것 같은 느낌이 드는 사람이 있다. 대화 스타일의 차이 때문이다. 각 유형의 장단점을 알고 대화에 임하면 훨씬 더 편안하고 자연스러워진다.

당신의 대화 스타일은? 말투를 나타내는 A와 B, 감정을 나타내는 a와 b의 문항에서 단 하나라도 당신이 많이 해당하는 쪽을 골라 보세요.

A문항 ('나의 상사는~' or '나의 동료는~')		Check	
		Yes	No
1	다른 사람의 말을 잘 따르는 편이다.		
2	말수가 적은 편이다.		

3	말이 느린 편이다.		
4	말할 때 주위에 맞춰주는 편이다.		
5	비밀을 감추는 편이다.		
6	상대의 말에 호응해 주는 편이다.		
7	자기 주장을 자제하는 편이다.		
8	질문하는 편이다.		
9	하고 싶은 말을 자제하는 편이다.		

B문항 ('나의 상사는~' or '나의 동료는~')		Check	
		Yes	No
1	다른 사람에게 지시하는 편이다.		
2	단정적으로 말하는 편이다.		
3	말싸움에서 이기려고 하는 편이다.		
4	말이 빠른 편이다.		
5	자기 주장을 내세우는 편이다.		
6	말하기를 좋아하는 편이다.		
7	비밀을 개방하는 편이다.		
8	주도권을 쥐고 말하는 편이다.		
9	하고 싶은 말은 하고마는 편이다.		

a문항 ('나의 상사는~' or '나의 동료는~')		Check	
		Yes	No
1	결과를 중요하게 여기는 편이다.		
2	날카롭게 지적하는 편이다.		
3	냉정한 편이다.		
4	느낌을 나타내지 않는 편이다.		
5	말할 때 침착한 편이다.		
6	업무적으로 말하는 편이다.		
7	이론적으로 대화하는 편이다.		
8	조용히 말하는 편이다.		
9	차분하게 말하는 편이다.		

b문항 ('나의 상사는~' or '나의 동료는~')		Check	
		Yes	No
1	감성적으로 대화하는 편이다.		
2	감정에 좌우되는 편이다.		

3	과정을 중요하게 여기는 편이다.		
4	느낌을 표현하는 편이다.		
5	말할 때 쉽게 흥분하는 편이다.		
6	상대방을 배려하며 말하는 편이다.		
7	열정적으로 말하는 편이다.		
8	인간적으로 말하는 편이다.		
9	활기차게 말하는 편이다.		

결과 분석

당신이 Aa의 조합이면 분석형이다. Ab라면 우호형이고, Ba이면 주도형, Bb라면 표현형이다. 각 유형이 지닌 특징과 개선해야 할 소통의 습관은 다음과 같다.

(1) 분석형 리더(Aa): 상대와 대화를 나누는 데 더 많은 시간을 할애하고 감정을 표현하려 애써야 한다. 냉담하거나 예의바르지 못한 자세를 보여 거리를 두는 것처럼 비치지 않도록 주의하길 바란다.

(2) 우호형 리더(Ab): 더 많이 표현하고 활발하게 행동하며 세부 사항에 대해 꼬치꼬치 따지는 걸 자제해야 한다. 너무 고집 센 사람으로 보이지 않도록 유의하며 의사소통 과정에서는 결과 중심적 태도를 갖길 바란다.

(3) 주도형 리더(Ba): 적게 말하고 많이 듣는 연습을 하는 게 좋다. 직설적인 표현이나 배려 없는 언행을 조심하지 않으면 거만한 사람으로 여겨질 위험이 있다는 걸 명심하길 바란다.

(4) 표현형 리더(Bb): 적게 말하고 많이 듣도록 애쓰고, 세부사항과 사실적인 내용에 초점을 맞춰 이야기해야 한다. 주제에 집중하고 지나치게 감정적이 되지 않도록 노력하길 바란다.

출처: 김재득(2009). 리더십 워크북. 공동체.

소통의 창: 소통과 말에 관한 우리 속담

1. 가는 말이 고와야 오는 말이 곱다.
2. 고기는 씹어야 맛이고 말은 해야 맛이다.
3. 길이 아니면 가지 말고, 말이 아니면 탓하지 마라.
4. 낮말은 새가 듣고 밤 말은 쥐가 듣는다.
5. 말은 보태고 떡은 뗀다.
6. 말이란 아 해 다르고 어 해 다르다.
7. 말이 많으면 쓸 말이 적다.
8. 말이 말을 만든다.
9. 말 한마디에 천 냥 빚도 갚는다.
10. 말 안 하면 귀신도 모른다.

11. 말이 씨가 된다.
12. 발 없는 말이 천리 간다.
13. 부모 말을 들으면 자다가도 떡이 생긴다.
14. 세 살 먹은 아이 말도 귀담아 들으랬다.
15. 쑥떡같이 말해도 찰떡같이 알아들어라.
16. 입은 비뚤어져도 말은 바로 하랬다(해라).
17. 입이 열이라도 할 말이 없다.
18. 질이 좋지 않은 혀는 질이 좋지 않은 손보다 나쁘다.
19. 침묵은 금이다.
20. 혀 아래 도끼 들었다.

제 4 절 비언어적 소통의 기술

비언어적 소통은 권력 서열을 나타내 주고 실질적인 파워의 크기를 재는 권력의 척도로 활용된다. 그리고 계급의 상징이 되기도 한다. 특히 권력기관에서는 문을 노크하고 들어오기까지의 시간에 따라 계급의 높고 낮음이나, 방문객의 품위가 결정된다고 생각한다. 상대방을 소파에 앉아 기다리게 한다거나 대화 시에 짧은 침묵을 갖고 천천히 응답할수록 위엄이 있다고 느낀다. 계급장을 붙이고 다니지 않더라도 신분의 상징으로서 비언어적 소통 수단은 항상 따라 다닌다. 사무실의 위치, 책상의 위치, 의자의 크기, 비서의 유무, 승용차의 종류 등이 모두 잠재적인 계급을 상징하는 비언어적 소통 도구다.

1 비언어적 소통에 강하라

인간 진화의 긴 역사로 보면 언어가 의사소통 수단이 된 것은 최근의 일이다. 신체언어(body language) 연구의 선구자 메라비언(Albert Mehrabian)은 의사소통에서 혀의 언어가 차지하는 비중은 7%에 불과하다고 주장했다. 음조·음색·억양 등 목소리를 통해 내는 소리가 38%, 비언어적 신호가 55%에 달한다는 것이다. 신체 언어를 읽을 줄 안다면 사실과 허구, 의식과 무의식을 구분할 수 있다고 했다.

현대에 와서 문서 소통이나 전자사서함 등이 늘어남에 따라 비언어적인 신호를 주고받는 인간의 능력이 점차 상실되어 가고 있는 추세다. 그래서 말로 전달하려는 메시지의 내용에 부응하는 신체 언어 등이 미숙해서 혼동된 메시지를 전달하는 경우가 많아지고 있다. 비언어적 소통(nonverbal communication)은 언어 이외에 의식적 또는 무의식적으로 표현되는 모든 행위다. 침묵을 지키더라도 의미를 지닌 메시지로서 기능한다. 언어뿐만이 아니라 모든 인간의 동작은 메시지다. 비언어적 소통은 문화의 차이 때문에 충돌을 일으키기 쉽다.[29] 동작으로 표출되는 적당한 신호 해석법을 알지 못하면 커다란 곤란을 겪게 된다.

1) 비언어적 소통

비언어에 의한 소통은 손의 움직임, 얼굴 표정, 몸짓, 눈 접촉, 대인 간의 공간적 거리, 음성의 높낮이, 팔짱, 깍지, 턱 쓰다듬기, 곁눈질, 고개 끄덕이기 등을 통해 이뤄진다. 비언어적 메시지란 무의식적으로 표현되는 것이 일반적이지만 의식적으로 통제하기도 한다. 전통적으로 대부분의 여성은 분노나 불쾌의 감정을 드러내지 말아야 한다고 배워 왔고, 남성은 고통이나 나약한 감정을 감춰야 한다고 배우며 성장해 왔다. 화를 내는 것은 여성답지 못하며 상처를 드러내는 것은 남성답지 못하다는 인식을 갖고 있다. 입사 면접을 보는 사람은 사무실에 들어갈 때, 의자에 앉을 때, 손, 발, 눈, 그리고 상대와의 거리 등을 어떻게 처리할 것인지를 신중히 계산하게 된다.

그래서 비언어적 메시지는 사고 방식이나 문화의 표현이라는 의미를 갖는다. 우리에게는 비언어적 행동을 깨닫고 그것들의 의미를 정확하게 인식하여 표현할 수 있도록 하는 노력이 요구된다. 따라서 이러한 신체 언어 행위는 사람에 따라서 약간의 다른 의미를 갖고 있기 때문에 오해받는 일이 없도록 해야 한다.[30]

---

29) 제2차 세계대전 당시 영국의 아가씨와 미국 병사들 간의 충돌이 있었다. 키스의 의미에 대해 미국 병사에게는 애정의 시작으로 한 표시이지만, 영국 아가씨들은 그 남자와 함께 잠자리에 드는 약속의 표시로 생각되고 있었다. 그 결과 영국 아가씨들은 미국 병사들이 너무 빠르게 키스를 요구하는 무례한 사람들이라고 생각했고, 미국 병사들은 영국 아가씨들이 키스하면 곧장 잠자리로 직행하는 것을 보고 방탕한 여자들이라고 생각했다.

30) ▲손바닥을 비빈다: 긍정적인 기대감의 표시. 아부하는 태도. ▲손 깍지를 낀다: 적의나 부정적인 태도 ▲뾰족하게 양손을 마주하고 첨탑을 만든다: 자신 있는 태도. ▲등 뒤로 손을 돌린 채 잡는다: 자신감과 우월감, 여유. ▲손으로 얼굴을 만진다. 입을 가린다. 코를 만진다. 눈을 만진다: 거짓말을 할 때. ▲귀 문지르기: 말이 듣기 싫다. ▲목 긁적이기; 의혹. ▲뺨과 턱을 만진다: 지루함 표현. ▲상대방의 눈 밑으로 시선이 간다: 사교적인 시선. ▲신체의 다른 부분까지 본다: 친근한 시선. ▲이마를

비언어적 소통이 유전되는가? 유전적 특질 속에 특정한 기초적 신체 반응이 내포되어 있다는 사실은 인간은 비언어적 소통의 요소를 가지고 태어나며 배우지 않고서도 혐오, 두려움, 즐거움, 슬픔 따위의 감정을 표현할 수 있다는 것을 말해 준다. 나머지의 비언어적 소통은 사회환경의 영향을 받는다. 서반구 사람들은 부정의 뜻으로 고개를 옆으로 젓고, 긍정할 때는 위 아래로 끄덕이지만 인도에서는 그와 정반대로 하고 있다. 비언어적 소통은 부분적으로는 본능적이고, 일부는 배워서 아는 것이며, 다른 일부는 창조다. 신체 언어 혹은 비언어적 소통 시스템에는 몇 가지 하위 시스템이 있다.

첫째, 얼굴 표정이다. 얼굴 표정은 비록 억제를 하더라도 일초의 몇 분의 일로 실제 감정을 나타내는 표정이 나타난다.

둘째, 눈 접촉이다. 눈 접촉은 이해와 흥미를 나타낸다. 의사를 전달하는 인체의 많은 부분 중에서 눈은 가장 중요하며 가장 민감한 뉘앙스를 전달해 준다. 쳐다보는 시간의 길이, 눈꺼풀이 열린 정도, 곁눈질, 안구 주위의 표정의 역할이 미묘한 감정을 전달한다. 시선을 가지고도 상대방을 파괴시킬 수 있다. 동물원에는 마음이 내키는 대로 응시할 수 있지만 사람에게는 시선이 곧 상대방의 인격과 신분에 대한 판단을 의미하기 때문에 재빨리 시선을 돌리도록 해야 한다. 상대방의 말을 들으면서도 자기 일을 하면서 상대방을 바라보지 않는 것은 '당신이 하는 말에 동의하지 않는다거나 관심이 없다'는 의미로 전달된다. 말을 하면서 수신자를 바라보지 않는 것은 계속해서 말을 하겠다는 의미이며, 갑자기 눈을 마주치는 것은 말을 그치고 수신자의 의견을 듣겠다는 표시다. 상대방과 이야기를 하면서 상대방의 시선을 피하는 것은 무엇을 숨기고 있다는 표시로 받아들여질 수 있다.

셋째, 개인 간 거리다. 사람들 간의 개인 간 공간에 따라 친밀감과 공개성, 지위를 알 수 있다. 동물들은 각자의 개인 영역을 침범당하면 난폭한 반응을 보인다. 폭력배들은 피해자가 아무 짓도 하지 않아도 다만 가까이 왔다거나 쳐다보았다는 이유만으

보는 시선: 사업적인 시선. ▲담배 끝을 톡톡 친다: 내적 갈등. ▲다리나 발을 흔든다: 지루함, 무관심. ▲눈을 똑바로 쳐다보지 못한다: 거짓말, 숨김. ▲눈을 비빈다: 의심. ▲코를 만진다: 거부, 거절. ▲귀를 만진다: 방해하려고 함. ▲주먹을 꽉 쥔다: 분노. 결단. ▲무의식적인 헛기침: 이해. ▲의식적인 헛기침: 훈계. 충고. 주의. ▲다리를 꼬고 앉은 경우: 편안함, 태연. ▲여자가 손으로 무엇을 만지고 다리를 꼬는 경우: 과시. ▲남자가 넥타이를 고치거나 손톱을 검토하는 경우; 과시. ▲의자의 끄트머리에 걸터앉는다: 어떤 행동을 취하려고 함. ▲몸을 앞으로 굽힌다: 의견의 일치. 동의. ▲손바닥을 비빈다: 기대. ▲팔짱을 낀다: 마음이 내키지 않음. ▲의자 깊숙이 앉는다: 지배감. ▲손을 등 뒤에 댄다: 우월감. ▲양쪽 발목을 교차시킨다: 무언가를 숨기거나 주저함. ▲입술에 침을 바르거나 땀을 흘림; 거짓말, 불안함.

로 주먹을 휘두른다. 이러한 민감한 개인 영역을 '신체 완충지역'이라고 한다. 폭력적인 사람은 비폭력적인 사람보다 신체 완충지역의 크기가 4배나 된다고 한다. 경찰이 피의자 심문을 할 때 심문자가 피의자의 가까이에 앉아 심문자의 한쪽 무릎이 피의자의 무릎 사이에 끼도록 한다. 그러면 피의자는 자신의 개인 영역을 침범당하게 되어 저항심이 점점 약화된다. 만일 둘 사이에 어떤 물체가 놓여 있으면 피의자에게 안도감과 자신을 주게 된다. 조직 속에서도 팔로어의 개인 공간을 의도적으로 침범함으로써 자기 지도력을 강화할 수 있다. 상사는 팔로어 직원의 책상에 몸을 기댐으로써 팔로어 직원의 균형을 깨뜨릴 수 있다.

넷째, 성격적으로 내향적인 사람은 외향적인 사람보다 더 멀리 떨어져서 대화를 나눈다. 교실에서 내성적이며 불안한 학생은 외향적인 학생보다 더 멀리 떨어져 앉는다.

다섯째, 촉각 소통으로 악수를 한다거나 서로의 신체와 접촉함으로써 친숙함을 느끼기도 한다.

2) 비언어적 소통의 필요성

침묵으로 이야기하는 마임(mime: 무언극)에서 알 수 있듯이 몸짓은 음성 언어보다 강력하다. 프랑스 마임이스트 마르소(Marcel Marceau)는 희극 가면과 비극 가면을 번갈아 쓰고 벗는 장면을 표정만으로 연기해 전설이 되었다. 반면 찰리 채플린, 로버트 드니로 같은 대배우들은 표정이 거의 없다. 그들은 몸짓이나 눈빛, 대사의 톤으로 단단하게 감정을 뭉쳐 던졌다.

이처럼 비언어에 의한 소통은 기쁨과 분노 또는 의기소침한 감정 등을 표현하는데 적절한 수단이다. 흔히 우리는 얼굴 표정은 내면의 정서 상태가 표출되는 것으로써 이를 정확히 읽어 낼 수 있다고 믿는다. 기쁘면 표정이 환하고, 슬프면 경직되거나 우울한 표정을 짓는다. 항상 미소를 짓는 사람은 긍정적 태도를 지니고 있는 것으로 생각한다.

눈은 마음의 창문이라고 해서 감정의 순결함을 보여주는 단서로 생각하는 경향이 있다. 대화 중에 시선이 자주 마주치는 것은 호의적이고 좋아하는 표시로, 시선을 회피하는 것은 비호의적인 태도로 판단한다. 반면에 뚫어지게 바라보는 것은 도전적이고 부정적인 반응을 나타내는 것으로 인식된다. 신체 언어는 구체적으로 몸의 움직임, 제스처, 자세로 말하는 것을 의미한다. 좌불안석하는 몸의 움직임은 무척 불안정하다는 인상을 주며, 구부정한 자세를 가진 사람은 게으르거나 의욕이 결핍된 인상을 준다. 경우에 따라서는 얼굴 표정을 의도적으로 왜곡시키는 기술이 능숙한 사람들이 있으므로 이를 정확히 눈치챌 수 있는 능력이 수신자의 입장에서는 필요하다.

비언어 메시지가 소통에서 작용하는 의미는 특별하다. 소통에 사용되는 비언어 메시지는 특별한 권력 관계나 서열을 의미하기도 하기 때문에 대단히 민감하게 해석되고 적용된다. 행정 비언어 메시지는 계층제의 행정조직 내에서 고위 리더의 의중을 살피는 데 중요한 단서로 활용된다. 그리고 사교의 도구로 활용될 수 있다, 언어 수단을 사용하지 않고 신체 언어만으로 의사소통을 하도록 하게 되면 짧은 시간에 친숙해지게 된다. 댄스 모임이나 연회 등에서 쉽게 친해지는 것도 비언어적 수단이 자기 방어의 장벽을 무너뜨리는 효과를 갖기 때문이다.

언어적 의미는 동반되는 신체 언어에 따라 변경되기도 하고 강화되기도 하는데 신체 언어는 문화적 차이에 따라 의미가 다르게 인지된다. 제스처 등 비언어적 메시지는 독특한 문화적 의미를 갖고 있다. 그것은 시대와 장소에 따라 제각기 다른 의미를 갖는다. 미국에서는 가까이 있다는 이유만으로도 이웃과 얘기를 나눌 수 있으나 영국에서는 어떤 사람과 이웃해 있다는 사실만으로는 그와 얘기할 수 없다. 영국에서는 인간관계가 사회적 신분에 의해 이뤄진다. 뉴욕의 도시에서 사람들은 이웃의 프라이버시를 침범하지 않으려고 혼잡한 거리에서 서로 못 본 체한다. 거리를 걸어가다가 마주 오는 사람과 눈이 마주치게 되면 오해를 받지 않기 위해 얼른 눈길을 피하게 된다. 하지만 전원 농촌의 오솔길을 걸으며 목례를 하지 않으면 노상강도로 오해받을 수 있다. 이와같이 비언어 소통은 사회와 조직의 성격에 따라서 그 의미가 다르므로 학습에 의해 행사할 필요가 있다.

3) 비언어적 소통은 '언어'를 뛰어넘는다

연구에 의하면 일상 대화의 70% 이상이 언어보다는 비언어적 소통에 의해 행해진다고 한다. 즉, 몸의 언어가 훨씬 풍부하고 정직하다. 명탐정 셜록 홈스는 손톱, 외투소매, 구두, 바지 무릎, 굳은살, 몸놀림을 보고 그 사람의 정체를 파악했다. 해독하는 솜씨라면 점쟁이도 빠지지 않는다. 생년월일만 툭 던져주면 고객의 눈빛 · 표정 · 말투 · 차림 · 몸짓을 보고 범인을 잡아낸다. 그래서 비언어적 소통은 '언어'를 뛰어넘는다, 고개를 끄덕이는 것에서부터 앉아 있는 자세에 이르기까지 '비언어적 매체'의 종류는 무한하다고 볼 수 있다, 예컨대 사장실의 크기나 바닥에 깔린 카펫도 찾아오는 손님들에게 무엇인가를 전달하고 있는 것이며 손님은 그것을 잘 '수신'하여 이해해야 할 것이다.

비언어적 소통이라고 해서 정확성이 더 떨어지는 것이 아니다. 오히려 “사랑해요”라는 말은 흘려듣고 상대편의 눈빛과 억양으로 수신한 내용이 더 정확할 수가 있다. 심지어는 아무런 매체가 없이도 소통은 가능하다. “진정한 웅변은 웅변을 경멸한다”고 하지 않았는가. 또한 실제로 TV의 볼륨을 완전히 끄고 화면만 바라보게 한 후 TV 속의 두 사람의 토론 내용이 대강 어떤 것이었으며 토론에서 누가 이겼는지를 알아내는 실험에서 언어 없이도 많이 이해하고 있음이 입증되고 있다.

2 모든 소통에는 일정한 공간이 필요하다

1) 소통의 공간

대화할 때 간격을 적절히 함으로써 그 효과를 높일 수 있다. 북반구로 갈수록 대화할 때의 거리가 넓어지고 남반구로 내려갈수록 그 간격이 좁아진다.[31] 사람들은 각기 편안함을 느끼는 조건이 다를 수 있다. 진정한 대화를 하는 데 가장 중요한 조건은 상대에게 편안한 분위기를 만들어 주는 데 있다. 그러한 분위기 형성에 절대적으로 영향을 미치는 것이 바로 대화자와의 간격이다. 탁자 건너편에서 마주보고 앉아서 하는 대화와 상대방 옆에 앉아서 나누는 대화는 성과가 상당히 달라진다. 소통을 할 때는 상대방과 어느 정도의 간격을 두는 것이 가장 적합하고 안정감을 주는가를 생각해야 한다. 대체로 공간적인 간격은 그 사람의 자신감이나 지위의 정도, 친밀도, 화제의 관심도와 비례한다.

첫째, 친밀공간(intimate distance; 근접공간: 50센티미터 이내)이 좁을 때는 상대방을 지나치게 의식하게 된다. 결국 친한 사이가 아닌 한 근접공간에서 대화할 수 없고, 밀폐공간에서 대화하는 연인과 같이 근접공간은 친숙함을 나타내는 비언어적 소통으로 해석할 수 있다. 하지만 차 속이나 엘리베이터에서와 같이 불가피한 근접공간에서의 소통은 상황에 따라서 달리 해석이 이뤄져야 한다.

둘째, 개인공간(personal distance: 50~100센티미터)은 두 사람이 대화를 나누기에 충분히 가까운 거리다. 가까운 사이임을 나타낸다고 보아도 무방하다.

셋째, 사회공간(social distance; 좁은 사회공간: 1~2미터)은 업무를 처리하는 거

31) 영국인들은 이야기할 때 상대와의 간격을 유지하는 것을 예의로 생각하며, 아랍인들은 숨소리를 느낄 만큼 가까이에서 이야기하는 것을 좋아한다.

리로서 고객을 만나거나 팔로어를 만나는 거리다. 넓은 사회공간(2~3미터)은 위엄 있는 모습을 보이고 싶은 상사와 팔로어와의 거리다. 이런 간격에서는 눈의 접촉을 유지하는 것이 중요하다.

넷째, 공적 공간(public distance: 4~8미터)은 교사가 학생에게 강의를 하는 거리이며, 동물에게는 안전거리로서 이 위험 영역에 다가가면 도망가거나 위협을 가하는 거리다.

2) 시간적 기술

모든 사람에게 똑같이 시간을 할애해야 하는가? 비언어적 의사전달의 두 번째 방법은 시간이다. 누가 기다리게 하고, 누가 먼저 앉고 누가 먼저 말을 꺼내며, 누가 먼저 일어서고 누가 결론을 내리는가를 결정하는 시간적 타이밍은 소통의 중요한 요소다. 어떤 사람들은 행동이나 말이 민첩하고 빠른 반면 어떤 사람들은 둔하고 느린 편이다. 이 두 유형은 모두 장단점이 있기 때문에 어떤 것이 더 좋다고는 말할 수 없다. 다만 지나치게 느린 사람과 대화할 때에는 참을성을 발휘하도록 노력해야 한다. 상대의 말을 중간에서 끊지 않도록 주의하고 그가 말하고 있는 내용을 미리 넘겨짚고 끼어드는 위험을 방지하기 위해 노력해야 한다. 자신의 특이한 성격상의 급함이나 괴벽 혹은 버릇 때문에 상대방의 인식에 악영향을 끼치는 행동도 주의해야 한다.

3) 외모

사람은 마음속에 일정한 기대 기준을 설정해 놓고 그에 맞춰 사람들을 평가하는 경향이 있는데 인간은 우리들이 인식하고 있는 것 이상으로 외모에 의해 사람을 판단한다. 우리는 사람의 외모를 통해 그가 어떤 사람이며, 자기자신에 대해 어떻게 생각하고 있는지 어느 정도는 파악할 수 있다. 특히, 몸가짐, 걸음걸이, 의상, 머리 모양, 화장 등의 첫인상은 오래간다. 외모에서 몸가짐과 걸음걸이는 상대방에 대한 마음가짐을 표시한다. 사령관을 수행하는 장교의 모습과 사병과 함께 걸어가는 장교의 모습은 달라질 수밖에 없다. 걸음걸이가 자신에 차 있는가 아니면 기운이 없는가? 어깨를 펴고 똑바로 걷는가, 아니면 구부정하게 서 있는가?

헐렁한 옷, 헝클어진 머리, 흘러나온 속옷, 다듬지 않은 손톱, 풀어진 넥타이 등의 외모는 상대방에게 좋지 않은 메시지를 전달한다. 단정치 못한 외모는 그 사람의 인성, 정신 상태 등을 말해 준다고 알려져 있다. 심지어 미소에도 '비밀'이 있다. 진실한 미소를 지을 때 눈가의 주름은 의식적으로 통제할 수 없는 근육 때문에 생긴다. 또

그림 2-11 눈 접촉과 미소

거짓 웃음과 달리 진짜 웃음은 눈두덩이 아래로 내려가고 눈썹 끝이 살짝 처진다. 입술을 꽉 다문 미소는 비밀을 숨기고 있다는 뜻이다. 다이애나 왕세자빈은 고개를 숙이고 살짝 옆을 보면서 짓는 미소로 남성의 보호 본능을 자극했다.

소통의 창: 소통의 실전, 명함 에티켓

글로벌 시대에 명함 전달은 에티켓이자 소통의 실전 현장이다. 짧은 순간이지만 명함 에티켓을 잘 지키면 상대방으로부터 호감을 끌어낼 수 있지만 그렇지 않으면 의도하지 않은 불쾌감을 줄 수도 있다. 전문가와 서비스 월드(Service World)가 권하는 명함 에티켓을 정리하면 다음과 같다.

1. 명함은 깨끗한 상태로 여유 있게 준비하며 남성은 가슴 포켓 또는 양복 명함 주머니에, 여성은 핸드백에 넣어둔다. 남성이 윗주머니나 바지 뒷주머니에서 명함을 꺼내는 것은 미관상 좋지 않으므로 피하는 것이 좋다.
2. 명함을 건넬 때 상대방이 읽기 편하게 자기의 이름이 상대방 쪽을 향하게 한다.
3. 명함은 손아랫사람이 윗사람에게 먼저 건넨다.
4. 상대방으로부터 명함을 받았을 경우에는 하의 주머니에 넣지 말고 상의 안쪽 주머니에 넣는다.

5. 명함을 건네는 위치는 상대방의 가슴 높이가 적당하다.
6. 명함은 오른손으로 건네고 왼손 바닥으로 받는다.
7. 받은 명함은 두 손으로 잡고 본다.
8. 상대방의 명함으로 자기도 모르게 손장난을 하는 수가 있는데 좋지 않은 습관이다.
9. 상대에게 이름이나 소개를 하지 않고 명함만 건네는 것은 자칫 거만한 인상을 줄 수 있으므로 피하도록 한다.
10. 파티 석상에서는 명함을 주고받지 않는다.

위의 사항들만 제대로 지킨다면 매너 맨으로서 자격증을 딴 셈이다. 내 자신의 명함 수수 모습을 잘 모르겠다면, 가장 친한 사람에게 한번 물어보라. 하지만 뭐니뭐니 해도 명함 예절의 으뜸은 자신의 명함을 불필요하게 남발하지 않고, 받은 명함은 소중하게 잘 관리해서 업무에 효율적으로 사용하는 사람이다. 이번 기회에 그 동안 쌓아 두었던 많은 명함을 정리해 보자. 그것들이 여러분에게 성공의 열쇠를 선물로 줄지 누가 아는가?

제 2 부

나를 찾아가는 소통

-소통의 필수 도구-

제 3 장 DiSC로 푼 소통의 퍼즐

코칭(coaching)

우리는 가끔 날씨가 나쁘다는 이야기를 한다. 그러나 실제로 나쁜 날씨란 없다. 모든 날씨가 각자 다른 방식으로 기쁨을 선사한다. 물론 농부에게는 곡식이 자라는 데 약간의 피해가 될 날씨가 있겠지만 평범한 우리 인간에게는 모든 날씨가 좋다고 말할 수 있다. 햇살은 유쾌하고, 비는 상쾌하며, 바람은 우리를 기운 나게 하고, 눈은 마음을 들뜨게 한다. 그래서 나쁜 날씨란 없으며 단지 종류가 다른 날씨만 있을 뿐이다.

이처럼 사람에게는 겉으로는 잘 드러나지 않는 '내면의 세계'가 있다. 그래서 리더라면 잘 드러나지 않는 내면의 세계를 꿰뚫어볼 줄 알아야 하고, 그것을 드러나게 해야 한다. 필자가 소통 과목에서 DiSC와 에니어그램을 강조하고 개인차와 다양성을 전면에 배치하는 이유는 '사람을 구분하려는 것이 아니라 알아가려는 것'이기 때문이다.

제 1 절 자기 이해의 도구와 DiSC

나를 깨고 소통하기를 원한다면 철저한 자기 이해, 자기 인정, 자기 개방과 같은 내적 수련을 통해서만 '자기 완성'의 단계로 이어질 수 있다. 필자의 연구 결과 자기 완성으로 가는 과정은 3단계로 나눌 수 있다.

첫째, 객관적 자기 인식의 단계다. 자신의 갈망, 욕구에 대한 진실한 자기 발견 속에 내가 어떤 사람인지 알아차리고, 항상 깨어 있어야 한다. 둘째, 자기자신을 인정하는 것이다. 자신의 약점과 단점을 인정함으로써 타인을 수용할 수 있고 참 자아를 발견할 수 있다. 바로 그것은 자신에 대한 용기와 확신에서 나온다. 셋째, 자신을 개방하는 것이다. 나를 개방함으로써 진정한 신뢰 관계를 형성할 수 있으며 자유와 성장이 가능하다. 이것은 곧 참된 만남으로 이어지면서 소통을 위한 자기 완성으로 가는 패턴이자 과정이다.

1 자기 이해를 위한 도구들

미국의 명문 대학을 졸업하고 대기업에 입사한 고등학교 동기인 친구가 사업에 크게 성공하여 필자를 초대했다. 그때 만난 상담 전문가인 문 박사의 대화에서 많은 것을 배웠다. 그것은 DiSC, 에니어그램(enneagram), MBTI 등 개인차와 다양성에 관한 프로그램을 공부하는 것이다.

1) 자기 이해의 여섯 가지 도구

소통에도 추구하는 방법의 차이가 있다. 하지만 진심으로 통하기 위해서는 자신의 성격에 대한 충분한 이해가 필요하다. 그리고 나와 세상을 이해하고 셀프 리더십의 방향을 찾아야만 가능하다. 진정한 나를 찾기 위한 '소통의 여정'은 매우 중요하다. 이 여정에 필자가 추천할 만한 자기 이해의 도구로는 여섯 가지가 있다. ① 자기분석(Self Analysis)과 같은 자기 탐색의 방법으로 개인 역사(My History: Career Life Line), ② 홀랜드(Holland: 직업흥미 유형(R-I-A-S-E-C)), ③ MBTI, ④ 에니어그램, ⑤ TA(Ego gram),[1] ⑥ DiSC 등 여섯 가지 도구가 필자가 추천하는 대표적 도구다. 이러한 자기진단 프로그램은 개인별 유형이 서로 '틀린 것'이 아니라 '다르다'는 것을 인정하고 접근한다. 그래서 극도로 개인화된 문화에서 원만한 인간관계를 형성하고 소통에 큰 도움을 준다.

2) 자기 이해를 해야 하는 이유

자기 이해는 자기분석은 자기진단, 자기탐색, 자기관찰이란 용어로 다양하게 사용하고 있다. 따라서 자기분석(자기 이해)이라 하면 "다양한 방법을 이용하여 자신이

---

1) TA(Transactional Analysis, 교류분석)는 1957년 미국의 정신과 의사인 번(Eric Berne)에 의해 창안된 인간의 교류나 행동에 관한 이론 체계인 동시에 효율적인 인간 변화를 추구하는 치료 방법이다. 교류분석에서는 지금 이 순간(here and now)라는 대원칙이 있다. 사람은 누구나 지금 이 순간에 살고 있고 존재하고 있으므로 과거의 어딘가에 있다고 하는 것은 아니다. 따라서 지금 이 순간을 대단히 중요하게 여기는 관점에서 "과거와 타인은 바뀌지 않는다. 바꿀 수 있는 것은 자신뿐이다"라는 철학을 가지고 있다.

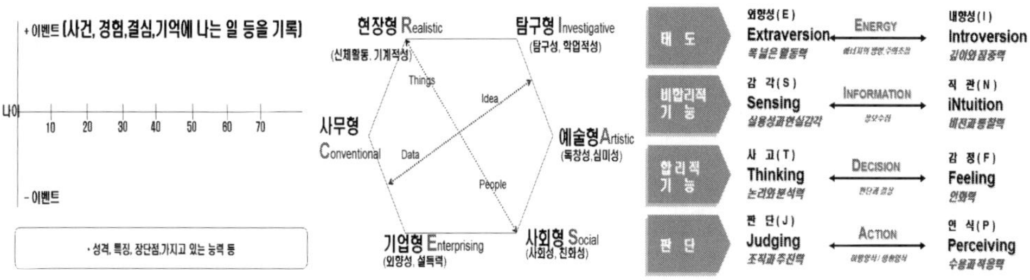

그림 3-1 개인 역사(My History), 홀랜드(Holland), MBTI

그림 3-2 에니어그램, TA, DiSC

어떠한 사람인지 종합적으로 분석, 평가하는 것"이라고 할 수 있다.

우리 주변에는 다양한 사람이 있고 그들은 자신의 고유한 적성, 흥미, 능력을 지니고 있기 때문에 고유한 능력을 발휘할 곳을 찾아야 한다. 개인적으로 보면 인간의 특성과 주변 환경은 끊임없는 변화가 있기 때문에 환경에 적응하는 능력 개발이 필요하다. 만일 자기자신에 대해 모른다면 최선을 다해도 최고가 될 수 없기 때문이다. 그래서 자기 분석은 자기 계발의 초석이며 필수 과정이다. 자기분석을 하게 되면 사랑하는 것, 깊이 갈망하는 것을 잘 이해할 수 있다. 자신의 가장 근본적인 성향, 능력, 그리고 재능을 발견할 수 있다. 삶의 명확한 목표를 세울 수 있다. 경력에 대한 장기적인 시각을 갖게 된다. 어떻게 하면 이 세상에서 최선의 삶을 살 수 있는지 알 수 있다. 이 세상에서 어떤 기여를 할 수 있는지를 알게 된다. 다시 말해서 자기 이해를 하게 되면 나의 장점을 발견하고 더욱 향상시키게 된다. 그리고 성격에 따른 처세술 및 소통의 방법을 지니게 되고, 자신의 성격에 적합한 업무를 찾을 수 있으며, 나와 잘 맞는 파트너를 만날 수 있다.

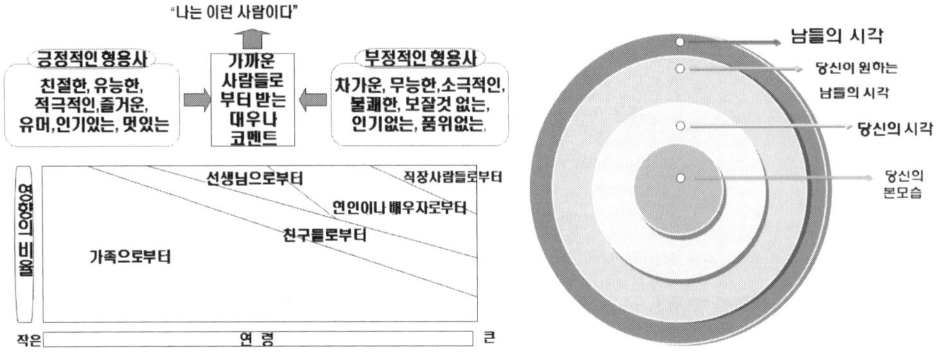

그림 3-3 자기 이해를 해야 하는 이유

2 DiSC의 목적 및 철학

1) DiSC의 연혁

DiSC 이론은 1928년 <원더우먼>의 원작자로 유명하며, 컬럼비아대학교 심리학 교수인 마스턴(William Marston) 박사에 의해 체계화되었다. 이후 미국 인스케이프사에 의해 DiSC 행동 유형의 진단 및 분석 체계가 정밀화되었다. 지금은 전 세계 50여 개 국가에서 DiSC 행동분석과 실생활에의 적용이 이뤄지고 있다. 국내에서는 연간 10만 명 이상이 기업체, 공조직, 일반 기관, 교회, 학교 등에서 리더십 개발, 자기개발, 의사소통, 갈등관리, 상담, 세일즈 교육, 팀 빌딩, 조직 활성화, 셀프 코칭, 진로지도, 부모 코칭, 교사교육, 자녀교육 등에 활용하고 있다.

표 3-1 초기의 행동 유형 연구

체액유형론 (히포크라테스)	사상체질론 (이제마)	혈액형별 성격	DiSC
우울질: 슬프고 우울	소음인	A형	C형
다혈질: 낙관적, 희망적	소양인	O형	I형
점액질: 냉담, 무감각	태음인	AB형	S형
담즙질: 성을 잘 냄	태양인	B형	D형

초기의 행동 유형에 관한 연구는 체액유형론, 체질론, 재미로 보는 혈액형 등이 있었다.[2] 하지만 마스턴 박사에 의하면 인간은 환경을 어떻게 인식하고, 그 환경 속에서 자기 개인의 힘을 어떻게 인식하느냐에 따라 네 가지로 행동한다고 했다. 일반적으로 사람들은 태어나서부터 성장하여 현재에 이르기까지 자기 나름대로의 독특한 동기 요인에 의해 선택적으로 일정한 방식으로 행동을 취하게 된다. 그것은 하나의 경향성을 이루게 되어 자신이 일하고 있거나 생활하고 있는 환경에서 아주 편안한 상태로 자연스럽게 그러한 행동을 하게 된다. 필자는 그것을 행동 패턴(behavior pattern) 또는 행동 스타일(behavior style)이라고 칭한다.

인간에 대한 기존의 유형론이 개인의 내적 성향에 집중되어 있었다면, 이 DiSC 행동모형은 외부 세계로 유출되는 관찰 가능한 인간의 행동 패턴에 주목했다. 즉, 인간이 환경을 어떻게 인식하는가? 또는 그 환경 속에서 자기 개인의 힘을 어떻게 인식하는가라는 연구다. 이러한 인식을 축으로 각각 주도형, 사교형, 안정형, 신중형으로 부르고 있다. 그래서 DiSC는 인간의 행동 유형(성격)을 구성하는 핵심 요소인 주도형(dominance), 사교형(influence), 안정형(steadiness), 신중형(conscientiousness)의 약자다.

2) DiSC의 탁월성 및 기본 철학

나를 알게 되면 업무의 능률성 제고, 자기 계발, 자기 혁신을 할 수 있다. 또 남을 알게 되면 대인 관계의 개선, 조직 내 갈등 해소를 할 수 있다. 그래서 꽉 막힌 관계의 퍼즐을 속 시원히 풀어줄 DiSC는 혈액형보다 과학적이고 MBTI보다 쉽다. DiSC는 인간을 '행동 특성'에 따라 유형을 분류하고 '행동'의 개선점을 알려준다. 그래서 딱 네 가지만 알면 된다. D(주도형), i(사교형), S(안정형), C(신중형)이다. 물론 유형 진단과 실생활 적용이 쉽다. 체계화된 이론에 근거하므로 자기 이해 및 타인 이해(특성, 강점, 제한점, 두려워하는 것, 동기 유발 등), 다른 유형과의 궁합, 대인 관계 특성 분석, 소통 전략 등 실제적 도움을 제공한다. 그래서 남들이 자신을 오해할 때 사람들을 이해하고 자신을 사랑하는 방법을 알려주는 것이 바로 DiSC의 탁월성이다.

---

2) 소음인(少陰人)은 성격은 내성적이고 조용하며 조직적이고 치밀한 면이 있다. 소양인(少陽人)은 성격이 밝고 활발하며 솔직 담백해 주위에 친구들이 많다. 태음인(太陰人)은 보수적인 성향이 있고, 현실에 안주하기를 잘하며 변화를 싫어한다. 새로운 것을 받아들이는 데에는 소극적이지만 일단 일을 맡기 시작하면 듬직하게 끝까지 밀고 나가는 우직함이 있다. 태양인(太陽人)은 성격이 활발하고 진취적이라 매사에 자신감이 넘쳐 진취적이고 저돌적인 스타일이다.

"말이 통하지 않는다니까", "저 사람은 왜 항상 저 모양일까", "쟤는 왜 저래", "왜? 저런 행동을 하는지 이해를 못하겠네", "무슨 저런 사람이 다 있지." 이처럼 사람과의 관계에서 남들이 당신을 오해할 때 사람들을 이해하고 당신을 사랑하게 하는 방법이 DiSC다!

다시 한 번 DiSC의 탁월성을 요약하면 첫째, 자신의 행동 유형과 강점을 발견하고 이를 활용할 수 있다. 행동을 통해 사람을 가장 용이하게 설명한다. 둘째, 타인의 행동을 이해하고 효과적으로 다른 사람과 상호작용할 수 있다. 행동의 이유가 되는 개인의 동기와 욕구를 규명함으로써 개인을 이해할 수 있도록 깊은 통찰력을 제공한다. 셋째, DiSC는 인간을 내면적 요소로 볼 때 고정적 편견을 떠나 인간을 가변적으로 이해함으로써 개인의 변화와 계발 가능성을 전제하고 있다. 그래서 자신에게 맞는 갈등관리, 대인 관계 유지 방법, 학습 방법을 발견할 수 있다.

한편, DiSC의 기본 철학은 다음과 같다. 개인 차이가 갈등을 유발한다. 하지만 사람들 간의 차이는 좋은 것도 나쁜 것도 아니다. 단지 다를 뿐이다. 즉, 차이는 틀린 것이 아니다. 그래서 I Win, You Win이 가능하고, 자신을 좀 더 효과적으로 보기 위한 수단으로서 범주화와 유형화가 가능하다고 본다. 그래서 DiSC는 외부 환경(environment)에 대한 반응(response)을 중요하게 여긴다.[3]

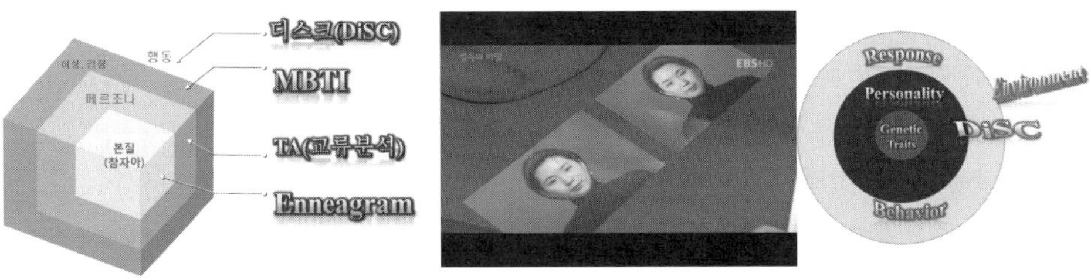

그림 3-4 DiSC 및 각 도구의 유용성

소통을 위한 진단 코너: 자기 인식과 개방-조해리의 창

미국의 심리학자 조세프 루프트(Joseph Luft)와 해링턴 잉햄(Harrington Ingham)은

3) 참고로 MBTI는 개인이 인식(Perception)하고 판단(Judgement)하는 특징이 다르다고 보며 인성과 감정을 다뤘다. 또 TA는 '거짓 자아'를 파악함에 좋고, 에니어그램은 '참 자아'를 찾아가는 도구로 유용하다. 좀 더 자세한 내용은 다음 장에서 언급하겠다.

두 사람의 이름을 합성하여, 조해리(Joe+Harry=Johari)의 마음의 창문(Window of Mind)이라는 자기개방 모형을 개발했다. 이 창문 속에는 자신의 생각, 감정, 경험, 소망, 기대, 가족 사항, 취미, 종교, 교우 관계, 장단점 등 '자신에 관한 모든 것'이 포함되어 있다.

① 개방 영역(open area, 개방형)

느낌, 생각, 행동 등이 자신이나 타인에게 잘 알려진 영역으로 소통을 위해서는 개방 영역을 빠른 시간 내에 넓혀가야 한다. 이 영역이 넓은 사람은 원만한 소통 능력으로 개방적인 인간관계를 형성한다. 그러나 지나치게 자신의 모든 부분을 노출시키면 오히려 인간관계를 손상시킬 수 있다. 공개된 지식 영역이라고도 한다.

② 은폐 영역(hidden area, 신중형)

자신에 대해 자신은 알고 있으나 타인은 알지 못하는 영역으로 이 영역이 넓은 사람은 신중하다고 볼 수 있으나 자기 표현을 잘하지 않는다. 따라서 타인은 그가 어떤 생각, 느낌을 갖고 있는지 알 수 없어 쉽게 접근해 오지 않는다. 이러한 현상은 자신을 수용하지 못하는데서 기인하기 때문에 자기를 은폐시키고 드러내지 않으려 하며 자기 개방이 두려워 불안해하고 긴장한다. 이 영역을 축소시키기 위해서는 자기 개방이 필요하다. 사적 영역이라고도 한다.

③ 맹인 영역(blind area, 자아도취형)

자신의 모습이 타인에게는 알려져 있으나 자신은 알지 못하는 영역으로 이 영역이 넓은 사람은 눈치가 없고 둔한 사람으로 타인이 보기에는 개선할 점이 많으나 자신은 깨닫지 못하는 사람이다. 또한 자기 주장이 강하나 자기도취적인 사람이거나 이와는 반대로 자존감이 낮아 자신의 좋은 점을 인식하지 못하고 있는 사람이다. 이 영역은 타인으로부터 얼마나 피드백을 받느냐에 따라 달라질 수 있다. 따라서 이 영역을 축소시키기 위해서는 타인의 조언이나 생각을 진지하게 받아들이는 자세가 중요하다. 피드백 영역이라고도 한다.

④ 미지 영역(unknown area, 고립형)

나도 모르고 타인도 모르는 영역으로 심층적인 무의식 세계로 자신에게 알려져 있지 않은 부분이다. 그러나 자신에 대한 지속적인 관심과 통찰을 하면 이러한 부분을 알게 된다. 이 영역이 넓은 사람은 고립되어 있고 심리적으로 고민이 많으며 부적응적인 삶을 살아가는 사람이다. 무의식의 영역이라고도 한다. 심리학에서는 연구 대상이다.

조해리의 창

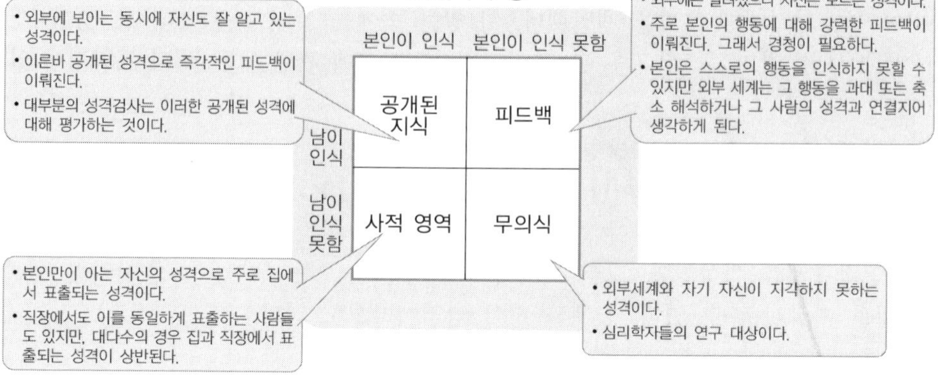

(1) 각자의 카드 앞면에 자기 자신과 동료 및 상사의 이름을 하나씩 기재하시오.

___

___

(2) 자신의 이름이 적힌 카드에 다음 사항을 적으십시오.

① 다른 동료들이 안다고 생각되는 당신 자신의 두드러진 특징을 2~3가지 기재하시오(알려진 자아, 개방 영역: open area).

___

___

② 다른 동료들이 알지 못한다고 생각되는 영역. 그러나 그들에게 알려주고 싶은 당신 자신의 특성을 2~3가지 기재하시오(숨겨진 자아, 은폐 영역: hidden area).

___

___

(3) 동료나 상사들의 이름이 적힌 나머지 카드에 다음의 사항을 적으시오. 자신이 받은 각각의 카드 앞면에 적힌 동료나 상사의 두드러진 특성을 2~3가지 기재하시오(가려진 자아, 맹인 영역: blind area).

___

___

(4) 이제 자신의 이름에 적힌 카드를 모두 회수하여 읽어보기 바란다. 이 중에서 남들이 모르는 부분은 상관이 없으나 나는 모르는데 남들이 아는 부분이 문제다. 나도 알고 남도 아는 나의 모습 역시 상관없다. 남들이 다 알고 있으니 충분히 이해해 줄 것이다. 그러나 남들은 다 아는데 나만 모르고 있는 나의 모습이 문제다. 즉, 3번째 조해리의 창(blind window)을 알고 피드백받는 것이 가장 중요하다. 자신의 맹인 영역(blind area)을 인정하고 수용하지 않으면 발전이 없다. 위대한 리더들은 자신에게 존재하는 혹은 이 세상에 존재하는 맹인 영역을 혁신하고 타파한 사람들이다.

기록을 마쳤으면 자신의 내용 중 2~3가지만 서로 소개한다. 과정을 마쳤으면 이 프로그램을 통해 느낀 점을 서로 토의하라.

소통의 창: 살아보니... Before & After

최근 인터넷을 보다가 재미있는 글이 있어서 소개한다. 결혼 전에는 장점인 줄 알았는데 결혼하고 살아보니 단점인 것이 있다.

▲가족이 매우 화목하다: 매우 화목한 가족이 '시댁'이 되면 자주 모이고 골치 아프다. ▲동안이다: 나보다 어려 보여서 좋을 거 하나 없다. ▲잘생겼다: 주변 관리하기 어려워서 괜히 예민해진다. ▲원래 성격이 항상 따뜻하고 정감있게 말한다: 돈 없어도 여자 문제로 속 썩이는 부류가 거의 이 부류다. ▲내 친구들, 내 가족과 금방 친해진다: 바람을 피우고자 하면 쉽게 피울 능력이 있는 부류다. ▲남자답게 과감히 결정하고 추진력이 있다: 결혼하면 자기 멋대로 한다. 말을 듣지 않는다. ▲친구가 많고 활발하고 인간관계가 넓고 마당발이다: 일주일에 5일은 술 먹고 늦게 온다. ▲정이 많고 의리가 많다: 가족보다 친구 일에 앞장서고 보증 등 사고를 잘 친다. ▲나에게 돈을 아끼지 않는다: 돈도 못 모았고, 결혼해서도 못 모은다.

한편, 결혼 전에는 단점인 줄 알았는데 살아보니 장점인 것도 있다.

▲약간 무심한 스타일이다: 잔소리가 별로 없고, 하는 일에 토를 달지 않는다. ▲약간 우유부단하고 강한 추진력이 없다: 부인이 원하는 대로 맞춰서 해주는 경우가 많다. ▲가족끼리 서로 무심하고 그냥저냥 지낸다: 시댁이 별 간섭이 없어서 편하다. ▲못생겼다: 주변 관리할 필요가 별로 없어서 마음이 편해진다. ▲약간 무정한 스타일이다: 정에 이끌려 보증도 안 서고, 사고를

안 쳐 안정적인 삶을 산다. ▲돈을 잘 안 쓴다: 돈을 잘 낭비 안한다(본인이 아낀다고 꼭 가족까지 아끼라고 강요하게 되는 건 아니다). ▲내성적이고 친구가 별로 없다: 가정적이 되고 가족이 우선이다.

제 2 절 소통의 퍼즐 풀기, DiSC 진단지

DiSC는 속도와 우선순위를 기준으로 구성되었다. 사람들이 반응하는 속도의 차이를 내향성과 외향성으로 나눴고, 우선순위의 차이는 일 지향적인 사람과 사람 지향적인 사람으로 나눌 수 있다.

1 속도와 우선순위 진단표

DiSC에서 첫 번째 기준은 사람들의 반응의 빠르기다. 사람 간의 반응 속도가 빠른 쪽을 외향, 반응이 느린 쪽은 내향적이다. 연구 결과에 따르면, 이런 기질적 특성은 우리 몸의 유전자 속에 담겨 있다. 외향적인 사람은 (위험하다고 인정할 때까지) 세상은 안전하다고 보며, 내향적인 사람은 (안전하다고 인정할 때까지) 세상을 위험하다고 본다. 이런 속도의 차이가 누구에게나 있다. 그래서 외향적인 사람은 열정적이고 낙천적이며 속도가 빠르고, 내향적인 사람은 비판적이고 속도가 느리며 분석적이다. 세상이 위험할 수 있다고 느끼고 반응하기 때문인데, 돌다리도 두들겨 보는 타입이다.

두 번째 기준은 사람의 우선순위를 통해 업무 중심인지 인간 중심인지를 보는 것이다. 어떤 사람은 무슨 일을 맡든지 그 일 자체에 집중하여 성과를 내는 데 집중하는 사람이 있다. 반면에 또 다른 사람은 일을 하더라도 사람에 관심을 가지고 함께 해 나가는 것을 중요하게 생각하는 사람이 있다.[4] 다음은 속도와 우선순위에 대한 진단지다.

4) 아이들의 경우에 똑같이 운동장에서 공을 차고 있더라도 축구라는 기술과 승부라는 것에 집중하여 몰입하는 친구가 있는가 하면 승부는 별로 신경쓰지 않고 다른 친구들과 함께 놀고 있다는 것이 마냥 즐거운 아이들이 있다.

1) 속도진단표

※ 자신이 속도가 빠른 사람인지 느린 사람인지를 체크해 볼 수 있는 질문이 있다. 각각 두 개(홀수, 짝수)의 질문 가운데서 자신과 더 가깝다고 느껴지는 하나의 문장에 표시를 하라.

1. 나는 대체로 빨리 결정하는 편이다.
2. 나는 의사 결정하는 데 시간이 걸리는 편이다.
3. 나는 강하게 빨리 말하는 경향이 있다.
4. 나는 비교적 덜 단호하고 천천히 말하는 경향이 있다.
5. 나는 아무 일도 하지 않고 맥 놓고 앉아 있는 것을 싫어한다.
6. 나는 아무 일도 하지 않고 조용히 있는 시간을 즐긴다.
7. 나는 활동적으로 생활하는 사람이다.
8. 나는 비교적 조용하게 생활하는 사람이다.
9. 나는 동시에 여러 가지 일을 할 때 힘이 생긴다.
10. 나는 한 번에 한 가지씩 일하는 것을 좋아한다.
11. 나는 느린 사람들을 대하면 참지 못한다.
12. 나는 성급하게 서두르는 것을 좋아하지 않는다.
13. 나는 내 생각이나 느낌을 빨리 말한다.
14. 나는 내 생각이나 느낌을 빨리 표현하기보다 마음속에 담아 둔다.
15. 나는 기회를 빨리 잡거나, 새로운 일이나 색다른 일을 시작하기 좋아한다.
16. 나는 모험하기를 좋아하지 않는다. 나는 손에 익은 방법으로 일하는 것을 좋아한다.
17. 나는 사교 모임에서 자발적으로 나를 소개하는 편이다.
18. 나는 사교 모임에서 대체로 소개시켜 줄 때까지 기다리는 편이다.
19. 나는 다른 사람들이 얘기할 때 잘 듣지 않는 편이다.
20. 나는 다른 사람들이 얘기할 때 주의 깊게 듣는다.
21. 나는 책임지기를 좋아한다.
22. 나는 지시를 따르고 지원하는 것을 더 좋아한다.
23. 나는 비교적 빠르고 자발적으로 반응하는 경향이 있다.
24. 나는 비교적 느리고 신중하게 반응하는 경향이 있다.

※ 모두 표시했으면, 짝수 번호와 홀수 번호 가운데 어느 쪽에 표시를 했는지 확인해 보라.
표시를 한 번호의 개수를 세어서 홀수, 짝수 번호 별로 구분하여 다음에 기록하라
______(홀수 숫자/속전속결형) ______(짝수 숫자/심사숙고형)

2) 우선순위 진단표

※ 다음의 문장들은 자신의 우선순위에 대해 어떻게 생각하는지 알게 해준다. 각각 홀짝 두 개의 쌍으로 된 문항을 읽고, 자신을 더 잘 묘사한다고 생각되는 문장에 표시를 하라.

1. 나는 인생을 진지하게 살아간다.
2. 나는 인생을 즐겁게 살아간다.
3. 나는 내 감정을 가슴 속에 묻어두는 경향이 있다.
4. 나는 인생을 즐겁게 살아간다.
5. 나는 사실과 자료에 관해 이야기를 하거나 듣기를 좋아한다.
6. 나는 사람에 관한 이야기를 듣거나 말하기를 좋아한다.
7. 나는 주로 사실, 객관성 또는 증거를 바탕으로 결정한다.
8. 나는 주로 감정, 경험 또는 인간관계를 바탕으로 결정한다.
9. 나는 사소한 이야기에는 그다지 관심을 기울이지 않는 편이다.
10. 나는 사소한 이야기에도 많은 관심을 기울이는 편이다.
11. 나는 내가 알아야 할 사람과 나와 관련을 맺을 사람들을 가려서 사귄다.
12. 나는 새로운 인간관계를 맺고 사람들을 더 많이 사귀는데 매우 개방적이다.
13. 사람들은 나를 다소 사귀기 어려운 사람이라고 생각한다.
14. 사람들은 나를 사귀기 쉬운 사람이라고 생각한다.
15. 나는 혼자서 일하는 것을 좋아한다.
16. 나는 사람들과 어울려서 함께 일하는 것을 좋아한다.
17. 나는 현재 직면한 문제와 해야 할 일들에 대해 토의한다.
18. 나는 사람들과 소문, 숨겨진 이야기 등에 대해 말하기를 좋아한다.
19. 나는 꽤 격식을 차리는 사람이다.
20. 나는 별로 격식을 차리지 않는다.
21. 다른 사람들은 나를 생각이 많은 사람으로 본다.
22. 다른 사람들은 나를 감정이 풍부한 사람으로 본다.
23. 나는 어떤 일을 성취했을 때 가장 기분이 좋다.
24. 나는 다른 사람들에게 인정받았을 때 가장 기분이 좋다.

모두 표시했으면, 짝수 번호와 홀수 번호 가운데 어느 쪽에 표시를 했는지 확인해 보라. 표시를 한 번호의 개수를 세어서 홀수, 짝수 번호별로 구분하여 다음에 기록하라.

______ (홀수 숫자/ 일 중심형)　　______ (짝수 숫자/ 사람 중심형)

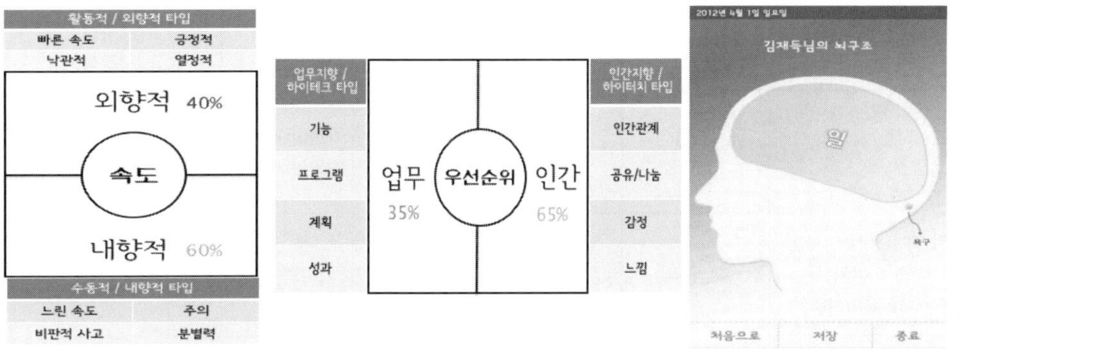

그림 3-6 속도와 우선순위 진단표

2 DiSC 행동 유형: 청소년 진단지

70억 세계 인구의 성격 유형은 모두 몇 개로 나눌 수 있을까? 눈치가 빠른 사람이라면 금방 70억 유형이라고 할 것이다. 그렇다. 성격 유형은 사람이 70억 명이 있으면 70억 개의 성격 유형이 있다. 그런데 그냥 70억 개라고 하면 사용할 수가 없다. 통계학적으로 접근을 하여 유의미한 결과를 도출하면 그 분류된 내에서 사람들을 파악하는 것이 효과적이다. 자가 진단지는 청소년용과 성인용이 존재하며 그 중 청소년용은 총 15문항으로 구성했다.

※ 각 문항에서 나를 가장 잘 묘사한 순서대로 4점, 3점, 2점, 1점을 기입하십시오.

		점수		점수		점수		점수
내 성격은…	명령적이고 주도적이다.		사교적이며 감정 표현을 잘한다.		태평스럽고 느리다		진지하고 세심하며 상식적이다	
나는…에 둘러싸인 환경을 좋아한다.	개인적 성취와 보상 및 목표지향적		사람을 좋아하는		그림, 편지와 내 물건들		질서와 기능조직	
내 성격 스타일은 …하는 경향이 있다.	결과를 중시		사람을 중시		과정과 팀을 중시		세부 사항을 중시	

다른 이에 대한 내 태도는…	시원시원하다		친절하고 싹싹하다		착실하고 자제력 있다		차갑고 객관적이다	
다른 사람의 말을 들을 때…	종종 참을성이 없다		주위가 산만하다		기꺼이 주위를 기울여 듣는다		사실에 초점을 맞추고 분석한다	
다른 사람과 …에 대해 이야기하는 것을 좋아한다.	내 업적		나 자신과 다른 사람들		가족과 친구		사건과 정보조직	
나는 타인에게 …경향이 있다.	사람들에게 지시하는		사람들에게 영향을 미치는		잘 용납하는		가치와 질로 평가하는	
축구팀에 들어가면 나의 포지션은…	최전방 공격수		공격형 수비수		수비형 공격수		최종 수비수	
나에게 시간은…	항상 바빠하는		교제에 많은 시간을 사용하는		시간을 중시하지만 그리 부담이 없는		시간의 중요성을 알고 시간 활용을 잘하는	
내가 교통표지판을 만든다면…	난폭운전! 죽음을 부르다		웃는 엄마 밝은 아빠 알고 보니 양보 운전		조금씩 양보하면, 좁은 길도 넓어진다		너와 내가 지킨 질서 나라 안녕 국가 번영	
평소 내 목소리는…	감정적, 지시적 힘 있고, 짧고 높은 톤		감정적, 열정적 가늘고, 높은 톤		감정이 적게 개입되고 굵고 낮은 톤		냉정하고 감정을 억제하고 가늘고 낮은 톤	
내 제스처는 대부분…	강하고 민첩하다		개방적이고 친절하다		경직되고 느리다		계산되고 신중하다	
나는…스타일의 옷을 좋아한다	정장		멋을 내는 캐주얼		실용적이고 편리함을 추구하는		검소하고 소탈하며 깔끔한	
나의 전체적인 태도는…으로 묘사할 수 있다	권위적		매력적인 사교적, 외향적		수용적 또는 개방적		평가적이거나 말이 없는	
내 삶의 페이스는…	빠르다		열광적이다		안정되어 있다		조절되어 있다	
총점								

3 DiSC 행동 유형: 성인용 진단지

DiSC의 행동 유형을 배우고 활용하는 것은 자기 자신과 상대방을 이해하고, 그에 맞추어 자신을 조절해 가는 데 있다. 또 인간관계나 소통에서도 시너지를 창출하고 내 마음의 실타래를 풀어 보는데 DiSC의 존재 의미가 있다.[5)]

자신의 환경 설정: 내가 주로 활동하는 환경은 〈 〉이다.

1) 행동에서 자신을 가장 잘 표현한 문항을 환경 타입에 체크하세요.

구분	A	B	C	D
1	인내하는	밀어붙이는	꼼꼼한	표현을 잘하는
2	도전 개척적인	정확한	흥미에 관심	만족스러운
3	기꺼이 하는	활기 있는	대담한	세부 사항에 주의
4	논쟁을 좋아하는	회의를 좋아하는	주저하는 성격	충동적인
5	공손한	사교적인	참을성이 있는	무서움을 모르는
6	설득력 있는	독립심이 강한	논리적인	온화한
7	신중한	차분한	과단성 있는	모임을 좋아하는
8	인기 있는	고집 있는	완벽주의자	인심 좋은
9	변화가 많은	수줍음을 타는	느긋한	완고한
10	체계적인	낙관적인	의지가 강한	양심적인
11	엄격한	겸손한	상냥한	말주변이 좋은
12	호의적인	빈틈없는	놀기 좋아하는	의지가 강한
13	참신한	모험적인	꾸준한	주의 깊은 계획
14	참는	성실한	공격적인	호감 주는
15	열정적인	분석적인	동정심이 많은	단호한
16	지도력 있는	충동적인	느린	비판적인
17	일관성 있는	영향력 있는	생기 활발한	차분한

5) 이 검사지는 J&J의 정일진 교수와 수토피아의 변희영 대표의 기본 자료에 필자가 적용하기 쉽게 재구성하여 창안했다. 이 검사지는 서강대, 한국외대, 가톨릭 간호대, 홍익대 미대 등 10여개 대학교와 대학원, 가톨릭 수도회, 정부 및 시민단체 50여 곳에서 실시, 검증된 성인용 DISC진단지다. 따라서 JD-DISC진단지로 등록되어 있으므로 무단복제를 금한다.

18	사람을 잘 사귀는	친절한	독립적인	정돈된
19	이상주의적인	평판이 좋은	쾌활한	솔직한
20	참을성 없는	진지한	미루는	감성적인
21	경쟁심이 있는	자발적인	충성스러운	생각이 깊은
22	희생적인	이해심 많은	넓은 인간관계	용기 있는
23	의존적인	변덕스러운	함께하는	자신감 있는
24	포용력 있는	옛날을 생각하는	사람들과 어울리는	이끌어 가는

2) 행동에서 자신이 가장 하기 힘든 문항을 기본 타입에 체크하세요.

구분	A	B	C	D
1	호의적인	세부 사항에 주의하는	놀기 좋아하는	의지가 강한
2	희생적인	이해심 많은	넓은 인간관계	용기 있는
3	의존적인	변덕스러운	함께하기	자신감 있는
4	논쟁을 좋아하는	회의를 좋아하는	주저하는 성격	충동적인
5	공손한	사교적인	참을성이 있는	무서움을 모르는
6	열정적인	분석적인	동정심이 많은	단호한
7	참신한	모험적인	꾸준한	주의 깊은 계획
8	참는	성실한	공격적인	호감 주는
9	인내하는	밀어붙이는	꼼꼼한	표현을 잘하는
10	도전 개척적인	정확한	흥미에 관심	만족스러운
11	설득력 있는	독립심이 강한	논리적인	온화한
12	신중한	차분한	과단성 있는	모임을 좋아하는
13	기꺼이 하는	활기 있는	대담한	빈틈없는
14	경쟁심이 있는	자발적인	충성스러운	생각이 깊은
15	인기 있는	고집 있는	완벽주의자	인심 좋은
16	변화가 많은	수줍음을 타는	느긋한	완고한
17	체계적인	낙관적인	의지가 강한	양심적인
18	엄격한	겸손한	상냥한	말주변이 좋은
19	사람을 잘 사귀는	친절한	독립적인	정돈된
20	이상주의적인	평판이 좋은	쾌활한	솔직한
21	지도력 있는	충동적인	느린	비판적인
22	일관성 있는	영향력 있는	생기 활발한	차분한
23	참을성 없는	진지한	미루는	감성적인
24	포용력 있는	옛날을 생각하는	사람들과 어울리는	이끌어 가는

3) DiSC 성인용 채점 시트

환경 타입 채점지

구분	D 형	I 형	S 형	C 형
1	B	D	A	C
2	A	C	D	B
3	C	B	A	D
4	A	D	C	B
5	D	B	C	A
6	B	A	D	C
7	C	D	B	A
8	B	A	D	C
9	D	A	C	B
10	C	B	D	A
11	A	D	C	B
12	D	C	A	B
13	B	A	D	C
14	C	D	B	A
15	D	A	C	B
16	A	B	C	D
17	B	C	D	A
18	C	A	B	D
19	D	B	C	A
20	A	D	C	B
21	A	B	C	D
22	D	C	B	A
23	D	B	A	C
24	D	C	A	B
합계	(　　)개	(　　)개	(　　)개	(　　)개

기본 타입 채점지

구분	D 형	I 형	S 형	C 형
1	D	C	A	B
2	D	C	B	A
3	D	B	A	C
4	A	D	C	B
5	D	B	C	A
6	D	A	C	B
7	B	A	D	C
8	C	D	B	A
9	B	D	A	C
10	A	C	D	B
11	B	A	D	C
12	C	D	B	A
13	C	B	A	D
14	A	B	C	D
15	B	A	D	C
16	D	A	C	B
17	C	B	D	A
18	A	D	C	B
19	C	A	B	D
20	D	B	C	A
21	A	B	C	D
22	B	C	D	A
23	A	D	C	B
24	D	C	A	B
합계	(　　)개	(　　)개	(　　)개	(　　)개

※ 혼자만 알고 소중히 간직하기 바란다. 1년에 한 번 정도 꼭 재측정해 볼 것을 권장한다.

4) 나의 행동 패턴은?

그래프 I -환경 타입

	①	②	③	④	
내가 선택한 개수는?	개	개	개	개	=24
행동 타입	D	I	S	C	
매우 높음	24	24	24	24	
	21	19	22	21	
	19		19	19	
	16	17	17	17	
	14	15	15	15	
		13	13	13	
	13	11		12	
		10	12		
높음	12	9	11	11	
	11	8	10	10	
	10	7			
			9	9	
	9	6			
	8		8	8	
보통	7	5	7	7	
	6	4	6	6	
	······	······	······	······	평균선
	5			5	
		3	5		
낮음	4				
		2	4	4	
	3				
			3	3	
매우 낮음	2		2	2	
		1			
	1		1		
		0	0		
	0				
	D	I	S	C	

그래프 II - 기본 타입

	①	②	③	④	
내가 선택한 개수는?	개	개	개	개	= 24
행동 타입	D	I	S	C	
매우 높음	0	0	0	0	
	1		1	1	
		1			
	2			2	
			2		
높음	3	2			
			3	3	
	4				
		3	4		
	5			4	
보통	6	4	5	5	
				6	
	7	5			
	······	······	······	······	평균선
	8		6	7	
	9	6			
			7		
낮음	10	7	8	8	
		8	9		
	11	9		9	
	12	10			
	13		10	10	
	14				
매우 낮음	15	11	11	11	
	16	12	12	12	
	17	13		13	
		15			
	18	16	14	14	
	19	19	17	17	
	24	24	24	24	
	D	I	S	C	

제 3 절 DiSC 유형별 특징

생텍쥐페리(Antoine de Saint-Exupéry)에 의하면 인간은 상호관계로 묶어지는 매듭이요, 거미줄이며, 그물이다. 따라서 소통은 아주 중요한 문제가 되었다. 하지만 소통에 대해 인식하고 있다고 해서 해결되는 것은 분명 아니다. '어떻게'라는 구체적인 방법론들을 갖고 있지 않다면, 소통의 문제는 더욱 추상적이고 어려워질 수밖에 없다.

1 D타입(주도형)

1) 일반적 특징, 일 잘하는 것도 잘못인가?

D타입(주도형, Dominance)은 남에게 지기 싫어하고, 도전을 두려워하지 않는다. 의사 표현이 분명하고, 확실한 것을 좋아한다. 추진력이 무기다. 결과를 성취하기 위해 장애를 극복함으로써 스스로 환경을 조성한다. 빠르게 결과를 얻는다. 다른 사람의 행동을 유발시킨다. 도전을 받아들인다. 의사결정을 빠르게 내린다. 기존의 상태에 문제를 제기한다. 지도력을 발휘한다. 어려운 문제를 잘 처리한다. 문제를 잘 해결한다. 개인적 성취욕이 높다. 통제와 감독으로부터 벗어나고자 한다. 새롭고 다양한 활동을 좋아한다. 그런데 이 사람들은 너무 직선적이다, 목표만 생각하고 사람은 생각하지 않는다. 그래서 사람들은 D타입과 일하는 걸 힘들어 한다. '일 잘하는 것도 잘못인가?'[6]라고 D타입은 서운해 하지 마라!

D타입의 특징을 형용사로 표현하면 다음과 같다. 경쟁적인, 요구가 많은, 자신의 의견을 주장하는, 모험심이 강한, 주도적인, 명령을 내리는, 지시하는, 권위주의적인, 의지가 강한, 지체하지 않는, 지배적인, 통제하는, 압력을 가하는, 경청하지 않는, 거리를 두는, 엄격한 등이다. 그래서 그들은 개혁가, 프로젝트 리더, 아이디어 창조자, 개척자에 가깝다. 이러한 유형은 전화 통화를 하고 있는 동시에, 다른 사람의 말이나

6) D(주도형): Dominant, Demanding, Direct, Determined, Decisive, Doer, Driving, Dogmatic, Dreamer, Diligent, Dynamic, too define(인구 비율: ~10%) 기본적인 필요: Challenge, Choice, Control

표 3-2 D타입(주도형)의 바람직한 상태와 불안정한 상태

바람직한 상태	불안정한 상태
모험적, 권위적, 과업 지향적, 직관력, 결정 능력, 활동적, 통솔력, 영향력, 집중력, 낙관적, 생산적, 성공 지향적, 추진력, 단호한, 열정적, 용감한, 주도적	화를 잘 내는, 성격이 급한, 불안한, 경솔한, 충동적인, 기회주의적인, 거만한, 교활한, 권력 지향적, 공격적, 보복하는, 적대적인, 폭력적인, 참지 못하는, 책임을 전가하는, 변덕이 심한, 비인격적인

행동을 종종 가로막는다. 대체로 서두르는 편이며 많은 프로젝트를 수행하며, 항상 예의 바른 태도를 보이지는 않는다. 따라서 이들은 자아가 강하다.

그래서 목표 지향적이고 도전에 의해 동기부여가 된다. 통제권을 상실하거나 이용당하는 것을 두려워한다. 압력 하에서 다른 사람의 견해와 감정을 별로 고려하지 않을 수 있다. 이들이 싫어하는 것은 우유부단한 사람, 게으른 사람, 생산적이지 못하고 말만 많은 사람, 세세한 활동과 명령을 받는 것이다.

2) 학습 유형별, 신체 학습을 시도하라!

D타입은 첫째, 학생일 경우 핵심 사항에 바로 들어가기를 원한다. 당장 써먹을 수 있는 것에 관심이 많다. 교육이 재미없으면 산만하다. 움직이기를 원한다. 교수와 교육담당자에게 도전적이며 불만을 표시하기도 한다. 자신감, 모험심, 경쟁심이 강해서 자기 주관이 뚜렷하다. 독자적인 행동과 말대꾸나 반항적인 학습 태도를 취한다. 숙

표 3-3 D타입의 학습 유형

D타입=신체 학습 유형	
신체 감각적 지능을 활용하는 학습 방법이 유용하다.	목표를 크고 분명하게 해야 한다. 시간을 정하기보다는 양을 정하게 한다. 공부 시간보다는 쉬는 시간을 많이 준다. 문제집은 얇은 것을 선호한다.(핵심만) 이론적인 것보다는 현장에서 지식을 얻는다. 잔소리는 금물이다. 질문은 목표와 관련된 것을 주로 한다(What?).
100마디 말보다 한 번의 경험과 실천이 중요하다고 생각한다.	
'격물치지' 먼저 부딪혀 보고 경험을 통해 나름대로 주관적인 진리를 깨닫기를 좋아한다.	
말 많은 선생과 글자 많은 책보다는 실용적인 지침서를 선호한다.	

제를 빨리 끝내는 경향이 있으며, 자기 뜻대로 일이 제대로 안 되면 화를 잘 내기도 한다. 그래서 학습 태도가 직선적이고 솔직하나 퉁명스럽고 거칠게 보인다. 둘째, 교수일 경우 교육 분위기와 질서를 중요시한다. 교육생을 통제하거나 수업계획을 일정대로 밀어붙인다. 쉬는 시간이 없고 질문을 무시하더라도 목표를 달성하려고 한다. 곤란한 질문은 도전이라고 생각하여 자신의 방식대로 학습을 이끌어가기를 원한다. 그래서 화가 나면 큰소리, 회초리, 벌을 선호한다. 원샷, 원킬, 직설녀, 돌직구를 잘 날린다.

3) 행동 변화 전략, 소통 시 예의를 지켜라!

D타입이 선호하는 환경은 빠른 속도, 결과 지향적, 결과에 대한 보상, 사건을 통제할 기회를 좋아한다. 그래서 자신의 통제권이 없는 환경, 부드럽거나 약하다는 인식, 반복적이고 예측 가능한 환경은 싫어한다. D타입은 감독을 받거나, 자주 보고하고 체크받는 일은 회피하는 경향이 있다. 또 D타입은 갈등 상황이 되면 지시적이고 공격적으로 접근한다, 그리고 일단 요구하다가 나중에 물러선다, 만일 당신이 D타입이라면 보완해야 할 것이 있다. 그것은 결과에 심사숙고할 시간적 여유를 가져라. 다른 사람의 의견을 존중하고 소통시 예의를 지켜라. 상호 협상 능력을 키워라. 결론보다 과정을 설명해 주어라. 다른 사람의 노력을 인정해 주어라. 또 지시하기보다는 질문을 자주 하라.[7)]

표 3-4 D타입의 행동 변화 전략

일반적 특징	즉시 결과를 얻음/다른 사람의 행동 유발/도전을 받아들임.
선호하는 환경	힘과 권위/위신(명성)과 도전/개인적 성취의 기회
필요한 사람	찬반 양쪽을 신중히 고려하는 사람/위험을 계산하는 사람 다른 사람의 욕구를 인식하는 사람
자기 변화 전략	어려운 과제를 맡는다/타인의 도움이 필요하다는 점을 인식한다. 가끔 충격을 받는다.

7) D타입이라면 러시아워 시간에 자신이 직접 교통 정리를 해야겠다는 충동을 느낀다. 사무실에 아침 일찍 도착했는데 아무도 말을 거는 사람이 없다. '올해의 트러블 메이커'로 선정된다.

그림 3-6 D형의 대표적 인물 , 동물 및 작업도

2 I타입(사교형)

1) 일반적 특징, 즐겁게 사는 것도 잘못인가?

I타입(사교형, Influence)[8]은 다른 사람을 설득하거나 영향을 미침으로써 스스로 환경을 조성한다. 낙천적이라 어려운 순간도 웃으면서 극복한다. 상상력이 풍부하고 아이디어가 넘친다. 좌중을 울고 웃게 만드는 분위기 메이커다. 사람들과 접촉한다. 호의적인 인상을 준다. 말솜씨가 있다. 다른 사람을 동기 유발시키고, 열정적이다. 사람들을 즐겁게 한다. 사람과 상황에 대해 낙관적이다. 그룹 활동을 좋아한다. 사회적 인정과 인기를 원한다. 통제로부터 자유롭게 행동하길 원한다. 의사 표현이 자유롭다. 그런데 사람들은 I타입을 보고 수다스럽고 산만하다, 체계적이지 못하고 다혈질이라며 큰일은 못 맡기겠다고 한다. 당신이 I타입이라면 '인생을 즐겁게 사는 게 잘못인가?'라고 생각할 것이다.

I타입의 특징을 형용사로 표현하면 다음과 같다. 말이 많은, 사교적인, 의사소통에 능통한, 자발적인, 충동적인, 정열적인, 시각적인, 부주의한, 감정을 잘 표현하는, 감성적인, 비합리적인, 경청하지 않는, 경솔한, 관대한, 격려하고 고무하는 것이다. 그래서 중매자, 아이디어 조성가, 유머 감각이 풍부한 사람이라 할 수 있다. I타입을 파악

---

8) I(사교형): Inspirational, Influencing, Inducing, Impressive, Interesting, Impressionable, Important, Interchange, Interested in people, Imaginative, Impulsive, Very Illogical(인구 비율: 25~30%, 기본적 필요: 인정, 인기, 승인)

표 3-5 I타입(사교형)의 바람직한 상태와 불안정한 상태

바람직한 상태	불안정한 상태
감동을 주는, 활동적, 정열적인, 낙천적인, 설득력, 자발적인, 온화한, 사랑이 많은, 사교적인, 매력적인, 예술적인, 감성적인, 무대 체질인, 용서를 잘하는, 상대를 배려하는, 분위기 메이커, 칭찬하는	즉흥적인, 의지가 약한, 과장이 심한, 타협적인, 쾌락적인, 변덕스러운, 시간 조절 능력이 취약한, 남의 말에 잘 끼어드는, 수다스러운, 산만한, 거절하지 못하는, 뒷정리가 안 되는, 유혹에 잘 빠지는, 사치스러운

하는 방법은 활기있고, 개방적이며 친절하다. 상대방에게 동의할 때 그 표현을 적극적으로 한다. 사물이나 주제의 긍정적인 측면을 강조한다. 그래서 I타입은 낙관적이다, 사람 지향적이다, 또 사회적 인정에 의해 동기부여가 된다, 그러나 사람들로부터 배척당하는 것을 두려워하고, 압력하에서는 일을 체계적으로 처리 못할 수 있다.

2) 학습 유형, 언어 재능을 터치하라!

I타입은 첫째, 학생일 경우 인기에 신경을 쓰고, 뭘 주기를 좋아한다. 좋아하는 감정에 의해 학습 동기가 유발되고, 서로 사귈 수 있는 기회를 원한다. 토의와 사례 위주의 학습을 선호하고, 말할 수 있는 기회와 발표할 수 있는 기회를 선호한다. 쉽게 친구를 사귀고, 직관력이 뛰어나 상대방의 기분을 잘 맞춘다. 낙천적이고 유머 감각

표 3-6 I타입(사교형)의 학습 유형

I타입=언어 재능	
말이 많고 말 재주가 좋다. 말을 하면서 아이디어가 나오고 자신의 생각이 정리됨.	규칙이나 계획에 얽매이는 것을 싫어한다. 구조화가 잘 안 된다(노트 정리 세심하게 유도) 설명은 자세하게 해야 한다. 좋아하는 사람끼리 묶어 놓으면 좋다. 끊임없이 관심을 받고 싶어한다. 자극적이고 사교적인 활동 시간을 많이 줘라. 참고서는 얇되 그림이나 만화가 있으면 좋다. 작은 성공에도 선물을 줘라.
토의식 발표식 수업을 좋아함. 다양하고 재미있는 표현 방법을 좋아함.	
상대방과 경험을 나누고 많은 얘기를 했을 때 많이 배웠다고 생각	
자신과 마음에 맞는 사람과 같이 공부할 때 신나게 열심히 공부함.	

이 있어서 분위기 메이커로서 애교와 생동감이 있다. 그러나 버릇이 없다는 말을 듣기도 한다. 그래서 남들에게 인정을 받지 못할 때는 잘 토라지기도 한다.

둘째, 교수일 경우에는 사례 제시, 상황 이야기, 자신의 경험을 많이 얘기한다. 말이 너무 많고 초점에서 가끔 벗어난다. 그래서 수업 시간을 종종 넘긴다. 유머 감각이 있어 수업 분위기를 활성화시킨다. 다만 논리성과 체계성이 다소 부족하다. 상호작용, 토의, 활동, 게임 등 다양한 활동을 선호하지만 사소한 것까지 철저하게 준비하지는 못한다. 수업 시간 역시 늦을 수도, 일찍 끝낼 수도 있다.

3) 행동 변화 전략, 장기계획을 어려워 마라!

I타입을 동기부여하려면 다른 사람과 긍정적 상호 교류, 자유롭게 말할 수 있는 기회, 상호 대화가 가능한 환경, 즉각적인 응대, 자신의 감정을 인정받게 해 주면 된다. 따라서 이들이 선호하는 환경은 열정적이고 빠른 관계 형성, 사회적 인정과 긍정적 피드백, 창의적이고 상상력 풍부한 아이디어 창출 기회가 있는 환경이다.

한편 이들이 회피하는 환경은 상호 적대적인 분위기, 인정받지 못하는 환경, 세밀하고 반복되는 일, 사람과의 접촉이 적거나 거의 없는 환경, 시간 제한이 엄격한 환경이다. 그래서 I타입이 싫어하는 것은 무시받는 것, 소외되는 것, 조롱받는 것, 반복적인 업무, 자잘한 일, 장기적인 프로젝트다. 만일 당신이 I타입이라면 보완해야 할 것이 있다. 그것은 과제를 완수할 때 과정을 구조화하고, 준비와 계획을 세우는 능력이다. 또한 타인의 부정적인 시각에 대한 배려도 참아야 한다. 중요한 업무는 일관성 있게 마무리해야 하고, 자신의 시간관리도 평가해 보아라. 또 남의 말에 중간에 끼어들지 말고 끝까지 들어주는 경청하는 태도도 필요하다.

표 3-7 I타입(사교형)의 행동 변화 전략

일반적 특징	사람들과 접촉/호의적인 인상을 줌/말솜씨가 좋음.
선호하는 환경	인기, 사회적 인정/능력에 대한 공개적 인정/ 의사 표현이 자유로운 환경
필요한 사람	일에 집중하는 사람/사실을 추구하는 사람 세심하고 장기계획을 세우는 사람/단도직입적으로 말하는 사람
자기 변화 전략	시간관리를 시도한다 (D,S가 낮은 경우)/ 의사결정에 객관성을 유지한다.

그림 3-7 I형의 대표적 인물, 동물 및 작업도

3 S타입(안정형)

1) 일반적 특징, 사람 좋은 것도 죄인가?

S형(안정형, Steadiness)[9]은 과업을 수행하기 위해 다른 사람과 함께한다. 예측 가능하고 일관성 있게 일을 수행한다. 참을성도 보인다. 전문적인 기술을 계발하고, 다른 사람을 돕고 지원한다. 충성심도 보이고, 남의 말을 잘 듣는다. 흥분한 사람을 잘 진정시킨다. 안정되고, 조화로운 업무 환경을 잘 만든다. 그룹의 일원으로 인정을 잘 받는다. 변화가 없는 한 현상을 잘 유지한다. 그래서 S타입은 성실하게 일하며 인내심이 강하다. 조직의 분위기를 편안하고 안정적으로 만든다. 정이 많아 어려움 겪는 사람을 그냥 지나치지 못한다. 그런데 사람들은 S타입에게 자기 의견이 없다, 우유부단하다, 의사결정이 더디다며 능력 없는 사람으로 취급하곤 한다. 당신이 S타입이라면 '사람 좋은 것도 죄인가?'라고 의문을 가질 것이다.

표 3-8 S타입(안정형)의 바람직한 상태와 불안정한 상태

바람직한 상태	불안정한 상태
온화한, 협동적인, 남의 말을 잘 들어주는, 외교적인, 안정적인, 친절한, 양심적인, 인내심이 강한, 진지한, 믿을만한, 효율적인, 유연한, 성실한, 예민한, 사려 깊은, 차분한, 꾸준한, 꿋꿋한, 감정을 억제하는, 순수한, 전문적인	두려워하는, 행동이 느린, 변화를 싫어하는, 완고한, 겁이 많은, 갈등을 회피하는, 야망이 없는, 수동적인, 추진력이 결여된, 타협적인, 게으른, 말이 없는, 부끄러워하는, 표현하지 않는, 압박을 두려워하는, 미루기를 잘하는, 나서기를 싫어하는, 잠이 많은

9) S(안정형): Supportive, Steady, Stable, Serve, Sweet, Submissive, Shy, Status-quo, Sentimental, Sameness, Specialist, Accept suffer(인구 비율: 30~35%, 기본적 필요: 감사, 존중, 보장, 확신, 심리적 안정감)

2) 학습 유형, 과제 검사를 꼭 하라!

S타입은 첫째, 학생일 경우 성실하다. 명확한 지침과 프로세스를 원한다. 내용을 정확하게 정리해서 전달해 주기를 원한다. 필기도 잘하고 '어떻게'에 관심이 많다. 조용하며 착한 학생이라는 평이 많다. 주어진 일을 성실하고 꾸준하지만 자기 주장이 강하지 못하다. 행동하기 전에 생각하고, 느리게 결정한다. 물론 인내심과, 참을성은 매우 강하다.

둘째, 교수일 경우 목소리가 다소 단조롭다. 그래서 당신이 S타입이라면 재미있고 다양한 활동을 필요로 한다. 수업의 단계와 절차를 중시하여 통일성과 일관성 있게 수업을 진행한다. 설명하는 시간이 많다. 학습자와의 개인적 관계를 중시하여 전체적인 것(숲을 보기)보다 구체적인 것(나무를 보기)에 관심이 많다.

표 3-9 S타입(안정형)의 학습 유형

S형=논리 · 수학적 재능	
예측 가능한 것. 정리정돈이 잘 되어 있는 것을 좋아함.	공책 정리를 잘한다(코넬식 –대학노트) 개별학습이 효과적이다. 반복학습이 효과적이다(선행 학습 필요). 두꺼운 참고서도 꼼꼼히 본다. 선생과 부모의 말을 잘 따르는 모범생이다. 재촉하면 스트레스를 심하게 받는다. 과제 검사를 반드시 해야 한다.
한 가지 일에 집중함.	
그 문제를 논리적인 절차에 따라 해결하는 것을 좋아함.	
산만하며 떠들썩한 것을 좋아하지 않음.	
두 가지 일을 동시에 벌이지 않음.	
절차와 집중을 좋아하는 학습 방식	

3) 행동 변화 전략, 도전과 변화를 시도해 보라!

S타입은 안전과 안정을 추구하여 조심성 있게 추진한다. 행동 성향은 정해진 방식으로 수행한다. 팀 지향적이다. 그래서 현재의 상태를 안정적으로 유지하는 것에 동기부여된다. 안정성을 상실하고 변화하는 것을 두려워한다. 압력하에서 지나치게 남을 위해 자신을 양보한다. 따라서 S타입에 대한 동기부여 요인은 상호 협력적인 업무환경, 권한과 책임이 명확하게 구분되어 질서 있고 예측 가능한 환경이다.

따라서 조화롭고 우호적 업무환경을 선호하며, 안정된 업무와 충실성에 대한 인정을 좋아한다. 즉, 예측 가능한 과제와 활동, 상호 호의적, 비공식적, 협조 관계, 개인적인 적대감이 최소화된 환경, 일의 마무리가 일관성 있는 환경과 갈등이 적은 환경을 선호한다. 그러므로 불확실하고 예측 불가능한 경우, 무질서한 환경, 상호 적대적이고 공격적일 때, 불확실한 결과, 과제를 수행하기 전에 해결책을 제공해야 할 경우를 회피한다. 따라서 싫어하는 것은 불확실한 것, 누군가에게 소리치는 것, 오해와 빈정거림, 뜻밖의 일, 강요당하는 것 등이다.

S타입은 갈등 상황 시 상호 공격을 피하고, 일단 따르다가 공격한다. 문제 해결보다 조화를 위해 양보한다. 갈등을 평온하게 가라앉히려 한다. 갈등 시에 말수가 적어지거나 침묵 혹은 무력감을 느낀다. 만일 당신이 S타입이라면 보완해야 할 것이 있다. 그것은 예측 불가능한 상황에서 대처 능력을 계발하라. 주관적인 결단력을 키워라. 대중을 상대로 강연을 해보라. 새로운 도전(변화)을 받아들여라. 반복된 일상 업무에 융통성을 갖춰라. 그리고 딱 잘라 말하라. 과감하게 거절도 해보라! 혼자 할 수 있는 일을 해보라.

표 3-10 S타입(안정형)의 행동 변화 전략

일반적 특징	예측 가능하고 일관성 있는 업무/전문적인 기술 계발 인내심과 충성심
선호하는 환경	변화가 적은 환경/예측 가능한 일상 업무/갈등이 적은 환경
필요한 사람	변화에 신속히 대응하는 사람/어려운 문제에 도전적인 사람 일을 융통성 있게 처리하는 사람
자기 변화 전략	변화를 적극적 수용/창의적인 면에 반응/업무 성취를 위한 가이드라인을 만든다.

그림 3-8 S형의 대표적 인물 , 동물 및 작업도

4 C타입(신중형)

1) 일반적 특징, 질문하는 것도 죄인가?

C타입(신중형, Conscientiousness)[10]은 업무의 품질과 정확성을 높이기 위해 기존의 환경 안에서 신중하게 일한다. 중요한 지시나 기준에 관심을 둔다. 세부 사항에 신경을 쓴다. 분석적으로 사고하고 찬반, 장단점 등을 고려한다. 외교적 수완이 있다. 갈등에 대해 간접적 혹은 우회적으로 접근한다. 정확성을 점검한다. 업무 수행에 대해 비평적으로 분석한다. 상황과 활동에 체계적으로 접근한다. 업무를 수행할 때 기준이 명확하다. '왜?'라는 질문을 요구한다. 분석력이 뛰어나 핵심을 잘 따진다. 체계적으로 계획을 세우는 데 능통하다. 사소한 것도 잘 감지할 만큼 예민하고 직관력이 뛰어나다. 그런데 C타입은 속을 드러내지 않아 친해지기 어렵다, 시니컬하다, 너무 깔끔 떤다며 사람들은 C타입을 어려워한다. 좀 쿨해지면 안 되나?

2) 학습 유형, 자료를 많이 제공하라!

C타입은 첫째, 학생일 경우 많이 알고 있는 것처럼 보인다. 교재 및 자료를 많이 받는 것을 좋아한다. 다소 비판적 분석적이다. 자세한 것 세부적인 것에 관심이 많다. 정확해야 안심한다. 자기절제가 강하고, 주의가 깊고 조심스럽게 행동한다. 논리적이고 분석적이라 친구를 사귀는 데도 신중하다. 사회성이 부족하고 은근히 자기 고집이 있다.

표 3-11 C타입(신중형)의 바람직한 상태와 불안정한 상태

바람직한 상태	불안정한 상태
분석적인, 예술적인, 원칙적인, 세부적인, 예민한, 완벽한, 이지적, 신중한, 자존감이 높은, 창의성이 강한, 과묵한, 도덕적인, 성실한, 논리적인, 질적 가치를 중시하는, 보수적인	비판적인, 아량이 없는, 수동적인, 자기비하적인, 분이 풀릴 때까지 치근대는, 의심이 많은, 융통성이 없는, 비사교적인, 비관적인, 이기적인, 수줍고 부끄러워하는, 침울한, 잘 따지는, 복수하는, 상처를 쉽게 받는, 계산적인, 절망하는

10) C(신중형): Cautious, Competent, Cognitive, Careful, Calculating, Critical thinking, Compliant, Conscientious, Correct, Contemplative, Consistence, Sometimes too Cold(인구 비율: 20~25%, 기본적 필요: 성의 있는 답변, 고도의 완성, 체계적)

표 3-12 C타입(신중형)의 학습 유형

<table>
<tr><th colspan="2">C형= 공간적 지능</th></tr>
<tr><td>대개 S유형도 높아 두 가지가 많이 혼재되어 있음.</td><td rowspan="4">시간관리를 철저히 계획한 대로 한다.
자기만의 방식으로 한다.
혼자 공부하는 것에 익숙하고 논리적이고 비판적이다.
성적에 관심이 많고 실력 없는 선생은 무시한다.
꼬리에 꼬리를 무는 질문이 많다(Why? Why?)
가치를 느껴야 공부한다. 잔소리와 재촉을 싫어한다.
예술적 기질도 있다.</td></tr>
<tr><td>생각이 많음/그림 또는 도표로 그려주면 잘 이해/ '마인드맵' 선호</td></tr>
<tr><td>마음속으로 생각할 수 있는 여유를 주어야 함.</td></tr>
<tr><td>각 시간별로 수업 내용의 흐름을 구조화시켜 주는 것을 좋아함.
개념과 개념의 연결구조를 그려주면 이해 잘 됨.</td></tr>
</table>

둘째, 교수의 경우 사전 준비와 계획을 철저히 한다. 구체적인 사실, 데이터에 너무 세부적으로 치중하다가 전체적인 스토리를 놓친다. 유머가 다소 부족하고 좀 심각하다. 다양한 활동, 게임 등의 시간 할애에 인색하다. 규칙을 엄격하게 지키고 과제를 정확하게 수행하려고 감정 표현을 자제한다.

3) 행동 변화 전략, 상대방의 장점을 먼저 찾아보라!

C형의 행동은 세부 사항에 초점을 둔다. 외교적인 방식으로 매우 예의를 갖추고 질서 정연하다. 따라서 분석적이며 과업 지향적이다. 그래서 정확성과 고급을 요구하는 일에 동기부여가 된다, 그러나 자신이 수행하는 작업에 대해 비판당하는 것을 두려워하고, 압력하에서 자기자신과 다른 사람들에 대해 기대가 높고 지나치게 비판적일 수 있다.

동기부여 요인으로는 자신의 기준에 맞는 업무환경과 정확한 일처리와 품질 인정이다. 그래서 정리정돈된 상태의 유지와 논리적・체계적 접근이 동기 유발 요인이다. 선호하는 환경은 업무계획을 세워 구체적으로 피드백을 제공받는 것이다. 조용하고 사무적 업무환경을 선호하므로 자신의 기준에 맞추어 과제를 완수할 충분한 시간이 필요하다. 회피하는 환경은 비판 받는 일, 통제를 못해 책임지는 일, 결과가 미흡할 때, 빠른 분석과 결과가 요구될 때, 감정적 표현을 해야 할 때, 사적인 정보를 말해야 할 때 스트레스를 받는다. 따라서 싫어하는 것은 정보를 공유하는 것, 비판의 대상이 되는 것, 실수, 갑작스러운 변화, 겉만 번드르한 것, 준비 안 된 상태, 불필요한 방해 등이다.

이들의 갈등 상황 시 행동은 대응전략을 위해 우선 양보하고, 사실과 논리성으로

표 3-13 C타입(신중형)의 행동 변화 전략

일반적 특징	중요한 지시나 기준에 관심/ 세부 사항에 관심/ 집중 분석적/예의 바르고 격식을 차림
선호하는 환경	업무 수행 기준이 명확한 품질, /정확성을 중시함. 딱딱하고 사무적인 분위기
필요한 사람	중요한 업무를 위임하는 사람/빠르게 의사결정을 하는 사람 토론을 주도하고 분위기를 촉진하는 사람
자기 변화 전략	문제 해결의 유연성/ 다른 사람의 관점 수용함/공감적 태도 코미디, 개그 프로그램 분석하지 않고 보기/ 다른 사람 많이 만나기/ 다른 사람의 장점 먼저 찾아보기

그림 3-9 C형의 대표적 인물, 동물 및 작업도

압도하고자 한다. 수동적으로 저항하며, 직접적 공격보다는 간접적 공격으로 응징한다. 즉, 일단 물러섰다가 나중에 자신의 의도를 요구한다. 만일 당신이 C타입이라면 보완해야 할 것이 있다. 그것은 타인을 평가할 때 감정적인 면을 고려하여 온건하게 비판하라. 자기 감정을 표현하고 정보도 공유하라. 협상에 대한 오픈 마인드와 자신의 완고함을 줄여보라. 계획도 대충 한번 짜보라. 그리고 다른 사람도 많이 만나보라.

소통의 창: DiSC 유형과 성경 인물

교회나 성당에서도 성경 인물을 활용한 DiSC 교육을 하고 있다. 성경 구절도 공부하면서 그 안에 담겨 있는 인물들의 행동을 통해 DiSC 유형을 파악하다 보면 어느새 성경의 귀재가 될 수 있다. 성경은 수많은 인물의 성공과 실패, 거짓과 술수, 삶과 죽음, 희로애락 등이 숨김없이 드러나 있는 훌륭한 문학물이며, 역사 그 자체다. 성경을 읽고 공부하고 그 말씀을 실천하는 것이야말로 영적 소통으로 가는 가장 기초적인 의무이며, 생활 자세라고 생각한다. 비신앙인일지라도 성경에 나오는 인물들에게 우리는 고통을 이겨내고 목표에 도달하는 신념과 지혜를 배울 수 있다.[11)]

제 4 절 DiSC로 풀어보는 소통 전략

DiSC에는 어떤 것이 우월하고 좋고 나쁜 것은 없다. 다만, '틀림'이 아닌 '다름'이 있을 뿐이다. 유형별로 분류하면 상대를 좀 더 편하게 볼 수 있게 하고, 자신을 조절을 할 수 있도록 도와주는 도구라고 생각하면 된다. 각 유형별 소통 전략을 소개한다.

1 유형별 소통 및 동기부여 전략

1) D타입

D타입은 첫째, 사교적인 덕담을 하지 않고 직접 이야기의 핵심을 말한다. 또 시간을 효율적으로 사용한다. 그러므로 논리적으로 사실적으로, 간결하게 이야기하라. 목표와 결과를 언급하며 설득해야 한다. 따라서 알기 쉽게 간략하게 말해야 한다. 둘째, 동기부여 전략으로는 독립적으로 일할 수 있는 기회를 제공하고, 다른 사람을 감독하게 하라. 목적 달성에 대한 의견을 제시하게 하고, 도전하고 성공할 수 있는 기회를 제공하라. 셋째, 칭찬을 할 때 D타입에게는 지나친 칭찬을 하면 "이렇게 칭찬하고 저렇게 칭찬해놓고 날 이런 행동으로 유도하려고 하는 것이지"라고 생각한다. 칭찬이야 좋지만 정당한 칭찬의 이유가 있을 때 칭찬하고, 칭찬하더라도 사람에 대해 칭찬하기보다 업적을 칭찬해 주는 것이 좋다. 그의 성취, 결과, 지도력에 초점을 두고 칭찬하고, 간결하게 직접 칭찬하라.

---

11) 필자는 성경 속 인물을 DiSC로 지난 10년간 연구 분석했다. 그 결과는 다음과 같다. D형=솔로몬, D/C=바울(바오로), 라헬, D/I=여호수아, 사라. I형=아론, 사울왕, I/C=다윗, 막달라 마리아, I/D=베드로, 리브가, I=S 바나바, S형=이사악, S/D=느헤미아, S/I= 아브라함, S/C/D=야곱, C형=누가(루가), C=S=요한, 마리아, C/S/D=도마(토마스), C/S/I=엘리야

2) I타입

I타입은 첫째, 비공식적으로 자유롭게 이야기한다. 열정적인 반응, 생각, 경험을 나눌 기회를 제공받기를 원한다. 따라서 이야기의 주제에서 벗어나지 않고서는 소통이 잘 되지 않는다. 복잡한 정보를 듣기 어려워하므로 정확하고 생생하게 묘사해 주어야 한다. 둘째, 동기부여 전략으로 긍정적이고 열정적인 상하 접촉의 기회를 제공하라. 자율적인 토론 기회를 제공하라. 세세한 일에 대해 후속 조치를 하라. 가시화될 수 있고, 인정받을 수 있는 기회를 제공하라. 셋째, 칭찬을 할 때 I타입에게는 좀 과장되게 긍정적으로 칭찬해 주는 것이 좋다. 어떤 칭찬이라도 관심으로 받아들이기 때문에 동기부여에 효과적이다. I유형은 긍정적이고 편안한 상태를 즐기고자 하므로 가능한 부정적인 소식을 전해 주지 않는 것이 좋다. 그의 사교 능력, 언변, 긍정적 열정적 태도를 칭찬하고, 공개적으로 칭찬하라. 친화력, 유머 감각, 융통성 있고 다양한 아이디어를 칭찬하고, 사교성, 언변, 긍정적인 태도, 열정적인 부분을 공개적으로 추켜세우면 동기부여가 된다.

3) S타입

S타입은 첫째, 부드럽고, 비위협적으로, 참을성 있게 이야기한다. 그래서 정기적으로 비공식이고 편안한 자리를 원한다. 위험 부담이 적으며, 근심 사항에 관해 이야기할 수 있는 기회를 제공한다. 인간적으로 진정한 관심을 보이며 '감사+함께'하자고 해야 한다. 둘째, 동기부여 전략은 자기 계발을 위해 단계적 계획을 만들어 주고, 한 번에 하나씩 구체적으로 지시하라. 충분한 시간을 배려하라. 정규적이고 친절한 후속 조치로 자신을 갖게 하라. 셋째, S타입은 인정을 받으려는 노력을 적극적으로 하지 않기 때문에 S형의 욕구를 간과하는 경우가 많다. 따라서 '알아주고 감사하는 마음'을 항상 갖고 칭찬하면 S유형은 진정한 친구가 된다. 꾸준한 성실성, 협조적 관계 유지에 대한 그의 노력에 대해 칭찬과 온화하고 성실한 말로 칭찬하라. 성실성, 남에 대한 배려를 개인적으로 칭찬하고, 협조적, 온화함에 대해 따뜻한 말로 칭찬하면 동기부여가 된다.

4) C타입

C타입은 첫째, 사적인 이야기를 피하고 공식적으로 이야기한다. 그래서 논리적 · 체계적으로 대화 목적을 명확히 말하라. 일처리 방식이 자신의 생각과 다를 경우, 그

정보를 수용하기 어려워한다. 따라서 거짓없이 정확하게 전달해 주어야 한다. 둘째, 동기부여 전략으로 절차를 설명하고 논리적으로 제시 하라. 핵심 사항을 이해했는지 점검하라. 스스로 기술을 연습하고, 정보를 처리를 시간을 줘라. 보충 설명을 통해 질문에 응답하도록 하라. 셋째, 칭찬을 할 때 C타입에게는 즉흥적인 칭찬은 잘 먹히지 않는다. 총괄적, 개괄적인 화법을 싫어하기 때문에 구체적인 칭찬을 해 주어야 한다. 그리고 항상 받을 만큼의 칭찬을 기대하기 때문에 잘한 사항을 구체적으로 말해 주면 좋은 인상을 남길 수 있다. 따라서 논리성, 효과성, 정확성 업무 처리 능력에 대해 칭찬하고, 구체적이고 정확히 간결하게 칭찬하라. 분석력, 전문성, 사고력을 강조하여 칭찬하고, 논리, 효율, 정확한 업무를 간결하게 칭찬하라. 단, 비공식적으로…….

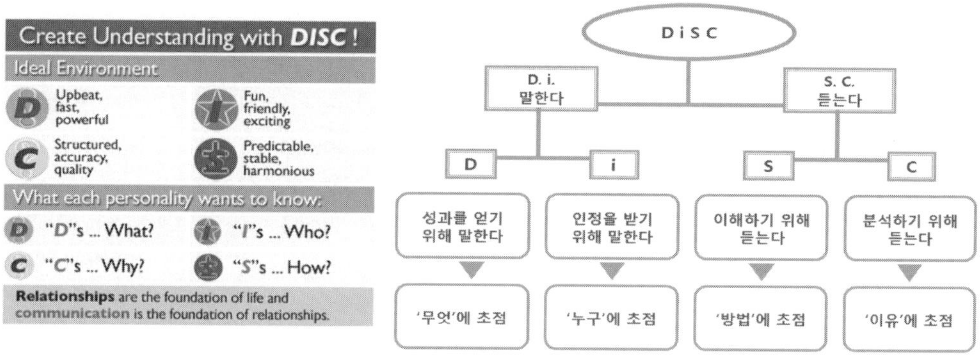

그림 3-10 당신은 정말 누구인가?

2 DiSC 유형별 종합 정리

1) 기본 목표, 욕구, 두려움, 단점

표 3-14 DiSC 유형별 기본 목표, 욕구, 두려움, 단점

	기본 목표	욕구	두려움	단점
D	결과를 얻고, 통제하는 것, 지시할 수 있는 권한. 모 아니면 도	즉각적인 결과, 통제력, 도전, 모험, 원하는 것을 할 자유, 새롭고 다양한 활동	환경을 통제하지 못하고 이용당하는 것	숲은 보면서 나무는 못 본다.

I	사람들과 함께 일하고, 사회적 인정을 받는 것. 분위기 메이커, 뒤끝은 없다	역동적이고 유쾌함, 감정과 생각의 표현, 통제 및 세밀한 것에서의 자유, 적극적인 상호 교류, 자발적인 행동	거절, 거부당하거나 인정받지 못하는 것	시작은 잘해도 마무리는 못 짓는다.
S	안정과 안전한 것 기존 방식을 따르는 팀워크 중심. 별로 큰 꿈이 없다. 찻잔 속 태풍	안정을 보장받음, 잘 구조화된 관계 설정, 변화에 적응할 시간, 조직적 접근, 진정한 이해, 익숙한 일정표, 팀 지향적	갑작스런 변화나 안정성을 상실하는 것	시작은 못해도 마무리는 짓는다. 쉽게 조종당할 수 있다.
C	고도의 정확성과 질서, 올바르고 체계적인 방식	주의 깊은 계획 상황이나 활동에 대한 체계적 접근	업무 수행에 대한 비판이나 기준 미달	나무만 보는 스타일

2) 사격과 의문사로 본 행동 양식

표 3-15 DiSC 유형별 사격과 의문사로 본 행동 양식

구분	D(주도형)	I(사교형)	S(안정형)	C(신중형)
사격	준비-발사	준비-조준-이야기	준비-준비-준비	준비-조준-조준
Way	My Way	Fun Way	Easy Way	Perfect Way
이니셜 'P'	Power	People	Pace	Process/Perfect
의문사	What?	Who?	How?	Why?
죽음	타살	왜 죽어?	방관, 무관심	자살

3) 자기 계발 전략

표 3-16 DiSC 유형별 자기 계발 전략

	줄여야 할 점	늘려야 할 점
D	▲자신이 원하는 상황으로 사람과 조건을 통제하려고 하는 점 ▲과도한 목표 설정, 지나치게 급한 행동, 너무 신속한 의사 결정 및 독자적 의사 결정 ▲남의 이야기 끊고 자기 이야기 하기	▲인내, 수용, 개방적 태도, 경청하는 태도 ▲한 번 더 생각하기 ▲팀으로 활동하기, 다른 사람의 이야기 끝까지 듣기 ▲자기 계발에 대한 자극이 가끔씩 필요
I	▲타인으로부터 인정받으려는 욕구 ▲지나친 코미디, 개그, 드라마 시청과 따라 하기 ▲너무 많은 온-오프라인 커뮤니티 가입과 활동 ▲쓸데없는 이야기 늘어놓기, 일은 잊어버리고 지나친 수다 주고받기	▲경청하는 태도, 사실과 데이터에 대한 관심, 준비, 조직화 ▲메모하기, 계획 세우기 ▲다른 사람의 이야기 끝까지 듣기
S	▲새로운 기회와 아이디어에 대한 저항, 갈등 회피, 위험을 감수하지 않으려는 선택 ▲지나치게 팀에 종속되어 활동하기 ▲지나치게 느긋하고 여유를 가지는 행동 ▲자신의 형편을 고려하지 않고 과하게 다른 사람 돕기	▲직설적인 의견 피력 ▲변화에 대한 개방성, 빠른 적응 목표 설정, ▲익숙한 일을 다른 방법으로 해보기(식사, 옷, 헤어스타일, 귀가길 등) ▲혼자서 빨리 의사 결정하기

C	▲완벽주의 ▲자신과 타인에 대한 비판 ▲지나치게 꼼꼼한 숫자 확인 ▲지나치게 '왜?'라는 질문 던지기 ▲작은 일에 대해서도 매번 활동계획 세우기	▲문제해결의 유연성, 다른 사람의 관점 수용, 공감적 태도 ▲코미디, 개그 프로그램 분석하지 않고 보기 ▲다른 사람 많이 만나기 ▲다른 사람의 장점 먼저 찾아보기

4) 상담 스킬

표 3-17 DiSC 유형별 상담 스킬

유형	상담법	대화하는 법
D	▲직접 선택 유도 ▲자신이 해결책을 찾도록 한다 ▲장애물 대처법과 필요한 변화를 제시 ▲결과 성취 초점 ▲해서는 안 될 말은 "절 보고 믿고 사세요."	▲즉시 대답, 요점만 간단히 ▲'무엇을'이라고 질문 ▲'어떻게'라고 하지 않음 ▲목표, 대상, 결과에 초점을 맞춰 대화 ▲고객이 이익을 얻고자 하도록 상품의 논리적 이유, 혜택을 설명
I	▲자신의 감정 표현을 말 할 시간을 허용 ▲사실이나 결과에 관심 갖도록 유도 ▲해서는 안 될 말은 "규정상 어렵습니다." 까다롭고, 딱딱한 태도는 금물이다.	▲밝고 친근한 목소리 사용 ▲즐겁게 대화 ▲구체적 사례 활용 ▲복잡한 것 피하기 ▲말을 행동 계획으로 바꿀 것
S	▲단계별로 계획세우는 방법에 제시 ▲ 목표, 규칙, 절차를 명확히 설명 ▲해서는 안 될 말은 "지금 안사시면 후회한다. 여기서만 팝니다."	▲부드러운 목소리 사용 ▲정보 분석할 시간 주기 ▲진지한 관심 ▲도입에서 진지, 예의바르단 느낌 주기
C	▲필요에 따라 변화해야 하는 방법 권유 ▲성취 인정, 자기 방어 ▲통화 약속의 경우 약속을 꼭 지킴 ▲해서는 안 될 말은 "이 부분은 제가 더 잘 아는데요." 특히 모르는 부분 얼버무리기는 금물이다.	▲사무적 느낌으로 진행 ▲정확한 정보를 확인해 줌(객관적 증거자료, 데이터) ▲신속하고 재치 있는 도입 ▲개인적 사항은 침해하지 않음 ▲인내심을 가지고 생각할 시간을 줌.

5) 업무 수행과 인간관계 조화성 비교

표 3-18 DiSC 유형별 업무 수행과 인간관계 조화성 비교

업무 수행 측면에서의 조화				
	D	I	S	C
D	보통	보통	매우 좋음	보통
I	보통	나쁨	매우 좋음	좋음
S	매우 좋음	매우 좋음	좋음	매우 좋음
C	보통	매우 좋음	매우 좋음	좋음

인간관계 측면에서의 조화				
	D	I	S	C
D	좋음	좋음	보통 (나쁨)	나쁨
I	좋음	매우 좋음	보통	나쁨
S	보통 (나쁨)	보통	매우 좋음	매우 좋음
C	나쁨	매우 좋음 (나쁨)	매우 좋음	매우 좋음

6) DiSC 행동 시스템 요약

표 3-19 DiSC 유형별 행동 시스템 요약

구분	D	I	S	C
기본 성향	속도 빠름 일 중심적	속도 빠름 사람 중심적	속도 느림 사람 중심적	속도 느림 일 중심적
강점	결단력 있는 책임을 짐 결과를 얻음 자신감 독립적 모험함	즐거워함 폭넓은 관계 열정적 감성적 낙천적 좋은 대화 기술	참을성 있는 느긋한 팀워크 좋은 조용한 영향력 꾸준한, 안정적 원만한 대인 관계	정확함 분석적 세부 사항에 주의함 높은 기준 유지 직관적 절제된
한계점	참을성 없는 고집 센 거친	정돈 안 됨 치밀하지 못한 비현실적	결단력 없음 양보하는 수동적 민감함	비판적 완벽주의적 지나치게 지적하는
의사소통	'핵심 사항을' 직선적 · 일방적으로 말함	긍정적 재미있는 설득력 있는	쌍방향 대화 경청하는 감정을 이해하는 피드백 제공	외교적 예리한 관찰자 세부 사항 제공
두려움	이용당하는 것	사회적 인정받지 못함	안정성 상실	한 일에 비판받음 불합리한 행동
선호하는 언어	감탄, 찬사	수용과 인정	감사	확인
압력 아래에서	독재적 · 공격적 많이 요구함	감정적, 공격적(공공연한 논쟁은 피함)	묵인, 허용 순종하는	피하고, 후퇴하여 전략을 세우는
돈에 대한 관점	힘	자유	사랑을 보이는 것	안전을 보장
의사결정	빠름 결과에 초점 적은 사실에 근거하여 결정	충동적, 재미있다고 '느끼는' 것	관계적임. 사람을 믿음	마지못해 함 많은 정보 필요
필요로 하는 것	도전, 변화 선택, 솔직한 대답	재미있는 활동 사회적 인정 세부적인 것에서 자유로움	변화에 적응할 시간, 진실한 감사, 현상 유지, 안정	질 높게 일할 시간, 사실을 분석할 시간
재충전 방식	육체적인 활동	친교	휴식	개인적인 시간

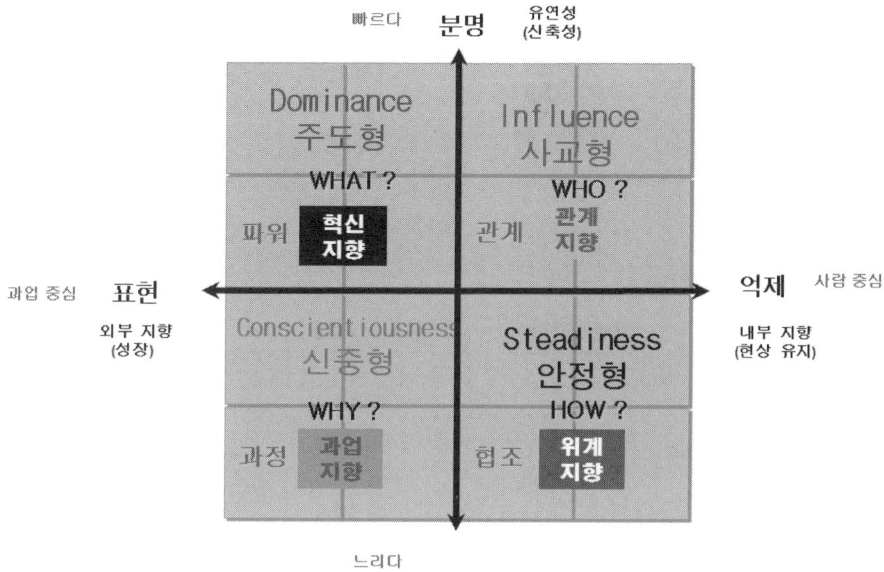

그림 3-11 DiSC 종합적 모형

소통을 위한 진단 코너: 유형별 추론해 보기

타인의 행동에 대해 이해가 되지 않는 부분은 끝이 없다. 하지만 성격과 행동을 미리 알면 예전에는 이상하거나 특이하게만 보이던 행동의 의미를 이해할 수 있게 된다. 성격은 시간에 따라 안정적이 되고 상황에 따라 일관적으로 한 개인의 사고와 정서와 행동을 결정짓기 때문이다. 상대의 성격을 알면 상대방이 원하는 방식으로 소통하게 됨으로써 좀 더 적절한 대응 방안을 마련할 수 있고, 불필요한 오해를 하지 않을 수도 있다. 유형별로 선호하는 노래 가사와 잡지 및 기본 철학을 추론해 보라!

유형별 추론해 보기

질문	D형	I형	S형	C형
기본 철학				
선호 노래				
선호 잡지				

그림 3-12 DiSC 유형별 연예인(1)

소통을 위한 진단 코너: 이 단어가 의미하는 것은?

성격에 대한 이해는 타인과의 관계뿐 아니라 자신을 수용하고 행복감을 높이는 데도 도움이 된다. 자신의 성격을 알고 자신을 이해한다는 것은 강점만이 아니라 자신의 약점도 직면해야 한다는 것을 의미한다. 성격을 이해함으로써 자신을 깊이 이해하면, 부족하다고 여기던 측면의 긍정적인 면을 발견할 수 있고 그 반대의 경우를 깨닫게 될 수도 있다. 결국 자신을 있는 그대로 조금 더 통합적으로 이해하게 됨으로써 더욱 성숙한 모습으로 발전할 수 있다.

단순한 흥미를 넘어서 우리가 성격을 읽고 싶어하는 욕구가 조금 더 높아지는 상황은 상대방이 정서적으로 중요하거나, 그의 행동을 예측하는 것이 내게 중요할 때다. 하지만 타인의 성격을 파악한다는 것은 생각처럼 쉽지 않다. 도대체 어떤 틀을 가지고 들여다봐야 성격을 읽어낼 수 있을까? 과연 어떻게 해야 나와 타인과 세상을 올바로 이해할 수 있을까? 자신의 유형을 제외한 다른 유형으로 가서 다음의 질문으로 인터뷰를 시도해 보라!

이 단어가 의미하는 것은?

질문	D형	I형	S형	C형
나쁜 사람이란?				
돈이란?				
사랑이란?				
사회생활을 잘한다는 것은?				
성공이란?				
여자(남자) 친구란?				
인기란?				

좋은 사람이란?				
행복이란?				
회식이란?				

그림 3-13 DiSC 유형별 연애인(2)

소통의 창: DiSC 유형별 키스 시도법

남자가 여자를 만나면 가장 하고 싶은 것 중의 하나가 키스 시도다. 하지만 그 달콤한 키스를 하기 위해 얼마나 고민하며, 대단한 용기가 필요하다는 것을 여자들은 모를 것이다. 각 유형별 키스 방법을 소개하니 잘 이해하기 바란다. 장소는 남자가 여자랑 키스를 한번 하기 위해 분위기 좋은 곳, 부산의 해운대에 여자랑 같이 데이트를 갔다. 어두운 밤, 밝은 보름달이 해변을 비추고, 파도 소리는 귓가에 울린다. 날씨와 분위기는 키스하기에 매우 좋다.

D형 남자가 말을 건다. (남)"자기, 내가 왜 여기에 자기를 데리고 왔는지 알아?" (여) 왜? (남)"키스 한번 하려고 여기에 왔거든, 우리 키스 한번 하자." 그리고 여자가 대답하기도 전에 안고 키스를 한다. D유형 남자는 항상 목적을 중요시하고 목적을 얘기한다.

I형 남자가 말을 건다. (남)"자기야! 오늘 유난히, 입술이 너무 예뻐 보여, 앵두빛이네……." (남)"자기야, 저기 사람들 봐, 너무 다정한 것 같지." (남)"자기야 저기 봐, 사람들이 키스도 하네…….우리도 키스 한번 할까?" I유형은 목적을 달성하기 위해 먼저 칭찬을 하고 분위기를 만드는 화법을 선호한다.

S형 남자가 말을 건다. (남)"자기 나 할 말이 있는데……." (여)"뭔데 얘기해." (남)"아니 아무것도 아니야……" (남)"자기 나 사실, 부탁이 있어……" (여)"뭔데 그렇게 어려워해 말해……내가 들어줄게." (남)"자기…….(침묵) (여)"뭔데……" (남)"나 자기 손 잡아도 돼? "S유형은 자신이 원하는 것을 직접 말하는 데 어려움이 있다. 그래서 키스하는 데 시

간이 많이 걸린다.

남자 C가 말을 건다. (남)"자기 우리 만났지 얼마나 되었지." (여)"한 100일 된 것 같아." (남)"지난번 신문을 보니, 남자가 처음 여자를 만나서 평균적으로 키스를 하는 데 걸리는 기간이 두 달이래……. 자기 읽어봤어?" (여)"아니." (남)"그럼 이런 것은 알아? 남자와 여자가 키스를 하는 것이 스트레스 해소와 건강에 많이 도움이 된데……." (여)"그래서?" (남)"우리도 키스 한번 해볼까? 우리도 이제 할 때가 된 것 같지 않아? 그리고 건강에도 좋다잖아?" C유형은 어떤 행동을 할 때, 이유와 확실한 근거와 기준을 찾는다. 논리적이고 합당한 근거로 상대를 설득시키려고 한다. 당신의 남친(여친)은 어떤 유형인가?

소통을 위한 진단 코너: 자신의 스타일을 조절하고 관점 바꾸기

공자께서 말씀하시기를, 공손함도 절도가 없으면 피로해지고, 신중함도 절도가 없으면 두려워지고, 용감함도 절도가 없으면 문란해지고, 곧은 것도 절도가 없으면 가혹해진다고 했다.[12] 공손, 신중, 용감, 곧음은 사람이 세상을 살아가면서 취해야 할 아주 중요한 덕목이지만 여기서도 지켜야 할 절도가 있다. 즉, 공손함이 지나치면 헛수고로 끝나기 쉽고 신중함이 지나치면 모든 것에 위축되기 쉽고, 용감함이 지나치면 폭력으로 흐르기 쉽고, 곧은 것이 지나치면 무자비함에 빠지기 쉽기 때문이다.[13]

타인을 이해하고자 한다면 관점 바꾸기(reframing)를 해보아라. 관점 바꾸기란 특정한 경험이나 사실을 다른 관점에서 바라보고 다른 의미를 부여하는 것을 말한다. 어떤 내담자가 스스로 키가 작아서 고민한다면 작은 고추가 맵다고 말함으로써 긍정적으로 생각하는 것, 밤에 잠을 잘 못 이룬다면 밤 시간을 유용하게 활용할 수 있고 생각함으로써 오히려 더 적극적인 자세를 취하는 것이 좋은 예다. 몸이 아픈 것에 대해 고통스러워하기보다는 스스로를 돌아볼 수 있는 좋은 기회라는 식으로 관점 바꾸기를 하여 자신의 상태를 수용할 수 있다.

---

12) 『논어』 태백편(泰伯篇)에 나오는 말이다. 子曰, 恭而無禮則勞하고, 愼而無禮則葸하고, 勇而無禮則亂하고, 直而無禮則絞니라.

13) 대부분의 사람은 자신을 판단할 때와 남을 판단할 때, 완전히 다른 이중 잣대를 적용한다. 남의 판단할 때는 그의 '행동'을 기준으로 삼으며 그 기준은 가혹하기 이를 데 없다. 반면에 자신을 판단할 때는 '의도'를 기준으로 삼는다. 따라서 자신이 잘못을 범하더라도, 자신의 의도는 훌륭했다면 쉽게 용서한다. 그래서 자신이 변화를 요구받을 때까지 '실수'와 '용서'를 반복한다. 영국의 수필가 포스터(John Foster)는 "어리석은 사람은 세계를 정복하고 싶어하지만 현명한 사람은 자신을 정복하고 싶어한다"는 뜻의 말을 했다. 어떤 기분 상태에서도 우리가 반드시 해야만 하는 일을 시작할 때는 먼저 자신의 정복에서 시작되어야 한다. 하지만 자기 정복은 쉽지 않다. 그래서 집착과 가식의 가면을 벗어야 하고, 조절할 수 있어야 한다.

자신의 스타일을 조절하고 관점 바꾸기

No	기본 성향	긍정적 관점	부정적 관점	No	기본 성향	긍정적 관점	부정적 관점
Ⅰ	용감한			Ⅱ	낙천적인		
	신속한 반응				설득력 있는		
	목표 지향적인				활발한		
	도전정신이 강한				소통이 원활한		
	용의주도한				자발적인		
	자신감 넘친				사교적인		
	직접적인				열정적인		
	자신 의존적인				관심사가 다양한		
	솔직한				상상력 풍부한		
	유능한				따뜻하고 친근한		

No	기본 성향	긍정적 관점	부정적 관점	No	기본 성향	긍정적 관점	부정적 관점
Ⅳ	질서정연한			Ⅲ	느긋한		
	논리적인				믿을 수 있는		
	몰입하는				협조적인		
	호기심이 많은				안정적인		
	잘 알아듣는				잘 경청하는		
	신중한				전념하는		
	틀림없는				확고한		
	질문이 많은				인정 많은		
	꼼꼼한				절차를 중시하는		
	명확한				호감을 주는		

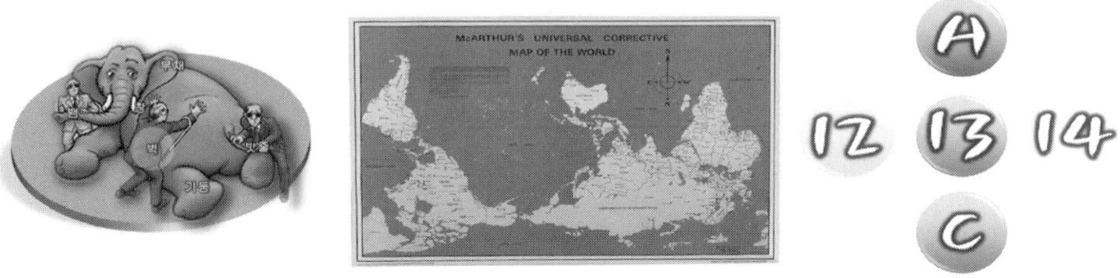

그림 3-14 자신의 스타일을 조절하고 관점 바꾸기

제 4 장 에니어그램으로 푼 소통의 퍼즐

코칭(coaching)

사람들은 곧잘 자신의 성격을 '이러이러하다'고 규정하곤 하지만, 때로는 자신도 몰랐던 의외의 모습에 당황하거나 자신이 가장 기피하는 모습을 스스로에게서 발견하기도 한다. 당연한 일이다. 사실 인간은 빛을 통과시키면 다양한 색의 스펙트럼을 보여주는 프리즘처럼 여러 가지 빛깔을 한 몸에 지니고 있다. 다만 이 가운데 한두 가지 빛깔, 즉 특정한 가치나 성향이 좀 더 우위에서 강한 힘을 발휘할 뿐이다. 그러나 이러한 특성 역시 고정불변인 것은 아니다. 개개인의 본성이나 유형은 사회적인 잣대나 자신의 이상형에 따라 미덕으로 발휘되거나 왜곡 또는 기피되기도 하고, 안정된 상태나 혹은 그 반대의 상황에서 전혀 다른 패러다임으로 변화하기도 한다. 그렇다면 이 같이 복잡한 개인 심리를 한눈에 파악한다는 것이 과연 가능한 일일까? 그 답은 에니어그램이 알고 있다!

제 1 절 내가 진정한 나일까?

자기의 성격을 알고 다른 성격의 사람들을 감싸안을 수 있는 사람이 최고의 리더가 된다. 그만큼 어떤 능력을 발휘하는 데 성격이 중요하게 작용한다. 사람에게는 겉으로는 잘 드러나지 않는 '내면의 세계'가 있다. 리더라면 잘 드러나지 않는 내면의 세계를 꿰뚫어볼 줄 알아야 하고, 그것을 드러나게 해야 한다. 이런 점에서 에니어그램(enneagram)은 DiSC, MBTI와 더불어 소통의 궁합을 찾기 위한 멋진 도구다. 이 도구의 자기진단을 통해 나타난 개인별 유형이 서로 '틀린 것'이 아니라 '다르다'는 것을 인정하고 접근한다면 극도로 개인화된 문화에서 원만한 인간관계를 형성하고 소통력 향상에 큰 도움을 줄 것이다.

우리는 목표를 추구하는 방식에서 개인 간의 차이가 있다. 하지만 자신의 성격에 대한 충분한 이해를 바탕으로 세상을 이해하고 자신만의 고유한 리더십과 소통 방법을 찾아야 한다. 자신의 성격(성깔, 성질머리)과 소통 스타일을 파악하고 있다는 것은 대단한 무기다. 나만의 장점을 알고 있다면 그것을 내세워 더욱 호감 가는 사람이 되기 위해 노력할 것이고, 나의 약점이 무엇인지를 알면 더 이상 어이없는 실수를 하지 않을 것이다. 그래서 에니어그램에 의한 성격의 자화상은 우선 자신의 성격이 어떤지 객관적으로 판단해 볼 수 있는 근거를 마련해 준다.

필자의 연구 결과 리더십과 소통 스타일은 성격이 많이 좌우한다. 그러므로 이름난 리더라고 해서 무조건 그들의 리더십과 소통 스타일을 따라하지 말라! 나는 진정한 나일까? 그들의 모습이 정말 내가 원하는 리더의 모습인가? 혼란 속에 깨달음을 얻고, 나를 깨고 아이 브랜드 리더십(I-Brand Leadership)을 반드시 찾아보라! 내가 누구인지도 모르면서 무슨 일을 한다면 얼마나 의미 없는 삶을 사는 것인가? 소통! 하늘의 별들에게 묻지 말고 자신에게 물어보라. 이제 이 글은 나를 이해하기 위해 10번 읽고, 남을 이해하기 위해서는 11번 읽어야 한다. 이제 진정한 나를 찾기 위한 '에니어그램 여행'을 시작해 보자.

1 에니어그램의 어원과 세 가지 힘

에니어그램은 '진정한 당신은 누구인가?' 하는 기본적인 물음에 대해 날카롭고 심오한 통찰력으로 자신의 내면을 볼 수 있도록 돕는 프로그램이다. 지나치게 집착하는 나의 모든 이미지와 자랑거리가 오히려 자신의 죄가 되고, 상대에게는 상처가 된다는 것을 인식하도록 한다. 실제로 나의 왜곡된 모습이 얼마나 과장되고 부조리한가를 알 수 있도록 도와준다. 에니어그램은 자신의 멍에를 진심으로 깨달아 알게 하고, 참 자신의 모습을 발견하게 하여 자유와 해방의 체험으로 인도한다.[1)]

1) 에니어그램의 어원과 심오함

에니어그램의 어원을 보면 그리스어로 9의 의미를 갖는 에니어(ennea)와 그림의 의미를 갖는 그램(gram)의 합성어로, 아홉 가지 점(點)을 갖는 그림을 의미한다. 따라서 에니어그램은 인간의 성격을 아홉 가지로 설명하는 성격 유형론이다.[2)] 원래 에

1) 한때 가톨릭에서 뉴 에이지(new age)라는 오해를 받기도 했으나, 이것은 지혜의 일부분인 만큼 가톨릭 교리에 위배되지 않은 것으로 받아들여 정리가 된 프로그램이다.

니어그램이 타종교(이슬람교 수피파)에서 내려온 이론이지만 요즘 기독교와 관계되는 상담소나 치유 기관에서 에니어그램의 성격 분류를 기능적으로 접근하고 있다. 그래서 목회자도 여러 차례 강의까지 하고 있다. 어떤 지혜이든지 그것을 받아들이는 사람에 따라 다르게 해석될 수 있는 소지도 충분히 있지만, 21세기 리더십 훈련에서 빠질 수 없는 도구다. 사람은 누구나 그만의 성격을 가지고 있다. 그 고유의 성격을 무시하고 리더십을 적용한다는 것은 비효율적이다. 각각의 성격 유형에 맞는 리더십을 적용한다면 좀 더 성공적이고 효율적일 것이다.

현재 에니어그램은 구도의 길을 찾는 종교인들을 비롯하여 직장인, 학생, 주부에 이르기까지 많은 사람이 생활이나 업무 수행의 지침으로 삼고 있을 정도로 일반화되어 있다. 특히 대기업의 신입사원 채용과 인사 관리, 조직 운용 등에 필수적인 자료가 되었으며 제너럴 모터스, AT&T를 비롯해 많은 대기업이 그 효과를 실증하고 있다. 이미 현대 심리학과 접목, 인간의 본성에 관한 보편적인 타당성과 심오한 통찰력을 보여주는 대표적인 성격 유형 체계로 자리 잡고 있다. 또 에니어그램은 인간의 내면의 숨겨진 동기를 밝혀줌으로써 내면에서 일어나는 의식의 흐름에 대해 깊은 통찰을 갖게 하고 변화의 방법을 제시한다.

2) 에니어그램은 당신의 비전을 알고 있다

에니어그램은 나도 모르는 나, 진아(眞我, 참 나) 속에 감춰진 나의 열정까지 찾아준다. 예를 들면 필자는 원칙과 책임을 중시하고 높은 목표를 지향한다. 그래서 지나치게 원칙에 얽매이는 고지식한 완벽주의자라는 소리를 듣는다. 그래서 실제로 내 자신이나 다른 사람이 내가 세운 기준에 미치지 못할 때 화가 치밀어 오른다. 물론 그것을 밖으로 표현하는 일은 드물다. 그렇다면 이것이 내 모습의 전부일까? 그렇지 않다. 가끔은 눈앞의 일이나 내 자신에게 한없이 관대해질 때가 있다. 그런가 하면 고수하던 원칙이나 정확함을 내던지는 대신 돌출 행동을 하거나 극적인 뭔가를 추구하기도 한다. 도대체 나는 어떤 사람일까? 에니어그램은 대학생은 물론이고 일반인과 직장인들에게까지 셀프 리더의 확실한 나침반이 되어줄 수 있다는 점에서 무한한 활

2) 자기 이해-자기 인정-자기 개방의 순서로 진행되는 자기 완성의 여정에서 에니어그램은 고대의 지혜와 현대 심리학이 결합된 프로그램으로서 필자에게 가장 깊은 울림을 준 도구다. 교육기관으로는 한국에니어그램교육연구소, 한국에니어그램코칭연구소, 한국에니어그램협회, 한국에니어그램연구소 등 4개가 대표적이다. 모두 훌륭한 기관이나 필자의 경험상 한국에니어그램연구소(소장, 박정자 수녀)가 가장 신뢰할 만하고 깊이와 울림이 큰 교육기관이다.

용 가치를 지니고 있다. 다만 전문적인 강좌를 접하기 어려운 일반인들은 에니어그램을 자칫 혈액형과 같이 자신의 성격 유형을 한 가지로 규정짓는 방법쯤으로 오해할 소지가 있다.

필자는 존경하는 예수회 소속의 권신부에게 한 권의 책을 추천받고 서점에서 사게 되었다. 바로 리소(Don Richard Riso)의 『에니어그램의 지혜』라는 책이다. 이 책은 에니어그램 관련 서적 가운데서 단연 돋보인다. 샌델(Michael J. Sandel)의 『정의란 무엇인가?』를 읽었을 때 어떤 느낌이 들었는가? 바로 그때의 그 흥분을 이 책을 읽으면서 느낄 수 있었다. 무언가 봉인된 비밀문서를 읽는 듯한 느낌이었다.

중요한 비법을 가장 찾기 어렵게 숨기는 방법은 바로 아무렇지도 않게 공개하는 것이다. 이 책은 바로 그런 방법을 취했다. 성격을 아홉 가지로 분류하는 데 선뜻 동의하는 사람은 없으리라! 하지만 책을 읽어 나가면서 그 분류에 점차 동의하게 되는 자신을 발견하게 된다.[3)]

2 세 가지 힘의 특징

에니어그램에는 '세 가지 힘의 중심'에 관점을 두고 있다. 힘의 중심이란 삶을 살아나아가는 데 에너지를 얻는 원천을 말한다. 세 가지 힘의 중심은 머리, 심장, 장의 신체 기관과 관계가 있어서 주요한 문제를 해결하는 데 머리형은 사고, 가슴(심장)형은 감정, 장(배)형은 본능에 의존해 그 기능을 주로 사용한다. 머리의 지식 에너지를 주로 쓰는 머리형(brain centered type), 가슴의 감정 에너지를 주로 쓰는 가슴형(heart centered type), 아랫배의 행동 에너지를 주로 쓰는 장형(body centered type)으로 구분한다. 대부분의 사람은 혼합형이지만, 에너지의 중심이 되는 유형이 있으므로 자신의 성격을 먼저 파악하고 다른 사람의 성격을 파악하면 모든 인간관계가 원만해지고, 소통을 효율적으로 발휘할 수 있다.

3) 단순히 아홉 가지로 분류된 것이 아니라 각 성격 간에 얽혀져 있는 다양한 관계와 수준이 있다. 이 책을 모두 읽고 모두 공감하기는 힘들었다. 왜냐하면, 자신이 속한 성격에 대해서는 스스로 검증할 수 있지만 그 외는 검증이 어렵기 때문이다. 그래서 책을 읽고 난 후에 다른 사람의 성격에 대한 질문과 탐색이 꼭 필요하리라 다짐하고 지금도 같이 스터디 할 사람을 찾고 있다.

1) 머리형

머리형은 힘이 나오는 주된 기능이 사고(思考, thinking)다. 그래서 머리형 리더들은 사고의 기능을 사용해서 세상을 바라보고 해석한다. 사고의 기능은 비교하고 분석하는 것이다. 머리 중심의 사람들은 정보를 수집하고 분류하고 계획을 세우는 것을 좋아한다. 이들은 자신의 머릿속에서 생각할 시간과 공간이 필요하기 때문에 사람들과 떨어져 있으려고 한다. 이들은 사람들이 자신의 공간을 허용해 주고 지나치게 가까이 가지 않을 때 존중받는다고 느낀다. 그래서 혼자 사색하면서 에너지를 충족시키지만 여러 사람과 만나면 에너지가 오히려 떨어진다.

이들은 개인적으로 스트레스를 받거나 조직에 문제가 있을 때 "머리가 아프다"라는 말을 사용한다. 머리형의 교육훈련 방식은 전략의 부재로 판단해 정신교육 및 전략회의 위주로 문제를 해결하려 한다. 삼성그룹과 서울대 학생이 주는 이미지와 유사하다. 지역별 이미지는 서울과 경기지역 사람이 여기에 속한다. 이들은 무엇이든 머리로 이해되어야 행동할 수 있기 때문에 의사결정을 할 때도 논리적인 근거와 정확한 정보를 바탕으로 한다. 그래서 이들은 결정의 근거가 될 수 있는 정보와 데이터에 관심이 많다. 이들은 소통을 할 때 논리적인 근거나 자료를 인용하기를 좋아하고 핵심을 좋아하고 객관적이며 냉정하게 말하는 편이다.

이처럼 머리형은 냉정, 이성파로서 힘이 드는 일을 싫어하며 지식과 정보를 중요시해서 아는 것이 힘이며 재산이라 믿는다. 객관적이고 논리적이며 명확한 것을 좋아해서 사실(fact)만을 주로 받아들인다. 머리형은 어떤 일이나 문제에 앞서 생각하고 준비하고 계획하고 행동한다. 즉, 사적인 이야기를 별로 좋아하지 않으며 논리적이고 간단명료한 지적인 정보를 좋아한다. 싫어하는 말로는 "무식하다"는 말에 강한 거부감을 느낀다.[4)]

2) 가슴형

가슴 중심의 사람은 심장의 에너지를 통해 사물을 받아들이고 인식한다. 이들은 사람들에게 따뜻한 인상을 주며 미소를 잘 짓는다. 이들은 자신의 이미지에 관심이 많아서 다른 사람에게 어떻게 받아들여질지에 신경을 많이 쓰고 주변의 평가나 의견에

---

4) 머리형은 '유비무환' 스타일로 대부분 '이성파', '계획파' 등으로 일컬어진다. 매사에 이성적이고 객관적인 의사결정을 하며 '합리성'과 '효율성'을 가장 중요하게 여긴다. 관심 시제는 '미래'이며, 업무 처리의 핵심은 '철저한 계획'에 있다. 모든 일의 뼈대는 무엇보다 '논리적 근거'다. 『삼국지』의 제갈공명과 같은 리더가 여기에 속하는 형이다.

영향을 많이 받는다. 가슴형은 사람들에게 가까이 가려 하고, 사람들과의 관계를 통해 자신의 존재를 확인하려 하며 친밀감을 느낄 때 자신이 존중받는 느낌을 가진다.

이들은 결정을 내릴 때에도 인간관계와 개인적 이미지를 중요하게 여긴다. 그래서 자신의 결정이 주변 사람들에게 어떠한 영향을 미칠지, 다른 사람들이 어떻게 생각할지를 많이 고려하는 편이다. 이들은 소통을 할 때에도 좋은 사람으로 보이기 위해 상냥하고 친절하게 말을 하는 경향이 있다. 그래서 혼자 있으면 우울해지며, 머리형과 반대로 여러 사람과 만나면 오히려 에너지가 상승한다.

어떤 문제가 발생하면 "가슴(마음)이 아프다"라는 말을 주로 사용하며, 조직의 분위기가 침체되었다고 판단되면 워크숍과 레크리에이션 위주의 교육훈련으로 조직의 문제를 해결하려 한다. LG그룹과 연세대 학생이 주는 이미지와 유사하다. 지역별로는 충청도와 전라도 지역 사람이 여기에 속한다.

가슴형을 상징하는 단어는 '온정', '감성파', '낭만파'다. '타인과의 관계'를 중요시하며 일을 할 때 가장 중요하게 생각하는 것은 '공감대 형성'이다. 다른 사람에게 인정받고자 하는 욕구가 강하며 '인맥이 능력'이라고 여긴다. 이들은 사교계에서 환영을 받으며 미적 감각과 센스가 뛰어나다. 그래서 싫어하는 말로는 "인간미가 떨어진다"는 말에 강한 거부감을 느낀다. 이처럼 가슴형은 사람에 살고 사람에 죽는 스타일이다.[5]

3) 장형

장형은 장, 즉 배에서 나오는 에너지를 통해 세상을 보고 해석하는 사람들이다. 배는 본능과 관계가 있다. 그래서 이들은 논리적으로 생각하고 계획을 세우기보다는 먼저 몸으로 부딪히는 행동파들이다. 몸의 반응이나 본능적인 느낌에 따라 즉각적으로 행동한다. 세상을 대하는 장형의 방식은 사람들에게 대항하는 것이며, 이들은 다른 사람에게 힘을 행사할 수 있을 때 존중받는다고 느낀다. 그래서 사람들은 이들에게서 종종 압도당하는 느낌을 느낀다. 의사결정을 할 때에도 '사람' 중심이라기보다 '일' 중심적이며, 주변 사람의 감정보다는 자신의 원칙에 따라 결정하기도 한다. 사람들과 대화를 할 때에도 공격적이거나 고압적인 말투로 기선을 제압한다.

이들은 개인적으로 스트레스를 받거나 조직에 문제가 있을 때 주로 "환장하겠네"

---

5) 모든 의사결정이 사람과 분위기에 따라 좌우되며 '어떻게 하면 인정받을 수 있을까?' 하는 욕구가 강한 만큼 다른 이들의 시선을 의식한다. 혼자 있으면 외로움을 느끼고 사람들과의 만남과 대화, 스킨십을 좋아하는 유형이다. 즉, 타인과의 관계를 중요시하고 언행이 부드러우며 타인에 대한 배려가 강하다. 『삼국지』의 관우, 유비와 같은 사람이 여기에 속한다

라는 말을 사용한다. 선호하는 교육 훈련 방식은 주로 극기 훈련과 해병대 갯벌 훈련 위주로 열정과 도전 정신의 부족, 군기가 빠졌다고 판단해 조직의 문제를 해결하려 한다. 현대그룹과 고려대 학생이 주는 이미지와 유사하다. 지역별로는 경상도 지역 사람이 여기에 속한다. 이처럼 장형은 '열정', '행동파'로서 힘을 중시하며 명확한 결론을 좋아한다.

머리 쓰는 것을 싫어하며 직접적인 경험과 체험을 믿기 때문에 의사결정 시 먼저 행동하고 수정하는 행태를 반복하는 특징이 있다. 역동적이고 활동성이 강한 장형의 상징 단어는 '행동파', '기분파' '의리파'라고 할 수 있다. 싫어하는 말로는 "무책임하다"는 말에 강한 거부감을 느낀다. 도전을 좋아하며 강철 같은 의지와 추진력이 특징이다.[6]

표 4-1 힘의 중심(3세 개의 자아)

구분	가슴	머리	장
현대 의학	수질(limbic system) 감정(과거)	대뇌피질(cerebral) 사고, 분석, 관찰(미래)	근뇌(root brain) 본능(현재)
관심사	거짓 자아, 자아 이미지, 사랑	전략과 신념	환경 저항 및 통제
문제	정체성과 적대감	불안과 불안정	분노와 억압
추구	주의	안전	독립성
감정	수치심	공포	분노

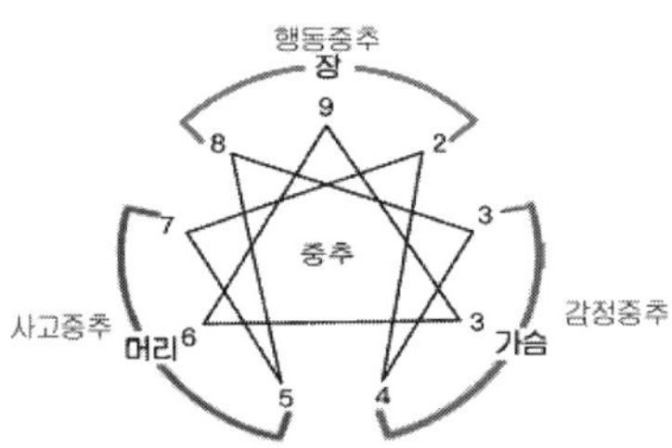

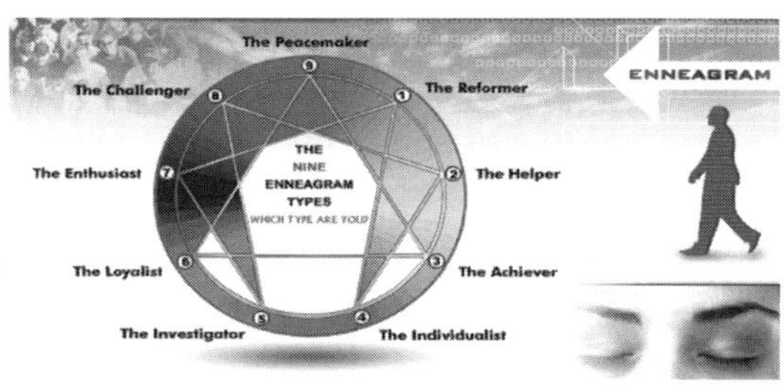

그림 4-1 에니어그램의 세 가지 힘, 아홉 가지 유형

출처: http://www.enneagram.com/ 2012.

6) 눈에 보이는 결과를 중요하게 여기고 내일의 투자보다는 오늘의 성과를 위해 더 매진한다. 또 자신의 영역을 확보해 존재 가치를 인정받고자 하는 욕구가 강하다. 즉, 10년 뒤의 1백만 원보다 지금 내 손에 주어진 단돈 1만 원을 중요시하는 현실적 행동파다. 『삼국지』의 장비와 같은 리더가 여기에 속하는 형이다.

제 2 절 진단과 양심 성찰, 그리고 힐링하기

필자는 어렸을 때 어른이 되면 인생의 깊이를 깨닫게 되고 자연스럽게 다른 사람에게도 관대해지고 지혜로워질 것이라고 생각했다. 그러나 지금 나의 모습을 어떠한가? 그때보다 몸이 커지고 지식이 많아진 것 말고 정신적인 면에서 큰 성장은 있었는가? 아니다! 하지만, 지금이라도 늦지 않았고, 보는 방식을 조금만 바꾸면 마음과 정신을 다잡아 후회 없는 인생을 살 수 있으리라 생각했다. 그래서 다시 에니어그램에 대해 연구하게 되었고, 'KJD-에니어그램' 설문지를 개발했는데 이를 소개한다.[7)]

이 설문지를 통해 나의 성격 유형을 알면, 내가 잘하는 것, 내가 부족한 것을 알 수 있고, 친구나 부모님과 다투지 않고 이해하는 방법을 알게 될 것이다. 나의 꿈과 목표를 설정할 때, 마음이 아프거나 힘들 때, 고치기 어려운 습관을 고치고자 할 때도 도움을 준다. 누가 잘하고 못하고 평가하는 시험이 아니니 긴장하지 말고, 너무 어렵게 고민하지 마시라. 자신이 되고 싶거나 부모님이 원하는 것을 답하지 마시고, 자신이 습관처럼 자연스럽게 느끼고 행동하는 것을 고르면 된다. 자세한 분류가 어려우면 자신의 성격 유형 문항 앞에 ✓를 하면 된다.

* 각 문항을 읽고 자신에게 해당하는 숫자를 써 넣으시오. ** 가장 높은 점수가 자신의 소통 스타일이다.

유형	번호	문항	점수
1번 유형	1	본인이나 상대방의 아주 사소한 실수에도 신경이 쓰인다.	1 2 3 4 5
	2	불필요하다고 느끼는 일이나 만남은 가급적 피하려 한다.	1 2 3 4 5
	3	사무실이나 책상 등 주위가 정리되어 있지 않으면, 가끔 짜증이 난다.	1 2 3 4 5
	4	상대방을 포함한 본인 모두 완벽하지 못한 것에 대해 불만이 많다.	1 2 3 4 5
	5	생활하면서 항상 자기 계발을 해야 한다는 의욕이 강하다.	1 2 3 4 5
	6	아무리 힘들고 곤란한 경우라도 거짓말은 절대 하고 싶지 않다.	1 2 3 4 5
	7	어떠한 경우라도 본인은 항상 완벽해야 한다.	1 2 3 4 5
	8	어떠한 상황이라도 정의롭지 않은 일은 용납되지 않는다.	1 2 3 4 5
	9	업무를 더 잘할 수 있었는데 기대에 미치지 못하면 화가 난다.	1 2 3 4 5

7) 필자가 공개하는 이 검사지는 자신의 유형을 알아보고 그것을 통해 자신을 이해할 수 있도록 고안되었다. 그리고 무엇보다 천주교 재단인 서강대학교, 가톨릭대학교를 비롯해 수많은 가톨릭 신자와 수도회를 대상으로 과학적 검증을 거친 신뢰성 있는 검사지다.

	10	업무 처리 방법이나 성격에서 단점을 고치거나 보완하려 지속적인 노력을 한다.	1 2 3 4 5
	11	일을 처리하거나 대인 관계에서 꼼꼼하지만 소심한 편이다.	1 2 3 4 5
	12	휴일이나 업무 중간의 휴식 시간에도 느긋하고 여유롭게 쉬지 못한다.	1 2 3 4 5

2번 유형	1	나는 상대방이 듣기 좋아하는 말을 잘한다.	1 2 3 4 5
	2	나의 도움으로 상대방이 고마워하거나 즐거워하면 나도 행복하다.	1 2 3 4 5
	3	상대방이 나를 배려하는 것보다 내가 더 많이 배려한다.	1 2 3 4 5
	4	상대방이 힘들어 할 때는 기꺼이 본인의 시간을 할애한다.	1 2 3 4 5
	5	업무나 일상생활에서 힘든 사람들을 보면 도와주고 싶다.	1 2 3 4 5
	6	주변 사람들 중에는 나에게 의지하는 사람들이 많다.	1 2 3 4 5
	7	주변 사람들은 나를 대할 때 편하게 느낀다.	1 2 3 4 5
	8	주변 사람들이 나에게 의지하면 기쁘다.	1 2 3 4 5
	9	주변 사람들이 힘들 때 나에게 조언을 구하기를 원한다.	1 2 3 4 5
	10	주변 일은 도와주면서도 나의 일은 미루는 경우가 많다.	1 2 3 4 5
	11	주위의 반응을 의식하고 민감하다.	1 2 3 4 5
	12	항상 누군가의 곁에 있다는 느낌을 가지길 원한다.	1 2 3 4 5

3번 유형	1	나에게 주어진 일은 항상 완벽하게 이뤄낸다.	1 2 3 4 5
	2	능력 있고 자기 주장이 확실한 사람이라는 평가를 받고 싶다.	1 2 3 4 5
	3	목적을 위해서는 상대방과 타협을 한다.	1 2 3 4 5
	4	본인의 일에 대해 상대방의 부정적인 평가를 싫어한다.	1 2 3 4 5
	5	실패한 일보다는 성공한 일을 더 많이 생각한다.	1 2 3 4 5
	6	일에 대한 본인의 실천력을 다른 사람들은 부러워한다.	1 2 3 4 5
	7	일에 대해선 전문가가 되고 싶다.	1 2 3 4 5
	8	일을 구체적으로 실현하면서 인정받으려 노력한다.	1 2 3 4 5
	9	자신의 일을 사랑하며 유능한 모습을 보이고 싶어 한다.	1 2 3 4 5
	10	조직적이고 효율적인 방법으로 주어진 목표를 성취하려고 한다.	1 2 3 4 5
	11	하고 있는 일을 계속하기보다는 새로운 일을 도모하는 것이 더 즐겁다.	1 2 3 4 5
	12	하는 일만큼 많은 성과를 올린다는 인상을 심어주고 싶다.	1 2 3 4 5

4번 유형	1	극한 감정 상태가 되면 어디까지가 정직한 감정인지 본인도 분간할 수 없다.	1 2 3 4 5
	2	나는 주변의 환경이나 느낌을 매우 중요시한다.	1 2 3 4 5
	3	내가 느끼는 사물에 대한 느낌을 다른 사람들은 진정으로 이해하지 못할 것이다.	1 2 3 4 5
	4	다른 사람들에게서 가끔 도도하고 거만하다는 지적을 받는다.	1 2 3 4 5

	5	많은 사람이 인생의 아름다움과 진정한 행복을 잘 못 느끼는 것 같다.	1 2 3 4 5
	6	본인은 다른 사람들에 비해 아주 특별한 사람이라고 느끼고 싶다.	1 2 3 4 5
	7	사람들은 나를 과장되게 행동한다고 말하지만 그들은 나를 이해하지 못한다.	1 2 3 4 5
	8	삶과 죽음, 절망, 사랑 등을 생각하면 깊은 생각에 잠긴다.	1 2 3 4 5
	9	이미 실행한 업무나 사소한 일에도 상처를 쉽게 받는다.	1 2 3 4 5
	10	인생은 연극과 같고 나는 그 연극 무대에 서 있는 배우라고 느끼는 경우가 많다.	1 2 3 4 5
	11	자신의 감정을 일반적인 언어나 표현으로는 정확하게 표현할 수 없다.	1 2 3 4 5
	12	정확하게 표현할 수 없는 추상적인 것들에 친근감을 느낀다.	1 2 3 4 5

5번 유형	1	누군가 나에게 돌발적인 물음을 던지면 대답을 즉시 못한다.	1 2 3 4 5
	2	다른 사람들과 있는 시간보다는 나 홀로 보내는 시간을 더 즐긴다.	1 2 3 4 5
	3	다른 사람들과의 불필요한 대화는 가급적 피한다.	1 2 3 4 5
	4	다른 사람들의 의견을 잘 듣고 수렴하여 정리하는 종합적인 사고를 잘한다.	1 2 3 4 5
	5	문제가 발생했을 때 나는 행동보다는 머리로만 문제 해결을 하려 한다.	1 2 3 4 5
	6	상대방에게 다양한 정보를 주기보다는 그들에게 얻는 경우가 더 많다.	1 2 3 4 5
	7	어떤 상황에 처하면 나는 먼저 행동하지 못하고 남들의 반응을 관찰한다.	1 2 3 4 5
	8	업무 후의 휴식이나 여가를 즐길 때는 나 홀로 있는 공간이 편안하고 즐겁다.	1 2 3 4 5
	9	일을 진행할 때 나는 그 일에 투여하는 시간과 돈에 대해 인색하다.	1 2 3 4 5
	10	책상이나 서랍 등 주위를 정리할 때 문건을 잘 버리지 못한다.	1 2 3 4 5
	11	친화력이 별로 없으며, 상대방에게 사소한 것이라도 부탁을 잘 못한다.	1 2 3 4 5
	12	회의나 대화를 나눌 때에는 나는 나의 의견을 주저하게 된다.	1 2 3 4 5

6번 유형	1	나는 일을 처리할 때 늘 신중하며 다가올 위험에 대비한다.	1 2 3 4 5
	2	나는 일을 처리할 때 잘못된 것이 있는지 늘 생각하고 뒤돌아본다.	1 2 3 4 5
	3	나는 일을 처리할 때 지나치게 생각을 많이 하고 조심스럽다.	1 2 3 4 5
	4	나에게 회유하면서 대하거나 다스리려고 하는 사람은 즉시 파악할 수 있다.	1 2 3 4 5
	5	나와 가까운 주변 사람들이 어떤 생각을 하고 있는지 종종 고민한다.	1 2 3 4 5
	6	다른 사람들은 나를 성실하고 이해심 많은 사람이라고 평가한다.	1 2 3 4 5
	7	대화를 할 때는 확실한 근거를 기준으로 하는 자기 의사를 가지고 싶다.	1 2 3 4 5
	8	상대방에게서 듣는 나에 대한 비판을 나에 대한 공격으로 여기는 경우가 있다.	1 2 3 4 5
	9	업무를 진행하면서 의심스러운 일이 발생하면 매우 힘들어 할 때가 있다.	1 2 3 4 5
	10	업무에 대해 실행하겠다는 각오만 하면 열정적으로 일할 수 있다.	1 2 3 4 5
	11	일을 진행할 때 나의 성공의 최대 방해자는 자기자신이라고 생각한다.	1 2 3 4 5
	12	정확하게 진행되지 않거나 불확실한 일을 싫어한다.	1 2 3 4 5

유형	번호	문항	점수
7번 유형	1	다가올 미래는 항상 낙천적일 것이라고 생각한다.	1 2 3 4 5
	2	다른 사람들과 대화할 때 밝고 긍정적인 대화를 좋아한다.	1 2 3 4 5
	3	다른 사람들과 어울리는 자리에서 나는 분위기를 주도하고 싶다.	1 2 3 4 5
	4	사물을 판단하거나 바라볼 때는 세세한 부분보다는 전체를 보는 것이 좋다.	1 2 3 4 5
	5	상대방에 대해 분석하거나 상대방에 대해 의심하는 것을 좋아하지 않는다.	1 2 3 4 5
	6	생활이나 업무를 진행할 때 유쾌하게 하는 것이 최고이다.	1 2 3 4 5
	7	생활하면서 만나는 상대방을 경쟁자나 적으로 느끼는 경우는 거의 없다.	1 2 3 4 5
	8	생활하면서 발생한 좋지 않거나 우울한 일은 금방 잊어버리려 노력한다.	1 2 3 4 5
	9	악조건을 극복하고 성공한 인생보다는 매일매일 즐거운 인생을 살고 싶다.	1 2 3 4 5
	10	인생에서 전개되는 밝은 이야기가 좋고 우울한 이야기는 정말 싫다.	1 2 3 4 5
	11	일에 대해서는 아무리 손해를 보더라도 하기 싫은 일은 하기 싫다.	1 2 3 4 5
	12	지금 진행하고 있는 일보다는 항상 새로운 일에 대한 관심이 더 많다.	1 2 3 4 5

유형	번호	문항	점수
8번 유형	1	나는 대인 관계나 일의 진행에서 의리와 명분을 중요시한다.	1 2 3 4 5
	2	나는 일을 진행할 때 자기 주장이 매우 강하며 공격적이다.	1 2 3 4 5
	3	내가 가지고 싶거나 원하는 것은 싸워서라도 반드시 얻는다.	1 2 3 4 5
	4	다른 사람들에 의해 나의 일을 사소하게 방해받는 것이 싫다.	1 2 3 4 5
	5	상대방과 대화할 때 나는 온화하거나 부드러운 표현을 하는 것이 힘들다.	1 2 3 4 5
	6	상대방이 나에게 도전해 오면 나는 상대방의 약점을 찾아내 반드시 응징한다.	1 2 3 4 5
	7	상황에 만족하지 못하면 언제든지 거침없이 불만을 말할 수 있다.	1 2 3 4 5
	8	아무리 사소한 권력이라도 권력을 누리는 것이 즐겁다.	1 2 3 4 5
	9	인생을 관조하거나 생활하면서 유유자적하는 것은 정말 싫다.	1 2 3 4 5
	10	일에 대한 승부욕이 강하며 실제로 상대방과 빈번하게 승부한다.	1 2 3 4 5
	11	주어진 환경에 대해 순순히 적응하거나 받아들이는 것이 어렵다.	1 2 3 4 5
	12	진행되는 상황이 정적인 상황이라면 싫고 나는 늘 동적인 편이다.	1 2 3 4 5

유형	번호	문항	점수
9번 유형	1	나는 다른 사람들의 말이나 충고를 쉽게 귀담아 듣지 않는다.	1 2 3 4 5
	2	나는 생활하면서 일반적으로 편안한 상태를 유지하고 있다	1 2 3 4 5
	3	나는 스스로 매우 이성적인 사람이라고 여긴다.	1 2 3 4 5
	4	나는 아무 일도 하지 않고 있을 때가 행복하다	1 2 3 4 5
	5	나는 오랫동안 기다리지 못하거나 조급해 하지 않는다.	1 2 3 4 5
	6	나는 흥분하고 있는 상대방을 즉시 진정시킬 수 있게 행동할 수 있다	1 2 3 4 5
	7	사소한 문제로 진행하는 일을 복잡하게 만드는 것을 싫어한다.	1 2 3 4 5
	8	선택의 순간에서 나는 가능하다면 무난한 길을 선택한다.	1 2 3 4 5

9	업무를 진행할 때 좀 더 쉽게 일하는 방법을 찾으려 한다.	1 2 3 4 5
10	업무를 처리할 때 화내거나 안절부절 못한 일은 별로 없다	1 2 3 4 5
11	일을 처리할 때 나는 여유 있고 느긋하며 조급해 하지 않는다.	1 2 3 4 5
12	주어진 환경이 안정되지 않은 불안한 분위기라면 싫다.	1 2 3 4 5

나의 점수 및 해석

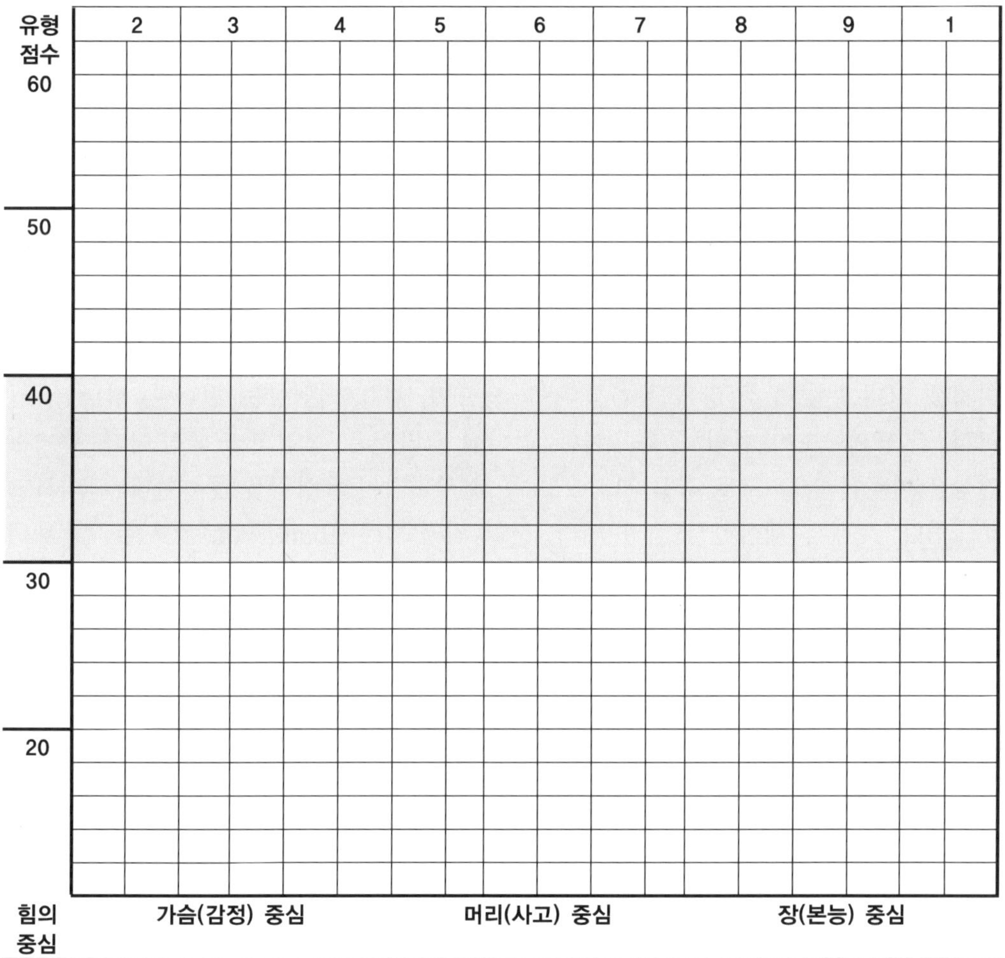

기본 성격 유형		힘의 중심	
나의 날개		분열 · 통합 방향	

※ 출처: 김재득, 리더십 정글에서 길 찾기, 공동체, 2010.

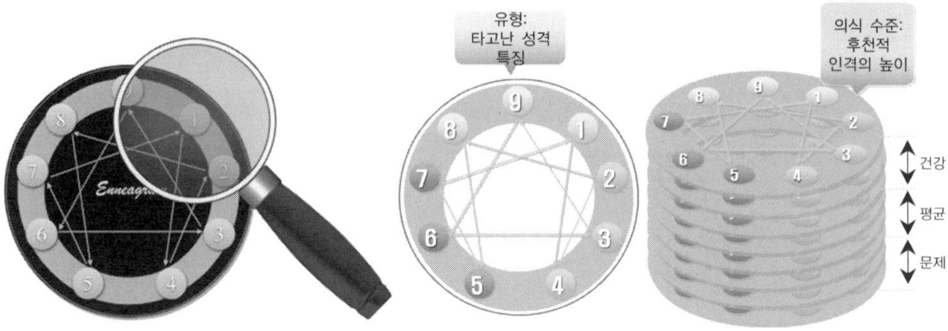

그림 4-2 에니어그램 유형 진단과 의식 수준

1 가슴형에 대한 결과 분석

1) 도우미적 소통: 섬김의 리더

2번 유형(도우미형)은 심장에 힘의 중심이 있으며, '나는 도움이 된다'라는 자기 이미지를 지니고 있다. 사랑에 동기를 두고 있으며, 주요 키워드는 친절함, 상냥함, 사교적, 잘 도와주고 보살핌, 소유욕이다. 리더십 스타일은 '섬김의 리더십'이다. 풍기는 인상은 따뜻한 양털 코트 같은 사람으로 무척 사교적이고 사람을 좋아한다. 관대하고 부드럽다. 그래서 세심한 관심과 배려, 생일 기억, 감사(thank you) 카드를 잘 보낸다. 다만, 주로 집착하는 것은 남을 도와야 하고, 헌신을 통해 자신의 정체감을 확인하려 한다(문제는 본인은 이런 욕구를 부정한다). 또 남들이 자신의 도움을 인정하지 않을 때 굉장히 상처받고 분노한다. "남들이 어떻게 생각해 주는가?"가 자신의 행복을 좌우한다. 도와주지 못하면 쓸모없는 사람이라고 생각한다. 그래서 독점욕과 질투가 강하다.

한편, 자신의 욕구를 알지 못하며 내세우지도 못한다. 애착과 공격 성향 등을 무조건 억압한다. 남을 도움으로써 자신의 욕구를 회피한다. 단점은 "나의 사랑이 이 세상을 구원할 거야!"라는 식으로 교만하며 돕기만 하고 남의 도움 받기를 강하게 거부한다. 이런 사람이 개선해야 할 점은 자신의 욕구나 필요를 정직하게 표현하고 주도적인 삶을 살기 위해 노력해야 한다. 그리고 앞서 나가는 리더를 벤치마킹해야 한다는 점이다. 또 자신을 사랑해 줄 사람은 바로 자신이고, "No" 하고 거절하기를 권한

그림 4-3 도우미적 소통과 섬김의 리더(servant leader)

다. 성숙한 2번이라면 이타적이고 자신과 다른 사람들에게 진정으로 무조건적인 사랑을 베푼다![8]

2) 성취 지향적 소통: 성취형 리더

3번 유형(성취형)은 힘의 중심이 심장에 있으며 '나는 유능하고 효율적이다'라는 자기 이미지를 지니고 있다. 주요 키워드는 성취 지향적, 성공 추구형, 적응력이 뛰어남, 좋은 매너(good manner), 효율적, 유능함, 허영심이다. 리더십 스타일은 '과업 성취형 리더십'이다. 풍기는 인상은 유능하고, 자신감 넘치며, 활동적·사교적이고, 왕성한 적응력을 지녔다. 자부심과 야망으로 성공을 위해 미친 듯이 매진한다. 허영(이미지 변신)에 집착하며, 성공과 이익을 위해 남을 악용(성공=선, 진실)한다. 손해 보지 않기에 집착하는 경향이 있다.

외모 중시, 숨김, 겉과 속의 차이가 있다. 실패(일의 실패= 인생의 실패)를 회피하고, 실패의 원인은 남의 탓이다. 실패를 회피하는 선택적 기억을 지니고 있다. 위기 상황엔 감정을 닫고 일에 더욱 몰두한다. 효율과 성공을 위해 자신과 타인의 감정을 외면한다. 상황이나 역할에 맞춰 거짓 감정으로 행동한다. 화술이 좋아 분위기를 주도하고 좌중을 압도하는 호소력이 있다. 능력을 인정받는 데 지나치게 신경 쓴다. 단점으로 거짓, 기만, 성공하기 위해 진실을 가장한다.

---

8) 대표적인 인물로는 슈바이처, 테레사 수녀 등이 이러한 타입이다. 그 밖에 전통적인 한국의 여인상, 영국 다이애나 왕세자비, 드라마 <허준>에서 허준 부인, 메리케이화장품 회장 메리 케이(Mary Kay Ash) 등이 이러한 타입이다.

이런 사람이 개선해야 할 점은 진실하고 솔직하라. 유리한 변명을 중단하라. 과도한 욕망을 놓아라. 실패해도 파괴되지 않는다는 것을 깨달아라. 일 이외에 '진실로 하고 싶은 것'을 찾아라. 이런 리더십 스타일이 개선해야 할 점은 자신을 볼 수 있는 성찰 일기를 쓰고, 외형으로 사람을 판단하지 말고 내면의 아름다움을 본보고, 목표 달성뿐만 아니라 과정에서도 의미와 즐거움을 찾아야 한다는 점이다.9)

그림 4-4 성취 지향적 소통과 성취형 리더(achieve leader)

3) 낭만 · 개성적 소통: 창의적이고 영적 리더

4번 유형(낭만 · 개성형)은 힘의 중심이 심장에 있으며, '나는 독특하다'라는 자기 이미지를 가지고 있다. 주요 키워드는 섬세함, 직관적 · 창조적 · 낭만적 · 독창적 · 우울함으로서 리더십 스타일은 '창조형 리더십'이다. 풍기는 인상은 심미안이 있어 품위가 있고, 미적으로 매혹적인 사람이다. 개성적, 독창적, 예외적이라 눈에 띄는 사람이다. 민감하고 사려 깊으며 정서적인 강도가 높은 사람이다.

에니어그램에서 자기자신을 가장 주시하며 사는 사람이다. 자신의 고통은 특별하다고 생각한다. 평범하고 일상적인 것보다 특이하고 위험이 있는 것에 더 관심과 에너지가 발동한다. 감수성이 예민하여 강렬한 정서적 생활을 한다. 사소한 일에도 쉽

9) 대표적인 인물로는 태조 이성계, 빌 클린턴, 오프라 윈프리, 나폴레옹, 엘비스 프레슬리, 샤론 스톤, 마돈나, 실베스터 스탤론, 히딩크, 박찬호, 이명박 대통령, 김영삼 대통령, 농구선수 마이클 조던, 맥아더 장군, 영화 톱건(Top Gun)과 <A Few Good Man>에서 톰 크루즈, TYK 그룹 김태연 회장 등이 이러한 타입이다.

그림 4-5 낭만·개성적 소통과 창의적이고 영적 리더(spiritual leader)

게 상처받는다. 자신의 감정을 느끼고 생각하느라 혼란스러워진다. 고유함과 특별함에 광적으로 유혹받는다. 자신의 가치를 제대로 평가받지 못하거나 오해받을 때에는 소외감, 자기 연민, 우울, 의기소침에 빠지거나 격렬하게 분개하며 욕도 잘 한다. 따라서 평범한 것, 흔히 있을 수 있는 것, 정상적인 것, 다른 사람과 같아지는 것을 회피한다. 단점은 남들과 달라야 하며 동시에 평범한 정상인들에게 질투한다. 현재에 만족 할 수가 없다. 과거에 대한 짙은 향수, 미래를 동경하며, 이룰 수 없는 갈망에 중독된다.

이런 사람이 개선해야 할 점은 현실을 주목하고, 추하고 더러워도 받아들이는 것이다. 감정은 사태의 일부분일 뿐이다. 특별한 것보다는 삶 속의 평범한 것들을 소중히 여기고 작은 것에서도 감사하고 현실을 직시하고 실제적으로 생각해야 한다.[10]

표 4-2 가슴형에게 던지는 양심성찰용 질문

유형	관련 속담 및 국가	의식(양심) 성찰 시 돌아볼 문제
2	약방에 감초/백지장도 맞들면 낫다 친구 따라 강남간다/이태리/막달라 마리아	• 남들이 싫다고 할까봐, 내 속마음을 표현하지 않고 외면했는가? • 남들이 내가 원하는 대로 해주지 않아서 속상한 것을 인정하는가?

10) 대표적인 인물로는 마이클 잭슨, 배우 장미희, 비비안 리, 제임스 딘, 채시라, 에디트 피아프(Edith Piaf), 장국영, 칼릴 지브란(Kahlil Gibran), 마이클 잭슨, 앙드레 김, 조수미, 버지니아 울프, 에드거 알렌 포(Edgar Allan Poe), 반 고흐, 영화 <타이타닉>의 여주인공 로스(Rose), <피아노(Piano)>의 여주인공 아다(Ada), <아마데우스(Amadeus)>의 살리에리(Salieri) 등이 이러한 타입이다.

3	지성이면 감천이다/하늘이 무너져도 솟아날 구멍은 있다/모로 가도 서울만 가면 된다/미국/야고보	• 남들 눈에 잘 보이려고, 거짓 모습을 꾸며 보였는가? • 일처리를 우선하여 감정을 무시하고 밀어붙였나?
4	천상천하 유아독존/보기 좋은 떡이 먹기도 좋다/뱁새가 봉황의 뜻을 알랴?/프랑스/요나	• 내가 너무 불쌍하고 우울해서 절망에 빠져 있었나? • 그 기분 때문에 남들에게 막 대했나. 남들과 비교하고 부러워했나?

소통의 창: 에니어그램 2, 6번 유형의 노래–친구

흔히 진짜 친구라면 이 정도는 되어줘야지 하는 저마다의 틀이 있다. 하지만 친구는 내가 먼저 그런 친구가 되어주지 않는 이상 나 역시 그런 벗을 가지기란 어렵다. 비록 남이지만 어떤 때엔 가족보다도 나를 더 이해해 주는 사람이 친구다. 좋은 친구를 얻고 좋은 친구가 되어주는 것, 분명 보람된 일이다.[11]

아무리 속상하고 싸우고 해도 술 한 잔 하면 다 풀리지 아니한가? 못난 친구란 없다. 잘난 친구도 없다. 그냥 친구와 친구 아닌 사람이 있을 뿐이다. 쌍욕을 하고 정부 비판을 하고 늘 술에 취해 신세 한탄만 해도 그것이 친구의 결점일지언정 친구의 자격 문제는 다른 차원이다. 친구가 배웠든 못 배웠든, 열등감에 사로잡혀 있든 아니든 친구의 결점과 우정은 다른 차원의 문제다. 친구의 의미에 대해 다시 한 번 생각하게 해 주는 노래이기도 하다. 안재욱의 <친구> 한번 들어보자. 오랜만에 친구들을 생각하면서 이 노래를 들으니 찡하다. 에니어그램 2번, 6번에 가까운 노래다.

괜스레 힘든 날 덧없이 전화해 말없이 울어도 오래 들어 주던 너
늘 곁에 있으니 모르고 지냈어 고맙고 미안한 마음들

사랑이 날 떠날 때 내 어깰 두드리며 보낼 줄 알아야 시작도 안다고
얘기하지 않아도 가끔 서운케 해도 못 믿을 이 세상 너와 나 있잖니

겁 없이 달려도 철없이 좋았던 그 시절 그래도 함께여서 좋았어

11) 영국의 어느 출판사에서 '친구'란 단어로 제일 멋진 정의를 내린 사람에게 상금을 걸었다. 수많은 정의 중에서 다음 것들이 추천되었다. '기쁨은 곱해 주고 고통은 나눠 갖는 사람', '우리의 침묵을 이해하는 사람', '많은 동정들이 쌓여서 옷을 입고 있는 것', '언제나 정확한 시간을 가리키고 절대로 멈추지 않는 시계.' 하지만 1등을 차지한 것은 바로 이것이다. '친구는 온 세상이 다 나의 곁을 떠났을 때 나를 찾아오는 사람이다.' 이외수의 『코끼리에게 날개 달아주기』에 나오는 글이다.

시간은 흐르고 모든 게 변해도 그대로 있어준 친구여

세상에 꺾일 때면 술 한잔 기울이며 이제 곧 우리의 날들이 온다고
너와 마주 앉아서 두 손을 맞잡으면 두려운 세상도 내 발에 있잖니

세상에 꺾일 때면 술 한잔 기울이며 이제 곧 우리의 날들이 온다고
너와 마주 앉아서 두 손을 맞잡으면 두려운 세상도 내 발에 있잖니

눈빛만 보아도 널 알아
어느 곳에 있어도 다른 삶을 살아도 언제나 나에게 위로가 되어준 너

늘 푸른 나비처럼 항상 변하지 않을 널 얻은 이 세상
그걸로 충분해 내 삶이 하나듯 친구도 하나야

그림 4-6 에니어그램 2, 6번 유형의 노래: 친구

2 머리형에 대한 결과 분석

1) 멘토적 소통: 멘토형 리더

5번 유형(멘토형)은 힘의 중심이 머리에 있으며, '나는 안다'라는 자기 이미지를 지니고 있다. 지식을 얻고 관찰하는 지식 탐구형 이미지를 가지고 있다. 주요 키워드는 논리적・객관적・사고력・내성적이고 사교적이지 않다. 리더십 스타일은 '관리형 리더십'이다. 이런 스타일은 사람을 만나는 기회를 자주 만들고 그것을 즐기며, 생각에만 머물지 말고 행동함으로써 주변 사람들에게 사랑의 감정을 표현해야 한다.

인상이 지적이며 사려 깊고 수용적이다. 현실에 대한 예리한 관찰자. 말수가 적은 훌륭한 청취자다. 집착하는 것은 지식과 아는 것이 힘이다. 어리석은 바보가 될까봐, 무시당할까봐 두려워한다. 자기만의 공간이 필요하며, 다른 이의 간섭으로 시간을 빼앗기는 것을 싫어한다. 현실 생활에서 자신감이 결여되고 단체 생활보다는 혼자 생활(사생활 중시)을 선호한다. 지식이나 정보를 충분히 갖추고 난(마스터) 후 집중한다. 한 가지에 몰입하는 수집가, 광팬이다. 공허감을 메우기 위해 현실을 재구성하거나 알려고 애쓴다. 삶을 살면서 모을 수 있는 것은 다 모은다. 단점으로는 인색하여 자신을 내어놓는 일, 돈, 일, 말까지도 절제한다. 자신의 욕구에마저도 인색하다. 더불어 나누면 자신을 잃어버릴까봐 두려워한다.

이런 사람이 개선해야 할 점은 헌신과 행동을 배워야 한다. 외부를 향해 나아가야 한다. 명상과 기도는 힘의 원천이자 회피의 방법이 될 수도 있다. 따라서 미성숙한 5번일 경우 사람은 고립되어 대인 관계가 부족하고 괴팍하며 지나친 인색함으로 삶을 옹색하게 만드는데, 정작 자신은 절약하는 사람으로 착각한다. 그런 사람일수록 허무주의에 빠져 멍하게 생각에만 사로잡혀 살아간다. 하지만 성숙한 5번이라면 시대를 앞서 세상을 완전히 다른 시야에서 보는 선구자적 역할과 시대를 앞서는 통찰력을 지니고 있다. 특히, 4번을 만나면 더욱 눈부신 성장을 한다.[12)]

그림 4-7 멘토적 소통과 멘토형 리더(mentor leader)

12) 대표적인 인물로는 에디슨, 빌 게이츠. 스티븐 호킹, 프로이트, 앨 고어, 율곡 이이, 이건희 삼성회장, 윤보선 대통령, 김대중 대통령, 아인슈타인, 하워드 휴즈(Howard Hughes Hercules), 휴 헤프너(Hugh Marston Hefner), 영화감독 큐브릭, 사르트르, 니체, 영화 <타이타닉>의 설계사 앤드류(Andrews), <죽은 시인의 사회>에서 앤더슨(Todd Anderson), <Finding Forrester>에서 프레스터(Forrester) 등이 이러한 타입이다.

2) 안전 지향의 소통: 파트너십

6번 유형(안전 지향형)은 힘의 중심이 머리에 있으며 '나는 충실하다'라는 자기 이미지를 가지고 있다. 주요 키워드는 성실함, 준비성 있음, 의존적, 회의적, 방어적, 안정 지향적으로서 리더십 스타일은 '협조형 리더십'이다. 풍기는 인상은 규범과 규칙을 중요하게 여긴다. 상부상조할 줄 알고 변화를 싫어하며 신중하다. 자기가 속한 집단에 안정감을 느끼고 최선을 다한다, 하지만 안전하고 확실한 것만 추구한다. 맡은 일은 끝까지 책임 있게 수행하지만, 융통성을 잃기가 쉽다.

일단 의문이 가시고 신뢰나 믿음이 가면 아주 깊고 오래 지속되는 관계를 유지한다. 자신이 직접 실행하는 것이 두려워서 결정을 내리지 못하는 우유부단함이 있다. 정통적이고 폐쇄적인 체계를 좋아한다. 권위자의 권위에 의존하지만 정당한지 의심하는 편이다. 회피하는 것으로는 일탈, 불확실성, 특별함 등이다. 그래서 정해진 틀 안에 있을 때 가장 안전하다고 생각한다. 외부로부터 지시가 있을 때 일을 시작하며 모험과 도전, 변화를 회피한다. 즐거운 인생을 즐길 겨를이 없다.

단점은 공포, 두려움, 특히 미래에 대해 걱정이 많다. 공포에 사로잡힌 6번이라면 자신이 인정한 권위에 따라서만 행동하려 한다. 공포에 대항하는 6번이라면 두려움과 불안감을 떨쳐버리려 공포에 대항이 과민반응적이다.

이런 사람이 개선해야 할 점은 자신감을 갖고 내면의 불안이나, 두려움의 실체와 맞설 수 있어야 한다. 타인에게 의존하지 않고 스스로 판단하고 결정하기를 배우고, 긍정적으로 생각하고 일을 시작하기를 두려워하지 말아야 한다. 자신의 삶과 감정에 책임을 지며, 자신의 결정을 신뢰하는 법을 배워야 한다. 긍정적인 사고로 타인과 공

그림 4-8 안전 지향적 소통과 파트너십(partnership)

감하고 즐거움을 많이 느끼도록 한다.[13]

3) 낙천 · 열정적 소통: 비전 제시형 리더

7번 유형(낙천 · 열정형)은 힘의 중심이 머리로서, '나는 낙천주의자다'라는 자기 이미지를 가지고 있다. 주요 키워드는 쾌활함, 낙천적, 상상력, 자기도취적, 공상적, 충동적으로서 리더십 스타일은 '비전형 리더십'이다. 풍기는 인상이 쾌활, 명랑하며, 낙천적이다. 인생을 하나의 선물처럼 체험하는 사람이다. 세상은 기회와 선택으로 가득 차 있다고 생각한다. 따라서 쾌락과 재미에 집착한다. 모든 일을 결정하는 기준으로 짜릿한 흥분, 자극을 과도하게 추구한다.

다양한 관심과 새로운 것을 추구하고 다재다능하다. 한꺼번에 여러 가지 일을 하고 호기심과 모험심이 강하다. 무엇이든 다 경험하고자 여행도 이 나라 저 나라 모두 가려고 하는 스타일이다. 기본 성향이 충동적, 방종적, 광적이어서 절제하기가 힘들다. 따라서 부풀린 긍정주의, 낙천주의로 피상적인 삶을 산다. 가시적이고 실질적인 이익만 추구한다. 진심에서 우러나는 관여를 피함으로써 무책임하고 상처 주는 경향이 있다. 자기도취적 경향도 있다. 따라서 고통과 인생의 슬픔, 어려움, 갈등, 불쾌함을 악덕으로 여기고 회피한다. 이런 사람이 배우자라면 평생 아이를 데리고 사는 느낌이다. 육체적 · 정신적 고통에 대해 과장된 공포가 있다. 무한한 가능성을 가진 미래와 이상적인 것에 열광한다. 단점으로는 무절제, 폭식, 방종, 모든 종류의 중독에 빠지기 쉽다.

이런 사람이 개선해야 할 점은 고통과 어두움을 침착하게 직시하고 받아들여야 한다. 끝까지 완수하는 것과 성실해지는 것을 배워야 한다. 금욕적이고 진지해지고 심사숙고해야 한다. 고통스러운 현실을 만나도 피하지 말고 받아들이며, 참을성을 가지고 일을 끝까지 마무리하면서 재미있는 활동이라도 때로는 절제해야 한다. 미성숙한 7번은 실속 없이 머리로만 계획을 세우기 때문에 겉으로는 바쁘지만 결과가 없다. 뒷바라지가 많이 필요한 유형이다. 성숙한 7번이라면 목표에 자신의 노력을 집중시키고 쾌활하며 성취 동기가 높다.[14]

---

13) 대표적인 인물로는 닉슨 미국 대통령, 록펠러, 육영수 여사. 다이애나 비, 맥 라이언, 멜 깁슨, 드라마 <왕건>에서 왕건, 견훤 밑의 최승우, 이순신 장군, 신사임당, 백범 김구, 노태우 대통령, 음악가 정명훈, 전인화, 한석규, 안성기, 이영애, 안철수, 유재석 등이 이러한 타입이다.

14) 대표적인 인물로는 스티븐 스필버그, 모차르트, 케네디, 찰리 채플린, 돈키호테, 칭기즈칸, 마르코 폴로, 스티븐 스필버그, 영화 <아마데우스(Amadeus)>의 모차르트, <타이타닉>의 잭 도슨(Jack Dawson), <죽은 시인의 사회>에서 존 키팅 선생, 조영남, 김건모, 김용옥, 싸이 등이 이러한 타입이다.

그림 4-9 낙천 · 열정적 소통: 비전 제시형 리더(visionary leader)

표 4-3 머리형에게 던지는 양심성찰용 질문

유형	관련 속담 및 국가	의식(양심) 성찰 시 돌아볼 문제
5	아는 것이 힘이다/나는 생각한다 고로 존재한다/하나를 알면 열을 안다/영국/요셉	• 남들과 부딪히기 싫어서, 말 안하고 도망쳐 숨어버렸나? • 시간과 물건이 아까워 남들에게 인색하게 대했는가?
6	돌다리도 두들기고 간다/꺼진 불도 다시 보자/낮말은 새가 듣고 밤말은 쥐가 듣는다/일본/베드로	• 외적 기준보다 내 판단을 확신했었나? • 두려운 생각에 사로잡혀 주위 사람들에게 아무 일도 못하게 했나?
7	인생을 즐겨라/웃는 얼굴에 침 못 뱉는다/염불보다 잿밥에 관심이 많다/브라질/솔로몬	• 내가 싫어하는 일을 하지 않으려고 온갖 다른 이유를 둘러댔나?

3 장형에 대한 결과 분석

1) 영웅 보스적 소통: 영웅형 리더십

8번 유형(영웅 · 보스형)은 힘의 중심이 장이며, '나는 강하다'라는 자기 이미지를 풍긴다. 주요 키워드는 도전적, 과감함, 주도적, 통제적, 자신감으로서 리더십 스타일은 '파워 리더십'이다. 풍기는 인상은 어디서든 주도권을 잡고 행사할 인상이며, 단호하고 압도적 인상이다. 도량이 넓어 안정감도 있다. 성격이 강하며 사람들을 지배하는 자기 주장이 강한 사람이다. 자신감과 결단력이 있고 거만하게 나서는 유형이다.

자기 주장이 분명하고 이분법적 사고로 모호한 태도를 보이지 않는다. 누군가 나서서 일해야 할 상황에 참지 못하고 나서며, 쉽게 화를 폭발하지만 뒤끝은 없다. 순진함과 강건함을 겸비했으며 강함 속에 어린애 같은 순진함이 있다. ‘나를 따르라(Follow me)’식의 솔선수범형 리더로서 의리, 충성심, 복종 관계를 중시하고, ‘내 사람’ 챙기기에 능하다. 소통의 중요 수단은 문서가 아니라 구두로 한다.

하지만 도전적이고 위협적이어서 가까이하기 힘들다. 집착하는 것은 힘이 관건이다. 그래서 통제하고 지배해야 살아 있다는 느낌을 갖고 있다. 누구와도 대결할 태세를 갖추고 있고, 권력과 승리를 추구하며 자기 주장이 강하고 공격적이다. 따라서 허약함, 부드러움, 다정다감, 온순함, 동정심, 예속을 회피한다. 단점은 타인을 이용하거나 소유와 억압, 무절제, 복수심이 강하다. 착취하면서 양심의 가책을 느끼지 않는 파렴치함도 지니고 있다.

이런 사람이 개선해야 할 점은 자신에게 정직하고 나약함을 인정하라. 관대하라. 분노를 직시하고 건설적으로 다뤄라. 친절하고 부드러움이 진정함 힘이다. 자신과 남들의 감정에 마음을 써 줘라. 타인에게 요구하는 것을 스스로에게도 적용하고, 잘못했다고 느낄 때는 진심으로 용서를 구하라. 자신의 감정을 정직하게 드러내고 타인의 잘못을 용서하는 태도를 보여야 한다. 흑백 논리보다 회색의 가치도 인정하라. 성숙한 8번은 관대하고 도량이 넓어 영웅처럼 역사에 위대한 업적을 남긴다.[15]

그림 4-10 영웅 보스적 소통과 영웅형 리더십(hero leader)

---

15) 대표적인 인물로는 현대 정주영 회장, 포드, 잭 웰치, 옐친, 드골, 마오쩌둥(毛澤東), 드라마 <왕건>의 전체적인 분위기, 견훤과 아자개, 영화 <글래디에이터(Gladiators)>와 <패트리어트(Patriot)>의 전체적인 분위기와 동일하다. 영화 <스타워즈(Star Wars)>의 다스 베이더((Darth Vader), 사담 후세인, 존 웨인, 도널드 트럼프, 전두환 대통령, 김일성, 성철 스님, 처칠, 조용필, 김두한, 유호성, 이훈, 이경실, 백지영 등이 이러한 타입이다.

2) 평화 유지적 소통: 평화주의 리더

9번 유형(평화 유지형)은 힘의 중심이 장이며, '나는 평화롭다'라는 자기 이미지를 풍긴다. 주요 키워드는 조화, 온화함, 수용함, 스스로 만족함, 태평함이다. 리더십 스타일은 '중용의 리더십'이다. 풍기는 인상은 느긋하고 협조적이며 잘 나서지 않는 유형이다. 다른 사람들을 잘 받아주고 신뢰감을 주는 안정적인 성격의 소유자다. 하던 일을 멈추지 못하고, 수동적이며 우유부단하다. 성격은 대체로 원만하고 느긋해서 문제가 있으면 저절로 해결되기를 기다리는 수동적인 방법을 택한다.

양 극단에 치우치지 않고 적절히 화합하며 인간성이 참 좋다. 적이 없고 함께 있으면 편안하다. 흐름에 순응하고, 순리를 강조한다. 고집 피우거나 잠자기, 끝까지 버티기에 능하다. 매사에 갈등 없이 평화롭기를 바라므로 자기 계발에 게으르고, 문제점을 방치하다가 의외로 뜻밖의 사태가 발생한다. 분노를 참다가 시간이 지나 후 갑자기 폭발한다. 단점은 자기비하, 게으름, 쉽게 살려고만 한다. 쉽게 남과 동일화된다는 점이다. 스스로 '최면'을 걸면서 스스로 문제로부터 도피한다.

이런 사람이 개선해야 할 점은 자신의 중요성을 인식하라. 뚜렷한 목표 실행과 결단을 습관화하라. 다이어리나 가계부를 기록하고, 자기 주장과 자기 표현 훈련을 해야 한다. 그리고 꾸준한 노력을 통해 성공할 수 있는 일을 선택하여 목표를 정하고 자신을 발전시켜야 한다. 성숙한 9번이라면 난관에 쉽게 굴복하지 않고 모든 것을 포용한다. 사람들을 화합시키고 갈등을 치유하는 힘을 지니고 있다.[16]

그림 4-11 평화 유지적 소통과 평화주의 리더(peacemaker)

---

16) 대표적인 인물로는 링컨, 달라이 라마(Dalai Lama), 틱낫한(Thich Nhất Hạnh), 영화 <타이타닉>의 선장, 대부분 인디언 소재 영화에서의 원로 인디언, 『삼국지』에서의 유비, 잉그리드 버그만, 오드리 헵번. 레이건 대통령, 황희 정승, 최규하 대통령,[17] 송창식, 김제동, 김성주, 최불암,[18] 등이 이러한

3) 완벽 추구적 소통: 원칙 중심의 리더

1번 유형(완벽형)은 힘의 중심이 장에 있으며, "나는 완전하다"라는 자기 이미지를 가지고 있다. 주요 키워드는 이상적 · 원칙적 · 윤리적 · 비판적 · 근면함이다. 리더십 스타일은 '원칙 중심의 리더십'이다. 풍기는 인상은 무슨 일이나 완벽하고 정확하게 끝을 맺는 인상이다. 공명정대, 원리원칙주의자로 윤리적이고 양심적이다. 원해서 하는 일보다 해야 할 일이기 때문에 올바른 일을 위해 집착한다. 또 자신의 한계를 부인하고 밀어붙인다. 그러나 자신의 결점 찾기와 자신의 욕구 및 감정을 억제하고 회피한다. 단점은 자신과 타인을 인정하거나 용서하지 못한다.

이런 사람이 개선해야 할 점은 자신의 분노를 인정하라. 인간의 자연스런 감정을 수용하라. 세상을 있는 그대로 수용하라. 비판하지만 말고 관대해라. 가끔은 일을 놓고 삶을 즐기고 의도적으로 재미있는 일을 계획해야 한다. 그리고 다른 사람의 장점을 칭찬해야 한다는 점이다.[18]

그림 4-12 완벽 추구적 소통: 원칙 중심의 리더(principle-centered leader)

타입의 리더들이다.

17) 고래심줄 고집, 청문회에 결국 나가지 않았다.

18) 대표적인 인물로는 제갈공명, 마틴 루터, 앨 고어, 힐러리, 마하트마 간디,[19] 대처 영국 수상, 영화 <콰이강의 다리>에서 영국군 포로 니콜슨 대령, 영화 <리틀맨(Little Men)>에서 남편, 이순신 장군, 황순원, 조광조, 차인표,[20] 삼성그룹 이병철 회장, SK그룹 최종현 회장, 이승만 대통령, 박정희 대통령, 노무현 대통령, 이회창, 드라마 <허준>에서의 허준, 이순재, 박수홍, 박칼리, 백지연 등이 이러한 타입이다(김재득, 2009).

19) 언행일치 사례다. 어느 어머니가 딸을 데리고 와서 '우리 애가 사탕을 너무 많이 먹으니 한 말씀만 해 주십시오' 하고 간청을 했는데 일주일 뒤에 오라며 돌려보냈다. 일주일이 지난 뒤에 간디는 그녀의 딸에게 이빨이 많이 썩는단 조언을 간단히 해 주었을 뿐이었다. 이에 궁금한 어머닌 왜 저번에 말씀해 주시지 않고 지금 이야기를 하냐고 묻자 간디 "그땐 제가 사탕을 입에 넣고 있었거든요."

20) 예비군 훈련에 결코 빠지지 않음, 다른 동료 연예인들도 빠져선 안 됨을 강조한다.

표 4-4 장형에게 던지는 양심성찰용 질문

유형	관련 속담 및 국가	의식(양심) 성찰 시 돌아볼 문제
8	두들겨라 그러면 열릴 것이다/쇠뿔도 단김에 빼라/호랑이굴에 들어가도 정신만 차리면 산다/한국/에스터	• 남의 말을 끝까지 귀 기울여 들었나? • 지배하지 못해서 화를 내며 오만하게 행동했나?
9	급할수록 돌아가라/누이 좋고 매부 좋고/참을 인자 3개면 살인도 면한다/중국/아브라함	• 무책임하게 내 생각과 관계없이 남에게 끌려갔나? • 갈등을 피하려고만 하고, 게으르게 지냈나?
1	띠끌 모아 태산이다/천릿길도 한 걸음부터/노력하는 자에게 복이 온다/독일/사도 바오로	• 내 생각만 옳다고 느끼고 독선적으로 행동했나? • 분개했을 때 연민을 느꼈는가?

소통의 창: 에니어그램 8번 유형 노래: 〈킬리만자로의 표범〉

노래 가사에서 우리는 짧은 시간이지만 한 사람의 일생을 마주한다. 노래 속 주인공의 내면으로 들어가 내가 깨닫지 못했던 내 안의 또 다른 면을 새로 발견할 수 있다. 동시에 노래 주인공의 기쁨과 슬픔, 좌절과 극복을 함께 겪으며 나를 옭아매고 다른 사람에게 짐을 지우는 내 삶의 패턴을 돌아볼 수도 있다. 필자가 판단하기에 에니어그램 8번 유형에 가까운 조용필의 노래 <킬리만자로의 표범>을 소개한다. 추가적으로 노래 이외에 영화를 통해서도 에니어그램 유형별 주인공을 찾아보았다.[21]

<대사>
먹이를 찾아 산기슭을 어슬렁거리는 하이에나를 본 일이 있는가.
짐승의 썩은 고기만을 찾아다니는 산기슭의 하이에나
나는 하이에나가 아니라 표범이고 싶다
산정 높이 올라가 굶어서 얼어 죽는 눈 덮인 킬리만자로의 그 표범이고 싶다
자고 나면 위대해지고 자고나면 초라해지는 나는 지금
지구의 어두운 모퉁이에서 잠시 쉬고 있다
야망에 찬 도시의 그 불빛 어디에도 나는 없다

21) 1번 유형: 일본 영화→ 긴 산책, 철도원(역장), 드라이빙 미스 데이지, 골든 에이지 · 2번 유형: S 다이어리, 혐오스런 마츠코의 일생, 지금은 통화 중, 러브 액츄얼리 · 3번 유형: 제리 맥과이어, 친구(장동건), 캐치미 이프 유캔 · 4번 유형: 봄날은 간다(이영애 역), 말죽거리 잔혹사(권상우), 유레루(오다기리 죠), 초콜렛 · 5번 유형: 타인의 삶, 넘버 3(박광정), 쉐도우 랜드 · 6번 유형: 비열한 거리(조인성), 굿바이(일본 영화), 남아 있는 나날 · 7번 유형: 스쿨 오브 락, 아마데우스(모차르트), 미세스 다웃파이어 · 8번 유형: 친구(유오성), 말죽거리 잔혹사(이정진), 맨 온 파이어(덴젤 워싱턴), 미션 · 9번 유형: 늑대와 함께 춤을, 내 책상 위의 천사, 곰돌이 푸우, 아이리스 등이다.

이 큰 도시의 복판에 이렇듯 철저히 혼자 버려진들 무슨 상관이랴
나보다 더 불행하게 살다간 고호란 사나이도 있었는데

<노래>
바람처럼 왔다가 이슬처럼 갈 순 없잖아
내가 산 흔적일랑 남겨둬야지 한 줄기 연기처럼 가뭇없이 사라져도
빛나는 불꽃처럼 타올라야지 묻지 마라 왜냐고 왜 그렇게 높은 곳까지
오르려 애쓰는지 묻지를 마라 고독한 남자의 불타는 영혼을 아는 이 없으면 또 어떠리.

<대사>
살아가는 일이 허전하고 등이 시릴 때 그것을 위안해 줄 아무것도 없는 보잘것없는 세상을
그런 세상을 새삼스레 아름답게 보이게 하는 건 사랑 때문이라구
사랑이 사람을 얼마나 고독하게 만드는지 모르고 하는 소리지
사랑만큼 고독해진다는 걸 모르고 하는 소리지
너는 귀뚜라미를 사랑한다고 했다 나도 귀뚜라미를 사랑한다.
너는 라일락을 사랑한다고 했다 나도 라일락을 사랑한다.
너는 밤을 사랑한다고 했다 나도 밤을 사랑한다.
그리고 또 나는 사랑한다. 화려하면서도 쓸쓸하고
가득 찬 것 같으면서도 텅 비어 있는 내 청춘에 건배

<노래>
사랑이 외로운 건 운명을 걸기 때문이지/ 모든 것을 거니까 외로운 거야
사랑도 이상도 모두를 요구하는 것/ 모두를 건다는 건 외로운 거야
사랑이란 이별이 보이는 가슴 아픈 정열/ 정열의 마지막엔 무엇이 있나
모두를 잃어도 사랑은 후회 않는 것 그래야 사랑했다 할 수 있겠지

<대사>
아무리 깊은 밤일지라도 한 가닥 불빛으로 나는 남으리.
메마르고 타버린 땅일지라도 한 줄기 맑은 물소리로 나는 남으리.
거센 폭풍우 초목을 휩쓸어도 꺾이지 않는 한 그루 나무되리.
내가 지금 이 세상을 살고 있는 것을 21세기가 간절히 나를 원했기 때문이야

<노래>
구름인가 눈인가 저 높은 곳 킬리만자로. 오늘도 나는 가리 배낭을 메고
산에서 만나는 고독과 악수하며 그대로 산이 된들 또 어떠리. 라… 라… 라… 라…

그림 4-13 에니어그램 8번 유형 노래, 〈킬리만자로의 표범〉

4 내적 확신과 힐링 포인트

에니어그램을 공부하면서 아주 가까웠던 한 사람이 떠올랐다. 그는 한때 나를 아주 힘들게 했던 사람이다. 그러나 나는 오랜 시간이 지난 후에 비로소 그를 이해하게 되었다. 아니, 정확히 말하자면 나 자신을 이해한 것이겠지만, 마음은 언제나 옳고 그름을 따진다. 마음은 언제나 좋고, 싫다를 구분한다. 그리고 마음은 언제나 "내가 옳다"라고 외친다. 상대 역시도 마찬가지다. 그러나 애초에 '옳다' '그르다'가 있었던가! 이 시점에 필자는 각 유형별로 내면의 메시지와 치유를 위한 '생각의 전환'을 적고 싶다. 각 유형별로 자신에 대해 새로운 자아와 현명한 대처법을 찾고 싶다. 그 결과 현재의 위기도 알고 보면 결코 위기가 아닌 오히려 자신에게 기회라는 '생각의 전환'도 가능했다.

표 4-5 힘의 중추별 특징 요약

유형	가슴 (2, 3, 4)	머리 (5, 6, 7)	장 (8, 9, 1)
감각	촉각, 미각	시각 (대화의 단절을 유발시킴)	청각, 후각(생존을 위한 동물적 감각이 높다)
감정	수치심, 사회적	공포, 보전적	분노, 공격적
관심	인간, 상징, 과거	수수께끼, 전반 상황, 미래	자신, 힘, 현재
상황 파악	직관적, 감정적, 타인 관심	관찰, 비교, 분석, 내성적	진행하는 일, 현실 조정, 통제
성격	사회적, 사교적, 인간 중심	자기보존, 사고, 지식	적대적, 본능적, 자발적
신체	순환기	머리, 중추신경조직	소화기
의사결정	관계된 사람	논리적, 이성적	당연, 의무, 원칙
인상	매력적인 미소, 온화	부끄럼, 소심	단호한 눈매, 도전적 안색

표 4-6 가슴형의 내적 확신과 힐링 포인트

유형	내적 확신	반박과 힐링 포인트
2	"내가 다른 사람에게 사랑받고 사람들과 가까이 지내면 나는 괜찮다."	▲2번 유형은 사람들에게 가까이 가기를 원하지만 여전히 자신이 사랑받지 못하고 있다고 느낀다. ▲왜 당신의 가치는 누군가가 당신을 사랑하는 것에 달려 있는가? 사람들이 당신을 사랑한다는 것을 어떻게 아는가? 만약 사람들이 당신을 사랑하지 않는다면 당신과 무슨 상관이 있는가?
3	"다른 사람이 나의 가치를 인정한다면 나는 괜찮다."	▲3번 유형은 많은 것을 성취하지만 이면으로는 공허감을 느끼는 경우가 많다. ▲왜 당신은 어떤 특정 활동이 당신을 가치 있게 만들어 준다고 생각하는가? 왜 당신은 자신이 가치 있다고 여기기 위해서 뭔가를 해야만 하는가? 스스로가 가치 있는 존재가 되기 위해서 얼마나 많은 것을 성취해야 하는가?
4	"내가 스스로에게 진실하다면 나는 괜찮다."	▲4번 유형은 특별해지기 위해 너무나 노력하기 때문에 삶의 많은 기회를 놓쳐버린다. ▲'자신에게 진실한 것'의 의미는 무엇인가? '자신에게 진실하다고' 할 때의 자신은 어떤 자신인가? 오래된 감정을 붙들고 있는 것을 의미하는가?

1) 가슴형

가슴형인 2, 3, 4번에 대한 힐링 포인트다. 2번 유형은 "아마 다른 사람도 이것을 할 수 있을 것이다. 아마도 그 사람은 이미 자신의 방식으로 나에게 사랑을 보여주고 있는 것이다. 아마도 나 자신을 위해서도 뭔가 좋은 일을 할 수 있을 것이다." 3번 유형은 "아마도 나는 최고가 되지 않아도 될 것이다. 아마도 사람들은 그저 있는 그대로의 나를 받아들일 것이다. 아마도 다른 사람의 의견이 나의 의견만큼 중요할 것이다." 4번 유형은 "아마도 나에게는 아무 잘못도 없을 것이다. 아마도 사람들은 나를 이해하고 나를 지원하고 있을 것이다. 아마도 이렇게 느끼는 사람이 나만은 아닐 것이다."

2) 머리형

머리형인 5, 6, 7번에 대한 힐링 포인트다. 5번 유형의 경우 "아마도 당신은 사람들을 신뢰하고 당신이 무엇이 필요한지를 알려줘도 괜찮을 것이다. 아마도 당신은 이 세상에서 행복하게 살 수 있을 것이다. 6번 유형의 경우 "아마도 이 일은 잘 될 것이다. 아마도 당신은 모든 가능한 문제에 대해 살펴볼 필요가 없다. 아마도 당신은 자신과 자신의 판단을 믿어도 될 것이다. 7번 유형의 경우 "아마도 당신이 가진 것은

표 4-7 머리형의 내적 확신과 힐링 포인트

유형	내적 확신	반박과 힐링 포인트
5	"내가 뭔가를 완전히 알게 되면 나는 괜찮다."	▲5번 유형은 한 가지 주제나 기술에 매달려 수년을 보내고도 그것에 자신 없어 한다. ▲당신이 뭔가를 '완전히 마스터했다'는 것을 어떻게 아는가? 당신은 언제 그것을 끝내는가? 당신이 마스터하는 일과 삶에서의 진정한 욕구는 어떤 관련이 있는가?
6	"다른 사람들이 요구하는 일을 한다면 나는 좋고 괜찮다."	▲6번 유형은 자신이 안전하다고 느낄 수 있는 상황을 만들려고 노력한다. 그러나 여전히 불안해 한다. ▲걱정하는 것이 당신에게 좀 더 안전하다는 느낌을 주는가? 사람들이 당신에게 기대하는 일을 하는 것이 당신에게 정말로 의미가 있는가?
7	"내가 즐거우며 원하는 것을 얻는다면 괜찮다."	▲7번 유형은 자신에게 만족을 가져다준다고 여겨지는 것을 추구하지만 여전히 불만족스럽고 좌절감을 느낀다. ▲욕구와 원하는 것을 구별할 수 있는가? 특정한 욕구가 충족되지 않았다고 해도 당신은 괜찮은가? 만약 그렇다면 그것은 진정한 욕구인가?

이미 충분할 것이다. 아마도 나는 '지금 여기' 이외에 필요한 곳은 없을 것이다."

3) 장형

장형에 대한 힐링 포인트다. 8번 유형의 경우 "아마도 사람은 당신을 이용하려 하지 않는다. 아마도 당신 스스로를 방어하는 것을 조금 늦춰도 괜찮을 것이다. 아마도 당신 가슴 속으로 좀 더 깊이 들어가서 느껴도 될 것이다. 9번 유형의 경우 "아마도 당신 스스로 변화를 만들 수 있을 것이다. 아마도 당신이 힘을 내서 상황에 뛰어들 필요가 있을 것이다. 아마도 나는 내가 생각하는 것보다 더 힘 있는 사람일 것이다. 셋째, 1번 유형의 경우 아마도 다른 사람이 옳을 것이다. 아마도 다른 사람이 더 나은 생각을 가지고 있을 것이다. 아마도 사람은 스스로 배울 것이다. 아마도 당신이 할 수 있는 일은 다른 사람들도 모두 했을 것이다.

무더운 여름 D대학의 법산 스님과 차 한잔 하면서 깨달음에 대해 나눈 말이다. 도오겐(道元) 선사의 법어로써 외우고 있다. "사람이 깨달음을 얻는다는 것은 마치 달이 물에 비춰지는 것과 같으니 달은 젖지 않고 물은 흔들리지 않음이다." 그렇다! 호수에 달이 비치듯 달도 하나의 반영이다. 우리의 마음도 하나에 반영이다. 마음은 우주의 반영이다. 마음에 있던 일들이 호수에 비친 달처럼 그렇게 사실처럼 비추고 있다. 이런 사실들을 이해하고, 이해할 수 없다 해도 우주의 법칙 앞에, 인과의 법칙 앞에 때로는 대혼란이 온다 해도 그 혼란 속에서 지혜와 깨달음을 얻으리라. 필자는 그

표 4-8 장형의 내적 확신과 힐링 포인트

유형	내적 확신	반박과 힐링 포인트
8	"내가 강하고 상황을 통제할 수 있다면 나는 좋고 괜찮다."	▲8번 유형은 점점 더 많은 통제를 추구하지만 여전히 자신이 안전하지 않다는 느낌을 갖고 있다. ▲당신이 강하며 보호받고 있다는 것을 어떻게 아는가? 당신은 얼마나 많은 통제가 필요한가? 통제하고자 하는 욕구가 정말로 당신을 행복하게 하는가?
9	"내 주변의 모든 사람이 좋고 괜찮다면 나는 좋고 괜찮다."	▲9번 유형은 자신의 행복이 다른 사람에게 달려 있다고 여기기 때문에 자신의 문제를 제대로 인식하지 못한다. ▲모든 사람이 정말로 괜찮다는 것을 어떻게 알 수 있는가? 어떻게 당신은 그것을 확신할 수 있는가? 왜 당신의 행복이 다른 사람의 행복에 달려 있는가?
1	"내가 옳은 일을 한다면 나는 좋은 사람이고 괜찮다."	▲1번 유형은 선하기 위해서 노력한다. 그러나 이들은 결코 자신의 슈퍼에고를 만족시킬 만큼 선할 수 없다. ▲합리적으로 들린다. 그러나 무엇이 '옳은지'를 어떻게 아는가? 누가 그렇게 말하는가? 당신의 기준은 객관적인가 주관적인가? 이 아이디어는 어디에서 왔는가?

깨달음을 에니어그램에서도 느끼고 있으며, 에니어그램으로 인해 풍요로운 내면을 만났다!

소통의 창: 집착의 끝은 바로 포로가 된다

남녀가 서로 좋아하면 사랑을 하게 된다. 사랑을 하다 보면 영원히 같이 있고 싶어한다. 그래서 자신의 것으로 만들기 위해 집착을 하게 된다. 서로 좋아한다는 것은 느낌에서부터 나타난다. 느낌은 즐겁기도 하고 괴롭기도 하고 무덤덤하기도 한다. 그런데 좋은 느낌이라면 느낌으로만 끝나지 않는다. 느낌을 더 '증폭'시키고자 한다. 많은 사람이 집착을 사랑의 또 다른 표현이라고 생각한다. 하루에 열 번씩 전화를 걸고, 개인적인 시간은 조금도 허락하지 않으며, 아무것도 아닌 일에 도에 넘치는 질투를 하는 것을 '너무나 사랑하기 때문에'라는 말로 감싸안는다. 그런 사랑을 받는 사람 역시 갑갑함을 느끼면서도 한편으로는 우쭐한 기분에 빠져든다. 그런 사랑을 받는 자신이 마치 대단한 사람이 된 듯한 착각에 빠지는 것이다. 그러나 지나친 집착은 그들의 자유를 잃게 되고, 처절함과 폭력성만 남는다.

집착은 반드시 남녀 관계에만 있는 것은 아니다. 부모와 자식 간에도 있고, 상사와 부하, 인기인과 그들을 따르는 팬들에게도 있다. 이와같이 집착에는 반드시 대상이 있다. 그 대상에 대한 과도한 집착의 요인은 항상 "내 뜻대로!"에서 시작된다. 남편도 내 뜻대로, 아내도 내 뜻대로, 자식도 내 뜻대로 되어야 하고 돈도 내 뜻대로 벌려야 한다. 이뿐만 아니다. 이 세상 모두가 내 뜻대로 되어야 직성이 풀린다.

그림 4-14 집착의 끝은 바로 포로가 된다

하지만 집착을 내려놓는 순간 사랑의 기적이 시작된다! '사랑'과 '집착' 사이, 당신의 사랑은 그 어디쯤에 있을까? 집착을 내려놓는 순간 찾아오는 것은 편안한 행복감이다. 집착을 버린다는 것은 열정을 포기하는 것과는 다르다. 그것은 고통, 불안, 혼란, 굴욕감, 질투심, 소유욕을 버리는 것을 의미한다. 이런 장애물을 걷어내고 건강한 관계를 이루면 진정한 애정에서 비롯된 기쁨을 맛보게 될 것이다.

소통을 위한 진단 코너: 유형별 기여할 것과 도약의 기회는?

필자는 자신의 강점을 살려서 자신의 영역에서 '변화'를 일으키는 것! 그것이 성공이라고 생각한다. 그러기 위해서는 자신의 강점이 무엇인지, 내가 다른 사람들과 어떻게 다른지를 아는 것이 중요하다. 그리고 그 강점을 최대한 활용하는 것이 중요하다. 자신의 약점에 불만을 가지거나, 남의 강점을 시기하고 남의 약점을 공격하는 데 시간을 낭비할 필요가 없다. 나의 강점을 분명히 인식하고, 그것을 통해 한 분야에서 '변화'를 일으키고 '공헌'하는 것, 그것이야말로 성공적인 삶의 모습일 것이다.

약점도 강점이 될 수가 있다. 위기가 바로 기회다. 약점이 있다고 위축될 필요는 없다. 약점을 기회로 만들어야 한다. 마음으로 생각을, 생각으로 행동을 바꾸면 된다. 항상 긍정적이고 적극적인 사고로서 변화가 가능하다. 사람은 누구나 약점이 있다. 완벽한 사람은 없다. 그러므로 서로 용서하고 이해하며 살아야 한다. 나의 약함을 인정하는 것으로부터 용서와 사랑은 시작된다. 우리의 나약함이 새로운 도전의 기회일 수도 있다. 삶의 자세를 낮추면 사랑의 대상이 눈에 들어온다. 중요한 것은 희망을 잃지 않는 것이다.

유형별 기여할 것과 도약의 기회는?

나의 유형은?	DiSC에서	에니어그램에서
나의 강점은? (기여·공헌)		
나의 단점은? (기회)		

소통의 창: 날개이론과 화살표이론

에니어그램에서 날개이론은 자신을 둘러싼 환경에 적응하기 위해 사용하는 에너지로서 자신의 유형을 둘러쌓고 있는 부속 유형(wing)이다. 날개는 균형 있게 발달하는 것이 좋다. 화살표이론은 스트레스에 따른 유형 변화로서 스트레스를 받으면 화살표 방향으로 부정적 성향이 표출된다. 안정된 상태에서는 화살표 역방향으로 긍정적 성향을 보인다. 정신적으로 쇠약해진 상태를 분열, 건강해진 상태를 통합이라고 한다.[22] 다시 말해서 '날개'란 중심 유형의 좌우에 있는 유형들을 말한다. '화살'이란 중심 유형과 화살표로 연결된 유형들을 말한다. 날개와 화살 유형에 포함되지 않는 나머지 유형들은 그림자 유형으로 잠재한다.

하나의 중심 유형은 어느 날개로 기울어졌는지, 어느 화살로 움직이고 있는가에 따라 여러 가지 역동적인 모습을 보인다. 예를 들어, 낭만적인 4번 유형이 관찰을 좋아하는 5번 날개가 강하면 내성적인 성향이 강해지지만, 성취욕이 강한 3번 날개가 강하면 외향적인 성향이 강해진다. 따라서 에니어그램을 통해 의도적으로 날개와 화살 유형들의 장점과 능력을 취하고 부정적인 면은 조절하면서 중심 유형의 균형을 잡는 것이 바람직하다. 이렇게 하면 삶의 경험이 더 폭넓어지고 모든 일에 유연하게 대응하게 된다.

좀 더 자세한 내용은 필자의 네이버(다음) 카페와 네이버 블로그에서 다뤄 놓았다. 언제든지 방문하여 다운받아가기 바란다.

---

22) 분열의 방향은 1→4→2→8→5→7→1/9→6→3→9이고 통합의 방향은 그 반대로서 1→7→5→8→2→4→1/9→3→6→9이다. 분열과 통합은 건강과 불건강의 방향을 나타내는 것뿐으로 유형의 분류에는 포함되지 않는다. 다만, 본능적 변형인 '행동 동기'가 매우 중요하다. 행동 동기는 자기 보존 본능, 사회적 본능, 성적 본능으로 나눈다. 그래서 애니어그램의 스펙트럼은 기본 유형×날개×본능적 변형=9×2×3=54가지로 변형이 가능하다.

다음 카페는 「김재득 교수의 공공리더십센터」,[23] 네이버 카페 역시 김재득 교수의 공공리더십센터이며,[24] 블로그는 「김재득 교수의 리더십과 팔로어십센터」[25]이다.

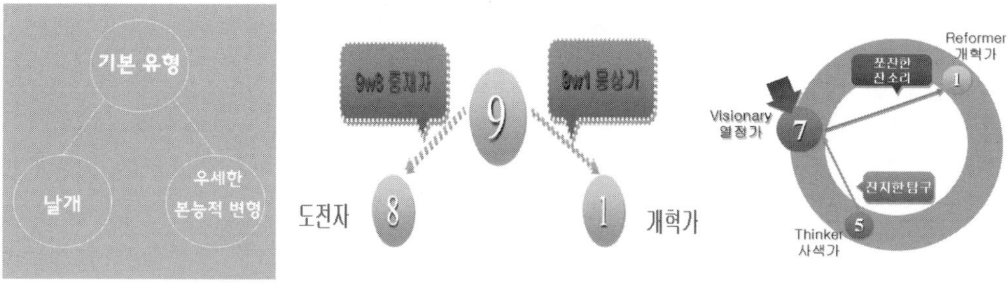

그림 4-15 애니어그램의 스펙트럼: 날개이론과 화살표이론

23) http://cafe.daum.net/leadershipandKJD
24) http://cafe.naver.com/leadershipandkjd
25) http://blog.naver.com/leadership33

제 5 장 NLP로 푼 소통의 퍼즐

코칭(coaching)

NLP에 아주 재미있는 표현이 있다.
If you have one way, then you are a robot.
if you have two way, you will be in a dilemma.
if you have many way, you will response flexible.

해석을 하자면, 만약에 당신이 한 가지 방법을 갖고 있다면 당신은 로봇이다. 만약에 당신이 두 가지 방법을 갖고 있다면 당신은 딜레마에 빠질 것이다. 만약에 당신이 다양한 방법을 갖고 있다면 당신은 유연하게 반응할 것이다. NLP의 기본 철학과 특징은 인생을 즐겁게, 마음먹은 대로 살게 해 주는 기적의 심리학이다. NLP에 의하면 당신의 몸이 느끼는 것, 말하고, 듣고, 생각하는 것이 당신의 삶을 결정짓는다.

제 1 절 탁월성에 대한 예술과 과학의 NLP

1 NLP의 목적 및 철학

NLP는 1970년대 미국에서 심리학자인 밴들러(Richard Bandler)와 언어학 교수인 그린더(John Grinder)에 의해 개발되었다. 이 두 사람은 당대 최고의 심리치료 전문가인 펄스(Frederick Pearls: 게슈탈트 요법), 새티어(Virginia Satier: 가족요법) 및 에릭슨(Milton Ericsson: 에릭슨 최면) 등을 관찰하고 모델링해서 NLP를 탄생시켰다. 쉽게 말하면, NLP는 인간의 두뇌 사용 메커니즘에 대한 설명법이라 할 수 있다. 이들은 당시 최고의 심리상담가인 펄스, 새티어, 에릭슨의 심리치료 기법을 본뜨는

(modeling) 과정에서 실제 경험을 바탕으로 개발된 변화와 성취를 위한 실천적 변화 모형이다.

1) NLP의 연혁

신경언어 프로그래밍(Neuro-Linguistic Programming)의 약자인 NLP는 1970년대 초 미국의 산타크루즈에 있는 캘리포니아대학교의 언어학 조교수였던 그린더와 같은 대학의 심리학과 학생이었던 밴들러 두 사람의 협력으로 시작되었다. 이 두 사람은 게슈탈트 테라피라는 혁신적인 심리요법을 창시했던 펄스, 복잡한 가족문제를 말끔히 해결하는 것으로 유명한 가족 치료사 새티어, 그리고 독창적인 최면 요법으로 세계적인 명성을 얻은 최면사 에릭슨이 사용하는 치료요법에 관심을 가지고 그 구체적인 노하우에 대해 지속적인 연구를 진행했다. 그러던 중 그들은 이들 세 명의 심리요법 천재가 서로 다른 성격을 지녔지만 놀랄 만큼 닮은 패턴을 사용하고 있음을 발견했다. 이후 그린더와 밴들러는 이들의 탁월한 소통 기술이나 심리적 접근 방법의 프로세스를 토대로 신경학, 정신생리학, 언어학 등의 이론을 접목시켜 전혀 새로운 타입의 심리학 체계를 만들었는데 이것이 바로 NLP다.

2) NLP의 탁월성 및 기본 철학

NLP는 새로이 발전하고 있는 심리학이며, '탁월성의 심리학'이다. '모두가 최고도의 탁월성을 발휘하며 사는 세상', '누구든 탁월한 사람이 될 수 있게 하는 교육이 이뤄지는 세상'이 NLP가 꿈꾸는 세상이다.[1] 믿어지지 않겠지만 NLP의 기법들은 마치 불교의 돈오(頓悟)처럼 한순간에 자신이 안고 있는 문제의 해결 방법을 제시해 준다. 또 최고의 인생을 향한 새로운 출발점을 발견하게 해 준다. 그런데 그 깨달음의 비밀은 NLP의 실용적인 기법들이 인간의 사고와 행동을 지배하는 신경 언어에 대한 깊은 통찰에서 나왔다는 점이다.

NLP는 오감과 언어에 따른 체험이 뇌의 프로그램을 만들고 행동을 결정짓는다는 이론을 바탕으로 원인(기본이 되는 체험)에서 결과(현재의 상태)에 이르는 과정에 주목했다. 그리고 뇌에 구성된 프로그램을 다양한 기법을 통해 수정하여 가장 바람직한 방향으로 결과를 변화시키고, 개인의 능력을 최대한 발휘할 수 있는 상태로 인도하는 것이다.

---

1) 인류의 정신사(精神史)를 바꾼 세 가지 발견이 있다면 코페르니쿠스의 지동설, 다윈의 진화, 프로이트의 무의식론이다.

NLP이론은 인간 심리 조종의 '마술적 기법'이라는 찬사를 받을 만큼 설득의 새로운 심리 기술이며, 특히 영업 판매 분야에서 가히 혁명과도 같은 성과를 나타내었다. 또한, 이 기법의 매력은 즉각적인 효과와 성과에 있으며, 일시적 현상이 아닌, 지속 강화되는 최첨단 능력 개발 기법으로서 우리 몸 속에 '잠든 거인(sleeping giant)'을 깨우는 것이다.

NLP의 최종 목적은 NLP를 통해 자기 혁신의 출발점이 마음(mind)이라는 것을 이해하고, 자신이 원하고 바라는 마음 상태로 재구성하여 변화하고자 하는 행동을 지속시킬 수 있는 방법을 체득하며, 또 자신의 탁월성과 독특성을 과거 경험 속에서 발견하고 재경험하며, 실천적 방안을 정립한다. 그리고 모두가 최고의 탁월성을 발휘하면서 살아가도록 만드는 것, 누구든 탁월한 사람이 될 수 있게 하는 교육이 이뤄지도록 만드는 데에 있다.[2]

3) NLP의 다양한 활용

NLP는 처음에 상담 및 심리치료의 새로운 접근 방법으로 출발했으나 최근에는 사고의 전환 및 행동의 변화를 요구하는 경영과 마케팅, 광고 및 세일즈 훈련, 그리고 협상과 스포츠 훈련 분야까지 활용되어 그 적용 범위가 점점 광범위해지고 있다.[3]

세계 최고의 성취 전문가, 성공 전문가, 행복 전문가의 행동 원리와 방법을 체계화하여 그것을 그대로 따라하도록 가르치고자 하는 특별한 이론과 기법인 NLP는 상담과 심리치료의 새로운 접근으로서 출발했으나, 최근에는 의사소통 및 인간관계, 경영과 세일즈, 협상, 리더십, 영성 등 여러 분야에서도 폭넓게 적용되고 있다. 또한 NLP는 여러 가지 질병 치료에 응용되고 있다. 특히 신경성 질환, 알레르기 등 환자의 의식과 깊은 관계가 있는 병에 대해서는 약물 치료와 더불어 NLP가 아주 효과적인 치료 수단으로 쓰이고 있다. 그리고 그 놀라운 효과 때문에 1970년대에 개발된 이후 전 세계로 계속 전파되고 있다.

인간의 모든 활동이 두뇌와 언어에 의하지 않는 것이 없는 만큼, NLP는 출발점이었던 심리치료와 정신 건강은 물론 교육과 육아, 자기 계발, 경영과 혁신, 마케팅과

2) 그래서 ① NLP는 개인적 탁월성과 우수성에 대한 예술이요 과학이다. ② NLP는 원하는 것에 집중하게 하는 성공과 행복한 삶을 위한 과학적 매뉴얼이다. ③ NLP는 자신의 뇌를 효율적으로 작동시켜 마음과 행동 변화를 이끄는 심리학이다. ④ NLP는 탁월한 성과를 내는 사람들의 효율적인 사고방식과 소통 방식을 이해하며 모델링하는 실천적 프로그램이다.

3) 예를 들어 NLP 기법을 도입해 텔레마케터들의 언어 습관과 고객 반응 확인 능력을 개선한 어떤 기업은 그전보다 텔레마케팅을 통한 상품 판매가 20% 증가했다고 한다.

세일즈, 스포츠, 예술 등 인간 생활의 모든 분야에 적용되어 강력한 효과를 발휘할 수 있다.

한국NLP연구소 심교준 소장은 "NLP는 인간의 뇌 메커니즘을 활용하는 것으로 매우 방대한 영역에 적용된다. 의학, 교육, 스포츠, 경영 등 뇌를 쓰는 모든 부문에 이용 가능한 일종의 도구"라고 말했다. NLP를 경영에 접목해 보면, 리더십과 코칭, 임직원 교육 훈련, 개인의 변화에 의한 조직 혁신, 비즈니스와 마케팅 등에 활용할 수 있다. 필자의 경험상 특히 소통과 협상에 가장 적합한 방법론 역시 NLP라고 하고 싶다.

2 NLP와 뇌

NLP이론은 '생각한 것이 원인이 되며, 그 결과가 현실이 되어 나타난다'라는 인과응보적 의미를 지닌 카르마(karma)[4]라는 개념과도 통하는 것이다. 성공하는 인생에는 성공 시나리오가 있듯이 시나리오 없는 영화를 상상할 수 없다. 시나리오는 집을 짓는 설계도와 같다. 우리의 인생도 시나리오를 작성했을 때와 작성하지 않았을 때를 비교해 보면 우리의 인생은 달라진다. 한마디로 모든 것은 마음먹기에 달렸다는 것인데 일찍이 원효 선사가 당나라 유학길에 얻은 깨달음인 '일체유심조(一切唯心造)'와 NLP는 이런 점에서 일맥상통한다.

그래서 NLP의 접근법은 단계적이다. 예를 들면, 첫째, 자신이 하고 싶은 일과 생각하는 바를 긍정적으로 표현한다. 둘째, 그것을 정신적으로 더욱 생생하게 만들어 그 장면을 '객관적 관조' 상태로 본다. 셋째, 이런 성공적 행동들을 마치 그것들이 현재 일어나고 있는 것처럼 '주관적 몰입 상태'에서 정신적으로 반복, 자연스럽게 느껴지게 하는 식이다.[5]

이렇게 NLP의 핵심적인 기초 원리들을 생각하면서, 경험의 구조를 재배열하고 신중하게 연습하면, 마음의 지도를 바꾸는 것이 생각보다 그리 어렵지 않다고 전문가들은 말한다.

---

4) 카르마의 국어사전적 의미는 다음과 같다. "전생에 지은 소행 때문에 현세에서 받는 응보다."

5) 객관적 관조와 주관적 몰입은 매우 중요한 개념이다. 객관적 관조는 불쾌한 기억에서 한 발 거리를 떼고 보는 연습을 통해 스트레스를 관리하는 방법이다. 반면 주관적 몰입은 좋은 기억을 떠올려 인생을 즐기고, 뛰어난 사람의 탁월한 기법을 습득하는 데 필요하다.

1) NLP의 전제와 의사소통 모형

NLP에는 다음과 같은 전제 조건이 따른다.6) ① 정신과 육체는 하나의 세계다. 즉, 몸과 마음은 하나다(mind-body unity). 우리는 모든 감각을 통해 정보를 처리한다. ② 지도와 영토는 다르다. 즉, 지도가 영토는 아니다. 여기서 영토란 객관적 사실을 의미한다. 지도란 그 영토를 해석하는 주관적인 믿음이다. 그래서 똑같은 사실을 두고도 사람들은 각자의 주관대로 해석을 하게 된다. 내가 아무리 좋은 의도를 가지고 이야기를 해도 상대방이 주관적으로 해석을 해버리는 경우가 얼마나 많은가? 사람들 사이에 의사소통이 잘 안 되는 이유는 바로 이런 이유 때문이다. ③ 무의식은 선의적이다. ④ 성공적인 성취를 모델링함으로써 탁월성을 달성할 수 있다. ⑤ 우리에겐 필요한 자원이 있거나 또는 우리가 창조할 수 있다. ⑥ 의사소통에서 의미는 우리가 상대로부터 얻는 반응이다. ⑦ 선택할 수 있다는 것은 그렇지 못한 것보다 바람직하다. ⑧ 인간의 행동은 목적 지향적이다. ⑨ 모든 행동은 긍정적인 의도에서 나온다. ⑩ 사람들은 완벽하게 일한다. ⑪ 이해하기를 원한다면 실행하라. ⑫ 타인의 세계관을 존중하라. ⑬ 사람들은 그 당시에 할 수 있는 최선의 선택을 한다. ⑭ 경험은 일정한 구조로 구성된다. ⑮ 실패란 없다. 다만 피드백이 있을 뿐이다.

한편, NLP에서는 의사소통에 대한 이론이 잘 발달되어 있다. NLP식 의사소통 이론에는 다양한 개념이 포함되는데, 그 중에서도 핵심적인 것은 왜곡(distortion), 생략(삭제)(deletion), 일반화(generalization)와 같은 인식의 여과(filtering) 장치에 관한 이야기다. 사람들은 자신이 관심 갖고 흥미를 느끼는 것에만 선택적으로 주의집중하는 경향이 있다. 즉, 자기가 보고 싶은 것만 보고 듣고 싶은 것만 듣는다. 이렇게 선택적으로 주의집중함으로써 많은 문제가 생기게 된다. 마음의 수준은 의식의 마음과 무의식의 마음으로 구분된다. 의식이란 어느 순간에 사람들이 알거나 느낄 수 있는 모든 경험과 감각을 말하며, 무의식은 인간 정신의 가장 깊고 중요한 부분이며 사람들의 행동을 지배하고 행동 방향을 결정한다.

의식은 합리적, 분석적, 이성적, 논리적이고 7±2(Miller, 1956)의 기억 용량을 가지고 있는 좌뇌에 해당한다. 무의식은 기억과 정서의 저장소이며 기억의 조직화, 직관과 영감, 영성, 부정적 감정의 억압, 신체 기능의 관장, 긍정적 자원의 저장소로 집중

6) NLP에서 전제 조건(presuppositions)이란 그 내용의 사실성, 진실성과 상관없이 그것을 사실로 인정하고 수용하여 그것에 따라 행동할 때 변화나 치료의 효과를 얻는 데 도움이 되기 때문에 당연한 것으로 받아들이는 전제된 생각이나 신념을 말한다.

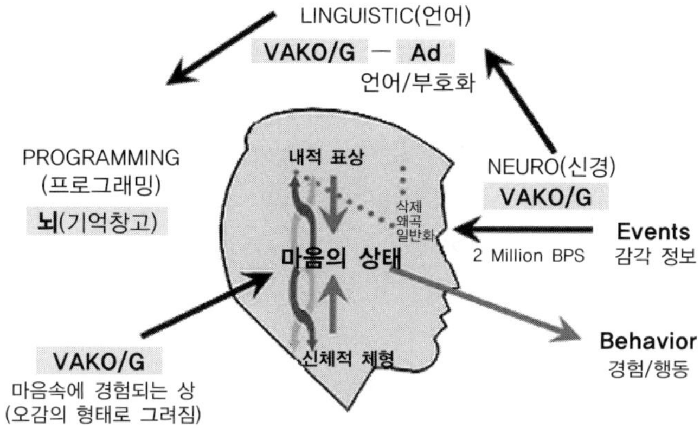

그림 5-1 NPL의 의사소통 모형

과 이완 상태에서 쉽게 접근 가능하며 우뇌적인 부분에 해당한다.

2) 뇌는 현실과 상상을 구별하지 못한다

NLP는 본능적인 뇌의 시스템을 이용하여 행복하고 성공적인 인생을 살 수 있게 하는 기술이다. 그러므로 시작 단계에서 뇌의 시스템에 대해 자세히 알아두면 NLP를 더욱 깊이 이해할 수 있다.[7] 가장 먼저, 뇌는 착각 덩어리라는 사실을 기억하자. 당신이 이상형이라고 생각하는 사람과 멋진 레스토랑에서 최고급 식사를 한다고 상상해 보라. 그 사람과 마주앉아 황홀한 맛이 나는 최고급 음식을 떠서 입으로 가져가 입 속에 넣는 모습까지 자세히 떠올려 보자. 빙긋이 웃음이 나오고 저절로 군침이 돌지 않는가? 이것이 바로 뇌의 착각이다.

사실 우리 뇌는 현실과 상상을 구별하지 못한다. 지금 머릿속에 그리는 것이 상상이든 현실이든 같은 신경회로를 통해 처리하여 몸 속 각 기관에 지령을 내리기 때문이다. 맛있는 음식을 상상하면 군침이 돌거나 좋아하는 사람을 떠올리면 얼굴에 화색이 도는 반응은 모두 뇌의 착각으로 일어난다.[8]

7) 두뇌 작용을 이해하게 되면서 성공한 사람의 말과 행동을 모델링해서 그의 장점을 다른 사람의 두뇌 속에 프로그래밍함으로써 목적 달성을 좀 더 쉽게 도와 주고 '인간의 수월성(human excellence)'을 추구할 수 있게 된다. '언어 맵' 또는 '세계 지도(map of the world)'라고 하는데, 그것은 이미 각자 유년 시절에 두뇌 깊이 각인된 원체험에서 비롯된 일반화된 신념과 가치관에 따라, 독자적으로 두뇌에 저장되어 그 사람에게 특유하게 형성되는 것이다.

8) 이처럼 어떤 경험을 떠올리거나 상상할 때도 뇌에서는 현실에서 체험하는 것과 같은 작용이 일어난다. 뇌에게 상상은 곧 현실 체험이라고 할 수 있다. 뇌의 착각 시스템을 이용하면 미래를 미리 체험

당신의 목표가 앞으로 카페를 운영하는 것이라고 하자. 카페를 어디에 차릴지, 간판은 어떻게 하고 내부를 어떻게 꾸미고 어떤 방식으로 일할지, 어떤 분위기의 카페로 할지 머릿속에 자세히 그려보자. 카페의 분위기, 활짝 웃는 직원의 미소, 기쁨에 들뜬 손님의 목소리, 손님을 대하는 자신의 기분까지 계속해서 이미지를 넓혀가자. 더욱 구체적으로 자유롭게 상상의 나래를 펼치다 보면 마음이 점점 설레며 실제로 체험하는 것처럼 느껴지지 않는가? 이것이 중요하다. 이렇게 생생하게 떠올리면 지금 무엇을 해야 할지 무의식 속에서 뇌가 명확하게 판단하여 자연스럽게 목표 실현을 위한 행동으로 이어지게 된다.

3) NLP와 사고의 유연성

NLP는 많은 것을 말하는 것 같지만 핵심 개념 중의 하나는 바로 '유연성'이다. 사람이 유연하지 않으면 결국 마찰이 생기고, 부딪치며 지혜롭고 현명한 선택을 하기가 어렵다. 우리는 다양한 선택권과 가능성을 가지고 있다. 우리의 삶을 위험하고 도전적으로 몰고가는 것은 그리 지혜로운 삶이 아니다. 예를 들면 고3 수험생이 '○○대학교에 떨어지면 죽는다'라는 한 가지 방법만을 생각한다면 대학교에 떨어지는 상황에서 그는 심각한 마음의 충격과 트라우마를 경험하게 된다. 이는 아주 유연하지 못한 사고 방식이며, 그것을 NLP에서는 로봇과 같다는 표현을 사용하게 된다. 쉽게 말하면 더 이상의 대안이 없다는 것이다. 그러나 대학에 떨어진다고 해서 모든 것이 끝나거나 무너지는 것은 아니다. 대학에 떨어지더라도 우리에게는 다양한 선택권과 기회를 가질 수 있다. 재수해서 더욱 열심히 공부함으로써 더 좋은 대학을 갈 수도 있다. 자신의 성적을 조금 낮춰서 대학교에 들어가 더 공부를 열심히 할 수 있다. 대학이 아니더라도 그동안 자신이 준비해 온 것이 있다면 그것을 통한 전문성을 살릴 수도 있는 것이다.

우리는 많은 선택 영역을 가지고 있음에도 불구하고 마치 하나의 선택만 바라보고 그것이 잘못되면 큰일 날 것처럼 미리 걱정하고 두려워하고 불안해 하는 것 같다. 이는 유연하지 못한 사고 방식이며, 이러한 고착화된 신념과 마음으로부터 상처는 하나씩 생기게 되는 것이다. 우리의 삶은 이것 하나를 지향하며 살아가는 것이라기보다는 많은 것을 경험하고 체험함으로써 진정한 자아 성찰과 스스로의 깨어남을 지향한다고 생각한다. 한 가지만을 바라보는 고착화된 사고 방식은 고집이나 아집과 같은 형

해 볼 수 있다. 방법은 원하는 미래를 생생하게 떠올리기만 하면 된다. 원하는 미래를 머릿속에 그리면 뇌의 착각 시스템이 발동하여 그 미래를 현실이라고 받아들이게 된다.

태로 우리의 삶을 힘들게 한다.

유연하다는 것은 결국 다양한 선택을 할 수 있는 능력을 지녔다는 것이다. 유연하다는 것은 이 세상이라는 바람 앞에서도 부러지지 않고 바람의 방향대로 자유롭게 움직일 수 있다는 의미로도 바라볼 수 있다. 그래서 행복한 사람은 삶이 유연하다. 성공한 사람도 마음이 유연하다. 유연한 사람은 실패를 두려워하지 않는다. 항상 다양한 많은 대안이 있기 때문에 배짱 있는 선택을 할 수가 있는 것이다. 유연한 사람은 남들이 가지 않는 여러 갈래의 길을 갈 수가 있다. 그래서 유연한 사람은 항상 최선을 다하는 삶을 살아가게 된다. 산의 정상을 오르는 데 꼭 남들이 가는 그 길만이 정답이라고 볼 수는 없다. 그 길은 수백, 수천 갈래의 길이 존재하는 것이고, 그 길이 보이지 않는다면 직접 길을 내는 것도 좋은 방법일 것이라는 생각이 든다. 이제는 로봇과 같은 딱딱한 사고 방식을 멀리하고 삶의 항로를 자유롭게 멋지게 나누며 날아가길 바란다.

4) 한국판 '시크릿'을 만들어 보라

이미지 트레이닝(image training)이라는 말이 있다. 실제로는 하지 않지만 마음속으로만 훈련을 해도 실제로 연습한 것과 같은 효과가 있다. 필자는 가끔씩 머릿속으로 어떠한 것을 간절히 원하면서 그 모습을 떠올리면 실제로 행동이 그렇게 되는 경험을 자주 확인하게 된다.[9)]

얼마 전 파워 블로거의 모임에 초빙받아 지식나눔 강의를 마쳤다. 뒤풀이에서 항공기 조종사 출신인 중견의 노신사가 들려준 이야기다. 골프 황제 타이거 우즈는 드라이브 샷을 쳤을 때 하얀 골프공이 푸른 하늘을 향해 날아 초록색 페어웨이에 안착되는 장면과 공이 잘 맞았을 때의 소리와 느낌을 마음속으로 그리며 시합 전에 마음속으로 라운딩을 한다고 한다. 그것은 원하는 것을 마음속에 생생하게 그리면 이뤄진다(시각화)와 같은 것이다. 마음의 힘은 우리가 생각하는 것보다 훨씬 강력해서 마음속에 있는 이미지에 강력한 힘을 제공해 그것을 구체화시킬 수 있는 것이다. 그리고 원하는 것을 이미 이뤘다고 마음속에 새기고(마음속에 새기기), 규칙적인 계획을 세워 이미 이뤘다고 마음속에 심으면 그것은 이미 자신의 것이 된다.

원하는 것을 이루기 위해서는 무엇보다도 '절실함', '간절함'이 묻어 있어야 한다.[10)]

---

9) 배우가 시나리오를 마치 자신이 겪고 있는 일인 것처럼 생생하게 떠올리고 연기하면 맡은 배역을 훌륭히 소화해 내고, 가수가 노래 가사의 상황을 생생하게 떠올리며 노래를 부를 때 명창이 되는 것과 같다.

배가 고프면 먹을 것을 찾아야 되고, 기름이 떨어졌으면 기름을 채우기 위한 방법을 찾아서 기름을 넣으면 문제는 해결되는 것이다. 우리 주변에는 비난적이고 패배적인데다가 부정적인 정보만 전하는 사람들이 있다. 꿈을 훔치는 '꿈도둑'들이 존재하는 것이다. 또 적극적이고 긍정적인 마음을 갖고 싶어하면서도 자신의 마음이 그렇지 못한 것을 개탄하는 사람들이 많다. 답은 간단하다. 배가 고프면 영양 섭취를 해야 하듯이 마음에도 영양 섭취가 필요하다. 죽은 물고기만이 강물에 떠내려간다. 실패를 겪을 때마다 발전의 기회로 생각하라. 힘차게 강물을 거슬러 올라가는 연어가 되어야 한다.

시도하지 않으면 아무것도 할 수 없다. 지금 그 자리에서 시작하라. 지글러(Zig Ziglar)는 사람들이 주당 60달러의 가치밖에 안 되는 우리의 위장을 위해서는 날마다 끊임없이 음식을 먹으면서도 그 가치가 무한한, 그리고 엄청난 잠재력을 지닌 우리의 마음에는 아무런 먹이를 주지 않는다고 아쉬워한다. 당신의 꿈을 훔치는 '꿈도둑'을 조심하라. 성공한 사람들이 긍정적이고 생산적인 이유는 그들이 정기적으로 새롭고, 멋지고, 에너지가 넘치고, 긍정적인 생각을 마음에 먹이고 있기 때문이다.

이처럼 우리가 원하는 결과를 얻기 위해서는 우리가 원하는 삶을 구체적이고도 생생하게 그려낼 수 있어야 한다. 그리고 그것은 생각으로만 그쳐서는 안 된다. 말로

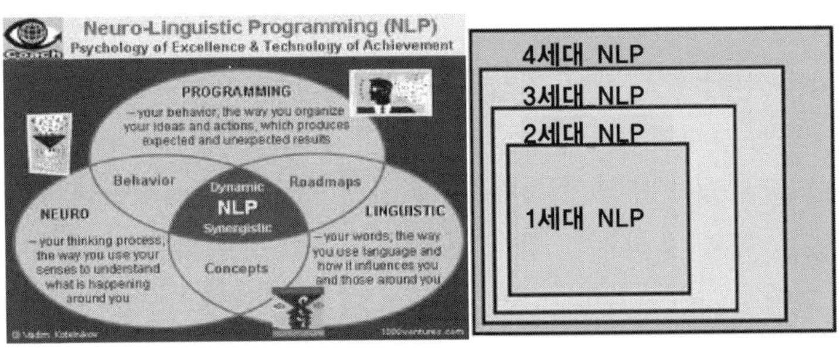

그림 5-2 NLP의 의미와 다양한 활용

10) 이 절실함의 수준은 영등포역에서 잠자던 거지가 잠자리가 불편하고 냄새난다면서, "내일은 서울역으로 옮겨 볼까" 하는 정도의 '자기 변화'를 의미하는 것이 아니다. 쓰레기통 옆에 있으면서 "왜 이렇게 냄새가 날까?" 하고 쓰레기통 근처에서 나오면 될 것을 그냥 그 자리에 머물러 있다면 문제가 크다. 배가 고플 때 "왜 내가 배가 고프지? 과연 이 문제를 어떻게 처리할까? 전문가에게 물어볼까?"라는 고민에 빠지지 말고 먹어야 한다. 기름이 떨어져 정지해 버린 자동차를 타고서 "왜 차가 가지 않을까? 기름이 없는데 어떻게 처리해야 하지?" 하고 가만히 있으면서 의아해 하기만 해서는 안 된다. 로또를 사야 로또에 당첨되는 것과 같은 이치다.

하고 글로 쓰고 현실에서 이뤄지고 있는 듯 생생하게 떠올려야 한다. 매일매일 그렇게 함으로써 습관이 되게 해야 한다. 그렇게 했을 때 우리가 바라고 원하던 삶이 현실이 되는 기적을 경험하게 될 것이다. 그리하여 나만의 '한국판 시크릿(secret)'을 만들어 보라.

소통을 위한 진단 코너: 선호 표상 체계 검사 문항지

사람마다 외부의 정보를 받아들일 때 자신만의 감각을 사용해서 선택적으로 받아들이는 경향이 있다. 인간의 감각, 즉 오감은 외부에 있는 세계를 인식하는 통로로서 시각, 청각, 신체 감각, 미각, 후각 등을 사용하는데 선호 표상 체계란 특정한 감각에 집중하는 일종의 필터라고 할 수 있다.[11] 선호 표상 체계를 알아보는 테스트를 해보고, 자신의 유형 그리고 주변의 알고 싶은 다른 사람의 유형도 체크해 보자.

※ 다음 문항을 읽고, 그 내용이 자신과 가장 가까운 것에는 4점, 두 번째로 가까운 것에는 3점, 정도가 약한 것에는 2점, 가장 적게 해당되는 것에는 1점을 써 넣으라. * 같은 점수가 없도록 할 것!

1. 내가 중요한 결정을 내릴 때 나에게 영향을 미치는 것은 다음과 같다.
   ① ___ 직관적인 느낌
   ② ___ 다른 사람이 하는 말의 내용
   ③ ___ 전체적인 모습과 어울림
   ④ ___ 면밀한 검토한 결과와 연구한 내용

2. 다른 사람과 논쟁을 벌일 때 내가 민감하게 반응하는 부분은 다음과 같다.
   ① ___ 상대방의 목소리 크기
   ② ___ 상대방이 논쟁하는 표정
   ③ ___ 상대방의 논쟁 내용
   ④ ___ 상대방의 진실한 마음

3. 나는 평소와 다른 심리 상태가 될 때 다음과 같이 바뀌는 경향이 있다.
   ① ___ 옷차림새나 화장이 달라진다.
   ② ___ 감정 표현이 바뀐다.
   ③ ___ 전문적인 언어나 용어를 사용한다.

---

11) 우리는 오감을 통해 외부의 정보를 받아들인다. 그 중에서 Visual(시각): 75%, Auditory(청각): 15%, Kinesthetic(촉각): 7%, Olfactory(후각) Gustatory(미각): 3%라고 한다.

④ ___ 목소리가 변한다.

4. 나는 다음과 같은 것을 하기가 쉽다.
   ① ___ 음질 좋은 오디오를 켜놓고 음악을 듣기
   ② ___ 관심 있는 주제와 관련하여 논리적으로 생각하기
   ③ ___ 가장 안락하게 느껴지는 가구 고르기
   ④ ___ 어울리는 색상 고르기

5. 나를 가장 잘 나타내는 것은 다음과 같다.
   ① ___ 나는 주변의 소음이 잘 들린다.
   ② ___ 나는 어떤 사실이나 자료를 분석할 때 논리성을 따진다.
   ③ ___ 나는 옷의 촉감에 민감하다.
   ④ ___ 나는 실내의 색상이나 배치에 민감한 편이다.

6. 사람들이 나를 가장 잘 알려면 다음과 같이 하는 것이 좋다.
   ①___ 내가 느끼는 것을 함께 경험하기
   ②___ 나의 관점과 함께하면서 상상해 보기
   ③___ 내가 무슨 말을 하며 또 표현을 어떻게 하는지 주의 깊게 보기
   ④___ 내가 원하거나 말하는 의미에 관심 갖기

7. 나는 다음과 같이 하는 것을 좋아한다.
   ①___ 다른 사람들이 말하는 것을 듣기
   ②___ 계획을 세울 때 전체적인 모습을 먼저 그려보기
   ③___ 정보나 자료가 있을 때 논리적 체계를 세우고 정리하기
   ④___ 사람을 처음 만났을 때 그에 대한 느낌에 관심 갖기

8. 나로 말할 것 같으면……
   ①___ 나의 눈으로 보고 확인하기 전에는 잘 믿지 않는 경향이 있다.
   ②___ 상대방이 애절한 목소리로 부탁을 해오면 거절하지 못한다.
   ③___ 나의 느낌으로 옳다고 여겨지면 이유를 따지지 않고 믿고 받아들인다.
   ④___ 이치에 맞고 합리적이면 나는 받아들인다.

9. 나는 스트레스를 받으면……
   ①___ 음악을 듣는다.
   ②___ 책을 읽으면서 생각에 잠긴다.
   ③___ 편안하게 누워서 휴식을 취한다.

④___ 좋은 경치를 배경으로 하는 영화나 그림을 본다.

10. 나는 처음 본 사람이라도 다음과 같은 식으로 그를 기억해 낼 수 있다.

①___ 얼굴 모습이나 옷차림새

②___ 목소리

③___ 그에 대한 느낌

④___ 그의 직업이나 하는 일이 무엇일까 생각해 보고

선호 표상 체계 검사 채점표

항목 \ 번호	1	2	3	4	5	6	7	8	9	10
①	K ( )	A ( )	V ( )	A ( )	A ( )	K ( )	A ( )	V ( )	A ( )	V ( )
②	A ( )	V ( )	K ( )	D ( )	D ( )	V ( )	V ( )	A ( )	D ( )	A ( )
③	V ( )	D ( )	D ( )	K ( )	K ( )	A ( )	D ( )	K ( )	K ( )	K ( )
④	D ( )	K ( )	A ( )	V ( )	V ( )	D ( )	K ( )	D ( )	V ( )	D ( )

번호 \ 구분	V	A	K	D
1				
2				
3				
4				
5				
6				
7				
8				
9				
10				
계				

주: 검산: V+A+K+D=100

선호표 상 체계 진단 그래프

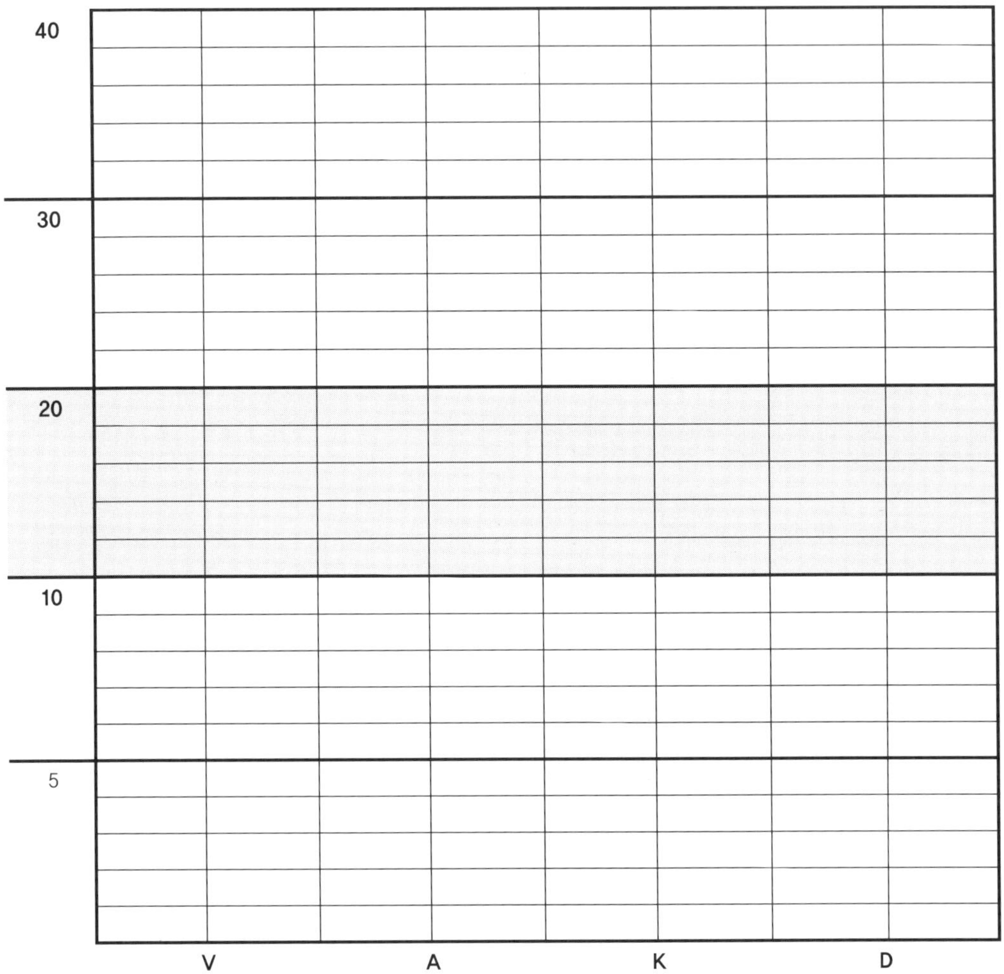

그림 5-3 시각적, 청각적, 신체 감각적 앵커

NLP에서는 선호 표상 체계 유형을 시각형, 청각형, 신체감각형, 내부언어형으로 나눈다. 동일한 상황과 장면에서도 어떤 사람은 어떻게 보이는가에 초점을 두고 정보를 분류하고 파악하는가 하면 어떤 사람은 소리나 냄새, 촉감에 초점을 두고 파악하고 받아들인다. 시각형은 말보다는 문서나 그림으로 어떤 내용을 이해하고 파악하는 것이 쉬우며, 시각적으로 보여지는 것을 중시한다. 반면 신체감각형은 몸으로 느껴지는 촉감이나 감각에 민감하고, 그 감촉과 느낌을 중시한다. 이러한 감각 유형, 즉 선호 표상 체계를 제대로 파악해야만 상대의 마음을 정확히 읽을 수 있고 원하는 변화를 창출할 수 있다.

가족 간이나 친구, 그리고 동료 간에 의견 충돌이 잦고 갈등이 심하다면 선호 유형의 체계가 서로 다르기 때문은 아닌지 검토해 볼 필요가 있다. 가족 간, 친구 간, 동료 간에 잘 지내고 싶을 때 비즈니스 측면에서 협상을 잘 하고 싶거나 학습을 효율적으로 이끌어 주고 싶을 때 선호 표상 체계를 알면 쉽게 래포(rapport)를 형성할 수도 있고, 의도하는 바를 달성하기도 쉽다.

제 2 절 NLP의 다양한 기법

NLP에는 다양한 소통 기법이 있다. 예를 들면 눈동자 접근 단서(eye accessing cues)가 있다. 이것은 인간이 내적으로 어떤 경험을 하고 있느냐에 따라 그 경험의 차원이 눈동자의 움직임으로 나타나는 것을 지칭한다. 즉 시각적 경험, 청각적 경험, 그리고 신체 감각적 경험은 각각 서로 다른 방향으로 움직이는 눈동자의 움직임을 통해 나타난다. 그러므로 상대방의 눈동자 움직임을 통해 그의 내적 경험의 차원을 짐작할 수 있다고 할 때 눈동자 움직임은 내적 경험의 차원에 접근할 수 있는 훌륭한 단서가 된다. 이 단서는 래포의 형성, 선호 표상 체계의 확인, 전략 수립 과정, 메타 프로그램 등에서 크게 활용된다.

그 밖에도 대단히 구체적인 소통 기법들이 있다. 관점 바꾸기(reframing),[12] 교차

12) 관점 바꾸기란 특정한 경험이나 사실을 다른 관점에서 바라보고 다른 의미를 부여하는 것을 말한다. 어떤 내담자가 스스로 키가 작아서 고민한다면 작은 고추가 맵다고 말함으로써 긍정적으로 생각하는 것, 밤에 잠을 잘 못 이룬다면 밤 시간을 유용하게 활용할 수 있고 생각함으로써 오히려 더 적극적인 자세를 취하는 것이 좋은 예다. 몸이 아픈 것에 대해 고통스러워하기보다는 스스로를 돌

거울 반응하기(cross-over mirroring),[13] 포지션 체인지(position change), 휘익(swish) 기법 등이 그것들이다. 이런 기법들은 그리 복잡하지도 않고 특별한 이론적 지식 없이도 실생활에서 아주 효과적으로 활용될 수 있다. NLP의 몇 가지 중요한 기법을 소개한다.

1 래포의 형성

래포(rapport)의 형성은 상담, 세일즈, 강사들의 교감 스킬이다. 래포란 '마음의 유대'란 뜻으로 서로의 마음이 연결된 상태, 즉 서로 마음이 통하는 상태를 뜻한다. 래포가 형성되면 호감 · 신뢰심이 생기고 비로소 깊은 마음속의 사연까지 언어화할 수 있게 된다. 래포의 형성을 위한 연습은 다음과 같은 순서로 진행하면 된다. ① 3인이 1조가 된다. A는 내담자, B는 가이드(guide), C는 관찰자 ② A와 B는 가까이 마주 보고, 또는 비스듬히 앉으며 C는 약간 떨어져서 앉는다. ③ A는 무엇인가 하고 싶은 내용을 B에게 이야기한다. B는 그 이야기를 들으며 미러링(mirroring), 백트래킹(backtracking), 호흡의 리듬 및 음조에 맞춘다. ④ 끝나면, 서로의 경험 · 느낌을 피드백(feedback)하고, C가 메모한 것도 이야기한다. ⑤ 차례로 역할을 바꿔서 같은 것을 실행한다.

구체적인 방법은 다음과 같다.

첫째, 미러링이다. 이것은 거울 속에 비친 모습처럼 내담자(상대방)의 자세 및 동작을 그대로 따라 한다. 내담자가 오른손을 짚으면 상담자는 왼손을 짚고, 또 내담자가 왼손을 올리면 상담자는 오른손을 올린다. 내담자가 고개를 우측으로 기울이면 상담자는 좌측으로 기울이는 등의 행동을 취한다.

둘째, 백트래킹이다. 내담자(상대방)가 말한 것 중의 중요한 부분을 반복하는 것을 말한다. 내담자의 말을 단순히 묵묵히 듣는 것이 아니라, 때때로 맞장구를 처서 관심

아볼 수 있는 좋은 기회라는 식으로 관점 바꾸기를 하여 자신의 상태를 수용할 수 있다. 관점 바꾸기에는 의미 관점 바꾸기와 맥락 관점 바꾸기와 같은 종류가 있다.

13) 이것은 거울 반응하기 기법의 한 가지로서 상대방의 신체 언어에 맞추되 그와는 다른 신체 부위를 사용하는 것을 말한다. 예를 들어 내담자가 말하는 일정한 리듬에 따라 나의 발장단을 두드리는 것, 그가 자기의 머리를 만지거나 쓰다듬고 있을 때 나는 나의 무릎을 만지거나 쓰다듬는 것, 그가 규칙적인 발바닥 놀림을 할 때 나는 손으로 책상을 같은 속도와 리듬으로 치는 것 등이 해당한다. 중요한 것은 상대방과 서로 다른 신체 부위를 사용하여 그의 신체 언어에 맞춰 간다는 것이다.

을 보이며 듣는 것이다. 예를 들면 "어제는 낚시를 가서 고기를 여러 마리 낚았지요" 라고 말하면 "고기를 낚았다고요? 물고기를 낚아채는 순간 기분이 최고였겠네요." "오랜만에 고향에 갔었는데 감회가 깊었어요"라고 말하면 "고향에 갔었다고요?" "고향 사람들을 만나 반가웠겠네요"라고 말한다.

셋째, 호흡의 리듬 및 음조에 맞춘다. 긴장되어 있는 사람, 화가 나 있는 사람, 근심 걱정이 있는 사람, 의기소침해 있는 사람, 조급해 하고 있는 사람, 무엇인가 기분이 언짢아 있는 사람은 호흡이 빠르고 얕은 것이 특징이다. 그런 사람의 마음을 가라앉게 하고 기분을 전환하기 위해서는 상대방의 상태에 보조(pacing)를 맞출 필요가 있다. 그 방법은 앞에서의 1과 2에 더하여 내담자(상대방)의 호흡에 맞춰서 정상 호흡으로 이끈다. 동시에 말의 표현이나 강약, 말의 속도, 음색, 음조 등도 상대방을 따라서 같이 하고, 상대방이 바꾼다면 그에 따르도록 한다. 그러나 이때 내담자의 문제에 끌려들어 가서는 안 되고, 어디까지나 태연하게 중립적인 입장을 취하는 게 중요하다.

2 앵커링과 공중분리 기법

1) 앵커링 기법

앵커링(anchoring)은 닻내리기라고도 한다. 닻을 적용하여 특정한 반응을 유발하는 것을 말한다. 즉, 이것은 특정한 반응을 불러일으키기 위해 특정한 자극을 적용하는 것으로 자극을 반응과 연결시키는 것이기도 하며 행동주의 심리학에서 말하는 조건 형성의 개념에 해당한다. 닻내리기에는 용도에 따라 자원 닻내리기, 연쇄 닻내리기, 누적 닻내리기, 붕괴 닻내리기 등이 있다. 앵커링이 진행되는 동안에 강도의 법칙, 적시성의 법칙, 반복성의 법칙, 독특성의 법칙을 준수하면서 다음과 같이 진행하면 된다.

첫째, 과거의 긍정적 경험을 생생하게 떠올린다(recall). 즉, 자원을 확인한다. 인생에서 가장 좋은 결과를 가져오게 했던 내적 자원이 풍부했던 편안한 시기를 기억나게 하면 된다. 동시에 내적 상태를 감각 경험 V, A, K로 측정한다. 몸을 충분히 편안하게 이완시킨 후 "그때의 장면을 떠올려 보세요. 무엇이 보이나요? 어떤 소리가 들리나요? 어떤 느낌이 느껴지나요? 몸의 어떤 부분에서 느껴지나요?"라고 묻는다.

둘째, 충분한 연합이 이뤄지고 절정 경험의 순간에 특정한 자극을 적용함으로써 앵커링(닻내리기)을 발사한다(anchor). 이때 충분히 몰입하도록 가이드한다. "좋았던 경험을 했을 때 그 느낌을 기억하고 몸에 그 느낌이 전해지면 표시해 주세요." 하면서 앵커링을 확인한다. 자신에게 맞도록 시각, 청각적으로 선택하여 앵커링을 할 수 있다. 이어서, 상태 파괴(break state)를 하고,[14] 다시 한 번 리소스풀(resourceful: 자원이 풍부한)한 상태를 불러일으키며 앵커링을 확인한다. 잠시 생각을 다른 곳으로 돌리게 한 다음 "조금 전 자신감을 불러오는 앵커링 포즈 기억하나요? 다시 한 번 그 포즈를 취해 보시겠어요? 조금 전 기억했던 그 느낌이 다시 느껴지나요?"라고 하면 된다.

셋째, 앵커링한 상태에서 기분의 변화가 있었는지 확인한다. "당신이 자신감을 찾고 싶을 때 앵커링 자세를 취한다면 자신감을 회복할 수 있을까요?" "당신이 어떤 일을 할 때 앵커링을 적용해 볼 수 있을까요?"라고 말하면 된다. 마지막으로 상태를 현실로 불러내면 된다(evoke).

그림 5-3 앵커링(anchoring)

2) 공중분리 기법

공중분리 기법이란 공중으로 올라가서 문제 상황을 내려다보는 식으로 경험하는 방법이다. 처음에는 낮은 공중에서 시작하다가 차츰 높은 공중으로 마지막에는 우주

---

14) 상태 파괴란 특정한 정서적 상태에서 벗어나도록 하기 위해 주의를 분산하는 말이나 행동을 하는 것을 말한다. 예를 들어, 우울한 상태에 있는 사람에게 생일이 언제인지를 물어보거나 오늘이 며칠인지를 묻는다면, 그 질문 자체가 우울한 상태를 파괴하고 벗어나게 하는 역할을 한다. 이와 같은 질문을 함으로써 상태를 파괴할 수 있다.

공간으로까지 높이 올라가서 문제 상황을 내려다 보는 동안에 문제에서 해방될 수 있다.

첫째, 부정적인 정서를 경험하는 자신의 상태를 연합하여 경험하고 느껴보라. 기분이 어떠한가? 어떤 옷을 입었거나 어떤 상태에서 어떻게 행동하고 있는가? 함께 한 다른 사람(들)이 있는가? 있다면 그들은 어떻게 행동하며 무엇이라고 말하고 있는가? 그때 당신은 어떤 기분 상태에 있는가? 기분이 나쁘다면 어떻게 나쁜가? 불쾌한가? 슬픈가? 화가 나는가? 짜증이 나는가? 억울한가? 자존심 상하는가? 죄책감을 느끼는가? 죽고 싶은가? 울고 싶은가? 그 감정의 수치를 1에서 10까지 체크해 보라.

둘째, 천장으로 올라가서 자신이 부정적 정서로 경험하는 모습을 천장에서 내려다 본다고 생각하고 상상하라. 자신은 어떤 모습으로 보이며 표정은 어떠한가? 소리는 어떻게 들리는가? 함께한 사람들의 모습이나 표정은 어떠한가? 소리는 들리는가?

셋째, 비행기 높이로 올라가서 자신의 모습을 내려다보라. 어떤 모습으로 보이며 표정은 어떠한가? 소리는 어떻게 들리는가? 함께한 사람들의 모습이나 표정은 어떠한가? 소리는 어떠한가?

넷째, 우주 대기권을 벗어나서 지구를 보라. 지구가 공처럼 작게 보일 정도로 멀리 가라. 그리고 이번에는 지구가 아예 보이지 않을 정도만큼 멀리 벗어나라. 그곳에서 지구 속에 있는 자신의 모습이 보이는지 상상해 보라. 아무것도 보이지 않을 정도로 완전히 분리하라.

3 영화관 기법과 탁월성의 원

1) 영화관 기법

첫째, 당신이 완전히 용기를 얻고 자신감이 넘쳤던 순간에 몰입하라. 그때 그 상태로 돌아가서 강하고 자신 있는 느낌을 느껴라. 이때 자신이 둥근 보호막에 싸여서 보호되고 있는 것을 보라.

둘째, 머릿속 극장 안으로 가라. 화면이 잘 보이는 편안한 의자에 앉아라. 다음으로 당신 자신의 몸에서 빠져 나와 뒤에 있는 영사실로 가 있는 것을 느껴라. 그리고 항상 당신 주위에 보호막이 있는 느낌을 느껴라. 아래를 쳐다보고 객석에서 빈 스크린을 바라보고 앉아 있는 자신의 모습을 바라보라.

셋째, 화면을 정지 화면으로 하고, 당신을 정말로 괴롭혔던 끔찍한 경험을 흑백으로 떠올려 보라. 당신은 객석에 앉아 있는 자신의 모습을 내려다보고 있고, 스크린에서 일어나는 것을 보고 있는 자신을 바라본다. 당신은 그 스크린으로부터 이중으로 객관화되어 있다. 그 상태에서 흑백 화면을 매우 빠른 속도로 뒤로 돌려 당신을 괴롭히던 것이 싸구려 가정용 비디오나 낡은 광대놀이 희극같이 보이도록 하라. 객석에 앉아 있는 자신의 모습을 보면서 그것에 대해 우스워하는 반응을 보이는 것에 주목하라.

넷째, 이제 영사실에서 내려와 객석에 앉아 있는 당신의 몸 속으로 들어간 다음, 일어나서 스크린 앞으로 걸어 올라가라. (아주 강하고 자신 있는 상태로 해야 한다.) 스크린 속의 당신은 그 전 자아에게 그동안 쭉 지켜보았다고 말하고, 그 경험을 변화시키는 데 도움이 될 두세 가지 방법을 갖고 왔다고 말하면서 당신의 젊은 자신 이전에는 다룰 수 없었던 것을 잘 처리하도록 도와라.

다섯째, 머릿속으로 같은 장면을 다시 보라. 그러나 이번에는 당신의 젊은 자신이 똑같은 상황을 완전한 자신감을 가지고 하는 것을 보라.

여섯째, 이제 다시 스크린으로 다시 돌아가서 당신의 젊은 자신에게 공포증이나 정신적 상처 또는 두려움에서 해방된 것에 대해 축하해 주고 안아줘라. 이제 그 젊은 자신을 당신의 몸 안에 넣고 그가 전보다 훨씬 더 강해졌다는 것과 그것이 당신 인생의 일부라는 것을 느껴라.

2) 탁월성의 원 기법

탁월성의 원은 탁월한 경지에 올랐던 과거의 경험을 언제든지 느끼고 재경험할 수 있도록 우리 내면에 스스로 만들어 놓은 가상의 공간이다. 무엇이든지 할 수 있는 상태, 즉 자신감이 넘치는 상태로 나의 감정을 의식적으로 만들어 낼 수 있는 강력한 도구다. 자신감이 위축되어 어떤 일을 하는 데 어려움을 겪을 경우에 자신감 넘치는 상태로 끌어올리고 싶을 때는 탁월성의 원을 머릿속에 떠올리고 자신감 넘쳤을 때의 자신의 멋진 모습을 생생하게 그린다. 그러면 감정 상태가 자신감 넘치는 상태로 만들어진다. 구체적인 방법과 지시문[15]은 다음과 같은 순서로 하면 된다.

---

15) "지금 생각해도 나는 참 대견해요. 참 나는 멋진 사람인 것 같습니다. 내 안에 커다란 가능성이 있습니다. 그 장면에서 나는 무엇을 하고 있나요? 나는 내 자신이 너무 자랑스럽고 대견합니다. 나는 누구와 함께 있습니다. 발 밑에 커다란 원이 생겼습니다. 무슨 색깔인지 보시기 바랍니다. 이것은 탁월성의 원입니다. 이것은 나를 보호할 것입니다. 나의 탁월성 원을 원 밖에서 바라보세요. 이것을 필요

첫째, 자신이 진정으로 원하는 이상적 자아상을 구체적으로 정한다.

둘째, 이상적 자아상을 이뤘을 때의 모습을 생생하게 감각적 언어를 통해 시각화한다.

셋째, 과거에 자신감이 넘쳤던 자신의 경험을 한 가지 선택하여 그것에 대한 전체 이미지를 오감을 사용하여 생생하게 시각화하여 떠올린다(이야기한다). 즉, 자신감을 느꼈던 때를 다시 경험해 본다. 기억 속에서 당신이 아주 강한 자신감을 가졌던 때의 기억을 찾아내서, 그때로 가 본다. 그 순간을 마음속으로 다시 경험하면서, 그때 보고 들었던 것들을 다시 보고 듣는다.

넷째, 눈앞에 지름 1m 정도의 탁월성의 원(소원을 이룰 수 있는 마법의 원)을 상상으로 그린다. 이때 원은 자신이 좋아하는 다른 모양이어도 무방하다(사각, 세모, 마름모, 별 모양). 그 안에 색상과 조명, 소리, 향기 등을 자신의 감성에 맞도록 만든다. 즉, 당신 내면에서 자신감이 쌓이는 것을 느끼면서, 당신 발 아래 방바닥에 색깔이 있는 원이 있다고 상상해 보라. 어떤 색깔의 원을 만들고 싶은가? 그것이 얼마나 강력한지를 보여줄 만한 부드러운 콧노래 같은 소리도 더하고 싶은가?

다섯째, 탁월성의 원 안으로 들어간다. 과거의 탁월했던 경험을 떠올리며 그때의 경험을 강하게 하며 주먹을 불끈 쥔다. 상태가 감퇴되기 시작할 때 원에서 밖으로 나온다. 또는 자신감이 가득 찼다고 느껴질 때, 그 자신감은 원 안에 남겨두고 원 밖으로 걸어 나와라. 이상한 지시처럼 들리겠지만, 당신은 그렇게 할 수 있다.

여섯째, 원 밖에서 기분이 어떠했는지를 느껴보고 원안을 마음의 눈으로 들여다보라. 그리고 원 안과 원 밖이 어떻게 다르게 느껴지는지 비교해 보라. 즉, 앞으로 이런 자신감을 원하게 될 특정한 순간을 생각해 보자. 당신이 자신감을 느끼고 싶은 그 시점 바로 전에, 거기에 있는 것을 보고 들어라.

위의 상태를 여러 번 반복한다. 다시 원 안으로 들어가 아까 느꼈던 자신감을 다시 느껴 보라. 이런 자신감을 잔뜩 가진 채로, 미래에 펼쳐질 그 상황 안에 서 있다고 상상해 보라. 자신이 원할 때 언제든지 그러한 상태를 만들어질 때까지 반복한다. 즉, 결과를 체크한다. 원 밖에서 잠시 쉰 후, 아까 상상했던 사건에 대해 생각해 보라. 아마도 자동적으로 자신감이 솟아나는 것을 느낄 것이다. 이것은 당신이 이미 다가올 사건에 대해 자신을 미리 프로그래밍했다는 것을 의미한다.

할 때마다 꺼내 쓸 수 있도록 나의 세포에 새기겠습니다. 나의 모든 뼛속까지도 들어오고 있습니다. 이제 나는 어떤 것도 자신있게 할 수 있습니다. 이제 눈을 뜨셔도 됩니다."

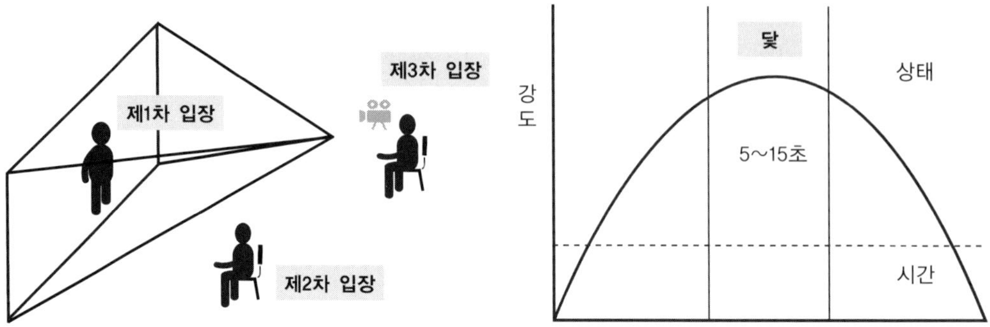

그림 5-4 영화관 기법과 탁월성의 원

4 NLP를 활용한 미래 상상과 끌어당김의 법칙 멘트

1) 미래 상상용 멘트

미래 상상에 적합한 멘트를 소개한다. 자신과의 소통에 적합한 멘트다. 이때 이누야사의 '시대를 초월하는 마음' 같은 곡을 동시에 들려주면 좋다.

<자~눈을 감아 주세요>
미래로 가겠습니다.
2023년입니다.
지금보다 나이가 10살 많죠?
내 가슴은 뛰고 피 끓는 일을 하고 있습니다.
내가 꿈꿨던 일을 하고 있습니다.

<상상 속의 내가 무슨 일을 하고 있나요?>
10년 뒤에 친구들도 나를 따뜻한 시선으로 바라보며
나의 부모님은 나를 자랑스러워하십니다.
나는 그들의 시선을 밟으면서 나는 나 스스로에게 어떤 느낌을 받고 있나요?
어떤 이야기를 주고받고 있나요?

제한도 없고 실패도 없는 상상 속에서 마음껏 누려 보시기 바랍니다.
오늘의 상상이 10년 뒤에 현실로 될 곳입니다.
충분히 상상이 끝났으면 제자리로 오시면 됩니다.

<잘 다녀오셨나요?>

2) 자원 찾기용 멘트

자원 찾기에 적합한 멘트를 소개한다. 앞으로 10년 동안 내 안에 있는 능력과 자원을 어떻게 잘 활용할 것인가에 대한 멘트다.

<자~눈을 감아 주세요>
나는 10년 동안 애쓰고 노력해서 내게 필요한 자원을 갖췄습니다.
쉽지 않았고 힘든 과정이 있었습니다.
그동안 어려웠지만 나는 진심으로 원하는 삶을 살고 있습니다.

<상상 속의 내 모습을 찬찬히 들여다보시기 바랍니다.>
10년 뒤 나의 모습을 마음껏 느껴 보시기 바랍니다.
나의 가슴을 뛰게 하고 피 끓게 하는 나는 무엇을 하고 있습니까?
나의 모습은 사진으로 찍힙니다.
이 사진은 나의 뼛속, 세포 속 하나하나에 침투했습니다.
이 모습이 10년 뒤 나의 모습입니다.

자! 이 사진을 멋지고 큰 액자에 넣어 보겠습니다.
되도록 이 사진을 크고 세련된 빌딩에 걸어보도록 합니다.
덜 멋지다 싶으면 다시 액자를 바꾸시면 됩니다.
자 이제 제자리로 오시면 됩니다.

3) 끌어당김의 법칙에 적합한 멘트

끌어당김의 법칙에 적합한 멘트를 소개한다.

(좋은 기억을 떠올리시고……)
<자~눈을 감아 주세요>

나는 지금 너무 즐겁습니다.
나에게 타임머신이 있다면 미래의 나는 어떤 모습일까요?
나는 어떤 옷을 입고 있나요?
나는 어떤 신을 신고 있나요?
나의 주변에는 어떤 그림이 있나요? 혹시 주변 사람들이 보이나요?
나의 주변에는 어떤 사람들이 있나요?
혹시 들려오는 소리는 무엇인가요? 그 소리에 귀 기울여 보세요!
어느 방향에서 오고 있나요?

<손가락으로 방향을 가리켜 보세요>

나는 즐거운 순간에 가고 있습니다. 나는 어떤 느낌이 드는지 느껴 보세요.
몸으로 전해 오는 것이 어떤 것인지?
어떤 소리가 들려오는지 경험해 보시기 바랍니다.
여행이 끝났으면 제자리로 오셔도 좋습니다.

소통을 위한 진단 코너: 나의 욕구 강도는?

미국의 정신과 의사이자 심리상담 전문가인 글래서(William Glasser) 박사는 인간은 태어나면서부터 다섯 가지의 욕구를 가지고 태어나며, 또 순간순간 최선이라고 판단되는 자기 나름대로의 창의적인 행동 방법을 찾아 자신의 욕구를 충족시켜 나간다고 한다. 즉, 우리가 평소에 하는 행동은 무의미한 것이 아니라 이유나 목적이 있다는 것이다. 글래서 박사가 언급한 다섯 가지 욕구란 "생존의 욕구", "사랑과 소속감의 욕구", "힘(성취)의 욕구", "자유의 욕구", "즐거움의 욕구"다.[16]

작성 방법은 전혀 그렇지 않다 1점, 그렇지 않다 2점, 보통이다 3점, 그렇다 4점, 매우 그렇다 5점으로 작성하면 된다.

16) 이러한 욕구는 직장이나 가정 혹은 사회에서 항상 우리와 부딪히게 된다. 예를 들면 조직 내에서 인정받지 못한다면 힘(성취)의 욕구가, 동료와의 관계가 나쁘다면 사랑과 소속감의 욕구는 채워질 수가 없을 것이다. 이렇게 되면 활동할 수 있는 에너지가 저하되어 일하는 것에서 즐거움을 찾지 못하게 될지도 모른다. 따라서 우리가 하루 일과의 절반을 보내고 있는 소속 조직에서 어떤 욕구를 충족시키고 있으며 충족되지 않는 욕구를 어떻게 더 효율적으로 충족시킬 수 있는지도 알아야 한다.

번호	문항	1점	2점	3점	4점	5점
1	돈이나 물건을 절약한다.					
2	돈으로 살 수 있는 것에 각별한 만족을 느낀다.					
3	내 자신의 건강 유지에 많은 관심을 가지고 있다.					
4	균형 잡힌 식생활을 위해 노력한다.					
5	성적인 관심을 많다.					
6	매사에 보수적인 편이다.					
7	안정된 미래를 위해 저축이나 투자를 한다.					
8	부득이한 경우가 아니면 모험을 피하고 싶다.					
9	외모를 가꾸는 데 관심이 있다.					
10	쓸 수 있는 물건은 버리지 않고 간직한다.					
계						
11	나는 사랑과 친근감을 많이 필요로 한다.					
12	다른 사람의 복지에 관심이 있다.					
13	타인을 위한 일에 시간을 낸다.					
14	장거리 여행 때 옆자리의 사람에게 말을 건다.					
15	사람들과 함께 있는 것을 좋아한다.					
16	아는 사람과는 가깝고 친밀하게 지낸다.					
17	배우자가 내게 관심을 가져주기를 원한다.					
18	다른 사람이 나를 좋아해 주기를 원한다.					
19	다른 사람들에게 친절하게 대한다.					
20	배우자가 나의 모든 것을 좋아해 주기를 바란다.					
계						
21	내가 하는 가사나 직업에 대해 사람들로부터 인정받고 싶다.					
22	다른 사람에게 충고나 조언을 잘한다.					
23	다른 사람에게 무엇을 하라고 잘 지시한다.					
24	경제적으로 남보다 잘살고 싶다.					
25	사람들에게 칭찬 듣는 것을 좋아한다.					
26	내 밑에서 일하는 사람이 문제가 있을 때 쉽게 해고한다.					
27	내 분야에서 탁월한 사람이 되고 싶다.					
28	어떤 집단에서든 지도자가 되고 싶다.					
29	내 자신을 가치 있는 인간이라고 여긴다.					
30	내 성취와 재능을 자랑스럽게 여긴다.					
합계						

31	다른 사람에게 지시받는 것이 싫다.					
32	내가 원하지 않는 일을 하라고 하면 참기 어렵다.					
33	다른 사람에게 어떻게 살아야 한다고 강요하면 안 된다.					
34	누구나 다 인생을 살고 싶은 대로 살 권리가 있다.					
35	인간의 자유로운 선택 능력을 믿는다.					
36	내가 하고 싶은 일을, 내가 하고 싶은 때 하고 싶다.					
37	누가 무어라고 해도 내 방식대로 살고 싶다.					
38	인간은 모두 자유롭다고 믿는다.					
39	배우자의 자유를 구속하고 싶은 생각이 없다.					
40	나는 열린 마음을 가지고 있다.					
계						
41	나는 큰 소리로 웃기 좋아한다.					
42	유머를 사용하거나 듣는 것이 즐겁다.					
43	나 자신에 대해서도 웃을 때가 있다.					
44	뭐든지 유익하고 새로운 것을 배우는 것이 즐겁다.					
45	흥미 있는 게임이나 놀이를 좋아한다.					
46	여행을 좋아한다.					
47	독서를 좋아한다.					
48	영화 구경을 좋아한다.					
49	음악 감상을 좋아한다.					
50	새로운 방식으로 일하거나 생각해 보는 것이 즐겁다.					
계						

문항 합계	점수 합계
1 - 10	
11 - 20	
21 - 30	
31 - 40	
41 - 50	

50					
40					
30					
20					
10					
	1-10 생존 욕구	11-20 사랑 욕구	21-30 성취 욕구	31-40 자유 욕구	41-50 편 욕구

결과 분석

1. 생존의 욕구(survival need)

이 욕구는 척추 바로 위에 위치한 구뇌(old brain)로부터 생성된 것으로 호흡, 소화, 땀, 혈압 조절 등 신체구조를 움직이고 건강하게 유지하도록 하는 중요한 과업을 수행하고 있다. 구뇌의 기능은 우리가 생존하는 데 없어서는 안 되는 요소이지만 우리가 일상을 영위하는 데 지배적인 힘을 직접 발휘하지 못한다. 이러한 생존의 욕구가 강한 사람은 안정을 추구하는 반면, 생존의 욕구가 약한 사람은 변화와 모험을 즐긴다. 그래서 생존의 욕구 수준이 현저하게 차이가 날 경우 사소한 일로 의견 충돌이 많을 가능성이 있다. 따라서 생존의 욕구는 높거나 낮거나 점수가 비슷한 사람과 만나는 것이 잘 어울린다.

2. 사랑과 소속의 욕구(love & belonging need)

일반적으로 사랑과 소속의 욕구로는 자신의 가족을 형성하기를 원해 결혼하고 싶어하거나 친구를 사귀고 싶어하는 것 등이 있다. 이러한 사랑과 소속의 욕구가 5점인 사람과 1점인 사람이 만나면 처음에는 5점인 사람인 자신의 사랑을 표현하면서 만족감을 얻는다. 하지만 시간이 지날수록 무관심한 여인에게 지치게 되고 결국엔 5점인 사람이 상처를 입고 돌아서게 된다. 그래서 사랑과 소속의 욕구 역시 원하는 만큼 사랑의 표현을 주고받을 수 있는 욕구 수준이 비슷한 사람과 만나는 것이 좋다. 특히 두 사람 모두 사랑과 소속의 욕구가 높은 경우가 가장 이상적이다. 두 사람 모두 낮은 경우도 괜찮겠으나 이때에 문제가 생기면 쉽게 마음을 떠날 수 있으므로 주의해야 한다.

3. 힘(성취)의 욕구(power need)

보통 사람들은 사랑과 소속의 욕구를 만족시키기 위해 연애와 결혼을 하지만 가끔 힘의 욕구가 맞지 않아 연인 사이에 문제가 생기게 된다. 힘의 욕구가 강한 사람은 지도자가 되어 인정받고 싶어하고 다른 사람에게 잘 지시를 하는 경향이 있다. 연인 사이에서 힘의 욕구를 채우고 싶어 서로 통제하려고 하다가는 결과적으로 연인 관계를 파괴시키는 원인이 되기도 한다. 특히 두 사람 모두 사랑과 소속의 욕구가 낮고 힘의 욕구가 높은 경우 팽팽한 긴장감이 도는 상태가 될 수도 있다. 이럴 때 외부에서 힘의 욕구를 채울 수 있다면 괜찮다. 하지만 원만한 관계를 원한다면 힘의 욕구 수준이 차이가 나는 사람과 만나는 것이 더 나을 것이다. 가장 이상적인 경우는 두 사람 모두 힘의 욕구가 높지 않고 사랑과 소속의 욕구가 높은 경우다.

4. 자유의 욕구(freedom need)

자유의 욕구란 각자가 원하는 곳에서 살고 대인 관계와 종교 활동 등을 포함한 모든 삶의 영역에서 어떠한 방법으로 영위해 나갈지를 선택하고 자신의 의지를 마음대로 표현하고 싶어하는 욕구를 말한다. 그러나 자기 욕구 충족을 하는 데 다른 사람의 자유를 침범하지 않도록 다른 사람을 배려할 수 있어야 할 것이다. 연인 관계의 경우엔 두 사람 모두 자유의 욕구가 낮거나 평균적인 수준이라면 괜찮다.

반대로 두 사람 모두 자유의 욕구가 높을 경우에는 사랑의 욕구가 높고 힘의 욕구가 낮으면 사랑이 두 사람을 연결시켜 주며 상대방을 휘두르려 하지 않기 때문에 괜찮다. 하지만, 연인 간에 욕구 수준이 많이 차이나면 낮은 사람이 힘들어하는 경우가 많다. 물론 이러한 경우에도 사랑이 깊다면 상대방을 배려할 수 있기 때문에 문제를 극복할 수 있다.

5. 즐거움의 욕구(fun need)

글래서는 즐거움에 대한 욕구를 기본적이고 유전적이라고 말한다. 이 즐거움의 욕구를 충족시키기 위해 때로는 생명의 위험도 감수하면서 자신의 생활 양식을 과감히 바꿔 나가는 예를 볼 수 있다 생명을 걸고 암벽을 타거나 자동차 경주를 하려는 것과 같은 위험한 활동을 택하는 것은 좋은 사례다. 연인 관계에서 두 사람 모두 즐거움의 욕구가 높다면 함께 활동할 영역이 많기 때문에 좋다. 두 사람 모두 즐거움의 욕구가 평균이거나 낮거나 간에 비슷한 수준이라면 좋은 관계를 유지할 수 있다. 그러나 즐거움의 욕구 수준 차이가 많이 나면 좋지 않다. 이런 경우는 즐거움의 욕구가 높은 사람이 즐거움을 줄 다른 사람이나 일을 혼자서 찾아 나서게 될 가능성이 있기 때문이다.

소통의 창: MBTI와 DiSC와의 비교

MBTI(Myers-Briggs Type Indicator)가 최근 소통과 리더십 훈련 과정에서 사용되고 있다. 그런데 MBTI가 DiSC 행동 유형 분석에 비해 어렵다고 생각하는 사람이 많다. MBTI는 16가지로 사람의 성격을 분류하고, DiSC는 4가지로 분류하기 때문이다. MBT가 16가지로 분류하므로 어렵고 실생활에 적용하기 힘들다고 하는 사람은 MBTI를 대충 배운 사람이다. MBTI는 기본적으로 16가지로 성격 유형을 분류하지만, 다면적 유형 분석을 통해 네 가지 유형으로 단순화시켜서 분류할 수 있다. 사실 DiSC도 MBTI에서 다면적 유형 분석의 하나다. DiSC에서 행동 유형을 구분하는 기본 축이 외향과 내향, 사고(일 중심)와 감정(사람 중심)이다. 이것은 MBTI 다면적 유형 분석에서 ET, EF, IT, IF로 분류된다.[17]

DiSC 검사를 통해 우리가 파악할 수 있는 인간의 행동은 두 가지 기준으로 나누게 된다. 에너지의 방향을 기준으로 삼아서 보면 외향적인 사람, 내향적인 사람으로 나눌 수

12.5	11.5	2.0	3.0
5.0	7.0	4.5	4.0
4.5	6.5	7.0	3.5
10.0	11.0	3.5	3.5

ISTJ 세상의 소금형	ISFJ 임금 뒤편의 권력형	INFJ 예언자형	INTJ 과학자형
ISTP 백과사전형	ISFP 성인군자형	INFP 잔다르크형	INTP 아이디어 뱅크형
ESTP 수완좋은 활동가형	ESFP 사교적인유형	ENFP 스파크형	ENTP 발명가형
ESTJ 사업가형	ESFJ 친선도모형	ENFJ 언변능숙형	ENTJ 지도자형

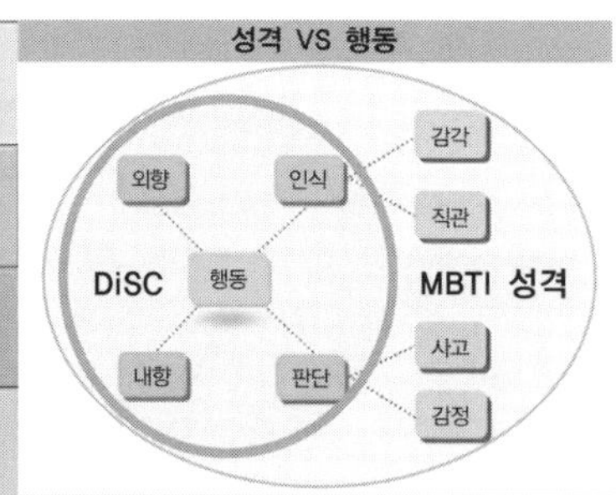

그림 5-5 MBTI

17) MBTI는 융(C. G. Jung)의 성격유형론을 확장해 마이어스와 브릭스(Myers & Briggs)가 개발한 것이다. 한국의 각 성향을 인구 비율로 분석해 보면 한국적 현상이 그대로 나타나고 있는데, 한국에서는 ISTJ가 21.5%로 가장 많고, 그 다음으로 ESTJ가 14.2%, ISFJ가 8.18% 순이다. ENTP(2.18%)와 ENFJ(1.84%)가 가장 낮은 비율을 나타내고 있다.

있고, 판단 기준으로 보면 사고형인 사람과 감정형의 사람이 있다. 이러한 기준에 따라 다음과 같이 DiSC 행동 유형으로 분류하게 된다. 결국, DiSC검사에서 D형(주도형)은 MBTI 검사에서 ET형(외향사고형)이다. DiSC검사에서 I형(사교형)은 MBTI검사에서 EF형(외향감정형)이다. DiSC 검사에서 S형(안정형)은 MBTI 검사에서 IF형(내향감정형)이다. DiSC검사에서 C형(신중형)은 MBTI 검사에서 IT형(내향사고형)이다.

따라서 MBTI와 DiSC는 같은 핏줄이다. MBTI와 DiSC 모두 우리의 생활에 도움을 주는 도구다. 그런데 이 도구를 제대로 활용할 때 더 큰 효과를 발휘한다. 기계도 사용설명서를 잘못 오해해서 엄청난 손해를 입히듯이 자기 이해를 위한 심리검사 도구 역시 제대로 해석하고 상담해 줄 수 있는 전문가를 만난다면 미래 삶의 방향과 소통에 큰 도움이 될 것이다.

소통을 위한 진단 코너: 부정의 단어와 긍정 단어에 대한 느낌 받기

우리는 상대방에게 내 의사를 전달하기 위해 '말'을 사용하지만, 사실 그 모든 말을 그림으로 떠올리고 있다는 사실을 알고 있는가? 한 마디의 말, 그것이 모든 것을 변화시킨다. '혀'와 '펜'은 강하다.

부정적인 단어와 긍정적인 단어가 주는 느낌을 서로 말을 주고, 받으면서 느낌을 그림으로 그려보라. 과정을 마쳤으면 이 프로그램을 통해 느낀 점을 서로 토의하라.

1. 부정적인 단어가 주는 느낌은?

경고	고통스럽다	스트레스	상처를 주다
경멸하다	속이다	비관자살	죽이다
긴장	위협	고발하다	금지하다
깨뜨리다	거짓말	죽음	폭발하다
당황하다	불 지르다	훔치다	바보
독약	강간	감옥	손해를 입히다
마약	짱난다	폭동	파괴하다
비난하다	부랑자	고뇌	유치장
살인	미워하다	찌르다	실직하다
전쟁	자해	우울하다	한강 투신
질식시키다	비극	질병	파멸
침을 뱉다	비열하다	복수하다	고통을 받다

(1) 위의 단어 중에서 나에게 가장 부정적인 느낌을 주는 단어 3개는?

① ______________________________

② ______________________________

③ ______________________________

2. 긍정적인 단어가 주는 느낌은?

강아지	고요	희망	긍정
깨달음	평화	기도	사랑
따뜻함	동의	놀다	멋지다
배려	용기	초연하다	천국
용서	미소	칭찬	이익
이해	포용	자유	중용
좋다	포옹	축하하다	웃다
주말	보상	공평	편안함
친구	신뢰	성공	열정
친절	키스	즐거움	초대
파티	믿음	평화	살아 있다
휴가	승리	엄마	안전하다

(1) 위의 단어 중에서 나에게 가장 긍정적인 느낌을 주는 단어 3개는?

① ______________________________

② ______________________________

③ ______________________________

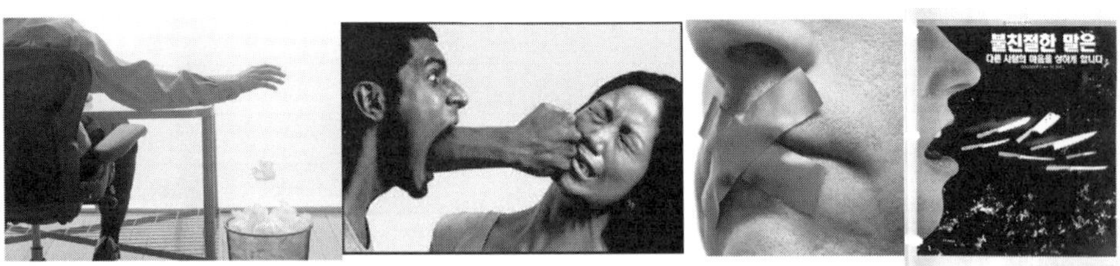

그림 5-6 부정적이고 불친절한 말 버리기

제 3 부

소통의 핫 버튼

-소통의 세 가지 욕망-

제 6 장 스피치

코칭(coaching)

우리가 가장 많이 사용하는 것은 언어다. 스피치의 소중함은 생명과도 같다. 그래서 어떻게 말할까를 고민하는 사람은 성숙하고 발전해 간다. 그럼에도 불구하고 지금까지 우리의 교육제도나 사회풍토는 자기 표현 훈련(assertiveness training)의 중요성을 별로 인정하지 않았다. '침묵은 금', '빈 수레가 요란하다.', '벼는 익을수록 고개를 숙인다'는 말이 우리의 관념에 자리 잡고 있기 때문이다. 양반이 대접받던 시대는 한참이 지났는데도 우리의 무의식에 한번 들어갔던 정보는 아직도 위력을 발휘하고 있는 것이다. 그러다가 사람들 앞에서 발표할 일이 코앞에 닥치면 그때서야 "큰일이다" 하고 현실에 눈을 뜬다.

제 1 절 리더의 표현력, 연설과 스피치

비즈니스계에서 성공한 하버드대학교 졸업생에게 설문조사를 한 적이 있다. "지금의 당신이 있기까지 가장 큰 도움이 되어준 것은 무엇입니까?"라는 설문조사에서 놀랍게도 답은 표현력(interpersonal skill)이었다. 그렇다! 표현력에 따라 업무 성과는 100점이 되기도 하고, 0점이 되기도 하기 때문이다. 똑같은 재료라도 요리사의 손맛에 따라 요리가 달라지고, 같은 악보라도 지휘자의 표현 능력에 따라 음악에 대한 평가가 달라지는 것과 같은 이치다. 당신은 사람을 평가할 때 어떤 부분을 보는가? 카네기(Dale Carnegie)는 다음 세 가지 기준을 제시했다. '무엇을 하는 사람인가?, 어떻게 보이는가?, 무슨 말을 어떻게 하는가?' 재미있는 것은 무슨 일을 하고, 어떻게 보이든 그 사람의 말에 따라 앞의 두 가지에 대한 인식이 얼마든지 바뀔 수 있다는 것이다. 따라서 필자는 스피치를 "조화로운 인간관계를 위한 자기 표현의 기술이요 연출"이라고 정의하고 싶다.

그럼 이제 리더의 표현력인 스피치에 대한 이야기를 필자의 견해를 담아 시작한다.

1 말이 힘이며 운명이다

1) 생각은 말이나 글로 표현해야만 현실이 된다

사람의 생각은 말이나 글로 표현해야만 현실이 된다. 물론 한 사람보다는 팀으로 이뤄질 때 더욱 폭발적이다. 세포가 그렇다고 하지 않는가? 실험실에서 한 개의 세포(백혈구 세포)를 배양하면 실패하는데, 두 개 이상의 세포를 함께 배양하면 급속히 증식한다고 한다. 인간이 집단으로 일하는 연유가 바로 세포의 기본 기능 때문이고, 소통이 리더십의 핵심인 이유이기도 하다.

사람의 생각은 먼지와 같다. 내가 생각하고 느꼈던 것을 말이나 글로 표현하지 않으면 먼지처럼 금방 사라지고 만다. 기발한 아이디어도 그 즉시 메모하거나 녹음해두지 않으면 두 번 다시 떠오르지 않는 경우가 많다. 중요한 것은 막연했던 생각도 말이나 글로 표현하면서 정리가 되고 방법이 구체화된다는 것이다.

한편, 가르치는 것은 두 번 배우는 것이다. 내 것을 나누면 빼앗기는 것이 아니라 적극적으로 표현하고 나눔으로써 오히려 커지는 것이다. 처음엔 조잡했던 생각들이 이리저리 핑퐁을 하면서 거창한 아이디어로 변모를 한다. 따라서 어느 집단에서든 잘 표현하는 사람이 영향력 있는 사람으로 성장한다.

우리나라 사람들 중에 말 못하는 사람은 별로 없다. 오히려 말이 너무 많아 탈이다. 중요한 것은 내가 하는 말이 상대방에게 어떻게 들리느냐 하는 것이다. 말 잘하는 능력을 제2의 천성으로 만들어 보자. 이것은 지금 서 있는 곳에서 내가 가고 싶어 하는 곳으로 데려다 주는 훌륭한 교통 수단이다. 리더가 갖춰야 할 간단한 스피치 방법은 나설 기회를 잘 활용하고(파워 스피치), 상대방의 입장에서 말하라(감성 스피치). 그리고 재미있게 말하고(유머 스피치), 내가 말한 만큼 상대방에게도 얘기할 기회를 주면 된다(대화 스피치). 너무 어려운가? 그럼 반복과 습관이다.

2) 비밀은 반복과 습관이다

스피치 고수되기 프로그램에 참여하면 가끔 이런 질문을 던지는 사람을 만난다. "이 프로그램에 참여하면 정말로 말을 잘할 수 있습니까?" 이 질문은 "밥을 먹으면 정말로 배가 부를까요?"라는 질문과 같다. 우리는 항상 입을 지니고 다니므로 마음만 먹으면 자신의 생활공간을 얼마든지 학습마당으로 활용할 수가 있다.

만일 스피치 고수가 되기 위한 불변의 사이클이 있다면 그것은 '태도-지식-반복-습관'이다. 새로운 기능이나 기술, 지식을 배우고자 할 때 가장 중요한 것은 '태도'다. '태도'란 지식이라는 금덩어리를 두 손으로, 온몸으로 떨어뜨리지 않고 받으려는 자세를 말한다. 비행기가 이륙할 때 고도를 정하는 것은 이륙 직후의 방향이다. 따라서 스피치 고수의 중요한 요소는 반복이다. 뭐든 한가지를 거듭하다 보면 습관이 된다.

스피치 능력 개발에 대한 정보를 호기심으로 받아들이고, 가족이나 지인들과 적극적으로 나누고, 하나하나 제시하는 방법을 실습하면서 시행착오를 통해 깨달아가는 과정을 거쳐 보라. 실수와 실패는 성공으로 가는 대단히 중요한 과정이다. 실수를 안해 본 사람은 실수했을 때 신속히 수정하는 방법을 모른다. 세상엔 성공자와 실패자 두 종류가 있는 것이 아니다. 성공과 실패를 해본 사람이 있고, 성공도 못하고 실패도 못해 본 사람이 있을 뿐이다. 성공했던 사람이 실패도 하고, 실패했던 사람이 성공도 하게 되어 있다. 마지막으로 스피치에 대한 반복 학습이다. 습관이란 환경에 대한 자동적인 반응을 말한다. 뇌에 새로운 회로가 형성된 것이다. 분명한 것은 두껍게 덧칠하는 페인트처럼 좋은 습관만이 나쁜 습관의 자리를 메울 수 있다는 것이다.

3) 자기만의 표현법

자메이카 출신 이민자의 아들로 뉴욕의 빈민가에서 태어난 파월(Colin Powell), 그는 국가안보보좌관을 거쳐 흑인으로서는 미국 역사상 최초로 1989년 합참의장에 임명되어 레이건, 부시, 클린턴 대통령을 보좌했고, 부시 행정부에서 국무장관에까지 올랐던 인물이다.1)

1968년 파월이 소령으로 베트남전에 참가해 일개 대대를 이끌고 있을 때였다. 그는 군사령관 앞에서 전투 현황을 프레젠테이션하게 되었다. 일개 소령이 군사령관 앞에서 프레젠테이션을 한다는 것은 영광스러운 일이기도 하지만, 참으로 긴장된 일이 아닐 수 없었다. 그래서 그는 철저한 준비와 연습을 한 후 그 자리에 섰다. 그리고 군사령관과 사단장 앞에서 마치 교사가 학생들을 가르칠 때처럼 평온한 자세로 임했다. 그는 차트도 보지 않고 상세하게 설명했을 뿐만 아니라 질문에 대해서는 메모도 보

1) 포드 대통령은 파월을 가리켜 '미국 최고의 대중연설가'라고 평했고, 국방부 차관이었던 월포위츠((Paul Wolfowitz)는 "파월은 훌륭한 정치인이 갖춰야 할 기술, 즉 국민과 소통하는 교신 기술을 터득하고 있다"고 했을 정도로 스피치의 고수로 인정받고 있다.

지 않고 거침없이 대답했다. 프레젠테이션이 끝나고 군사령관은 사단장에게 "파월 소령은 어떤 사람인가?"라고 물었다. 그리고 그 일은 파월이 승승장구하는 데 하나의 큰 계기가 되었다고 한다.

세계적인 스피치 고수들은 한결같이 엄청난 노력 끝에 자기만의 표현법을 갖게 되었다. 소설가 허스트(Fanny Hurst)는 단 하나의 문장을 104번이나 고친 적이 있고, 킹(Larry King)은 고양이나 금붕어 앞에서도 스피치 연습을 했다. 링컨은 유명강사의 강의를 듣기 위해 5~60마일 길도 멀다 하지 않고 걸어다녔다. 강간당하고 창녀생활을 했던 앙겔루(Maya Angelou), 말더듬이였던 데모스테네스(Demosthenes), 그들은 모두 스피치가 얼마나 중요한지 알았기 때문에 뼈를 깎는 노력을 해서 당대 최고의 스피치 고수가 되었고, 나아가 시대를 이끌어가는 소통 리더십을 보여주었다.

그렇게 노력해 세계적인 토크 파워의 수퍼 스타가 된 그들의 모습은 정말 놀랍다. 캔필드(Jack Canfield), 코비(Steven Coby), 앙겔루 같은 스피치 고수들은 한 번 강의에만도 13만 5천 달러라는 엄청난 사례금을 받는다고 한다. 이는 스피치의 가치가 무엇인지를 보여주는 단적인 예다. 따라서 우리는 그들이 그 자리에 오르기까지 4만 시간에서 5만 시간을 투자하여 훈련하고 노력했다는 사실을 먼저 알아야 할 것이다.

2 리더의 연설은 국격이다

소통이란 상대방에게 내 이야기를 통해 나를 이해시키는 과정만 있는 것이 아니다. 서로 다르다는 것을 이해하고 인정하면서 상대방 속에 들어 있는 생각과 관점을 끌어내는 것이다. 내 생각과 감정을 풀어내어 함께 흐르게 하는 것이 소통이고, 연설의 기본이다. 리더의 가장 강력한 무기는 말이다. 긴 문장일 수도 있고, 촌철살인(寸鐵殺人)할 한 문장일 수도 있다. 위기가 닥치면 구성원들은 그의 입을 바라본다. 리더의 한 마디는 조직을 흥(興)으로, 망(亡)으로 이끌 수 있다. 링컨의 게티즈버그 연설, 킹(Martin Luther King) 목사의 "나에게는 꿈이 있습니다"는 세상을 바꾼 명연설이다.

1) 연설의 유형

지방정부의 단체장과 행정기관의 장들은 가는 곳마다 연설을 해야 한다. 식사, 훈화, 축사, 강연 등의 형식으로 연설을 하는데 듣는 사람에게 공감을 불러일으키는 것이 최대의 목표다. 연설은 다수의 사람 앞에서 하는 말이다. 고위급 공직자들은 수시로 연설을 해야 할 필요성에 직면한다. 연설을 통해 다수의 팔로어를 순식간에 압도해 버리는 경우와 같이 연설은 리더가 갖춰야 할 중요한 자질이 된 지 오래다. 연설의 종류에는 지식 제공을 위한 연설과 설득을 위한 연설이 있다.[2)]

2) 연설의 성공 요건

5분간의 연설도 하루 동안 생각해야 한다. 연설은 공식적, 지식적, 윤리적 성격이 짙으므로 우선 진지함과 성실함이 준비되어야 한다. 연설의 목적은 지식을 전달하거나 설득을 시키는 데 있으며, 연설의 조건은 제한된 시간에 풍부한 내용을 담아야 한다. 충분한 자료를 정연하게 전달하기 위해서는 상당한 준비를 해야 한다.

영화 <킹스 스피치(The King's Speech)>를 보았는가?[3)] 제2차 세계대전은 신무기와 함께 리더들의 연설 전쟁이었다. 대중을 휘어잡는 히틀러의 명연설은 합리적이라는 독일 국민들의 이성을 마비시켰다. 독일에 맞선 상대, 영국에는 국왕 조지 6세가 있었다. 그는 라디오 연설을 통해 제2차 대전의 시련과 고난을 함께 헤쳐 나가자고 영국 국민에게 호소했다.

이처럼 연설의 자세는 태연자약하고도 늠름한 자세, 그리고 예절바른 겸손한 자세여야 한다. 마치 청중 개개인을 대상으로 이야기하는 것처럼 느끼도록 제스처와 눈길로 연기한다. 연설의 첫머리는 극적인 것을 말해 청중의 주의를 집중시켜야 한다. 처음부터 청중이 기대에 부풀도록 그들의 관심 분야를 한 발 앞서는 견해를 발표하여 공략해야 한다. 연설의 언어들은 확신에 가득 찬 것이어야 하며, 권위를 가지고 적절한 예화나 유사한 사실을 비유하거나 인용하여 청중이 쉽게 이해할 수 있도록 배려해야 한다. 예화는 말로 보여주는 그림과 같은 것이다. 따라서 연설을 성공적으로 이끌기 위한 요건을 MBC에서 아나운서로 근무하다가 프리랜서로 독립한 고향 선배인 이박사와의 인터뷰에서 따온 방법을 소개한다.

첫째, 간결하게 말한다. 전하려는 내용을 한두 문장으로 표현하여 반복한다. 둘째, 논리적으로 말한다. 메시지를 명확하게 하고 서론-본론-결론 형식으로 조리 있게 말한다. 예를 들면 '제가 하려는 말은……이다.', '이렇게 생각하는 이유는…….', '끝으로

---

2) 묘사 연설(descriptive speech), 시범 연설(demonstration speech), 설명 연설(expository speech)로 나누기도 한다.

3) 톰 후퍼 감독의 영화 <킹스 스피치>(2011)는 조지 6세의 실화를 담은 영화다. 조지 6세는 현 엘리자베스 2세 여왕의 아버지다. 조지 6세는 언어장애가 있었다. 대중 앞에 서면 심각하게 말을 더듬었다. 어릴 적 엄격한 부모와 똑똑한 형, 편파적인 유모에 눌려 자신감을 잃었던 것이 원인이었다. 미국인 이혼녀와 사랑에 빠진 형이 국왕직을 사임하면서 그가 왕위를 잇는다.

다시 한 번 말씀드리자면'이라는 말이 반드시 나와야 한다. 셋째, 진실로 자신의 이야기를 한다. 자기 스스로 필요하고 재미있다고 느끼지 않는 말은 삼간다. 읽지 말고 이야기한다. 사실을 말하기보다는 느낀 바의 감상을 말한다. 우러나오는 말이 아니고서는 효과적 전달이 어렵기 때문이다. 넷째, 화제를 혼동해 왔다 갔다 하지 않는다. 과잉 표현을 삼가고 빙 둘러서 주저하는 식으로 말하지 말고 정확하고 확실하게 말한다. 다섯째, 청중을 장악한다. 좌, 우, 중앙에 마음에 드는 사람을 한 사람씩 선정하여 번갈아 바라보며 이야기한다. 그리고 결론을 내릴 때는 중요한 포인트를 다시 언급하고, 질문을 하거나 받은 다음, 감사의 말을 한다.

3) 연설문의 스피치 라이터

행정안전부에 국장으로 근무 중인 대학 동기의 말에 의하면 유명 인사들의 연설은 대부분 대필(代筆)이다. 그래서 연설문 작성자들은 스피치 라이터(speech writer, 혹은 ghost writer)라고 한다. 대통령이나 군사령관, 기업의 총수들의 연설이 그 예다. 케네디는 경제학자 갤브레이스(John K. Galbraith)의 도움을 받아 "결코 두려움에서 협상해서는 안 되지만 결코 협상을 두려워하지는 말자"란 문장을 남겼다. "국가가 당신에게 무엇을 해줄 것인가를 생각하기 전에 당신이 국가를 위해 무엇을 할 수 있는가를 생각하자"는 명문은 소렌손(Sorenson)이 대필한 것이다. 존슨 대통령의 취임 연설은 존 스타인벡(John E. Steinbeck, Jr.)이 써주었다. 소설가 알렉상드르 뒤마(Alexandre Dumas)는 무명의 작가 지망생들을 고용하여 한 달에 한 편의 장편소설을 썼다. 아이아코카(Lido A. Iacocca)의 자서전 역시 대필업자의 작품이다. 물론 그 글들에 대한 명예와 책임은 대필자를 고용한 사람에게 돌아간다.

대통령 스피치 라이터의 조건은 뛰어난 문장력, 시대정신과 정세 판단력, 정치·경제·사회·문화에 대한 이해력, 국제적 역학 관계에 대한 감각, 대통령의 생각을 읽는 능력 등이다. 특히, 대통령선거에서 후보들은 메시지 전쟁을 치른다. 메시지의 전달자는 후보들이지만, 메시지의 생산자는 캠프 전체, 그 중에서도 스피치 라이터다.[4] 후보의 속마음을 관통하여 후보의 말을 가다듬는 이들은 누구보다 후보의 심중을 꿰뚫고 있다. 따라서 후보자의 연설문 속엔 그들이 있다. 그들은 매일매일 전투를 벌이며 후보보다 늦게 잠드는 날이 태반이다. "이렇게 써 달라"는 지시가 내려오면 단어 하나 놓고도 수십 번 회의를 한다. 스피치 라이터들에게 아침은 매일의 전투 결과를

4) 지금까지 대통령 스피치 라이터는 언론인 출신, 학자 출신, 공무원, 당 선전국원 출신 등이었다.

그림 6-1 영화 〈킹스 스피치〉

점검하는 시간이다. 각 후보 진영의 메시지를 언론이 어떻게 다뤘느냐에 따라 희비가 엇갈린다. 이들은 대개 자신의 존재가 외부에 부각되는 것을 꺼린다. 메시지 팀은 그림자와 같은 존재다. 아무리 좋은 표현이고 밤새워 쥐어짜 낸 표현이라 해도 후보가 말한 것처럼 해야 되기 때문이다.

4) 대통령의 연설

연설이 갖춰야 할 요건은 현실 상황에 대한 정확한 판단, 미래에 대한 비전, 청중에게 감동을 주는 것이다. 특히 대통령이나 장관 등의 연설은 역사성과 개성을 살릴 수 있는 것이어야 한다. 대통령의 연설은 어느 한쪽을 비난하거나 편들 수가 없다. 모든 논의는 균형을 맞춰야 하며, 당위적인 언어로서 언론과 야당을 의식하지 않을 수 없다. 대통령의 연설은 낭독형 연설이 국내용과 해외용으로 나뉘고, 소연설로서 각종 회의나 간담회에서 사용하는 말씀 자료가 있다. 이러한 대통령이 직접 지침을 주어서 만드는 것과 공보비서팀이 작성하는 것으로 나눌 수 있는데 모두 독회를 거친다.

역대 대통령의 연설은 어땠을까? 한국의 역대 대통령의 연설문을 보면 지도자의 특성이 담겨 있다. 이승만 대통령은 자신이 연설문 원고를 직접 썼다. 이승만은 노인이기도 했지만 연설 때 장음으로 말하는 습관이 있었다. 그의 목소리는 백성을 어여삐 여기는 연민의 정에 젖어 있었다. 박정희 대통령도 1965년 월남 파병 시의 담화, 1974년 국군의 날 치사, 육영수 여사의 장례 후 담화, 1975년 월남 공산화 직후의 담화, 그리고 새마을운동에 관계된 연설문 등은 직접 썼다. 박정희 대통령은 직접적이고 간결한 표현, 힘찬 연설을 좋아했다. '결단', '단호히'라는 용어를 선호했다. 그는 카랑카랑하고 강단 있는 목소리로 국민에 자신감을 심어주었다. 그는 논리를 가장 중요하게 생각했고, 참모들이 써온 원고를 읽으면서 군더더기를 빼고 자신의 메시지를 강렬하게 집어넣으려 애썼다. 발음을 분명히 하기 위해 입을 정확히 벌리려고 애썼다는 얘기도 있다.

전두환 대통령은 모호한 표현보다는 직접적인 표현, 추상적인 것보다는 실질적인 표현, 감성에 호소하기보다는 논리적으로 설득하는 쪽을 좋아했다. 그는 특유의 보스형 설득력과 유머 감각이 연설에 묻어났다는 평을 받았다. 전 대통령은 수식어가 많은 화려한 문체를 보면 무슨 말인지 모르겠으니 단순하게 고치라고 했으며, 연설은 국민과의 대화이니 가능하면 쉽게 표현하고 외국어는 쓰지 말라고 지시했다. 그는 "대통령 차원의 연설문은 부정적이어서는 안 되고 긍정적이고 북돋워 주는 차원에서 써야 한다"고 했다. 따라서 전 대통령의 연설문은 국민을 설득하는 딱딱한 문장으로 구성되었다.

"보통 사람, 이 사람 믿어 주세요"로 유명한 노태우 전 대통령은 어조가 잔잔해 직접 대면하는 듯한 친근감을 주었다. 노태우 대통령은 다투는 식의 연설, 시비를 가리는 내용, 누구를 단죄하는 내용을 배제하고 화해와 화합 지향적인 연설을 추구했다. 위압적인 용어인 '결단', '발본색원', '뿌리 뽑겠다'는 등의 어휘는 피하라고 주문했다. 또한 사람의 마음을 울리는 시적이고 감정적인 표현을 쓰도록 하라고 지시했다.

김영삼 대통령은 어린 시절부터 거제도 뒷산에서 바다를 내려다보며 연설 연습을 했다. 대학에 입학해선 웅변부에 들어갔고, 그 실력으로 서울대 철학과 2학년 때 정부 수립 기념 웅변대회에 참가, 2등으로 입상해 외무부장관상을 받았다. 이런 계기로 당시 장택상 외무부 장관과 인연을 맺어 비서관으로 정계에 입문했다. 그는 문장을 짧게 끊는 '단문형' 기법을 구사했다. "민주주의를 쟁취해야 합니다", "이 김영삼을 밀어 주십시오" 식이었다. 그는 1990년 3당 합당으로 여당에 들어간 뒤보다는 1980년대 야당 총재일 때 더 연설에 힘이 있었다.

김대중 대통령은 알아주는 연설가였다. 1964년 동료 의원에 대한 구속동의안 표결을 저지하기 위해 국회 본회의에서 5시간 19분 동안 쉬지 않고 연설한 것이 압권이다. 한국 정당사상 최장의 필리버스터(의사 진행 방해)로 기록돼 있다. 그는 각종 현안에 대해 '첫째, 둘째……'식으로 논리적으로 접근한 뒤 마지막에 "저는 이렇게 생각하는데 여러분은 어떻게 생각하십니까?"로 박수를 유도한다. 강조할 대목에서 오른손을 들어 칼로 도마를 내려치는 듯한 '칼도마 손짓'이 곁들여진다. 원래 꼼꼼한 그는 단 5분의 연설을 위해 며칠 동안 자료를 뒤지고 연설문을 다듬곤 했다.[5]

5) 세기의 대결, 케네디와 닉슨의 연설 대결

1961년 미국의 대통령 선거에서 케네디가 닉슨을 물리치고 대통령에 당선된 것은 케네디가 젊고 신선하기 때문이기도 하지만 그보다도 그의 뛰어난 대중을 사로잡는 스피치와 거기에 사용된 몸짓 언어가 큰 역할을 했다. 두 사람이 처음 텔레비전에서 대결을 할 때, 케네디는 얼굴에 미소를 띠고 유머와 세련된 몸짓 언어로 시청자들을 매료시켜 그 여파로 대통령에 당선되었다는 이야기는 너무나도 유명하다.[6)]

케네디는 햇볕에 그을린 피부와 유창한 언변으로 건장함과 자신감을 부각시킨 반면 닉슨 후보는 땀을 흘리고 말을 더듬는 등 허약한 이미지를 보여줬다. 케네디는 토론 개최 시간이 임박했는데도 시카고의 힐튼 호텔 옥상에서 참모들이 던지는 질문에 답하면서 햇볕에 얼굴을 그을리고 있었다. 반면에 닉슨은 리허설도 거부했다. 그는 토론 설명 자료를 끼고 돌았다. 케네디는 참신함으로 무장했으나 닉슨은 어딘가 지쳐 보였다. 닉슨은 계속된 선거운동으로 체중이 9kg 이상 줄어 와이셔츠 칼라가 너무 커 보일 정도였다.

토론이 시작되자 두 후보의 이미지는 뚜렷이 대비됐다. 컬러 TV가 1953년 도입됐지만 대부분의 미국 가정에는 여전히 흑백 TV가 압도적이었다. 방송은 선명도를 높인 흑백 TV 카메라를 투입했다. 케네디는 구릿빛 얼굴로 건강함을 과시하면서 자신에 차고 거침없이 답변하는 모습을 시청자들에게 보여줬지만 닉슨은 창백하고 근심어린 나약한 모습을 노출시켰다.

케네디는 프로듀서와의 사전 제작회의에 참가했으며, 스튜디오 배경을 고려해 검은색 정장과 파란색 셔츠를 골라 입고, 앉아 있는 동안 피부가 보이지 않도록 긴 양말을 신는 등 치밀하게 준비했다. 그에 비해 닉슨은 사전 제작회의도 불참하고 외관이 좀 밝게 보이도록 하기 위해 조명등 아래 앉으라는 측근들의 조언을 무시하는 등 별 신경을 쓰지 않았다.

닉슨이 거무스름해 보이는 수염을 가리기 위해 덧칠한 화장품 때문에 계속 땀을

5) 일본 수상들의 연설문은 관료가 만들어 준 작문연설이 대부분이다. 그것은 야당이 정부를 공격할 때 말꼬리 잡기, 헐뜯기 등 잔재주에 의존하기 때문에 정부 연설은 무난한 언어를 선택하게 된 것이고, 유권자의 인식이 연설보다 실질적인 공헌도를 따지기 때문이다.

6) 미 역사상 처음으로 실시된 이날 TV 토론은 당시 미 전체 인구의 약 3분의 1인 7천만 명가량이 시청함으로써 현대의 정치 이벤트로서는 최대의 청중을 끌어 모은 사건으로 기록돼 있다. 2008년 대선에서 민주당의 버락 오바마와 공화당의 존 매케인이 벌인 TV 토론의 시청자가 전체 인구의 6분의 1인 5천 200만 명이었다는 것과 비교하면 케네디-닉슨 토론에 대한 국민적 관심은 짐작하고도 남는다.

흘리고 눈동자를 이리저리 움직이는 등 불안한 기색을 보인 데 반해 케네디는 느긋한 표정으로 만면에 웃음을 띤 모습이 그대로 카메라에 잡혔다. 흑백 TV 속의 케네디는 늘 활기찬 모습으로 국민과 대화하듯 말하며 적극적으로 토론에 임했다. 이는 곧 '젊은 대통령'이라는 긍정적 이미지를 시청자들의 마음속에 각인시켜 나갔다. 반면 TV 속 닉슨은 이와 대조적인 모습으로 비춰졌다. 굳은 표정과 피곤함이 역력한 모습이었다. 점차 시청자들 마음속에 닉슨에 대한 부정적 이미지가 싹트기 시작한다. 결국 닉슨의 풍부한 정치 경험과 논리는 라디오 청취자들을 사로잡았지만, 당시 대세였던 TV의 위력을 무시하고, 시대의 흐름을 간파하지 못했던 닉슨은 패배한다.

제 2 절 상대가 무엇을 원하는지 아는 것

소통은 서로 전제로 하는 배경과 정보가 다르면 소통이 아닌 불통이 되고, 내 관점만을 고수하면 먹통이 된다. 서로 다르다는 것을 이해하고 인정하면서 상대방의 속에 들어 있는 생각과 관점을 끌어내고, 내 생각과 감정을 풀어내어 함께 흐르게 하는 것이 진정한 소통이다. 그래서 소통은 테크닉이 아니라 철학이다.

1 청산유수 2% 부족하다

왜 우리는 소통이 안 되는 걸까? 누구나 말을 잘하고 싶어하고, 말이 통하는 사람과 함께 살고 싶어한다. 이런 갈망이 있다는 말은 역설적으로 말을 잘하는 사람도 드물고, 말이 통하는 사람도 드물다는 말이다. 외국계 수출업체의 박부장이 강조하는 몇 가지 팁을 바탕으로 이 글을 적어 본다.

1) How! 열린 마음, 열린 대화

사람과 대화를 나눈다는 것은 '공을 주고받는 것'과 같다. 넘어온 공은 상대 코트에 규칙적으로 넘겨야 한다. 갑자기 대화가 끊기는 경우가 있는데 한 사람이 쳐 보낸 공이 상대 코트에 떨어지지 않거나, 아니면 받은 공을 혼자서 갖고 놀면서 상대 코트에 넘기지 않는 경우가 그렇다. 답하기 힘들어서 그럴 경우도 있다. 그럴 때는 다음과 같은 방법을 사용해 보라.

첫째, 앵무새 흉내 내기로서 복사화법(複寫話法)이라 한다. 미장원에 다녀온 듯한 아내가 남편에게 묻는다. "여보, 나 변한 것 없어?"라고 아내가 얘기했는데 달리 답변할 말이 없다면 "뭐, 변한 것 같은데……"라고 앵무새처럼 따라서 답하면 된다. 대화란 반응이나 상대의 동의가 없으면 다음으로 진행되기 어렵다. 그렇기 때문에 어색한 침묵이 흐르는 상황을 만들어서는 안 된다. 어색한 침묵이 흐르는 순간, 대화의 종소리가 들리지 않는 바로 그 순간, 사람들은 당신을 떠날 궁리를 한다.

둘째, 눈을 맞춰라. 눈맞춤은 매우 중요하다. 두 그룹으로 나눠 대화를 하게 하면서 한 그룹은 서로 몇 번이나 눈을 깜빡이는지 횟수를 세게끔 했고 다른 그룹은 그저 대화를 하게 했다. 결과는 어땠을까? 눈을 보면서 얘기를 나눈 그룹이 그렇지 않은 그룹보다 훨씬 더 큰 호감과 친밀감을 느꼈다. 눈을 마주치면 마주칠수록 긍정적인 감정을 가져온다.

셋째, 상대방이 좋아하는 사람이 되자. 만날 때마다 기쁜 소식을 전하는 사람이 되자. 몰라도 되는 소식, 아니 모르는 것이 약이 되는 소식이 있는데 어떤 사람은 늘 그런 소식을 전해 주는 것을 타고난 역사적 사명처럼 생각하는 사람이 있다. 그런 사람들은 피하는 것이 좋다. 만날 때마다 기분이 나빠지기 때문이다. 그들은 나의 에너지를 빼어가는 뱀파이어들이다.

좋지 않은 소식을 전하는 사람은 그 소식을 받는 사람과 감정을 공유해야 한다. 하지만 사람들은 감정 공유에 서툴다. 패스를 할 때는 우선 패스 받는 사람의 마음 상태를 살필 수 있어야 한다. 아무 생각 없이 나쁜 소식을 전하는 사람은 패스할 상대를 보지 않고 패스를 하는 것과 같다. 결과는 어떨까? 그런 선수는 곧바로 교체된다. 프로 선수는 늘 패스를 받는 상대를 염두에 두어야 한다. 상대는 당신에 대한 관심보다 자신의 일과 소망, 그리고 자기 문제에 훨씬 더 많은 관심을 갖고 있다. 아이티에서 수십만 명이 죽은 대지진이 일어나도, 자신의 치통에 더 중요한 의미를 둔다. 눈에 생긴 종기가 동남아시아 쓰나미보다 더 큰 관심사일 수 있다. 다른 사람과 대화할 때에는 이 점을 유념하고 열려 있어야 한다.

2) 센스 있는 대화

성공에 이르는 길은 여러 갈래이지만 그 원리는 하나로 통하는 듯하다. '스스로 누군가에게 그 사람이 원하는 것을 줄 수 있는 사람이 되는 것'이다. 스피치도 마찬가지다. 스피치의 기법에는 다음과 같은 일곱 가지가 있다.

첫째, 서두를 힘 있게 시작한다. 깜짝 놀랄 만한 통계나 유머스러운 인용구로 청중의 주의를 사로잡는다. 둘째, 일화, 실례, 증거를 많이 사용한다. 청중에게 직접 연관이 되고, 연설의 흐름을 도울 수 있는 것을 구체적으로 드라마틱하게 이야기한다. 셋째, 구어체를 쓴다. 듣는 사람으로 하여금 친근감을 느낄 수 있도록 일상 회화에서처럼 쉬운 단어, 짧은 문장, 반복, 질문 등을 사용한다. 넷째, 시각적으로 묘사한다. 시각적으로 묘사하면 청중들의 상상력을 자극하여 똑같은 메시지라도 훨씬 강력한 인상을 준다. 다섯째, 기쁘고 편안하게 말한다. 스피커가 여유가 있고, 편안해 보이면 듣는 사람들도 부담이 없다. 스피커가 마지못해 이야기하는 것처럼 보일 때, 감동받을 청중은 없을 것이다. 따라서 청중에게 골고루 시선을 준다. 허공이나 원고에 시선을 교정시키거나 한쪽만 쳐다보는 일이 없이 청중 한 사람 한 사람에게 따뜻한 시선을 보내라. 여섯째, 긍정적으로 활기차게 이야기한다. 사람들은 두려움을 자극하는 사람보다는 희망을 주고 용기를 주는 사람을 좋아한다. 따라서 스피커는 청중의 분위기를 컨트롤해야 한다. 스피커가 활기있게 이야기하는데 졸고 있는 사람은 없을 것이다. 즉, 얼굴에 생기를 띠고 말하라. 일곱째, 진지하고 자신있게 말한다. 훌륭한 연설이 말로 그치는 빈 껍데기가 아니라는 사실을 입증하기 위해 말 한 마디 한 마디를 진지하게 한다. 그리고 자기가 말하고 있는 것을 분명히 알고 있다는 인상을 주어야 한다. 권위자로 초빙되어 확신 없이 말하는 것처럼 청중을 실망시키는 일은 없다.

2 백 마디 말보다 더 강한 표현, 침묵과 제스처

1) 또 다른 언어, 침묵의 심리 게임

2011년 겨울 미국 애리조나 총기 난사사건 희생자 추모식에서 있었던 오바마 대통령의 연설은 역사에 길이 남을 명장면으로 기억되고 있다. 그는 침통한 심정의 희생자들 앞에서 51초간 침묵함으로써 그 어떤 연설보다 감동적으로 사람들의 마음을 움직이고 어루만졌다. 오바마 미국 대통령은 애리조나 총기 난사사건이 발생했던 지역을 방문해 희생자들을 위한 추모 연설을 했다. 30분이 넘게 걸린 연설의 말미에서 그는 최연소 희생자인 아홉 살 소녀 '크리스티나 그린'을 언급하며 "나는 우리 민주주의가 크리스티나가 상상한 것과 같이 좋았으면 한다." 그리고 그는 침묵했다. 연설을 중단한 지 10초가 지나자 오른쪽을 쳐다봤고, 10초가 더 흐르자 심호흡을 했으며, 다시 30초가 흐르자 눈을 깜빡이며 감정을 추스르는 모습을 보였다. 평소 그를 헐뜯기 바빴던 보수 논객들조차도 미국을 단합시킨 '51초의 침묵'이라며 칭찬하기에 바빴다.[7)]

그의 침묵이 비록 연출된 침묵이었을지언정 그 연출이 거짓된 것이라고 보는 사람은 없었기 때문이다. "나폴레옹의 카리스마는 연설을 하기 전 몇 초 동안 침묵하는 데서 나왔다고 한다. 혹자는 그가 세계를 지배할 수 있었던 것은 침묵하는 방법을 알았기 때문이라고 한다. 이처럼 때로는 침묵이 더 강한 메시지를 전한다는 것을 잊지 말아라." 침묵이 때로는 백 마디 말을 이기는 법이다. 침묵을 통해 말에 무게를 싣는 방법을 익혀라. 필자가 전하는 말의 핵심은 "말 대신 침묵하자"는 것이 아니라 "말의 양을 조절하여 침묵을 효과적인 설득의 수단으로 사용하자"는 것이다. 교묘하게 당신의 화를 돋우는 사람을 상대할 때, 도발적인 질문을 받았을 때, 연봉 협상을 할 때, 좀처럼 속내를 보이지 않는 까다로운 사람을 설득해야 할 때 '침묵의 심리 게임'을 적용해 보라.

침묵의 심리 게임은 말하자면 이런 것이다. 갈등 상황에서 화내고 변명하고 역공을 가하는 대신 적어도 30초 동안 당당하고 여유 있는 자세로 침묵하면서 대화가 어떻게 흘러가는지, 상대가 얼마나 초조해 하는지 관찰해 보라는 말이다. 화내는 대신 침묵할 때 상대는 대응할 마음이 없음을 알고 자극을 중단하거나 대화를 이성적 차원으로 되돌릴 수밖에 없기 때문이다.

말을 적게 하고 상대의 말을 많이 들을수록 이해심이 많아 보이며, 남의 아픔에 공감하고 동의할 줄 아는 사람으로 보인다. 다시 한 번 강조 하지만 대화에서 중요한 것은 말을 많이 하는 것보다 상대가 무엇을 원하는지 아는 것이다.

2) 몸짓 언어

소통에서 사용되는 손놀림, 몸짓, 얼굴 표정, 동작 등을 통틀어 몸짓 언어(gesture)

---

7) NYT는 한 나라의 대통령으로서, 또한 크리스티나보다 3개월 먼저 태어난 딸을 둔 아버지로서 '단호한 순간'이었다고 평가했다. 취임 이후 연설에서 주로 정책에 초점을 맞춰온 오바마 대통령이 이날 전 국민과 감정적인 소통을 했다면서 "2년간의 재임 기간에서 가장 극적인 순간 가운데 하나로 기억될 것으로 보인다"고 촌평했다. AFP통신은 취임 후 '가장 큰 정치적 상승(the biggest political boost)' 가운데 하나라고 평가했다. 미국의 대표적인 보수 논객인 폭스뉴스의 글렌 벡이 "그가 했던 연설 가운데 아마도 최고일 것"이라고 치켜세우는 등 그동안 '저격수' 역할을 했던 인사들이 잇따라 칭찬 대열에 가세했다.

라고 한다. 몸짓 언어는 말을 좀 더 정확하게 전달하려는 언어의 보조 활동으로, 듣는 사람에게 미치는 영향이 매우 크다. 악수와 같은 몸짓 언어는 처음 만날 때 생길 수 있는 본능적인 불안감을 감소시키고 상대방에게 호의를 가지고 있다는 것을 보여준다. 어떤 특별한 경우에는 말을 하지 않고 동작만으로 언어 표현을 대신하기도 한다. 상대방과의 사이에 암호로 사용되는 동작, 무언극, 농아들의 수화, 무용까지도 몸짓 언어라고 할 수 있다.

몸짓 언어는 "장군의 지휘봉이며 만국의 공통 언어"라고 한다. 그만큼 대중 스피치나 대화에서 몸짓 언어는 생각보다 큰 영향을 미치고 있다. 말을 할 때 사용되는 다양한 몸짓 언어는 말을 좀 더 정확하게 전달하려는 자연스러운 동작이며, 자기의 생각과 감정을 강력히 전하는 대단히 중요한 기술이다. 따라서 체계적이고 집중적인 훈련을 통해 적극적인 습득을 해야 한다. 그럼 몸짓 언어의 일반적인 원칙을 소개한다. 첫째, 손가락 사용을 자제해야 한다. 상대를 손가락 하나로 가리키게 되면 당사자는 매우 불쾌하게 받아들이기 십상이다. 부득이 상대를 지적할 때는 손가락을 다 펴고 전체를 향하게 해야 하며, 의도적이 아닌 경우 청중에게 손바닥을 드러내 보이는 것은 좋지 않다.

둘째, 변화와 생동감이 있어야 한다. 같은 동작을 되풀이하는 것은 단조로운 느낌을 주어 청중은 싫증을 낸다. 다이내믹하고 변화 있는 몸짓 언어로 흥미를 끌 수 있어야 한다. 그래서 동작에 자신감과 확신이 있어야 한다. 멋적어 하거나 자신 없는 듯한 몸짓 언어는 오히려 효과를 반감한다. 세련됨과 자신감을 가질 수 있도록 많은 훈련을 필요로 한다. 흔들리거나 힘이 없는 몸짓 언어는 자제해야 한다. 몸짓 언어를 사용할 때 흔들리거나 무용을 하듯 힘이 없어서는 안 된다. 또한 몸짓 언어를 사용할 때 지나치게 몸을 앞으로 굽히거나 내미는 사람이 있는데, 바르게 선 자세로 절도 있게 사용해야 한다.

셋째, 내용과 일치하는 몸짓 언어여야 한다. 방향을 지시할 때 내용과 다른 엉뚱한 방향으로 표현한다면 공허하거나 형식적인 몸짓 언어가 된다. 그래서 눈은 몸짓 언어의 방향과 일치해야 한다. 프레젠터(presenter)의 시선은 자기 자신의 모든 동작 표현을 감독할 뿐만 아니라, 듣는 사람의 반응을 읽는 구실을 하기 때문에 눈의 방향은 몸짓 언어의 방향과 일치해야 한다.

넷째, 무엇보다 자연스러워야 한다. 주먹으로 연단을 치거나 발을 구르면서 흥분된 모습이나 과격한 표현법은 결코 바람직하지 않다. 또한 기계적으로 반복되는 딱딱하고 부자연스러운 동작을 지양하고, 언제나 편안한 자세로 자연스러움을 잃지 않아야 한다. 그래서 격에 알맞은 몸짓 언어를 사용해야 한다. 프레젠터가 남자라면 박력이 있어야 하고 여자라면 부드럽고 애교스런 몸짓 언어를 개발해야 할 것이다. 특히 개성이 살아 있는 말과 연결되는 몸짓 언어를 개발해야 한다.

3) 리더의 스피치, 성공적 연설 사례들

리더의 한 마디는 한 마디 이상의 의미를 지닌다. 조직을 살리는 비전이 되기도 하고, 혼란과 파멸로 이끄는 비수가 되기도 한다. 리더의 올바른 언어는 사람의 가슴을 울려 성과를 이끌어 내며, 더 나아가 조직을 살리고 세상을 움직인다. 역사의 한 획을 그은 영웅과 지도자들의 리더십을 가장 빛나게 했던 리더의 말, 역사의 언어 현장에서 보여주는 여러 사례를 살펴본다.

첫째, 니미츠(Chester William Nimitz)의 스피치 사례다. 탁월한 훈시의 사례로 제2차 세계대전 당시 니미츠 대장의 연설이 있다. 1941년 12월 미 태평양 함대 장병들이 일본군의 진주만 기습 공격으로 엄청난 피해를 입고 사기가 극도로 저하되어 전의를 상실하여 불평에 가득 차 있을 때, 신임 사령관으로 부임한 니미츠 대장은 "바다의 왕자로 불리고 있는 새우도 껍질을 탈바꿈할 동안만은 바위 밑에 숨어 산다"는 이야기를 인용한 명훈시(名訓示)로써 장병들의 마음을 하나로 집중시켰다.

둘째, 링컨의 스피치 사례다. 남북전쟁에서 북군이 승리하여 축하회가 열렸다. 이 자리에서 웅변가 에드가 에바크가 두 시간 반에 걸친 열변으로 청중을 감동시켰다. 그의 연설이 끝나고 박수소리가 끓일 줄 모를 때 턱수염을 기른 깡마른 키다리가 등단하여 5분쯤 연설했다. 워낙 음성이 작아서 앞의 열 줄 정도밖에 들리지 않았다. 무관심하던 청중은 그 링컨의 연설이 끝날 즈음에 박수를 보냈다. 다음날 신문에는 에바크의 연설만이 대서 특필되고 링컨의 연설은 무시되었다. 다만 워싱턴포스트지만은 에바크의 연설을 묵살하고 링컨의 연설을 실었다. 그래서 "민(民)의, 민에 의한, 민을 위한"이란 유명한 민주주의 명언이 탄생한 것이다.

셋째, 처칠의 스피치 사례다. 처칠의 정치적 라이벌인 한 여성이 어느 날 그에게 말했다. "윈스턴 씨, 만일 당신이 제 남편이라면 전 당신의 커피에 독약을 넣을 거예요." 처칠이 웃으며 답했다. "부인, 만일 제가 당신 남편이라면 전 기꺼이 그 커피를 마실 겁니다." 유머러스한 상사는 팔로어를 꾸짖을 때도 칼 대신 꽃을 내민다. 예를 들면 이렇다. "자네, 혹시 부활이란 걸 믿나?" "아뇨!" "지난 주에 장모님 돌아가셨다고 결근했지? 장모님께서 부활하셨네. 자, 장모님 전화일세."

넷째, 슈바이처의 스피치 사례다. '아프리카의 성자' 슈바이처 박사가 모금운동을 위해 오랜만에 고향에 들렀다. 수많은 사람이 그를 마중하려 역에 나왔다. 그가 1등칸이나 2등칸에서 나오리라 생각했던 마중객들의 예상과 달리 슈바이처 박사는 3등칸에서 나타났다. 사람들이 "왜 편안한 자리를 마다하고 굳이 3등칸이냐?"고 묻자 박사는 빙그레 웃으며 답했다. "이 열차엔 4등 칸이 없더군요."

다섯째, 엘리자베스 여왕의 스피치 사례다. 독일군의 포격으로 버킹엄 궁이 무너지자 엘리자베스 여왕이 말했다. "국민 여러분, 안심하십시오. 독일의 포격 덕분에 그동안 왕실과 국민 사이를 가로막고 있던 벽이 사라져 버렸습니다. 이제 여러분의 얼굴을 더 잘 볼 수 있게 되었으니 다행입니다~"

여섯째, 정주영의 스피치 사례다. 정주영 현대그룹 회장이 전국경제인연합 회장으로 있을 때다. 어느 날 정 회장이 한쪽 눈에 안대를 하고 회의에 참석했다. 누군가가 "회장님, 많이 불편하시겠습니다"라고 했다. 정 회장이 답했다! "아니, 오히려 일목요연(一目瞭然)하게 보이는데?"

3 스피치의 네 가지 요소

연말과 새해가 되면 리더들의 '입'이 바빠지기 시작한다. 결산 보고회, 종무식, 시무식, 전략 워크숍 등이 연일 열리기 때문이다. 이런 장소에 반드시 등장하는 단골 메뉴가 바로 '한 말씀'이다. 그러나 요즘처럼 '좋은 소식' 전할 게 없을 땐 직원들 앞에 나서는 리더의 입이 얼어붙기 마련이다. 새해가 시작되면 리더는 그냥 앉아 있을 수 없다. 시무식 때 내가 제대로 한마디를 해야겠다고 다짐한다. 팔로어의 무기력을 극복하고, 이 상황을 이겨낼 수 있도록 감동적인 스피치가 필요하다.

그런데 무슨 이야기부터 해야 하지? 막상 스피치를 해야겠다고 마음먹으니 고민되는 점이 한두 가지가 아니다. 조직 상황을 솔직하게 말해야 할까? 하지만 너무 비관적인 이야기만 하면 힘이 더 빠지는 건 아닐까? 팔로어에게 당부하고 싶은 것들이 있지만, 이것까지 일일이 이야기해야 할까? 잔소리로 들리지는 않을까? 아, 어렵다 어려워! 고민이 아닐 수 없다. "상황이 안 좋으니 내년에는 더욱 열심히 하자!" 이런 '뻔한 얘기'나 하려니 뭔가 찜찜하다. 그렇다고 팔로어 앞에서 '한 말씀'을 안 할 수도 없다.

사람들의 마음을 한 방에 휘어잡을 수 있는 스피치의 비법은 없을까? 연설에서 당장 써먹을 수 있는 '스피치의 네 가지 원리'를 사례를 통해 알아보자. 팔로어 앞에서

'한 말씀'을 하려니 골치부터 아픈 리더라면. 다음과 같은 네 가지 원리만 활용한다면 얼마든지 훌륭한 스피치를 할 수 있다.

1) 비전을 제시하라

좋은 스피치들을 자세히 들어보면 하나의 공통점을 발견할 수 있다. 바로 비전(vision)이 녹아들어 있다는 점이다. 그렇다면 비전이란 무엇인가? 한마디로 '꿈', 또는 '정말로 간절히 원하는 무엇'이다. '비전'이란 달성 가능하며 구체적일수록 좋다. 또한 현재의 어두운 모습과 대비되는 밝은 미래를 제시한다면 스피치의 효과는 더욱 커진다. 유명한 킹(Martin Luther King) 목사의 연설 '나에게는 꿈이 있다(I have a dream)'의 일부를 살펴보자.

> 나에게는 꿈이 있다. 언젠가는 조지아 주의 붉은 언덕 위에서 노예의 후손들과 노예를 부렸던 사람들의 후손들이 형제의 식탁 위에서 함께 자리할 수 있을 것이라는 꿈이 있다. 나에게는 꿈이 있다. 언젠가는 나의 네 명의 어린 아이들이 피부 색깔로써가 아니라, 이들 각자의 성격으로 판단되는 그런 나라에서 살게 될 것이라는 꿈이 있다.

킹이 꿈꾸는 '비전'의 모습이 생생히 그려지지 않는가? 미식 축구를 소재로 한 영화 <Any Given Sunday>에는 유명한 장면이 있다. 마이애미 샤크팀의 코치인 알 파치노(다마토 역)가 결전을 앞두고 대기실에서 선수들의 투쟁심을 북돋워 주는 장면이다. 그는 이렇게 말한다.

> 3분 후에 우리의 프로 생활에서 가장 큰 전투가 벌어진다. 모든 게 오늘 결판나고, 우리가 온전한 팀으로 소생하든가 부서지든가의 기로다. 매 접전 시 1인치씩 밀리면 끝장난다. 우린 지금 지옥에 와 있다. 여기에 머물러 있으면서 굴욕적으로 패배하든가 아니면 싸워서 광명을 얻어 지옥에서 올라올 수 있다.(후략)

힘 있는 그의 이야기는 선수들의 투지에 불을 지피게 되고 팀은 승리한다. 탁월한 리더가 되고자 꿈꾸는 당신이라면 팔로어에게 어떤 '비전'을 보여줘야 할까? 이들은 무엇보다 자신이 다니는 조직이 성공하길 원할 것이다. 그로 인해 자신도 자랑스러움을 느끼고, 보상을 받기도 원할 것이다. 비전과 꿈이 없는 사람은 에너지가 없다. 꿈이 빠진 스피치로는 결코 다른 사람의 마음을 움직일 수 없다.

2) 비전에 이르는 방법을 제시하라

멋진 비전을 제시하는 것만으로는 팔로어의 행동을 변화시키기 어렵다. 목표가 될 만한 '별'을 보여주었다면, 함께 그곳까지 도달할 수 있도록 '사다리'를 놓아 주어야 한다. 결국, 두 번째 원칙은 '비전'에 이를 수 있는 '방법 제시(how-to)'다. 방법 제시는 구체적일수록 좋다. "꿈에 날짜를 붙이면 목표가 된다. 목표를 쪼개면 계획이 된다. 그 계획을 실행하면 현실이 된다"라는 유명한 말이 있다. 다시 말해 '꿈'에 이르는 길이 구체적으로 제시되면 될수록 실현 가능성은 높아진다는 뜻이다. 지구 온난화 해소에 앞장서고 있는 전 미국 부통령 앨 고어(Al Gore), 그는 지구를 위해 다음과 같은 것들을 제안했다.

> 에너지 효율이 높은 가전제품과 전구를 사용하자. 냉난방 기구의 온도계를 조절하고, 하이브리드 카를 구입하자. 가능하면 걷거나 자전거를 타고 대중교통 수단을 활용하자. 이런 것들을 실천한다면 대기를 오염시키는 온난화 유발 물질을 줄여 1970년대 수준 이하로 공해를 줄일 수 있다.

이처럼 구체적인 방법은 비전을 더욱 현실적으로 만들어 주었다.

3) 자신감을 부여하라

꿈을 설정하고 사다리를 마련했다면 다음은 자신감이다. 자신감은 행동 변화의 엔진이다. 청중들에게 '할 수 있다'는 '자신감(confidence)'을 부여해 주는 것은 '행동의 변화'라는 자동차에 가속도를 붙이는 것과도 같다. 대공황으로 미국 전체가 엄청난 혼란에 빠졌던 1933년 3월 4일 미국의 32대 대통령으로 취임한 루스벨트(Franklin Roosevelt)는 자신의 첫 취임식 날, 다음과 같은 유명한 연설을 남겼다.

> 우리가 유일하게 두려워해야 할 것은 두려움 자체다. 두려움은 퇴보를 전진으로 변화시키는 데 필요한 노력을 마비시키는 놈이다. 그것은 이름도 없고, 합리적이지도 않으며 정당하지 못한 테러와도 같다. 우리나라는 국가 위기에 처할 때마다 정직하고 강력한 지도자와 그를 지지하고 신뢰하는 국민들이 함께 힘을 합쳐 승리를 일궈냈다. 나는 지금처럼 어려운 시기에 국민 여러분께서 다시 한 번 지지와 신뢰를 던져주실 것이라고 확신한다.

그의 연설은 좌절에 빠졌던 미국인들에게 성공에 대한 확신과 희망을 심어주었고, 미국이 공황의 늪을 벗어나 팍스 아메리카나(Pax Americana)의 기틀을 다지는 주문이 되었다. 리더의 스피치는 조직의 역사를 활용하는 것도 좋다. 어떤 조직도 크든

작든 어려움을 이겨낸 경험을 하나쯤은 갖고 있기 때문이다. 이런 경험은 스피치의 좋은 소재가 된다.[8] '우리는 할 수 있다(Yes, We Can!).' 경제 위기와 분열로 어깨를 움츠린 미국 국민들을 향한 오바마 대통령이 2007년 대선에서 던진 메시지다. 어려운 시기에 '할 수 있다'는 지도자의 메시지는 사람들에게 힘을 불어넣어 준다. 자신감은 행동을 바꾸기 위한 최고의 에너지이기 때문이다.

4) 스토리텔링으로 터치하라

같은 원료를 가지고도 요리 방법에 따라 그 맛은 천지차이다. 앞에서 말한 세 가지 원리를 더욱 맛있게 요리하여 귀에 쏙쏙 들어오게 하는 비결이 있다. 바로 '스토리텔링(storytelling)'을 활용하는 것이다. 오바마의 미국 대통령 당선과 함께, 또 한 명의 평범한 할머니가 세계적인 주목을 받았다. 106살의 앤 닉슨 쿠퍼 할머니다. 오바마는 그의 역사적인 당선 연설이 최고조에 이르렀을 때 이 흑인 할머니를 등장시켰다. 그녀가 살아온 한 세기 동안 얼마나 많은 역사의 진보가 일어났는지를 할머니의 인생의 변화와 함께 들려주었다. 사람들의 눈가는 촉촉하게 젖었다. 이 역사의 진보가 바로 나와 이웃의 이야기임을 실감하며 감동받았기 때문이다.

애플(Apple)의 잡스(Steve Jobs)는 스피치의 고수였다. 그가 지난 2005년 스탠퍼드대학교 졸업식에서 했던 축사는 많은 사람을 감동시킨 명연설로 기억되고 있다. 그가 전한 메시지는 다음과 같다.

> 첫째, 지금 당신이 하는 일에 믿음을 갖고 현재에 충실할 것.
> 둘째, 진짜 좋아하는 일을 찾을 것.
> 셋째, 용기를 가질 것.

그가 이렇게 '뻔한' 메시지를 가지고 사람들을 감동시킨 비결도 바로 스토리텔링이었다. 갓난아기 때 입양되었던 사연부터 대학에서 자퇴한 이야기, 자신이 세운 조직 애플에서 해고당했던 아픈 기억, 암 선고를 받았던 충격에 이르기까지 마치 한 편의 영화를 보는 듯했다. 그의 인생 이야기에 청중은 숨 죽이고 그에게 귀 기울였다.

잡스처럼 극적인 요소가 없더라도 솔직하게 자신의 경험과 고민을 나눈다면 누구나 훌륭한 이야기꾼이 될 수 있다. 주위에서도 쉽게 소재를 찾을 수 있다. 인간의 근육 중에 가장 강력한 힘을 가진 근육은 무엇일까? 답은 아마도 '혀'일 것이다. 한 마

---

8) 스피치의 소재는 호기심과 관심, 많이 사귀는 사람, 메모, 신문, 책, 취미, 자신의 경험담 등에서 구할 수 있다.

디의 말이 사람을 죽이고 살리는 경우를 우리는 수없이 봐오지 않았는가? 리더의 스피치는 그래서 중요하다. 그의 말 한 마디에 팔로어의 사기는 천당과 지옥을 오갈 수 있기 때문이다.

소통의 창: 진정으로 말 잘하는 사람 소통의 달인 김제동

필자와 같은 대구 출신인 김제동에 대한 이미지는 오버하지 않으면서도 명랑한 이웃집 오빠와 같은 서글서글함에서 배어 나오는 진솔한 웃음이다. 항상 소탈한 말솜씨와 객석과 상황에 맞는 적절한 멘트로 관객을 압도한다. 그는 조용히 자근자근 말하면서도 빼놓지 않고 자신의 메시지를 전달한다. 김제동에게서 뿜어져 나오는 건강한 웃음은 상대방을 깎아내리기보다는 자기자신을 낮춤으로써 웃음을 선사한다. 그는 예상할 수 없는 멘트들로 관객들에게 웃음을 선사한다. 그가 말을 잘한다는 것은 바로 이런 것이다. 그때그때 상황에 꼭 맞는 멘트를 날린다. 그렇다면 김제동이 최고의 소통의 달인이 될 수 있는 비결은 무엇일까?

그는 공감하는 얘깃거리를 만들어 내기 위해 매일 다섯 종류의 신문을 받아 보고 볼펜으로 밑줄을 그어가며 신문을 읽는다. 그뿐만 아니라 끊임없는 사전 탐색전을 통해 그는 자연스러운 애드리브를 만들어 낸다. 관객들 앞에 선 무대에서도 그는 관객을 이끌기보다는 스스로가 대중 속으로 뛰어들어가 하나가 된다. "눈높이를 맞춰주고 관객들하고 자꾸 섞여야 한다. 무대하고 객석이 멀면 안 좋다. 저는 객석에 내려가서 인터뷰하길 좋아한다. 그 자리에 모인 사람들과 사고의 높이를 같이하기 위해서다. 쉴 새 없이 관객을 무대로 끌어들이고 스스로가 관객석으로 뛰쳐나온다. 그에 의해 무대와 관객석이 무너지고 하나가 된다."

> "독일의 속담에 이런 것이 있습니다. 금이 아름답다는 것을 알게 되면, 별이 아름답다는 것을 잊어버린다. 여러분은 아직 금의 아름다움보다는 별의 아름다움을 즐기실 나이라고 생각합니다. 오늘의 젊음 영원히 간직하시기 바랍니다." "사랑은 택시와 같은 거죠. 함께 걸어온 길만큼 대가를 지불해야 합니다." "우주는 존재합니다. 하지만, 여러분들이 없는 우주는 존재하지 않습니다." "앉아 있는 신사보다 서 있는 농부를 생각하는 하루 되세요."

지나가는 휴게소의 화장실에 적힌 명언도 외우려 노력하고 필요할 때마다 그 말들을 꺼내어 쓰려는 그의 노력이 한데 모여 오늘의 '소통의 달인 김제동'을 만들어 내었다. 관객과의 공감대 형성은 무대에 서기 위한 준비의 시간만이 아니다. 그는 진정으로 그들의 삶 속에서 함께하고 있는 것이다. 그래서 우리는 그의 입에서 뿜어져 나오는 심금을 울리는 한 마디에 깊은 감동을 받는다. 다음은 그의 좌우명이다. "남자는 술을 마시되 취하지

그림 6-2 소통의 달인 김제동

아니하고, 취하되 쓰러지지 아니하고, 쓰러지되 무릎을 꿇지 않는다."

4 면접 시 1분 자기 소개법

옛말에 말 한마디로 천 냥 빚을 갚는다고 했지만, 요즘은 말 한마디로 합격 여부가 좌우된다. 엇비슷한 스펙 속에서 면접 때의 한마디가 그 사람의 미래를 결정할 수 있기 때문이다. 타고난 무대 기질이라도 가지고 있다면 모를까, 면접 같은 돌발 상황은 철저한 연습이 필요하다. 1분 자기 소개는 면접 시에 지원자의 성향과 특징을 자기소개서를 보지 않고도 알 수 있는 방법이다.[9]

면접에서 나의 인상은 자기 소개에 달려 있다고 해도 과언이 아니다. 1분 자기 소개를 어떻게 하느냐에 따라 나의 이미지가 달라진다. 다시 말해 1분 자기 소개가 나를 대변하고 나를 나타낸다. 특히, 자기소개서를 포함한 지원자의 입사 서류를 면접실에서 처음 접하는 면접관도 있으므로 효과적으로 강조해야 될 것들만 표현하는 것이 중요하다. 또한, 블라인드 면접 시에는 1분 자기 소개에서 하는 모든 말이 면접관에게는 유일한 데이터가 되므로, 주어진 시간 내에 가능한 객관적이고 구체적으로 말을 해야 한다. 한 가지 주의할 점은 말 그대로 단순한 소개에 그쳐서는 안 된다는 것이다. 시간이 짧은 만큼 단순한 소개를 넘어서 자기 PR을 할 수 있어야만 면접에서 좋은 결과를 얻을 수 있다.

9) 1분이라는 짧은 시간 내에 지원자에 대한 정보나 자질 등 전체적인 측면을 알 수가 있다. 자기 소개를 통해 입사 서류에서는 파악할 수 없는 지원자의 언행이나 프레젠테이션 능력을 함께 평가할 수 있기 때문에, 대부분의 기업에서 면접 시 평가 항목으로 사용하고 있다.

1) 중요한 내용은 처음에 말한다

면접관들이 시간 관계상 중간에 커트할 가능성이 있으니 중요한 말을 처음에 말하라. 즉, 굳이 1분이 되지 않더라도, 면접 당일 면접 진행 상황에 따라 자기 소개 시간이 짧게 주어지거나 생략될 수도 있으므로, 강조하고 싶은 부분은 처음에 미리 말하는 것이 요령이다. 일반적으로 지원 동기 또는 직종과 관련된 사항을 얘기하는 것이 좋으며, 지원하는 회사의 문화나 지원 직종의 특색에 따라, 성장 과정이나 성격 등이 중요시되기도 하므로, 어떤 것이 중요하다고 꼬집어 말할 수는 없다. 어느 직종, 어떤 회사에 지원하느냐에 따라 어떤 것을 강조해야 좋을지 상황에 맞춰 강조하는 것이 필요하다.

광고를 흔히 30초 예술이라고 한다. 30초라는 짧은 시간 안에 많은 것을 보여줘야 하기 때문이다. 면접 시 자기 소개도 마찬가지다. 타깃 고객층을 정확히 파악한 후 내가 전달하고자 하는 메시지를 강하게 보여줘야 한다. 다만 고객층이 소비자가 아닌 면접관이라는 것만 다를 뿐이다.[10)]

2) 지원 회사, 직종에 따라 다르게 구성한다

회사마다 다른 경영 이념과 인재상을 가지고 있다. 직종별로 요구되는 업무 수행 능력 또한 다르다. 그런데 자기 소개는 언제나 똑같다. 대부분의 지원자가 하는 실수다. 지원 회사별로 자기 소개서를 다르게 작성하듯이 자기소개서를 바탕으로 한 1분 자기 소개 역시 회사별로 다른 구성과 내용으로 준비되어야 한다. 회사가 어떤 성향을 가지고, 어떤 인재를 선호하는지 파악 후 내가 가진 여러 가지 장점과 자질을 회사가 요구하는 것들로만 구성하여 말하면 된다. 직종에 관련된 내용 역시 마찬가지다.

도전정신을 중시하는 회사에는 도전적인 성격을, 창조적인 인재를 원하는 회사에는 그와 관련된 학교 또는 직장생활 등을 얘기하면 된다. 기업에서 소비자 성별이나 연령, 학력, 거주지역 등에 따라 차별적으로 마케팅을 하듯이, 지원자 스스로도 지원 기업과 직종에 따라 차별적으로 자기 소개를 해야 하는 것이다.

---

10) 말하기의 적당한 속도는 1분에 200자 원고지 2장이 적당하다. 흔히, TV 드라마의 경우 200자 원고지 2장이 1분 정도의 시간이 소요된다. A4 용지 1장이 200자 원고지 4장 분량이므로, A4 반 장은 200자 원고지 2장 분량이 된다. 따라서 A4 용지 반 장 정도의 분량으로 작성 후 자기 소개를 할 경우 1분 내외로 자기 소개가 가능하다. 작성 시 글자 크기는 10point로 하면 된다.

3) 바른 자세로 자신감 있게 말하라

바른 자세를 가지고 발성을 할 때, 좀 더 명쾌하고 좋은 소리가 난다. 서서 말하는 것이 좋지만 대부분 앉아서 진행되므로 자세를 최대한 바르게 하여 또렷하게 말해야 한다. 자기 소개를 할 때는 밝은 음성과 자신감 있는 확신에 찬 말투를 사용해야 한다. 설득은 지식과 정보로 인해 되는 것 같지만, 실제로는 말하는 사람의 확신과 믿음의 전달을 통해 이뤄진다. 짧은 시간 안에 그러한 믿음을 전달하는 것은 확신에 찬 말투와 눈빛이다. 당당하고 자신 있게 말해야 한다. 면접관에 가장 깊이 남을 수 있는 기회는 자신감에 넘치는 자기 소개다. 자신의 차별화를 드러낼 수 있는 주어진 기회이기 때문이다.

친숙한 발음과 억양이 귀에 잘 들어온다. 익숙하지 않은 발음과 억양은 듣는 이를 불편하게 한다. 면접관이 잘 알아들을 수 있도록 표준 어휘와 억양을 사용하고 정확한 발음으로 말한다. 또한, 기계음처럼 고저장단(高低長短)이 없이 말하는 경우는 책을 읽는 듯한 느낌을 주게 되므로 효과적으로 메시지를 전달하기 어렵다. 평소 대화보다 조금 느린 속도로 악센트를 주면서 말하는 것이 좋다. 연습을 해도 잘 되지 않는다면 자신의 진솔한 마음을 담아서 말한다면 한결 나을 것이다.

4) 몸짓 언어를 사용하라

자기 소개를 할 때 눈맞춤(eye contact), 표정 변화, 자세 또는 제스처 등 몸짓 언어(body language)를 이용하는 것도 강하게 어필할 수 있는 요소다. 말로만 뜻을 전달하는 것은 아니다. 청자는 귀로 듣는 동시에 눈으로도 듣는다. 면접관들도 지원자들의 몸짓 언어의 영향을 크게 받는다. 눈으로 들어오는 자극은 귀에 비해 몇 배나 강하다. 몸짓 언어를 잘 활용하자. 참고로 면접관이 여러 명인 경우 눈맞춤 시선을 골고루 두면서 얘기하는 것이 좋다.

5) 질문을 이끌어 낼 수 있는 내용으로 구성한다

질문을 한다는 것은 관심이 있다는 얘기고, 관심이 있다는 것은 합격할 확률이 높다는 뜻이다. 때문에 면접관들이 질문을 던질 만한 내용으로 구성을 해서 자기 소개를 하는 것이 바람직하다. 나에 대한 관심을 가지도록 상황을 만들어야 한다. 예를 들면, 영업직에 지원한 응시자의 경우, 귀사의 ○○지점의 올해 매상액을 6% 성장시키겠다고 구체적으로 포부를 밝히게 되면, 어떻게 신장시킬 것인가에 대한 질문을 할 수가 있다. 또한, 개인 신상에 대한 소개를 할 경우 특기가 음주가무라고 한다면, 노래를 시키거나 춤을 춰보라는 요구를 할 수도 있다. 한 가지 주의할 점은, 질문을 이끌어 낼 수 있는 내용을 언급했을 경우, 그에 따른 답변도 반드시 준비되어야 한다는 것이다. 답변이 준비되지 않은 경우 자기 소개에서 관련 내용을 제외하는 것이 오히려 낫다. 질문을 많이 받았다고 해서, 반드시 합격하는 것은 아니다. 그만큼 답변은 중요하다.

6) 너무 완벽하게 하려고 하지 마라

"절대 실수를 해서는 안 된다. 완벽하게 해 내야 한다. 뛰어나 보여야 한다. 해야만 한다"라는 생각은 부담을 주게 되고, 부담은 제 모습을 잃어버리게 하여 자신감을 떨어뜨린다. '해내야만 한다'라는 마음을 '하고 싶다'라는 마음으로 바꾸자. 잠을 '자야만 한다'와 '자고 싶다'는 엄청난 차이가 있다. 마찬가지다. 세상에 그 어떤 것도 완벽한 것은 없다. 실수하지 하지 않으려고 너무 애쓰지도 말고, 청산유수처럼 말하려고 지나치게 노력할 필요도 없다. 그렇다고 대충 하라는 뜻은 아니다. 단지, 최선을 다해야 된다는 얘기다. 완벽하게 하지 말고, 최선을 다하라.

7) 여운과 감동이 있는 멋진 끝맺음을 한다

광고의 주된 기능으로는 정보 제공 기능과 설득 기능을 들 수 있다. 자기 소개는 자기 PR이다. 자기 소개도 하나의 광고다. 자기 소개의 서두에서 나에 대한 정보를 제공했다면, 마지막으로 감동을 줄 수 있는 멘트로 면접관에게 깊은 인상을 남겨, 자연스럽게 설득을 해야 한다. 사람은 논리에 의해 설득되기보다, 감성에 의해 설득된

그림 6-3 바른 자세로 자신감 있게 말하라

다. 선거 시에도 본인이 지지하는 후보는 감성적으로 판단하고, 지지하지 않는 후보는 이성적으로 판단한다는 연구 결과도 있듯이, 나를 이성적으로 판단할 수 있는 정보를 도입부에 얘기하여, 호감을 갖도록 한 후 마지막으로 여운과 감동이 있는 끝맺음으로 마무리하는 것이 효과적이다.

5 자기 소개, 이것만은 주의하라

1) 반드시 1분 자기 소개를 위한 내용을 새로 짜라

자기소개서와 똑같은 1분 소개는 하지 않는다. 자기소개서에 쓰인 내용이랑 토씨 하나 틀리지 않고 똑같이 얘기한다면, 신선함이 떨어져 면접관의 주의를 끌기 어렵다. A4용지 1장~2장으로 구성된 자기소개서는 그에 맞게끔 구성이 되어 있기 때문에 일부만 그대로 따와서 A4 용지 반 장 분량의 자기 소개를 하기에는 적합하지 않다. 또한 자기소개서는 문어체이기 때문에 말로 표현하는 자기 소개에 그대로 사용하기에는 딱딱하다. 반드시 1분 자기 소개를 위한 내용은 새롭게 구성되어야 한다.

2) 성장 과정은 가급적 피하라

기업에서는 지원자의 성장 환경보다는 능력에 더 많은 관심을 가진다. 자기 소개는 나의 능력을 얘기하는 시간이지, 살아온 얘기를 하는 시간은 아니다. 성장 과정이 지원 분야랑 직접적인 연관이 있는 경우가 아니라면 굳이 얘기할 필요는 없다. 1분이라는 시간은 생각보다 훨씬 짧다.

3) 내용은 정확히 맞아 떨어져야 한다

자기소개서와 상반된 내용은 언급하지 않는다. 입사 서류에는 일관성이 있어야 한다. 이력서와 자기소개서, 경력기술서, 포트폴리오에 나와 있는 내용은 모두 정확히 맞아 떨어져야 한다. 이는 면접 시에 실시하는 자기 소개에서도 마찬가지다. 자기소개서에 있는 내용을 그대로 얘기하는 것도 문제지만, 그렇다고 해서 없는 내용을 넣거나 자기소개서에 있는 내용과 다른 내용을 얘기해서는 안 된다. 지원자의 신뢰감에 엄청난 마이너스 요인이 된다.

4) 튀지 말고 띄어라

적당히 띄는 것은 플러스적인 요인이 된다. 그러나 띄는 것과 튀는 것은 다르다. 튀는 것은 이벤트 등 특수한 몇몇 직종을 제외한 일반적인 조직사회에서는 바람직하지 않으므로, 자기 소개 시에 중용(中庸)의 미덕이 필요하다. 큰 틀을 벗어나지 않는 범위 내에서 자기 소개를 할 필요가 있다.

5) 나만의 어휘와 구성 방법으로 스피치를 하라

사람마다 자신만의 표현이나 어휘가 있다. 1분 자기 소개는 자기소개서와 달리 직접 면접관 앞에서 스피치를 해야 되기 때문에, 외워서 하더라도 나만의 어휘와 구성 방법으로 스피치를 해야 자연스럽고 자신감 있게 말을 할 수가 있다. 전체적인 틀은 자문을 구하더라도 어휘라든지 문장의 구성은 스스로 해야 한다. 자신의 언어, 자신의 구성 방법으로 해야 자연스럽고 자신감 있게, 좀 더 설득력 있게 자기 소개를 할 수 있다. 1분 자기 소개는 가능하다면 지원자 본인이 직접 작성하는 것이 좋다. 그게 정말 어렵다면, 마지막 교정만은 반드시 본인이 직접 해야 한다.

그림 6-4 자기 소개, 이것만은 주의하라

소통을 위한 진단 코너: 거울 앞 스피치 훈련

나와 가장 친하고 가까이 붙어 있으면서도 한편으로 가장 낯선 사람은 누구일까? 바로 내 얼굴이다. 스피치 자가진단을 하는 동안 그러한 사실을 여실히 느낄 수 있을 것이다. 거울은 누구나 매일같이 본다. 바른 자세로 서서 주어진 주제를 갖고 1분 동안 말해 보라. 아래에 제시된 표에 의해 나의 스피치 점수를 체크해 볼 수 있다. 얼굴 표정과 태도만으로도 스피치 능력의 객관적인 평가가 가능하다.

거울은 당신 편이다. 전신을 잘 비춰보아야만 한다. 발전이란 자기를 발견하는 데서 출발한다. 다른 사람에게 보이는 것이 아니라 자신을 보는 것이다. 내가 나를 인정하고 긍정하고 받아들일 때 비로소 다른 사람도 나를 받아들일 수가 있기 때문이다. 내가 나를 사랑하고 존경할 때 콤플렉스도 없어지고, "해봅시다"라는 용기와 즐겁고 기분 좋은 자신감이 솟아나게 된다.

아래의 내용을 발표할 때 자연스런 눈맞춤이나 제스처를 취하려면 자신이 말할 때 어떤 행동을 하는지부터 관찰해 보아야 한다. 혹시 말하면서 유난히 고개를 흔들지는 않는지, 눈썹을 아래위로 내렸다 올렸다 하지는 않는지, 시선을 회피하지는 않는지, 실수할 때 혀를 쏙 내밀지는 않는지 등등을 관찰해 본다.

거울 앞에서의 스피치 훈련을 통해 손을 쥐었다 폈다 하는 행동, 엉덩이를 흔들거나 어깨를 움츠리는 태도를 바로잡고 유연하고 자연스러운 표정을 가꾸어 나갈 수 있다. 나쁜 점을 찾아서 그것을 교정해 나가는 것, 그것이 발전의 포인트다. 거울 앞에 서서 다음 주제로 1분 동안 발표해 본다. 발표 순서는 5단계로서 첫인사 → 자기 소개 → 내용 발표 → 마무리(다짐 · 느낌) → 끝인사의 순으로 진행하라.

기록을 마쳤으면 자신의 내용 중 3~4가지만 서로 소개한다. 과정을 마쳤으면 이 프로그램을 통해 느낀 점을 서로 토의하라.

(1) 자기 소개를 해보아라.

____

____

____

(2) 여행담을 해보아라.

____

____

____

(3) 사계절 가운데 가장 좋아하는 계절과 그 이유를 말하라.

____

____

____

(4) 5년 후 자화상을 그려 보고, 자신의 좌우명을 발표해 보아라.

____

____

____

	거울 앞 스피치 훈련	Check 아니다—항상 그렇다
1	일관되고 안정된 스피드로 말하는가?	1 2 3 4 5
2	어휘력은 풍부한가?	1 2 3 4 5
3	명료성이 있는가?	1 2 3 4 5
4	유머를 구사하는가?	1 2 3 4 5
5	내용에 맞는 비언어적 제스처를 사용하는 능력이 있는가?	1 2 3 4 5
6	결론을 잘 도출하는가?	1 2 3 4 5
7	분명하게 의사전달을 하는가?	1 2 3 4 5
8	청중들이 잘 경청하겠는가?	1 2 3 4 5
9	긍정적인 배려를 보이는가?	1 2 3 4 5
10	가끔씩 요약을 하는가?	1 2 3 4 5
11	이해도를 체크하기 위해 질문을 하는가?	1 2 3 4 5
12	지나친 비판과 평가를 하지 않는가?	1 2 3 4 5

종합진단 비교표

진단 내용	본인 진단 점수	팀 진단 점수	타인 진단 점수			본인-타인 최대 차이
			상사	동료	부하	
거울 앞 스피치 훈련						

◎ 본인과 타인 간의 점수 차이가 클수록 원인을 잘 점검하고 개선할 필요성이 있다.

결과 분석

(1) 55점 이상 : 뛰어난 연설가로서 일관되게 안정되고 자연스러운 스피치를 할 수 있다.
(2) 54~50점 : 청중의 호감을 얻을 수 있으며 적절한 웃음을 유발할 수 있다.
(3) 49~45점 : 발표 내용에 맞춰 내용 전달과 표정 연출이 가능하다.
(4) 44~37점 : 청중과 겨우 얼굴을 쳐다보며 말할 수 있다.
(5) 36점 이하 : 발표 연습에 많은 시간적 투자가 필요하다.

소통을 위한 진단 코너: 리더의 언어와 발성 연습

발성 연습은 "ㅏ, ㅔ, ㅣ, ㅗ, ㅜ" 5대 모음을 최대한 입을 크게 벌려서 발음한다. 우리나라 말은 모음의 발음이 매우 중요하다. 아래턱을 내릴 수 있는 데까지 내리고 입은 가능하면 크게 벌린다. 목에 힘을 주지 않고 자연스럽게 한다. 혀 끝을 의식하면서 자유로이 움직일 수 있게 한다. 위의 발음을 숨을 들이마신 후 한꺼번에 내뱉으면서 뚝뚝 끊어 크고 굵게 내뱉는다. 소리를 삼키는 일 없이 될 수 있는 대로 내뱉도록 하며, 항상 발음을 정확하게 한다. 호흡을 잘 가다듬어 자연스런 발음이 되도록 하며, 입 끝에서만 소리를 내는 것이 아니라 복식호흡을 염두에 두고 깊은 데서부터 소리를 낸다. 발음을 바르게 내는 요령은 호흡을 충분히 하고, 목에 힘을 주지 않는다. 그리고 머리와 목구멍과 가슴의 공명을 적당한 비례로 하며, 입술과 혀와 턱을 빨리 움직이면 된다.[11)]

스피치(speech) 능력을 향상하기 위한 몇 가지 방법을 제시하면, 첫째 각 단어나 문장 사이에 일정한 간격을 두어 또박또박 발음한다. 문장의 각 단어 사이 일정한 유지와 간격을 두도록 한다. "뭣을"과 "무엇을"의 차이는 단어의 사이 간격이다. 정확한 발음으로 또박또박 말하는 것을 습관화한다. 팁이 있다면 신문을 펴놓고 띄어쓰고, 악센트를 표시하며 글을 읽는 연습을 통해 각각의 단어를 정확히 발음하는 훈련을 한다. 이 방법은 처음엔 다소 어색하지만, 가장 빠르게 향상할 수 있는 방법 중 하나다.

둘째, 단어의 어미와 어두의 발음을 정확히 한다. 단어의 처음 부분과 끝부분의 발음을 흐리지 않도록 한다. 예를 들어 '대단히 죄송합니다'의 '대' 발음, '전화'의 '전' 발음, 그리고 '발음'의 '발' 발음을 정확히 하여 강세를 준다. 우리나라 말은 모음의 발음을 더 중요시한다.

셋째, 또박또박, 천천히, 정확하게, 크게, 끝까지 발음하면 기본기는 갖춘 것이 될 것이다.

1. 발음 교정 글자[12)]

(1) 간장공장 공장장은 강 공장장이고, 된장공장 공장장은 공 공장장이다.

(2) 강 건너 강 공장장은 간장 공장 공장장이고 강 안 건너 공 공장장은 된장 공장 공장장이다.

(3) 강낭콩 옆 빈 콩깍지는 완두콩 깐 빈 콩깍지고, 완두콩 옆 빈 콩깍지는 강낭콩깐

11) 무엇보다 승자(winner)처럼 말하라! 적절한 억양 조절을 위한 "밥 아저씨(Uncle Bob)"라고 불리는 단순한 테크닉이 있다. 이 테크닉에서는 누구하고 통화를 하던지, 혹은 짜증이 섞인 말투로 전화를 받는지에 상관없이 상대방을 친근한 가족이라고 상상해 보는 것이다. 실제 친근한 관계에 있는 누군가와 통화한다고 생각하며 말을 하면, 잠재의식 속에 좀 더 친근하고 자연스러운 피드백이 나온다.

12) 다음의 발성을 통해 안 되는 부문을 집중적으로 연습한다. 처음에는 천천히 또박또박하게 시작하여 시간이 지나면서 점점 더 빠르게(입술, 혀, 턱을 최대한 사용할 것) 하면 된다.

빈 콩깍지이다.

(4) 경찰청 창문 쇠 철창살은 녹슨 쇠 철창살인가? 녹 안 슨 쇠 철창살인가?

(5) 내가 그린 그림은 새털구름 그린 그림이고, 네가 그린 구름 그림은 뭉게구름 그린 그림이다.

(6) 남문 밖 곽씨 과수원 딸 곽 말괄량이는 동문 밖 박 주사댁 박 총각을 좋아한다.

(7) 네 붕어 알이 크냐? 내 붕어 알이 크냐?

(8) 멍멍이네 꿀꿀이는 멍멍해도 꿀꿀하고, 꿀꿀이네 멍멍이는 꿀꿀해도 멍멍하네.

(9) 박범복 군은 낮 벚꽃 놀이를 다녀오고 방범목 양은 밤 벚꽃 놀이를 다녀왔다.

(10) 봄 꿀밤 단 꿀밤, 가을 꿀밤 안 단 꿀밤

(11) 상표 붙은 저 깡통은 깐 깡통인가, 안 깐 깡통인가?

(12) 이 콩깍지는 깐 콩깍지냐? 안 깐 콩깍지냐?

(13) 안양역 앞 약공장은 안약 약공장 양양역 앞 약국옆 한약방은 양양 한약방이다.

(14) 앞집 아침밥 잡곡밥은 굵은 꽁보리밥이고 뒷집 저녁밥 잡곡밥은 붉은 팥 차조밥이다.

(15) 양양군 양양면 양양리 양영 양화점 주인은 양영옥 양이고, 양양군 양양면 양양리 양영 양화점 주인은 양영훈 군이다.

(16) 이 기린 그린 그림은 흰 기린 그린 그림이고, 저 기린 그린 그림은 푸른 기린 그린 그림이다.

(17) 자기야 자기는 자기가 아닌 다른 자기가 자기보고 자기라고 하면 자기는 자기라고 할 수 있어 자기?

(18) 장충단공원 앞에 중앙당 약방 중앙당 약방 옆에 장충 당구장 장충 당구장 위에 장충당 족발집

(19) 저기 가는 저 쌀장사가 새 쌀장사냐 헌 쌀장사냐?

(20) 저기 있는 말뚝이 말 맬 말뚝이냐, 말 못 맬 말뚝이냐?

(21) 저기 있는 저 분이 박 법학박사이고, 여기 있는 이분이 백 법학박사이다.

(22) 중앙청 창살 쌍 창살 경찰청 창살 외 창살

(23) 치키치키 차카차카 쵸코쵸코 쵸 치키치키 차카차카 쵸코쵸코 쵸

(24) 한양 양장점 옆 한영 양장점, 한영 양장점 옆 한양 양장점

(25) 내 얼굴 둥실둥실 무리둥실 감자 같은 내 얼굴

(26) 도로록 드르륵 두루룩 도로록 드르륵 두루룩

(27) 뭉실뭉실 두리뭉실 호박 같은 뭉실뭉실 두리뭉실 호박 같은

(28) 서울특별시 특허 허가국 특허과 허가과장 허 과장

(29) 신진 샹송 가수의 신춘 샹송 쇼. 신진 샹송 가수의 신춘 샹송 쇼

(30) 저기 저 뜀틀이 내가 뛸 뜀틀인가 내가 안 뛸 뜀틀인가

(31) 안 촉촉한 초코칩 나라에 살던 안 촉촉한 초코칩이 촉촉한 초코칩 나라의 촉촉한 초코칩을 보고 촉촉한 초코칩이 되고 싶어서 촉촉한 초코칩 나라에 갔는데 촉촉한 초코칩 나라의 문지기가 “넌 촉촉한 초코칩이 아니고 안 촉촉한 초코칩이니까 안 촉촉한 초코칩 나라에서 살아”라고 해서 안 촉촉한 초코칩은 촉촉한 초코칩이 되는 것을 포기하고 안 촉촉한 초코칩 나라로 돌아갔다.

2. 발음 운동

(1) 혀 운동

다댜 더뎌 도됴 두듀 드디
라랴 러려 로료 루류 르리
사샤 서셔 소쇼 수슈 스시
하햐 허혀 호효 후휴 흐히

(2) 입술 운동

마먀 머며 모묘 무뮤 므미
바뱌 버벼 보뵤 부뷰 브비

(3) 턱 운동

카캬 커켜 코쿄 쿠큐 크키
싹샥 썩셕 쏙쑉 쑥쓕 쓱식

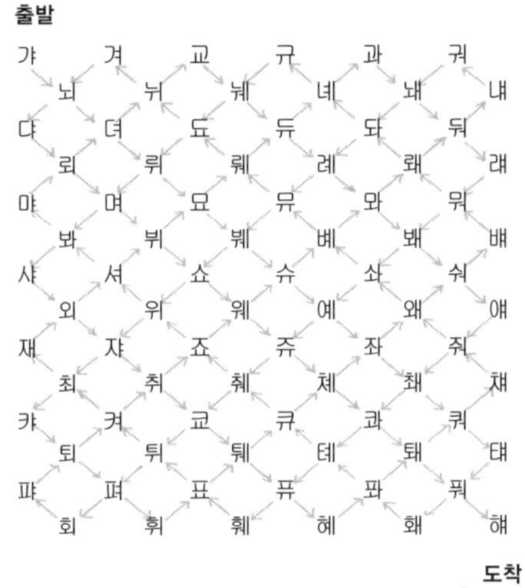

3. 음성 고저 연습

1단계는 가장 작은 목소리에서 마지막 10단계는 가장 커다란 목소리로 한다.

하나 하면 하나요 (1단계) 콩 하나 콩콩
둘 하면 둘이요 (2단계) 콩 둘 콩콩
셋 하면 셋이요 (3단계) 콩 셋 콩콩
넷 하면 넷이요 (4단계) 콩 넷 콩콩
다섯 하면 다섯이요 (5단계) 콩 다섯 콩콩
여섯 하면 여섯이요 (6단계) 콩 여섯 콩콩
일곱 하면 일곱이요 (7단계) 콩 일곱 콩콩
여덟 하면 여덟이요 (8단계) 콩 여덟 콩콩
아홉 하면 아홉이요 (9단계) 콩 아홉 콩콩
열 하면 열입니다 (10단계) 콩 열 콩콩콩콩

(1) 잘 되지 않는 문장은 어느 것인가? 이제 집중적으로 연습하라!

____

____

(2) 다른 사람의 발성을 서로 듣고, 교정해 주고, 느낀 점을 적으시오.

____

____

제 3 절 네이버와 구글에서 찾은 리더의 명스피치

우리의 안목을 넓혀주는 것으로 사서삼경(四書三經)이나 『채근담』, 『격몽요설』, 『명심보감』 등이 있다. 종교적으로는 기독교의 성경이나 유다교의 『탈무드』는 이미 널리 알려진 지혜서이며, 이슬람교의 코란, 힌두교의 근본 경전인 베다(Veda), 불교의 경전 등도 지혜의 샘 역할을 하고 있다. 위인들의 명언들도 있다. 호랑이는 죽어서 가죽을 남기고, 사람은 죽어서 이름을 남긴다지만 위인들이 남긴 천금 같은 말 한 마디는 그들의 이름보다 더 길이 남는다. 우리는 한번쯤 가슴속으로 위인들의 말을 좌우명 삼아 암송해 본 경험이 있을 것이다. 사람들은 위인들의 짧은 문장 하나에서 자신의 삶의 방향과 통찰을 얻는다. 속담과 격언에도 지혜의 샘이 있다. 그래서 옛 선조들의 지혜가 고스란히 전승되어 온 속담이나 격언은 후손들의 실생활에 그대로 적용되어 무릎을 탁 치게 만든다.

1 나를 깨닫게 한 결정적 한 마디

사람은 태어나서 죽을 때까지 계속 말을 하는데 어떤 학자의 연구에 따르면 한 사람이 평생 5백만 마디의 말을 한다는 것이다. 원석도 갈고 다듬으면 보석이 되듯 말고 갈고 닦고 다듬으면 보석처럼 빛나는 예술이 된다.

나태해진 나의 삶에서 결정적 순간의 강렬함으로 마음을 열게 하고, 시선과 귀를 솔깃하게 자극하고 또 나의 심장을 뛰게 한 말은 무엇이었는가? 좌절하거나 희망이 보이지 않을 때 나를 일으켜 세운 '금쪽 같은 말' 한 마디는 무엇이었는가? '지혜로운 삶'의 밑거름이 된 금쪽 같은 언어는 인생의 전환점이 되기도 하고, 반성의 기회를 제공하기도 하고, 기존의 관념과 생각을 송두리째 바꿔놓을 수도 있다. 찰나의 순간에 들은 결정적인 말(The Right Words at the Right Time)을 찾아서 다시 한 번 청량제로 삼으라. 나를 열게 한 결정적인 한마디가 없다면 평생 간직할 나만의 한 마디를 해줄 멘토를 만나서 만들어 보아라. 그래도 없다면 아래 문장에서 찾아보라.

1) 이봐! 연기가 왜 그래?

- 강수진: 훌륭한 발레리나가 되려면 먼저 네 자신과의 싸움에서 이겨야 한다.
- 김연아: 노력하는 사람은 즐기는 사람을 이길 수 없단다.
- 김재득: 머리로 하는 강의는 머리로 듣고, 가슴으로 하는 강의는 가슴으로 듣는다.
- 루치아노 파바로티: 아빠, 정말 최고였어요. 전 아빠를 믿어요.
- 마틴 루터 킹: 스스로 땀을 흘리며 열심히 수레를 끌고 있었기 때문이네.
- 박지성: 지금의 너를 뛰어넘기 위해 노력해 봐라.
- 반기문: 여러분의 꿈은 오직 구체적인 노력을 통해서만 이뤄진다는 걸 기억하십시오.
- 빌 게이츠: 이제부터는 옳다고 믿으면 결단력 있게 행동하렴.
- 성룡: 이소룡과 똑같은 스타일로는 절대 성공할 수 없네.
- 스티븐 스필버그: 네게 꿈이 있다면 그 꿈이 이뤄졌을 때의 네 모습을 생생하게 그려 보렴.
- 안성기: 이봐! 연기가 왜 그래?
- 엄홍길: 성공하는 사람이 즐겨 쓰는 말은 '다시 한 번 해 보자'이고, 실패하는 사람이 즐겨 쓰는 말은 '해 봐야 별 수 없다'다.
- 오프라 윈프리: 있는 그대로의 당신 모습을 보여 주세요.
- 타이거 우즈: 누구나 실수를 해. 중요한 것은 똑같은 실수를 반복하지 않는 것이지.
- 펠레: 저기, 저 아이는 언젠가 브라질을 대표하는 최고의 축구 선수가 되겠어.
- 한비야: 이 일은 내 가슴을 몹시 뛰게 하기 때문이에요.
- 힐러리 클린턴: 어떤 상황이 닥치더라도 절대 자신감을 잃으면 안 된다.

2) 왕관을 쓰려는 자, 그 무게를 버텨라

- 나비의 작은 날갯짓이 지구 반대편에서 커다란 태풍이 된다.
- 내 키는 땅으로부터 재면 가장 작지만 하늘부터 재면 가장 크다.
- 끝나버리기 전에는 무슨 일이든 불가능하다고 생각하지 말라.
- 걱정은 내일의 슬픔을 덜어주는 것이 아니라 오늘의 힘을 앗아간다.
- 공부를 하려고 하지 말고 공부를 이겨버려라.
- 포기하는 것은 선택이지 운명이 아니야.
- 인생은 원래 불공평한 거다.
- "가장 희망적인 때가 언제인지 아니?" 네? 그게 언젠데요?" "가장 힘들고, 가장 아플 때란다." "왜요?" "더 이상 추락할 곳이 없으니까."
- 우리 모두 리얼리스트(현실주의자)가 되자. 그러나 가슴 속엔 불가능한 꿈을 가지자.
- 불가능한 것은 없다. 언제나 길은 가능성을 향해 열려 있다.
- 최선을 다하지 않으면서 최고를 바라지 마라.
- 나는 지금 최고이고, 그 이전에도 최고였으며, 앞으로도 최고일 것이다.
- 네가 넘어지지 않는 건 잘 걸어서가 아니라 달리지 않아서 그런 것 아니니?
- 가장 귀한 향수는 가장 작은 병에 담겨 있다.
- 현명하라. 너무 높게 솟아올라서 떨어지기보다는, 솟아나기 위해 굽히고 있어라.
- 깨달음과 어리석음은 하나다.
- 10분 후와 10년 후를 동시에 생각하라.
- 미래를 신뢰하지 마라. 죽은 과거는 묻어라. 그리고 살아 있는 현재에 행동하라.
- 나는 햇빛이 비춰지지 않을 때에도 태양이 있다는 것을 믿는다.
- 나는 사랑을 느낄 수 없을 때에도 사랑이 있다는 것을 믿는다.
- 나는 하느님이 침묵하실 때에도 그분이 계시다는 것을 믿는다.
- 공부할 때의 어려움은 잠깐이지만, 성공한 후의 즐거움은 일평생이다.
- 대학 가서 미팅 할래? 공장 가서 미싱 할래?
- work(일)보다 success(성공)이 먼저 나오는 곳은 사전밖에 없다.
- 공부가 인생의 전부는 아니다. 한 99%?
- 새벽은 새벽에 눈뜬 자만이 볼 수 있다. 새벽이 오리라는 것을 알아도 눈을 뜨지 않으면 여전히 깊은 밤중일 뿐이다.

- 아무도 너의 경쟁자가 될 수 없단 걸 똑똑히 보여줘라.
- 기나긴 노력이라는 터널 끝에는 성공이 서 있다.
- 나는 천천히 가는 사람이다. 그러나 뒤로 가진 않는다.
- 안경을 쓴 이유가 '잘 안 보여서'가 아니라 '더 잘 보려고'여야 한다.
- 실패는 실을 감는 도구일 뿐이다.
- 공부에 미쳐라.
- He can do, She san do, Why not me?(그도 되고, 그녀도 되는데, 왜 나만 안 돼?)
- 오늘을 붙들어라. 그날이 일 년 중에서 최선의 날이다.
- 심장이 멈추면 심장을 두드리며 뛰어라.
- Life란 단어에 if가 있는 이유는 내 삶에는 항상 가능성이 있기 때문이다.
- 왕관을 쓰려는 자, 그 무게를 버텨라.
- 실수도 냉정하게 반영되는 것, 그것이 시험이다.

소통의 창: 실패자가 되기 위한 다섯 가지 노하우

1. 수고하길 거부하라.
2. 적당히 하루를 넘겨라.
3. 계획과 목표 없이 살라.
4. "이젠 틀렸다"고 중얼거려라.
5. 안 되는 일이 있으면 더 이상 하려고 하지 말라.

2 조직을 살리는 리더의 언어

1) 성공의 언어로 모두의 가슴을 뜨겁게

리더의 말은 국가의 품격이므로 리더는 말을 아끼고 조심해야 한다. 남에 대한 배려가 빠지면 진정한 신사가 아니다. 서로 말을 아끼고 조심해야 함에도 불구하고 막말녀와 독설가에 대한 뉴스가 자주 등장한다. 리더가 되면 말을 조심하고 개인의 품격도 높이고 아울러 국가의 품격도 높여야 할 것이다. 리더의 언어는 사실 리더십의 전부라고 해도 과언이 아니다. '리더의 언어'를 갖추지 못한 사람은 리더십을 상실하는 것은 물론 아예 세상으로부터 '왕따'를 당할 수도 있다.

조직을 망치는 대표적인 스타일은 넘치는 카리스마로 상대의 기를 죽이고, 전체 분위기를 얼어붙게 만드는 권위주의다. 아마도 이런 조직은 당연히 동맥경화에 걸린 것처럼 소통이 제대로 이뤄지지 않을 것이고 생산성 역시 올라갈 리가 만무하다. 조직을 활력 있게 만드는 리더들은 때와 장소를 가려 대화할 줄 안다. 또한 표정과 몸짓 하나에도 신중을 기하며, 혀보다는 귀를 먼저 내밀고 비난과 질책 대신 행위가 가져올 영향을 질문하는 리더다.

하지만 오늘날 대한민국의 말 풍경은 어떠한가. 영적 통찰로서의 언어는 고사하고 비난과 야유, 즉흥적 배설을 위한 상스러운 말들로 무성하다. 품격 없는 언어의 배설은 인터넷과 TV를 통해 전방위적으로 확산됐다.[13] 욕설과 비속어가 난무하는 '난장판 국회'도 화면을 타고 그대로 시청자들에게 전달되면서 옳고 그른 말에 대한 대중의 불감증을 초래했다.

조직을 살리는 리더들의 언어에는 몇 가지 특징이 있다. 목적이 분명하고, 장황하지 않고, 적절한 비유를 들고, 때로 모순어법을 사용한다. 메시지를 얘기에 담아내고, 중요한 것은 몇 번이라도 반복해서 강조할 줄 안다. 그리고 단지 말에만 의존하지 않고 다양한 소통 도구를 적절히 사용할 줄도 아는 리더들이 조직을 활성화시키고 발전시키게 된다.

지금 세상에는 전문지식을 갖춘 리더들이 많다. 하지만 효과적인 소통을 통해 사람과 조직에 활력을 불어넣음으로써 성과와 승리를 부르는 리더의 언어를 찾아보기가 어렵다. 다시 말하면 상대방을 향해 독설을 서슴지 않고, 패를 가른다거나, 불필요한 의혹과 논란을 불러일으키고 책임을 전가하는 언사를 자주 사용한다. 한심하고 비생산적인 언어들이므로 소통과 리더십 위기라고 하는 것이다. 따라서 진정한 리더의 언어가 어떤 것인가에 대해 연구할 필요가 있다.

품격 있는 사회란 폭력이나 상소리 대신 웃음과 유머, 부정과 비난보다는 긍정과 칭찬이 있는 사회다. 원색적 비난보다 유머 감각이 뛰어난 사람이 성공하고, 그런 국민이 많은 나라가 경쟁력을 갖춘다. 다행히 언어의 격, 소통의 격을 높이려는 노력들

---

13) 방송은 '막말'을 그대로 내보내거나, 자막 처리를 하면서 시청자를 더 안달나게 하는 방식으로 '막말 마케팅'에 한창이다. "×새끼" 같은 말이 방송으로 나가기도 하고, "성질 더러운 인간" "너 죽을래?", "(상대방을 향해) 쓰레기" "싸가지 없는 ××" 같은 말들은 심지어 '자막'을 타고 시청자들 뇌리에 각인된다. 시청률에 혈안이 된 방송사들이 사적인 막말을 습관적으로 사용하면서 규범적이고 정상적인 언어 체계에 대한 대중의 잣대 자체가 허물어지고 있다.

이 우리 사회 곳곳에서 시도되고 있어 다행이다.14)

2) 메라비언 법칙과 1·2·3화법

미국의 심리학자 메라비언이 조사한 소통의 효과를 살펴보면 단어 표현(7%), 신체 표현(55%), 음성 표현(38%)을 주장했다. 이 말이 사실이라면 다음과 같은 설명에서 가능하다. 소통에서 단어(word) 표현만 달리했을 경우에는 불과 7%의 효과만을 발휘한다. 예를 들면 '진지 잡수세요', '식사하세요' 등의 말은 모두가 밥 먹으라는 뜻이다. 그러나 음성(voice)을 어떻게 했느냐에 따라서 38%의 효과가 달라진다. 가령 '미안해'라는 말도 악센트를 어디다 두느냐, 어떻게 하느냐에 따라서 사람의 기분이 확 바뀐다. 당신의 음성 표현에 따라서 당신에 대한 이미지가 38%나 달라진다면 신경을 안 쓸 수가 없다. 우리는 '자기'라는 이력서를 하루에도 수십 번씩 쓰고 있다. 아침부터 저녁까지 신경질적인 음성으로 말해 보라. '저 새끼 못 먹을 것을 먹었나? 왜 저렇게 신경질이야.' 3일간만 계속한다면 '신경질파'라는 인상을 면치 못할 것이다. 또 교만하거나 퉁명스러운 어조로 말해 보라. '건방진 놈! 밥 맛 없는 놈이야.' 그러나 상냥하고 부드러운 음성으로 말해 보라. '좋은 사람이야. 멋진 놈이야.' 호감받는 사람이 될 것이 틀림없다.

신체(body) 표현이 소통 효과를 55%나 좌우한다는 말은 무슨 의미일까? 상대는 귀로 내 말을 들으면서 눈으로는 일거일동을 관찰하면서 '성의가 있느냐?' '이 말이 진실인가 거짓인가?'를 판단하기 때문이다. 아무리 그럴싸한 말이라도 언행일치가 되지 않으면 결코 신뢰받지 못한다. 말은 단순한 언어와 음성과 신체의 표현이 삼위일체가 될 때 효과가 있는 법이다. 따라서 단순한 입놀림만이 아닌 '온몸으로 대화'를 나눌 일이다.

현대는 대화의 시대, 설득의 시대다. 대화란 글자 그대로 '나'와 '상대'가 서로 주고받는 말이다. 혼자서 떠드는 것은 독백이거나 설교, 강의다. 그런데도 많은 사람이 일방적으로 자기 말만 하려 한다. 이것이 대화의 문제점이다. 그럼 좀 더 효과적인 대화의 방법은 무엇일까? 현대인은 타인의 장광설을 싫어한다. 따라서 자신의 말은 상대의 말을 이끌어 내기 위한 문제 제기 정도로 1분 이내로 간단히 말하는 것이 좋

---

14) '당신은 지금 나의 하늘을 밟고 계십니다.' 서울 이촌동 강촌아파트 게시판에 적혀 있는 글귀다. '실내 소음을 자제하자'는 내용의 게시물 맨 윗줄에 김승희의 '윗층사람'이란 시(詩)에 나오는 한 구절을 인용해 제목으로 뽑은 것이다. 쿵쾅거리지 말라고 직접 말하는 것보다 훨씬 호소력이 크고 보는 이로 하여금 기분 좋게 하는 말이다.

다.[15]

반대로 사람은 누구나 자기의 말을 많이 하려고 한다. 상대가 말을 많이 하게끔 2분 이상 기회를 주어야 한다. 인간에게 입이 하나이고 귀가 둘인 까닭은 적게 말하고 많이 들으라는 것이 아닌가? 단 귀가 한쪽으로 두 개가 달리지 않고 양쪽으로 달린 것은, 한쪽 말만 들어서는 올바른 판단이 서지 않기 때문에 반드시 반대편 말도 들어야 한다는 뜻이리라. 1분 이내로 자기의 말을 하고, 2분 이상 상대가 말하는 동안 세 번 이상의 긍정의 맞장구를 치는 것, 이것이 바로 1 · 2 · 3화법이다.

재래식 화법은 어떻게 해왔는가? 1시간 동안 대화할 동안 '내가 설명하는 입장이므로 내가 50분 정도 말한다. 그리고 상대방에게는 어떻게 생각하는지 10분 정도만 말하게 한다. 혼자서 50분을 말하려고 하니까 화제 선택이나 말솜씨도 문제가 된다. 자연히 상대는 남의 말을 50분씩이나 일방적으로 들어야 하기 때문에 하품만 하게 된다. 그러나 '1 · 2 · 3화법'은 3분 단위로 1분 말하고, 2분 들으며, 듣는 동안에 3번 이상을 맞장구를 치니까 지루하지 않게 대화가 진행되어 나간다. 일명 '3분 대화법'이라고도 하는 '1 · 2 · 3화법'은 아무리 긴 협상이나 상담도 3분 대화의 연속임을 명심해야 한다.

3) 내 인생을 바꿔주는 말: 자신과의 대화

사람에게는 하루에 할당된 소통량이 있다. 사람마다 다른 양이 할당되어 있어서 타인과 소통량을 채우지 못하면 그 모자란 분량을 자신과의 소통을 시도한다고 한다. 따라서 자신과의 대화(self talk)를 위해 의도적으로 소통의 절제가 필요할 때가 있다. 요즘 당신은 자기 자신과의 소통을 위해 할당하는 시간은 얼마나 되는가? 여기 자신과의 대화에 적합한 말을 소개한다. 반드시 해보도록 권장한다.

첫째, 매일 아침에 하는 적합한 말이다. "오늘이 내 생애 최고의 날이다." "나는 내가 좋다. 나는 내가 참 좋다." "나는 아무 조건 없이 내가 정말 좋다."

둘째, 매일 자기 전에 하면 좋은 말이다. "나는 나날이 모든 면에서 점점 더 좋아진다."

셋째, 내 속에 있는 위대함을 깨우는 말이다. "나는 장애물을 보면 미소를 짓는다." "나는 확고한 결단력을 가지고 있다." "나는 나의 결심을 힘차고 열정적으로 수행한다." "나는 위대한 힘을 가지고 있다." "나는 어려운 모든 것을 편안하고 자연스럽게

15) 스피치에서 듣는 사람은 45초에 가장 집중하고, 1분 30초를 넘으면 지루해지지 시작한다. 그리고 2분 10초를 넘기면 말하는 사람이 횡설수설한다는 통계가 있다.

뛰어넘는다." "나는 늘 정신을 집중하고 나의 모든 것을 거기에 바친다." "나의 결심은 강력하다." "나는 내 일에 모든 힘을 다한다."

넷째, 삶을 살아가는 자세의 말이다. "나는 매일 내 인생을 선택한다." "기쁨과 웃음과 감사와 행복과 긍정적인 말과 적극적인 행동을 선택한다." "지금 이 순간이 처음인 것처럼 마지막일 것처럼 최선을 다해서 살아간다." "나는 오늘도 내게 주어진 삶을 세상에서 가장 기쁘고, 즐겁고, 신나고, 행복하게 살아간다."

다섯째, 자신의 신성을 끊임없이 정화시키는 호오포노포노(Ho'oponopono)다.16) "사랑해. 미안해. 저를 용서하세요. 감사합니다. 제가 실수했습니다."17)

여섯째, 스트레스 상황에서는 "나는 있는 그대로의 나를 받아들이고, 수용하고, 사랑해."

일곱째, 중대한 무엇인가를 결정할 때 "오늘이 내 인생 마지막 날이라면 그래도 나는 이것을 선택할 것인가?"라고 해보아라.

당신의 인생을 바꿔주는 말인 자신과의 대화법에서 죽는 소리는 하지 마라. 죽는 소리를 하면 천하장사도 살아남지 못한다. 불평불만을 입에서 꺼내지 마라. 불평불만은 불운의 동업자다. 실언이 나쁜 것이 아니라 변명이 나쁘다. 그러므로 실언을 했을 때는 곧바로 사과하라. 상대방이 싫어하는 말을 하지 마라. 듣고 싶어하는 얘기하기

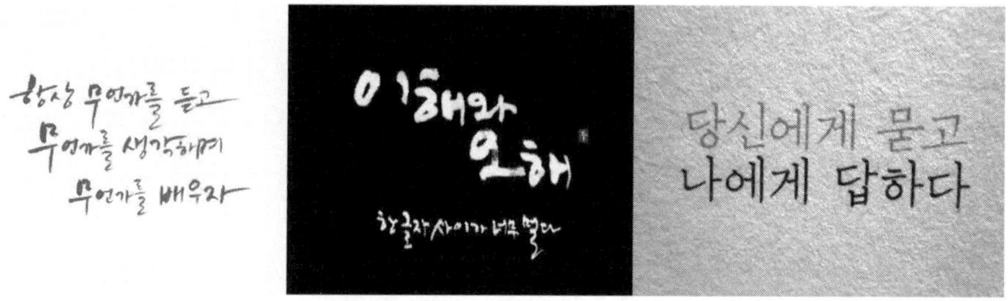

그림 5-5 당신에게 묻고 나에게 답하다

16) 호오포노포노는 하와이어어로 호오(목표), 포노포노(완벽함)이며, 완벽을 목표로 수정을 하는 것, 즉 잘못을 바로잡는다는 의미다. 창시자인 모르나는 자아를 우하네(Uhane: 어머니, 의식), 우니히피리(Unihipili: 아이, 무의식=내면의 아이), 아우마쿠아(Aumakua: 아버지, 초의식), 카이(Ka'I 신성의 지혜)로 구분하고, 한 사람 한 사람이 자신의 내면에 있는 신성의 지혜와 연결하여 본연의 삶으로 돌아가는 프로그램이라고 말한다.

17) 디즈레일리(Benjamin Disraeli) 는 "이 세상에서 가장 어려운 것 중 하나는 스스로 잘못했다는 것을 인정하는 것이다. 나쁜 상황에 처했을 때 솔직히 잘못을 인정하는 것보다 도움이 되는 것은 없다"고 했다. 그래서 '내가 잘못했다'는 말 한 마디의 위력은 생각보다 훨씬 강력하다.

에도 바쁜 세상이다. 등 뒤에서 험담하는 사람과는 가까이 말아라. 모진 놈 옆에 있다가 벼락 맞는다. 부정적인 말은 하지도 듣지도 전하지도 말아라. 부정적인 말은 부정 타는 말이다. 말로 입은 상처는 평생 간다. 말에는 지우개가 없으니 조심해서 말하라.

3 이런 말 저런 말

내가 하고 싶은 말보다 상대방이 듣고 싶은 말을 해라. 하기 쉬운 말보다 알아듣기 쉽게 이야기해라. 칭찬에 발이 달려 있다면 험담에는 날개가 달려 있다. 나의 말은 반드시 전달된다. 허물은 덮고 칭찬은 자주 해라. 뻔한 이야기보다 펀(fun)한 이야기를 해라. 디즈니만큼 재미있게 해라. 혀로만 말하지 말고 눈과 표정으로 해라. 앞에서 할 수 없는 말은 뒤에서도 하지 마라. 뒷말은 가장 나쁘다. 구시렁거리지 마라. 말을 독점하면 적이 많아진다. 적게 말하고 많이 들어라. 들을수록 내 편이 많아진다. 목소리의 톤이 높아질수록 뜻은 왜곡된다. 흥분하지 마라. 낮은 목소리가 힘이 있다. 귀를 훔치지 말고 가슴을 흔드는 말을 하라. 듣기 좋은 소리보다 마음에 남는 말을 하라. 나의 말 한 마디가 누군가의 인생을 바꿀 수 있다. 혀를 다스리는 것은 나지만 내뱉어진 말이 나를 다스린다. 함부로 말하지 말고 한 번 말한 것은 책임을 져라. 비언어적 요소가 언어적 요소보다 힘이 있다. 입술의 30초가 가슴의 30년이 된다. 사람들은 귀 때문에 망하는 사람보다 입 때문에 망하는 사람이 많다는 사실을 기억하라. 그럼 역대 유명한 사람들의 좌우명을 소개한다. 그들은 어떻게 사람의 마음을 움직였을까?

1) 사방 백 리 안에 굶어 죽는 사람이 없게 하라

- 조선 시대 거상 임상옥—재물에서는 물처럼 공평하게 하라.
- LG그룹 구인회 창업주—한 번 사람을 믿으면 모두 맡겨라.
- SK그룹 최종현 회장—학습을 통해 스스로 문제를 해결한다.
- 개성상회 한창수 회장—아름답고 평범하게 살자.
- 경방그룹 김용완 명예회장—분수를 알고 일을 즐긴다.
- 경주 최 부잣집 백산상회 최준 창업주—사방 백 리 안에 굶어 죽는 사람이 없게 하라.

• 광동제약 최수부 회장－자신이 하고자 하는 일이 있다면 끝까지 완수하자.
• 교보생명 신용호 창업주－맨손가락으로 생나무를 뚫는다.
• 금호그룹 박정구 전 회장－의가 아닌 것은 취하지 말라.
• 금호아시아나그룹 박인천 창업주－신의, 성실, 근면
• 대림그룹 이재준 창업주－풍년 곡식은 모자라도 흉년 곡식은 남는다.
• 대상그룹 임대홍 창업주－나의 도는 하나로 꿰뚫고 있다.
• 동원그룹 김재철 회장－모든 일에 정성을 다하자.
• 두산그룹 박용곤 명예회장－분수를 지킨다.
• 두산그룹 박용오 회장－부지런한 사람이 성공한다.
• 롯데그룹 신격호 창업주－겉치레를 삼가고 실질을 추구한다.
• 벽산그룹 김인득 창업주－남과 같이 해서는 남 이상 될 수 없다.
• 삼성그룹 이병철 창업주－수신제가치국평천하(修身齊家治國平天下)
• 샘표식품 박규회 창업주－옳지 못한 부귀는 뜬구름과 같다.
• 쌍용그룹 김성곤 창업주－인화(人和)가 제일 중요하다.
• 우리금융그룹 윤병철 회장－아직 배가 12척이나 있고 저는 죽지 않았다.
• 유한양행 유일한 창업주－조직은 사회를 위해 존재한다.
• 을유문화사 정진숙 회장－차라리 책과 더불어 살 수 있는 거지가 낫다.
• 코오롱그룹 이원만 창업주－공명정대하게 살자.
• 한진그룹 조중훈 창업주－모르는 사업에는 손대지 말라.
• 한화그룹 김종희 창업주－스스로 쉬지 않고 노력한다.
• 현대그룹 정주영 창업주－시련은 있어도 실패는 없다.
• LG칼텍스정유 허동수 회장－처지를 바꾸어 생각한다.
• SK텔레콤 조정남 부회장－하는 일마다 불공을 드리는 마음으로 대하라.
• 동양화재 정건섭 대표－크고자 하거든 남을 섬겨라.
• 두산중공업 윤영석 부회장－정성이 지극하면 하늘도 감동한다.
• 미래산업 정문술 창업주－미래를 지향한다.
• 삼성그룹 이건희 회장－경청
• 삼우무약 이성희 회장－이득은 적당히 탐해야 한다.
• 아티포트 김이현 회장－사슴은 먹이를 발견하면 무리를 불러모은다.

2) 덕은 외롭지 아니하고 반드시 이웃이 있다

- KT 이용경 대표-노력한 만큼 거둔다.
- KT네트웍스 이경준 대표-하늘은 스스로 돕는 자를 돕는다.
- LG그룹 구본무 회장-약속은 꼭 지킨다.
- 국민은행 김정태 행장-선비는 자기를 알아주는 사람을 위해 죽는다.
- 대교그룹 강영중 창업주-가르치고 배우고 배우면서 서로 성장한다.
- 대우인터내셔널 이태용 대표-할 수 있는 일을 다 하고 나서 천명을 기다린다.
- 대우일렉트로닉스 김충훈 대표-생행습결(省行習結)
- 동양그룹 현재현 회장-병사가 교만하면 싸움에서 반드시 진다.
- 동양시스템즈 구자홍 대표-기본에 충실하자.
- 만도 오상수 대표-나의 발자국이 뒷사람의 이정표가 되리라.
- 벽산 김재우 대표-계획은 멀리 보되 실천은 한 걸음부터
- 삼성물산 배종렬 대표-깊은 강은 소리를 내지 않는다.
- 삼성전자 이윤우 부회장-단순한 것이 최고다.
- 삼성전자 황창규 사장-죽을 각오로 싸우면 반드시 산다.
- 삼성테스코 이승한 대표-넓고 깊게 안다.
- 신한카드 홍성균 대표-모든 일은 즐겁게 하는 것이 제일이다.
- 아산재단 정몽준 이사장-화합은 하지만 부화뇌동은 하지 않는다.
- 아시아나항공 박찬법 대표-효도는 모든 행동의 근본이다.
- 웅진그룹 윤석금 회장-나를 아는 모든 사람들을 사랑해.
- 코오롱건설 민경조 대표-덕은 외롭지 아니하고 반드시 이웃이 있다.
- 현대아산 김윤규 대표-부지런하면 굶어 죽지 않는다.
- 휠라코리아 윤윤수 대표-정직

3) 원칙이 곧 지름길이다

- CJ CGV 박동호 대표-촌음도 나의 것
- NHN 김범수 대표-꿈꾸는 자만이 자유로울 수 있다.
- SK 최태원 회장-실천이 중요하다.
- SK텔레콤 가종현 상무-범사에 감사하라.
- 국순당 배중호 대표-원칙이 곧 지름길이다.

- 로만손 김기문 대표—소중한 것부터 먼저 하라.
- 마리오 홍성열 대표—준비를 하면 근심할 것이 없다.
- 미래에셋그룹 박현주 회장—독수리는 조는 듯이 앉아 있고 호랑이는 앓는 듯이 걷는다.

4) 말 잘하는 리더의 소통 테크닉

필자가 소통을 저술하기 시작하면서 이상헌의 『책 한 번뿐인 인생 프로만이 살아남는다』를 읽고 크게 느끼는 바가 있어 말 잘하는 방법을 필자의 견해를 첨부하고 일부 수정하여 소개한다.

- 같은 말이라도 때와 장소를 가려서 해라. 그곳에서 히트곡이 여기서는 소음이 된다.
- 결코 남을 비판하지 말라. 남을 감싸주는 것이 덕망 있는 사람의 태도다.
- 공통 화제를 선택하라. 화제가 잘못되면 남의 다리를 긁는 셈이 된다.
- 기어들어가는 소리로 말하지 말라 그것은 임종할 때 쓰는 말이다.
- 남을 비판하지 말라. 남을 향해 쏘아올린 화살이 자신의 가슴에 명중된다.
- 내 생각만 옳다고 생각하면 큰 오산이다. 상대방의 의견도 옳다고 받아들여라.
- 누구에게나 선한 말로 기분 좋게 해주어라. 그래야 좋은 기의 파장이 주위를 둘러싼다.
- 눈은 입보다 더 많은 말을 한다. 입으로만 말하지 말고 표정으로도 말을 하라.
- 또박또박 알아듣도록 말하라. 속으로 웅얼거리면 염불하는지 욕하는지 남들은 모른다.
- 말로 입은 상처는 평생 간다 말에는 지우개가 없으니 조심해서 말하라.
- 말에는 메아리의 효과가 있다 자신이 한 말이 자신에게 가장 큰 영향을 미친다.
- 말에는 언제나 책임이 따른다. 책임질 수 없는 말은 하지 말라.
- 말에도 맛이 있다. 입맛 떨어지는 말을 하지 말고 감칠맛 나는 말을 하라.
- 말을 독점 말고 상대방에게도 기회를 주어라. 대화는 일방통행이 아니라 쌍방교류다.
- 말이 씨가 된다. 어떤 씨앗을 뿌리고 있는가를 먼저 생각하라.
- 말하는 방법을 전문가에게 배워라. 스스로는 잘하는지 못하는지 판단하지 못한다.
- 모르면 이해될 때까지 열 번이라도 질문하라. 묻는 것은 결례가 아니다.
- 미운 사람에게는 각별히 대하라. 각별하게 대해 주면 적군도 아군이 된다.

- 밝은 음색을 만들어 말하라. 듣기 좋은 소리는 음악처럼 아름답게 느껴진다.
- 불평불만을 입에서 꺼내지 말라. 불평불만은 불운의 동업자다.
- 상대방을 높여서 말하라. 말의 예절은 몸으로 하는 예절보다 윗자리에 있다.
- 상대방을 보며 말하라. 눈이 맞아야 마음도 맞게 된다.
- 상대방의 말을 끝까지 들어줘라. 말을 자꾸 가로채면 돈 빼앗긴 것보다 더 기분 나쁘다.
- 상대방이 말할 때는 열심히 경청하라. 지방방송은 자신의 무식함을 나타내는 신호다.
- 상대방이 싫어하는 말을 하지 말라. 듣고 싶어하는 얘기하기에도 바쁜 세상이다.
- 솔직하게 말하고 진실하게 행하라. 그것이 승리자의 길이다.
- 실언이 나쁜 것이 아니라 변명이 나쁘다. 실언을 했을 때는 곧바로 사과하라.
- 올바른 생각을 많이 하라. 올바른 생각을 많이 하면 올바른 말이 나오게 된다.
- 이왕이면 다홍치마다. 말에도 온도가 있으니 썰렁한 말 대신 화끈한 말을 써라.
- 일관성 있게 말하라. 믿음을 잃으면 진실도 거짓이 되어 버린다.
- 입에서 나오는 대로 말하는 사람은 경솔한 사람이다. 가슴에서 우러나오는 말을 하라.
- 입에서 나오는 대로 말하지 말라. 체로 거르듯 곱게 말해도 불량률은 생기게 마련이다.
- 자만 교만 거만은 적을 만드는 언어다. 자신을 낮춰 겸손하게 말하라.
- 재미있게 말하라. 사람들이 돈 내고 극장가는 것도 재미가 있기 때문이다.
- 재판관이 아니라면 시시비비를 가리려 말라. 옳고 그름은 시간이 판결한다.
- 적게 말하고 많이 들어라. 그래야 넉넉한 사람이 된다.
- 조리 있게 말하라. 전개가 잘못되면 동쪽이 서쪽 된다.
- 죽는 소리를 하지 말라. 죽는 소리를 하면 천하장사도 살아남지 못한다.
- 칭찬 감사 사랑의 말을 많이 사용하라. 그렇게 하면 사람이 따른다.
- 편집하며 말하라. 분위기에 맞게 넣고 빼면 차원 높은 예술이 된다.
- 표정을 지으며 온 몸으로 말하라. 드라마 이상의 효과가 나타난다.
- 품위 있는 말을 사용하라. 자신이 하는 말은 자신의 인격을 나타낸다.
- 풍부한 예화를 들어가며 말하라. 예화는 말의 맛을 내는 훌륭한 천연 조미료다.
- 한 번 한 말을 두 번 다시 하지를 말라. 듣는 사람을 지겹게 하려면 그렇게 하라.
- 활기 있게 말하라. 생동감은 상대방을 감동시키는 원동력이다.

소통의 창: 일상의 소소한 대화, 스몰 토크

파인(Debra Fine)은 저서 『스몰 토크(*The fine art of small talk*)』(2005)에서 출근길의 아침 인사, 복도를 지나가다 가볍게 하는 눈인사, 엘리베이터 안에서 건넨 짧은 안부, 업무 회의에 앞서 꺼내는 신변잡담용 이야기…… 큰 의미 없이 행하는 이런 일들이 당신의 대외적인 이미지를 좌우한다면 믿겠는가? 저자는 이런 행위를 '스몰 토크(small talk)'라고 명명했다. 흔히 잡담이나 수다라고 생각하지만, 실제로는 어색한 분위기를 누그러뜨리는 일상의 소소한 대화를 의미하는 스몰 토크를 어떻게 시작하고 이어가고 끝맺는지를 자세히 설명했다. 그 내용을 한 수 배워 보자

첫째, "정말 만나서 즐거웠어요." 그렇다면 당신은 항상 솔직하지는 않다는 말이 된다. 하필 이 문장에 제한을 붙이는 이유는 무엇인가? 대신 "만나서 즐거웠어요!"라고 말하라.

둘째, "이번 주까지 알려드리도록 하겠습니다." "해보겠다"는 말에는 믿을 수 없는 무언가가 있다는 의미가 전제된다. 대신 "늦어도 다음 주까지 알려드리겠습니다."라고 말하라.

셋째, "내일 전화해 주시겠어요? 지금은 바쁘거든요?" 이는 내 짐만 해도 무거운데 그 위에 또 하나의 짐을 올려놓으려 군다는 것처럼 들린다. 대신 "내일 전화 주세요. 그때가 더 낫겠어요."라고 말하라.

넷째, "언제까지 되겠습니까?" 지금 당신은 대화의 주도권을 놓치고 있다. 대신 "미안하지만 다음 화요일까지 되겠습니까?"라고 말하라.

다섯째, "잠시 실례해도 되겠습니까? 질문해도 될까요?" 당신은 이미 실례를 한 상태다. 바쁜 사람을 방해하고 싶지 않다면 바로 질문하라! 대신 정중하게 "방해해서 미안하지만……"이라고 말한 다음 질문하라.

소통을 위한 진단 코너: 나의 스피치 능력

자신의 스피치에 대해 체크해 보라. 아니다(1점), 가끔 그렇다(2점), 자주 그렇다(3점), 거의 항상 그렇다(4점)로 점수화하며, 100점 만점으로 90점 이상이면 매우 훌륭한 스피커이고 50점 이하는 낙제 점수다. 이때 비디오 촬영을 통해 연설 장면을 찍고 피드백하면, 연설자는 긴장되므로 진짜 장면 연출이 가능하다. 따라서 비디오 피드백은 매우 효과적이다.

	리더의 스피치 수준 ('나의 상사는~' or '나의 동료는~')	Check 아니다-항상 그렇다
1	나는 사람들 앞에서 말할 때 부정적인 생각은 피한다.	1 2 3 4
2	나는 여러 사람 앞에서 말할 때 편안하다.	1 2 3 4

3	노트는 몇 개로 된 단어로 간단하고 읽기 쉽게 크게 요약된 것을 사용한다.	1	2	3	4
4	녹음을 하면서 큰 소리로 여러 번 연습한다.	1	2	3	4
5	말은 간결하게 짧게 하는 편이다.	1	2	3	4
6	말하는 동안 목소리가 안정적이고 떨리지 않는다.	1	2	3	4
7	말하는 동안 몸이 긴장되지 않는다.	1	2	3	4
8	미리 발표 연습을 큰 소리로 한다.	1	2	3	4
9	발표 전 준비는 안심이 될 정도로 충분히 하는 편이다.	1	2	3	4
10	발표의 완급을 조절한다.	1	2	3	4
11	발표 시 보조물, 소품을 가끔 사용한다.	1	2	3	4
12	발표하는 동안 청중의 행동을 조절한다.	1	2	3	4
13	번호를 매겨 제시한다.	1	2	3	4
14	상황에 맞춰 목소리 크기를 조절한다.	1	2	3	4
15	시각자료는 단순하고 읽기 쉽게 준비한다.	1	2	3	4
16	요점을 정리하고 기억하기 위한 메모 노트를 이용한다.	1	2	3	4
17	요점 정리를 하고 강조하는 데 시각 자료를 이용한다.	1	2	3	4
18	때와 장소에 따라 의상에 신경을 쓴다.	1	2	3	4
19	자연스런 제스처를 쓴다.	1	2	3	4
20	질문을 예상하고 답변을 연습한다.	1	2	3	4
21	청중과 눈길을 자주 마주치려 한다.	1	2	3	4
22	청중과 상호작용을 끌어낸다.	1	2	3	4
23	청중의 주의를 집중시키며 시작한다.	1	2	3	4
24	표현과 강조를 위해 목소리를 변화시키며 다양한 구사를 시도한다.	1	2	3	4
25	허용된 시간을 지킨다.	1	2	3	4

종합진단 비교표

진단 내용	본인 진단 점수	팀 진단 점수	타인 진단 점수			본인-타인 최대 차이
			상사	동료	부하	

- 본인과 타인 간의 점수 차이가 클수록 원인을 잘 점검하고 개선할 필요성이 있다.
- 좀 더 신뢰성 있는 평가를 원한다면 진단표에 제시된 문답 중에서 자신이 더욱 개선되기 위해 노력해야 하는 항목을 조직(집, 학교, 공동체, 직장)에서 가장 신뢰하는 사람이나 정직한 피드백을 줄 것 같은 사람을 선정하여 경청한다.

결과 분석

(1) 100점 : 사람들 앞에서나 거울 앞에서 일관되게 안정되고 자연스런 스피치를 할 수 있다.
(2) 90점 : 내용에 맞는 적절한 제스처 사용까지 가능하다.
(3) 80점 : 발표 내용에 맞춰 적절한 미소와 표정 연출이 가능하다.
(4) 70점 : 거울 속의 나와 눈맞춤이 가능하다.
(5) 60점 : 얼굴을 쳐다보며 말할 수 있다.
(6) 60점 이하 : 내 얼굴을 똑바로 쳐다볼 수가 없다.

소통의 창: 다섯 가지 유형의 서비스 멘트

1. "할 수 있다"라고 말하는 긍정적인 사람이다.
2. "제가 하겠습니다"라고 말하는 능동적인 사람이다.
3. "무엇이든지 도와드리겠습니다"라고 말하는 적극적인 사람이다.
4. "기꺼이 해드리겠습니다"라고 말하는 헌신적인 사람이다.
5. "잘못된 것은 즉시 고치겠습니다"라고 말하는 겸허한 사람이다.

제 7 장 인간관계와 유머

코칭(coaching)

사람은 누구나 이기적이다. 사람은 누구나 다른 사람보다는 자기자신에게 더 관심이 많다. 사람은 누구나 다른 사람들로부터 존경과 인정을 받고 싶어한다. 좋은 인간관계를 유지하고 싶다면 이 세 가지 사실을 확실히 기억하라. 기블린(Leslie T. Giblin)의 말이다.

이 세 가지 진리를 바꿀 수 있는 사람은 이 세상에 없다. 친구, 고객, 동료, 상사 누구를 만나든 만나기 전에 이 세 가지 진리를 되새기며 호흡을 가다듬는 습관을 들여 보라. 그러면 어떤 사람을 만나든 반드시 원하는 것을 얻게 될 것이고, 그 사람과 좋은 인간관계를 유지할 수 있을 것이다.

제 1 절 소통과 인간관계(인맥)

'인맥'이란 단어에 사람들은 안 좋은 시선으로 바라보는 사람들이 많다. 공직자에 대한 뇌물을 떠오게 되고 먼저 부정부패를 생각하게 한다. 인맥의 중요성을 말하면 왜 삐딱하게 쳐다볼까? 내 인맥은 바람직하고 다른 사람의 인맥은 연고와 뇌물로 이뤄진 부적절한 관계라고 생각해서일까? 인맥의 두 얼굴, 즉 자신의 인간관계가 좋다는 것을 의미하는 긍정적 얼굴, 또 하나는 지연·학연·혈연으로 대표되는 부정적 얼굴이다. 흔히 사회 발전을 저해시키는 주범으로 연고주의를 일컬으며 '인맥' 때문에 우리 사회가 분열되고 실력 있는 사람이 제대로 대접받지 못한다고 한다. 과연 인맥이 나쁘기만 한 걸까?

인맥은 때로 요정의 마술 지팡이처럼 문제를 해결하기도 한다. 어이없게 풀어버리는 게 인맥이다. 친분 있는 단 한 명만 있었어도 해결될 문제를 그냥 포기해 버린 경험이 있는 사람이라면 고개를 끄덕일 것이다. 어쩌면 당신은 맡은 일만 제대로 해내면 되지, 왜 여러 사람을 만나러 다니면서 시간을 낭비해야 하느냐고 생각할지 모른다. 그러나 이건 효율의 문제다. 친해지면 편리한 사람, 알아두면 요긴한 사람이 눈앞에 있는데, 굳이 독불장군처럼 혼자 모든 일을 싸매고 고군분투할 필요는 없지 않나.

1 휴먼 네트워킹, 사람 낚는 어부가 되라

사람에게는 중요한 '맥' 세 가지 있는데 그것은 동맥, 정맥, 인맥(인간관계)이다. 동맥과 정맥에 문제가 생기면 병이 나듯이 인간관계(인맥) 역시 문제가 생기면 갈등과 장애가 생기고 불행이 야기된다. 따라서 인맥을 소중히 생각하고 바르게 관리해야 한다.

1) 돈보다는 사람이 운명을 바꾼다

흔히 사회 발전을 저해하는 주범으로 연고주의를 일컬으며 '인맥' 때문에 우리 사회가 분열되고 실력 있는 사람이 제대로 대접받지 못한다고 한다. 과연 인맥이 나쁘기만 한 것일까? 미래는 NQ(Network Quotient: 공존지수)가 높은 사람과 조직, 국가만이 살아남는다. 함께 살 수 있는 능력, 인간관계의 혁명, 지금은 NQ 시대다. 동서양을 막론하고 팔은 안으로 굽기 마련이다. 사람을 잘 사귀어야 한다.

필자는 양광모의 『당신만의 인맥』(2008)에서 말한 다음의 내용이 인맥에 대한 좋은 글이라는 생각이 들었다. 이 책에서 이야기하는 인맥은 내 성공의 엘리베이터가 되는 사람이 아니다. 한 계단, 한 계단씩 성공을 향해 올라갈 수 있도록 내 손을 잡아 이끌어 주고 격려해 주는 사람이다. 정정당당하게, 내가 관심을 가지고 배려하고 공감해서 만들어 낸 좋은 인맥, 좋은 인간관계다. 인맥관리는 운명관리이며 자기관리다. 평생에 걸쳐 중요하게 만나는 사람들이 나의 삶, 운명이라는 것을 명심하고 좋은 인간관계를 구축해야 한다. 다른 사람을 관리하는 것이 아니라 나를 관리하는 것이다. 나부터 먼저 매력과 능력을 갖춰야 하며, 좋은 인맥을 스스로 찾아내야 한다.

늘 다른 사람에게 관심을 갖고, 공감하고, 배려해야 한다. 인맥관리는 행복관리다. 돈, 명예, 권력도 중요하지만 행복을 얻는 필수 조건은 아니다. 행복은 결국 사람들과의 관계 속에서 나온다. 누구를 만나느냐에 따라 내 운명이 달라진다. 로또복권 한 장이면 자신의 운명을 바꿀 수 있다고 생각하는 사람들이 있다. 하지만 1등에 당첨된들 자기 주변에 좋은 인맥이 없다면 과연 행복할까? 1등 상금이 생긴 뒤 오히려 가족과 불화가 생기고 친구와 동료를 잃었다는 이야기를 심심찮게 듣는다. 돈보다는 사람이 운명을 바꾼다. 어떤 사람을 가까이하느냐에 따라 인생 역전도 가능하다(양광모, 2008).

필자의 경험상 아는 사람 단 한 명만 있어도 그동안 골치 아팠던 문제가 눈 녹듯이 해결된 경험을 해 보았다. 독자도 그런 적이 없었는가? 상기해 보라! 좋은 인맥을 만드는 것은 소통을 잘하는 것이며, 소통을 잘하는 것은 '마음을 담아서 말하는 것'이다. 다른 사람과 소통을 할 때는 항상 마음이 오가는 대화를 나눠야 한다.

2) 인간관계는 자기관리다

좋은 인간관계는 좋은 소통을 통해서만 가능하다. 그런데 인간관계에서 가장 어렵고 중요한 것은 적을 만들지 않는 것이다. 즉, 인맥관리에서 열 명의 친구를 만드는 것보다 한 명의 적을 만들지 않는 것이 상책이다. 적을 만들지 않으려면 내 말이나 행동에 잘못이나 실수가 없도록 경계해야 한다. 쓸데없이 다른 사람을 비난하거나 상대방의 인격을 모독해 감정과 자존심에 상처를 주지 말아야 한다. 무심코 내뱉은 한마디가 상대방의 가슴 속에 오래도록 깊은 상처로 남을 수도 있다.

인간관계는 자기관리다. 다른 사람을 관리하는 것이 아니라 나를 관리하는 것이다. 나부터 먼저 매력과 능력을 갖춰야 하며, 좋은 인맥은 스스로 찾아내야 한다.

휴먼 네트워킹(human networking)을 위한 일곱 가지 'ㅍ'을 소개한다.

첫째, '필(feel)'이다. 서로에 대한 관심과 공감을 하지 못하면 휴먼 네트워킹이 가까워지지 않는다. 서로의 생각과 말과 행동이 통해야 한다. 그래서 느낌이 중요하다.

둘째, '펀(fun)'이다. 만남이 즐겁고 유익해야 한다. 내가 들어오면 즐거워야 된다. 내가 나가면 즐겁다면 리더로서 자격 박탈이다.

셋째, '편'이다. 내 편을 만들지 말고, 먼저 상대방 편이 되어야 한다. 네 편이 돼 주지 못하면 결코 내 편도 되지 않는 것이 인간의 마음이다.

넷째, '품'이다. 인간관계는 누가 더 많이, 더 오래 품을 파느냐에 달려 있다. 머리품, 발품, 손품을 아끼지 않고 열심히 실천하는 사람이 좋은 인맥을 만든다.

다섯째, '폼'이다. '폼생폼사'라는 말이 있듯이 폼은 곧 어울림, 때와 장소에 맞는 의상, 표정, 자세를 가꿔야 좋은 이미지, 좋은 첫인상으로 장기적인 인맥을 기대할 수 있다.

여섯째, '판'이다. 내가 현재 속해 있는 판(사회, 네트워크)과 앞으로 가고자 하는 판세에 대해 분석과 판단 능력을 지니고 있어야 한다.

일곱째, '패'다. 다른 사람에게 보여줄 수 있는 나의 브랜드, 나의 가치가 있어야 한다.

2 인맥 성공을 위한 코칭

인생을 지혜롭게 살려면 무엇을 잘 받아들여야 할까? 여기에 인맥 성공을 위한 매일경제지의 「성공클럽」에 쓴 글이 바로 이러한 점을 잘 입증해 주고 있다. 혹 사회에서 인간관계가 좋다는 것을 단지 사무실에서의 평판 정도로만 생각한 적은 없는가? 선후배들에게 좋은 사람이라는 얘기를 듣고, 상사에게는 믿을 수 있는 직원이라는 인상을 주고, 그런 것들이 조금이나마 인사 고과에 반영되어 남들보다 한 발자국 정도 앞서는 것이 전부라면 소박한 타입이다.

우리가 일을 하다 보면, 소극적인 인간관계로는 해결할 수 없는 문제가 사방에 깔려 있다. 사귐의 범위가 넓으면 어떠한 난관에 부딪쳐도 문제를 해결할 곳이 있다. 기댈 수 있는 있는 사람이 적재적소에 있기 때문이다. "이건 도저히 안 될 것 같은데." 문제가 발생했으나, 어떻게 해야 할지 몰라 우왕좌왕할 때, 누군가 "제가 한번 해보겠습니다"라고 말한다면 성공은 그 사람의 것이다. "자네 그런 사람을 알고 있었나?" "그런 인맥이 있었단 말이지" "자네 얼굴로 어떻게 안 될까?"

회사에 들어와 업무와 관련된 사람 이외에는 소통하지 않는 사람이라면 게으르고 융통성 없는 사람으로 보아도 무방하다. 효율적인 인맥을 만든다는 건, 일종의 자기 투자이며 자기 계발이다. 저절로 사귀어지는 건 초등학교 짝궁밖에 없다. 교제술은 의도적인 것이다. 특히, 일선 현장에 뛰어든 당신에게 사귐은 적극적이어야 얻어지는 것이지 결코 자연발생적이 아니라는 것을 명심해야 한다. 쉬운 것부터 천천히 시작하라. 아래에서는 당신의 인맥을 탄탄하게 짜줄 코칭을 정리했다.

1) 일단 만나라

두말이 필요 없다. 지금까지 주말 자폐증이나 귀차니즘에 빠져서 미처 소통이라는 대명제에 관심이 없는 사람일수록 주의 깊게 이 글을 읽어주기 바란다. 옆자리 동료와 선배 말고 좋은 관계를 맺고 있는 사람이 거의 없다면 부서(학과) 사람들과의 술자리, 밥자리, 뒤풀이 자리, 소수 모임……. 이런 자리를 섭렵하며 조금씩 발을 넓혀 나가라. 그들과 어울리다 보면, 거래처 사람들과의 모임에도 나가게 될 것이며, 동료의 옆 부서 동기와도 친해질 것이고, 다른 회사로 옮긴 후배의 선배와도 합석할 기회가 생길 것이다. 명함 역시 밑천이다. 일단, 밑천을 모아야 하므로 부지런히 선배와 동료들을 쫓아다니며 명함을 수집하고 만나라!

2) 웃는 얼굴로 긍정의 질문과 대답을 해라

한두 번 만난 상대라면, 당신에 대해 좋은 인상을 갖도록 하는 것이 중요하다. 빈말이라도 남의 욕을 해서는 안 되고, 회사의 불평이나 불만은 삼가고, 싸구려 저속한 농담이나 화제는 담지 말고, 그렇다고 밥맛(?) 없어 보이는 지나친 겸손이나 교양도 삼가야 한다. 한마디로 생긋생긋 잘 웃고, 뭐든 좋다고 말하고, 긍정적인 화제만 사용하고, 혹시 당신의 매력이 숨김없는 솔직함이라고 해도, 상대를 10번 정도 만날 때까지는 그 매력을 자제해야 한다. 좋은 것만 보여줘라. 처음부터 자신의 취향을 지나치게 드러낼 경우, 상대가 그 취향과 비슷하지 않다면 상당한 거부감을 느낄 수 있기 때문이다. 당신에게 필요한 건 취향이 비슷한 친구가 아니라, 직장생활에 도움이 될 만한 인맥이기 때문이다.

3) 노골적인 접근은 역효과다

갖고 싶은 것이 있으면 먼저 손을 뻗어야 한다. 그러나 사람 사귀기에 별다른 흥미를 느끼지 못한 당신이라면 조심해야 한다. 현장의 경험을 통해 습득된 세련된 접근술이 없기 때문이다. 사귀고 말겠다는 지나친 열정만으로 노골적인 접근을 시도한다면 오히려 역효과를 불러일으킬 것이다. 무작위로 뽑아 올린 칭찬, 지나칠 정도의 관심과 질문, 때를 가리지 않는 안부 전화로는 그 사람의 마음을 끌 수 없다. 따라서 자연스럽게 그러나 확실하게 호감을 알리는 것이 코칭이다. 남들은 지나가는 말로 흘리더라도 낚아 올려야 한다. "그때 말씀하신 거, 제가 찾아봤습니다. 도움 되실 거예요." "마침 가지고 있었어요. 고마우면 나중에 한턱 쏘세요^^." 호감을 먼저 표시하면 상대 역시 호감을 가지게 된다.

4) 황금 비율로 칭찬과 비난을 하라

사람이 모이면 반드시 남의 말이 나오게 마련이다. 특히 술이 들어가면 주변의 온갖 사람들은 횟감이 되어 도마 위에서 서슬 퍼런 회칼로 난도질당한다. 남들이 한창 흥에 겨워 흉보고 있을 때 이 사람 저 사람 눈치 보며 망설인다거나, 성인군자인 양

사사건건 횟감이 된 사람을 변호한다면 누구도 당신을 자기 편으로 만들고 싶지 않을 것이다. 사람은 본능적으로 남을 비난하고 싶고, 또 비난하는 것을 듣고 싶다. 지혜롭게 조절하라.

적당한 칭찬과 비난의 황금 비율은 70%의 흉을 보았다면 마무리는 30%의 칭찬이 적당하다. 함께 있는 사람들이 100%의 흉을 보고 있다면 조금은 편승해야 한다. 그러나 잊지 말아야 할 것은 거부감을 불러일으키지 않을 정도의 소극적인 칭찬도 몇 마디 곁들여야 한다. 그것이 '상대에게 멋지게 보이고 동시에 멋지게 흉을 보는 것이다. 누군가의 뒷말을 했다면 사소한 칭찬도 덧붙여라'는 뜻이다.

5) 사적 관계를 맺되 신비감을 지녀라

자신의 삶에서 인간관계를 적절히 이용하고, 나름대로 좋은 평판을 유지하고 있지만 결정적인 문제에 해결해 줄 사람이 없다면, 그것은 자신의 인맥 한계라고 보면 된다. 그래서 혈연과 지연, 학연을 찾는 것이다. 불가능한 일을 가능하게 하는 것은 어쨌거나 끈끈한 사적인 관계다. 사무적으로 깔끔한 관계를 유지하는 것도 쉽지 않은데, 거기에 개인 시간까지 투자해 진짜 친구까지 돼야 할까? 이렇게 반문한다면 당신의 성공은 바로 거기까지다! 사귐을 넓히는 건 자신을 어느 정도 버려야만 가능한 일이다. 가장 좋은 방법은 취미생활을 함께하는 것이다. 그러면 주말을 함께 보낼 수 있고, 서로의 주변 사람을 공유할 수도 있다.

허물 없는 사이가 되었더라도 당신이 가진 모든 것을 보여주어서는 안 된다. 머릿속에 떠오른 모든 말과 마음속에 떠오른 모든 감정을 바보처럼 적나라하게 드러내지 말라는 것이다. 밑천을 다 드러낸 사람은 곧 매력을 상실하고 관심 밖으로 밀려나게 마련이다. 아무리 오래 사귀어도 속마음을 알 수 없는 사람이 있다. 도대체 한계를 알 수 없는 사람, 이건 거리감이 아닌 신비감의 문제다. 사적인 친밀감을 얻었다고 신비로운 매력을 포기해서는 안 된다. 또 한 가지 주의할 점은 아무리 친해지더라도 예의는 절대 잊지 말라는 것이다. 비록 서로의 허물과 농담을 주고받는 사이라 하더라도 다른 사람 앞에서는 조심해야 한다. 부자연스러워 보일 만큼 서로를 추켜세우는 것도 하나의 방법이다. 대단한 사람들이 교제를 하고 있다는 인상을 주는 것이 효과적이기 때문이다. 편안한 관계일수록 한계를 넘지 않도록 조심해야 한다.

6) 넘버원에게 다가가고 싶다면, 넘버 투부터 공략하라

예로부터 뛰어난 전략가는 주변국을 조종해 자국의 이익을 도모하고, 뛰어난 장수는 지형지물을 이용해 큰 힘 들이지 않고 적군을 포획한다. 사람 사귀기도 마찬가지다. 공략하고자 하는 단 한 명에게만 집중 포화를 퍼붓는 것은 교제의 법칙을 제대로 이해하지 못한 사람이다. 예전의 관계가 좋지 않았다면 혹은 지나치게 이해관계가 얽혀 있어 섣불리 접근했다가는 뻔한 속을 들키기에 십상이다. 장군을 잡고 싶으면 말부터 쏘라는 속담이 있다. 주변부를 공략해서 중심으로 무리 없이 입성하라는 뜻이다. 넘버원에게 다가가고 싶다면, 넘버 투부터 공략하고, 좋지 않은 인상을 남겼다면 주변 사람을 구워삶아 칭찬이 귀에 들어가게 하는 방법이 현명하다. 직접 나설 때와 빠져 있을 때를 구분하고 영향력을 행사할 수 있는 적당한 사람을 찾아 공략하라. 쉽지 않기에 고난의 행군이 될 수도 있다. 그러나 해야 한다.

7) 쓸모없는 사람을 버리지 말고 적재적소에 사용하라

가능성 없는 사람은 리스트에서 삭제하는 것이 정석이다. 그러나 지우기 전에 다시 한 번 생각해 봐야 한다. 정말 '약에 쓸 수 없는 개똥'인가. 진정한 교제술의 대가는 쓸모없어 보이는 사람도 버리지 않는다. 필요에 따라 최적의 상대를 골라내는 것도 고차원적인 인간관계다. 천박하고 저속한 취향, 입만 열면 나오는 뒷말, 난잡한 사생활. 잘 생각해 보라, 이들도 쓸모가 있다. 점잔 빼는 이중인격자나 겉으로만 숙녀인 체하는 사람과의 사귐은 어깨가 뻐근해서 견디기 어려운 법, 저속한 사람은 스트레스 해소용으로 안성맞춤이다. 게다가 그 사람을 통해 듣게 되는 동종 업계의 온갖 가십, 분위기 메이커와 정보통으로 손색이 없다. '짠돌이'라는 소리를 듣는 사람도 아주 훌륭한 '개똥'이다. 돈에 관한 한 후각이 지나치게 발달한 만큼, 이익이 발생하는 것에 대한 감각이 탁월하다. 이런 사람이 곁에 있으면 결코 손해날 일이 없다. 자신의 리더십 감각을 유지한다면 말이다.

소통을 위한 진단 코너: 인맥 수준 체크리스트

히키코모리(引き籠もり, 引きこもり, ひきこもり, social withdrawal)라는 일본말이 있다. 바깥 세상과 접촉을 끊은 채 몇 달이고 방 안에 틀어박혀 지내는 '은둔형 외톨이'를 가리키는 말이다. 다른 사람과 정서적 교감도 없고 끼니나 운동을 챙기지 않아 삶이 피폐해지는 것은 물론 건강도 크게 악화되는 그야말로 '방구석 폐인'이다. 이와는 반대로 원만한 대인 관계를 가지고 즐거운 생활을 한다면 정신 건강에 좋은 것은 두말 할 필요도 없다. 나의 인맥 수준은 나는 상대방을 배려하는 사람일까?

이제 인맥 수준 체크표를 이용해서 자신의 인맥 수준을 체크해 보라.

	인맥 수준 체크리스트 ('나의 상사는~' or '나의 동료는~')	Check 전혀 아니다-그렇다
1	경쟁사에서 나와 비슷한 일을 하는 사람들과 가끔 정보 교환을 한다.	1 2 3 4
2	내가 속한 업계의 정보에 대해 잘 알고 있다.	1 2 3 4
3	다른 부서 직원들과도 술자리를 하는 경우가 많다.	1 2 3 4
4	다른 사람들이 내게 조언을 구할 때 많이 도와주는 편이다.	1 2 3 4
5	동료나 아는 사람의 경조사에는 빠지지 않고 참석하는 편이다.	1 2 3 4
6	동창회나 OB모임을 갖고 있다.	1 2 3 4
7	명함집이나 주소록 관리를 자주 하는 편이다.	1 2 3 4
8	사람을 사귀는 일이라면 자신이 있다.	1 2 3 4
9	사람을 통해 새로운 기회를 찾은 적이 있다.	1 2 3 4
10	새로운 사람을 알게 되는 것이 즐겁다.	1 2 3 4
11	어떤 분야에서든 궁금한 것을 물어 볼 수 있는 친구들이 한두 명씩은 있다.	1 2 3 4
12	어려운 일이 있을 때 전화 한 통이면 곧바로 나와 줄 친구가 있다.	1 2 3 4
13	업무상 알게 된 사람들과 친해지는 경우가 많다.	1 2 3 4
14	업무와 관련된 포럼이나 세미나에는 가급적 참여하려고 한다.	1 2 3 4
15	업무와는 전혀 상관없는 분야의 커뮤니티 활동에도 참가하고 있다.	1 2 3 4
16	영향력 있는 사람들을 몇 명 알고 있다.	1 2 3 4
17	인맥관리를 위한 자신만의 방법을 갖고 있다.	1 2 3 4
18	인맥을 이어가다 보면 만나지 못할 사람은 없다고 생각한다.	1 2 3 4
19	인생에서 가장 중요한 것은 사람이라고 생각한다.	1 2 3 4
20	점심 식사는 외부 사람과 함께 할 때가 많다.	1 2 3 4
21	조직의 내부 소식을 공식 발표 전에 알게 되는 경우가 많다.	1 2 3 4
22	주위 사람들에 비해 알고 지내는 지인의 수가 많은 편이다.	1 2 3 4
23	중요한 사람들에게는 정기적으로 이메일을 발송하거나 안부 전화를 한다.	1 2 3 4
24	친한 사람들에게 조그마한 선물이라도 자주 하는 편이다.	1 2 3 4
25	한번 인사를 나눈 사람의 이름은 반드시 기억하려고 노력한다.	1 2 3 4

결과 분석

(1) 80~90점(인맥 고수)
이 점수대를 얻은 사람이라면 인맥의 '고수'로 나름대로의 확고한 전략을 갖고 있으며, 인맥 형성을 하는 방법도 잘 알고 있다. 영향력 있는 중요한 사람이 누구인지를 파악하고 있으며, 필요할 때 도움을 청하는 방법도 잘 알고 있다. 또한 스스로도 인맥을 만들고 관리를 하기 위해 많은 노력을 하고 있다. 각종 모임에 열심히 참석을 하며 그 중 한두 개 정도는 주도적으로 이끌어 나가고 있을 것이다. 이 정도라면 더 이상 스킬은 중요하지 않다. 그러나 인맥 관리에서 필요한 것은 좀 더 깊은 공감대를 얻어 내는 능력이다. 그렇게 된다면 더 이상 당신은 인맥을 만들기 위해 분주하게 뛰어다닐 필요가 없고 오히려 사람들이 당신에게 자연스럽게 모이게 될 것이다.

(2) 70~80점(인맥 중급)
현재 가지고 있는 인맥 수준이라면 그리 불편한 점은 없다. 주변 사람들에 비해 지인들의 범위도 넓은 편이고, 업무와 상관없는 커뮤니티 활동에도 참여하고 있을 것이다. 그런 데도 한계를 많이 느끼게 된다. 주변으로부터 좋은 사람이라는 평가를 받고 있지만, 막상 어려움이 닥쳤을 때는 도와줄 사람을 찾기가 어려울 때가 많다. 외로울 때 편하게 술 한잔 할 사람을 불러내기도 어려울 것이다. 이런 상황이라면 그 동안의 인맥관리가 술자리와 같이 시간을 즐기는 데 소비한 것이 아닌지를 생각해 봐야 한다. 사람들과의 관계를 단순히 즐기는 것에서 한 걸음 더 나아가 정보를 교류하고 스터디를 하는 방식으로 돌려 보는 것이 좋다. 좀 더 전략적인 인맥 관리 방법이 필요하다.

(3) 60~70점(인맥 초보)
나이나 지위에 상관없이 이 점수를 받았다면 당신의 인맥 수준은 아직도 초보 수준이라고 말할 수밖에 없겠다. 친한 사람들을 꼽아보면 가족이나 몇몇 소수의 친구, 업무와 관계되어 있는 직장 동료 몇 명이 전부일 것이다. 또는 아주 많은 쓸데없는 주소록이나 명함을 가지고 있을 수도 있다. 기본적으로 당신은 사람을 만나고 인간관계를 넓혀가는 데 두려움을 갖고 있거나 관심이 적은 편이다.
원래부터 주변에 있던 사람이나 다가오는 사람을 제외하고는 적극적으로 인맥을 만드는 노력을 하지 않는다. 무조건 사람을 많이 만난다고 인맥이 넓어지는 것이 아니다. 한 사람을 만나더라도 좀 더 정성을 가지고 가치 있는 만남을 만들어 내려고 노력해야 한다. 사람들과 '주고받는' 관계를 만들어 가면서 점차 인맥을 확장시켜 나가는 것이 시급하다.

(4) 60점 이하(인맥 낙제생)
혹시 '인맥은 나와는 상관없어'라고 생각하고 있는 건 아닌가? 동창회나 동호회 모임에도 참석하지 않고, 업무와 관련된 모임에도 거의 참석하지 않는다. 참석하더라도 주변인으로 머물 뿐이다. 새로운 사람을 만나 이야기를 하고 의견을 나누는 것에 두려움이 있을 수 있다. 이러한 두려움은 시간이 지나갈수록 점점 더 심해지고, 당신은 점점 고립이 될 것이다. 집에서 혼자 있다면 인간관계는 별로 중요하지 않을 수 있다. 하지만 정상적인 사회생활을 하는 사람이라면 많은 부분에서 힘들어질 수밖에 없다.
인간관계에서는 서로 도움을 주고받는 것이 당연하다. 절대로 혼자서는 살아갈 수가 없기 때문이다. 인맥을 만들어 가기 전에 먼저 두려움부터 없애는 것이 필요하다. 먼저 주변 사람들에게 마음을 열어보는 것부터 시작해야 한다. 관심 있는 분야의 온라인 커뮤니티에서 활동을 시작해 보자. 단, 온라인 모임은 오프라인에서 직접 만나야 제대로 된 관계가 형성이 된다. 친구가 소개해 준 모임에 참석해서 서서히 관계를 만들어 나가는 것도 좋은 방법이다.

종합진단 비교표

진단 내용	본인 진단 점수	팀 진단 점수	타인 진단 점수			본인-타인 최대 차이
			상사	동료	부하	
인맥 수준						

- 본인과 타인 간의 점수 차이가 클수록 원인을 잘 점검하고 개선할 필요성이 있다.

현재 한국 사회는 정보 공간에서 노는 인간 능력과 IT와 재미의 융합으로 블루 오션이 펼쳐지고 있다. 재미있으면 '짱'이지만 재미없으면 '꽝'이다. 무릇 재미있는 콘텐츠만이 잘 팔리는 콘텐트 전쟁 시대다. 뻔한 상품은 더 이상 주목을 끌지 못하고, 펀(fun)해야 하는 상품에 엔터테인먼트 요소가 빠지게 되면 고객에게 외면당한다. 21세기에는 경제력보다 사람이 사람다워지는 '인간 됨됨이'가 중요하다. 따라서 '재미와 유머'에 대한 사회적 접목을 시도하고 펀 콘텐츠를 개발해야 하는 시대가 된 것이다.

제 2 절 유머를 통한 소통

1 유머는 가장 빛나는 태양

유머가 있는 리더에게는 적이 드물다. 설사 적이 있다 해도, 그는 유머를 활용해 적을 자기 편으로 만든다. 유머가 없는 리더는 오히려 팔로어에게 해고당한다. 유머 없는 리더는 스스로 출근하지 말아야 한다. 왜냐하면 조직 분위기 망치는 것을 넘어서 과거의 틀에 갇혀 허우적거리면서 현재의 자리나 지키기 위해 안절부절 못하고, 직원의 열정과 창의성까지 침체시킬 수도 있기 때문이다. 조직의 리더는 각성해야 한다. 만일 한 시간의 수업 시간 동안 강의실에서 한 번도 웃음소리가 나지 않았다면 그 교수는 수강생에게 한 시간 동안 '총기 난사'식 강의를 했다는 의미다. 그만큼 수강생을 학대(虐待)한 것이다.[1)]

1) 예로부터 '화내면 늙어지고 웃으면 젊어진다(一怒一老 一笑一少)', '집, 즉 가정에 웃음꽃이 피어야 그 가정에 복이 깃든다(笑門萬福來)', 서양 속담에는 '웃음은 내면의 조깅'이라는 말이 있다. 이런 말

1) 리더의 유머

요즘 가장 인기 있는 배우자는 유머 감각이 있는 사람이다. 돈 없는 사람과는 살 수 있어도, 재미없는 사람과는 살 수 없다는 것이다. 한때 <개그 콘서트>의 마빡이 정종철 씨가 신랑감 1위로 된 적도 있으니 말이다. 이러한 현상은 조직의 리더들에게도 그대로 적용된다. 성공한 사람들에게 돋보이는 것은 바로 유머 감각이다.

유머에 대한 유명한 사례의 중심에는 클린턴(Hillary Clinton)이 있다. 힐러리와 클린턴이 함께 운전을 하고 가다 기름을 넣으러 주유소에 들렀다. 그런데 주유소에서 일하는 남자가 힐러리의 동창이다. 이를 본 클린턴이 한 마디 한다. "당신이 저 사람과 결혼했다면 주유소 직원의 아내가 되었겠군." 그러자 힐러리의 대답은? "아니죠, 저 사람이 대통령이 되었겠죠." 힐러리의 당당한 자신감과 유머가 돋보이는 멘트다. 클린턴의 섹스 스캔들 이후 힐러리는 "사실 남편을 목 비틀어 죽이고 싶지만 그는 날 웃게 만든다"라고 하면서 용서했다.

아이젠하워 대통령의 유머도 있는데 아이젠하워가 대통령에서 물러난 뒤 기자들로부터 질문을 받았다. "대통령에서 물러난 뒤 어떤 변화가 있고, 어떤 차이점이 있습니까?" 잠시 생각을 한 아이젠하워는 이렇게 대답했다. "있지. 골프 시합에서 나한테 이기는 사람들이 예전에 비해 더 많아졌단 말이야." 이 얼마나 절묘한 유머인가? 과거 백성을 깔보고 군림하는 거만한 말투의 '본인은' 스타일식 지도자도 문제지만 '이것도 맞고요', '저것도 맞고요' 식의 포퓰리즘 소통은 진정한 대화가 아니다.

린위탕(林語堂)은 제1차 세계대전 때 독일 황제 빌헬름 2세가 전쟁에 패해 제국을 잃은 것은 웃지 않았기 때문이라고 했다. 전쟁에서 승리하기 위해 웃을 줄 알아야 한다는 것은 말이 안 되는 것 같아 보인다. 그러나 스페인 속담에 '사랑을 창으로 삼고, 유머를 방패로 삼아라'는 말처럼 웃음은 상대방을 이기고 자신을 보호해 주는 무기가 된다. 이는 웃음의 중요성을 단적으로 나타낸 말이다. 그래서 웃음은 가장 빛나는 태양이라 할 수 있다.

그럼 우리 정치인의 수준은 어느 정도일까? 유머에 나타난 한국의 평균적인 정치인을 보면 인간이 아니라 인조인간 로봇이 아닌가 할 정도로 생각이 없다.[2)]

을 인용할 필요도 없이 웃음은 생의 활력소가 되는 '인간에게 복을 주는 최고의 선물'이다.

2) 외과 의사 4명이 카페에서 칵테일을 마시며 대화를 하고 있었다. 첫 번째 의사가 수술하기 쉬운 사람에 대해 말을 꺼냈다. "나는 도서관 직원들이 가장 쉬운 것 같아. 그 사람들 뱃속의 장기들은 가나다 순으로 정렬되어 있거든." 그러자, 두 번째 의사가 말했다. "난 회계사가 제일 쉬운 것 같아. 그 사람들 내장들은 전부 다 일련번호가 매겨 있거든." 세 번째 의사도 칵테일을 한잔 쭉 마시더니 이

미국을 비롯한 세계의 변화는 하루가 다르다. 정치인들이 세계 조류에 촉각을 곤두세워 말 그대로 국가의 이익을 지키는데 한시도 방심해선 안 된다. 그러나 우리 정치인들의 수준은 세상 일과 나라 일에는 등신인데 자기 몫 챙기는 데는 귀신이다.[3]

2) 웃음은 승자의 표정이며 건강의 상징이다

인생을 치유하는 강력한 힘, 유머와 웃음! 우리 시대의 엄청난 트렌드로 자리 잡은 힐링의 방법은 다양하지만, 가장 강력한 삶의 힐링은 자기 안의 참된 행복인 유머와 웃음을 찾아 그것을 지속적으로 즐기는 것이다. 필자는 임붕영의 『고품격 유머 스트레칭』이라는 글이 펀과 유머를 통한 소통에 대한 좋은 글이라는 생각이 들었다. 이 책을 읽으면서 밑줄 그은 구절들을 독자에게 소개하고 싶다.

'첫인상은 두 번 줄 수 없다'는 말이나 '미소는 최고의 유니폼'이라는 말은 웃음이 대인 관계에 미치는 영향의 중요성이 얼마나 큰지를 잘 보여주는 사례라 할 수 있다. "웃음은 자신감의 표현이다. 웃음은 승자의 표정이다. 웃음은 건강의 상징이다. 웃음은 행복의 표현이다. 웃는 사람은 그만큼 인정받고 성공의 길이 열린다."라는 글은 나의 심장에 와닿았다.

한편, 웃음 속에는 다음과 같은 엄청난 효과가 숨어 있다.

첫째, 사회과학 측면에서 웃음은 생산성을 향상시키고 팀워크를 이루게 하며 고객만족을 이끌어 낸다. 노사카 레이코(野坂禮子)는 웃음은 최고의 전략이라고 말한다. 로스(Bob Ross)는 유머 감각을 갖는 데는 돈이 들지 않는다. 그러나 유머 감각을 갖지 못하면 많은 비용을 초래할 수 있다고 주장한다. 그래서 웃음은 환경을 재미있는 일터로 바꾸기 때문에 일을 즐겁게 하는 조직 분위기를 만들어 나간다.

둘째, 의학적인 측면에서 웃음이 많은 사람은 심장이 튼튼하다거나 웃음은 '내적인 조깅'이라는 말은 웃음이 인체에 미치는 영향을 잘 대변해 주고 있다. 그뿐만 아니라

렇게 말했다. "난 전기 기술자가 제일 쉽더라. 그 사람들 혈관은 색깔별로 구분되어 있잖아." 세 의사의 얘기를 듣고 있던 네 번째 의사가 잠시 생각에 잠기더니 이렇게 말을 받았다. "난 정치인들이 제일 쉽더라구. 그 사람들은 골이 비어 있고, 뼈대도 없고, 쓸개도 없고, 소갈머리 배알머리도 없고, 심지어 안면도 없잖아."

3) 정치인에 대한 추가적인 유머를 좀 더 소개하면 다음과 같다. "우리나라에서 가장 돌팔이 의원은?" "국회의원." "국회의원들이 가장 많이 사는 동네는" "골프 회동." "그 동네에 흐르는 내는?" "막무가내." "그 내에 흐르는 물은?" "뇌물" "그곳에 사는 뻐꾸기 이름은?" "말 바꾸기." "그곳에서 통용되는 화폐는?" "슬그머니." "그들이 즐겨하는 게임은?" "날치기." "그들이 상대방과 싸울 때 쓰는 전략은?" "중상모략." "돌팔이 국회의원들이 환자에게 가장 많이 투여하는 약은?" "공약." "그곳에서 나오는 기름은?" "외유." 그냥 웃어넘기기에는 공감되는 부분이 많다.

웃을 때는 감마 인터페론이라는 항체를 분비시켜 면역력을 높여 주는 것으로 나타나고 있다. 웃음의 의학적 효과를 연구해 온 미국의 리버트(Ribert) 박사는 '웃음과 건강'이라는 주제를 갖고 20여 년 간 연구했는데 웃은 사람의 피를 뽑아 분석한 결과 암세포를 죽이는 킬러 세포(killer cell)가 생성된다는 결과를 발표하기도 했다.[4)]

셋째, 생리학적인 측면에서 웃음은 감염률이 높다. 바이러스성 효과가 크기 때문에 주변 환경을 즐겁게 하고 확산 속도가 빠르다. 웃음이 많은 사람에게 사람이 몰려드는 이유는 그 효과가 직접적이고 순간적으로 마음의 벽을 허물기 때문이다.

넷째, 매너학 측면에서 웃음은 어느 정도의 친절도를 갖고 있는가를 보여주는 척도가 된다. 웃음이 경쟁력이라는 말은 국제화 시대에 미소 전략의 중요성을 대변하는 말로서, 따뜻한 미소는 친절을 뜻하는 만국의 공통 언어라고 워드(William Arthur Ward)는 강조한다.

다섯째, 일상생활 측면에서 웃음은 엔도르핀을 분비해 대인 관계를 부드럽게 하고 긍정적인 사고를 통해 삶을 즐겁고 신나게 만드는 효과가 있다. 웃음 치료사들에 의하면 자연스런 웃음이든 억지 웃음이든 인체에 미치는 효과는 똑같다고 한다. 그래서 웃음을 통한 자기 변화, 리더십의 역량을 높여 나가야 한다.

이제 웃음은 경쟁력이며 자신의 존재 가치를 높이는 전략 중의 전략이다. 매일 아침 다음과 같이 크게 외치면서 하루를 시작하자!

> 나는 웃는다. 그러므로 건강하다. 나는 웃는다. 그러므로 인정받는다. 나는 웃는다. 그러므로 꿈이 있다. 나는 웃는다. 그러므로 내 주변에 사람들이 모여든다. 나는 웃는다. 그러므로 성공한다.

웃음은 내게 능력이며 무기다. 웃다가 죽으면 때깔도 곱다. 웃다가 죽은 귀신은 죽어서도 웃고 있기 때문이다. 치어 리더, 유머 리더가 되자.

3) 유머 리더가 되기 위한 수사반장 기법

필자는 잘 웃는 편이지만 잘 웃기는 편은 아니다. 솔직히 유머 감각이 좀 부족하다. 그래서 늘 누군가와 대화를 하면 내가 듣고 웃어주는 쪽이 된다. 듣는 것이 지겹

---

4) 웰스(James Wells)는 웃는 사람은 실제로 웃지 않는 사람에 비해 더 오래 살며, 건강이라는 것이 사실은 웃음의 양에 달려 있다는 것을 제대로 아는 사람은 그리 많지 않다고 말한다. 또한 당신이 웃고 있는 한 위궤양은 절대 악화되지 않는다고 세계웃음치료학회 회장인 우텐(Patti Wootten)은 웃음의 중요성을 역설하고 있다.

거나 그런 것은 아니지만, 나도 뭔가를 상대에게 재미있게 말해 주고 싶을 때가 있는데 그게 잘되지 않아 속상한 적도 있다. 그래서 유머 기법을 배우고 싶다. 유머는 단순한 우스갯소리를 하는 차원이 아니다. 상대와의 대화를 원활하게 풀어 나가고 좋은 인상을 남길 수 있는 중요한 양념이다. 부드러움을 나타낼 수 있는 좋은 방법이다. 그러면 유머 리더십을 발휘하기 위한 한 가지 방법을 소개한다.

필자는 어린 시절부터 유명한 TV 프로그램이었던 <수사반장> 기법을 사용한다. 수사반장 기법은 첫째, 수집한다. 유머거리를! 둘째, 사용한다. 즉시 써먹는다. 셋째, 반응을 살핀다. 상대방의 호응도를 파악한다. 마지막으로 장기를 살린다. 수사반장 기법을 좀 더 깊이 설명하면 일단 소재를 수집해야 한다. 웃겨야 하는 직업을 가진 개그맨들도 유머 소재를 찾기 위해 많은 정보를 수집한다. 일상생활에서 개그맨 수준이 될 필요는 없지만, 정보 수집은 필요하다. 새로운 이야기를 습득하는 데는 여러 가지 방법이 있다. 가장 쉬운 것은 대중 정보 매체를 이용하는 것인데, 신문에 있는 '유머란'을 활용하면 손쉽게 소재를 얻을 수 있다. 또한 '시사만평'이나 TV의 <개그콘서트>, 혹은 만화를 보고 재미있는 대목을 살짝 기억해 두었다가 적절히 활용해 본다. 이런 모방에서 새로운 이야기가 탄생하는 것이다. 신문뿐 아니라 이야기를 모아놓은 책이나 인터넷 사이트를 이용하면 더욱 다양한 유머를 만날 수 있다. TV의 토크쇼를 시청하거나 가족들과 유머를 교환해도 도움이 된다.

이렇게 유머를 수집하다 보면 어느덧 일상생활에 유머가 살아 있는 것을 발견하게 된다. 일상생활에서 일어나는 일을 무심히 지나치지만 않는다면 충분히 재미있는 소재를 발견할 수 있다. 가족들과의 대화에서나 출근길에서 생기는 에피소드 등 소재는 무궁무진하다. 재미있는 이야기 소재는 우리 주변에 널려 있다. 단지 그것을 얼마나 잘 찾아내느냐에 달린 것이다. 그래서 유머 감각이라고 하면 '다른 사람들을 얼마나 재미있게 해주고 웃길 수 있는가?'로 판단한다. 하지만 진정한 유머 감각은 남이 웃길 때 그 유머를 비판하거나 분석하지 않고 잘 웃어주고 반응해 주는 것이다. 그러나 명심하라. 잘 웃기는 것도 중요하지만 잘 웃어 주는 것이 진정한 소통 리더다. 자칫 잘못하면 '웃기는 리더'만 될 뿐이다.

소통의 창: 유머의 33가지 기법

1. 힘차게 웃으며 하루를 시작하라. 활기찬 하루가 펼쳐진다.
2. 세수할 때 거울을 보고 미소를 지어라. 거울 속의 사람도 나에게 미소를 보낸다.

3. 밥을 그냥 먹지 말라. 웃으며 먹고 나면 피가 되고 살이 된다.
4. 모르는 사람에게도 미소를 보여라. 마음이 열리고 기쁨이 넘친다.
5. 웃으며 출근하고 웃으며 퇴근하라. 그 안에 천국이 들어 있다.
6. 만나는 사람마다 웃으며 대하라. 인기인 1위가 된다.
7. 꽃을 그냥 보지 말라. 꽃처럼 웃으며 감상하라.
8. 남을 웃겨라. 내가 있는 곳이 웃음 천국이 된다.
9. 결혼식에서 떠들지 말고 큰 소리로 웃어라. 그것이 축하의 표시다.
10. 신랑신부는 식이 끝날 때까지 웃어라. 새로운 출발이 기쁨으로 충만해진다.
11. 집에 들어올 때 웃어라. 행복한 가정이 꽃피게 된다.
12. 사랑을 고백할 때 웃으면서 하라. 틀림없이 점수가 올라간다.
13. 화장실은 근심을 날려 보내는 곳이다. 웃으면 근심 걱정 모두 날아간다.
14. 웃으면서 물건을 팔라. 하나 살 것 두 개를 사게 된다.
15. 물건을 살 때 웃으면서 사라. 서비스가 달라진다.
16. 돈을 빌릴 때 웃으면서 말하라. 웃는 얼굴에 침 뱉지 못한다.
17. 옛날 웃었던 일을 회상하며 웃어라. 웃음의 양이 배로 늘어난다.
18. 실수했던 일을 떠올려라. 기쁨이 샘솟고 웃음이 절로 난다.
19. 웃기는 책을 그냥 읽지 말라. 웃으면서 읽어 보라.
20. 돈을 벌려면 웃어라. 5분간 웃을 때 5백만 원 상당의 엔도르핀이 몸에서 생산된다.
21. 웃기는 개그맨처럼 행동해 보라. 어디서나 환영받는다.
22. 비디오는 웃기는 것을 선택하라. 웃음 전문가가 된다.
23. 화날 때 화내는 것은 누구나 한다. 화가 나도 웃으면 화가 복이 된다.
24. 우울할 때 웃어라. 우울증도 웃음 앞에서는 맥을 쓰지 못한다.
25. 힘들 때 웃어라. 모르던 힘이 저절로 생겨난다.
26. 웃는 사진을 걸어놓고 수시로 바라보라. 웃음이 절로 난다.
27. 웃음 노트를 만들고 웃겼던 일, 웃었던 일을 기록하라. 웃음도 학습이다.
28. 시간을 정해놓고 웃어라. 그리고 시간을 점점 늘려라.
29. 만나는 사람을 죽은 부모 살아온 것같이 대하라. 기쁨과 감사함이 충만해진다.
30. 속상하게 하는 뉴스를 보지 말라. 그것은 웃음의 적이다.
31. 회의할 때 먼저 웃고 시작하라. 아이디어가 샘솟는다.
32. 오래 살려면 웃어라. 1분 웃으면 이틀을 더 산다.
33. 죽을 때도 웃어라. 천국의 문은 저절로 열리게 된다.

— 헤르메스, 사랑의 시와 글

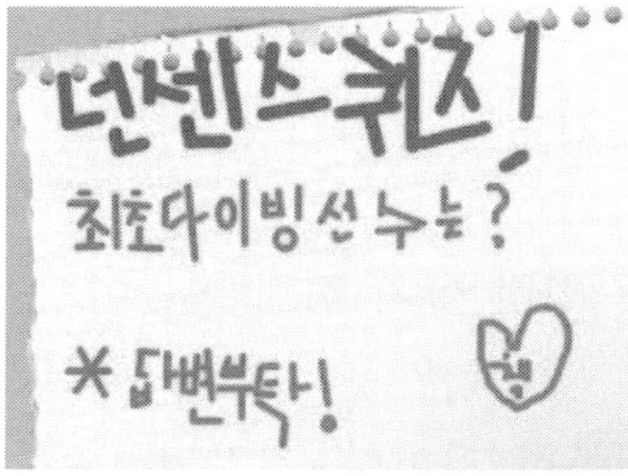

그림 7-1 유머의 기법

2 S라인(smile line)을 갖춰라

그 옛날 어린 시절 '방귀'나 '똥' 소리만 들어도 웃고, 사춘기 시절 낙엽 굴러가는 것만 봐도 '깔깔' 웃었던 우리네 삶이 있었지만 어느새 대학생이 되고 직장이 되면서 사회적 지위와 역할들은 자신의 웃음을 가둬 버렸다. 때로는 삶의 무거운 짐으로 인해 웃음을 잃어가며, 심지어 '내 안에 웃음이 있었던가?' 하고 자문하게 된다.

1) 미소는 최고의 명품 화장품

필자는 여유를 가지면서 일생을 살아가기를 원한다. 마음에는 평화, 얼굴에는 미소를 지니고 살고 싶다. 필자는 미소짓는 순간 삶은 변화할 수 있다고 믿는다. 미소는 희망을 불러오기 때문이다. 요즘처럼 인정이 많이 사라진 세상에서는 미소가 아닌 걱정하는 빛이 가득하다. 소중한 사람, 그리고 대자연과 함께 웃는 미소는 어린 시절 넘어져 상처 난 무릎에 엄마가 발라 주던 빨간 약처럼 깨진 나의 마음을 달래준다. 마음의 상처에 호~호 따뜻한 입김 불며 미소라는 빨간약을 발라 줄 누군가가 내 곁에 있는 한, 우리는 더 이상 삶을 무서워할 필요가 없다. 삶이 무겁고 힘든 당신에게 미소를 권한다.

미소하면 '달빛 미소', '연꽃 미소', '하얀 미소', '염화미소(拈華微笑)'[5] 등 여러 가지 단어가 생각난다. 미소는 언제나 우리 곁에 머무는 상비약처럼, 지친 마음을 새롭게

5) 석가모니가 영산회상(靈山會上)에서 연꽃을 들어 보이자 팔만 대중 중에 가섭(迦葉)만이 그 뜻을 알고 미소지은 것을 일컫는 말이다. 염화미소는 중국 송나라 이후 선종에서 이심전심(以心傳心)·교외별전(敎外別傳)·불립문자(不立文字)의 종지(宗旨)를 드러내는 이야기로도 자주 인용되었다.

해 주는 비타민처럼, 숨은 아픔까지 알아채는 청진기처럼 우리를 강하고 새롭게 한다. 명품 옷보다 미소가 훨씬 인상적이다. 그래서 미소는 인생의 명약이다. 미소는 최고의 명품 화장품일 뿐 아니라 최고의 혈액순환제다.

갈수록 무거워지는 인생의 무게를 어떻게 견뎌내는가? 점점 살기 점점 힘들어지는 이 시대에 우리 이웃들은 어떻게 자신의 삶을 살아 내고 있는가? 웃어 보라. 행복해질 것이다. 행복해서 웃는 게 아니라 웃을 수 있기에 행복한 것이다. 건강해서 웃는 게 아니라 웃을 수 있기에 건강하다. 취직해서 웃는 게 아니라 웃을 수 있기에 취직할 수 있다. 바로 이것은 기분 좋아서 산에 가는 게 아니라 산에 갔다 오니 기분 좋아지는 이치다.6)

우리가 웃는 웃음소리를 잘 음미해 보자. 우리가 웃을 때 어떤 소리를 내는가? 호호호! 하고 웃는 웃음에는 호(好)자의 의미가 있는데 서로 좋아하면 웃을 수 있는 것이고, 특히 여자는 자식을 품에 안고 있을 때 행복해서 미소가 나온다. 희희희! 하고 웃는 웃음에는 희(喜)의 의미로서 기뻐서 웃는 것이 아니고 웃다 보면 꼬였던 일도 술술 풀려 행복한 승리자가 되는 것이다. 세상적인 '재미'보다 '기쁨"을 추구하는 사람이 더 행복한 승리자다. 허허허! 하고 웃는 웃음에는 허(虛)의 의미로서 내 마음에 욕심을 비우고 탐욕을 비울 때 비로소 웃을 수 있는 것이다. '채움'으로 가득 찬 나의 마음을 '비움'으로써 나는 행복해지는 것이다. 하하하! 하고 웃는 웃음에는 하(下)의 의미로서 나를 낮추고 겸손해질 때 우리는 웃을 수 있다. 자신을 높이려는 교만과 권위주의를 벗어나, 스스로 '낮아짐'과 '섬김'으로 행해 보라. 저절로 하하하! 하고 웃을 수 있을 것이다. 우리 모두 큰소리로 호호호, 희희희, 허허허, 하하하, 크게 한번 웃어 보자. 행복해진다.

웃다 보면 웃을 일이 생긴다. 울다 보면 울 일이 생긴다. 소문만복래(笑門萬福來), 웃는 얼굴에 만 가지 복이 들어온다. 일소일소 일로일로(一笑一少 一怒一老), 한번 웃으면 젊어지고 한번 화내면 늙어진다. 15초 웃으면 이틀이나 수명이 연장된다. 땅은 꽃으로 웃는다. 하늘은 태양으로 웃는다. 거울은 먼저 웃지 않는다. 얼굴에 웃음꽃

---

6) 필자는 강의를 하다가 가끔 웃음 퀴즈를 낸다. 수사반장이 바라는 웃음은? 요리사가 잘 웃는 웃음은? 축구선수가 잘하는 웃음은? 남자 바람둥이가 선호하는 웃음은? 여자 바람둥이가 좋아하는 웃음은? 여러분도 한번 맞춰 보기를! S라인 유지 방법은 다음의 직업처럼 한번 시늉 내어 웃어보라. 직업에 따라 선호하는 웃음이 있다. 경찰 수사반장식의 후후후(who~who~who~) 웃음이다. 요리사식의 쿡쿡쿡(cook~cook~cook) 웃음이다. 축구선수처럼 웃으면 킥킥킥(kick kick kick) 웃음이다. 남자 바람둥이처럼 웃으면 허~허~허(her her her) 웃음이다. 여자 바람둥이처럼 웃는다면 히~히~히(he he he)하고 웃을 것이다.

을 피우자. 하지만 미소는 당신의 리더십의 크기만큼 웃을 수 있다. 미소는 희망의 선물이다. 우리 얼굴에 태양처럼 환하게 행복의 함박웃음을 지어 보자. 그러면 꼬였던 일도 풀려 인생 대박 나는 것이다.

마지막으로 자신을 향해 마음놓고 웃어 보라. 나를 있는 그대로 드러내고, 내 모습 그대로를 좋아하고 사랑해 보라. 그래서 마음껏 웃어 보라. 지난날들의 상처와 실패, 지금의 현실과 내일의 꿈까지 내 삶의 모두를 긍정적으로 받아들이는 날, 그때 당신은 비로소 어른이 된다. 나를 향해 웃는 것은 자신에게 채워진 족쇄를 푸는 것과 같기 때문이다. 오늘 하루 자신을 위해 활짝 한번 웃어주자!

2) 미소는 부메랑처럼 자신에게 돌아온다

하루에 5분만 투자해 보자. 2분은 긴장된 몸을 스트레칭을 통해 풀어 주고, 1분은 무조건 큰 소리로 웃으면 된다. 남이야 뭐라 하건! 아니, 남들도 그런 나를 보면서 웃긴다고 웃을 테니 남에게도 좋은 일이라 생각하면 된다. 필자는 집의 목욕탕에서 목욕하면서 주로 한다. 이상한가? 남은 2분은 조용히 눈을 감고 과거의 즐겁고 행복했던 순간을 찾아 회상하고 이어서 명상을 하면 된다. 그러면 잔잔한 미소가 얼굴에 퍼지고 마음도 평안해질 것이다. 그리고 가끔은 엉뚱한 짓으로 다른 사람을 웃기면 된다. 웃기지 못하면 잘 웃어주면 된다. 여섯 살 어린아이는 하루에 평균 300번을 웃는데 어른은 평균 15번을 웃는다고 한다. 그만큼 어른이 될수록 웃음을 잃어가며 산다. 그래서 우리는 빨리 늙게 된다.

정말로 웃음은 보약이다. 웃음이 주는 보약 효과는 하나둘이 아니다. 우선 우리 몸은 총 650개의 근육으로 되어 있는데, 한 번 큰 소리로 웃으면 이 중 231개의 근육이 운동을 하게 되고 얼굴의 근육만도 15개가 운동을 하게 된다. 이렇게 큰 소리로 1분 동안 웃으면 10분간 조깅을 한 것과 같다. 골프광들은 골프가 평소 생활에서는 잘 쓰지 않던 근육을 운동시켜 준다고 예찬하지만 웃음에 비교가 안 된다.[7)]

필자는 예전에 기업체에 근무하면서 두 명의 부장을 모신 바 있다. 한 분은 일도 잘 하셨지만 무엇보다 유머가 있는 분이었고, 또 한 분은 일은 더 잘 하셨지만 팔로

7) 또 한 번 큰 소리로 웃으면 면역에 관여하는 임파구들(T세포, B세포)을 자극하는 감마 인터페론이 체내에서 200배나 증가해 면역력을 높여 준다. 우리 몸의 호흡기와 소화기에 있는 면역 글로불린A도 증가해서 호흡기와 소화기 질환을 예방해 주는 효과도 있다. 그뿐이 아니다. 모르핀보다 200배나 효과가 강하다는 엔도르핀(생체 내 모르핀)도 증가해 통증과 근심 걱정을 감소시키고 기분을 좋게 만들어 준다. 게다가 심장의 힘도 좋게 하고, 플라스미노겐(plasminogen)을 증가시켜 혈전 생성도 막아 준다.

어에게는 상당히 엄격했고, 냉정한 분이었다. 팔로어는 겉으로 표현을 하지 않았지만 유머 있는 부장님을 더 마음속으로 존경했고, 사원들끼리 이야기를 할 때면 언제나 유머 넘치는 부장님을 칭찬했다. 필자가 대학교로 간 이후 약 5년 뒤 유머 넘치는 부장님은 사장으로 승진했고 엄격한 부장님은 회사를 그만두고 다른 곳에서 일하고 계신다는 소식을 듣게 되었다. 물론 그분도 더 좋은 직장으로 가신 것 같다. 그러나 행복한 직장생활을 하고 있을까 하고 생각해 보면 맘이 짠했다. 웃는 자에게 복이 있나니! 웃기는 자에게 더 많은 복이 있나니! 유머 있는 리더가 되자. 웃음은 빙산도 녹인다. 옆 사람에게 미소를 보내라. 미소는 부메랑처럼 자신에게 돌아온다.

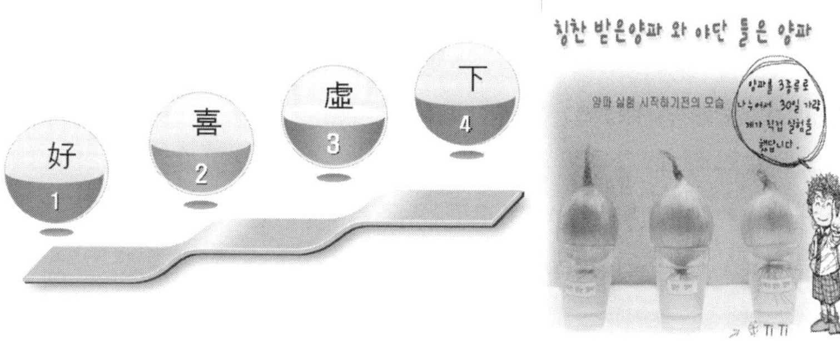

그림 7-2 웃음의 의미와 칭찬의 효과

소통의 창: 지적 능력이 아닌 '학습 노력'에 칭찬하라

스탠퍼드대학교 심리학과 드웩(Carol Dweck) 교수는 칭찬의 위험성에 대해 여러 실험을 통해 지적하고 있다. 드웩 교수와 컬럼비아대학교 연구팀은 뉴욕시의 5학년 학생 400명을 대상으로 칭찬의 효과를 연구한 적이 있었는데 그 결과 지적 능력에 대한 칭찬이 오히려 학습 의욕을 떨어뜨린다는 것을 밝혀냈다. 연구팀은 먼저 간단한 지능검사를 실시하고 학생들을 '지능'을 칭찬하는 그룹과 '노력'을 칭찬하는 두 그룹으로 나눠 시험 점수에 대한 칭찬을 해 주었다.

지능 칭찬 그룹에는 "머리가 좋구나", "대단하네" 등 높은 점수와 똑똑함을 강조했고, 노력 칭찬 그룹에게는 "열심히 노력했구나", "앞으로도 지금처럼 노력하면 좋은 결과가 있을 거야" 등을 강조했다. 그런 다음 비슷한 수준의 문제를 주면서 아주 어려운 문제라고 알려주었다. 그런데 칭찬 그룹의 아이들은 시험이 너무 어려웠다고 좌절하는 반면 노력 칭찬 그룹 아이들은 해볼 만한 시험이었다고 말했다. 그런데 더 놀라운 것은 시험 결과 노력 그룹은 첫 시험에 비해 평균 성적이 30% 이상 높아진 반면 지능 칭찬 그룹은 평균 점수가 20% 정도 떨어졌다. 도대체 어찌된 일일까? 드웩 교수는 노력을 강조하면 아이들은 자신의 힘으로 성공을 이룰 수 있다고 생각하게 되지만, 지적 능력에 대해서는 자신이 어쩔 수 없는 부분이라고 생각하기 때문에, 칭찬이 오히려 역효과를 가져오는 경우도 있다고 지적했다.

우리의 상식적인 판단과는 다르게 아이들은 자신들의 똑똑함을 칭찬해 주었을 때, 그것을 긍정적으로 받아들이지 못했다. 오히려 다음 상황에 올 실패에 대한 부담감이 커졌고, 학습 의욕도 떨어졌다. 이 연구팀은 이 결과를 토대로 학습 능력을 올리기 위해서는 '지적 능력'이 아닌 '학습 노력'에 대해 칭찬하는 것이 더욱 효과적이라는 결론은 내렸다.

그림 7-3 지적 능력이 아닌 '학습 노력'에 칭찬하라

소통을 위한 진단 코너: 칭찬 릴레이

사실, 칭찬은 우리가 누구에게나 쉽게 해 줄 수 있는 말이다. 그러나 같은 칭찬이어도 어떻게 해야 상대에게 좋은 칭찬인지 알지 못한다. 좋은 칭찬 하나로 인해 나에 대한 그 사람의 이미지도 바꿀 수 있고 인생이 달라질 수 있다. '명령을 내릴 만한 위치에 있으면서 명령하지 않는다는 건 정말 멋진 일이다. 사람들에게 네가 원하는 것을 하도록 만들 수 있는 유일한 방법은 그들을 칭찬하고 긍정적이고 신뢰감 있는 관계를 형성하는 것이다. 칭찬의 기법을 익혀서 주변 사람들에게 좋은 칭찬 하나씩 하여 '칭찬 리더'로 성장해 보라! 그럼 NLP식 칭찬 릴레이 실습을 소개한다. 방법은 다음 순서대로 하면 된다.

1. 무작위로 두 명씩 짝을 짓는다.
2. 각각 자신의 짝을 인터뷰한다. "당신의 강점, 잘난 점이 무엇인가요?"라는 질문을 받은 사람은 솔직하게 자신의 강점에 투철하다든지, 부지런하다든지, 수학을 잘한다든지, 요리를 잘한다든지, 무엇이든지 좋다. 장점을 5~10개 정도 이야기한다.
3. 질문한 사람은 이 대답을 그대로 종이 위에 적어놓는다.

4. 5분가량의 인터뷰가 끝난 뒤에는 질문자와 답변자의 역할을 바꾼다. 10분 뒤에는 각자의 종이 위에 옆 사람의 장점이 나열돼 있을 것이다.
5. 한 사람씩 자리에서 일어나서 자신이 인터뷰한 사람의 장점에 대해 큰소리로 발표한다.

인터뷰를 하는 동안, 그리고 한 사람씩 일어나서 옆사람의 장점에 대해 발표하는 동안 사람들의 표정은 어느새 환하게 피어나고 있음을 느낄 수 있다. 많은 웃음이 쏟아지게 되는데, 이는 아주 긍정적 기운으로 충만한 웃음이다. 발표가 끝나면 버츄 카드(virtue card)가 제시하는 52가지 미덕 중에 어떤 것에 해당하는지 살펴본다.8) 바로 이것이 당신이 일상생활 속에서 발휘하고 키워가야 할 강점이다. 이 훈련을 통해 우리는 일상생활 속에서 거의 할 수 없는 경험 세 가지를 하게 된다.

첫째, 자신의 장점에 대해 허심탄회하게 이야기하는 것(긍정적 자기 제시의 기회)이다.

둘째, 내 입으로 다른 사람의 장점에 대해 공개적으로 여러 사람에게 이야기하는 경험(공개적 칭찬하기)이다.

셋째, 다른 사람이 여러 사람 앞에서 나의 정점에 대해 조목조목 이야기해 주는 경험(공개적 칭찬받기)이다. 우리는 이러한 긍정적 경험을 일상생활 속에서 하기 힘들다. 그만큼 우리 문화가 우리의 장점을 억압하고 있다는 증거다.

자신의 강점에 대해 이야기할 때 느끼는 긍정적인 힘에 집중하고 그 느낌을 일상생활 속에서 키워 나가도록 노력하는 게 좋다. 이러한 훈련을 통해 우리는 자신의 강점에 집중하는 것이 어떠한 느낌인지 깨닫게 된다. 일상생활 속에서 자신의 강점에 대해 의식적으로 계속 생각해 보고 그것을 발휘할 수 있도록 노력해야 한다. 얼마 후 여러분은 자신의 기본적 행복 수준이 놀라울 정도로 높아져 있음을 깨닫게 될 것이다. 어쩌면 스스로 깨닫기 전에 주위 사람들로부터 "사람이 달라졌다"는 칭찬을 먼저 듣게 될지도 모른다.

3 미사고에서 일등급을!

세상을 살아가면서 누구에게나 적용되고 누구나 사용하는 말들이지만 쉽게 하지

8) 버츄 카드에 나오는 52개의 미덕은 ① 감사, ② 결의, ③ 겸손, ④ 관용, ⑤ 근면, ⑥ 기뻐함, ⑦ 기지, ⑧ 협동, ⑨ 화합, ⑩ 끈기, ⑪ 너그러움, ⑫ 도움, ⑬ 명예, ⑭ 목적 의식, ⑮ 믿음직함, ⑯ 배려, ⑰ 확신, ⑱ 초연, ⑲ 봉사, ⑳ 사랑, ㉑ 사려, ㉒ 상냥함, ㉓ 소신, ㉔ 신뢰, ㉕ 신용, ㉖ 충직, ㉗ 친절, ㉘ 열정, ㉙ 예의, ㉚ 용기, ㉛ 용서, ㉜ 우의, ㉝ 유연성, ㉞ 이상 품기, ㉟ 탁월함, ㊱ 평온함, ㊲ 이해, ㊳ 인내, ㊴ 인정, ㊵ 자율, ㊶ 절도, ㊷ 정돈, ㊸ 정의로움, ㊹ 한결같음, ㊺ 헌신, ㊻ 정직, ㊼ 존중, ㊽ 중용, ㊾ 진실함, ㊿ 창의성, 51 책임감, 52 청결 등이다.

못하는 말이 바로 "미안해, 사랑해, 고마워"다. 그래서 미사고는 희망을 증폭시키는 말이며 인간관계를 위한 촌철살인의 말이다. '미사고'는 행복을 증폭시키는 최고의 명문 고등학교다. 외고, 과학고보다 미사고가 훨씬 세상을 이롭게 한다. 그러므로 진정한 명문고등학교라고 할 수 있다.

미! 내가 먼저 미안하다 말하고, 사! 서로를 사랑하고, 고! 남에게 고맙다고 말하라. 상대방에 대해 미안한 일을 했으면 '미안하다'는 표현을 주저해서는 안 되고, 사랑하는 이들에 대해서는 '사랑해'는 표현에 낯설어하지 말아야 하고, 고마운 사람에게는 '고맙다'는 표현에 인색해서는 안 된다.

상대방에 대한 용서, 배려와 감사하는 마음을 제대로 표현하고 사는 사람들이 몇 명이나 될까? 우리 사회는 유교적인 관습이 여전히 남아 있어서 손아래 사람들에게 이런 표현을 하는 데 익숙하지 못하다. 생각해 보아라, "한마디 말로 천 냥 빚을 갚는다"라는 속담처럼, 상대방에게 아무리 화나는 일을 했다고 하더라도 "미안해"라는 말 한 마디가 상대방의 감정을 쉽게 녹여 버리거나, 상대방의 반발을 한결 줄어들게 할 수 있는 힘이 있다는 것을. 자기 주변의 가족이나 형제들에게 '사랑해'라는 표현을 해야 한다. 어디 그뿐이랴, '고마워'라는 말 한 마디가 그를 성숙한 사람으로 만들게 하는 효과도 있다.

따라서 '미사고'는 아주 기본적인 인간관계의 표현이며 행복한 승리자의 모교다. 이런 기본적인 것을 소홀하게 되면 원만한 대인 관계를 기대한다는 것은 극히 힘들게 되어 있다. 인간적인 이런 표현들에 익숙해져 있어야 한다. "미안해, 사랑해, 고마워"라는 표현은 결국, 인간관계에서 가장 기본적이며 처음 소통을 여는 기술이다. 사람이 사람끼리 소통한다는 것은 이런 '미사고'를 시기와 경우에 따라서 적절하게 구사할 수 있다는 것을 말한다. 이제는 누구나 반드시 다녀야 하는 필수 코스 '미사고'에서 내신 1등급을 받아라. 그러면 자연히 몸매 S라인보다도 멋진 스마일 S(smile)라인을 갖추게 될 것이다.

1) 잊혀진 소리, "미안합니다"

요즘 살다 보면 미안하다는 말을 먼저 하는 경우가 별로 없는 듯하다. 우선 우기고 생떼 쓰지 않으면 다 뒤집어쓰고 손해 본다는 인식이 깔려 있는 듯하다. 그래서 언제부터인가 우리는 미안하고 잘못했다는 마음이 들어도 이런 자신을 속이고 우기면서 정당화하고 변명만 하려 한다. 만일 "미안하다"라는 말을 잊어 버렸다면 결국 모든 잘못과 원망이 언젠가는 부메랑처럼 다시 자기를 겨냥할 것이다. "사랑이란 미안하다는 말을 하지 않는 것이다(Love means never having to say you're sorry).” 영화 <러브 스토리>에 나오는 명대사다. 허나 이 말은 터무니없는 감상일 뿐 사실과는 거리가 멀다. 우리가 완벽한 세상에 산다면 미안하다는 말이 필요 없겠지만, 서로 상처를 주고받는 불완전한 세상에 살기에 그 말이 필요하다. 진짜 사랑하면 할수록 미안하다는 말을 더 해야 한다. 어쩌면 사랑이란 내가 먼저 미안하다고 말하는 것이 아닐까?

미안하다는 말을 하는 것이 쉬운 것이 아니다. 엘튼 존(Elton John)의 노래에도 있듯이 “미안하다는 말은 정말 하기 힘들다(Sorry seems to be hardest word).” 그럼에도 불구하고 우리가 그 말을 분명히 해야 하는 이유는 그것이 상처 입은 마음을 보듬고 위로하는 유일한 언어이기 때문이다. 지금부터 10년 전쯤에 어릴 적부터 부모로부터 잘난 형과 비교당하면서 온갖 정신적인 학대와 언어적 모욕을 받으며 자란 한 청년이 부모를 잔인하게 살해한 사건이 있었다. 그 청년이 법정에서 부모에게 마지막으로 할 말이 없냐는 물음에 이렇게 답했다고 한다. “미안하다고 말하는 게 그렇게 어려웠나요?” 그는 성년이 되고 나서 딱 한 번, 부모에게 거세게 반항한 적이 있다고 한다. 그러나 그때조차도 그의 부모는 “미안하다”고 사과하기보다는 일방적으로 그를 비난하기만 했다고 한다. 그 일이 결정적 계기가 되어 그는 범행을 저질렀다고 한다. 정말 가슴 오싹한 이야기다. “미안하다”는 사과의 말 한 마디가 얼마나 중요한지를 알려주는 안타까운 실화다.

따라서 미안하다는 말이 던지는 언어의 힘은 상상 이상으로 막강하다. 진심어린 사과의 말 한 마디는 상대방의 마음에 맺힌 응어리를 풀고 용서하고 싶은 마음이 들게 한다. 깨진 관계를 회복하는 유일한 열쇠는 진심을 담아 “미안하다”고 말하는 것이다. 페르시아에는 “총에 맞은 상처는 치료할 수 있어도 사람의 입에 맞은 상처는 결코 아물지 않는다”라는 속담이 있다. 굳이 상대에게 직접 말하지 않아도 좋다. “있잖아요, 미안해요”, “누구누구야, 미안해~”라고 진심을 담아 마음으로 말하는 것만으로도 효과가 있다.

미안하다고 하면 무엇보다 내 마음이 위로를 받고 치유가 된다. 은연중에 그 마음이 상대방에게 전달이 된다. 슬픔, 미움, 원망, 회한, 외로움, 서러움……등 얽히고설킨 감정들이 ‘미안함’이라는 효소를 만나 발효가 된다. 바로 이 점이 “미안하다”는 말을 아껴서는 안 되는 진정한 이유다. 해묵은 것이나마 ‘미안함’을 전하는 소통의 노력을 시도해 보자!

2) 천사의 마음, "사랑합니다"

세상 어느 말보다 아름다운 말, 사랑합니다. 이제 막 사랑을 시작한 사람, 짝사랑을 하고 있는 사람, 사랑하는 이와 헤어진 사람, 예수님을 향해 기도하고 있는 사람, 헤어졌음에도 사랑을 아직 끝내지 못한 사람. 이들의 공통점은 바로 '사랑'을 하고 있다는 것이다. 사랑하는 연인이 있고 없고, 결혼을 하고 안 하고는 중요치 않다. 소통을 원한다면 사랑이라는 말의 끌림을 느껴 보기를 권한다. 내 안의 감수성을 끌어내 잔잔한 사랑의 감정이 저절로 생기는 것을 느낄 수 있을 것이다.

서툴지라도 "사랑합니다"라고 해보라. 사랑은 고귀하고 아름답다. 사랑을 시작했을 때 비로소 삶은 시작된다. 인생의 마지막 날에 스스로에게 하는 질문은 대부분 "얼마나 사랑하고 살았나?"라고 한다. 지금 누군가를 사랑하고 있다면 이미 최고의 삶을 살고 있는 것이다. 우리는 사랑을 하고 사랑을 받기 위해 태어났다. 사랑하며 살고 있는가? 당신의 삶을 사랑으로 가득 채우기 바란다. 만일 당신이 누군가를 제대로 사랑하고 있다면 인생의 가장 어려운 시험을 통과한 것이다. 그러나 지금 사랑하고 있지 않다면 그 사람은 유죄다!

사랑은 내가 먼저 다 주지 않으면 아무것도 주지 않는 것이다. 버리지 않으면 채워지지 않는 물잔과 같은 것이다. 사랑은 돈이 많다고 유지할 수 있는 것도 아니고, 어느 한쪽이 잘한다고 관계가 끝까지 지속되는 것도 아니다. 아낌없이 주는 것이 사랑이라고 하지만, 현실적 사랑에는 어쩔 수 없는 거래가 성립된다. 내가 이만큼을 주면, 너는 그 이상을 내게 베풀어야 해. 내가 이만큼 주었으니, 너도 이만큼은 주어야 해. 사랑하는 두 사람 사이에 존재하는 사랑의 크기는 다르다. 사랑하는 방식도 다르다. 갈등의 시발점은 여기서부터 야기된다. 사랑은 수학 방정식처럼 계산으로 산출되어서는 안 된다.

사랑했고, 사랑하고, 사랑할 수 있는 그런 사람을 만난 적이 있는가? 사랑을 시작하는 순간, 세상은 당신에게 황홀함과 달콤함을 선사하지만, 그 행복은 아픔과 슬픔을 동반한다. 그래서 사랑은 그 자체로 역설이다. 사랑하면 할수록 외로워지는 경험을 해 보았는가? 행복하기 위해 내가 아플 수도 있다. 하지만 당신만은 세상이 나를 배신할지라도, 나를 울릴지라도 그래도 사랑하라. 사랑할 줄 아는 가슴이 더 사랑스럽다.

지난 사랑을 소중히 여기는 사람, 지금 이 순간 자신 앞에 놓인 그 사랑이 세상에서 가장 소중한 사랑임을 아는 사람이라면 행복한 선물을 받은 행운아다. 선물을 해

본 적 있는가? 모름지기 선물이라는 것은 주는 사람과 받는 사람 모두가 기쁘고 행복한 것이다. 사랑이 바로 그 묘약이다. 무엇보다 소중한 사람이 당신 곁에 있다면 바로 말하라. "사랑해!" 그러나 함부로 아무에게나 남발하지 말자. 그러나 이 글을 빌려 하고 싶은 사람이 있다. 돌아가신 어머니와 아버지다. 못난 아들 덕에 잠시도 맘 편히 지내지 못하셨던 부모님께 살아생전 말로는 한 번도 못했는데 이번 기회에 꼭 사랑한다고 말씀드리고 싶다. "아버지, 어머니, 사랑합니다."

그림 7-4 미안합니다. 사랑합니다!

3) 품격의 울림, "고맙습니다"

좋은 생각이란 긍정적인 생각이다. 긍정적인 생각은 행복을 불러온다. 행복한 사람은 자기 만족과 감사할 줄을 안다. 이런 생각은 삶에 대해 고마워함에서 출발한다. 우리는 힘들 때 불평과 부정적인 생각을 하면서도 기쁠 때는 고마워하는 마음을 표현하지 않는다. 기쁠 때 감사함을 모르는 사람은 인생의 위기 때 불평할 자격이 없다. 작은 것이라도 감사해야 할 이유를 찾아내기 바란다.

적자생존(적는 자가 살아남는다)이라 하지 않았는가? 지금 당장 감사의 목록을 만들어 보자. 그러면 어느새 얼굴에 환한 미소가 번지며 좋은 일에 집중하고 있는 자신을 발견하게 될 것이다. 행복이란 감사하는 마음에서 나오는 것이다. 큰 것에 감사하기보다는 일상의 생활에 감사하는 마음을 가지면 행복의 원천이 된다. 욕심과 탐욕은 스트레스를 낳고 더구나 남과의 가치 없는 비교는 사람을 심적으로 병들게 하고 그것은 육체까지 영향을 미친다.

이미 많은 돈이 있음에도 어떤 사람은 더 많은 돈을 벌기 위해 화를 자초하고, 이미 명성과 권력을 쥐고 있음에도 더 많은 명성과 권력을 위해 무리수를 두다가 치욕을 당한다. 때로 만족하고 자족할 줄 아는 마음이 그 사람의 품격으로 나타난다. 주방 아줌마의 서투른 된장찌개에도 감사를 표현해 보자. 아버지의 작은 애정 표현에도 감사를 전해 보자. 작은 실천이 사랑의 감정을 불러온다. 당신은 지금 있는 것에 감사하고, 부족함에도 불구하고 남은 것에 감사하며 살고 있는가?

행복감은 감사하는 마음에서 시작된다. 고대 페르시아에 "발이 없는 사람을 만나기 직전까지는 나에게 좋은 신발이 없음을 슬퍼했다"라는 격언이 있다. 이것은 물질이 있고 없음을 떠나 나에게 생명이 있음을 고마워해야 하는 것이다. "고마워"라는 이 한 마디가 없었다면 인류는 벌써 사라졌을 것이다. 이 한 마디가 내 삶의 전체를 행복하게 만든다. 그래서 온 인류가 모두 행복했으면 좋겠다. "고맙습니다." 이 한 마디만은 지구상에서 영원히 존재하길 빈다.

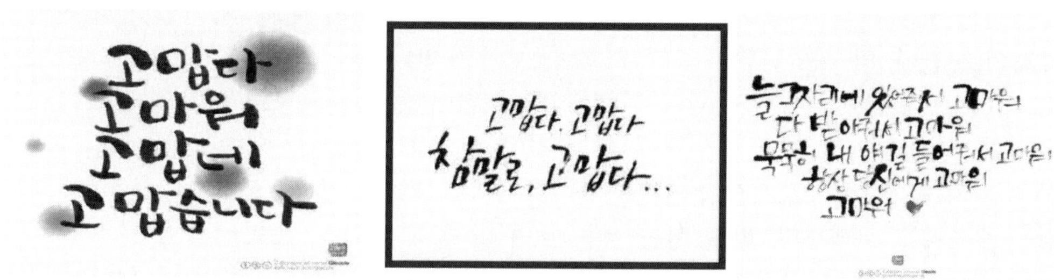

그림 7-5 고맙다, 고마워, 고맙네, 고맙습니다!

소통의 창: 안부

그 옛날 필자에게 군 생활은 젊은 청춘을 바쳤지만, 내 시간은 아니던 시절이었다. 그러나 그때 전해 오는 군 위문편지나 안부전화는 한없는 위안이 되곤 했었다. 얼마 전 김시천 씨의 '안부'라는 글을 대학원 졸업생이 카카오톡(KakaoTalk)으로 보내왔다. 글 내용도 좋고 안부는 소통의 중요한 일부이므로 소개한다.

> 때로는 안부를 묻고 산다는 게 얼마나 다행스런 일인지…….
> 안부를 물어오는 사람이 어딘가 있다는 게 얼마나 다행스런 일인지…….
>
> 사람 속에 묻혀 살면서 사람이 목마른 이 팍팍한 세상에…….
> 누군가 나의 안부를 물어준다는 게 얼마나 다행스럽고 가슴 떨리는 일인지…….
> 사람에게는 사람만이 유일한 희망이라는 걸 깨우치며 산다는 건
> 또 얼마나 어려운 일인지 나는 오늘 내가 아는 사람들의 안부를 일일이 묻고 싶다.
>
> 갑자기 변한 날씨, 잘 지내시는지 안부 물으며……

계절이 변함에 자연의 위대함을 느낀다.

세상에 내 삶을 염려하며 안부를 물어오는 사람들이 있고
내가 안부를 물어보고픈 사람들이 또한 많이 있다는 것,
얼마나 다행스럽고 큰 힘이 되는가?
세상에 혼자가 아니라는 것을 일깨워 주는 사람들!
"고맙습니다!"

소통의 창: 행복한 소통의 위한 '3수'

행복한 소통을 위한 세 가지 '수'가 있다. 바로 그것은 박수, 악수, 싹수(인사)다. 박수는 격려의 순간에, 악수는 만남의 순간에, 싹수는 처음 만나거나 즐거운 순간에 전하는 '소통의 리더십' 차원에서 아끼지 말아야 할 절대 조건이다.

첫째, 박수는 가장 먼저 열렬하게 치는 것이 중요하다. 필자가 알고 있는 어떤 명사는 박수를 치는 모습을 보고 사람을 판단한다고 한다. 당연히 열성적으로 치는 사람에게 호감을 갖는다고 고백한다. 박수 치는 것을 보면 말 그대로 치는 것도 아니고 안 치는 것도 아닌 사람이 있다. 표정도 없고 흐느적거린다. 하지만 이런 박수를 치면 안 된다. 섭섭한 감정을 갖게 할 수 있다. 북한이 아직도 안 망하는 이유가 박수를 잘 치기 때문이라는 이색 주장도 있는 것을 보면 박수의 위력을 짐작할 만하다.

박수란 다른 사람의 흥을 돋우고 격려하는 모습이다. "당신 멋져요, 어쩌면 그렇게 얘기를 잘할 수 있어요? 나는 당신을 좋아한다"라는 것을 밖으로 드러내는 행위다. 당연히 박수를 치고 열성적으로 치는 사람을 좋아할 수밖에 없다. 이런 점에서 필자는 박수치는 것에 인색해 하며 쑥스러워하는 편이다. 좀 더 우아하게 박수치고 싶다.

둘째, 악수는 앵글로색슨계 민족들 사이에서 자연스레 생겨난 인사 방식이다. 남자들이 우호적 관계를 맺고 싶을 때 공격하지 않겠다는 뜻으로 오른손을 내민 것이 유래라고 하는데, 오른손이 곧 무기를 쥐는 손이기 때문이다. 따라서 지금도 악수는 특별한 장애가 없는 한 반드시 오른손으로 하는 것으로 되어 있다. 악수는 우정의 표시인 만큼 너무 느슨하게 쥐면 차가운 느낌을 줄 수 있다. 손가락 끝을 잡거나 스치듯 가볍게 쥐는 것도 실례다. 남자들끼리의 악수일 땐 오히려 적당히 힘을 주는 편이 낫다.

여자일 때는 힘을 약간 뺀다. 손을 너무 오랫동안 쥐고 있지 않도록 주의한다. 손 흔드는 법은 상하로 가볍게 흔들되 자신의 어깨보다 높이 올려서는 안 된다. 여자와 악수할 때는 살짝만 움직인다. 시선 처리는 눈을 똑바로 본다. 특히 서양인과 악수할 때 시선을 돌리면 비굴하거나 떳떳하지 못한 사람으로 오해받을 소지가 있다.[9]

셋째, 인사는 즐거움의 표현이다. 강아지가 할 일이 주인에게 애교를 부리는 것이라면,

사람이 해야 할 일은 인사(人事)다. 최근 청소년들은 어른께 인사를 하지 않거나, 하더라도 대충 하는 인사로 야단을 맞는 경우가 많다. 예절 바르고 인사 잘하는 '동방예의지국'이라고 불린 나라에서 이러한 현상은 부끄러운 일이다. 몇 해 전 여러 도시에서 '먼저 인사하기' 운동도 전개했지만 여전히 실천되지 않고 있다. 그럼 왜 먼저 인사를 해야 할까? 우리가 생활을 해 보면 몇 번쯤은 인사를 받게 된다. 그때 어떤 기분이 들던가? 물론 아주 기분이 좋았을 것이다. 그러면 처지를 한 번만 바꿔 보라. 내가 만약 다른 사람에게 인사를 했다면 그 사람도 기분이 좋아질 것이다.

모 은행장의 일화다. 이 은행장은 매일 '오잘 · 오수 · 오즐'을 외친다고 한다. "오늘도 잘합시다.", "오늘도 수고하세요.", "오늘도 즐겁게 합시다." 하는 의미다. 당신이 소통을 원한다면 당신의 주변에 바로 '오잘 · 오수 · 오즐'이 항상 울리게 해 보아라. 어느 조직보다 소통력이 뛰어날 것이고 늘 상한가를 칠 것이다.

입보다는 눈이 더 잘 말한다. 예전부터 알고 있던 타인에게 인사하면 스트레스가 없어진다. 인사를 하지 않아도 되는 사람에게도 인사를 해보자. 인사를 안 해서 얻는 결과와 인사를 해서 얻는 소득과는 너무 큰 차이가 난다. 인사 나누는 사람을 하루 한 사람씩 늘리자.

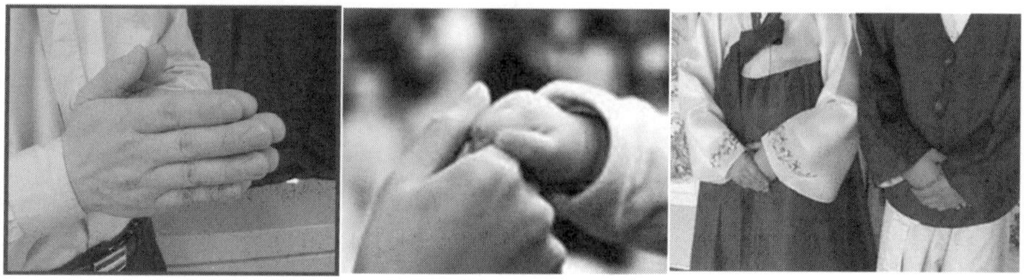

그림 7-6 행복한 소통을 위한 '3수'

9) 상대가 악수를 청할 때 남자는 반드시 일어서야 하고, 여자는 앉은 채로 악수를 받아도 상관없다. 한편, 악수를 하면서 왼손으로 상대의 손을 맞잡고 굽실거리거나 어깨를 껴안는 등의 과장된 행동은 품위를 떨어뜨린다. 또 외국에서는 고위 관료가 운전기사에게 악수를 청하는 식의 행동도 사회적 신분이 다른 사람을 무시하는 것으로 받아들일 가능성이 있으므로 주의한다.

제 4 부

소통의 산맥들

-협상으로 가는 길-

제 8 장 경청(傾聽)과 질문
제 9 장 갈등관리
제 10장 설득
제 11장 협상

제 8 장 경청(傾聽)과 질문

코칭(coaching)

경청과 질문은 소통의 양대 산맥이다. 언뜻 보기에 경청은 수동적으로 관계를 낳는다. 표면적 행위는 분명 나의 생각한 바를 관철시키는 것이 아니라 상대의 이야기를 그대로 받아주는 수동성을 지니기 때문이다. 그러나 내면적 움직임은 말하고 있는 화자의 생각과 삶을 나의 삶 안으로 초청하는 능동성이 물결친다. "듣고 있으면 내가 이득을 얻고, 말하고 있으면 남이 이득을 얻는다"라는 아라비아 속담과 "말하는 것은 지식의 영역이고, 듣는 것은 지혜의 영역이다"라는 말은 결국 하나의 뜻을 가리킨다. 즉, 경청의 힘을 강조하고 있는 것이다. 그래서 소통 리더십은 웅변보다 경청에서 나온다.

제 1 절 소통의 시작, 경청

'듣는 사람'보다 '말하는 사람'이 많은 이 시대에 가만히 상대에게 귀 기울여 듣는 것은 소통 리더의 지혜다. 탁월한 리더는 언제나 경청(傾聽)하는 사람이다. 경청하는 것이 바로 배우는 자세이기 때문이다. 정보를 독점하고 지시만 하는 시대는 갔다. 리더는 '듣는 참을성과 태도'를 지녀야 한다. 나의 생각과 다르더라도 모두의 말을 듣고 최선의 해결책(best solution)을 찾는 게 바로 소통하는 리더다.

필자의 경우 소속된 단체나 동아리모임에 참석해 보면 말을 많이 하는 수다쟁이가 꼭 있다. 듣고 나면 무슨 이야기인지 알 수 없는 이야기를 자기 혼자 잘난 것처럼 주절주절 늘어놓는 사람이 있다. '왜 저렇게밖에 말을 못할까?', '입만 열었다 하면 일할 맛이 싹 달아난다'…… 말이 앞서고 필요 없는 말을 하고, 안 해도 되는 말을 하는 바람에 쓸데없는 오해가 생기고 조직에 분열을 가져오는 리더가 있다.

이런 사람은 진정한 리더가 될 수 없다. 조용히 들으면서 질문하고 생각하는 사람이 바로 리더다. 그럼에도 불구하고 그런 수다쟁이가 실력이 있는 것으로 비춰져 조직의 리더가 되는 경우를 자주 보게 되는데 그런 조직은 결코 오래 가지 못한다.

1 경청의 의의

필자가 추석날 저녁 케이블 TV로 봤던 전도연과 배용준 주연의 <통하였느냐?> 라는 영화가 있었다. 그때는 물리적인 것만 생각했는데 지금 생각해 보니 마음이 통했는가 하는 질문으로 들린다. 통하기 위해서는 바로 듣기가 중요하다. 동서양을 막론하고 옛사람은 듣기를 지혜의 으뜸으로 쳤다. "귀가 둘이고 입이 하나인 것은 많이 듣고 적게 말하기 위한 것"이라고 그리스 철학자 제논(ho Kyporos Zēnōn)이 말했지만 그만큼 어려운 일도 없을 것 같다. 오죽하면 공자(孔子)도 40세 불혹(不惑), 50세 지천명(知天命) 다음에 60세를 이순(耳順)이라고 했을까? 미국 작가 홈스(Oliver Wendell Holmes)는 "말하는 것은 지식의 역할이고 듣는 것은 지혜의 특권"이라고 말했다. 지식보다 지혜를 얻기가 힘들기는 예나 지금이나 마찬가지인가 보다.

1) 경청의 방해 요소

소통은 수신자의 눈에 보이지 않고 확실하게 느낄 수 없는 감정의 퇴적물로 인해 더욱 복잡하게 진행된다. 이것을 소통의 '감정적 배경'이라고 한다. 수신자가 경청할 때에는 감정적 배경이 크게 작용한다. 소위, 심리학에서 말하는 지각 능력이나 가치관, 도식(schema) 등이다. 문장을 읽을 때 흔히 행간(行間)을 읽는다는 말이 있다. 이것은 짐작을 한다는 것이다. 그래서 말의 의미는 수신자의 도식과 전달자의 제스처, 목소리의 크기와 음조, 발음, 시간의 장단에 따라 다르게 들리게 된다.

집이든 회사든 대화에 어려움을 겪는 경우가 많다. 나 이외의 사람들과 대화를 하다 보면 분위기를 주도하면서도 불편하지 않게 대화를 잘 이끌어 내는 사람이 있는가 하면, 말없이 조용히 있어 주변을 불편하게 하는 사람도 있다. 생각과 말이 일치되지 않아 자신의 의도가 제대로 전달되지 않는 경우나 제대로 의사를 전달했음에도 불구하고 와전되는 경우도 있다. Y대학 출신의 40대 중반인 보건복지부 국장이 있다. 그와 경청에 장애가 되는 요소가 무엇이 있는지 이야기하다가 다음과 같은 결론이 나왔다.

첫째, 물리적 불쾌감이다. 지나친 추위나 더위, 신체적 피로와 두통 등은 경청력을 감퇴시킨다. 전화소리나 소음과 같은 방해물이 대화의 흐름을 끊어놓는다.

둘째, 다른 일에 정신을 몰두하고 있는 경우다. 마감 시간을 지켜야 한다거나, 다른 약속 시간이 되었거나, 해야 할 업무가 밀린 경우, 걱정거리가 있는 경우에는 경청력이 저하된다. 또한 겉으로는 상대방의 이야기를 들으면서 그의 말이 끝나면 무슨 이야기를 할까를 생각하느라 남의 이야기를 잘 듣지 않는 경우가 있다.

셋째, 사전에 결정한 사항이 있을 경우다. 상대방의 문제에 관해 적절한 해답을 이미 준비하고 있는 경우에도 건성으로 듣게 되어 중요한 정보를 잃는 경우가 생긴다.

넷째, 지루함이다. 상대가 하려는 이야기가 지루할 것이라고 미리 짐작하는 것은 이미 그를 거부하고 흘려듣는다.

다섯째, 상대방에 대한 소문이다. 어떤 사람에 대한 선입견, 사람들이 자신을 비판하고 있다고 짐작하는 것이나 상대방에 대한 개인적인 호·불호의 감정 등이 작용하여 같은 말을 반대로 해석하거나 다른 의미로 듣는다. 그런 경우에는 대부분 선택적인 경청일 경우가 많다. 그래서 자신의 필요성에 따라서 전달자의 메시지를 선택하여 해석한다. 자신에게 이롭고 유리한 메시지만을 골라 듣고 불리한 것은 흘려 듣기 때문에 상대방의 진정한 의도와 생각을 알지 못하는 경우가 있다.

2) 경청 태도의 유형

가장 말을 잘하는 사람은 듣는 사람의 입장을 가장 잘 생각해 주는 사람이고, 가장 말을 잘 듣는 사람은 말하는 사람의 입장을 가장 잘 생각해 주는 사람이라 했다. 이런 의미에서 경청 태도에는 다음과 같은 세 가지 유형으로 나눌 수 있다(Flippo, 1961: 467).

첫째, 주변적 경청법(marginal listening)이다. 이것은 전달자에게 최소의 주의를 기울이며 전달 내용의 변두리만을 듣는 방법이다. 이러한 경청은 상대방을 모욕하는 결과를 낳고 쉽게 오해를 야기하는 원인이 된다. 그래서 듣는 척하는 태도는 트러블을 야기할 수도 있다.

둘째, 비판적 경청법(evaluative listening)이다. 이것은 상대방의 말에 대해 전적인 주의를 기울이기는 하지만 상대방의 말을 이해하려고 듣는 것이 아니라 그의 말을 자기자신의 관점으로 평가하고 비판하거나 반박하려고 듣는 행위다. 상대방의 말이 끝나기도 전에 자기가 말하려 하고, 항변적인 분위기를 조성한다. 이러한 태도는 의사가 소통되는 것이 아니라 두 가지 아이디어가 제시된 것으로 끝나는 경우가 많으며 오히려 반목이 조성되기 쉽다.

셋째, 역지사지적 경청법(projective listening)이다. 이러한 태도는 감정이입적 경청법으로서 참다운 의사소통이며, 경청자가 상대방의 말을 정중하게 듣고 그의 의도와 입장을 이해할 때에 이뤄진다. 나와 대화하고 있는 상대방의 인격을 존중하는 자세를 바탕으로 여유 있는 시간과 정성을 가지고 경청하는 것이다. 마음의 귀를 열고 상대방의 입장에 서 보려는 감정이입적 자세라고 할 수 있다. 따라서 경청자는 전달자의 말을 듣는 동안 마음속에서 비판하려는 심리적 경향을 의식적으로 회피한다. 나의 가치관으로 평가하지 않고 자신을 화자의 입장으로 바꿔놓고 이해하고자 노력한다. 그래서 상대의 참다운 의도를 이해하고자 하는 태도다.[1)]

2 지혜는 들음에서 생기고 후회는 말함에서 생긴다

지금 우리 사회 곳곳에 타인은 나에게 방해, 짐, 부담 혹은 경쟁의 대상이라는 인식이 강하다. 그래서 오고 가는 눈빛과 말에는 날선 가시가 담기고 여차하면 충돌할 일촉즉발의 상황이 난무한다. 특히, 인터넷의 댓글과 지하철 등 대중교통에서 마주치는 사람들의 눈빛은 존중과 우호, 공감보다는 적대감과 공격, 비난이 흐른다. 심지어 길거리에서 처음 마주친 전혀 모르는 낯선 사람들 "쳐다보는 눈빛이 기분 나빠서", 혹은 "행복하게 웃는 모습에 화나 나서" 흉기를 휘둘러 살해하는 '묻지 마 살인' 사건마저 증가하고 있다. 이제는 누구든지 비난과 질시의 대상 혹은 그럴 만한 의혹만 제기되어도 집단적 인격 살인의 목표가 되었다.

직장 내에서도, 고객과 직원 사이에서도, 협상 테이블에 앉은 협상 상대 간에도 사안의 본질보다는 상대방의 태도, 어투, 표현에서 무시와 냉대, 모멸, 자존심 손상을 느껴 고성이 오가고, 협상이 결렬되거나, 항의와 진정, 민원, 고소, 소송이 이어지는 모습을 흔히 발견할 수 있다. 가정 내에서 부부 간이나 부모 자식 간에도 '대화가 부족해 문제'라는 분석과 탄식이 흘러넘친다.

1) 耳王十目一心 = 聽

잘 알려진 바와 같이 경청은 삼성가의 이병철 회장이 이건희 회장에게, 이건희 회장이 아들에게 전해 준 '사람의 마음을 얻는 지혜'다. 사람의 두 눈은 많이 보라는 의

1) 학자에 따라 무시하기(아버지) 수준=0%, 듣는 척하기(남편) 수준: 10%, 선택적 듣기(상사): 30%, 적극적 듣기(어머니): 70%, 공감적 경청(애인): 90%로 듣기의 수준을 분류하기로 한다.

미이고, 사람의 두 귀는 오른쪽 귀로 듣고 왼쪽 귀로 흘려보내라는 뜻이라기보다는 많이 들으라는 의미다. "듣고 있으면 내가 이득을 얻고, 말하고 있으면 남이 이득을 얻는다. 말하는 것은 지식의 영역이고, 듣는 것은 지혜의 영역이다." 이것은 아라비아 속담이다. 따라서 지혜는 들음에서 생기고 후회는 말함에서 생긴다.

우리가 알고 있는 단어 중에 한자의 총명(聰: 귀 밝을 총, 明)은 잘 듣는 사람을 의미한다. 자연의 이치나 신의 뜻을 섭리(攝理)라 하는데 섭(攝)자는 귀 세 개가 모인 글자다. 왼쪽 귀, 오른쪽 귀, 가운데는 연륜 따라 커지는 마음의 귀인 것이다. 태조 왕건이 공산전투에서 거의 전멸한 이유는 참모의 건의를 듣지 않은 탓이며, 견훤이 패망한 이유 또한 듣지 않은 탓이다. 항우, 여포도 팔로어의 의견을 귀담아 듣지 않아 죽었다.

들을 청(聽) 자를 파자 하면 耳王十目一心= 聽인데 큰 귀를 왕처럼 모시고 동서남북의 사방의 소리를 귀로 또는 눈으로 잘 살피며 상대방을 위하는 진심된 마음으로 들으라는 뜻이다. 거기에 경청하라는 경(傾-기울일 경) 자는 귀를 기울여 들으라는 뜻도 있다. 따라서 이것은 바로 경청의 리더십에 대한 메시지다.

2) 비언어적 요소 93%

'잘 나갈 때' 안팎의 목소리를 '경청'하지 않는다면 언제든 뒤처질 수밖에 없다. 소통이 되려면 다양한 상황 속에서 상대방의 이야기를 어떻게 듣고, 이해하며, 반응해야 하는지 능력을 갖춰야 한다. 더 나아가 사회생활이나 가정생활에서 학습 내용을 통해 배운 내용들을 적용해 봄으로써 인간미와 자기 성취까지 획득할 수 있어야 한다.

누군가의 강의를 들었다면 그 강사의 메시지 중 말이 차지하는 비중은 어느 정도

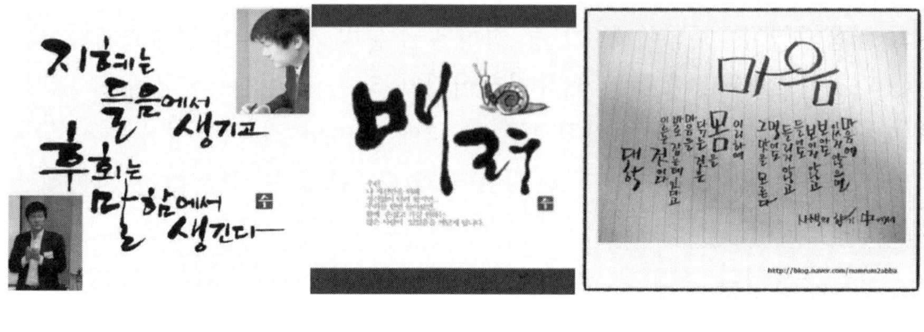

그림 8-1 지혜는 들음에서 생기고 후회는 말함에서 생긴다

일까? 필자도 강의 도중 자주 사용하는 내용이지만 소통과 리더십 강의를 들어본 사람이라면 지겹도록 듣는 '메라비언(Albert Mehrabian)의 법칙'이 있다. 그것은 바로 몸짓(visual) : 말하는 톤(vocal) : 단어(verbal) = 55% : 38% : 7%라는 법칙이다. 일명 BMW(Body language, Mood, Word)라고 불리는 유명한 법칙이다.

이 법칙은 말의 내용보다는 비언어적인 요소인 몸짓 언어(body language)나 태도가 매우 중요함을 강조한 것이다. 블로그나 온라인에서 가끔 논쟁이 일어나는 이유는 적힌 단어로는 정확한 뜻을 이해하기가 어렵기 때문이다. 하물며, 공동의 목표를 달성하려는 조직에서 소통은 얼마나 큰 의미가 있겠는가. 즉, 언어적 요소는 7%밖에 되지 않으며 비언어적 요소가 93%가 된다는 것이다. 그래서 신체의 방향, 다리 모양, 몸의 움직임과 같은 몸짓으로 마이너스 인상도 180도 바꿀 수 있는 것이다.

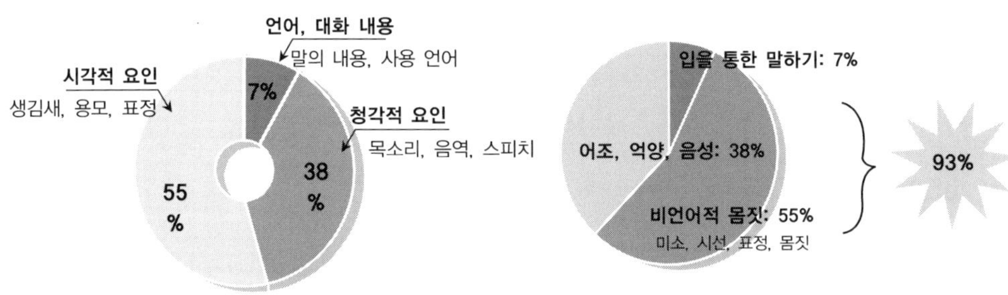

그림 8-2 메라비언의 법칙

3) 주변의 작은 목소리에도 경청하자

소통=리더십이다. 팀원의 능력을 극대화하는 작업을 리더십이라고 정의한다면, 그 리더십의 처음과 끝은 소통이다. 그 중 경청은 소통의 시작이며 인간관계의 시작이기도 하다. 경청만 잘해도 훌륭한 커뮤니케이터가 되는 것이다. 경청해라! 잘 들어라! 사실 많이 듣던 이야기지만, 현실적으로 이 말에 얼마나 귀 기울여 듣는지 궁금하다. 인간관계에서 경청처럼 중요한 기술(skill)도 없다. 단지 듣기만 하면 되는데 말처럼 쉽지 않기 때문이다.

경청=사랑+존경이다. 사랑은 관심이기에 사랑의 의무인 인내를 가지고 듣고, 존경은 사람들이 내 말을 경청해 줄 때 느낀다. 경청의 중요성은 "아버지가 방에 들어가신다"와 "아버지 가방에 들어가신다"에서도 알 수 있다. 조신영의 『경청』을 읽어보면 경청은 귀로만 하는 것이 아니다. 눈으로도 하고, 입으로도 하고, 손으로도 하는 것이다. 상대의 말에 귀 기울이고 있음을 계속 표현하라. 몸짓과 눈빛으로도 반응을 보이라는 것이다. 맞는 말이다. 우리는 듣기보다 말하기를 더 좋아한다. 자신을 표현하고 드러내고자 무척이나 애를 쓴다. 그러나 말하는 것보다 듣는 힘이 더 강한 것이다. 그래서 공직 사회에서는 주민의 의견을 적극 수렴하는 청진기 같은 '청진기 리더십'이 필요하다.

필자는 연구에 몰입하다가 머리를 식히는 시간이 필요할 때는 여행을 떠나거나 운동을 한다. 하지만 이것도 여의치 못할 경우 자주 보는 프로가 있었는데 그것은 KBS의 인기 코너 <개그 콘서트>의 '대화가 필요해'다. 지금은 폐지된 코너이지만 이 프로는 대화가 거의 없는 우리 시대의 가족상을 과장하며 신선한 웃음과 함께 경청의 중요성에 대한 메시지를 던진다.[2)]

경상도 대구 출신인 필자에게도 공감 가는 부문이 많아서 혼자 많이 웃곤 했다. 기억나는 몇 가지 장면을 소개해 보면 다음과 같다.

〈#장면 Ⅰ〉

아빠: "동민(아들)이는 해 뜨기 전에 기 나가 저녁 먹을 때나 돼서 기 들어오고, 대체 뭐하고 다니노?"
엄마: "지도 모르겠심더"(이때 아들이 들어와 자리에 앉는다.)
아빠: "니 오늘 하루종일 밖에 나가 뭐 했노?"
아들: "학교 갔다 왔는데예."(머쓱해진 아빠가 다시 묻는다.)
아빠: "아직 졸업 안 했나?"
아들: "지 올해 입학했심더."

〈#장면 Ⅱ〉

엄마: "어머님 아버님, 제주도 여행 보내드립시더. 지가 반찬값 아끼가 돈 모았심더."
아빠: "제주도 사신다."
아빠: (곱슬머리 엄마를 보고) "니 또 파마했나?"
엄마: "지 원래 꼽실임니더."

---

2) 이 코너에서는 고교생 아들 역의 장동민, 엄마 신봉선, 아빠 김대희가 나온다. 엄마와 아빠, 고등학교 1학년인 아들이 한 가족이다. 저녁 식탁에서 이 경상도 가족은 아빠의 '밥 묵자'는 말에 따라 무표정하게, 묵묵히 밥을 먹으며 몇 마디 나누기 시작한다. 서로에 대해 몰라도 너무 모르는 가족의 모습을 극단적으로 희화화하며 인기를 끌었다.

그림 8-3 KBS 〈개그 콘서트〉의 '대화가 필요해'

매일 아침에 보는 가족이라고 서로의 존재를 당연하게 여기다 보면 서로에게 소홀해지기 쉽다. 애정 어린 눈길로 주의 깊게 보지 않으면 서로의 사소한 변화를 눈치채기 힘들다. 그렇지만 가족의 관심은 힘들 때 더욱 소중한 법이다. '누군가 내 옆에서 날 지켜봐 주고 있다'는 것은 아주 작은 변화도 알아봐 주는 가족의 따뜻한 말 한 마디에서 느껴진다.

원대한 꿈을 품는 것도 중요하지만 작은 실천으로 경청과 대화하는 자세는 리더로서 지녀야 할 바른 자세임에는 틀림이 없다. 네 잎 클로버를 찾기 위해 세 잎 클로버를 무시해서는 안 된다. 네 잎 클로버의 꽃말은 '행운'이고 세 잎 클로버의 꽃말은 '행복'이다. 행운을 찾기 위해 행복을 짓밟아서는 안 되는 것이다. 위의 장면처럼 필자 스스로는 잘 실천하지 못하면서 이 글을 쓰자니 조금은 쑥스럽다. 어쨌든 주변의 작은 목소리에도 경청하자.

4) 대화는 공을 주고받는 것이다

사람과 대화를 나눈다는 건 '공을 주고받는 것'과 같다. 넘어온 공을 상대 코트에 규칙적으로 넘겨야 한다. 그러나 갑자기 대화가 끊기는 경우가 있는데 한 사람이 쳐 보낸 공이 상대 코트에 떨어지지 않았거나, 아니면 받은 공을 혼자서 갖고 놀면서 상대 코트에 넘기지 않는 경우가 그렇다. 답하기 힘들어서 혹은 머뭇거림 때문에 그렇다. 의정부시 복지관 관장과의 미팅 자리에서 느낀 점과 대화 내용을 바탕으로 다음과 같은 방법이 떠올랐다.

첫째, 앵무새 흉내내기를 해보라. "더 멋지고 중후한 승용차를 타고 싶어요."라고 상대가 얘기했는데 달리 답변할 말이 없다면 "아하, 중후한 승용차를 타고 싶다고

요?……"라고 앵무새처럼 답하면 된다. 반응이나 상대의 동의가 없으면 다음으로 진행되기 어렵다. 그렇기 때문에 어색한 침묵이 흐르는 상황을 만들어서는 안 된다. 어색한 침묵이 흐르는 순간, 대화의 공 소리가 들리지 않는 바로 그 순간, 사람들은 당신을 떠날 궁리를 한다.

둘째, 눈을 맞춰 보라. 눈을 맞추는 것은 중요하다. 어떤 실험에서 두 그룹으로 나눠 대화를 하게 하면서 한 그룹은 서로 몇 번이나 눈을 깜빡이는지 횟수를 세게끔 했고 다른 그룹은 그저 대화만 하게 했다. 결과는 어땠을까? 눈을 보면서 얘기를 나눈 그룹이 그렇지 않은 그룹보다 훨씬 더 큰 호감과 존경심을 느꼈다. 눈을 마주치면 마주칠수록 긍정적인 감정을 가져온다.

당당하게 걷는 것도 중요하다. 훌륭한 자세처럼 최고 위치에 있다는 사실을 상징적으로 보여주는 표지는 없다. 성공의 바로미터는 바로 자세다. 늘 위를 보면서 당당하게 걸어야 한다. 누군가를 좋아하는 것처럼 행동하면 실제 누군가를 좋아하게 된다. 사랑이 사랑을 낳고, 호감이 호감을 낳으며, 존경심이 존경심을 낳는다. 행동이 감정을 지배하는 것은 대인 관계의 가장 기본적인 원칙이다. "당신이 상대에게 얼마나 세심하게 관심을 기울이고 있는지 알기 전까지, 상대는 당신에게 신경을 쓰지 않는다." 지글러(Zig Ziglar)의 말이다.

셋째, 희소식을 전하는 사람이 되어 보라. 만날 때마다 나쁜 소식을 갖고 오는 사람이 있다. 몰라도 되는 소식, 아니 모르는 것이 약이 되는 소식이 있는데 그 사람은 늘 그런 소식을 전해 주는 것을 사명으로 생각하는 듯하다. 사람들은 그런 사람을 피하게 마련이다. 만날 때마다 기분이 나빠지기 때문이다. 하지만 사람을 화나게 만드는 것은 뉴스 때문만은 아니다. 그것을 전달할 때 나타나는 태도 때문이다. 물론 어쩔 수 없이 좋지 않은 소식을 전해 주어야 할 때가 있지만 그럴 때는 각별히 태도에 주의해야 한다.

수술을 권하는 의사, 해고 사실을 알리는 사장, 비행기 추락 사고를 전하는 항공사 직원들이 가장 먼저 할 것은 유가족과 슬픔을 나누는 것이다. 좋지 않은 소식을 전하는 사람은 그 소식을 받는 사람과 감정을 공유해야 한다. 하지만 사람들은 감정 공유에 서툴다. 패스를 할 때는 우선 패스 받는 사람의 준비 상태를 살필 수 있어야 한다. 아무 생각 없이 나쁜 소식을 전하는 사람은 패스할 상대를 보지 않고 무작정 생각 없이 패스를 하는 것과 같다. 결과는 어떨까? 그런 선수는 곧바로 교체된다. 프로 선수는 늘 패스를 받는 상대를 염두에 두어야 한다.

이처럼 사람은 누구나 자기 말이 옳다고 얘기해 주는 이들에게 호감을 갖는다. 사람은 누구나 자기 말에 토를 달거나 동의하지 않는 이들은 싫어한다. 사람은 누구나 자기 말에 대해 좋은 반응이 없을 때는 기분이 나빠진다. 공감적 경청이 필요한 이유가 여기에 있다. 상대는 당신보다는 자신의 일과 소망, 그리고 문제에 더 많은 관심을 갖고 있다. 아프리카에서 수만 명이 굶어 죽는 대기근이 일어나도, 자신의 치통에 더 중요한 의미를 둔다. 눈에 생긴 종기가 일본의 쓰나미보다 더 큰 관심사인 것이다. 다른 사람과 이야기할 때에는 이 점을 유념해야 한다.

소통을 위한 진단 코너: 대화가 중요해

대화란 서로 마주 대해 이야기함 또는 그 이야기라 할 수 있다. 그래서 대화는 인격과 인격의 만남이요, 인격과 인격의 교류다. 따라서 입이나 귀는 하나의 수단일 뿐 정작 말하고 듣는 것은 바로 사람의 인격인 것이다. 즉, 인격적인 만남으로써의 대화는 살아 있는 실재(實在)끼리의 만남이 이뤄지고 관계 맺음이 드러나는 자리다.[3)]

같은 말이라도 '아' 다르고 '어' 다르다는 말이 있다. 필자 역시 실제로 살아가면서 '아' 다르고 '어' 다른 말의 묘한 뉘앙스 때문에 크고 작은 갈등을 겪는다. "전쟁으로 인한 상처보다 더 치명적인 것은 한 사람의 입에서 나온 말이다."라는 서양 격언이 있다. 그것은 사람의 세 치 혀가 총칼보다 잔혹한 살인의 도구로 쓰일 수도 있음을 경계하라는 뜻이다. 구체적이고 진솔한 대화야말로 살아 있는 인격적 존재의 만남이며, 이를 통해 참된 만남이 실현되는 것이다.

다음 질문에 답한 기록을 마친 뒤 자신의 아이디어와 느낀 감정을 적은 '기록 시트'를 서로 보여주거나 발표한다. 과정을 모두 마쳤으면 이 프로그램을 통해 느낀 점을 피드백하라.

(1) '대화'란 말을 들으면 떠오르는 것 또는 느낌을 적어 보라.
(2) 자신의 인생을 바꿔놓을 만큼 중요한 만남의 대화가 누구와 언제 있었는가?
(3) 일상생활 중에 대화가 가장 잘되는 사람의 이름을 1~2명 적어 보라.
(4) 일상생활 중에 대화가 가장 잘 안 되는 사람의 이름을 1~2명 적어 보라.
(5) 자신과 대화가 잘되는 그 사람의 특징은 무엇인지? 즉, 그 사람과 대화가 잘되는 이유는 무엇일까? 그 사람에게 어떤 특징이 있기에 대화가 잘되는지를 간단히 기록하도록 한다.

---

3) 일반적으로 우리는 어떤 사건이나 일에 대해 '누가, 언제, 어디서, 무엇을, 어떻게, 왜'라는 '6하 원칙(六何原則)'에 의해 말을 한다. 그런데 대화에는 '누구에게'라는 하나의 요소가 더 필요하다. 즉, 대화가 성립되기 위해서는 대화 상대자들이 있어야 하는 것이다.

(6) 자신과 대화가 잘 안 되는 그 사람의 특징은 무엇인지? 즉, 그 사람과 대화가 잘 안 되는 이유는 무엇일까? 그 사람에게 어떤 특징이 있기에 대화가 잘 안 되는지를 간단히 기록하도록 한다.
(7) 각자의 경험을 바탕으로 대화를 중단시키는(단절하게 만드는) 말은 구체적으로 무엇이 있는가?
(8) 살면서 가장 후회하고 있는 말이 있다면 무엇인가?
(9) 내가 자주 사용하는 말 중에서 절대로 이런 말은 사용하지 않겠다고 결심한 말이 있다면 그것은 무엇인가?
(10) 나의 상관(동료, 부하)이 쓰는 말 중에서 저런 말은 나도 써야겠다고 생각하는 말이 있다면 무엇인가?

그림 8-4 주변의 작은 목소리에도 경청하자

제 2 절 올바른 경청, 적극적 경청

타인을 만났을 때 주의 깊게 듣고 반응을 보이는 사람은 타인의 호감을 얻을 수 있다. 그래서 사람의 됨됨이를 파악할 때 듣는 능력을 보면 도움이 된다. 만일 다른 사람의 말을 주의 깊게 듣는다면 새로운 정보를 얻게 되는 것은 물론 다른 사람들이 세상을 어떤 눈으로 바라보는가를 알게 되며 또한 새로운 지식과 인식의 기초를 다지게 된다. 하지만 경청을 잘 한다는 것은 말하는 것만큼이나 중요하고 어려운 일이다. 많은 사람이 상대방의 이야기를 듣는 것을 수동적인 행동이라고 생각한다. 그러나 훌륭하고 완벽한 경청은 능동적인 행동이다.

1 적극적 경청

가정에서, 학교에서 직장에서, 자주 제기되는 문제는 "내 말을 제대로 들으려 하지 않는다"라는 불만이다. 듣는 게 뭐 그리 어려운가? 가만히 귀만 열어 두면 되는데. 하지만 누구나 할 수 있는 '듣기'를 제대로 할 수 있는 사람은 의외로 많지 않다. 그래서 심리학에선 제대로 듣기를 '적극적 경청(active listening)'이라고 한다. 이것이 어려운 이유는 그냥 소극적으로 듣는 데 그치는 것이 아니라 상대방의 진심을 이끌어 내고, 주저하거나 망설여지는 이야기도 하게끔 만드는 것이 어렵기 때문이다. 그러면 적극적 경청의 절차와 바람직한 경청 태도는 어떤 것일까?

1) 적극적 경청자

성공적인 경청을 위한 방법으로 제시되는 것이 적극적 경청이다. 이는 능동적인 경청자라고도 한다. 상대방의 위치를 존중하고 그의 생각을 이해하려는 태도를 말하는 것으로 상대방의 입장이 되어 보는 것이다. 적극적 경청자는 상대의 말을 끝까지 경청한다. 상대의 말을 자기 나름대로 성급하게 해석하지 않고, 있는 그대로 끝까지 듣는다. 전달자를 방어적으로 만들어서 좋을 것이 없기 때문이다. 그래서 상대방이 말로 표현하기 힘들고 망설여지는 내용까지 파악하려고 노력한다. 적극적 경청자는 대화 도중에도 자신이 이해하고 있는 내용을 확인해서 올바로 이해하고 있는지 점검한다. 이들은 대화를 중단시키거나 주의를 산만하게 만들거나 관심이 없는 듯한 표정과 행동을 피한다. 그래서 근본적으로 상대의 입장에서 이해하려고 노력하는 태도를 지니는 것이다.

2) 적극적 경청의 절차와 내용

적극적 경청을 위한 절차를 소개하면 다음의 순서로 하면 된다. 첫째, 마주보라, 상대방을 정면으로 보고 앉아서 몸을 약간 앞으로 숙여 '진지하게 경청'하고 있음을 보여주어라. 너무 정면은 도전적이 될 수 있으므로 약간 벗어난 각도로 마주보아도 좋다. 쉬워 보이지만 잘 지켜지지 않는다. 특히, 자녀, 팔로어, 고객 등을 등 뒤나 옆에 둔 채로 "듣고 있으니…… 말하세요"라는 김빠지는 태도를 보이는 사람이 의외로 많다. 이런 태도를 취하는 등 뒤나 옆을 바라보면서 속마음에 있는 말이 나올 리 없다. 그러므로 시선을 접촉하여 상대와 시선을 마주쳐 상대가 편안함을 느끼도록 하라. 마주보고도 시선을 다른 곳에 둔다면 상대방은 무시당하는 느낌을 가질 것이다. 그렇다고 부담을 느낄 정도로 뚫어져라 쳐다보라는 말은 아니다. 부드러운 시선으로 상대방을 바라보며 이야기를 경청하라는 것이다.

둘째, 대화의 방해 요인을 제거하라. 서류나 컴퓨터 등을 한쪽으로 치워라. 가정에서는 TV 끄기, 읽던 책이나 잡지 내려놓기가 여기에 해당된다. 이는 적극적으로 상대방과의 대화에 집중한다는 강력한 의사 표시다. 특히, 내면의 방해 요소를 없애라. 자신의 주장이나 경험 등 '하고 싶은 이야기'를 떨쳐버리고, 상대방의 말에 계속 집중하라. '내가 하고 싶은 말'은 잊어버리고, 상대방 이야기에 자연스럽게 이어지는 이야기로 답하라. 내 뜻을 전달하기 위한 대화가 아니라, 상대방의 이야기를 듣기 위한 대화라는 점을 잊어서는 안 된다.

셋째, 적절한 반응을 보여라. 고개 끄덕이기, 눈썹 모으기 등의 몸짓과 '그래서?' '저런!' '정말?' 등의 추임새를 활용하라. 이때 추임새는 상대방의 말을 재차 확인하는 멘트가 적절하다. 이러한 반응은 주저하고 망설이던 이야기도 이끌어 낼 수 있다.

넷째, 오픈 마인드를 유지하라. 상대방이 완전히 이야기를 끝낼 때까지 자신의 찬반이나 견해를 말하지 말고 참아라. 결코 상대방의 생각이나 의도를 미리 짐작해서는 안 된다. 마지막 순간까지 상대방이 조언을 구하거나 의견을 묻기 전까지, '저 사람은 그저 자신이 하고 싶은 이야기를 내게 털어놓고 싶을 뿐이야'라는 생각을 유지하라. 그러므로 들어라, 끝까지 들어라.

다섯째, 상대방 이야기를 요약, 맞는지 확인하고, 적절한 질문을 하라. 상대방이 주저할 때 혹은 할 말을 다한 뒤, 진의와 요지를 확실히 하기 위한 질문을 던져라. 상대의 얘기 내용을 요약하고, 확인하라. "제가 제대로 이해했는지 한 번 들어봐 주세요. 그러니까 지금 하신 말씀의 요지는…… 란 거죠?" 하는 정도면 충분하다. 바로 그것이 적극적 경청이다.

3) 바람직한 경청 태도

소통에서 바람직한 경청 태도는 상대의 감정과 메시지를 듣기 위해 귀를 기울이고 (listen for feelingn & message content), 수긍이 간다는 반응을 보이는 것이다 (respond to feelings). 바람직한 수신자의 경청 태도로서 다음의 사항을 제시할 수 있다.

첫째, 귀만이 아니라 눈, 입, 얼굴, 몸 전체로 듣는다. 즉, '온몸'으로 듣는 사람이 되어라. 두 눈과 두 귀와 마음으로 들어라. 그러므로 전달자의 일거수일투족을 주의 깊게 관찰한다. 제스처, 어조 그리고 표정 등은 모두 소통의 일부다. 열중해서 듣는 표정에 대해 잘 모르는 사람은 쥐구멍에서 불시에 쥐가 기어 나올 때를 기다리고 있는 고양이의 표정을 생각해 보면 된다. 리더의 말을 경청하듯이 팔로어의 말에도 비슷한 태도를 보여야 한다. 팔로어의 말을 소홀히 대하는 잘못을 저질러서는 곤란하다.

둘째, 전달자의 감정에 대해 적절히 반응하며 쉬운 자기 언어로 전달자에게 이해한 것을 확인시켜 준다. 들었다고 생각되는 내용을 자신의 말로 바꿔 다시 말해 보라. 즉, 사실을 재확인하고 상대방이 더 많은 정보를 이야기하도록 하면 된다. 이것은 아주 중요하다. 전달자의 말을 자신의 언어로 반복해서 확인하는 것이 교감에 도움을 준다. 성향이 다른 사람, 예를 들면 MBTI에서 ISTJ형과 ENFP와의 대화, DiSC의 행동 유형에서 C형과 I형 간의 대화는 더욱 그러하다.

셋째, 이야기의 충돌과 오해는 대부분 그 원인이 지레짐작이나 자기 본위로 생각하기 때문이다. 그러므로 수신자의 기분을 참작하여 먼저 이야기를 충분히 듣고 일단 그것을 긍정한 뒤에 자신의 이야기를 진행해 나가는 것이 바람직하다. 그래서 항상 마음의 문을 열어놓아야 한다. 사람이든 사물이든 어느 한쪽에 치우치지 말고 긍정적인 면과 부정적인 면을 함께 본다. 모든 언어적·비언어적 단서를 주목하고, 전체 의미를 경청해야 한다. 따라서 남의 말을 들을 때 상대방의 말만을 듣지 말고, 그가 말하고자 하는 속뜻을 듣는다. 말 속에 숨은 의미를 간파해 낼 수 있어야 한다. 말의 내용만을 이해라는 것으로는 충분하지 못하고 전달자의 말에 담긴 감정과 색채까지 느낄 수 있어야 한다. 그러므로 상대방의 말이나 관점이 옳을 수 있다는 것을 항상 명심한다. 심리적으로 전달자의 의견을 이해하려는 기본 자세로서 경청하며, 자신의 잘못된 생각을 변화시킬 수도 있다는 용기가 필요하다.

넷째, 남의 뜻을 완전히 알기 이전에 평가하거나 판단을 내리고 찬성 또는 반대하려고 하지 않는다. 중요한 것은 상대로 하여금 더욱더 많은 말을 하도록 격려와 배려하는 것이다. 적극적 경청은 많은 정보를 얻게 해 주고, 말하는 상대방은 자신이 느끼고 있고 문제가 되는 것을 다 말함으로써 홀가분한 느낌을 경험하게 한다.

다섯째, 비밀의 유지가 중요하다. 전달자에게 입이 무겁다는 느낌을 주어야 더욱 중요한 정보를 제공받을 수 있다. 『성호사설(星湖僿說)』에 의하면 고구려와 당나라의 안시성 싸움에서 당 태종의 눈을 실명케 한 성능 좋은 활을 만들기 위해 당나라에서는 고구려 궁수 28명을 강제로 납치하여 온간 고문과 회유를 가했으나 활 제조 기술을 알지 못했다는 기록이 나온다. 우리 조상들과 같은 의로운 함구가 요구된다.

그림 8-5 경청하라

2 경청의 리더십

천재적인 사람들의 특징은 남의 얘기를 잘 안 듣는 편인데, 게이츠(Bill Gates) 회장은 오히려 남의 말을 경청하면서 많은 것을 흡수하려고 노력한 리더다. 그가 남의 얘기를 들으면서 얘기하는 사람이 신나게끔 부추겨 주는 트레이드 마크 같은 말이 있다. "Really?(정말로) Excellent!(끝내주는군요!) And then what happens?"(그 다음에 어떤 일이 있었나요?) 당신도 해보라. 전 미국 대통령 클린턴 역시 한번 만나본 사람은 그에게 매료된다고 한다. 그들이 감동받는 이유는 그 비결이 바로 대화를 할 때 상대방을 향해 몸을 기울이고 다가가 듣는 그의 태도 때문이다. 그 비결에 우리도 한번 동참해 보는 것은 어떨까?

1) 들어준다는 것은 여유 있는 태도다

인간은 사회적 존재이며, 결코 혼자서 삶의 의미를 찾을 수 없음에도 불구하고, 기계와 전자통신 등 물질문명이 발달함에 따라 사람들 간의 소통은 더욱 힘들어지고 마음의 거리는 멀어져 간다. 같은 공간에서 같은 공기를 호흡하며 살고 있으면서도 가족과 이웃, 동료끼리 서로 어떤 생각, 고민, 상처, 희망, 꿈, 요구, 기대를 가지고 있는지 알지 못하고, 관심조차 갖지 않고 살고 있다. 그래서 늘 혼자라는 생각에 외롭게 힘들고 불만스럽다. 한 지붕 아래에서 함께 밥 먹고 살 맞대고 살던 가족이나 학교 친구, 직장 동료가 자살한 경우에도 대부분의 반응은 "그럴 줄 몰랐다. 전혀 그럴 사람이 아니다……"로 일치한다. 그만큼 속마음을 주고받는 대화와 소통이 이뤄지지 않고 있다는 의미다.

들어준다는 것은 여유 있는 태도다. 리더십도 마찬가지다. 들어주는 리더는 상대방을 편하게 만들고 존경과 호감을 사게 만든다. 들어주는 리더를 보면서 상대는 자신이 관심을 받고 있다고 생각하기 때문이다. 빗나가는 청소년들의 대부분은 들어주는 이가 없어서다. 아버지나 어머니가 바쁘다는 이유로, 네가 알아서 하라는 식의 태도로, '시끄럽다 조용히 해라'는 표현으로, '공부나 해라'는 식으로 대했기 때문이다.

누군가가 우리에게 리더라는 직책을 맡겼을 때, 대부분 뭐든지 마음대로 할 수 있게 되었다고 생각한다. 이런 생각은 해야 할 일이 무엇인지 지시하고, 어떤 것을 선택할 것인지, 그리고 그 선택에 대해서 책임만 지면 된다는 발상이다. 아주 잘못된 생각이다. 일을 하라고 강요받는 팔로어는 '주인 의식'을 느끼지 못한다. 렌터카를 빌려서 타고 돌려주기 전에 세차를 한 적이 있는가?

사람들에게 자기 일로 받아들이도록 만드는 방법은 사람들을 참여시키고 그들의 이야기를 들어주는 것이다. 그래서 경청은 바로 친구를 만들고, 경청을 통한 아이디어는 돈을 벌게 해 준다. 다른 사람의 말에 귀 기울이면 다른 사람에 대해 알 수 있고, 상대방과 우호적인 관계를 맺을 수 있다. 하지만 대화 중에 조용히 듣고만 있는 것으로 충분하지는 않다. 적절한 질문을 할 줄 알아야 한다. 드러커(Peter F. Drucker)는 모든 경영 관리 문제의 60% 이상은 잘못된 소통에서 기인한다고 말한다. 많은 사람이 다른 사람에게 좋은 인상을 심어 주는 데 실패하곤 하는데, 그 이유는 귀를 열어 상대방의 말을 경청하기보다는 '저 사람 말이 끝나면, 나는 무슨 말을 할까?'에 더 큰 관심이 있기 때문이다. 이제 친구와 팔로어의 말에 공감하면서 여유 있게 잘 경청해 보자! 경청의 리더십을 발휘해 보자!

2) 추임새는 상대의 마음을 여는 열쇠다

귀를 막고 자는 사람은 없다. 세상에 태어날 때 한번 열린 귀는 죽어야만 막히게 된다. 따라서 항상 열려 있는 귀는 많이 들으라고 열려 있는 것이다. 듣기의 지혜는 인생의 성공, 가정 행복으로 이어진다. 경청의 리더십은 행복한 사람의 기본기로서 사람의 마음을 얻는 자들은 말 많은 사람이 아니다. 그들은 사람의 말문을 터주고 적절히 그 물길의 방향을 터주는 경청의 달인이었다. 그래서 차 한잔을 함께 하고 싶은 사람은 수다쟁이가 아니었다.

가족이나 동료의 말에 공감하면서 잘 경청해 보라. 들을 때의 표정은 상대의 상황에 따라 슬픈 이야기는 슬픈 표정을, 재미있는 이야기는 즐거운 표정을, 진지한 이야기는 진지한 표정을 지어야 한다. 눈은 상대의 눈을 보며 듣는다. 어른과 상사를 볼 때는 존경하는 마음을 담고, 고객을 볼 때는 고마움을 담고, 가족을 볼 때는 사랑의 눈길로 응시한다. 입은 맞장구를 친다. 맞장구(추임새)를 친다는 것은 상대방의 말을 잘 듣고 있음을 나타내는 동시에 공감의 표시이기도 하다. 따라서 맞장구는 종종 상대방의 마음을 여는 열쇠가 되기도 한다. 그렇다면 말을 이용한 맞장구에는 어떤 것들이 있을까?

동감의 맞장구로는 '과연', '오호', '정말'이 있고, 감탄의 맞장구로는 '네에?', '와아', '대단하군요' 등이 있다. 또 관심의 맞장구인 '그래그래', '그래서?', '으응'은 상대방이 하는 말을 흥미진진하게 듣고 있다는 것을 보여준다. 맞장구의 표현 중에서 가장 어려운 것은 감정이입이 많이 되는 동정의 맞장구로 '저런저런', '그렇지요', '그렇습니까?' 등이 있다. 우리나라의 예전부터 내려오는 "얼씨구", "좋다", "잘한다", "으이", "그렇지", "니나노", "지화자" 등 좋은 추임새의 말이 있었다. 다만, 억양에 따라 잘못된 톤으로 "얼씨~이구", "자알~한다"라고 하면 남의 말을 비꼬는 것으로 비쳐지기 때문에 목소리의 톤에 조심해서 맞장구를 치면 된다.

몸을 숙이고 들으면 신뢰도를 높일 수 있다. 특히, 지구의 기울기인 23.5도로 몸을 숙이고 들으면 30%의 신뢰도를 높일 수 있다. 팔짱은 방관, 방어, 경시의 의미이므로 하지 않는 것이 좋다. 대신에 두 손을 가지런히 모으면 좋다. 손의 위치는 남좌(男左), 여우(女右)로서 평상시에는 6 : 4로 상담 시에는 7 : 3으로 하면 이상적이다.

들을 때 나의 눈은 상대의 눈을 보며 눈으로 들어줘야 한다. 입은 맞장구를 치면서 입으로 들어줘야 한다. 그러면 상대는 더욱 진솔해지게 된다. 이처럼 듣기에는 귀로 듣기 이외에도 눈으로 듣기, 표정으로 듣기, 태도로 듣기, 입으로 듣기의 다섯 가지로 들을 수 있다. 행복한 리더를 꿈꾼다면 그렇게 해보라.

3) 당신이 영업사원이라면……

만일 당신이 영업사원이라면 여자 고객을 만났을 때 우선 많이 들어줘야 한다. 그리고 공감하는 추임새를 적당히 넣어줘야 한다. 여자는 하고 싶은 말을 다 하고 나면 그것도 공감하면 무척 친해진다. 접근도 부드러워진다. 그렇다고 곧바로 들이대면 안 된다. 말이 길어지면 그냥 들어주고 다음 기회를 봐야 한다. 아주 사소한 말로 친해졌는데 무언가를 권한다면 기분이 다운된다. 실망이 이만저만 아니게 된다.

반면에 남자 고객은 다르다. 남자의 관심에 관심을 가져주는 것이다. 남자의 취미, 관심거리 등이 다양하다. 골프를 치는 사람이면 골프에 대한, 주식이면 경제 상식에 대한 다양한 지식이 필요하다. 전문가적 지식을 가졌지만 우월하다는 것을 보이면 안 된다. 대화만 맞춰주면 된다. 그리곤 그 남자가 지금의 나보다 한 수 위라는 것을 은연중 알게 해 주면 효과 만점이다.

여자는 관심 사항이 복잡하고 다양하다. 그런 반면 남자는 아주 단순하다. 남자들은 어린애와 똑같다. 설명도 질문도 간단명료하게 해야 한다. 반복하는 것도 질색한다. 따라서 남녀의 비즈니스 방법도 달리해야 한다. 남자와 친해지려면 예뻐야 한다. 본바탕이 어쩔 수 없다 해도 우선 자기를 최선으로 가꿔야 한다. 예쁘다는 것이 꼭 외모만은 아니다. 마음이 고와야 여자지 얼굴만 예쁘다고 여자냐라는 말도 있지 않은가? 어쨌든 남자는 여자를 볼 때 그런 점에서 많이 끌린다. 명심하라! 필자의 경험상 가끔 남녀간 애정싸움을 하게 되면 여자들은 과거 몇 년 동안 일어났던 안 좋은 일들만 어떻게 그렇게 쏙쏙 끄집어내어 레코드판 돌리듯 재생시키는지 모르겠다.

남자들은 과거에 집착하지 않는 경향이 짙다. 과거 얘기나 또 비약하는 것은 관심없다. 그리고 논리적인 설득과 목적이 분명하게 이야기를 진행해야 한다. 그러기 위해서는 조용하고 가려진 공간이 필요하다.

여자와 친해지려면 많이 엮어두어야 한다. 관계를 무척 중시하기 때문이다. 약간은 산만한 환경이어도 좋다. 여자는 조명이 그리 밝지 않은 곳에서도 몇 시간씩 이야기를 한다. 하지만 남자는 그리 즐기지 않는다. 적극적으로 말을 들어준다는 것은 똑같은 목소리 톤으로 똑같은 호흡으로 들어줘야 한다. 울고 웃고 큰소리로 떠들어주고 똑같이 흐름을 타줘야 한다는 이야기다.

질문에 대한 대답 차이

WOMEN	VS	MEN
차는 있어?	미팅 할래?	예쁘냐?
맨날 싸우겠다.	여동생 있어?	예쁘냐?
그래? 잘됐네. Congratulations	애인 생겼어.	예쁘냐?
누군데? 너혼자 갔어?	어제 나이트에서 부킹했는데...	예쁘냐?
실물은 별로지?	어제 탤런트 누구지? 암튼 봤다.	예쁘냐?

그림 8-6 질문에 대한 남녀 대답의 차이

제 3 절 소통의 뿌리, 질문

인생을 살아오면서 잊어버린 질문이 무엇인지 생각해 봤는가? 내 가슴을 다시 뛰게 하는 잊혀진 질문에 대해 오늘밤 자신에게 물어보라. 우리는 자기자신에게 물음을 더 자주 던져야 한다, 한계에 부딪칠 때마다 물음을 던지는 것은 자신에게 좋은 일이다. 정답도 없다. 완벽한 해답도 없다. 그러나 그때그때 답을 해나가면서 보충해 나간다면 자기 성찰에도 도움이 될 것이다. 물론 그 답도 임시 답이다.

더욱 열린 물음을 갖춰야 한다. 행복은 어디서 오는 것일까? 동화책처럼 파랑새를 잡으면 행복이 내게로 오는걸까? 지혜로운 답이 무엇인지 끊임없이 찾아보고 열린 마음으로 살고 싶다.

1 질문하라, 질문하라, 끊임없이 질문하라

질문은 삶의 모든 찰나를 도약의 기회로 만들고, 모든 공간을 학교로 만드는 힘을 지녔다. 어린이들은 질문하기를 즐긴다. 대답은 주로 어른들이 담당한다. 지인 중에 중견 건설회사를 운영하는 50대 후반의 CEO가 있다. 그의 지론에 의하면 "의문과 호기심은 발전이라는 꽃을 불러오는 현명한 꿀벌이다. 삶의 발전을 원한다면 부지런히 질문하고 답을 모색하라."고 했다. 또 "여러 가지 이유로 어른들은 질문하지 않는다. 나이가 들면서 이미 수많은 정답을 알고 있다고 여기는지, 호기심을 잃어버렸는지, 무지해 보일까봐 염려하는 것인지. 어쨌든 어른들은 대체로 질문을 하지 않는다." 라고 했다. 사실 어른들의 지적 성장이 멈추고 지혜가 더 깊어지지 않는 이유 중 하나다. 만약, 다시 어린이처럼 질문하기를 시작한다면 멈춰버린 지성을 일으킬 수 있을 것이다.

핵심은 어린 시절의 의문을 회복하는 것이다. 어른들은 질문하기를 새롭게 시작해야 한다. 어릴 때 얻은 답이 정답이 아닌 경우가 많기 때문이다. 불완전한 답은 또 다른 불완전한 정보로 인해 더욱 강화된다. 그렇게 강화된 지식은 불완전한 세계관을 이루고 우리는 그 세계관을 통해 세상을 바라본다. 결국 필요한 것은 새로운 세계관을 창조할 수 있는 효과적인 질문이다.

질문의 유형으로는 크게 인터뷰와 좌담이 있는데 모두 공식적이며 형식적인 형태다. 인터뷰와 좌담에 대해 간단히 언급하고 질문에 관해 자세히 다루도록 한다.

1) 인터뷰의 진행 순서와 주의 사항

인터뷰(interview)란 취재나 시험 등에서 필요한 정보를 얻기 위해 특정한 개인이나 집단을 만나서 갖는 회견이다. 즉, 필요한 정보를 얻기 위해 얘기를 나누는 것이다.[4] 인터뷰는 다음과 같은 순서로 진행하면 된다.

첫째, 인터뷰의 결정이다. 일단 인터뷰가 결정되면 우선 인터뷰 주제와 내용에 대한 사전 지식을 갖춰야 한다. 알고자 하는 정보의 중요성을 재확인하고 의사소통의 필요성을 확실히 한다. 사실을 확인하기 위한 인터뷰에서는 직접 체험자, 당사자뿐만 아니라 간접 체험자를 만나서 인터뷰하는 것도 필요하다. 직접 체험한 당사자보다 간접 체험자의 관찰이 좀 더 생생한 사건의 윤곽을 밝혀주는 경우도 있기 때문이다.

둘째, 인터뷰 시간을 사전에 약속한다. "저의 적당한 시간은 ~부터 ~까지인데 편안하신 시간을 말씀해 주십시오." 등과 같이 인터뷰를 위한 만남은 미리 전화나 이메일로 약속을 하여야 한다. 사전 양해와 시간 약속을 명확히 한 다음에 인터뷰를 해야 한다. 그리고 예정 질문을 순서대로 정리한다. 인터뷰를 위해서는 미리 질문할 것을 메모해야 한다. 이를 통해 인터뷰의 전 과정에 대한 리허설을 하게 되고 자신이 알고자 하는 것을 분명히 할 수가 있다. 또한, 인터뷰를 위해서는 단정한 외모와 예의바른 몸가짐으로 상대방에게 신뢰감과 친근감을 주도록 한다. 상대방에게 좋은 인상을 줌으로써 솔직하게 인터뷰에 응할 수 있는 분위기를 조성하는 데 일조할 수 있기 때문이다.

셋째, 본격적인 인터뷰를 실시한다. 인터뷰를 실시할 때는 ① 자기 소개나 인사, 편안한 이야기로 분위기를 만든다. ② 질문자로서 듣는 편에 선다. ③ 선입관을 버린다. ④ 질문 순서에 신경을 쓴다. ⑤ 기록을 한다. 녹음이나 메모는 상대방의 양해를 구해야 한다. 상대방의 요청에 따라서 적절한 수단을 선택하여 정확하게 기록한다. ⑥ 공감을 갖는다. 상대방의 신분에 따라 겁을 먹거나 깔보는 태도를 갖지 않도록 유의한다. ⑦ 질문법에 신경을 쓴다. 모르는 것은 솔직하게 물어서 그때그때 확실히 납득하도록 한다. ⑧ 대답의 질을 체크한다. 관점을 자주 바꾼다. 이것이 가로와 세로의

4) 인터뷰의 종류에는 ① 인터뷰 방법: 면담 인터뷰, 전화 인터뷰, 서면 인터뷰가 있다. ② 인터뷰 대상: 단독 인터뷰, 공동 인터뷰, 동일한 내용을 여러 사람에게 묻는 복수 인터뷰가 있다. ③ 인터뷰 내용: 사실 확인 인터뷰, 논평 인터뷰, 의견 인터뷰, 프로필용 인터뷰가 있다.

맥락을 바꾸는 것이다. 역사적인 맥락과 분야별 맥락, 그리고 공간적 맥락을 교차시키는 것이다. ⑨ 토론을 삼간다. 상대방의 의견이 맞지 않는다고 해서 토론을 해서는 곤란하고 정보 획득이라는 목적에 충실하도록 한다. ⑩ 전화 보충 질문이 가능하도록 양해를 구한다. 메모와 녹음은 보관한다.

인터뷰할 때의 주의 사항에 대해 알아보면 다음과 같다. 인터뷰할 때는 기록이나 녹음기의 사용법의 결정은 상대방의 의향에 따라 정해야 한다. 비밀 공개와 같이 민감한 사항의 논의가 예상되는 경우에 상대방이 최대한 편안하게 해 줄 필요가 있다. 인터뷰 내용이 와전될까봐 꺼려하는 사람을 위해 공정하다는 인상을 심어주고 진지성을 보이며 접근해야 한다. 익명으로 하겠다고 하든가, 자신이 내용을 말하고 확인만을 요청한다든가 하는 것이다. 묵시적 답변은 간접 승인과 같다. 상대방이 의례적인 말을 하지 못하도록 자신이 알고 있는 사전 준비 자료를 먼저 말해 주고 더 진보된 질문을 해야 시간을 절약하고 더욱 가치있는 정보를 얻어 낼 수가 있다. 과장된 것이 많은 대답은 보충 질문으로 사실을 점검하고 말의 배경을 검토해야 한다. 반대로 대답을 기피하는 상대방의 말은 생략된 것이 많으므로 보충 질문으로 더 많은 사실을 말하도록 유도해야 올바른 인터뷰가 완성된다.

2) 좌담

좌담은 둘 이상의 사람이 모여 앉아서 자유롭게 어떤 일에 대한 의견을 주고받는 것이다. 즉, 사회자의 진행에 따라 각자가 의견을 진술하는 과정을 통해 정보를 획득하는 것이다. 복잡한 이해당사자가 관련된 행정문제라든가, 전문적인 지식이 필요한 정책 이슈에는 행정가, 학자, 의원, 이익집단 대표 등을 초청한 좌담 형식의 정책 협의가 필요하다. 좌담할 때 주요 순서를 보면 다음과 같다.

첫째, 주제 선정를 선정한다. 이 단계는 특정 이슈, 시대의 주요 사건, 돌발 상황에 대한 주제를 선정하는 단계다. 둘째, 규모를 결정한다. 2인 대담, 3인 정담, 4~5인 좌담, 6인 방담 등으로 구분한다. 셋째, 참석자를 선정한다. 사전조사로 권위자를 택한다. 분위기를 위해 여자도 1인 초청한다든가 극한 대립을 하는 인사들의 초청은 곤란하지만 일정한 대립이 있도록 인선한다. 넷째, 계획표를 작성한다. 질문 내용, 질문 순서, 예상 소요 시간을 파악한다. 다섯째, 참석자에게 사전 연락을 취한다. 1주~10일간의 여유를 주어 주테마와 핵심 이슈 등을 제공하여 참석자가 자료 준비를 하도록 한다. 시간과 장소는 부연 설명하여 정확하게 한다. 하루 전에 확인하여 도와줄 사항은 없는지를 문의한다. 여섯째, 좌담 시에는 진행 담당, 음료 담당, 녹음 담당, 촬영 담당을 구별한다. 일곱째, 사회자는 말할 기회를 참석자에게 고루 준다. 같은 말을 반복하지 않도록 발언된 내용을 정리하고 확인한다. 참석자 사이에 다툼이 있을 때에는 당황하지 말고 좌담을 그친다. 녹음기를 수시로 확인한다. 좌담 시 기록은 추가를 위해 한 줄씩 공간을 둔 채 기록한다. 여덟째, 좌담 내용을 정리하고, 즉시 화제별로 분류 정리한다. 논리적인 문장으로 고치고, 구어체를 사용하여 말에 가깝게 작성한다. 완성된 원고는 회람하여 확인하고 수정하면 된다.

소통의 창: 셀프 인터뷰(self interview)

누군가를 이해하고, 알아가는 데 효과적인 질문과 답은 큰 역할을 한다. 고요히 스스로에게 질문하라. 나는 무엇인가? 그리하면 가만히 있을 때 애쓰지 않아도 자연히 떠오르는 생각들을 낳게 된다. 생각들이 둥둥 떠다니고 지나가고 나에게 말을 시킨다. 나는 그저 가만히 있는다. 점차 고요해짐을 느끼면 된다. 고요해짐에 따라 내 마음의 요동이 민감하게 느껴진다. 작은 요동조차 사실 굉장히 큰 요동이었음을 알게 된다. 그 요동에 그저 가만히 잠잠히 있다 보면 이내 그 요동 또한 잠잠해짐을 알 수 있다. 그렇다! 자신에게 질문하라. 질문하는 사람은 답을 피할 수 없다.

1. 당신은 우연히 시간을 뛰어넘는 능력을 가지게 되었습니다. 하지만 그 능력을 단지 한번만 사용할 수 있습니다. 언제로 돌아가고 싶습니까? 그리고 그 이유는?
2. 영화 주인공, 위인 등 당신이 가장 살아보고 싶은 인생을 살아볼 수 있는 기회가 주어진다면, 누구의 인생으로 살아보고 싶습니까?
3. 당신은 내일 아침잠에서 깨어날 때 새로운 능력이나 자질을 단 한 가지만 얻을 수 있습니다. 당신은 무엇을 얻고 싶습니까?
4. 내 인생 최고의 명장면을 꼽는다면? 그리고 그 이유는 무엇입니까?
5. 지금의 나를 만든 것은 8할이 ( )였습니다.

그림 8-7 질문하고, 질문하라

2 열린 대화를 위한 지혜로운 질문을 익혀라

질문으로 팔로어를 통솔하는 방법, 조직을 활성화하는 방법, 실행력과 혁신적 사고를 돕는 방법을 배운다. 질문하는 리더는 인간성이 넘치는 일터를 만들고 행정의 성공을 이끈다. 훌륭한 리더가 되려면 직원과 팀, 조직, 자아의 성장을 이끄는 질문을 많이 해야 한다. 좋은 질문을 하는 것은 훈련과 습관 형성의 문제라고 생각한다. 사람들에게 지시적으로 일을 하는데 익숙한 리더는 질문을 하는 것이 어색할 수 있다(마쿼트, 2006: 28). 다음은 상황별, 단계별 적합한 질문을 소개한다.

1) 어떤 상황에서도 응용 가능한 필수 질문

그렇게 생각하고 있군요./ 당신(우리)이라면 무엇이 가능할까요?
당신(우리)이라면 어떤 방식이 가능할까요?/당신은 어떻게 생각하십니까?
어떻게 하면 좋겠다고 생각합니까?/그렇군, 그렇군요.

2) 인사 대신 한 마디 말을 걸어보고 싶을 때의 질문

뭔가 새로운 것을 시작했다고 들었는데요./ 요즘 열심히 하고 있군요
요즘 컨디션은 좋아 보이는군요./웬지 컨디션이 좋아 보이는군요./ 컨디션은 어때요?

3) 상대가 이야기하기 쉬운 분위기를 만들고 싶을 때의 질문

답이 나오지 않아도, 생각한 것만으로도 의미가 있다고 생각한다.
대답하기 어려운 질문을 하거든 바로 그 자리에서 말해 주세요.
무리하게 서둘러서 말할 필요는 없습니다.
정리되지 않아도 좋으니까 생각난 것을 계속 이야기해 주세요.
천천히 차분하게 생각해 보시죠. 정답에 얽매일 필요는 없으니까요.

4) 조언하고 싶을 때의 질문

나는 이렇게 생각해요. 당신에게 힌트가 된다면 좋겠는데요.
~는 어떨까요?/~라는 건 어때요?/~하는 것은 당신에게 도움이 될 것 같은가요?
나도 신입사원 때에 그런 일이 있었습니다./음, 나라면 이런 방식으로 해볼 것 같은데요.

이런 식으로 생각해 보는 것은 어떨까요?/나도 3년 전에 비슷한 일이 있었지요.

5) 상대가 낸 아이디어에 대해 스스로가 생각해 보게 하고 싶을 때의 질문

70점인 이유를 가르쳐 주실래요? 30점을 올리기 위해서는 무엇을 해야 하나요?
당신은 어떤 식으로 변할 것인가요?
실현 가능성을 100점 만점으로 한다면 몇 점 정도일까요?
당신은 그것이 좋은 의견이라고 생각하나요?

6) 강점을 최대한 살리고 싶을 때의 질문

나는 당신의 이런 부분이 강점이라고 생각하는데, 그것을 살릴 수 없을까요?
당신의 가장 큰 강점은 무엇이라고 생각하나요?
당신의 강점을 살린다면 어떤 식으로 할 수 있을까요?
당신이 다른 사람과 다른 점은 무엇인가요?
당신이라면 특히 잘할 수 있다고 생각하는 부분은 무엇일까요?
약점을 강점으로 활용하려면 어떻게 하면 좋을까요?
어떤 상황을 만들어야 좀 더 자신의 강점을 살릴 수 있을까요?

7) 상대를 질책할 때의 질문

(한 차례 질책한 후에) 자. 무엇이 가능한지 검토해 보면 좋지 않을까요?
10년 후의 자신이 지금의 자신을 본다면 뭐라고 말할 것 같나요?
그것은 자신이 스스로 정한 것이 아닌가요?
그것이 원인이라는 사실은 정말로 틀림없나요?
과거의 자신이 지금의 자신을 본다면 뭐라고 말할 것 같나요?
자신에게 변명하고 있는 부분은 없는가요?
지금의 상태로 과연 목표를 달성할 수 있을까요?

3 목표 설정 단계의 지혜로운 질문

질문을 하더라도 진정으로 팔로어를 통해 배우고, 새로운 사고를 독려하기 위함이 아니라 질책을 위한 질문일 때가 있다. 리더는 이 점에 유의해야 한다. 질문하는 문화를 만든다는 것은 기존의 관행에 의존해서 변화하기 힘든 경직된 문화를 점검하고 바꿀 수 있는 유연성 있는 조직을 의미한다.

1) 문제점을 명확화 할 때의 질문 사례

오늘 프레젠테이션에서 고객의 반응이 별로였던 것 같은데요, 당신은 어떻게 생각해요?

기대에 미치지 못한 원인으로 생각나는 것이 있는가요?

자! 준비 단계부터 살펴보도록 하지요.

어느 정도 부족했나요?

시간이 없었다는 것 때문에 어떤 점이 충분하지 않았다고 생각하나요?

2) 브레인스토밍할 때의 질문 예시

생각나는 대로 되도록이면 많이 아이디어를 내주세요./ 우선 전부 도출해 볼까요?/ 직감으로도 좋으니까 말해 보세요./아무리 시시한 것이라도 괜찮으니 말해 보세요.

3) 좁혀 나가기 할 때의 질문 예시

그러면 지금 낸 것들을 세 가지로 정리해 볼까요?/ 다섯 개 정도로 정리할 수 없을까요?

그것을 세 개로 정리해 볼까요. / 그 가운데 가장 중요한 하나를 고른다면?

긴급한 정도로 본다면?/ 실행 가능성에서 본다면?/ 자신이 마음에 드는 정도로 본다면?

4) 가능성을 확대할 때의 질문 예시

우선 ~는 잊어버리고 자유롭게 생각해 볼까요?

시간의 제약을 생각하지 않는다면 어떻게 완성할 수 있을까요?

시간의 제약을 생각하지 않는다면 이후 몇 군데나 더 돌아볼 수 있나요?

비용의 제약을 생각하지 않는다면 어떤 것을 만들고 싶은가요?

몇 명이라도 사람을 쓸 수 있다면 1주일 안에 가능한가요?

만약 자신에게 ~기술이 있다면?

20% 노력을 늘린다면 그 제약만큼을 만회할 수 있지 않을까요?
그것은 정말로 그 기술이 없다면 전혀 할 수 없는 일인가요?

5) 대결할 때의 질문 예시

이 상황을 그대로 둔다면 어떻게 될 것이라고 생각하나요?
실행하지 않았을 때의 나쁜 점은 무엇일까요?
만약 있다고 한다면, 어떤 것이 당신의 가능성을 좁히고 있는 것 같나요?
'~하지 못했습니다'라고 계속 말하면 이득이 있나요?
자신이 변명하지 못하도록 하려면 어떻게 해야 하나요?
진심으로 이야기하고 있는가요?/ 정말로 할 수 있다고 생각하고 있나요?
그것을 달성하고 싶다는 강한 의지는 있나요?

4 해결책, 실행력 검토 단계의 질문

질문의 수준이 생각의 수준을 좌우하게 된다. 질문은 정말 강력한 영향력을 가지고 있다. 우리가 어떤 답을 찾느냐는 어떤 질문을 하느냐에 달려 있다고 해도 과언이 아니다. 올바른 질문은 올바른 답을 이끌어 온다. 하지만 올바른 질문을 하기 위해서는 끊임없이 자신에게 수많은 질문을 던져보아야 한다.

1) 필요 사항을 정리할 때의 질문 예시

기분 또는 마음가짐으로 필요한 것은 무엇일까요?/ 그것을 위해 필요한 기술은 무엇일까요?
시간과 비용 면에서는 어떠한가요?/ 다른 사람으로부터 어떤 지원이 필요한가요?
무엇을 학습해야 하는가요?/ 어떤 사고 방식과 패러다임을 가져야 하나요?
그 목표를 달성하는 데 필요한 것들을 되도록이면 많이 도출해 봅시다.(논의한다)
필요도가 높은 순으로 정리해 보시죠./ 비슷한 것끼리를 그룹별로 정리해 볼까요?

2) 관점 바꾸기 할 때의 질문 예시

만약 당신이 나라며 어떤 답을 하겠습니까?

만약 당신이 부장이라면 어떤 식으로 조언할 것 같나요? 사장이라면?
10년 후의 자신이라면? 신입사원 때의 당신이라면? 이상적인 당신이라면?
3년 후의 자신이라면 지금의 자신에게 뭐라고 조언할 것 같나요?
그렇게 하기 위해서는 늘 하던 방식에서 어떤 부분을 플러스하면 좋을까요?

3) 먼저 할 수 있는 것 생각하기 할 때의 질문 예시

내일부터 뭔가 할 수 있는 일이 없을까요?
오늘 할 수 있는 일은 무엇일까요?
아무리 작은 일이라도 좋으니, 목표 달성에 가까이 갈 수 있는 행동은 없을까요?
100은 무리라고 해도 1 정도 할 수 있는 일은 없을까요?

5 실행 단계의 질문

스스로에게 질문하는 습관을 가져 보라. 올바른 질문이 생각의 수준을 높여줄 것이다. 제시된 질문을 활용하고, 또 질문을 직접 만들어 여러분만의 셀프 인터뷰를 꾸며 보라.

1) 계획 확인과 약속 요청할 경우 적합한 질문 예시

이러이러한 계획으로 이러이러한 행동을 한다는 것이지요?
당신이 생각하고 있는 계획은 이러이러한 것이지요?
이 계획을 확실히 실행할 예정인가요?
당신의 실천 의지는 충분한가요?
그러면 이번 주는 그 계획을 실행에 옮겨주세요.
그리고 다음 주 수요일에는 중간 결과를 말씀해 주세요.

2) 재검토 혹은 지원할 경우 적합한 질문 예시

하겠다고 말하기 어려운 이유는 무엇인가요?
아직 내키지 않는 점이 있는 것 같군요.
그것을 확실히 실행에 옮기기 위해 내가 어떤 식으로 지원을 할 수 있을까요?
내가 아니더라도 당신을 지원해 줄 만한 좋은 사람은 없나요?

6 피드백 단계에 활용할 만한 질문

왜, 왜, 왜라고 자꾸 물음으로써 본질적인 문제 해결을 하고, 조직의 효율성도 향상될 수 있다. 업무의 대부분은 열심히만 한다고 해서 잘되는 것이 아니라, 시각을 바꾸고, 다른 관점에서 접근해야만 하는 경우가 많다. 서로 질문을 주고받고 답변을 같이 찾아가면서, 서로의 아이디어에 대해 토론 관계가 되면 신뢰를 형성할 수 있을 것이다. 평소에 질문을 하면 나중에 근심이 없다.

1) 상대가 계획을 실행하지 않았을 때

~은 하지 않았군요.
다음에는 꼭 행동으로 옮기기 위해 어떤 것이 필요할까요?
어떻게 하면 이번에 실행할 수 있을까요?
좀 더 효과적으로 할 수 있는 방법은 없을까요?
하기 어렵다면 어떤 부분이 걸리나요?
행동으로 옮기지 않는 가장 큰 이유는 무엇인가요?

2) 성과의 확인

그 50점의 성과는 무엇인가요? 마이너스의 부분은? 50점의 성과가 나오지 않은 이유는 무엇인가요?
그 전에 이야기했던 것은 몇 % 정도 진행되고 있나요?
그것을 실행함으로써 어떤 기분이 들었나요?
그것을 커버한다면 다음 주까지 어떤 것을 할 수 있나요?
상대의 반응은 어땠나요?
성과가 아주 높았을 때를 100, 전혀 없었을 때를 0으로 한다면 몇 점 정도인가요?
앞으로 연결될 것 같은 부분은요?
예상하지 못했던 결과는 무엇이었나요?
구체적인 숫자로 연결된 부분이 있나요?

3) 상대가 푸념·불평·불만이 많은 경우

확실히 하는 것이 상사 분에게 보고하기가 편하기도 하고요.

15분 정도 이야기를 계속하니 좀 혼란스러운데, 지금까지의 요점을 정리해 볼까요?
그것만 깨끗하면 당신은 좀 더 앞으로 나아갈 수 있다는 것이군요.
그것을 개선하고 싶다는 생각이 들었나요?
당신의 불만을 세 개 정도로 정리해 볼까요?
당신이 좀 더 나아지면 꼭 그것에 관해 같이 이야기해 보자구요.
지금 나온 점을 정리해 보고 싶으니, 잠깐 숨을 돌려볼까요?

4) 상대가 실망에 빠져 있는 경우

뭔가 걸리는 부분이 있는 것 같군요.
'잘 안 된 것이 아닐까' 하고 걱정하고 있나요?
최악이라는 것을 하나의 도전으로 생각해 보고 뭔가 할 수 있는 것은 없을까요?
최악인 상황에서도 뭔가 한 줄기 빛 같은 것은 없나요?
당신이 부족하다고 느낀 점이 있었군요.

5) 실패에서 배우게 하고 싶을 때

다음에 활용할 수 있는 교훈으로는 어떤 것이 있을까요?
당신은 어떤 점을 좀 더 했어야 했다고 생각하나요?
이번 실패로부터 얻은 교훈을 표어로 만들어 볼까요?
이번 실패의 키워드는 무엇이라고 생각하나요?
이번의 실패에서 배운 것은 무엇인가요?
이번처럼 되지 않기 위해 오늘부터 할 수 있는 일이 무엇인가요?
전체적으로는 좋지 않았더라도 괜찮다거나 다음에 활용할 만한 점은 없나요?
그 실패가 없었다면, 무엇을 배울 수 없었다고 생각하나요?

6) 코치로서의 능력을 좀 더 향상시키고 싶을 때(상대방의 피드백)

오늘의 질문에서 마음에 와닿은 질문이 있었나요?
'이런 식으로 말해 주었다면 또는 질문해 주었으면 더 좋았을 텐데'라는 부분이 있었나요?
지금까지의 대화에서 느낀 점을 무엇이든 좋으니 말해 주세요.
최근 이런 것에 신경 쓰고 있는데, 알고 있었나요?
코칭 능력을 향상시키고 싶은데, 무엇이든 좋으니 조언을 좀 해 주세요.

코칭에 신경 써서 대화를 해보았는데 인상에 남는 말이 있었나요?
내가 말한 방식에서 이상하다고 생각한 점은 없었나요?

7) 코치로서의 능력을 좀 더 향상시키고 싶을 때(자기자신에게)

그 상황에서 다르게 질문할 수는 없었을까요?
말하고 싶었는데 하지 못한 말은 없었나요?
지금의 코칭에서 좋았던 점은요? 그리고 나빴던 점은요?
지금의 대화에서는 코칭 대화가 제대로 되었나요?

소통의 장: 질문 없는 강의실

카이스트에서 해양시스템공학을 가르치는 전 노르웨이 공과대학의 베르간(Paul Bergan) 교수는 처음 한국 대학에서 수업을 하면서 당황했다고 한다. 강의 시간에 학생들이 말을 듣기만 하고, 토론은커녕 아예 질문조차 하지 않았기 때문이다. 학생들의 호기심을 자극하려고 오히려 그가 "혹시 궁금한 것 없느냐" "이해 안 되는 내용은 무엇이냐"고 물었지만, 1~2명 정도만 질문할 뿐이었다.[5)]

스웨덴 왕립과학원 회원으로 노벨위원회 물리위원장을 역임한 스웨덴 예테보리대 물리학과 존슨(Mats Jonson) 교수(건국대 초빙교수)도 "한국 학생들은 매우 큰 꿈을 꾸고 열심히 공부하는데도, 강의나 토론을 할 때 질문하기를 망설여 깜짝 놀랐다."고 했다. "기존 학문에 도전하고 비판하지 않는 학생들이 자라서 세계를 이끌 사회・경제・문화적 혁신을 이끌 수 있을지 모르겠다."고도 했다.

'고용 없는 성장' 구조로 고착화된 자본주의 3.0시대와는 달리, 자본주의 4.0시대에는 창의적 인재가 나와 사회적 부가가치와 새로운 일자리를 창출해 나가야 한다. 이를 위해서는 기존 산업구조와 학문의 틀을 깨기 위해 경쟁하는 인재들이 배출돼야 가능하다. 미국의 기업과 정부, 대학에서 연구하며 학생들을 가르친 경험이 있는 카이스트 인문사회과학부 퍼스트(George A. Furst) 교수는 "미국 학생들은 교수가 준비한 강의 내용을 벗어나는 질문도 마구 던져 교수와 학생 모두가 새로운 시각에서 공부할 수 있다."고 말했다. 해외 석학들은 듣기만 하는 한국 대학생들의 수업 태도는 초・중・고교부터 주입식

5) 조선일보가 한국연구재단에 의뢰해 한국 대학에서 연구・강의하는 해외 석학(碩學) 87명을 대상으로 설문한 결과, "한국 학생들이 수업 시간에 질문을 자주 한다"고 답한 비율은 6.9%에 지나지 않았다. 그동안 가르쳐 본 외국 학생과 한국 대학생을 비교할 때 "한국 학생이 더 적극적으로 질문한다"고 대답한 석학은 단 2명(2.3%)이었다.

교육을 받아왔기 때문이라고 분석하기도 했다.[6)]

제 4 절 질문하는 리더, 생각하는 팔로어

필자의 경험상 초등학교 시절을 생각해 보면 선생님이 학생들한테 질문을 던지면 서로 대답하려고 난리가 났었다. 그러나 나이가 점점 들어 고등학교 정도 되거나 대학, 대학원을 가면 교사나 교수가 학생들에게 질문을 하면 제대로 대답하는 학생이 드물다. 고학년으로 가면 갈수록 문제가 어려워 그러한 것인지, 아니면 알면서도 뭐가 창피해서 대답을 일부러 안 하는 것인지 일단 대답을 잘 안 한다. 하지만 재미있는 사실은 대학에서 강의할 때는 열의를 보이지 않던 학생들이 취업 면접 장소에서는 서로 말하려고 난리를 친다는 점이다.

이처럼 질문에 답변을 잘하지 못하는 현상은 아마도 "가만 있으면 중간은 간다"는 말이 있듯이 나서면 나선다고 뭐라 그러고, 못하면 못한다고 무시당하고, 그래서 가만 있으면 그저 중간은 가고 위험 부담도 없어서 그런가라고도 생각해 보았다. 어느 정도 득과 실을 구분할 수 있을 나이가 되면 득도 없는데 괜히 나선다고 주위에서 뭐라고 할 수도 있고, 잘난 척한다고 할 수도 있어서 그런 것 같다. 그래서 필자는 강의할 때 질문에 잘 대답하면 선물 혹은 점수를 1점 추가하는 등의 방식으로 보상을 제공하면 부담 없이 발표하고 손들고 질문한다. 그럼 좋은 질문과 나쁜 질문에 대한 필자의 견해를 밝힌다.

1 좋은 질문, 나쁜 질문

상대방이 대답하기 난처한 질문은 정보 교류는 물론 인간적인 유대마저 잃어버릴 수가 있다. 좋은 질문은 수신자에게 더 많은 것을 말하도록 만든다. 사람들은 마음속

6) 주입식 교육을 통해 배출된 인력은 자본주의 3.0시대에는 생존할 수 있지만, 미래 사회는 전혀 다른 인재상(人材像)이 요구된다고 외국인 교수들은 지적했다. 퍼스트 교수는 "현재 한국은 국가적 과제로 새로운 아이디어를 내고 이를 산업과 연결하는 것이 매우 중요하다"며 "초·중·고교에서 '시험준비'를 위한 공부만 하고, 대학 강의도 이렇게 진행되면 새로운 아이디어를 기대할 수 없다"고 말했다(조선일보, 2011.12.12).

에 품었던 모든 것을 이야기하기 시작하면 도중에 중단하지 못하는 습성이 있다. 그래서 좋은 질문은 끝까지 이야기하지 않고는 못 견디게 한다. 그래서 질문은 상대를 노발대발하게 하거나, 징계를 하거나, 억누르거나 한다면 곤란하다. 질문은 새로운 해석이나 통찰력이나 경험을 가능하게 하는 의미 있는 것이어야 한다. "무슨 곤란한 일이라도 생겼나, 내가 힘이 되어줄 수 없을까?" 하는 따뜻한 관심의 질문부터 시작하여 수신자의 가슴을 열게 하면 된다.

1) 질문의 유형

질문에는 다음과 같은 유형이 있다.

첫째, 가변적인 질문으로 예, 아니오로 대답할 수 없어서 설명이 필요한 질문이다. 가변적인 질문으로 다음과 같은 것이 있다. ① 측정적 질문: 수신자의 기분을 확인하는 질문, ② 구속이 없는 질문: 수신자로 하여금 자유롭게 마음속을 털어놓게 재촉하는 질문, ③ 유도적인 질문: 처음부터 결론적인 말을 전제하면서 질문을 하는 것은 수신자가 진지하게 답할 생각이 우러나지 않게 만든다. 유도 질문은 수신자가 나타낼 수 있는 반응에 제한을 가함으로써 전달자가 바라는 응답을 얻기 위해 시도하는 질문 형태다. "-라고 생각하지 않습니까?", "-라기보다는 오히려……이 아닙니까?", "-은 사실이 아닙니까?" 등과 같은 말로 시작하게 된다. ④ 냉정한 질문: 거의 감정을 나타내지 않는 질문, ⑤ 계획적 질문: 미리 생각해 두었던 논리적 질문, ⑥ 기웃거리는 식의 질문: 수신자의 의중을 살피는 질문, ⑦ 지향형 질문: 특정의 양해한 점에 주의를 기울이는 질문이다.

둘째, 폐쇄적인 질문으로 수신자에게 전달자의 선입관을 강요하는 질문이다. 폐쇄적인 질문으로는 다음과 같은 것이 있다. ① 격앙적 질문: 대답의 여하를 막론하고 수신자를 꼼짝달싹할 수 없는 궁지로 몰아넣는다. ② 격앙된 질문: 수신자에 대한 감정을 매우 강하게 반영한다. ③ 충동적 질문: 전달자가 느닷없이 하는 질문이다. "자네라면 할 수 있다고 생각하나?" ④ 교활한 질문: 얼핏 보기에 솔직한 답을 바라는 것 같은데 사실은 수신자를 곤란하게 하는 질문이다. ⑤ 반영적 혹은 거울식 질문: 수신자나 자신의 견해를 반영한 질문이다.

셋째, 불쾌한 질문으로 상하간의 언어적 의사전달 방법 중 위장 질문이나 상투적인 문구 등이 사용됨으로써 상대로 하여금 불쾌한 마음을 갖게 한다. 불쾌한 질문으로는 다음과 같은 것이 있다. ① 함정 질문: 수신자로부터 진짜 반응을 얻기보다는 수신자를 함정에 빠뜨리거나 위협 또는 당황하게 할 목적으로 사용하는 질문 형태다.

“당신은 -한 바로 그 사람이 아닙니까?”, “저를 모르시겠습니까?” ② 위장 질문: 실제로 정보나 해답을 얻을 목적으로 하는 질문이 아니며, 단지 의견을 피력하거나 또는 진술을 하기 위해 사용하는 질문 형태다. 이러한 꾸며서 하는 질문은 수신자를 무시하는 느낌을 주기 쉽다. ③ 연막 질문: 겉으로는 수신자가 좋아하거나 원하는 것을 질문하는 것 같지만, 실제로는 전달자가 은밀히 바라는 반응을 얻으려고 하는 질문 형태다. 주로 원하는 반응을 말하기 어려울 때 사용된다. ④ 강요 질문: 수신자에게 강압적인 요구나 요청을 하고자 할 때 시도하는 질문 형태다. 즉 “-에 관해 어떤 일을 했습니까?”, “언제 -하려고 합니까?” “-를 해 주십시요.” 등이다.

넷째, 좋은 질문에는 다음과 같은 것이 있다. 문제 해결로 가는 질문이다. “어떻게 하면 이 일을 좀 더 잘 할 수 있을까?”, “이 일을 끝내기 위한 노하우와 자원을 누가 갖고 있을까?”, “우리가 잘하고(잘못하고 있는 것은 무엇인가?”, “만일 이렇게 하면 어떻게 될 것인가?”, “누가 다른 아이디어를 갖고 있는가?” 등이다. 정보를 구하는 질문도 좋은 질문이다. “이것에 대해 어떻게 생각하는가?” “이 상품의 경쟁력은 어떤 장점에서 생기는가?” “이 정보는 문제 해결에 어떤 도움이 될까?” “이것은 저것과 어떻게 다른가?” “누구와 관련이 있는가?” 등이다.

다섯째, 나쁜 질문에 속하는 것은 다음과 같다. 같은 질문을 반복하면 폭넓은 의사소통을 방해한다. 한 번에 많은 질문을 하는 것도 상대를 혼란에 빠뜨린다. 흑백논리식의 질문은 더 이상의 토론을 방해한다. 특정인에게만 하는 질문은 다른 의사소통 참여자의 의욕을 꺾는다. 답할 수 없는 질문을 던져서 수신자가 곤란해 할 때는 그 자리를 모면시켜 주는 배려 있는 질문이 필요하다. 수신자에게 창피와 상처를 주는 힐문식 · 심문식 질문으로 몰아세우는 것은 곤란하다. 생각이 정리되기 전에 몇 가지 질문을 잇달아 하는 것도 나쁜 질문이다. 변명을 하게 만드는 질문도 나쁜 질문이다. “왜 과제를 제 시간에 끝내지 않았는가?” “왜 나에게 말하지 않았는가?” “어떻게 우리 모임 시간을 잊어버릴 수 있는가? 등이다. 수치감을 느끼게 하는 질문도 나쁜 질문이다. “도대체 무슨 생각을 한 것인가?”, “지금 제 정신으로 하시는 말씀입니까?”, “어떻게 그런 생각을 할 수 있습니까?” 등이다.

2) 물고기를 잡고 싶도록 만들어라

21세기는 카리스마 리더(charisma leader)가 아니라 질문하는 리더를 원한다. 리더는 물고기를 잡아 주어서는 안 된다. 물고기 잡는 방법을 가르치는 것으로도 부족하다. 그래서 21세기를 헤쳐 나갈 리더라면 사람들에게 ‘물고기를 잡고 싶도록’ 만들어야 한다. '액션 러닝(action learning)'의 대가인 마쿼트(Michael J. Marquardt)는 직원을 움직이게 하는 힘이 바로 질문에서 나온다고 말한다. 그에 의하면 탁월한 리더와 평범한 관리자의 차이는 바로 '질문'에 있다. 과거에는 모든 해답을 알고 있는 카리스마 있는 리더가 가장 훌륭한 리더였지만 이제 리더십과 소통의 핵심은 질문이며 "과거의 리더가 단호하게 명령을 내렸다면 내일의 리더는 끈질기게 질문을 던져야 한다."고 말했다.

20세기 미국을 경악시켰던 세 가지 사건인 타이타닉 호의 침몰과 챌린저 호 폭발, 케네디 대통령이 쿠바 피그만 침공 실패에는 충격적인 공통점이 있다. 관계자 중에 사건이 일어날 위험을 미리 알고 있는 사람이 있었다는 사실이다. 왜 그들은 알고 있으면서도 말하지 않은 것일까? 피그만 침공이 실패하고 나서 슐레진저(James R. Schlesinger) 대통령 보좌관이 한 말에서 원인을 찾아볼 수 있다. "몇 가지 소심한 질문을 하지 못한 이유는 서로 질문하는 능력이 부족했기 때문"이라는 것이다. 이러한 실책을 거울삼아 케네디 대통령은 이후 각료 간의 질문을 적극 장려했다. 따라서 질문을 던지면 우선 정확한 정보를 얻을 수 있고 가장 바람직한 해결책을 가장 빨리 찾을 수 있다.

질문을 던진다는 것은 상대를 신뢰한다는 표현이므로 질문을 받는 조직원 개개인이 책임감을 나누게 된다. 자연히 분열은 줄어들고 조직에 대한 충성도와 팀워크는 높아진다. 결과적으로 일터에는 열정과 참신한 아이디어가 넘치고 비즈니스는 가장 이상적인 형태로 성공할 수 있다. 질문은 상황과 의도하는 바에 따라 직감적으로 가장 적합한 질문을 던질 수 있어야 한다. "당신의 의견이 무엇입니까?" 하는 결론을 재촉하는 질문보다는, "또 무언가 말씀하실 것이 있습니까?" 하는 주의를 환기하고 정보를 얻는 질문이 수신자를 궁지에 몰아넣지 않는 질문이다. 질문은 적절한 시기와 방법이 조화를 이뤄야 한다. 질문은 강제적인 것이어서는 목적 달성이 어렵게 된다. 그래서 바라는 대답을 끌어내기 쉽게 분위기가 충분히 형성된 후에 질문을 해야 한다. 질문은 대화를 자기가 원하는 방향으로 진전시키거나 난관을 벗어나고자 할 때 사용하면 유용하다. 질문은 처음에는 화제의 범위가 넓고 일반적인 것에서 시작하여 나중에는 화제의 범위가 좁혀져서 최후의 질문은 밀도가 높은 질문으로 끝나는 것이 좋다.

2 지시는 몸을 움직이지만 질문은 머리를 움직이게 한다

1) 불치하문이다

소통에서 리더의 질문은 불치하문(不恥下問)이다. 아랫사람에게 묻는 것은 수치(羞恥)가 아니라는 뜻이다. 질문은 꽉 막힌 소통 통로를 뚫는 트래펑(하수구 막힐 때 사용하는 용제)과 같은 작용을 한다. 질문은 주고받으면서 조직에 활기가 넘치게 한다. 질문은 질문받은 사람으로 하여금 머리를 사용하게 한다. 육체 노동자를 지식 노동자로 바꾸는 최고의 도구다(한근태, 2007: 90-91). 리더의 질문으로 다음과 같은 것은 매우 효과적이다. 필자가 자주 사용하는 질문을 몇 가지 소개하면 다음과 같다.

지방자치의 성공작으로 꼽히는 전라남도 장성군의 경우 주식회사 장성군을 만들기 위한 첫 번째 작업으로 기업의 기획조정실에 해당하는 '경영관리팀'의 구성이었다.[7] 그때 군수가 마을 이장들에게 경청의 일환으로 질문한 것이 바로 "현재 애로 사항이 있는냐?", "현재 내가 도와줄 일이 있는냐?", "그 문제에 어떻게 생각하는가?"라는 질문이었다. 이것이 바로 불치하문이다.

리더라면 다음과 같은 질문도 자주 해야 한다. "지금 하고 있는 일에서 보람을 느낍니까?", "지난 3개월간 당신이 정말 잘한 일은 무엇입니까?", "내년 이 맘 때 당신은 어떤 모습으로 있기를 원합니까?", "당신이 정말 잘하는 일은 무엇입니까?", "지금 하고 있는 일에서 성과를 내기 위해 어떤 일을 합니까?", "성과를 방해하는 요소는 무엇이고, 이를 극복하기 위해 무엇을 합니까?", "앞으로 3개월간 반드시 해야 할 일과 절대 해서는 안 될 일은 무엇입니까?"

사람을 대하는 마음이 바르면, 팔로어를 다루는 마음도 바르고, 그렇게 뜻이 통하면 성과도 따라오게 마련이다. 뒤집어 말하면, 리더가 되어야 소통 방법이 필요해지는 것이 아니라, 이미 훌륭한 커뮤니케이터여야 리더의 지위에 오른다는 뜻이다. 그러므로 지시는 몸을 움직이지만 질문은 머리를 움직이게 한다.

2) 'how'라는 질문을 자주 던져라

질문의 수준이 그 사람의 품격이다. 모든 지혜는 질문에서 시작된다. 21세기는 카

---

7) 그것은 종전의 복잡한 결재 라인 대신 신속한 업무 처리가 가능한 3단계의 라인(팀장→부군수→군수)이 확립되었다. 생생한 현장의 목소리가 군수에게 곧바로 전달될 수 있도록 팀제의 장점을 살린 것이다.

리스마 있는 사람이 아니라 질문하는 사람을 원한다.[8)]

자기계발의 거목 로빈스(Anthony Robbins)는 리더십 강좌에서 "운명을 결정하는 것은 내가 던지는 질문뿐만 아니라, 우리가 제대로 묻지 않은 질문도 포함한다는 것을 명심하라."면서 질문을 중요성을 강조한 바 있다. 요즘 자신에게 자주 던지는 질문은 무엇인가? 분명한 질문뿐 아니라 문득문득 스쳐 지나가는 질문이라도 좋다. 찾아보라.

진정한 소통 리더는 질문하는 데에서 그치지 않는다. 그들은 모든 사람이 질문을 주고받는 환경을 만든다. 이 말은 무엇보다 사람들이 편하게 질문할 수 있는 분위기를 만들고 사람을 인정한다는 뜻이다. 사람은 편하고 안전한 분위기에서 마음을 털어놓는다. 위협적인 질문 앞에서 마음을 닫아버린다. 열린 마음과 인정감이 없으면 감정과 문제를 감춰 두고 리더에게 도와달라는 말도 못한다.

질문하는 문화가 형성되어야 개인의 학습 능력이 향상된다. 우리는 아무도 질문하지 않고, 아무도 답변하지 않고, 아무도 나서지 않기에 결국은 혼자서 모든 것을 다 이끌어가야 했던 씁쓰레한 기억을 한 번쯤은 경험했을 것이다.

질문하는 것이 배우는 것이다. 우리는 질문을 통해 생각을 좀 더 명확히 할 수 있다. 소통의 출발점은 질문이다. 질문받는 순간 비로소 생각하기 시작하기 때문이다. "왜?, 왜?, 왜?"라고 자꾸 물음으로써 본질적인 문제에 접근할 수 있다. 그 다음은 어떻게 하면 될 것인지 '하우(how)'로 접근한다면 효율성도 향상될 수 있다. 우리의 삶 대부분은 열심히만 한다고 해서 잘되는 것이 아니라, 시각을 바꾸고, 다른 관점에서 접근해야만 하는 경우가 많기 때문이다.

서로 질문을 주고받고 답변을 같이 찾아가면서, 서로의 아이디어에 대해 토론하는 관계가 되면 신뢰를 형성할 수 있을 것이다. 평소에 '왜?'라고 질문을 하면 나중에 근심이 없다. 하지만 '왜(why)'라는 질문을 잘못 던지면 질책이 될 수 있다. 그래서 질문에도 하지 말아야 할 최악의 질문이 있다.

바로 그것은 나와 사람과의 관계에서 "난 왜 인복이 없지?", 나와 가족과의 관계에서 "난 왜 저 사람이 이렇게 미울까?", 동료와의 관계에서 "난 왜 직장 동료들과 잘 어울리지 못할까?", 나와 돈과의 관계에서 "난 왜 돈을 못 벌지?", 나와 병과의 관계에서 "난 왜 이렇게 아픈 곳이 많을까?"라는 어리석은 질문들이다. 이미 진행되는 중이라면 'how'라는 질문을 자주 던져라. "어떻게 하면 복을 받을까?", "어떻게 하면 건

---

8) 20세기형 CEO의 의미가 최고경영자(Chief of Executive Officer)라고 했다면, 21세기형 CEO는 Communication(소통)+Economy(경제살리기)+Open mind(열린 마음)이라고 했다.

강할 수 있을까?"처럼 현명한 질문을 하라. 유문무환(有問無患)이다.

3) 셜록 홈스처럼 단서를 찾아라

사람들은 자신에게 관심을 갖는 사람에게 관심을 갖게 된다. 상대의 마음을 열고 싶으면 홈스(Sherlock Holmes)처럼 상대의 모든 의식과 무의식에 확대경을 들이대고 단서를 찾아야 한다. 리더라면 상식적으로 이해되지 않는 태도, 일탈행위, 여담, 잡담, 시간, 장소 및 사람에 귀를 기울여야 한다. 그리고 얻은 단서에 대해 친밀하게 물어봐야 한다. 사람을 얻는 자들은 수다쟁이가 아니다. 탁월한 리더는 사람의 말문을 터주고, 맞장구를 치면서 적절히 그 물길의 방향을 터주는 '경청의 달인'이다.

전문가 그룹과 대화를 나눌 때도 그렇다. 그들과 얘기를 나누기 위해서는 미리 준비해야 한다. 그들만이 쓰는 언어와 관심 분야를 조사한 후 질문하면 그들은 신이 나서 모든 지식을 전수할 것이다. 이때 리더가 할 일은 몇 가지 질문을 준비하는 것이다. 그리고 맞장구치면서 경청하고 동의하면 된다. 모든 성공은 대화의 물꼬를 트는 질문에 달려 있다. 테니스 선수는 상대의 서브를 몇 번만 받아도 곧바로 상대의 실력을 파악한다. 상대 서브가 생각보다 강하면 손에 땀이 흐르는 경기가 될 것 같다고 생각한다. 반면 서브가 약하면 지루하고 재미없는 경기가 될 것이라고 생각한다.

상대의 질문을 들어보면 그 사람을 파악할 수 있다. 사람들은 누구나 자신이 스포트라이트를 받고 싶어한다. 하지만 사람을 사귀기 위해서는 상대에게 스포트라이트를 비출 수 있어야 한다. 그러기 위해서는 사람을 만날 때 그의 삶에 대해 주로 물어보는 것이 좋다. 항상 스포트라이트를 상대에게 돌리려고 애써야 한다. 자신이 얼마나 괜찮은 사람인지를 떠드는 것보다 늘 상대를 앞세울 수 있어야 한다. 그래야 상대를 사로잡을 수 있다.[9]

4) 영원히 살아남는 교육자가 되려면?

무언가 끊임없이 생각해 내야 한다는 것은 생각만으로도 압박과 스트레스의 원인이 된다. 서태지도 그 창조의 고통이 너무 커서 모든 인기를 뒤로하고 은퇴를 했고,

---

9) 영업사원이 고객에게 제품을 팔고 싶을 때도 이 방법은 통한다. 영업사원이 팔고자 하는 제품보다는 고객이 빛날 수 있는 방법을 모색해야 한다. 누군가를 만날 때는 회전하는 커다란 스포트라이트가 당신과 그 사람 사이에 있다고 상상하라. 당신이 말을 할 때 스포트라이트는 당신을 빛내고 있다. 그 사람이 말을 할 때는 스포트라이트가 그를 빛내고 있다. 누구나 스포트라이트를 받고 싶어한다. 당신이 스포트라이트에서 멀어지면 멀어질수록 상대는 당신을 흥미롭고 각별하게 여기게 될 것이다.

다시 자신의 음악을 들고 나오기까지 많은 재충전의 시간이 필요했을 것이다. <호랑나비> 한 곡으로 승부했던 가수가 있었다. 그 가수는 오로지 한 곡으로 기억되는 가수였다. 가수는 똑같은 노래를 해도 욕먹지 않으니 얼마나 좋은가라고 개그맨들은 푸념한다.

리얼리티가 대세인 요즘 순발력이 인기와 성공을 좌지우지하는 세상이 되었지만 대중은 예전에 비해 엄청나게 유식해졌다. 비록 모차르트를 이야기할 때 곡 이름 정도 이야기하고 약간의 배경에 몇 소절만 기억하더라도 누가 그 사람에게 '모차르트'에 대해 아느냐고 하면 잘 모른다기보다는 안다고 이야기하는 사람이 많을 것이다.

깊이는 없어도 넓이에서는 대중을 무시하기 어렵다. 한 한기 강의를 듣는 경우에는 다르겠지만 몇 시간 사이에 콘텐츠를 전달해야 하는 강사 입장에서는 깊이 있는 정보를 제공하자니 시간이 부족하고, 그렇다고 얄팍한 정보를 잘못 전달했다가는 '노력하지 않고 다 아는 이야기만 하는' 강사로 낙인찍히기에 딱 좋은 환경이다. 하물며 한 번 좋은 강연을 들었어도 다음 강연에서 똑같은 이야기를 하는 순간 곧 흥미를 잃어버리는 것이 청중이고 보면 오랜 성공을 위해 강사의 비상한 노력이 요구된다.

세상에 넘쳐나는 정보들 중에서 유의미한 것은 골라내고 이를 체계적으로 축적하기 위해 무엇보다도 '세상에 대한 질문과 관심'이 필요함을 느끼게 되었다. 울지 않는 아이에게는 젖을 주지 않는다고 했던가? 질문하지 않는 사람에게 세상은 답을 주지 않는다. 젖이 세상에 넘쳐나고 답이 세상에 넘쳐나도 굶주리는 아이와 헤매는 사람은 어디에나 있게 마련이다. 강의를 듣다 보면 파워포인트를 제대로 스킵하지 못해 우왕좌왕하는 경우를 본다. 자신이 갖고 있는 정보를 모듈화하고 체계화하지 않는다면, 아무리 잘 만든 파워포인트 자료라도 1회성 자료에 그칠 뿐이다.

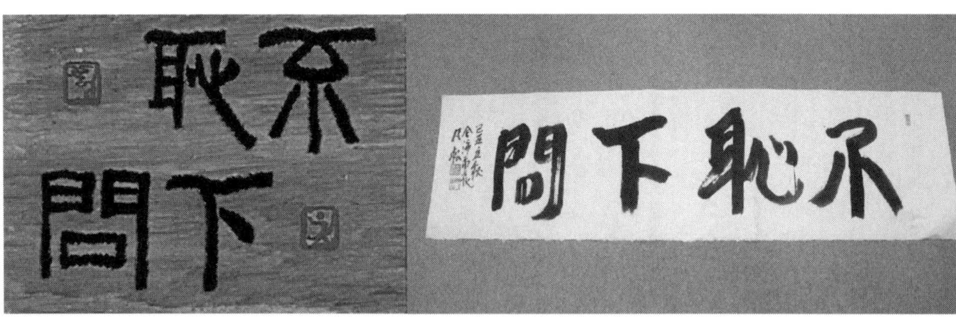

그림 9-8 불치하문(不恥下問)

잘 짜여진 시나리오에 따라 진행된 발표에 사용된 자료라도 자료를 작성할 때마다 모듈화해 두지 않으면 나중에는 검색이나 이용이 불가능한 재료가 되고 만다. 세상에 대한 질문과 그에 따른 노력과 반복을 통해 성장해 가는 것이 어쩌면 영원히 살아남는 강사가 되는 가장 빠른 지름길이다. 자신이 살아남기 위해 무의미한 가벼운 정보를 전하는 강사가 아니라, 자신에게 넘쳐나는 정보를 전하지 못해 안달하는 강사가 된다면 어느 누가 그런 강사를 초빙하지 않겠는가?

소통의 창: 삶에 큰 힘을 주는 아침, 저녁 질문법

800쪽의 엄청 두꺼운 두께로 위압을 주는 책이 있다. 그러나 책을 덮을 때 전혀 두껍게 여겨지지 않는 것은 성공하고자 하는 열망을 성공할 수 있다는 확신으로 이끌어 가는 로빈스(Anthony Robbins)의 마력 때문이다. 로빈스의 책 『네 안에 잠든 거인을 깨워라』에는 다음과 같은 삶에 큰 힘을 주는 아침, 저녁 질문법이 담겨 있다.

Ⅰ. 삶에 큰 힘을 주는 아침 질문

1. 지금 내 삶에서 행복하다고 느끼는 것은 무엇인가? 무엇 때문에 행복한가? 그것이 나에게 어떤 감정을 주는가?
2. 지금 내 삶에서 나를 들뜨게 하는 만드는 것은 무엇인가? 무엇이 나를 들뜨게 하는가? 그것이 나에게 어떤 느낌을 들게 하는가?
3. 지금 내 삶에서 자랑스럽게 생각하는 것은 무엇인가? 무엇이 자랑스러운가? 그것이 나를 어떻게 느끼게 하는가?
4. 지금 내 삶에서 감사하다고 느끼는 것은 무엇인가? 무엇이 나로 하여금 감사한 마음이 들게 하는가? 그것이 나에게 어떤 느낌을 주는가?
5. 지금 내 삶에서 가장 즐기고 있는 부분은 무엇인가? 나는 무엇을 즐기고 있는가? 그것이 나에게 어떤 기분이 들게 하는가?
6. 지금 내 삶에서 내가 결단을 내린 것은 무엇인가? 무엇이 나로 하여금 결단을 내리게 만들었나? 그것이 나에게 어떤 느낌을 주는가?
7. 내가 사랑하는 사람은 누구인가? 날 사랑해 주는 사람은 누구인가? 무엇이 내가 사랑하는 마음이 생기게 하는가? 그것이 나에게 어떤 감정이 들게 하는가?

Ⅱ. 삶에 큰 힘을 주는 저녁 질문

1. 나는 오늘 사회에 공헌을 했는가? 나는 오늘 어떤 면에서 '주는 사람(giver)'이 되었나?

2. 오늘 내가 배운 것은 무엇인가?
3. 오늘 내 삶에서 발전을 이룬 것은 무엇인가? 또는 내가 오늘 이룬 것을 어떻게 내일을 위한 투자로 활용할 수 있는가?

소통의 창: 자문자답(自問自答)

불황에 빠진 요즘은 힐링이 필요하다. 하지만 힐링은 스트레스를 치료하는 데는 도움이 되지만 가슴의 한(恨)까지 치료할 수는 없다. 위로가 되고, 힘이 되는 말로 잠시 기운을 차릴 수는 있어도 근본적인 불행을 해결해 주지 않는다. 그럼 스스로 묻고 스스로 답해 보라. 자문자답은 답을 알지 못한 채 스스로 수수께끼를 던진다. 왜 그런 것일까? 생각하고 답을 찾아가 보라!

1. 내 인생에서 자랑스럽게 생각하는 것은 무엇인가?
2. 내 인생에서 감사하다고 느끼는 것은 무엇인가?
3. 지금 내 삶에서 즐기고 있는 부분은 무엇인가?
4. 지금 내 삶에서 행복하다고 느끼는 것은 무엇인가?
5. 내 인생에서 나를 들뜨게 만드는 것은 무엇인가?
6. 지금 당장 내가 결단을 내린 것은 무엇인가?
7. 내가 사랑하는 사람은 누구인가? 누가 나를 사랑하는가?
8. 오늘 내가 배운 것은 무엇인가?
9. 오늘 내 삶에서 발전을 이룬 것은 무엇인가
10. 나는 오늘 사회에 어떤 공헌을 했는가?

소통을 위한 진단 코너: 나의 경청 능력은?

나의 경청 능력은 어느 정도일까?(각 항목별로 5점 만점으로 테스트해 본다.) 70점 이상이면 매우 훌륭한 경청자이지만 40점 이하라면 낙제 점수다.

	경청 능력 테스트 ('나의 상사는~' or '나의 동료는~')	Check 전혀 아니다 – 확실히 그렇다
1	메시지를 더 효과적으로 전달하기 위해 사용하는 말, 목소리, 어조, 비언어적 요소를 항상 조절한다.	1 2 3 4 5
2	남에게 소개될 때 주의를 기울여서 상대의 이름과 신상 등을 기억하려고 하나요?	1 2 3 4 5
3	당신은 사람들의 말을 주의 깊게 듣고, 상대의 견해를 이해하고자 노력하나요?	1 2 3 4 5

4	당신은 사람들의 말을 중간에서 끊지 않고 끝까지 차분히 들을 수가 있나요?	1 2 3 4 5
5	당신은 사람들의 말에 잘 맞장구치고, 상대가 말하기 쉬운 분위기를 만들 수 있나요?	1 2 3 4 5
6	내용을 이해하지 못하면 그 사실을 인정한다.	1 2 3 4 5
7	당신의 동료, 친구, 가족 등은 당신과의 대화를 즐거워하나요?	1 2 3 4 5
8	다른 사람들이 말하는 내용을 판단하지 않으며, 그들이 대화를 끝낼 때까지 결론을 내리지 않는다.	1 2 3 4 5
9	다양한 의견, 특히 나와 다른 의견을 열린 마음으로 듣는다.	1 2 3 4 5
10	대화가 끝나고 1시간 후에도 내용을 정확하게 기억할 수 있다.	1 2 3 4 5
11	모든 중요한 대화를 메모한다.	1 2 3 4 5
12	산만해지지 않고 집중하여 들을 수 있다.	1 2 3 4 5
13	상대방의 말, 제스처, 표정 등에 주의를 기울여 듣는다.	1 2 3 4 5
14	상대방이 말을 끝낼 때까지 참을성 있게 듣고 나서 내 생각을 말하거나 대답한다.	1 2 3 4 5
15	일치하는 부분을 찾으려 하고, 그렇지 않은 부분은 중요시하지 않는다.	1 2 3 4 5

종합진단 비교표

진단 내용	본인 진단 점수	팀 진단 점수	타인 진단 점수			본인-타인 최대 차이
			상사	동료	부하	
경청 능력						

본인과 타인 간의 점수 차이가 클수록 원인을 잘 점검하고 개선할 필요성이 있다.

소통을 위한 진단 코너: 적극적 경청

(1) 기본 테스트

① "김재득은 신촌에서 ____________________ 을(를) 샀다."

② "나는 서강대교를 건너서 ____________________ 에 갔다."

③ "나는 남극에서 ____________________ 을(를) 보았다."

(2) 상대의 불만에 대한 적극적인 경청법의 사례

상대의 불만		적극적인 경청
1	너무 바빠서 못 하겠다?	너무 독촉받는 것 같아서 못 마땅하다는 말이군.
2	나보고 어쩌란 말입니까?	답답하고 불만스럽다는 말이군.
3	끼리끼리 놉니까?	편파적으로 논다는 말이군.
4	왜 나만 미워합니까?	상당히 억울한 모양이구나.
5	왜 나만 해야 합니까?	차별 대우를 받는 것 같아서 억울하다는 말이군.
6	월급 더 주는 것도 아니잖아요?	과외 일이란 말이지?
7	꼭 그런 식으로 해야 합니까?	
8	너무 일방적으로 생각하십니다!	
9	그렇게는 못 하겠습니다!	
10	오늘 또 야근입니까?	
11	결재만 하시면 답니까?	
12	말로만 하면 다 잘 됩니까?	
13	짜증나서 못 해 먹겠네!	
14	이 일은 오늘 내로 다해야 됩니까?	
15	이 의자에는 도저히 더 앉아 있을 수가 없다. 새것으로 바꿔 주면 좋겠다!	
16	팀장님은 결재가 왜 이렇게 늦습니까?	
17	드릴 말씀이 있습니다.	

〈추천 답〉 7. 그런 식으로 하는 것이 못마땅하다는 것이지. 8. 일방적으로 하는 것 아니냐는 말이군. 9. 부당하다는 말이지. 10. 야근하는 것이 못마땅하다는 말이군. 11. 계급 가지고 누른다는 말이지. 12. 말보다는 실천이 더 중요하다는 소리구나. 13. 못마땅하고 불쾌하다는 말이군. 14. 오늘 내로는 무리라는 말이지. 15. 몹시 불편한 모양이구나. 16. 업무에 차질이 많은 모양이군. 17. 불만이 있거나 할 얘기가 있는 모양이지?

3 면접 질문, 더 이상 두려워 마라

일반적으로 면접은 '사회적 이슈'를 주제로 부여하는 토론 면접과 '전공 지식'이나 '사회적 이슈를 회사에 접목한 지원자의 의견' 프레젠테이션 면접, 지원 동기나 일상생활이나 개인적인 관심사에 대한 영어 면접 등이 있다. 그 외 황당·압박 면접 질문[10] 등이 있다. 최근에는 일반적인 질문 이외에도 면접자의 창의성과 순발력을 보기 위해 지금까지는 잘하지 않았던 이색 질문을 하는 추세다. 면접자들이 가장 두려워하는 것이 바로 면접관들의 질문이다.

면접의 허들이 점점 높아지고 있는 것 같지만, 여러 가지 질문을 미리 생각해 두고 대답을 생각해 놓는다면 예상 문제가 나오지 않아도 이를 응용하여 충분히 재치 있는 대답을 할 수 있다. 이제 면접관의 질문에 떨지 않고 당당하게 대답하는 사람으로 거듭나길 바란다. 순발력 있고 재치있는 대답을 해야 하는 것은 알지만 실제로는 눈앞이 깜깜해져서 제대로 대답하지 못하는 경우가 많다. 미리 어떤 질문들이 나올지 알아두고 모법 답안을 마련해 둔다면 면접관들의 질문도 더 이상 두렵지는 않을 것이다. K대 출신으로 광고회사에 다니는 조부장이 있다. 그를 통해 면접에서 중요한 질문 베스트를 알아보았다.

1) 기본적인 개인 신상 질문

• 3분 동안 자기 PR을 해 보십시오. • 당신은 어떤 개성이 있다고 생각합니까? • 당신은 어떤 버릇이 있습니까? • 당신은 주위로부터 의논을 받는 편입니까? • 대인 관계를 잘 유지할 자신이 있습니까? • 리더십이 있는 편이라고 생각합니까? • 물건 파는 일도 자신이 있습니까? • 사람들과 이야기하는 것을 좋아합니까? • 어떤 장점과 단점을 갖고 있습니까? • 어떤 타입을 좋아합니까? • 외동아들(딸)이군요? • 일을 시작하면 끝까지 합니까? • 자신의 장점을 세 가지 들어 보십시오. • 지금까지 좌절감을 맛본 적이 있습니까? • 친구가 많은 편입니까? • 협조정신이 있다고 생각합니까? • 남들이 보는 자신은 어떻다고 생각하십니까? • 부모님의 직업은 무엇입니까? • 자신의 성격을 설명해 보세요. • 10년 후의 자신의 모습은 어떨 것 같습니까? • 살면서 가장 좌절을 맛봤던 순간과 극복 방법에 대해 알려주세요. • 스트레스 해소는 어떻게 합니까? • 아르바이트 경험은 얼마나 됩니까? 그로 인해 배운 것이 있습니까? • 최근 가장 기뻤던 일과 화가 났던 일에 대해 알려주세요. • 현재 이성 교제 중입니까? • 휴일에는 보통 무슨 일을 합니까?

10) 본인이 생각하는 『삼국지』에서의 영웅은? 오늘 야구는 누가 이길 것 같은가? 10억이 생긴다면 어떻게 사용하겠는가? 회사 사정이 어려워져 월급을 못 준다면 어떻게 하겠는가? 밤에 치한을 만난다면 어떻게 대처할 것인가? 등이다.

2) 회사에 대한 질문

• 우리 회사에 대해 얼마만큼 알고 있습니까? • 우리 회사에 왜 합격하고 싶습니까? • 우리 회사의 문제점은 무엇이라고 생각합니까? • 우리 회사의 분위기가 어떤 것 같습니까? • 우리 회사의 전망은 어떻다고 생각합니까? • 우리 회사 제품을 어떻게 생각하십니까? • 회사에 대해 묻고 싶은 것이 있습니까?

3) 업무에 관한 질문

• 당신에게 직업은 어떤 의미를 갖습니까? • 비즈니스 사회에서 가장 중요한 것은 무엇이라고 생각합니까? • 상사와 의견이 다를 때는 어떻게 하실 겁니까? • 시간외 근무를 어떻게 생각합니까? • 신입사원으로서 마음 써야 할 것은 어떤 것이라고 생각합니까? • 어디까지 승진하고 싶습니까? • 어떤 사람을 상사로 모시고 싶습니까? • 어떤 일이 적성에 맞는다고 생각합니까? • 우리 회사에서 언제까지 근무할 생각합니까? • 일과 개인 생활 중 어느 쪽을 중시합니까? • 입사 후 다른 사람에게 절대로 지지 않을 만한 것이 있습니까? • 입사하면 어떤 일을 하고 싶습니까? • 자기 주장과 협조성에 대해 어떻게 생각합니까? • 첫 월급을 타면 어디에 쓸 겁니까? • 출근 시간은 어떤 의미를 갖는다고 생각합니까? • 학생과 사회인의 차이점은 무엇이라고 생각합니까? • 휴일근무를 어떻게 생각합니까? • 희망 부서에 배치되지 않을 경우에는 어떻게 하겠습니까? • 희망하는 근무지가 있습니까? • 당신이 희망 직종에 적용할 만한 기술이나 능력은 무엇이 있습니까? • 회사에서 어떤 사람이 되고 싶습니까? • 희망 직종의 업무와 비슷한 일을 한 적이 있습니까? • 희망 직종이 하는 일에 대해 정확히 말해 보세요. • 희망 직종에 근무하지 못하게 되면 어떻게 하겠습니까?

4) 대학 생활에 관한 질문

• 대학 시절, 동아리 활동을 한 적이 있습니까? 어떤 활동을 했습니까? • 대학 시절 본인은 어떤 사람이었습니까? • 대학에서 성적을 위해 어떠한 노력을 했습니까? • 대학을 다니면서 이성 교제를 한 적이 있습니까? • 무엇을 전공했습니까? • 아르바이트를 한 적이 있습니까? • 전공학과를 선택한 이유는 무엇입니까? • 제일 좋아하는 과목은 무엇입니까? • 졸업 논문의 주제는 무엇입니까? • 친구는 당신에게 어떠한 존재입니까? • 친구들은 당신을 어떻게 보고 있습니까? • 친하게 지내는 친구에 대해 이야기해 보십시오. • 친한 친구가 몇 사람 있습니까? • 학점이 좋지 않은데 이유가 무엇

입니까? • 학창 시절에 무엇엔가 열중했던 것이 있었습니까? • 살아오면서 최선이 아닌 차선책을 이용하여 무엇인가 해결한 경험이 있습니까?

5) 이색 면접 질문 베스트

• 1년 공백 기간이 있는데 어째서입니까? • 결론이 무엇입니까? • 노래방에서 몇 시간 동안 놀 수 있습니까? • 맨홀의 뚜껑이 원형인 이유는? • 서울 중국집 전체의 하루 판매량을 논리적 근거와 정량적으로 제시하세요. • 서울시의 바퀴벌레의 수는 모두 몇 마리입니까? • 애인이 가장 친한 친구와 바람을 피운다면 누굴 택하겠습니까? • 열의가 느껴지지 않는데? • 오늘 면접 보는 지원자들 중, 누가 제일 먼저 말을 걸었습니까? • 우리 회사에 맞지 않는 것 같은데요? • 자기 집의 전기요금은 얼마입니까? • 자네는 나하고 동향이군. • 자신이 얼마짜리 사람이라고 생각합니까? • 즉석에서 부를 수 있는 노래는 얼마나 됩니까? • 지금 그 말은 무책임한 말 아닙니까? • 취직할 생각이 있는 겁니까? • 부모님과 애인이 위급할 경우, 누굴 먼저 구하겠습니까?

6) 일상적인, 인생관

• 건강관리를 위해 어떤 것을 하고 있습니까? • 기상 시간과 취침 시간을 말해 주십시오. • 당신의 생활신조는 무엇입니까? • 돈, 명예, 일 중 어떤 것을 택하겠습니까? • 부모님을 떠나 생활해 보니 어떻습니까? • 스포츠를 좋아합니까? • 신문은 어느 면부터 봅니까? • 요즘 젊은 사람에 대해 어떻게 생각합니까? • 존경하는 사람은 누구입니까? • 주량은 어느 정도입니까? • 지금 제일 원하는 것은 무엇입니까? • 최근에 읽은 책의 감상을 말해 주십시오. • 최근에 흥미 있는 뉴스는 무엇입니까? • 한 달에 용돈을 얼마나 씁니까? • 휴일에는 시간을 어떻게 보냅니까? • 취미가 무엇입니까?

7) 여성 응시자

• 결혼하면 직장은 어떻게 할 겁니까? • 남녀 교제에 대해 생각을 말해 주십시오. • 남녀고용평등법을 어떻게 생각합니까? • 남을 돌보아주는 것을 좋아합니까? • 몇 년 정도 근무할 생각입니까? • 술이나 담배를 합니까? • 애인이 있습니까? • 왜 고향을 떠나 취직하려고 합니까? • 차 심부름 같은 것을 어떻게 생각합니까? • 화장하는데 얼마나 걸립니까? • 회사에서의 여사원의 역할을 어떻게 생각합니까? • 여성으로서 경영자가 되고 싶습니까?

그림 8-9 면접 질문들을 보니 어떠한가? 벌써 긴장되는가?

소통을 위한 진단 코너: 질문 게임

일단 개인별로 발표할 미션을 부여한다. 예를 들면 이름, 이름 풀이, 별명, 관심 분야, 수강 이유, 취미, 여행담, 결혼관, 자녀관 등을 준비하게 한다. 그리고 각자에게 1~3번까지 번호를 부여한다. 그런 다음에 순서대로 개인별로 주제 발표를 하게 한다. 단, 같은 번호의 사람끼리만 질문한다. 이때 동일한 질문은 할 수 없다. 질문을 받는 사람의 답변은 하고 싶은 질문 1~2개만 해야 한다. 질문이 채택된 사람은 후속 질문을 1회 더 할 수 있다.

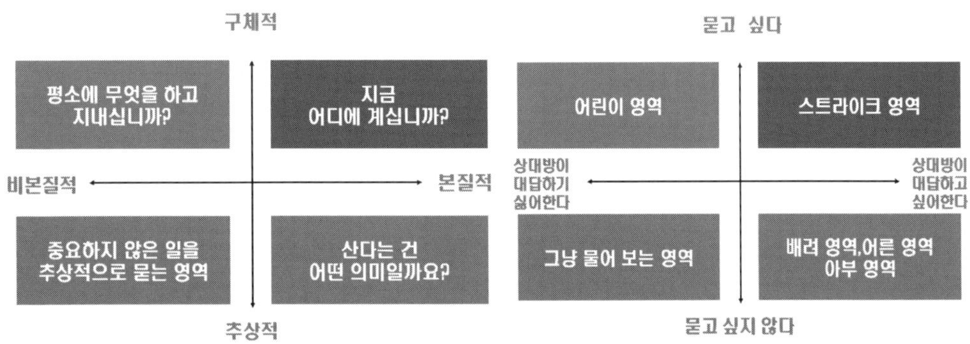

제 9 장 갈등관리

코칭(coaching)

전통적으로 조화를 중시하고 집단주의적 성향이 강한 동양 문화권에서는 갈등이 부정적으로 인식되어 온 것이 사실이다. 최근 가치관이 많이 서구화되었다고는 하지만 유교사상이 뿌리 깊은 우리나라의 경우, 조직의 성과를 높이려면 갈등을 최소화해야 한다는 생각이 여전히 지배적이다. 그 결과 상하 간에는 아랫사람의 양보 또는 포기가, 동료 간에는 서로 타협함으로써 갈등을 이슈화하지 않으려는 소극적인 해결 방식이 주로 사용되었다. 이와 달리 논리와 합리성을 중시하는 서구에서는 갈등에 대해 자연스럽게 인식하고 적극적으로 해결하려는 자세가 일반화되어 있다.

제 1 절 소통과 갈등관리

'다름'과 '틀림'을 구별하지 않고 그냥 막 사용하는 사람들은 그것 때문에 생긴 사소한 오해가 마침내 큰 싸움이 되어버린다. 연인 사이나 부모 자식 간에도 대화할 때 기본 예절이 필요한데도 그다지 지키지 않고 지내다가 오해가 커져 큰 갈등으로 번지고, 그러한 갈등은 문제가 커지고 나서야 후회한다. 그래서 요즘은 온갖 스피치 강좌가 인기이고 '부모교육' 강좌는 수강하려는 아빠, 엄마로 붐빈다. 그동안 소통이 잘못되었다는 증거이기도 하다.

모든 사람이 남과 소통하고 싶어한다. 그러나 그 마음만 그럴 뿐 그 마음이말로 표현될 때 오해와 갈등이 발생한다. 필자 역시 가족, 친구, 동료들과 대화할 때 내 의사가 전달되지 않거나 타인을 이해할 수 없거나 해서 오해와 갈등이 생겼던 경험이 많다. 만약 상대방을 좀 더 열린 마음으로 바라보고, 좀 더 현명한 대화 방법을 사용했다면 지금까지 나를 따라다니던 오해와 갈등의 원인들은 어떻게 되었을까 반문해 보게 된다.

1 갈등의 어원과 유형

1) 갈등의 의미

갈등(葛藤)은 한자어 그대로 칡 갈(葛) 등나무 등(藤)자이다. 이 두 나무는 모두 다 콩과에 속하는 낙엽, 활엽의 만목(蔓木)이다. 하지만 칡의 줄기는 왼쪽에서 오른쪽으로 감아 올라가고, 등나무 줄기는 오른쪽에서 왼쪽으로 감아 올라간다. 그래서 칡과 등나무가 서로 얽히듯이 까다롭게 뒤엉켜 있는 상태를 말한다. 두 식물은 아무리 길게 뻗어도 만날 수가 없다. 인간관계가 까다롭게 뒤얽혀 풀기 어려운 상태나 개인의 내부에서 서로 반대하는 생각이 충돌하는 상황을 일컫는 말로 주로 사용한다. '모순(矛盾)'과 비슷한 말이다.[1)]

갈등(conflict)을 심리학적 측면에서 어떻게 보느냐에 따라 좋은 측면도 있고 그렇지 못한 측면도 있다. 따라서 적당한 갈등은 오히려 조직 발전에 좋을 수도 있다. 왜냐하면 갈등은 문제점에 대해 관계자들의 관심을 갖게 하는 계기가 되어 변화를 초래하게 할 수 있기 때문이다. 그래서 갈등은 합리적으로 해결되면 발전과 재통합의 계기가 될 수 있다. 또 조직이나 개인에게 창의성, 진취성, 적응성, 융통성을 향상시킬 수 있다.

하지만 개인의 독창적 창의성이나 진취성을 오히려 사장(死藏)시킬 수도 있다. 잘못된 인지를 통해 조직 내의 작은 문제에만 집착하여 조직환경을 무시할 수 있기 때문이다. 갈등은 갈등 해결에 노력하는 동안은 성과나 목표 달성에 매진할 수 없으므로 개인이나 조직에 부정적 결과를 준다. 그래서 갈등은 조직의 안정성, 융화를 이끌어 내는 조화성, 통일성을 깨뜨릴 수 있다는 부정적 기능도 존재한다.

갈등은 이처럼 보편적인 것이므로 갈등을 완전히 없애는 것은 불가능하다. 그래서 갈등의 원인을 찾아 관용과 이해의 정신을 가지고 대화와 타협 등의 민주적, 평화적, 합법적인 방법으로 해결하는 것이 필요하다. 과거에는 많은 학자가 갈등의 부정적인 부분인 역기능만 지적하고 갈등의 순기능이나 긍정적인 면은 인정하지 않았다. 그러

1) 서로 충돌한 상태를 가리키는 '갈등'을 의미하는 영어 단어인 'conflict'는 'con'과 'flict'가 조합된 것이다. 여기서 'con'은 'together(서로, 함께)'를 의미하며, 'flict'는 'strike(충돌하다)'를 의미한다.

그림 9-1 갈등(葛藤), 칡나무와 등나무

나 최근에는 갈등의 순기능을 많은 사람이 인정하기에 이르렀다.

2) 갈등의 유형 및 원인

얼마 전에 필자는 H대학교수의 출판 기념회에 참석했다. 그 책에도 나와 있어서 관심 있게 본 내용이다. 이 이야기는 그때 참석한 선배에게 들었다. 갈등의 유형은 발생 상황에 따라 어떤 기준을 사용하느냐에 따라 여러 가지 형태로 분류될 수 있다.

첫째, 보편적 갈등이다. 어떤 사회에서든지 갈등은 항상 존재한다. 갈등은 여러 가지 형태로 나타나며, 상호 관계에서 의견, 이해 등의 차이로 갈등이 상존하다시피 되고 있다. 갈등으로 인한 불화는 조직사회의 효율성을 떨어뜨릴 뿐 아니라 개인에게는 심리적인 타격을 가해 개인 생활에까지 영향을 미친다. 이러한 갈등이 표면화되면 사회가 혼란에 빠질 수도 있다. 지나친 갈등은 조직사회의 근본적인 저해 요인으로 작용하게 되어 조직 자체를 무력화시킬 수도 있고 개인적인 삶의 가치에도 유·무형적으로 변화를 일으키게 한다.

둘째, 심리학적 갈등이다. 심리학에서 갈등이란 서로 대립되는 두 개 이상의 개별 욕구가 동시에 만족될 수 없는 심리적 상태라고 한다. 갈등은 자신의 관심사를 다른 한편에서 좌절시키려 할 때 생기는 과정이다. 즉, 갈등은 자신의 기대나 목표 지향적 행동이 타인이나 다른 집단에 의해 좌절되거나 차단되는 상황에서 발생한다. 그러므로 조직에서의 갈등이란 조직 내에 두 개 이상의 목표가 서로 대립, 경쟁, 충돌을 일으켜 조직의 존속과 발전을 위한 모든 활동이 저해되어 있는 상태를 말한다.[2]

---

2) 레빈(R. Lewin)은 갈등이란 "사람의 관계에서 발생하는 장(場)의 역학구조이며, 강도가 거의 비슷한 장의 역학적 대립"이라고 정의하고 있다. 즉, 두 개 이상의 행동 목표를 선택할 때 거의 같은 장의 힘이 대립된 상태를 갈등이라 한다.

셋째, 내적 갈등과 외적 갈등이다. 내적 갈등은 갈등의 원인이 인물의 내부에서 오는 심리적 갈등으로, 양심과 욕망, 정의와 현실적 이익 등의 욕구가 서로 부딪치며 일어나는 갈등이다. 예를 들면 「어린 날의 초상」이라는 수필에서 동생과 소풍 장소가 달라서 어떻게 할까 고민하고 있는 것이 바로 내적 갈등에 해당한다.

외적 갈등은 갈등의 원인이 외부에서 오는 경우로서 ① 인물 간의 갈등이 있다. 성격이나 생각이 대립되는 두 인물 사이의 갈등을 가리키는 것으로, 문학 속의 주동 인물과 반동 인물 사이의 갈등이 대표적이다. ② 인물과 사회의 갈등이다. 한 인물이 그가 몸담고 있는 사회 윤리나 제도에 의해 겪게 되는 갈등이다. 주요섭의 『사랑방 손님과 어머니』에서 '어머니'는 인간의 본성과 사회 윤리(관습) 사이의 갈등을 겪고 있는 인물이다. ③ 인물과 운명과의 갈등이다. 인물이 타고난 운명에 의해 겪게 되는 갈등으로, 영웅 소설이나 신화 등에서 주로 나타나게 된다. 오이디푸스 신화에서 '오이디푸스' 왕은 자신이 타고난 운명 때문에 갈등을 겪게 되는 인물이다. ④ 인물과 자연과의 갈등이다. 한 인물이 엄청난 위력을 가진 자연환경으로 인해 겪게 되는 갈등으로 헤밍웨이의 『노인과 바다』에서 노인은 넓은 바다에서 풍랑과 상어떼와 맞서 싸워야 하는 갈등을 겪게 되는 것이다.

넷째, 소모적 갈등과 생산적 갈등이다. 갈등은 관리되지 않으면 당사자 간의 질시와 반목 등 부정적인 감정 표출을 유발시켜 소모적 갈등으로 변질될 수 있다. 이는 개인이나 조직에 전혀 도움이 되지 않고 오히려 막대한 폐해를 불러일으킬 수 있다. 반면, 구성원들의 회사에 대한 애착과 기대에서 비롯되어 개인의 욕구보다 조직 전체의 이익을 위해 의견이 대립되는 경우는 생산적 갈등이라 볼 수 있다.

따라서 정확한 원인을 규명하고 합리적으로 해결한다면 조직은 물론 개인적으로도 많은 도움이 된다. 생산적 갈등은 여러 순기능을 내포하고 있다. 우선 갈등을 다루는 당사자들은 갈등 발생 이전보다 문제의 핵심을 더 잘 파악하게 된다. 또 갈등은 상대방과의 인간관계를 더 돈독하게 하는 계기가 되기도 하고, 상대방의 능력이나 잠재력에 대한 확신을 가지게 되기도 한다. 생산적 갈등은 개인적인 차원에서 심리적·인격적으로 한층 성숙할 수 있는 계기가 될 수 있다.

2 갈등의 진단 및 해소

조직은 한 사람이 경영을 할 수 없다. 최소한 두 명 이상이 모여서 조직을 이끌어

나가고 경영을 해나가야 그 조직 본래의 목적대로 움직일 수가 있을 것이다. 여러 명의 사람이 함께 일을 해 나간다는 것은 그만큼 다양한 생각이 있을 수 있으며, 그에 상응하여 여러 가지 행동도 나타나게 된다는 것을 의미한다. 이런 관점에서 나를 포함한 갈등 상황 속에서 정확한 진단을 통한 접근 태도의 진단은 조직력 활성화를 위해 무엇보다 중요한 몫을 차지한다.

1) 갈등의 방지

사람이 다른 생물과 다른 점이 있다면 공동체를 형성하며 살아가는 것이다. 그리고 공동체가 유지되는 이유는 언어라는 매체가 존재하기 때문이다. 언어로 말미암아 자신의 희로애락을 전달할 수 있다는 것은 인간의 축복이 아닐 수 없다. 하지만 이같이 값지고 고마운 언어의 또 다른 이면이 있으니 서로 간의 의사가 불일치함으로써 가족에서 직장에 이르기까지 본의 아니게 갈등 속에서 살아가는 것 역시 현실이다. 따라서 갈등의 예방과 방지에 관한 이야기를 하고자 한다.

갈등 방지의 목적은 아직 발생은 하지 않았지만, 앞으로 발생할 가능성이 충분히 있는 역기능적 갈등을 미연에 방지하자는 것이다. 따라서 갈등 방지를 위한 몇 가지 방법을 소개한다.

첫째, 공동 목표의 설정이다. 갈등 상태의 집단들은 공동의 적, 즉 경쟁 조직이나 조직 내 제3의 집단 등에 대항할 힘을 합치기 위해 그들의 견해 차이를 재빨리 좁힐 수 있다. 이와같이 외부의 위협이 집단 내부의 응집성을 강화시키듯이 외부의 위협이나 적은 그에 대한 효과적인 대처를 위해 집단 간의 차이를 잊게 만든다. 공동의 적을 설정하는 방법이 성공을 거두기 위해서는 자기의 집단이 위협을 피해야 하며 공동 노력이 필요하다고 인식해야 한다.

둘째, 리더의 균형 잡힌 자세다. 어떤 조직사회에서든지 높은 합법적 지위를 가지고 여러 사람을 평가하는 조정 역할을 하는 사람은 조직구성원들의 개별 요구에 균형 잡힌 자세를 견지할 수 있어야 한다. 또한 갈등 발생에는 사전에 갈등을 알리는 위험 신호가 있기 마련인데, 이러한 위험 신호를 포착해 내고 규명할 수 있어야 한다.

셋째, 불필요한 경쟁의 회피다. 비용 및 예산통제, 수익 극대화, 성과측정 및 성과에 따른 책임 등과 같은 조직 상황은 조직 성원과 집단 간의 경쟁을 촉진시킨다. 따라서 조직에서는 불필요한 경쟁을 회피함으로써 갈등 발생을 방지할 수 있다.

2) 갈등의 해소

갈등 해소의 첩경은 소통이지만 불행하게도 소통과 관련하여 생기는 문제가 너무 많다. 미국, 영국, 일본에서 조사된 바에 의하면 회사 간부 응답자의 74%가 조직 성과의 장애 요인으로 소통을 꼽고 있다. 이러한 소통 문제는 주로 두 가지로 압축될 수 있는데 하나는 소통이 '없는 것'그 자체가 문제이고, 둘째는 소통이 있는데 잘못되어 있다는 것이 문제다. 그렇기 때문에 갈등 해소에서 소통은 절대적 해결 과제다. 갈등 해소를 위한 방안으로 어떤 것이 있는지 알아본다.

첫째, 개인적 목적 추구에서 빚어지는 갈등은 상위 목표가 제시되면 상당히 완화될 수 있다. 갈등을 일으키고 있는 당사자들이 공동으로 추구해야 할 상위 목표를 제시함으로써 갈등을 완화시킬 수 있다. 이때 상위 목표는 갈등 상태에 있는 행동 주체들이 모두 추구하기를 원하는 것이지만 어느 하나의 행동 주제가 단독으로는 성취시킬 수 없는 것이어야 한다.

둘째, 유·무형의 희소자원 획득을 위한 경쟁에서 초래되는 갈등은 자원을 확대 제공해 줌으로써 해소될 수 있다. 희소자원에 공동으로 의존하는 주체들이 서로 더 많이 차지하려고 갈등을 일으킬 때 자원을 늘려버리면 어느 당사자도 패자가 되지 않고 모두가 승자로 될 수 있다.

셋째, 완화법이다. 갈등 당사자들의 차이를 유사성이나 공동 이익을 강조함으로써 갈등을 해소시켜 보려는 방법이다. 완화는 당사자들의 상충되는 차이를 억압하고 유사성과 공동 이익을 전면에 부각시키는 기법이므로 회피 방법과 상위 목표 제시 방법을 혼합한 것이라고 볼 수도 있다. 완화는 야기하는 당사자들의 차이를 제거하지 않기 때문에 잠정적이고 피상적인 갈등 해소 방법이다.

넷째, 회피하는 것이다. 이 방법은 일시적으로 갈등을 완화할 수 있는 방법이다. 갈등을 야기할 수 있는 의사결정을 보류하거나 갈등 당사자들이 접촉을 피하도록 하는 것이나 갈등 행동을 억압하는 것 등이 회피의 방법에 해당한다. 갈등 상황을 완전히 제거하는 것이 아니므로 근본적인 갈등 해소 방법이라고 할 수 없다.

다섯째, 조직의 명령에 의한 방법이다. 이 방법은 공식적 권한을 가진 상사가 명령에 의해 부하들의 갈등을 해소시키는 방법으로서 갈등 당사자 간의 합의를 전제로 하지 않는다. 당사자는 상사의 결정에 찬성하지 않더라도 정당한 명령에 복종하지 않을 수 없는 것이다. 그러나 이 방법은 원인이 제거되지 않고 단지 갈등 행동만을 해소시킬 뿐이다.

여섯째, 강력한 압력을 가함으로써 갈등을 해소하는 강압적 방법이다. 여기에는 강력한 힘을 가진 경쟁자를 이용하거나, 보스와 같이 권위를 가진 사람 또는 중재인이나 조정자를 이용한다.

3 CONFLICT의 머리글자로 풀어본 갈등해소법

일상에서 우리가 경험하듯이 갈등은 행복하거나 만족스러운 결과를 가져오는 것은 아니다. 다양한 갈등으로 조직이 갈라지고 쪼개져 조직의 결합력과 소속감이 약화되고 신뢰마저 무너져 버리는 경우가 허다하다. 필자는 이러한 문제에 대해 '갈등'이라는 영어 단어 'CONFLICT'의 머리글자를 이용해서 갈등을 해소하고 일치와 화합을 위한 여덟 가지 견해를 제시한다.

1) Change, 변화관리 능력을 갖추라

리더는 늘 끊임없이 고정 관념으로부터 탈피하는 노력이 필요하다. 과거 잘 나가던 리더가 오랜 시간을 버티지 못하고 쓸쓸하게 퇴장하는 사례를 보면 변화관리의 실패가 주요 원인이다. 변화에 둔감한 리더는 본인 스스로가 기존의 관행이나 고정 관념을 탈피하지 못하고, 구성원들의 창조적 실험 정신을 고무하려는 의욕과 노력이 부족하다.

변화에 둔감한 리더는 미래에 무엇을 성취할 것인지 고민하기보다는 지금까지 자신이 성취해 놓은 것을 지키려고 하는 경향이 강하다. 경직된 사고로 인해 다른 사람들의 요구를 무시하거나, 현 조직의 상황을 고려하지 않고 과거의 성공 경험을 그대로 적용하려는 행동을 한다. 또한 실패에 대한 두려움으로 새로운 시도보다 현상 유지에 중점을 두거나, 조직의 규정과 규율에 얽매여 변화를 추진해 나가지 못하는, 이른바 '위험회피형' 행동을 보인다. 이래저래 세상사에서 갈등을 일으키는 큰 요소는 이분법적 사고 방식이다. 그래서 등장하는 말이 역지사지(易地思之)가 아닌가 싶다. 사람 머릿속의 지우개는 문제를 다루는 데 어떤 안경을 쓰고 볼 것인가라는 '프레임(frame)' 문제가 많은 비중을 차지한다. 그래서 갈등을 해결하기 위해서는 상대방의 안경을 쓰고 볼 수 있어야 한다.

과부 사정은 홀아비가 안다. 리더의 입장은 리더가 되어 보아야만 알 수 있고 이해할 수 있다. 진정한 소통을 위해서는 서로의 입장을 시뮬레이션하는 것이 필요하다.

직접 리더처럼 행동해 보라! 직접 팔로어처럼 행동해 보라! 마지못해 일하는 사람이라면 그는 소나 말과 무엇이 다른가, 지시받은 일만 하는 사람이라면 그는 감옥 속 죄수와 무엇이 다른가?

2) Observe, 현재를 관찰하고 깨달아라

현실적으로 고위직에 오른 사람은 토론을 통한 소통을 꺼리는 것 같다. 아마도 토론을 통해 리더로서의 권위가 실추되지 않을까 하는 우려 때문일 것이다. 팔로어가 리더에게 집요한 질문 공세를 펴면 리더는 상황에 따라 곤란함에 처하게 될 수도 있을 것이고, 그동안의 관행에 너무 익숙한 탓도 있을 것이고, 토론 자체가 두렵기 때문이다. 토론은 서로의 지적 능력을 반영한다는 점에서 토론 참여자인 리더에게 상당한 부담이 될 수 있다.

우리가 몸담고 있는 조직 안에서 과연 토론은 비효율적이고 시간 낭비일까? 사실 그렇지 않다. 오히려 리더의 지성, 이성의 한계와 인격적 연약함을 권위나 제도로 포장하거나 무조건 감싸는 일이 오히려 비효율적인 태도다. 리더라고 해서 모든 진리를 이미 깨닫고, 매우 지적이고, 상황에 대해 완벽한 이해를 지닌 완벽한 사람이 아니다. 따라서 언제나 자신의 의견이 틀릴 수도 있고, 상황 파악에 대해 오해할 수도 있다는 사실을 겸허하게 인정해야 한다.

토론 과정을 거치면서 자신의 무지함과 불완전성이 온전히 노출되어야 한다. 그래야 자신도 끊임없이 노력하고 사색하며 연구하고 부족한 부분을 채우려 할 것이다. 사실 법전과 사회 제도 대부분도 상당 기간 동안 토론과 대화의 산물이다.

3) Notice, 주의해서 말하자

언어학자들은 “우리가 아무리 귀 기울여서 들으려고 애쓴다 하더라도 타인의 말을 70% 이상 이해할 수 없다”고 한다. 인간의 소통에는 근본적인 한계가 있다는 의미다. 그럼에도 불구하고 우리는 각자 자기 말하기에 빠져 상대의 말은 건성으로 듣는 경우가 허다하다. 소통의 첫 단추는 귀를 기울이는 데서 시작된다. 정성을 다해 경청할 때 상대는 나를 신뢰하고 마음을 연다.

우리가 선물을 보낼 때 정성스럽게 포장하고 리본을 달듯이 말을 할 때도 섬세한 주의가 필요하다. 비공식적이고 가벼운 어조로 직접 지적하지 말고 변호할 만한 장치를 마련해서 기분을 파악해 가며 말해야 한다. 다른 의도가 없었음을 분명히 전하고, 결론을 짓기보다 해결점을 찾기 위한 질문으로 상의하라. 필자의 경험상 커다란 쇠문은 힘으로 열리는 것이 아니라, 작은 열쇠로 열리는 것이었다. 그래서 소통에서 반드시 지켜져야 하는 것이 바로 서로의 '자존심'임을 경험했다.

자신이 명백한 잘못을 했더라도 타인의 '충고'는 쓰디쓰기만 하다. 옳고 그름의 문제가 아니라 누구에게나 자존심은 있기 때문이다. 페르시아에는 "총에 맞은 상처는 치료할 수 있어도 사람의 입에 맞은 상처는 결코 아물지 않는다."라는 속담이 있다. 어떻게 사소한 자존심을 떠나 열린 마음을 가질 것인가? 타인의 자존심을 어떻게 배려해 줄 것인가? 사람을 대하는 근본적인 자세를 돌아보자! 최대한의 존경과 겸손함을 지닌 태도로 사태를 해결하는 것이 갈등을 풀어가는 소통의 최대 관전 포인트다.

4) Followership, 팔로어십을 기르자

조직의 명운을 가르는 선택은 누가 하는가 하는 질문을 받을 때마다 필자는 그 해답을 팔로어십에서 찾고 싶다. 잘못되면 리더 탓인가? 우리는 흔히 지도자의 길, 즉 리더십에 대해 많은 이야기를 한다. 하지만 팔로어(follower)의 길, 팔로어십(followership)에 대한 고민은 등한시했다. 수십 수백 가지가 넘는 리더십의 홍수 속에서 언제까지 침묵으로만 일관하며 자신의 입맛에 맞는 리더십을 기대할 수는 없다. 우연히 자신에게 꼭 맞는 리더를 만날 가능성은 희박하다. 그렇기에 자신이 원하는 바를 정확히 리더에게 알려주고 표현할 수 있는 능력, 그것이 팔로어의 참된 태도다.

리더와 일할 때도 묵묵히 시키는 대로만 일하는 것보다 질문하고 의견을 나누고 제3의 대안을 찾아야 한다. 문제는 잔뜩 들고 오는데 아무런 해결책도 제시하지 않는 부하라면 리더도 답답하다. 문제를 발견하고 해결책을 제시하며 더 좋은 방도를 상의하고 찾아낼 줄 아는 팔로어가 필요하다. 리더에게 용기를 내서 물어보아야 할 일을 혼자 끙끙 앓거나, 하는 시늉만 해서 현재의 위기만 모면하는 팔로어는 도움이 안 된다. 리더가 못 본 것을 보고, 리더가 생각할 수 있도록 질문하며, 리더의 짐을 덜어주고, 리더에게 대안을 제시하는 팔로어가 절실하다.

5) Listen & Learning, 경청하고, 배워라

진정성이 담긴 마음으로 대화해야 함에도 불구하고 실패하는 리더는 소통에 혼란을 야기한다. 사실에 입각한 소통이 이뤄지지 않을 경우 상황은 더욱 악화되고, 특히 생존 문제가 걸리게 되면 사람들은 이야기를 만들어 내기 시작한다. 이때 소외된 사람들은 남을 비난하는 루머부터 만들려 한다. 리더는 이끄는 사람들이 많을수록 많이 들어야 한다. 능력 있는 리더는 말하는 것보다는 듣는 것과 더 깊은 관심을 가져야 한다. 리더는 원래 전쟁터의 최전방에서 배제되는 경향이 있으므로 리더들은 '참호' 속에 있는 이들의 이야기를 들어야 하며 현명한 결정을 내리기 위해 그 정보를 활용해야 한다.

따라서 듣기 위해서는 '질문'을 해야 한다. 리더의 탈락은 '나는 이미 알고 있다는 착각, 나는 더 이상 배울 것이 없다'라고 생각하는 순간 제명감이다. "오늘의 지식이 내일은 상식, 모레면 쓰레기가 될 수도 있다"고 했다. 그래서 리더의 지혜는 '질문'에서 시작되는 것이다. 과거에는 모든 해답을 알고 있는 카리스마 있는 리더가 가장 훌륭한 리더였지만, 이제 소통의 핵심은 질문이다. 과거의 리더가 단호하게 명령을 내렸다면 내일의 리더는 끈질기게 질문을 던져야 한다.

소통하는 리더일수록 다각적인 채널을 통해 현장의 목소리에 직접 귀를 기울이는 '현장형 리더십'을 추진해 나간다. 그야말로 손에 흙을 묻힐 준비가 되어 있는 사람만이 진정한 리더로 성공할 수 있다. 물론, 거꾸로 과다하게 세부 사항에 집착해 큰 그림을 그리지 못하거나 모든 문제에 일일이 관여해 아랫사람들의 문제 해결 능력을 키우지 못한다면, 이것 역시 문제가 될 것이다. 하지만, 갈등 내용을 상세하게 파악해 이를 바탕으로 직접 갈등 현장을 진두지휘해 나가려는 노력은 실패하는 리더와 그렇지 않은 리더를 구분짓는 주요한 행동 특성이라고 할 수 있다.

6) Inform: 당당히 알려주어라

리더에게는 아주 특별한 축복이 있다. 최소한 일주일에 한 번 이상, 30분 정도는 자신을 따르는 많은 사람을 모아놓고 메시지를 전달할 수 있기 때문이다. 기업의 회장이든 과장이든, 학교 선생님이든, 집안의 가장이든 회의, 식탁, 메시지와 이메일 송부 등 마음만 먹으면 '핵심 인물'에게 적어도 30분씩 이상 자신의 의지를 표명할 수 있다. 이것은 리더만의 특권이라고 할 수 있다.

리더십은 영향력인데, 매일 매주 자신의 팔로어 앞에 시선이 집중된 자리에서 계속 리더 자신의 생각과 마음을 전달할 수 있다는 것은 얼마나 엄청난 영향력을 끼칠 수 있는 기회인가? 만일 이것을 남용하거나 오용하면 큰 해악이 되지만, 잘 준비된 메시지를 편안한 분위기에서 명쾌하고 온화하게 소통한다면 상상을 초월하는 관계를 가져올 것이다.

"침묵은 금(Silence is Gold)"이라 했다. 당연히 침묵은 존재하며 중요하다. 그래서 필자는 수많은 말보다 침묵이 때로는 더욱 좋았다. 신의 음성처럼 침묵이 모든 것을 말할 때도 있다. 하지만 "침묵은 차갑고(Silence is Cold)" 냉랭한 관계를 만들 뿐이라는 사실도 알아야 한다. 리더의 생각과 뜻은 정확하게 팔로어에게 전달되어야 한다. 그러기 위해서는 리더가 모호한 표현을 삼가고 단순 명쾌한 대화 방법으로 이야기할 필요가 있다.

7) Cultivate, 비전을 계발하고, 전문가를 육성하라

대부분의 리더십 책에는 이웃에게 관용하고 사랑을 베풀고 자비를 실천함으로써 세상을 밝게 해야 한다고 적혀 있다. 그리고 사람들에겐 항상 자신을 낮춰 상대를 이해하고 관용하고 소통해 공동의 목표를 찾으라고 가르친다. 하지만 필자의 경험상 그럼에도 불구하고 일을 추진하다 보면 분명히 갈등과 대립이 생긴다. 그리스의 극작가 메난드로스(Menandros)는 "서투른 소통은 훌륭한 예절을 망쳐버린다."고 했다. 서로 간의 서투른 소통은 훌륭한 조직문화와 제도를 망쳐버릴 것이다. 따라서 서로 만나 자신을 낮춰 상대를 이해하고 관용하고 소통해서 조직의 비전과 프로그램을 계발하고 전문가를 양성해야 한다.

리더는 모든 것을 다 할 수 있는 만능 탤런트가 아니다. 소통의 전문가 육성에 힘을 기울여야 한다. 투자 없는 성과를 기대하는 것은 대가를 지불하지 않고 물건을 집어들고 가져오는 것과 같다. 만일 방향키를 잡고 있는 리더가 굳은 결의와 강한 행동력을 갖추지 못하면 조직의 열정과 참여율은 바닥을 친다. 이는 조직의 사기를 떨어뜨리고, 조직원의 이탈로도 이어질 것이다.

8) Trust: 서로 신뢰하고 믿으라

아무리 훌륭한 갈등관리 기법이 사용된다 하더라도 갈등 당사자 간의 신뢰가 바탕이 되지 않으면 갈등은 근본적으로 해결될 수 없다. 조직에는 이익과 성과로만 따질 수 없는 무형의 가치가 있다. 그것은 바로 사람이라는 존재 자체에서 온다. 조직이 추구하는 이익 창출도 결국은 사람을 통해 이뤄진다. 사람과 사람 '사이'에는 무엇이 있을까. 바로 '약속'과 '믿음'이다.

사람 사이에는 믿음이 있어야 한다고 말한다. 하지만 그 믿음은 누군가에 의해 처음 시작되어야만 한다. 믿는다는 것! 아무래도 내가 먼저 믿어야만 한다. 그래야만 상대방도 나를 믿게 될 것이다. 신뢰를 구축하기 위해 '마중물' 정신이 필요한 이유다. 그렇게 시작된 한 사람의 믿음은 사람과 사람 사이에 퍼지면서 결국 신뢰라는 커다란 그물을 만든다. 우리 모두를 담을 수 있는 거대한 그물 같은 것이 되는 것이다.[3)]

소통을 위한 진단 코너: 동료와 갈등이 시작되었을 때 나는?

독일의 심리학자인 킬만(Thomas Kilmann)은 협조성(타인의 관심을 만족시키고자 노력하는 정도)과 공격성(자신의 관심을 만족시키고자 노력하는 정도)의 두 차원을 중심으로 갈등의 해결 유형을 회피, 경쟁(대립), 순응(양보), 타협, 협력의 다섯 가지로 구분했다.

그에 의하면, 타협은 자신과 상대가 서로 양보하여 최적은 아니지만 부분적 만족을 취하는 방식이다. 순응은 자신의 욕구 충족을 포기함으로써 갈등을 해결하는 소극적 방식이며, 회피는 자신과 상대방 모두를 무시함으로써 갈등 관계에서 탈출하고자 하는 방식이다. 경쟁은 상대방을 좌절시키고 자신의 욕구를 만족시키려는 적극적 전략이다. 협력은 문제 해결을 통해 쌍방 모두 이득을 보게 하려는 윈-윈(win-win) 전략이다.

당신은 동료와 갈등이 시작되었을 때 나는 어떻게 하겠는가? 다음은 여러분이 동료와 견해차로 갈등이 생겼을 때 여러분 자신이 어떻게 반응하는지를 알아보기 위한 문제다. 동료와 당신의 의견이 서로 다른 상황이라고 상상하면서 풀어보라. 우선, '1번~10번'는 동료와 의견이 다르다는 것을 느끼기 시작했을 때, 즉 동료와의 관계에서 갈등이 처음 발생했을 때 생기는 나의 첫 반응이다. 만약 머릿속에 떠오르는 갈등 상황이 있다면 그것을 생각하면서 나의 반응이 어떤지를 고르면 도움이 될 것이다.4)

점수 / 접근 방법	1점	2점	3점	4점	5점
1. 갈등이 생겼을 때 서투르게 양보하면 상대방이 계속 무시할 것이다.					
2. 갈등이 생기면 좀 불만스럽더라도 참아야 평화가 온다.					
3. 갈등이 생기면 우선 논리적으로 이야기하는 것이 중요하다.					
4. 갈등이 있을 때는 어떤 것을 얻기 위해서는 나도 무언가 포기하고 줄 수 있어야 한다.					
5. 갈등이 있을 때는 받는 것보다는 주려고 하는 것이 좋다.					

3) 사람들 사이에 신뢰가 있어야 공존할 수 있다. "어떤 직원과 함께 일하고 싶으세요?"라는 질문에 80%의 CEO가 "능력 있는 사람"보다 "믿을 수 있는 사람"이라고 대답했다는 조사 연구도 있다. 모두들 신뢰가 주는 진정한 이익을 알기에 하는 말이다. 신뢰는 이제 개인과 조직의 생존을 위해 모두에게 필수적으로 요구되는 자질이다. 신뢰를 받기 원하는가? 그러면 먼저 상대를 신뢰하라. 그리고 상대의 신뢰를 지속시킬 수 있는 행동을 실천하라. 세상을 움직이는 것은 사람이요, 사람을 움직이는 것은 서로에 대한 신뢰다.

4) 반드시 하나의 점수에만 ○ 표시를 하면 된다. 배점은 다음과 같다. 1점: 절대 그렇게 생각하지는 않는다. 2점: 가능성은 거의 없지만 어쩌다가 그렇게 생각할 수도 있다. 3점: 가끔 그렇게 생각할 때도 있다. 4점: 거의 그렇게 생각하는 편이다. 5점: 항상 그렇게 생각한다.

6. 갈등이 생기면 내가 희생하더라도 상대방의 처지를 최대한 이해하고 공감하도록 노력하는 것이 가장 중요하다.					
7. 갈등을 해결하기 위해 숨겨진 아픔이나 슬픔을 괜히 들춰 낼 필요는 없다.					
8. 상대방과 갈등이 있을 때 비록 완벽하게는 아니더라도 내가 바라는 대로 되도록 최선을 다할 것이다.					
9. 갈등을 해결하려면 나 혼자보다는 상대방의 생각을 모아보는 것이 좋다.					
10. 어떤 문제가 있을 때 지나치게 겸손하면 자신의 자존심을 짓밟게 된다.					

• 문항마다 표시한 점수를 다음과 같이 더하면 된다.

2번 점수( ) + 7번 점수( ) = ____ 회피
1번 점수( ) + 10번 점수( ) = ____ 경쟁/대립
5번 점수( ) + 6번 점수( ) = ____ 순응/양보
4번 점수( ) + 8번 점수( ) = __ 타협
3번 점수( ) + 9번 점수( ) = __ 협력

• 괄호 안의 것들 중 제일 점수가 높은 단어 순서대로 나열한다.
(회피, 경쟁 · 대립, 순응 · 양보, 타협, 협력)

소통의 창: 진단 요약 · 질문

1. 당신의 갈등 해결 유형 진단에서 가장 점수가 높게 나온 것은?
2. 당신의 갈등 해결 유형 진단 결과가 실제 당신과 비슷합니까?
   (아니라면 당신은 어떤 유형에 가까운가요?)
3. 당신의 갈등 해결 유형의 장단점은 어떤 것이 있을까요?
4. 이번 상황 진단에서 느낀 점이 있다면 무엇입니까?

4 고객과의 갈등, 불만 고객

갈등의 긍정적 해결이라고 할까? 불만 고객을 잘 다스려야 한다. 불만을 토로하는 고객에 대한 서비스 리더십이 갈등관리의 마무리다. 인간은 누구나 갈등을 싫어하고 자존심에 상처입기를 원치 않는다. 하지만, "좋은 약은 입에 쓰나 병에 이롭고, 충언은 귀에 거슬리나 행동에 이롭다(良藥苦於口而利於病, 忠言逆於耳而利於行)"고 했다.

사마천(司馬遷)의 『사기(史記)』에 나오는 말이다. 성공적인 협상이나 갈등 해결에 빠지지 않는 점은 듣고 이해하는 것이다. 여기에서는 불만 고객은 무엇 때문에 불만을 야기하는지, 어떻게 해야 고객 불만이 사그라지는지에 대해 알아본다.

1) 고객 불만의 네 가지 유형

출근하자마자 고객으로부터 심한 항의를 받게 된다면 반가워할 사람은 없다. 오히려 '아침부터 와서 왠 난리야!' 하며 불쾌해 하기 마련이다. 이런 경험이 자꾸 쌓이다 보면 아침뿐만 아니라 근무 시간 내내 항의하는 고객이 없기를 바라며 가슴 졸이며 근무하게 된다. 필자 역시 국회보좌관 근무 시절 지역주민의 터무니없는 민원성 전화와 술 취한 유권자의 횡포에 놀란 적이 많았다. 요즘은 인권과 민원인의 권한이 강해져 예전보다 항의의 강도도 높아지고 방법도 다양해지다 보니 직원들이 민원창구에 배치받는 것을 싫어한다. 이런 측면에서 민원인들을 직접 상대하는 창구 직원들이 올바르게 대접받고 평가받아야 할 것 같다. 행정기관을 찾아오는 고객들은 항상 그렇지는 않지만 어느 정도의 패턴을 가지고 있다. 요즘은 고객을 성격별로 구분하는 등 다양한 방법으로 고객 유형별 응대 방법을 교육하고 있지만 고객의 유형과는 크게 상관없이 불만을 가진 고객은 일정한 과정을 거친다.[5)]

한편, 불만 고객이 취하는 행동은 보통 네 가지로 유형화할 수 있다.

첫째, 해당 기업이나 관청에 직접 말하는 고객(voicer: 37%)이다. 해당 조직에 직접 컴플레인하는 바람직한 유형이다. 관련 조직에 직접 컴플레인하여 품질과 서비스 개선의 기회를 주는 가장 바람직한 유형이다.

둘째, 수동적(관망적)인 고객(passive: 14%)이다. 전혀 자신의 불평을 적극적으로 처리하지 않는 고객이다. 이것을 가멘(gamen)이라고도 하는데, 이는 불평하지 않고 소비의 결과를 운명의 결과로 생각하는 것이다. 해당 기관에 어떠한 불만도 하지 않는 유형으로 추가 이용 및 어떤 형태의 서비스를 이용하지 않는다. 불만을 속으로 쌓아두는 유형이다.

셋째, 분노하는 고객(irates: 21%)이다. 이런 고객은 실질적인 불평의 정도가 수준을 넘는 경우라고 할 수 있다. 불만 사항을 해당 관청(업체)에게는 절대로 하지 않고 주변인을 통해 말로써 절대로 이용(구매)하지 못하도록 하게 유도하는 유형이다. 보이콧 등 사적인 행동을 취한다.

---

5) 즉, 불만 고객은 분노→타협→부정→수용의 4단계 과정을 거치게 된다.

넷째, 불평뿐 아니라 적극적으로 불평행위를 취하는 고객(activists: 28%)이다. 이와 같은 행동파 고객은 1차적으로 관청(업체)에 직접 컴플레인을 하며 만족하지 못한 결과가 나오게 되면 법적 행동이나 대중매체를 이용해 소비자들에게 공식적으로 알려 해당 관청이나 기업에게 복수하는 유형이다. 즉, 공식기관(소비자보호원, 정부기관 등)이나 조직(민간단체 등)에 불평을 토로함으로써 자신의 불만을 해소하거나 배상을 요구하는 것이다.[6)]

2) 고객에 대한 기본 응대 자세와 불만 원인

고객은 독특성을 지닌 인간으로서, 서비스를 하는 입장에서는 존중하는 태도를 갖춰야 한다. 따라서 고객은 근본적으로 선의를 가지고 있다고 믿어야 한다. 고객의 입장에서 성의 있는 자세로 임해야 한다. 고객에 대한 선입관을 갖지 않아야 한다. 고객의 잘못을 책망하지 않아야 한다. 품위를 지키며, 평이한 언어를 사용해야 한다. 감정적 표현, 노출을 피하고 냉정하게 검토해야 한다. 논쟁이나 변명은 피해야 한다. 잘못된 점을 솔직하게 사과해야 한다. 설명은 사실을 바탕으로 명확하게 해야 한다. 내부 사정을 이유로 말하지 않아야 한다. 신속하게 처리해야 한다. 그렇게 했음에도 불구하고 고객의 불만을 즉각적으로 처리가 어려울 경우에는 컴플레인 처리의 '삼변주의'를 활용하면 된다.[7)]

한편, 다음과 같은 고객응대법은 오히려 불만을 악화시키는 원인이 될 것이다.

첫째, 고객에게 모든 책임을 전가한다. "이건 분명히 손님이 잘못하셨을 겁니다."

둘째, 사과만 한다. "죄송합니다만 그렇게 해드릴 수 없네요. 방침이 그렇습니다."

셋째, 책임을 다른 사람에게 전가한다. "그건 제 잘못이 아닙니다."

넷째, 귀찮은 듯한 말투를 쓴다. "계속 말씀하세요, 그래서 뭘 원하시나요?"

다섯째, 무례하게 응대한다. "그런 항의는 고객님이 처음입니다."

여섯째, 고객을 인터뷰한다. "이름? 주소? 방문 시기는? 등……"

일곱째, 고객을 의심한다. (거의 그럴 확률이 높다고 해도) "그것을 고객님이 착각하신 하신 게 아닌지 제가 어떻게 알겠습니까?"

---

6) 최근에는 악성을 뜻하는 블랙(black)과 소비자를 뜻하는 컨슈머(consumer)의 합성어인 블랙 컨슈머(black consumer)로 기업들이 골치를 앓고 있다. 이들은 기업에 지나친 보상을 요구하거나 피해를 본 것처럼 꾸며 보상을 협박하는 소비자다.

7) 첫째, 사람을 바꾼다: 상급자에게 보고(예: 판매사원에서 판매담당이나 책임자). 둘째, 장소를 바꾼다: 대화 분위기의 변화(예: 매장에서 사무실이나 응접실, 고객상담실). 셋째, 시간을 바꾼다: 즉답을 피하고 잠시 냉각 시간을 가진다.

여덟째, 아무런 반응도 보이지 않는다. "곧 연락드리겠습니다…… 무응답."

3) 컴플레인의 바람직한 처리 단계

컴플레인에 대한 바람직한 처리법은 다음과 같다.

첫째, 고객의 말을 막지 말고 격한 감정을 표출할 수 있도록 한다. 고객의 불만에 대해 변명하지 않고 공감을 표현해 준다. 고객의 불만에 당황하지 말고 침착하게 고객의 말을 경청한다. 고객의 감정을 이해해야 하며 공감을 표현한다.

둘째, 불만의 내용을 정확하게 질문하거나 기록한다. 그리하면 고객의 불만에 대해 진정으로 도와주려는 느낌을 준다. 불만의 구체적 내용 파악을 위해 조심스럽게 탐색 질문을 한다. 고객에게 공감을 표현하며 탐색 질문과 답변을 세밀하게 기록한다.

셋째, 고객에게 불만을 이해했음을 표현한다. 불만의 내용을 정확히 이해한다. 고객에게 공감함을 표현할 수 있는 진심 어린 응대어를 구사한다. 불만의 내용을 정확하게 요약 및 반복, 부연한다면 고객의 불만 내용을 완전히 이해했음을 의미한다. 진심 어린 응대어를 구사하여 고객의 자존심을 충족시켜줄 수 있다.

넷째, 최선의 방법을 선택하기 위해 고객을 만족시킬 방법을 탐색하며 어떻게 하면 만족될 수 있는지 고객에게 직접 도움을 청한다. 가능하면 최종 해결 방안을 제시하며 그에 대한 동의를 구한다. 불만의 성격에 따라 그 해결 방법이 복잡할 수 있다. 이러한 경우 규정 및 조직에 미치는 여러 가지 영향을 고려해야 하며 많은 절차와 시간이 필요하게 될 수 있다. 이럴 땐 적절한 조치를 계획하여 고객의 동의를 구해야 한다. 부정적인 단어의 사용을 금하고 긍정적인 어휘를 구사한다(예: 불가능합니다 → 가능한지 꼭 알아보겠습니다).

다섯째, 불만에 대해 솔직하고 구체적으로 진정한 감사를 표명하여 고객의 자존심을 충족시킨다. 감사함을 표현할 때 반드시 구체적으로 감사함을 표현한다. 불만을 토론한 고객에게 자신의 이름을 반드시 알려주고 고객에게 신뢰감을 주어야 한다.

그림 9-2 고객과의 갈등과 그들의 컴플레인

제 2 절 영원한 라이벌과 동반자와의 갈등

1 영원한 숙제, 남녀 차이의 갈등

1) 남자와 여자, 이렇게 다를 수 있을까?

남녀 차이로 인해 남녀 간의 대화가 엉키게 되거나, 단어 하나만 바꿔도 상대방을 기분 좋게 만들 수 있는 것이 남녀 관계다. 인류학자들에 의하면 남자와 여자가 수백만 년 동안 수행해 오던 역할의 차이가 있었다. 남자는 먹이를 찾아다니는 '먹이추적자(lunch-chaser)'의 역할을 해왔고, 여자는 둥지를 지키는 '둥지수호자(nest-defender)'의 역할을 해왔다. 그래서 남자들은 먹이를 찾기 위해 돌아다니던 넓은 영역을 개인적 공간으로 생각한다. 그래서 더 넓은 공간을 요구한다. 그러나 노인이나 자녀들을 돌보는 일을 하던 둥지수호자인 여자는 훨씬 더 좁은 영역을 개인적 공간으로 받아들이게 되었다. 따라서 여자들보다 더 넓은 공간을 개인적 영역으로 생각하는 남자는 독립을 유지하길 원한다. 하지만 더 좁은 공간을 개인적 영역으로 생각하는 여자들은 더 가깝게 다가가고 싶어한다.

그래서 남자들은 독립을 유지하길 원하고, 여자들은 유대 관계를 유지하길 원하는 경향이 있다. 이 말은 남녀 사이에서 남자들은 좀 더 거리를 유지하는 것이 편하다고 생각하지만, 여자들은 더 가깝게 다가가는 것이 편하다고 생각한다는 것이다.[8] 따라서 독립의 틀에서 대화를 하는 남자는 지위를 바탕으로 하여 상하 관계를 기준으로 대화를 나누고, 유대 관계의 틀에서 대화를 하는 여자는 균형과 평등을 바탕으로 대등 관계를 기준으로 대화를 나눈다.

따라서 남자아이들은 놀 때도 여러 명이 모여서 전쟁놀이, 군인놀이 같은 것으로 상하 관계를 만들어서 논다. 그러나 여자아이들은 인형놀이나 소꿉놀이를 하면서 대

8) 예를 들어 여자가 남자에게 "그런 건 저랑 좀 상의하면 안 돼요?"라고 말하면, 남자는 이것을 허락을 받으라는 말로 받아들여 자신의 '독립'을 침해하는 것이라고 판단하고 여자의 태도를 받아들이기 힘들어 한다. 그러나 여자는 남자와 의논한다는 것이 허락이라는 것과는 전혀 무관하다고 생각한다. 단지 함께 사귀는 애인(부부)라면 모든 일을 의논할 수 있어야 하며, 이것은 '유대 관계'의 표현이라고 생각하기 때문이다.

등하게 놀기를 좋아하는 것도 바로 이런 이유 때문이다. 이와같이 독립과 상하 관계를 기본 틀로 가진 남자, 유대 관계와 대등 관계를 기본 틀로 가진 여자의 대화는 화성인과 금성인의 대화만큼 어렵다.

2) 먹이추적자와 둥지수호자

출판사에 다니는 전무가 오랜만에 저녁을 사주었다. 즐겁게 대화를 나누면서 피즈(Allan Pease)의 『말을 듣지 않는 남자 지도를 읽지 못하는 여자(*Why men don't listen and women can't read maps*)』라는 책을 추천받고 광화문 교보문고에 가면서 산 책이다. 이해하기가 쉬웠다. 『화성에서 온 남자, 금성에서 온 여자』보다 읽기가 훨씬 수월했다.

필자는 이 책을 읽는 내내 남자의 모든 특성은 먹이추적자인 조상으로부터 물려받은 유산이고, 이 유산을 강화시키기 위해 남성 호르몬인 테스토스테론이 적극적인 활동을 펼친다는 사실을 발견하게 되었다. 반면 여성의 모든 특성은 둥지수호자로서 에스트로겐이라는 여성 호르몬에 의해 표면화된다는 점을 깨닫게 되었다.

저자에 의하면 남녀의 차이는 호르몬 분비의 차이에서 기인하는 것이기 때문에 왜 남자와 여자가 다른지를 궁금해 하는 것은 왜 하늘에서 비가 오냐고 따져 묻는 것과 같다고 주장한다. 특히 남자의 조상이 먹이추적자였고, 여자의 조상은 둥지수호자였기 때문에 각자의 임무에 맞게 진화되어 왔다고 강조한다. 따라서 남자는 공격적이고 많은 후손을 남기기 위해 가능하면 많은 여자를 수태시키고 싶은 본능이 있지만, 여자의 경우 자신과 새끼에게 안락한 보금자리와 먹이를 가져다 줄 강한 남자에게 끌리게 된다고 설명한다.

남자는 스트레스 상황이나 압력 상황에 놓이면 두뇌 기능 중 공간 지능과 논리 기능이 활발하게 작동한다. 그러나 여자는 언어 기능이 활발하게 작동되어 말을 하기 시작한다. 때로는 거의 쉬지 않고 말을 해버린다. 따라서 여자는 열을 받거나 스트레스를 느끼면 들어줄 사람을 찾아나서고 그 사람을 앞에 놓고 한없이 얘기를 한다.[9)]

스트레스를 받으면 여자는 깊은 생각 없이 말하고, 남자는 깊은 생각 없이 행동한다. 바로 이 때문에 교도소에 있는 사람의 90퍼센트가 남자이고, 치료사를 만나러 가

---

9) 친구들을 상대로 몇 시간에 걸쳐 문제점을 말하는가 하면 구체적인 사항을 낱낱이 말해 준다. 그리고도 부족하여 또 다른 사람을 상대로 같은 말을 재탕한다. 그녀는 현재의 문제, 과거의 문제, 장래의 문제, 밑도 끝도 없는 문제들을 쉴 새 없이 말한다. 이렇게 말하는 그녀는 분명 해결안을 찾으려는 게 아니다. 그렇게 말하는 과정 그 자체가 하나의 위안이요 격려인 것이다.

는 사람의 90퍼센트가 여자다. 만약 임신 초기에 남자인 태아의 체내에서 테스토스테론이 억압된다면(여성 호르몬이 증가한다는 것과 같은 뜻), 여성적인 남자아이 혹은 게이 남자아이가 태어날 가능성이 아주 높아진다. 만약 태아가 여자라면 그 아이는 초여성적인 아이 혹은 공간 지능이 형편없는 아이가 될 가능성이 높다. 바꿔 말하면 이 여자아이는 모성 본능이 강하고 양육을 잘하지만 평행 주차와 북쪽 찾기는 제대로 하지 못할 것이다. 테스토스테론을 억압하는 것은 무엇인가? 주범은 스트레스, 질병, 일부 약제 등이다.[10)]

저자가 주장한 내용 가운데 재미있게 본 문장이 있다. 현대의 결혼은 유대-기독교의 이데올로기가 만들어 낸 발명품이고, 결혼이라는 제도가 가진 뚜렷한 목적은 신자 확대일 뿐이라고 주장하는 대목이다. 또 섹스는 여자가 결혼의 대가로 지불하는 것이고 결혼은 남자가 섹스의 대가로 지불하는 것이다. 신경이 날카로운 남자는 술을 마시고 다른 나라로 쳐들어간다. 신경이 날카로운 여자는 초콜릿을 씹어 먹고 쇼핑센터로 쳐들어간다. 이 내용이 사실인지 아닌지 필자가 증명할 과제는 아니다. 이에 대한 반감을 갖는 사람들도 분명 존재할 것이고, 필자 또한 이 책의 저자가 주장하는 내용을 전면으로 수용할 생각은 없다. 하지만 차이를 인정한 뒤 서로에 대한 이해를 높이는 것이 평등한 사회로 가는 전제라는 주장에는 동의한다. 안 싸우려고 본 책인데 싸우는 것이 당연하다는 결론이 나온 책이다.

소통의 창: 남녀의 차이

남녀 차이를 보여주는 연구 결과가 네티즌들 사이에서 화제가 된 적이 있다. 남성은 얼굴을 먼저 보는 반면 여성은 의상이나 가방, 구두 등 소품을 먼저 본다는 사실이 심리학 연구자 모스(Felix Merce Moss)가 이끈 연구팀이 발표한 논문의 결과로 밝혀진 것이다. 이 연구 결과가 화제가 되자 뒤이어 거울을 볼 때 남녀 차이를 보여주는 게시물이 올라와 덩달아 관심을 가지고 보았다. '사진을 볼 때 남녀 차이'만큼 과학적이고 체계적이지는 않지만 보는 이들의 호응과 공감만큼은 이에 못지않다. 게시물에는 거울을 보는 남녀의 생각 차이를 비교한 이미지가 담겨 있다. 거울을 볼 때 여자는 갈비뼈가 드러날 정도로 마른 몸매에도 거울 속 자신을 배가 나온 뚱뚱한 여자로 인식하지만, 남성의 경우 거울을 볼 때는 평범한 자신의 몸이 근육이 울퉁불퉁한 '몸짱'으로 보고 있다.

한편, 오랜만에 친구와 만나면 여자의 경우 빠른 시간에 머리 모양부터 신발까지 한눈

---

10) 테스토스테론은 성공, 성취, 경쟁의 호르몬이다. 60대에 들어서면 남자는 테스토스테론의 수치가 저하되고, 여자는 이와는 반대다.

에 훑어본다. 그러나 남자의 경우 서로 눈빛을 주고받는다. 소개팅과 여동생, 배우 등에 대한 이야기를 하면 여자의 경우 그와 관련된 대화를 이어나가지만 남자는 어떤 주제든 "예쁘냐"라고 질문한다. 태생부터 남자와 여자의 다양한 차이 때문에 가방이나 신발을 고르는 것이다. 상대를 고르는 기준 등 여러 부분에서 남녀 차이점을 보인다. 여자는 상황에 따라 각기 다른 느낌의 가방을 선택하지만 남자들은 항상 백팩(backpack)만을 멘다. 남자들은 동성에 관심이 없지만 여자들은 동성이라 해도 상대의 머리끝부터 발끝까지 완벽한 스캔이 가능하다는 점 등이 필자의 공감을 자아냈다.

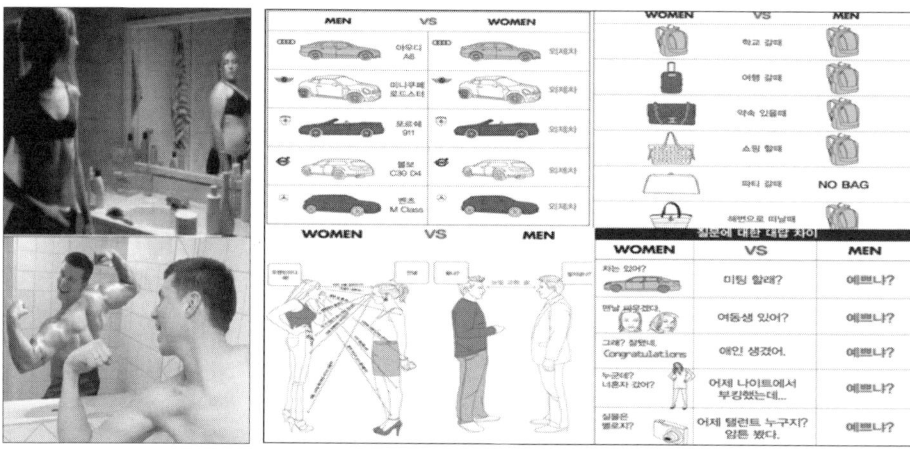

그림 9-3 남자와 여자의 차이

소통을 위한 진단 코너: 남녀의 두뇌 회로 진단과 차이

『말을 듣지 않는 남자 지도를 읽지 못하는 여자』의 저자 피즈에 의하면 "인권적으로 남자와 여자가 평등해야 하는 것"은 맞을지 몰라도 남자와 여자가 성(性)의 구분 없이 일을 한다는 것은 그다지 효율적이지 않다. 둘은 다르다. 신체도 정신도 모든 것이 다르다. 여자가 잘할 수 있는 일, 남자가 잘할수 있는 일은 어느 정도 타고나는 것이다. 어떤 학자가 실험을 해보았다고 한다. 남자아이들을 키우면서 인형 · 바느질 · 등을 시키며 여자처럼 교육시키고, 여자아이들을 키우면서 로봇 · 총 · 축구 등을 가르치는 실험을 했다. 놀랍게도 후천적인 교육에도 불구하고 남자들은 여전히 싸우고 다투고 위계를 만들었으며, 여자들은 협동적이며 보호적이고 다과 시간과 수다를 좋아하게 되었다고 한다. 결국 남자와 여자는 다르다는 것이다. 남자와 여자가 현재 싸우는 이유가 "자기는 왜 그래?"란 말과 시작되는 수많은 다툼이다. 이러한 현상은 지금 시대에만 그런게 아니고 수백 년 전에도 그러했으며, 몇백 년 후에도 그럴 것이다. 왜냐면 "남자와 여자는 그렇게 생겨먹었기" 때문이란다.

1. 지도를 읽거나 도로안내판을 볼 때 당신은?
A. 어려움을 느껴서 남의 도움을 청한다.
B. 지도를 펼치면서 가야 할 방향을 살핀다.
C. 아무런 어려움 없이 지도와 안내판을 읽는다.

2. 라디오를 틀어놓고 친구의 전화를 받으면서 복잡한 요리를 해야 하는 상황이다. 이럴 때 당신은?
A. 라디오를 그대로 틀어놓고 요리를 하면서 친구와 전화를 한다.
B. 라디오를 끄고, 전화를 하면서 요리를 한다.
C. 요리가 끝나는 대로 전화를 하겠다면서 전화를 끊는다.

3. 당신의 새집에 친구들이 방문하겠다며 위치를 묻는다. 이럴 때 당신은?
A. 명확하게 위치가 그려진 지도를 만들어 친구에게 보낸다.
B. 친구들이 알고 있는 지형지물을 파악한 다음, 그것을 중심으로 방향을 알려준다.
C. 말로 찾아오는 방법을 알려준다. "강남대로를 타고 오다가 국민은행을 보고 좌회전"

4. 어떤 생각이나 개념을 설명할 때 당신은?
A. 연필, 종이, 몸짓 언어를 사용한다.
B. 몸짓 언어와 제스처를 써가며 말로 설명한다.
C. 분명하고 간결한 말로 설명한다.

5. 감동적인 영화를 보고난 후 집으로 오면서 당신은?
A. 마음속으로 영화의 멋진 장면을 회상한다.
B. 멋진 장면과 그 속의 대화에 대해 말한다.
C. 영화 속의 대화만 주로 인용한다.

6. 영화관에 들어가서 당신은?
A. 주로 영화관 오른쪽에 앉는다.
B. 아무데도 신경쓰지 않는다.
C. 영화관의 왼쪽에 앉는다.

7. 친구가 고장 난 기계장치를 갖고 왔을 때 당신은?
A. 동정을 해 주면서 친구의 기분을 이해한다.

B. 그 장치를 고칠 수 있는 사람을 추천한다.

C. 기계의 작동 과정을 살펴보면서 가능하면 고쳐주려 한다.

8. 낯선 곳에 갔는데 누군가 당신에게 다가와 북쪽이 어디냐고 물으면 당신은?

A. 잘 모른다고 실토한다.

B. 잠시 생각해 본 뒤에 당신의 의견을 말한다.

C. 아무 어려움 없이 북쪽을 가리킬 수 있다.

9. 아주 비좁은 주차 공간을 발견하여 후진 주차를 해야 한다. 이럴 때 당신은?

A. 다른 주차 공간을 알아본다.

B. 조심스럽게 후진 주차한다.

C. 아무 어려움 없이 주차한다.

10. 텔레비전을 보고 있는데 전화가 왔다. 그러면 당신은?

A. 텔레비전을 그대로 켜둔 채 전화를 받는다.

B. 텔레비전 소리를 낮추고 전화를 받는다.

C. 텔레비전을 끄고 식구들에게 조용히 하라고 한 다음 전화를 받는다.

11. 좋아하는 가수의 새 노래를 방금 들었다. 이럴 때 당신은?

A. 그 노래의 일부를 별 어려움 없이 금방 따라 부른다.

B. 정말 쉬운 노래라면 추후에 몇 소절은 따라 부른다.

C. 노래 가락은 전혀 기억할 수 없지만 가사는 일부 기억한다.

12. 당신이 어떤 일의 결과를 가장 잘 예측하는 방법은?

A. 육감을 이용하는 것이다.

B. 입수된 정보에 육감을 적용시켜 결정한다.

C. 사실, 통계 수치, 데이터에만 이용한다.

13. 당신은 열쇠 꾸러미 둔 곳을 잊어버렸다. 이럴 때 당신은?

A. 생각이 저절로 날 때까지 딴일을 생각한다.

B. 딴 일을 하지만 계속 열쇠 꾸러미 생각을 한다.

C. 마음속으로 차근차근 상황을 되짚어 어디다 두었는지 기억해 낸다.

14. 호텔 방에 들어갔는데 먼 곳에서 사이렌 소리가 난다. 이럴 때 당신은?

A. 소리가 나는 방향을 정확하게 짚어낸다.

B. 정신을 집중하면 그 방향을 짚어낼 수가 있다.

C. 방향을 전혀 알지 못한다.

15. 당신은 사교 모임에 가서 7~8명의 새로운 사람을 만났다. 그럴 때 당신은?

A. 어렵지 않게 그들의 얼굴을 기억해 낸다.

B. 몇몇 사람의 얼굴을 기억한다.

C. 이름남 기억하는 정도다.

16. 취침 시간과 식사 시간은?

A. 마음 내키는 때에

B. 기본 스케줄을 정하지만 신축성이 있다.

C. 매일 정해진 시간에

17. 당신은 새 직장에 들어가서 새로운 사람들을 많이 만났다. 그들 중 한 사람이 당신의 집으로 전화를 했다. 이럴 때 당신은?

A. 그의 목소리를 쉽사리 알아듣는다.

B. 목소리를 알아듣는 확률이 반반이다.

C. 목소리를 잘 알아듣지 못한다.

18. 사람들과 언쟁을 할 때 당신을 제일 황당하게 만드는 것은?

A. 그들의 침묵이나 무반응

B. 그들이 당신의 관점을 이해해 주지 않을 때

C. 그들이 당신의 견해를 의심하면서 따지고 들 때

19. 학창 시절 철자 테스트나 작문 시간에 당신의 느낌은?

A. 둘 다 아주 쉽게 해냈다.

B. 두 가지 중 한 가지만 그런대로 해냈다.

C. 둘 다 잘하지 못했다.

20. 춤이나 재즈 댄스를 배울 때 당신은?

A. 기본 스텝만 배우면 음악을 몸으로 '느낄' 수 있다.

B. 연습은 그런대로 하는데, 막상 사람들과 하면 헷갈린다.

C. 리듬을 제대로 타는 것이 어렵다.

21. 동물들의 소리를 알아맞히고 또 흉내내는 능력은?

A. 별로 좋지 않다.

B. 보통이다.

C. 아주 좋다.

22. 고단한 하루 일과가 끝나면 당신은?

A. 하루 동안 벌어진 일에 대해 친구나 가족과 얘기한다.

B. 남들이 그들의 하루 일과를 얘기하는 걸 듣는다.

C. 신문을 읽고 텔레비전을 볼 뿐, 말은 하지 않는다.

23. 당신은 산으로 휴가를 가고 싶은데 배우자는 바다로 가자고 한다. 배우자를 설득할 때 당신은?

A 당신의 입장을 이해시킨다. 당신이 얼마나 산을 좋아하는지 아이들도 재미있어 할 거라고 설득한다.

B. 가족들에게 노골적으로 산에 따라갔으면 좋겠다고 하고, 다음번에 바다로 가자고 말한다.

C. 합당한 사실을 말한다. 지리상, 비용 문제, 스포츠와 여가시설을 지적한다.

24. 하루 일과를 계획할 때 당신은?

A. 틈틈이 참조할 수 있도록 종이 위에다 써놓는다.

B. 해야 할 일을 머릿속에 생각한다.

C. 마음속에서 만나야 할 사람, 가보아야 할 장소, 해야 할 일 등을 구체적으로 그려본다.

25. 친구가 고민이 있어 당신을 찾아왔을 때 당신은?

A. 동정해 주고 이해해 준다.

B. 그 고민은 그리 심각한 것이 아니라고 말하면서 그 이유를 설명해 준다.

C. 그 고민을 해결할 수 있는 방법에 대해 합리적인 조언을 해 준다.

26. 두 친구가 바람을 피우고 있다. 당신은 그것을 어떻게 아는가?

A. 아주 쉽게 눈치챌 수 있다.

B. 눈치챌 가능성은 반반이다.

C. 눈치채지 못한다.

27. 당신이 볼 때 인생의 목적은 무엇이라 생각하는가?

A. 친구를 사귀고 주위 사람들과 조화롭게 사는 것이다.

B. 개인의 독립을 유지하면서 남들에게 우호적으로 대하는 것이다.

C. 가치 있는 목표를 성취하고, 다른 사람의 존경을 받고, 출세와 명예를 얻는 것이다.

28. 마음대로 선택할 수 있다면 어떤 방식으로 일하고 싶은가?

A. 여러 사람과 함께 어울리는 팀에서

B. 당신만의 공간을 유지하면서 다른 사람들의 주위에서

C. 당신 혼자서

29. 당신이 읽기 좋아하는 책은?

A. 소설과 픽션

B. 잡지와 신문

C. 논픽션과 전기물

30. 쇼핑을 갈 때 당신은?

A. 특이한 제품을 보면 충동 구매를 한다.

B. 대강의 계획을 가지고서 눈에 보이는 대로 산다.

C. 상표를 읽어가며 가격을 비교한다.

〈테스트 점수 매기기〉 먼저 A, B, C의 숫자를 헤아리고 아래와 같이 총점을 구하라.

남자의 경우

A의 개수 × 15점=

B의 개수 × 5점=

C의 개수 × -5점= 총점 ___________

여자의 경우

A의 개수 × 10점=

B의 개수 × 5점=

C의 개수 ×-5점= 총점 ___________

대부분의 남자는 0~180 내외의 점수를, 대부분의 여자는 150~300의 점수를 획득한다. 남성적인 사고 방식으로 구축되어 있는 두뇌는 150 이하의 점수를 기록한다. 이 점수가 0에 가깝게 내려가면 갈수록, 더 남성적인 사람이 되고 또 테스토스테론의 수치도 높아진다. 이런 사람은 아주 논리적이고, 분석적이며, 또 언어 능력도 높고, 잘 훈련되고 잘 조직된 사람이다. 0에 가까이 다가가는 사람은 좀처럼 감정의 영향을 받지 않는다. 마이너스로 내려가는 수치는 고도의 남성적 두뇌를 가리킨다. 여자가 이런 수준이면 레즈비언의 경향을 갖는다. 확인하면 남자는 머릿속에서 문제들을 분석하여 보류할 것은 보류한다. 그러나 여자들은 문제를 머릿속에서 계속 휘젓기만 한다.

결과 분석표

당신의 뇌는 여성적인가? 남성적인가?

점수	결과
320	**고도의 여성적 두뇌**
300	
280	**여성적 두뇌**
260	
240	
220	
200	
180	**중복 부분**
160	
140	**남성적 두뇌**
120	
100	
80	
60	
40	
20	
0	**고도의 남성적 두뇌**
−20 이하	

그림 9-4 남녀 소통의 차이

2 새로운 시선: 욕, 갈등의 원인인가?

언제 '욕'을 하게 될까? 필자의 경우는 제 분을 참지 못할 때, 분노를 느낄 때, 혹은 대화의 감초(?)로 욕을 한다. 그러나 되도록이면 욕을 하지 않는 편이다. 아무래도 대학 강단에 서면서 스스로의 감정을 자제하거나 억제하는 방법을 알게 된 탓일 것이다. 말을 할 줄 아는 사람들 가운데 아마 욕 한두 가지 못하는 사람은 없다.[11] 그런데 우리 사회는 욕을 '상놈'이나 하는 천한 말이라는 양반문화의 전통에 의해 금기시하고 있다. 그래서 욕하는 사람을 돼먹지 못한 잡놈으로 취급하고, 아이들에게도 욕하면 안 된다고 어려서부터 교육하고 있다.

하지만 현실을 돌아보자. 지금 우리는 사방천지가 온통 욕으로 도배된 '욕의 세상'에 살고 있다. 심지어 말을 배우는 어린아이들조차도 욕을 입에 달고 다니는 경우를 본다. 우리는 직장 상사의 꾸지람에 얼굴을 파묻고 말로는 "네~ 네"를 되풀이하지만 '병신, 지랄하고 있네'를 속으로 되풀이한다. 이렇듯 욕은 우리들의 일상생활에서 떼려야 뗄 수 없는 소통 수단이 되었다.

1) 욕의 유래와 뜻

모든 민족은 욕(辱)을 가지고 있고, 욕은 민족의 특성마다 각각 다르다. 5000년 역사를 지닌 우리 민족도 수많은 욕을 가지고 있고 그 표현과 의미에는 우리 민족의 특징이 배어 있다. 필자는 인간이 가지고 있는 미묘한 심리 상태를 파악하고 좀 나아가 원활한 소통을 유지하는 하는 방법의 일환으로 욕에 대한 조사를 해보았다. 이에 앞서 욕의 개념을 정리해 본다.

욕(辱)은 욕설(辱說)의 줄임말이다. 욕은 순수 우리말로 '상소리' 또는 '쌍소리'다. '욕설'의 사전적 의미는 남을 저주하는 말, 남을 미워하는 말, 남을 욕되게 하는 말, 남의 명예를 더럽히는 말이다. '욕'도 이와 비슷한 '명예스럽지 못한 일, 꾸짖거나 헐뜯는 일'이 사전적 의미다. 따라서 사람들이 흔히 '욕설을 퍼붓다'라고 하면 '상대를 저주하는 말과 명예를 더럽히는 말을 마구 하다'로 상대방의 마음을 상하게 하는 행위를 뜻한다. 그러므로 자주 쓰는 말인 '욕하다'도 '상대를 꾸짖거나 헐뜯는 행위'라는 뜻이다. 이와 같은 사전 해석처럼 욕은 주로 남에게 하는 말로 공격적이고 증오에 차

11) 필자의 절친한 친구 중에 교육원을 경영하는 박 대표는 운전을 하다가 다른 차가 끼어들거나 뭔가 마음에 안 들면 바로 "쉣(shit), 뻑큐(f.u)~"라는 욕이 튀어나온다(그래도 무척 귀엽다).

있다. 그러나 욕은 자신에게도 많이 사용된다. "이런 빙신 같은 새끼"와 같이 자신이 어리석었을 때 주로 사용하기도 한다.

2) 사랑의 말이 격려가 된다면 욕은 채찍이 된다

욕은 오랜 세월 금기어로 취급받아 왔지만 이미 우리 생활 속에 깊숙하게 들어와 있다. 욕을 금기의 언어, 천박한 언어, 잡놈들의 언어로 몰아붙여 금지시킨다고 해서 결코 없어지지 않는다. 그것은 욕이 음지의 언어로 인간 생활의 한 축을 담당해 왔기 때문이다. 현재 욕은 이중성을 지니고 있다. 즉, 인간사에 좌와 우가 있고, 희망과 절망이 있고, 빛과 어둠이 있듯이, 말에도 고상한 말과 욕이 함께 있다.

그럼 '욕'을 어떻게 대할 것인가? 인간이 아니고서는 욕을 할 줄 모른다. 그런 점에서 필자는 욕을 살짝 권한다. 욕 좀 하고 살아도 된다. 하지만 막말을 권장하는 것은 결코 아니다. 도덕도, 인륜도, 예절도 내팽개치고 다른 사람들을 업신여기고, 차별하고, 상처 주는 말을 하는 것을 방치하자는 것도 아니다. 필자의 선배 중에 술만 마시면 욕을 하는 욕박사가 있다. 아주 보기가 싫다. 욕에도 도(道)가 있다. 이른바 '욕도(辱道)'라고 호칭하고 싶다. 그래서 욕에도 하수의 욕과 중수의 욕, 고수의 욕, 그리고 최고수의 욕이 있다. 상처 주고 업신여기는 욕은 하수의 욕이다. 이는 안 한 것만 못한 쓰레기 욕이다. 상대에 대한 절묘한 풍자와 해학으로 때로는 날카로운 비판을, 때로는 너털웃음을 터뜨리게 만드는 고수의 욕이라면 세상을 훨씬 따뜻하게 만드는 역할을 할 수 있다. 물론 최고수의 욕은 예수의 욕처럼 거의 성인의 경지에 다다른 사람들만이 구사할 수 있는 욕을 말한다.[12)]

따라서 필자는 욕에 대한 새로운 시선, 욕에 대한 당당함, 욕을 제대로 할 줄 아는 욕의 고수를 원한다. 고수의 욕이라면 제대로 된 소통이 일어나고 또 보너스로 카타르시스에 의한 자기 치유의 기적도 일어날 것 같다. 욕을 욕답게, 제대로 된 욕을 구사하자. 희망의 말이 빛을 발한다면 욕은 어둠을 삼킨다. 사랑의 말이 격려가 된다면 욕의 말은 채찍이 된다. 따라서 이제 욕은 분노의 폭발이며, 욕은 서민적이고 대중적인 언어의 수단이다. 욕 먹어야 할 사람에게 욕을 하는 건 자연스러운 현상이다. 욕은 그런 일이 다시 발생하지 않게 하기 위한 일종의 사회적 필요성에 의해 자연스럽

---

12) '나꼼수' 김용민 후보가 8년 전 한 인터넷 방송에서 했던, 본인도 기억하지 못하는 '막말' 파문으로 온갖 비난과 구설에 시달렸다. 개그맨 김구라 씨 역시 예전에 인터넷 방송에서 했던 '막말'로 구설에 오르자 방송 출연을 중단하고 자숙의 시간을 가졌다. 두 사람 모두 문제가 된 것은 '막말', 이른바 욕설이었다. 감히 돼먹지 못한 말을 방송에서 지껄였다는 것이 문제였다.

게 생긴 장치라고 생각한다. 욕 먹어 싼 놈들에겐 그놈들을 위해서라도 사회를 위해서도 욕은 해야 하는 것이다.

3) 욕, 제대로 하는 법

인터넷은 아예 욕의 천국이다. 각종 게시판은 욕으로 넘치고, 인터넷 게임장에서는 욕이 난무한다. 물론 욕은 사용 금지돼 있어서 **으로 표시되지만 네티즌들은 이러한 방어벽을 절묘하게 뛰어넘어 자유자재로 욕을 구사한다. 10대 청소년의 세계로 진입하면 욕은 더욱 가관이다. 아이들은 아예 '졸라'라는 욕을 '매우'라는 부사쯤으로 알고 있다. 또 욕은 나쁜 것이라는 기성 세대를 비웃으며 '이런 면~접 같은' '이런 CGV' 등 욕 아닌 욕들을 개발해서 언어 생활에 도입했다. 심한 경우이기는 하지만 욕을 빼면 언어 소통에 지장을 초래할 정도까지 욕을 입에 달고 사는 사람도 있다.

그런 사람은 보통 청소년층에 많이 있으며, 저학력·저소득층일수록 일상생활에서 욕을 쓰는 빈도가 잦다. 그렇다고 고학력이나 고소득층, 소위 말하는 엘리트 계층의 사람들이 욕을 모르고 사느냐 하면 그것은 또 아니다. 그들도 인간이기 때문에 자신도 모르는 사이에 욕을 입에 담곤 한다. 욕을 하는 사람은 욕을 먹는 사람의 기분을 어느 정도 파악하고 있으며 상대방에게 어떤 심리적 변화를 일으키기 위해 욕을 하는 것일까?

욕하는 법! 이상하게 들리겠지만 욕에도 욕학(辱學)이 있다. 그래서 욕하는 사람의 자세와 태도도 중요하며, 욕을 듣는 사람에 대한 배려와 애정도 필요하다. 욕을 욕답게, 제대로 된 욕을 구사해야 한다. 그럼 제대로 욕하는 법에 대해 알아보자.

첫째, 욕은 욕을 먹는 대상의 범위를 벗어나면 안 된다. 광수에게 욕을 하는 거면 광수를 욕해야지 광수의 부모나 형제나 친구 등을 욕한다면 욕을 하는 놈이 상당히 저질이다. 이건 마치 인질극을 벌이는 것과 같아서 가장 저급하고 가장 치졸하고 가장 더러운 욕이다.

둘째, 욕이 아니라 저주를 퍼붓는 것이다. "죽어버려! 뒈져라!" "니 자식……니 부모가 ~~게 되라." 뭐 이런 타입이다. 이건 말 그대로 욕이 아니다. 저주다. 인간이 다른 인간의 불행을 비는 행위는 올바른 욕이 아니다. 제발 하지 마라.

셋째, 신체의 일부를 비하하는 경우다. 사실 대부분 성기에 관한 것이다. 이런 욕을 하는 사람은 정신 상태가 약간 정상이 아닌 놈이다. 성기가 무슨 죈가? 성기를 들먹거리는걸 욕이라고 생각하는 자체가 비정상이다. 이건 욕이 아니고 그냥 상대방에게 수치심을 주고 싶어하는 심리에서 나온 것이다. 아주 지극히 진화가 덜된 짐승의 뇌

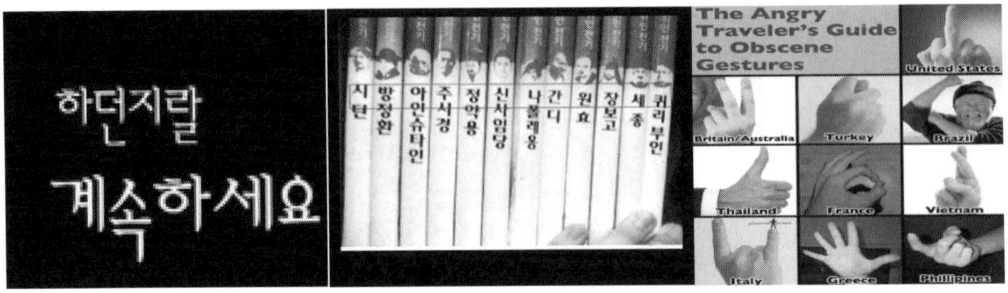

그림 9-5 욕에도 욕학(辱學)이 있다

를 가진 놈들이 이런 짓을 많이 한다.

넷째, 왜 욕을 하는지도 모르고 남들이 하니까 같이 하는 경우다. 이런 사람은 그냥 밑도 끝도 없이 남들이 하니까 따라하는 것이다. 욕을 하는 걸로 쾌락이나 마음의 안정을 얻는 일종의 사이코다. 필자는 이 정도만 유념하면 된다고 본다. 더 이상 안 바란다. 어쨌든 욕먹고 살지 말자!

소통을 위한 진단 코너: 갈등관리 스타일 진단 도구

※작성법: 업무와 관련된 갈등, 가족 갈등 또는 사회적 갈등과 같은 15개의 문항에 대답하기 위한 나름의 기준을 선택하고 그 기준을 아래의 문항에 응답할 때에 기억해 주시기 바랍니다. 15개 각각의 문항에 대해 네 가지 가능한 응답들에 총점수가 10점이 되도록 할당해 주시기 바랍니다.

〈작성 사례〉 내가 감독하는 사람들이 개인적 갈등에 빠져 있을 때, 일반적으로 나는?

3(5) 논쟁을 수습하기 위해 개입한다.

6(3) 그 문제에 관해 토의하기 위해 회의를 소집한다.

1(1) 내가 할 수 있다면 도움을 제공한다.

0(1) 문제를 무시한다.

1. 내가 좋아하는 누군가가 나에게 소리를 치거나, 위협하거나, 욕을 하는 것과 같은 위협적 행동을 할 때, 나는?

______ 위협적인 태도로 반응한다.

_______ 그의 위협적 행동을 포기하도록 설득하려 할 것이다.
_______ 가능한 한 가만히 서서 들을 것이다.
_______ 그냥 걸어서 나간다.

2. 나에게 상대적으로 중요하지 않은 사람이 나에게 소리를 치거나, 위협하거나, 욕을 하는 것과 같은 위협적 행동을 할 때, 나는?

_______ 위협적인 태도로 반응한다.
_______ 그의 위협적 행동을 포기하도록 설득하려 할 것이다.
_______ 가능한 한 가만히 서서 들을 것이다.
_______ 그냥 걸어서 나간다.

3. 나는 화가 나서 위협하고 적의적이며, 강한 의견을 주장하는 갈등에 빠진 사람들을 볼 때, 나는?

_______ 개입하여 나 자신의 입장을 이야기한다.
_______ 중재하려고 시도한다.
_______ 무슨 일이 일어나는가를 곁에서 바라본다.
_______ 가능한 빨리 떠나버린다.

4. 나에게 손해를 주면서도 자신의 요구를 이루고자 하는 다른 사람을 볼 때, 나는?

_______ 그 사람을 변화시킬 수 있는 어떤 것이든 한다.
_______ 그 사람을 변화시키기 위해 설득과 '사실'을 활용한다.
_______ 그 사람과 나의 관계를 변화시키려고 노력할 것이다.
_______ 그 상황을 그대로 받아들인다.

5. 대인 간의 논쟁에 처할 때, 나의 일반적인 방법은?

_______ 내가 하는 문제를 볼 수 있도록 그 사람을 끌어들인다.
_______ 가능한 논리적으로 양자 사이의 문제를 살펴본다.
_______ 가능한 타협을 위해 열심히 찾아볼 것이다.
_______ 시간이 문제를 해결하도록 내버려둔다.

6. 갈등을 대하는 가장 중요한 가치가 되는 속성은?

__________ 감정적 강점과 보안이다.

__________ 지적 능력이다.

__________ 사랑과 개방성이다.

__________ 인내다.

7. 내가 매우 좋아하는 사람과 심한 언쟁을 한 이후에, 나는?

__________ 돌아가서 내 방식으로 일을 수습하려고 강하게 바란다.

__________ 돌아가서 어떤 주고받음이 필요하건 그것을 해결하려고 한다.

__________ 무척 걱정을 하나 더 이상의 접촉을 하려고 하지 않는다.

__________ 내버려두고 더 이상의 접촉을 하려고 하지 않는다.

8. 내가 신경을 쓰는 두 사람 사이에 갈등이 심각하게 진행되는 것을 보았을 때, 나는?

__________ 이것이 초래하게 될 나의 실망감을 표현한다.

__________ 그들이 서로의 차이를 해결하도록 설득한다.

__________ 어떻게 되는가를 지켜본다.

__________ 그 자리를 떠나버린다.

9. 나에게 상대적으로 덜 중요한 두 사람 사이에 갈등이 심각하게 진행되는 것을 보았을 때, 나는?

__________ 이것이 초래하게 될 나의 실망감을 표현한다.

__________ 그들이 서로의 차이를 해결하도록 설득한다.

__________ 어떻게 되는가를 지켜본다.

__________ 그 자리를 떠나버린다.

10. 갈등과 반대에 직면했을 때 내가 어떻게 행동하는가에 대한 대부분의 사람들로부터 받은 피드백(feedback)은 내가?

__________ 나 자신의 생각을 계속 주장하려고 한다.

__________ 협조적으로 차이점을 해결하려고 노력한다.

_____ 쉽게 생각하고 상대적으로 약하거나 회유적인 입장을 취한다.
_____ 일반적으로 갈등을 회피한다.

11. 나와 심각한 갈등이 있는 사람과 이야기할 때, 나는?

_____ 말로써 그 사람을 압도하려고 한다.
_____ 이야기하기보다 많이 들으려고 한다.
_____ 감정과 의견을 전달하면서 적극적으로 듣는다.
_____ 인사하고 미안하다고 하면서 소극적으로 듣는다.

12. 원하지 않는 갈등에 빠지게 되면, 나는?

_____ 다른 사람들에게 유머를 사용한다.
_____ 상황이나 관계에 대해 일상적인 농담을 한다.
_____ 나에게 관련된 유머만 사용한다.
_____ 모든 가능한 시도를 웃으면서 억누른다.

13. 금연지역에서 흡연을 하거나 새치기를 하는 등 누군가 나를 당황하게 할 때, 그 사람과 이야기하는 당신의 성향은?

_____ 그 사람이 나의 눈을 보도록 마주칠 것이다.
_____ 눈을 쳐다보면서 째려볼 것이다.
_____ 자주 쳐다볼 것이다.
_____ 그 사람을 직접적으로 쳐다보지 않으려 할 것이다.

14. 금연지역에서 흡연을 하거나 새치기를 하는 등 누군가 나를 당황하게 할 때, 그 사람과 이야기하는 당신의 성향은?

_____ 가깝게 서서 신체적 접촉을 한다.
_____ 나의 입장을 나타내기 위해 손이나 신체 등 몸짓을 한다.
_____ 그를 건드리지 않고 그 사람에게 가깝게 다가가 서 있는다.
_____ 뒤로 물러나 있는다.

15. 금연지역에서 흡연을 하거나 새치기를 하는 등 누군가 나를 당황하게 할 때, 그 사람과 이야기하는 당신의 성향은?

__________ 강한 직접적 언어를 사용하여 그 사람이 하지 못하도록 한다.

__________ 그 사람이 하지 않도록 설득하려고 한다.

__________ 정중하게 이야기를 걸어 나의 감정이 어떤지를 이야기한다.

__________ 말도 하지 않고 어떤 행동도 하지 않는다.

갈등관리 스타일 진단 도구 채점 및 해석 양식

모든 15가지 문항에 대해 기입한 점수를 아래의 표에 따라 작성하여 합산해 주시기 바랍니다.

문항	제1열	제2열	제3열	제4열
1.				
2.				
3.				
4.				
5.				
6.				
7.				
8.				
9.				
10.				
11.				
12.				
13.				
14.				
15.				
합계				

결과 분석

우선 제1열과 제2열 점수, 제3열과 제4열의 점수를 각각 합산해 보라! 즉, A점수=1열+ 2열, B점수=제3열+제4열이다. 만약 A점수가 B점수보다 25점 이상으로 더 높다면, 공격적이고 주장적인 갈등관리를 하는 경향이다. 반대로 B점수가 높다면 양보적인 접근을 한다는 것을 의미한다.

▲ 제1열: 공격적 · 주장적: 높은 점수는 "결연히 난국에 맞서는" 경향을 의미하며 상황이나 사람에 대한 통제하려는 강한 욕구가 있는 사람이다. 이런 스타일의 사람은 지시적이며 판단적인 사람의 경우가 많다.

▲제2열: 긍정적 · 설득적: 높은 점수는 갈등에 대한 강압적이며 전향적인 접근을 하지 않고 스스로 그냥 내버려두는 경향으로서 협조하려고도 하지 않는다. 이런 스타일은 그들의 말하는 것에 상당히 의존하는 사람이다.

▲제3열: 순종적 · 자기성찰적: 높은 점수는 타인을 배려하고 자신을 행동이 상담과 경청하는 분위기를 채용할 뿐만 아니라 갈등 상황에 대응할 때에 분석적으로 자신을 살핀다. 이런 스타일은 상호협조적이며 양보를 잘한다.

▲제4열: 회피 · 반응적: 높은 점수는 갈등 상황에 소극적이며 회피하려고 하는 경향으로 타협도 회피하려고 한다. 이런 스타일은 일반적으로 수용적이며 인내심이 강하며, 종종 그들의 강한 감정을 억누른다.

제10장 설 득

● 코칭(coaching)

진심을 얼마나 효과적으로 전달하는가에 따라 진심이 '진심'으로 작용할 수도 있고 '거짓'으로 오해를 받는 경우도 있다. 설득을 하는 사람은 대화의 주도권보다 질문의 주도권을 확보하고 대화의 주도권은 상대방에게 넘겨줘야 한다. 만약 스스로 확신이 없는 상태에서 그 물건을 판매하기 위해 상대방을 설득한다면 그것은 설득이 아니라 속임수일 것이다. 설득을 할 때에는 서로의 가치관은 건드리지 말고 공통되는 인식을 찾아가는 방식을 선택하는 쪽이 도움이 된다. 가치관이 얽히면 설득은 더욱 까다로워지며 즉시 논쟁으로 바뀌어 버린다. 현 상황에서 도저히 상대방을 설득할 수 없다는 판단이 내려지면 다음에 다시 만나 설득을 할 수 있는 기회의 문을 열어놓고, 지금은 좋은 인상만 남긴 채 물러나는 것도 설득의 기술이다. 한 번의 실패는 최소한 한 가지 이상의 교훈을 얻을 수 있는 기회이기 때문이다.

제 1 절 설득의 힘

이제 나를 설득하고, 동료를 설득하고, 리더와 팔로어, 이웃과 애인을 설득하지 않고는 이 세상에서 얻을 수 있는 것은 아무것도 없다. 설득이란 타인을 이용하는 것이 아니다. 진정한 소통을 통해 좋은 인간관계를 구축하고, 상대방의 자발적 협력을 이끌어내는 과정이 소통이다.1)

우리 사회는 더 이상 정해진 대로 업무를 처리하거나 지시에 따라 조용히 성실하게 일만 잘하면 누구나 알아주는 사회가 아니다. 현대 사회는 철저히 능력에 따라 인

1) 세종대왕이 이뤄 낸 위대한 업적을 보면 비슷한 의견을 가진 동조자들과의 협의 속에서 이뤄진 '순금식(純金式)' 결과물이 아니라 언제나 반대자들과의 격렬한 토론 속에서 이뤄 낸 설득의 힘이었다. 나아가 투쟁의 와중에서도 합의와 이해로 이뤄진 강력하고 단단한 합금식(合金式) 창조물이었음을 알아야 한다.

정받는 시대이고, 끊임없이 자신의 능력을 개발해 다른 사람들을 이기거나 자기편으로 끌어들여야 살아남을 수 있는 전쟁터로 변했다. 이렇게 과거와는 너무나 급변한 현대 사회에서 살아남을 수 있는 리더의 가장 중요한 능력이 무엇일까. 바로 '설득의 힘'이다.

상대를 설득하는 힘은 리더가 목소리가 크고, 말을 잘하고, 학식이 높다고 해서 반드시 뛰어난 것은 아니다. 눌변이더라도 상대방의 마음을 움직일 수 있다면 누구나 설득의 전문가가 될 수 있다. 설득은 사람을 현혹하고 속이는 기술이 아니다. 리더의 의견을 정확히 전달하고, 상대방이 내 의견을 존중하도록 만드는 것이 바로 설득이다. 어렵지만 카멜레온처럼 변신하며 살아가는 현대인들을 설득한다는 것은 리더로서 지녀야 할 힘이다.[2)]

1 나는 설득을 잘하는가?

필자의 다양한 삶 중에 한 때 S화재의 교육연수담당과 국회 비서관으로 근무한 경험이 있다. 이때 느낀 점은 설득과 협상의 순간이 많다는 점이다. 그리고 설득과 협상에는 '내용'만큼이나 그 '이유'에 대한 설명이 중요했다. 또 서로에게 유익하고 만족스러운 결과가 도출될 때까지 대화를 지속하려는 노력이 무엇보다 요구된다는 것을 알았다. 그래서 리더가 갖춰야 할 설득과 협상에 대한 연구에 첫 관심을 갖게 되었다.

1) 설난, 설득의 어려움

설득은 다른 사람을 일정한 방향으로 움직이는 기술을 말한다. 설득(說得)의 원문을 풀이하면, '설(說)'은 '말을 변화시켜 달랜다'는 뜻이고 '득(得)'은 '아침에 걸어가서 친척으로부터 밥을 얻어먹는다'는 뜻이다. 즉, 설득이란 '상대를 변화시켜 내가 가장 필요로 하는 무엇인가를 얻어내는 것'이다. 따라서 설득 능력이 뛰어나면 탁월한 리더가 될 수 있다. 대학교 '총학생회장 선거에 출마했던 어떤 후보는 스피치 학원에서 특별지도를 받은 상대 후보에게 완패했다. 말 잘하기로 소문난 입사 동기는 벌써 승진했다. 상사에게 자신의 주장을 거침없이 드러내는 신입 사원이 너무나 부럽다. 팔로어에게 지시를 내리면 고분고분 듣지 않고 따지고 드는데 어떻게 설득해야 할지

2) 지금까지 살아오면서 당신이 가장 설득하기 어려웠던 사람은 누구였는가? 그리고 지금 가장 설득하고 싶은 사람은 누구인가?

막막하다. 아이들이 벌써부터 어머니의 말을 코웃음치며 귀담아 듣지 않는다. 이런 상황은 현대 사회를 살아가는 현대인들이라면 누구나 실감하고 있는 설난(說難)의 자화상이 아닐까?

'설득의 어려움'은 『한비자(韓非子)』에서 가장 많이 인용되는 부분이다. 한비자에 의하면, 설득이 어려운 것은 남을 설득할 수 있을 만큼 풍부한 지식을 갖기가 어렵다는 것도, 또 나의 의사를 충분히 표현할 수 있을 만큼 언변이 뛰어나기가 어렵다는 뜻도, 또 말을 거리낌없이 자유자재로 하고 싶은 말을 다하기 어렵다는 뜻도 아니다. 설득의 어려움은 설득하려고 하는 상대방의 마음을 알아차려서 나의 말을 그에게 맞춰야 함이 어려운 것이다.

또 설득이 어려운 이유는 그동안의 습관과 경험을 바꾸기 힘들기 때문이다. 사람들은 자기자신만의 분명한 동기가 있을 때에만 비로소 행동에 나선다. 간혹 타인의 동기 때문에 행동을 바꾸기도 하지만, 이런 변화는 대부분 오래 가지 못한다. 변화를 바라는 누군가가 그 꿈을 이루지 못했을 때 당신이 꺼낼 카드가 바로 설득이다.

설득해야 할 상대가 명예를 좋아하는 데 이익이 많음을 가지고 설득한다면, 절조가 낮고 비천한 자를 만났다 하여 멀리할 것이다. 설득하려고 하는 상대가 물리적 이익을 노리고 있는데 명예를 높이는 일로 설득한다면, 생각이 없고 세상 물정에 어두운 사람이라 생각할 것이다. 설득하려고 하는 상대가 속으로는 이득을 소중히 여기면서도 겉으로는 명예를 높이 여기는 척하는데, 명예를 높이는 일을 가지고 설득하려 하면 겉으로는 받아들이는 척하면서 속으로는 멀리할 것이다. 또 이익이 많이 생기는 일을 가지고 설득하면 속으로는 그 말을 받아들이면서도 겉으로는 받아들이지 않는 척할 것이다. 따라서 이런 것을 잘 살피지 않으면 안 된다는 것을 의미한다(『한비자』, 설난 편).

2) 설득의 중요성과 기본기

공직 사회는 물론이고 학교생활, 가정생활은 갈등과 설득의 연속이다. 설득의 중요성에 대한 갈망을 느끼는 사람은 많다. 설득을 주제로 한 실용 서적이 꾸준히 팔리는 배경에는 이런 열망이 깔려 있다. 설득은 단순히 말로만 이뤄지는 건 아니다. 그러면 설득의 기본기 다섯 가지를 나열해 보겠다.

첫째, 설득을 하는 사람은 대화의 대부분을 질문하는 데에 할애하라. 설득이라 하면 말을 해야 하는 것으로만 생각하기 쉬우나 오히려 질문도 설득의 훌륭한 수단이다. 질문은 상대방을 대화에 집중하게 만들기도 하지만 대답을 통해 스스로 해답을 찾아가게 한다. 다만 질문에도 요령이 있다. 예를 들어 노총각 노처녀에게 "언제 결혼하니?"처럼 답변을 꺼리게 만드는 질문은 누구나 한번쯤 던져보기 때문에 무관심하다는 인상을 줄 수 있다. 그리고 "밥은 먹었니?"와 같은 상투적인 질문도 피해야 한다. 의견을 구하는 방식으로, 공감하는 자세로, 상대방을 기분 좋게 하는 질문을 던지는 게 좋다.

둘째, 침묵도 설득의 수단이 될 수 있다. 중요한 말을 할 때는 청중 앞에서 10초간 말을 의도적으로 끊거나 화면을 먹통으로 만들어 놓는다. 그러면 연설자 말의 일정한 리듬 때문에 졸던 사람도 화들짝 잠에서 깬다. 어디선가는 침이 꼴깍 넘어가는 소리도 들린다. 신제품을 내놓을 때마다 혁신적인 디자인으로 열광적인 반응을 이끌어 내는 애플의 잡스(Steve Jobs)는 발표의 달인이었다. 그도 침묵을 적절히 활용했다. 중요한 이야기를 꺼내기에 앞서 4, 5초간 침묵해 청중의 기대감을 높인다. 인간은 침묵에 대해 본능적인 두려움이 있기 때문에 상황을 환기하는 데 적절하다. 하지만 이런 기술은 음식에 참깨를 올리듯 아주 가끔 써야 제 맛이다.

셋째, 말할 때 상대방의 눈을 쳐다보는 것도 설득에서 중요하다. 대중 앞에서 연설을 해도 누군가와 눈을 마주쳐야 '내가 지금 당신에게 말을 하고 있다', '진심을 담고 있다'는 느낌을 주게 된다. 특히 결정권을 가진 중요한 인물과는 눈을 자주 마주치는 게 좋다. 청중 가운데 자신의 말에 동의하지 않는 사람이 있을 때는 상대방이 고개를 끄덕일 때까지 그와 눈을 계속 맞추려고 노력해야 한다. 중요 의사결정권자가 한 명이라면 그에게 집중해서, 여러 사람이라면 적절히 안배해서 눈을 맞추면 된다. 누구나 눈을 자주 마주치게 되면 상대방이 관심을 보이고 배려하고 있다는 느낌이 든다. 소위 '작업'을 잘 거는 사람들은 '눈맞춤(eye contact)'에 능한 사람이었다.[3)]

넷째, 너무 말을 잘해도 신뢰도가 떨어진다. 긴장해야 할 상황에서 적당히 긴장하고 천천히 말을 해야 신뢰감이 높아지는데 지나치게 번지르르하게 말을 잘하는 다변가에 대해선 면접관들이 공통적으로 좋지 않게 평가한다. 대중을 설득하려는 사람들은 청중과의 감정선을 좁히기 위해 연설대를 치우는 것이 좋다. 잡스가 무대 위에서 대형 화면을 펼쳐놓고 연설대 없이 말을 하는 건 청중과 동질감을 느끼기 위한 장치였다.

---

3) 예를 들면, 대학 졸업생의 경우 면접을 앞두고 보통 예상 질문과 답을 외우게 된다. 하지만 '외운 정답'을 읊으려 하면 말이 빨라지고 눈을 치켜뜨게 되어, 눈을 쳐다보지 못한다. 음정이나 표정이 이상해지면서 설득력이 떨어지고 단박에 표시가 난다. 핵심 단어와 논리만 기억해 두는 게 좋다. 면접위원이 흔히 들어본 내용보다 반 발 정도 더 나간 대답이 효과적임은 자명하다.

다섯째, 필자가 생각하는 설득의 가장 중요한 포인트는 '스토리'다. 하고 싶은 이야기를 얼마나 흥미로운 스토리로 만드는가에 따라 설득의 향방은 달라질 것이다. 따라서 스토리텔링으로 설득해 보라(스토리텔링에 관한 자세한 이야기는 제2절에서 하겠다). 사람을 설득하기 어려운 이유는 의도, 목적을 가지고 대화를 시도할 때 사람들은 저항감과 거부감을 가지기 때문이다. 그러나 스토리를 이용한 소통은 타인의 마음의 문을 열어 새로운 아이디어와 가치관을 더 쉽게 받아들일 수 있도록 해 준다. 일반적인 설득은 "화자가 청자의 행동과 태도를 변화시키려는 일방향적 소통"이다.

가끔 대화를 하다 보면 굉장히 재미없고 식상하고 주의를 끌지 못하고 오히려 자신의 이미지를 썰렁한 사람으로 만든 경험을 한번씩은 하게 된다. 하지만 분명 대화는 사람과 하는 것이고, 연설 또한 대중을 대상으로 설파하는 것이다. 공통점은 바로 대상의 규모만이 다를 뿐이다. 친구들에게 얘기할 때는 말을 잘하던 사람이 청중 앞에만 서면 꿀 먹은 벙어리가 되고, 많이 배운 학자일지라도 자신의 논리에 대해 반박하거나 아예 설득이 통하지 않는 사람들을 만날 경우라면 쉽게 당황하기 십상이다. 이에 스토리텔링은 어쩌면 지금 우리가 당면해 있는 의사전달의 부재력에 대해 많은 해답을 안겨준다. 그래서 그 사람의 마음에 잘 와닿을 수 있도록 자신의 경험담이나 비유를 적절히 섞어서 얘기하는 스토리가 무엇보다 중요하다.

마지막으로 이 모든 설득의 방법에서 무엇보다 중요한 건 '진정성'이다. 당장 겉만 포장해 물건이나 자신을 팔기 위한 설득, 5년 내내 욕을 먹더라도 이 순간 당선되기 위한 정치인들의 설득이라면 오래 가지 못한다. 설득은 곧 내 말에 책임을 지겠다는 것이고, 책임은 반응하는 능력이다. 자동차 판매왕을 보면 고객과 끝까지 함께 가기 때문이다. 같은 브랜드의 그랜저, 혹은 BMW를 매달 10대 이상 판매하는 영업사원이 있고, 한 대도 팔지 못하는 영업사원이 있을 수 있다. 그렇다면 그 이유는 무엇인가? 자동차가 문제인가? 영업사원의 판매 방식과 설득이 문제인가? 답은 자명하다.

3) 후쿠다 다케시의 설득 기술

필자는 살아오면서 사람의 마음을 얻는다는 건 역시 어려운 일이라는 것을 느끼고 있다. 지금은 고인이 된 모 재벌도 "모든 것을 자신의 뜻대로 이뤘으나 사람만큼은 안 되었다"라고 했다. 그만큼 사람의 마음을 잡는다는 것은 이 세상에서 제일 어려운 것 같다.

우리의 일상생활과 비즈니스의 많은 부분은 소통 기술에 의해 좌우된다. 특히 조직생활에서 상대를 설득하여 자신이 원하는 바를 얻는 설득은 그야말로 가장 중요한 소통 기술이다. 고객에게 물건을 판매하거나, 프레젠테이션을 할 때, 업무 회의를 할 때는 물론이고 자신이 담당하는 업무의 거의 모든 단계마다 설득이 필요하다. 혹은 일상생활에서 사소한 부탁을 할 때, 예를 들어 퇴근길에 "우리 오늘 맥주 한잔 할까?"라고 권유할 때도 우리는 필수적으로 설득의 과정을 거쳐야 한다. 이처럼 설득은 궁극적으로 자신이 원하는 것, 즉 자신의 요구를 상대방이 수용하도록 만드는 과정이다. 하지만 자신과 다른 생각, 요구를 가진 사람의 마음을 돌리는 일은 결코 쉬운 일이 아니다. 그렇다고 포기할 수는 없지 않은가? 그의 마음을 사로잡지 못한다면 당신은 원하는 것을 얻을 수 없다. 그렇다면 상대방의 마음을 사로잡기 위해서는 어떻게 해야 할까?

필자는 협상 전문가인 후쿠다 다케시(福田健)의 『설득기술』이라는 책에서 해답을 찾고 싶다. 후쿠다 다케시가 제시한 설득의 기술은 의외로 단순하다.

첫째, 사람의 마음을 움직이기 위해서는 무엇보다 상대방의 눈높이를 맞추고 상대가 원하는 것에서 출발하라고 말한다. 이를 위해서는 내 이야기를 줄이고 상대의 이야기를 들어야 한다. 이야기의 중요한 부분에서 고개를 끄덕이거나 맞장구를 쳐서 말하는 사람으로 하여금 자신의 이야기에 집중하고 있다는 사실을 인지하게 만들라는 것이다. 사실 이 이야기는 너무 자주 들어서 식상할 정도이지만 그만큼 중요하다.

둘째, 설득이 제대로 이뤄지기 위해서는 상호성을 가지고 얼굴을 맞대고 수평적인 대화를 해야 한다. 이런 대화와 설명을 통해 관계가 설정되면 자신이 무엇을 원하는지 명확하게 밝히고 상대가 스스로 움직이게 만들어야 한다. 이 과정에서 긍정적인 표현은 필수적이다. 예를 들어 "설마 잊어버린 건 아니겠지?"라고 말하는 것보다는 "일전의 그 일 기억하고 있지?"라는 식으로 긍정적인 면에 주목하여 이야기를 시작하라는 것이다.

셋째, 구체적인 대안을 제시하면 효과적이다. 예를 들어 회의를 해야 하는데 상관이 업무 분장을 망설이고 있다면 "본부 일은 사업부에 맡길까요? 아니면 제가 하겠습니다."라고 한 발짝 더 나아간 상황에 대해 자연스럽게 물어 결정을 내리도록 하라는 것이다. 직접 보여주고 설득하는 것도 좋은 방법이다. 부동산 회사들이 주택을 판매할 때 고객을 현지로 안내하여 물건을 직접 보여주는 것처럼 직접 보여주거나 예화(例話)를 통해 눈앞에 생생하게 떠오르게 표현하라는 것이다. 또한 사람, 시간, 장소의 조건을 살리는 것도 잊지 말라. 첫 만남부터 설득되기까지 각각의 상황, 장소 등을 꼼꼼하게 살펴보면 조용한 장소에서 혼자 만나는 것이 좋을 때도 있고, 여럿이 함께 자리하여 정담을 나누는 게 도움이 될 때도 있다.

넷째, 상대방의 잘못과 실수를 '마음에 담아두지 않는 것'이다. 상대방이 내게 쏜 화살을 뽑지 않고 그냥 꽂아두면 내 가슴의 상처만 깊어진다. 흐르지 않는 물은 썩어 버리는 것처럼 미움이나 원망이 고여 있으면 내 가슴만 썩게 된다. 내 가슴이 썩으면 감정의 앙금이 생기고, 복수심이 생기고, 결국 다시 상대방의 가슴에 화살을 꽂는 일을 저지르게 된다. 그러면 적이 되고 원수가 생기는 것이다. 다른 사람이 화살을 쏘면 가슴에 꽂아두지 마라. 다른 사람이 내게 퍼붓는 비난이나 비판은 가슴에 담아두지 말고 흘려보내라.4)

필자는 후쿠다 다케시의 글을 읽고 "혼자 빛나는 별은 없다"는 말을 다시 생각하게 되었다. 지금까지는 "다른 별의 빛을 받아들인 별이 그 빛을 반사해서 빛나는 것처럼 보인다"라고 이해했다. 그래서 "사람도 혼자서 빛날 수 없으니 다른 사람들과 잘 협력해야 한다"고 강의했다. 그런데 다시 생각해 보니 정말 중요한 것은 '받아들이는 것'이다. 다른 별의 빛을 잘 받아들이는 별만이 빛날 수 있다. 다른 별의 빛을 받아들이지 않는다면 결코 저 혼자 빛을 낼 수는 없다.5)

소통의 창: 설득을 위한 열 가지 팁

설득은 소통이고 관계다. 그래서 설득은 연애의 기술이며 사랑의 기술이며, 관계의 기술이자 인간을 사랑하는 기술이다. 우정은 산길과 같아서 자주 아끼는 마음이 오가야 잡초가 우거지지 않듯이 설득도 이와 같다. 결국 설득은 의견끼리의 만남이 아니라, 사람과 사람의 만남이다. 설득의 세계에 승자도 패자도 없다. 내 마음을 열지 않으면 설득의 문은 닫혀버린다. 그래서 설득은 상대방에 대한 연구이며, 탐구다. 상대방에게 다가서는 순간, 설득의 문은 열린다.

1. 명확하게 부탁하라.
2. 절대로 언쟁하지 말라.
3. 질문의 힘을 사용하라.

---

4) 마음에 담아두지 않는다는 말은 용서한다는 의미가 아니다. 그것은 처음부터 기억하지 않는 것, 아무 일도 없는 것처럼 생각하고 행동하는 것이다. 마음을 비우는 것이 아니라 아예 채우지 않는 것이다.

5) 외국의 문물을 받아들이지 못하면 국가의 존망이 위태롭고, 새로운 변화를 받아들이지 못하면 개인도 위기에 처한다. 변화를 두려워하는 조직이나 개인은 결코 발전할 수 없다. 인생도, 인간관계도 마찬가지다. 내가 처한 현실을 외면하지 말고 받아들여야 하며, 새로운 문화나 기술을 잘 받아들여야 하며, 다른 사람의 의견이나 주장도 잘 받아들여야 한다. 어찌 보면 인생의 기술 중 90%는 잘 받아들이는 데에 있는지도 모른다.

4. 지속적인 호의를 가져라.
5. 상대방의 입장에서 말하라.
6. 상대방을 행동에 개입시켜라.
7. 큰 것을 위해 작은 것을 양보하라.
8. 결정은 상대방이 할 수 있도록 하라.
9. 상대방의 존재가 중요하게 느끼도록 하라.
10. 누구에게나 설득은 가능하다고 생각하라.

그림 10-1 설득과 협상

2 설득의 비밀, 삶은 설득의 연속이다

필자는 평소 <EBS 다큐프라임>을 즐겨 본다. 강(江) 같은 다큐프라임인데 그 중에서도 필자가 재미있게 본 '설득의 비밀: 16인의 성공 도전'을 소개하려고 한다. 설득의 비밀은 다양한 직업(영업 직원, 취업 준비생, 교사)을 가진 16명이 6주간 다양한 상황 속에서 설득에 대해 알아가는 국내 최초로 시도한 시추에이션 다큐멘터리다.[6]

6) 총 5부로 나누어 방영된 이 프로그램의 주제는 '설득'이다. 내용을 간단히 설명하자면 이렇다. 프로그램 스태프들은 일반인을 대상으로 심리 실험을 진행하기 위해 시청자의 참가 신청을 받았다. 신청자들 중에서 현직 교사, 취업 준비생, 영업사원, 사회 초년생 등 다양한 인적 구성을 가진 16명의 최종 도전자를 선발했다. 그리고 출연자들을 설득과 관련한 상황에 빠뜨린다. 초반에 참가자들의 대부분이 상대방을 설득하는 데 실패한다. 다음 단계에서는 협상 전문가들의 교육이 진행된다. 교육은 참가자들의 성향 분석, 상황에 따른 대응 능력, 소통의 방법, 설득의 타이밍 등에 관한 것이다. 또

이처럼 관심 있게 본 '설득의 비밀'이 책으로 출간되었다고 하여 방송된 것이 얼마나 설득력 있게 전달되어 있는지 열심히 읽어보았다. TV에서 보았을 때의 전달력과 책의 전달 방식이 어떻게 다르게 느껴질지도 궁금했다. 상황 상황마다 정리해 놓아서 상당한 도움이 되었다. 실험 상황에 대상자들의 응대 방법을 읽으면서 "아~ 이건 아니었었구나! 요건 이렇게 하면 좋겠는데?"라는 생각을 많이 하며 본 책이다. 이 책에서 전하는 내용을 필자가 재구성하여 소개한다.

1) 설득은 논쟁이 아니다

이 프로에서 처음 16명은 대부분 실패할 확률이 높은 설득 기술을 가지고 있었다. 예를 들면, 감정적으로 밀어붙이기, 고압적으로 말하기, 상대방의 이야기를 경청하지 않기 등이다. 그래서인지 1주차에서 설득 실험을 할 때 대부분 실패한다. 그러나 시간이 지나가면서 설득이 높게 요구되는 분야에서 성공한 일인자들을 만나 개별 지도도 받고 여러 가지 흥미로운 상황(설득시켜야 할 사람의 설득 성향을 파악하고 그에 맞게 설득하기, 협상을 통해 양팀 간 동등한 이득 취하기, F를 받았다고 가정하고 실제 교수님에게 찾아가 설득하기, 실제 공인 중개사에게 찾아가 그를 설득시켜 1억 3천만 원짜리 건물을 1억 원에 사기 등)을 통해 점점 설득의 세계에 빠져들고 설득 기술도 점점 늘게 된다.

이러한 과정에서 기억에 남는 건 "설득은 논쟁이 아니다. 설득은 나와 네가 하나 되는 것이다"라는 진행자의 말이었다. 흔히 설득은 자신의 주장을 잘 관철시키는 하나의 기술이라고 생각한다. 그렇지만 설득의 진정한 핵심은 설득시킬 사람의 의견을 존중하며 너와 나의 의견을 부드럽게 중화시켜 나가는 것이다. 주관적인 관점, 하나의 관점으로만 상황을 바라본다면 설득하는 사람과 상대방의 일방적인 주장만이 오갈 뿐이다. 결국 '설득'이라는 본래의 목적을 잃고 그 반박을 진압하는 데에 더 집착하게 된다. 그것이 또 다른 논쟁을 낳는다. 논쟁은 악순환의 반복을 부를 뿐이다. 따라서 설득은 상대방이 마음을 열게 하는 것이 관건이다.

2) 설득당하는 것도 상대에 대한 배려다

어떤 목표를 가지고 행할 때 그 목적을 위해 철저한 준비가 필요하듯이 설득의 성공을 위해서는 철저한 전략적 준비가 필요하다. 하지만 설득을 꼭 성공해야 한다고

참가자들은 실전에 투입된다. 초기의 상황극에서 대부분 상대방을 설득하는 데 실패했던 참가자들은 실전 상황에서 놀라운 결과를 이끌어 낸다.

생각하기보다는 설득의 목적이 더 나은 방향의 추구가 목적이라면 오히려 설득을 당하는 결과가 나온다고 해서 실패했다고 생각하지 말아야 한다.

예를 들어 설득을 굳이 당하기 싫은 사람에게 꼭 설득을 하고야 말 것이다라는 강한 설득 목표는 올바른 설득의 방향이 아니다. 설득을 할 때 설득을 당하면 꼭 지는 게임은 아니다. 예를 들어 내가 필요하고 구입하고자 하는 어떤 물건이 있는데 망설이고 있다면 이러한 망설임을 판매원이 내가 빨리 구매를 할 수 있도록 설득을 해 주었다면 설득을 당하고도 행복할 수 있다. 어쩌면 설득을 잘 당해 주는 것도 상대에 대한 충분한 배려일 수 있다. 그래서 설득은 너와 내가 하나가 되는 것이다.

3) 설득은 상대방을 정복하는 것이 아니다

상대방을 설득하기 위해서는 어떻게 해야 할까? 이 책에서 말하는 7 : 3법칙이 그 해답을 제공해 준다. 설득하지 않으면 설득 당하게 되는 것이 설득의 이치다. 설득의 기술이나 방법은 다양하지만 결국 설득의 당락을 결정하는 것은 자신과 상대방 사이의 말하는 비율이다. 누가 더 많은 말을 하는가? 누구에게 질문의 주도권이 있는가? 설득의 비밀은 황금 비율 7 : 3의 법칙이다. 설득을 하려면 지식이 많아야 하고, 말도 더 많이 해야 하고. 보통은 이렇게 생각한다. 하지만 이 책에서는 말한다. 말을 줄이고 상대방의 이야기를 많이 들어주어야 한다고 말이다. 상대방은 정복해야 할 대상이 아니다. 설득은 대화에서 이기는 것이 아니라 상대방을 내 편으로 만드는 것이다. 따라서 설득은 상대방을 정복하는 것이 아니다. 나와 상대방의 설전이나 게임이 아니라 상호간의 의사소통이다. 그래서 설득은 상대방을 속이는 게 아니고, '상호간'이라는 전제가 깔려 있다.

4) '한국형 설득'이 따로 있다

누구나 설득의 전문가가 될 수 있다. 지금까지 단 한번도 시도되어 본 적이 없는 설득 기법에의 도전, EBS와 HRD 전문가인 김종명 교수가 함께 진행한 이 프로젝트는 누구나 노력하면 설득의 전문가가 될 수 있다는 사실을 16명의 설득 실험 도전 과정을 통해 입증했다. 서양에는 서양인에게 어울리는 방식이 있고 우리에게는 우리에게 어울리는 방식이 있다. 즉, 한국인에게는 한국인에게만 통하는 '한국형 설득'이 따로 존재한다. 그 사실을 간과한 채 단순히 서양의 기법을 흉내냈지만 큰 효과를 볼 수 없었다. 고로 한국형 설득을 활용해야 한다.

한국형 설득은 우리의 문화와 관습에 어울리는 설득 방법이다. 즉, 간단한 식사나 술자리를 빌려 인간적으로 친해지는 과정을 거치면서 이뤄지는 이른바 '끼리끼리' 전략이다. 여기에는 동질감과 동료 의식을 존중하는 우리의 문화가 깔려 있다. 또, 어떤 문제이건 한가하게 여유를 부릴 것이 아니라 간단명료하면서 즉각적으로 처리하는 것을 좋아하는 '빨리빨리' 전략과 함께 철저한 데이터 준비와 빈틈없는 계획이 갖춰져 있어야 설득의 빛을 발할 수 있다.

한편, 물은 100℃가 되어야 끓지만, 사람들은 대부분 부딪힌 상황을 한번에 해결하려 한다. 이것이 문제다. 사회적 설득 상황에서는 단 한번에 설득이 이뤄지는 경우는 거의 없다. 물의 온도가 80℃밖에 안 됐는데 물이 끓기를 바라는 것은 무리다. 마찬가지로 상대방의 마음이 돌아설 때까지 끈기있게 도전해야 한다.

5) 당신은 어떤 설득 유형인가?

설득 유형에 따라 상대방을 설득하는 방식도 달라야 한다. 상대방이 늘 하나의 유형으로 고정되어 있는 대상은 아니지만 SCAF 유형법[7]을 기준으로 각각의 유형이 추구하는 핵심 가치를 파악하면 효과적인 설득으로 나아갈 수 있다.

이 책에서는 네 가지 유형의 사람으로 분류하고 있다. 자기 표현이 강한 표출형, 사람 좋은 우호형, 자기 주장이 강한 성취형, 메모를 좋아하는 분석형을 잘 파악하여 그에 맞는 설득을 했다면 설득에 더욱 유리하고 쉬웠으리라는 걸 알았다. 그리고 협상에 진입할 때 명시적인 설득으로 상대방에게 결론을 지시하는 것 같은 느낌을 주기보다 암시적 설득으로 이유를 설명하고 결론은 상대방이 스스로 판단하도록 유도하는 고난도의 설득법도 알게 되었다. 필자는 『설득의 비밀』을 읽고 나 또한 설득의 비밀을 지니게 된 건 아닌가 하는 생각이 들었다.

6) 인상에 남은 몇 가지 설득 기술

이 프로그램의 목적은 상대방의 마음을 움직이는 소통 전략인 설득에 어떤 심리적 메커니즘이 숨겨져 있는가를 파악하는 것이다. 그리고 '설득의 기술'도 훈련을 통해 향상될 수 있음을 알려준 방송이었다. 인상에 남은 몇 가지 설득 기술을 추가로 소개한다.

---

7) 설득 유형을 간파하는 방법은 스카프 유형법(SCAF)이 주로 이용된다. • Speaker(표출형): 끊임없이 자기 표현을 한다. • Carer(우호형): 기존 관계를 곤고히 하는 데 관심이 많다. • Achiever(성취형): 자기 주장이 강하고 과시욕이 강하다. • Finder(분석형): 디테일한 데이터를 취합하여 분석, 집중력이 강하다.

첫째, 설득 기술의 기본은 상대방의 마음을 안정시켜 마음의 문을 열게 하는 것이다. 설득을 할 때에는 '변수에 대응할 수 있는 자세'도 갖춰야 한다. 그 방법은 어떤 말이 나오더라도 당황하지 않고 일단 고개를 끄덕이며 수긍하는 모습을 보여주는 것이다. 그 후에 문제점이 무엇인지 하나하나 설명하는 태도가 상대방에게 안정감과 신뢰를 심어줄 수 있다. 상대방의 말을 들어준다는 것은 '상대방의 입을 열게 하는 것'이다. 입이 열리면 마음은 열린다. 상대방은 마음을 열었다는 그 자체만으로도 만족감을 느낀다. 만족감이 충족되면 비로소 상대방은 이쪽의 의견에 귀를 기울인다. 그러므로 대화의 주도권을 상대방에게 넘겨주어야 설득이 잘 된다.

둘째, 설득은 '이해'와 '수긍' 다음에 '납득'으로 이어지는 과정을 거친 뒤에 자유로운 상황 속에서 스스로 선택을 하도록 유도해야 설득으로서의 의미를 가질 수 있다. 그래서 '네'라는 대답을 연속적으로 세 번 이상 했을 경우, 왠지 모르게 그 사람과 더 많은 이야기를 나누고 싶은 느낌이 든다. 하지만 상대방이 어떤 요구를 해왔을 때, 아무리 작은 것이라고 해도 근본적으로 어떤 문제가 있는지 파악해서 그것이 확대될 가능성이 있다면 반드시 거절할 수 있어야 한다.

셋째, 설득을 하려면 상대방보다 10% 이상 낮은 톤을 만들도록 노력해야 한다. 어떤 사항을 강조할 경우에는 상대방보다 10% 이상 느리게 또박또박 말하라. 그리고 설득을 하려는 사람은 상대방에게 자신을 어필하기 위해 신체적·심리적으로 상대방과 어떤 유사성이 있는지 찾아내거나 만들어 내야 한다. 이때 스타일, 의상, 취미, 가치관 등 모든 것을 동원하라. 그 이후 일정한 호감이 형성되면 미러 뉴런(mirror neuron)을 가동하여 호감을 더욱 강화해 나가면 된다.

넷째, 설득은 '나'와 '너'의 관계에서 성립된다. 여기에서 '나'의 모든 것이 보편적일 수 없듯, '너' 역시 모든 것을 보편적으로 생각할 수도 없다. 따라서 설득 대상자에 대한 철저한 준비와 분석은 '유형 분석'에서 한 단계 더 진행된 수준까지 이뤄져야 한다. 즉, 설득 대상이 백이면 설득 방법도 백이 되어야 한다는 것이다.

다섯째, 행동심리학의 기본 중의 기본인 팔짱은 자신의 마음을 닫고 상대방을 경계하겠다는 의미이기 때문에 절대로 보여서는 안 되는 자세다. 또, 다리를 꼬거나 비스듬한 자세로 앉는 것 역시 상대방을 경계하거나 무시한다는 태도다. 그래서 이러한 자세를 '클로즈드 포지션'이라고 표현한다. 설득을 할 때에는 이런 자세는 당연히 피하고 두 팔을 활짝 벌리고 손바닥을 드러내 보이는 '오픈 포지션'을 취해야 한다. 일단, 내가 마음의 문을 열었다는 신호를 보내야 상대방도 마음의 문을 여는 것이다.

여섯째, 암시적 설득은 이유를 말한 뒤에 결론은 이야기하지 않고 상대방이 취해야 할 태도나 행동을 스스로 판단하도록 유도하는 설득 방법이다. 즉, 의심이 많거나 논리적인 사람은 상대방의 말을 일단 거부하는 타입이므로 상대방이 스스로 결론을 내리게 해서 '스스로 판단하고 결정을 했다'고 믿게 하여 태도나 행동을 변화시키는 것이다. 무엇보다도 가장 효과적인 설득은 직접 요청하는 것이다. 무엇인가 도움을 요청해야 할 일이 있을 때에는 이런 식으로 직접 요청을 하면 된다. 물론 언제나 성공하는 건 아니다. 그러나 직접 요청을 했을 경우의 성공률은 생각보다 높다.

그림 10-2 설득의 비밀

소통을 위한 진단 코너: MW게임

MW게임의 원리는 간단하다. 협상 대상자 1와 2조는 각자 W와 M이라는 카드를 낼 수 있습니다. 아래와 같이 1조와 2조 둘 다 W를 내면 둘 다 3점을 얻고, 1와 2조 둘 중에 한 명만 W를 내면 W를 낸 쪽이 -3점, M을 낸 쪽은 6점, 1조와 2조 둘 다 M을 내면 둘 다 -3점이다.

1조	2조		1조	2조
W	W	=	+3	+3
W	M	=	−3	+6
M	W	=	+6	−3
M	M	=	−3	−3

자, 여러분은 어떤 카드를 내겠는가? 물론 서로 W를 내면 좋겠지만 상대방의 카드는 알 수 없다. 그리고 내가 M을 내게 되면 상대방보다 큰 점수를 얻을 수도 있다. 결과적으로 이 게임은 W의 중요성을 알려주는 게임이다. 왜냐하면……. 내가 만약 M을 내서 6점

의 점수를 얻는다고 하더라도…… 이렇게 된다면 상대방이 더 이상 나와의 신뢰 관계를 형성할 수 없게 된다. 상대방도 그럼 M이란 카드를 내게 될 테고…… 서로 이익보다는 손해를 끼치려는 또는 더 많은 이익을 얻으려는 상대와는 거래하지 않게 된다. 즉, 적게 먹더라도 이익을 함께 나누는 게임을 해야 한다. 그리고 또한 나(Me)의 이익보다 우리(We)가 이익이 되는 마음으로 게임에 임해야 하다. 두 번에 걸친 설득과 협상을 마친 후 합산한 점수로 우승팀을 뽑는다.

	의사결정		각 팀 점수	
	1조	2조	1조	2조
1				
2				
3				
1차 만남을 가진다				
4				
5				
6				
2차 만남을 가진다				
7				
8				
9				
합산 점수				

3 광고 속 설득 이야기

광고는 정해진 매체에 일정 비용을 지불하여 메시지를 소비자에게 도달시키는 소통 행위다. 따라서 광고주의 기획된 의도나 목적(신제품 출시, 제품의 이미지 전달)을 달성하기 위해 소비자를 지속적으로 설득한다.

1) 3B와 3S법칙

광고는 표현의 형태가 노골적이냐 은유적이냐에 따라 소비자 반응이 달라진다. 예를 들면 즉각적인 행동 촉구를 요구하는 공익광고를 생각해 보면 이해될 것이다. 범람하는 광고들 속에서 소비자들은 본능적으로 광고를 기피하는 성향을 보여준다. 그래서 이를 극복하고 좀 더 광고적 매력을 끌어올리기 위해 광고는 무엇을, 어떻게(비주얼+메시지) 전달할지가 중요한 결정 요소다. 실제로 많은 노력과 시간 투자가 들어가는 부분이기도 하다. 타깃을 규정하고 타깃 시장을 분석하고 이들의 행동 패턴도 연구한다. 또 해당 제품과 소비자들을 짝지어 여러 가지 상황을 시뮬레이션한다. 무척이나 전략적 사고와 치밀한 계산이 필요한 작업이다. 그렇기에 엄청난 데이터 분석 능력과 계산적인 논리력 그리고 소비자를 이해하는 배려심이 요구된다. 그래서 비주얼적으로 매력적인 광고를 만들든지, 3B법칙을 사용한다.

설득을 위한 광고 속 3B법칙이란 광고를 만들 때 광고의 주목률을 높이기 위해 고려해야 할 세 가지를 말한다. 세 가지의 B는 Beauty(미녀), Baby(아기), Beast(동물)을 의미한다. 미인, 아기, 동물은 사람들에게 친근감을 주는 소재로 가장 쉽게 호감을 끌 수 있다. 해당 광고에 호의적인 반응을 끌어내려는 감성적 접근이다. CF를 보면 미인[8]과 아기와 동물이 많이 나오는 것에서 알 수 있을 것이다.

그러나 요즘은 3S 법칙이 뜨고 있다. 노인(Silver), 전문가(Specialist), 감성(Sensibility)이다. 노인이 등장하는 광고는 믿음직스럽고 신뢰감을 주고 전문가는 브랜드의 핵심 효과나 기능을 알릴 때 효과적이다. 또한 감성적인 접근은 소비자의 마

그림 10-3 3B와 3S법칙

---

8) 이효리가 '처음처럼' 모델로 등장한 2007년 기존 소주 시장은 이미 진로 소주가 장악한 상태였고, '처음처럼'은 후발 주자로 새로운 마케팅, 새로운 주류 시장을 만들어야 했다. 그래서 당시 20~30대에게 선호도가 높았던 '이효리'를 모델로 기용했고, 광고 마케팅을 진행했다. '흔들어라. 더 부드러워진다.' '쪼갰다! 작아졌다! 부드럽다!' '흔들고! 쪼개고! 넘기고!' '흔들어라 더 즐거워진다.' 이효리의 쿨한 이미지를 활용한 '처음처럼'은 2006년 출시 이후 현재 20억 병 판매를 돌파했고, 소비자들은 '처음처럼'을 '효리주'라고 부르기 시작했다.

9) 감성 하면 떠오르는 것 중에 대표적인 것은 '여보! 아버님 댁에 보일러 놓아 드려야겠어요~' 정말 오래된 광고임에도 이만큼 감성적인 광고가 또 있을까? 경동보일러는 이 광고의 성공으로 보일러 판매 수익은 물론 브랜드 파워 역시 급상승했다.

음을 움직이기에 가장 좋다.[9] 그래서 요즘은 예술적 접근을 많이 시도한다. 또는 매우 의외적인 효과(착시, 현실 왜곡)들을 이용하기도 한다.

2) 광고 카피에 비친 설득 이야기

유행어처럼 두고두고 회자되는 광고 문구들이 우리 주변에 많이 있다. 아직도 뇌리에 남아 있는 유명한 카피 문구는 여전히 필자의 가슴을 울린다. 기억 속에 남아 있는 광고 문구로 많은 직장인이 좋아했던 "열심히 일한 당신 떠나라"가 있다. 현대카드의 시초이자 오래 되어도 기억에 남는 감동적인 감성 광고라고 생각된다. 그리고 삼성카드 히딩크 편에서는 "당신의 능력을 보여주세요," 비씨카드는 "여러분, 모두 부자 되세요" 등이 있었다. 모두 다 사람들에게 큰 사랑을 받은 유명한 카피들이다.

필자에게 다가오는 최고의 광고는 오리온의 초코파이 광고다. '말하지 않아도 알아요~' 배경 노래에 초코파이 하면 '情'이라는 것을 떠오르게 만들었던 그 CF! 단순한 과자가 아닌 다른 이들에게 나눠주는 정이라는 것으로 따뜻함을 전해 준다는 마음을 표현하며, 소비자의 마음도 이끌어 냈다. 초코파이 광고는 눈에 보이지 않는 '정'을 보여주려고 했던 것이다.

수많은 여성에게 자아존중감을 심어주기도 한 로레알의 광고 문구 '전 소중하니까요'는 영문 광고에서 그대로 들여온 문구다. 로레알 광고는 세계 어디에서나 'Because I'm worth it.'이라는 문구로 통한다. 그런가 하면 세계적인 기업 나이키의 'Just do it', 필립스의 'Let's make things better', 현대자동차의 'Drive your way' 등은 영어 문구 자체로도 이미 익숙한 설득 광고들이다. 보통 어떤 제품의 광고인지는 떠오르지 않아도 한번 들으면 아! '그런 광고가 있었지' 하고 문구만큼은 생생하게 기억이 난다. 때로는 아침에 들은 광고 CM을 하루 종일 중얼거리게 되는 날도 있다. 그만큼 광고 문구는 간단명료하면서 기억하기 쉽고 우리를 설득하는 힘을 지니고 있다. 여러분의 기억에 남은 광고 카피는 어떤 것이 있나?

내 입술 위로 별빛이 내려왔다(라끄베르 썸머스타)
니들이 게 맛을 알아?(롯데리아)
묻지도 않고 따지지도 않습니다(생명보험)
세상은 그녀를 향기로 기억한다(이넬화장품)
침대는 가구가 아닙니다! 과학입니다(에이스침대)
2% 부족할 때(롯데음료수)

거꾸로 타는 보일러(귀뚜라미 보일러)
골라먹는 재미가 있다. 베스킨라빈스 31(아이스크림)
당신을 만나기 위해 시대를 앞서 왔습니다(BMW)
때로는 성공보다 사랑이 먼저다! 쾌남 미래파(태평양)
맛으로 역사에 남으리~ 오징어땅콩(오리온 프리토레이)
미녀는 석류를 좋아해~(음료수)
바르는 순간 물이 되어 스며든다—니베아 바디 아쿠아 밀크
생각대로 -T(핸드폰)
시간조차 숨죽이는 아름다움—헤라 에이지 어웨이 모디파이어(태평양)
여보! 아버님 댁에 보일러 놓아 드려야겠어요(경동보일러)
올레~~(핸드폰)
질투는 여자의 힘!—플러스마이너스(롯데칠성음료)
일하기 싫으면 먹지도 마라(고려원)
Just Do It.(나이키)
가슴이 따뜻한 사람과 만나고 싶다(맥심)
돈이라면 남기시겠습니까? 음식도 결국 돈입니다(공익광고협의회)
마음으로 나누어요. 情(오리온 쵸코파이)
순간의 선택이 십년을 좌우한다(LG 광고)
우리 강산 푸르게 푸르게(유한킴벌리)
우리 것은 소중한 것이야(솔표 우황청심원)
운전은 인격입니다(제일화재보험)
장애인, 그들을 볼 수 없는 우리가 장애인인지도 모릅니다(공익광고협의회)
젊음, 지킬 것은 지킨다(박카스 F)
헌혈, 사랑의 실천입니다(대한적십자사)

그림 10-4 광고 카피에 비친 설득 이야기

소통을 위한 진단 코너: 일상 속의 설득 사례 찾기

시사토론 프로그램에 '토론'이 없다고 한다. 소모전에서 오는 '설득의 부재' 현상을 의미한다. 이제 나를 설득하고, 동료를 설득하고, 상사와 부하, 애인, 이웃을 설득하지 않고는 이 세상에서 얻을 수 있는 것은 아무것도 없다. 설득력을 가진 사람은 일상생활과 직장생활 모두에서 결정적인 힘을 발휘한다. 항상 다른 사람들에게 영향을 주어 합의하거나, 자신의 생각에 찬성하게 하거나, 자신이 원하는 대로 상대가 행동하게끔 만든다.

우리는 살아가면서 셀 수 없을 정도로 많이 설득의 기로에 선다. 어떤 사람은 원하는 것을 얻고, 어떤 사람은 원하는 것을 얻지 못한다. 이렇게 결과가 다르게 나오는 이유는 무엇일까? 바로 설득력의 차이이다. 최근에 성공적으로 수행한 일상생활 속에서의 설득 사례를 찾아서 적어 보라.10)

소통을 위한 진단 코너: 사막 위의 불시착, 당신의 선택은?

◉ 상황 지시문

당신이 탄 비행기는 미 남서부의 사막 위를 비행하던 중 사막에 불시착하고 말았다. 때는 8월 중순 오전 10시쯤 되었다. 추락 시 충격으로 조종사는 사망했다. 다행히 당신을 포함하여 모든 팀원은 아직 아무런 상처도 입지 않았다. 비행하는 동안, 조종사는 당신들 어느 누구에게도 현재의 위치를 알려줄 수 없었다. 그러나 사막에 불시착하기 직전에 현재 위치에서 남쪽으로 100㎞ 떨어진 곳에 광산촌이 있다는 것과 당시 비행기 위치는 예정 항로로부터 90㎞ 벗어나 있다는 것을 알려주었다.

비행기가 불시착한 위치에서 조종사가 말한 광산촌 이외에는 더 가까운 인가가 없다. 이 경비행기는 조종사가 육안으로 시계를 보면서 비행하는 기종으로, 정해진 시간에 목적지에 도착하지 못하게 되면 그로부터 몇 시간 이내에 구조와 수색이 시작될 것이다. 비행기가 불시착한 곳은 매우 평평하며 선인장이 드문드문 있는 것 이외에는 거칠고 메마른 땅처럼 보인다. 마지막으로 청취한 기상 보고에 따르면, 기온이 섭씨 약 43℃이고 지표 온도는 53℃였다. 당신들은 모두 가죽으로 된 단화를 신고 반팔 셔츠와 반바지의 가벼운 옷차림을 하고 있으며, 모두 손수건을 가지고 있다. 당신들의 주머니에는 몇푼의 잔돈과 담배 한 갑, 그리고 볼펜이 들어 있다. 쌍발 엔진의 경비행기는 화염에 휩싸이기 시작했다. 비행기 안에는 모두 15가지의 물품이 남아 있다. 비행기가 불타버리기 전에 당신들

10) 기록을 마쳤으면 자신의 아이디어와 느낀 감정을 적은 '기록 시트'를 서로 보여주거나 발표한다. 과정을 모두 마쳤으면 이 프로그램을 통해 느낀 점을 피드백하라.

은 생존에 영향을 줄 수 있을지도 모르는 이 물건들을 가지고 탈출해야만 한다.

◉ 15가지 물품의 우선순위

구분	STEP1	STEP2	STEP3	STEP4	STEP5
	개인 순위	팀 순위	모범 순위	STEP1–STEP3	STEP2–STEP3
A. 손전등 (4개의 밧데리 포함)					
B. 잭나이프					
C. 주변 지역에 대한 항공지도					
D. 합성수지로 만든 커다란 우의					
E. 자석으로 된 나침반					
F. 붕대 한 상자					
G. 총알이 장전된 45구경 권총					
H. 적색과 흰색의 낙하산 한 벌					
I. 1,000개의 정제 소금이 든 병					
J. 한 사람당 한 병씩 배당될 수 있는 물이 가득한 1L들이 물통					
K. 『사막의 식용동물』이라는 책					
L. 1인당 1개씩의 선글라스					
M. 2L의 독한 보드카 한 병					
N. 한 사람당 하나씩 배당될 수 있는 두꺼운 옷					
O. 화장용 거울					
			합계		

☞ STEP4와 STEP5 는 절대값을 기입

◉ 구성원에 대한 관찰자 지시문

팀명:		팀원의 이름					
긍정적 행동	기준 정하기: 회의 진행을 돕는 원칙을 정하고 실행한다.						
	참여도 유도: 다른 사람의 참여를 돕는다.						
	지지와 장려: 다정하고 따뜻하게 행동하며 다른 사람의 의견을 받아들인다.						
	조화와 중재: 긴장을 완화시키고 서로 다른 의견 간의 차이점을 조정한다.						

부정적 행동	농담: 적절하지 않은 유머나 농담을 남발한다.						
	방해: 의사결정의 합의 진전을 막는다.						
	방관: 침묵하거나 공상하며 참여에 소극적이다.						
	지배: 다른 사람을 억지로 설득하거나 적개심을 보인다						
	독단: 자신의 필요에 의해 다른 사람의 의견 제시를 억압한다.						

◉ 과제 지시문

과제 1: 개인 연구

몇 가지 물건을 챙겨가지고 나갈 수 있을지 모르는 다급한 상황에서 당신은 무엇을 가장 먼저 가지고 나갈 것인가? 단, 팀원 모두가 개인적 순위를 결정하기 전까지는 상황이나 순위에 대해 말해서는 안 된다. 그리고 개인적 의사결정의 이유를 설명할 수 있어야 한다.

과제 2: 팀 합의

팀별 토의를 거쳐 팀 순위를 결정한다. 팀 순위의 결과는 반드시 팀 구성원 간의 완전한 합의에 따라 이뤄진 것이어야 한다.

주의

1) 자신의 의견에 확신이 있다고 생각되면 쉽게 타협하거나 양보하지 말아야 한다.
2) 합의 과정 중 지지할 수 없는 의견에 대해 구성원 모두는 거부권을 행사할 수 있다.
3) 의사결정의 완전한 합의를 위해 민주주의 절차(다수결)를 따르지 않도록 하라.

◉ 추천 답안(전문가의 의견)

상황의 전제: 광산촌으로 이동하는 것은 불가능하므로 구조를 기다려야 한다. 그러므로 첫째, 구조대원에게 신호할 수 있는 물건이 가장 중요하고, 둘째, 구조되기 전까지 살아 있기 위해 탈수를 막고 몸을 보온할 수 있는 물건이 필요하다.

순위	구분	순위의 근거
1		
2		
3		
4	A. 손전등(4개의 건전지 소요)	야간 신호용. 뚜껑은 물 받는데 사용할 수 있다.

5	H. 적색과 흰색의 낙하산 한 벌	구조원들에게 잘 띄는 천막의 구실. 선인장의 둘레에 걸쳐 만든다.
6	B. 잭나이프	선인장을 자르는 데 쓴다. 선인장을 자르면 1L의 물을 얻을 수 있다.
7		
8		
9		
10	F. 붕대 한 상자	상처, 피부 보호용, 로프로 사용 가능
11	E. 자석으로 된 나침반	구조대원의 방향을 포착
12	C. 주변 지역에 대한 항공지도	이동하는 전제하에 필요
13		
14		
15		

정확한 정답을 원하는 독자는 카페(블로그)에 가서 정답을 다운받을 수 있다.[11]

◉ 설득에 대한 팀분석표

1. 합의된 의사결정

팀 내 의사결정에서 합의를 이룬다는 것은 팀 구성원 모두가 충분히 받아들이고 지지할 수 있는 하나의 합의를 이뤄내는 것을 의미한다. 이 결정을 위해 민주주의적 절차를 따르거나 쉽게 타협에 이르러서는 안 되며, 오직 충분한 토의를 통해 팀원 모두가 받아들일 수 있는 의사결정에 도달해야 한다. 의사결정의 합의를 이루기 위해서는 팀 구성원 간의 적극적인 참여와 서로의 의사를 존중해 주는 자세가 필요하다.

2. 팀 시너지 효과

팀 시너지 효과는 공동의 성과를 위해 정보와 신뢰를 공유하는 데서 나오는 협동적 행동이나 힘까지를 모두 포함한 개념이다. 공동의 목표를 향해 함께 일하는 팀의 구성원들은 그들의 아이디어를 결합시킴으로써 개개인의 합보다 더 나은 효과를 창출해 낼 수 있다.

◉ 팀 실적표 분석

1. 팀 점수 〈 가장 낮은 개인의 점수 〈 팀원 평균

* 팀 시너지의 효과가 확실하게 난 팀으로서 팀원 개개인의 실력의 합보다 더 상승된

11) 카페 주소는 김재득 교수의 공공리더십센터 /http://cafe.daum.net/leadershipandKJD, 블로그 주소는 /http://m.biog.naver.com/leadership33/

효과를 나타냈다. 가장 바람직한 상호작용을 나눴다고 볼 수 있다.

2. 가장 낮은 개인의 점수 〈 팀점수 〈 팀원 평균

＊ 팀 전체 팀 효율에서 상승의 효과를 내기는 했지만 팀 시너지가 약함.
의사결정 과정에서 가장 낮은 오차를 기록한 개인이 참여가 미약했다.

3. 팀원 평균 〈 팀점수 〈 가장 높은 개인의 점수

＊ 팀 효율이 개인의 합보다 더 떨어지는 경우로서 정답과 오차가 적은 개인의 활동은 미약하고 잘 알고 있지 못한 소수 개인의 발언권을 독점했기 때문이다.

4. 팀원 평균 〈 가장 높은 개인의 점수 〈 팀점수

＊ 팀 시너지 효과는커녕 오히려 하강의 효과를 나타내어 제일 못하는 개인보다도 더 나쁜 결과를 초래했다. 구성원들이 자신의 고집만을 내세워 상호간의 소통이 이뤄지지 못한 경우다.

그림 10-5 사막 위로 비행기 추락

제 2 절 스토리텔링으로 설득하라

어릴 적 옛날 이야기를 들려주던 할머니와 중세 유럽에 성을 돌아다니며 이야기와 시를 들려주던 음유시인이 있었다. 이들이 바로 스토리텔러(storyteller)다. 그 옛날 이야기꾼은 가난하게 살고, 이야기를 좋아하면 못산다는 말은 거짓이다. 디지털로 통하는 초경쟁 시대에 디지털이라는 차가운 이미지와는 반대로 따뜻한 이미지를 얻고픈 현대인에게 스토리텔링은 따뜻함을 준다.

1 왜 스토리텔링인가?

왜 스토리텔링을 하는가? 이 물음에 답할 수 없다면 그것은 스토리텔링이 아니다. 스토리텔링은 목적 지향적이다. 따라서 그 끝에는 분명히 고귀한 무언가가 존재한다. 아름다운 동화, 재미있는 애니메이션, 감동적인 다큐멘터리 속에는 종교와 인종을 떠나 소중한 가치가 들어 있다. 스토리텔링은 '일방적으로 이야기하기'가 아니므로 재미를 유도하고 동의를 구하기 위해서는 납득할 수 있고, 정서적으로 수용할 수 있는 내용을 담는 것이 무엇보다 중요하다.

'이야기하기'를 의미하는 스토리텔링은 사람의 마음을 설득하는 기법으로 어느새 다가왔다. 또한 설득력을 강화시키고 메시지에 대한 공유와 소통력을 향상시켜 공감과 호감을 유도하려는 기법으로 주목받고 있다. 허망하고 개성 없는 정책, 지시적이고 권위적인 리더, 무의미한 업무, 지루하고 형식적인 행사, 감동 없는 강의, 공감할 수 없는 사람은 반성하고 배워라! 이제는 재미있고 감동적인 스토리텔링의 시대가 왔다. 높은 이상과 진정성, 아름다운 가치를 담은 스토리텔링은 사람들의 공감과 성찰을 이끌어 내고, 더 나아가 참여하며 실천하는 고귀한 삶으로 인도한다.

사람들은 리더가 현재 어떤 위치에 있는가보다 그가 어떤 이야기를 지니고 있는가에 관심을 가진다. 빌 게이츠보다 스티브 잡스에, 부를 세습한 재벌보다 안철수에게 더 열광하는 것도 바로 이 때문이다. 스토리를 통해 우리는 산으로, 강으로, 바다로, 별나라로, 용궁으로, 어부의 집으로 어디든지 갈 수 있다. 그래서 스토리는 우리가 세상에 눈뜨고 세상을 진정으로 이해하고 배울 수 있게 해 준다.

1) 스토리텔링의 개념과 분야

스토리텔링(storytelling)이란 스토리(story)+말하기(tell), 그리고 화자와 청중 간의 상호작용이 일어나는 현재 상황(ing)을 합친 합성어다. 즉, storytelling=story+tell+ing이다. 따라서 상대방에게 알리고자 하는 바를 재미있고 생생한 이야기로 설득력 있게 전달하는 것을 말한다. 어원적으로 여러 장르의 이야기를 들려주는 활동을 의미하지만, 단순히 이야기를 구성해 메시지만 전달하는 데 그치는 것이 아니라 그 속에 담긴 꿈과 감성을 좀 더 적극적이고 강렬하게 설득하려는 의도가 포함되어 있다.

이제 스토리텔링은 창의적이고 개성 있는 이야기 만들기는 다양한 분야로 확산되고 있으며, 메시지의 설득성이 중시되는 이벤트 기획과 연출에서는 매우 중요한 요소로 자리 잡았다. 캐릭터가 마케팅이나 광고에 전략적으로 이용되어 그저 차가운 물건에 지나지 않는 제품에 새로운 생명력을 불어넣듯이 지역이나 시설물, 다양한 행사의 프로그램 등에 새로운 이야깃거리를 만들고 의미를 부여하는 일은 이벤트나 축제에서 설득력을 높이고 전략적인 가치를 향상시키고 있다.

스토리텔링의 중요한 장르로 떠오르는 분야는 문학이 시초라 할 수 있지만, 이제 그 활용 범위가 영화산업으로 확산되고 최근에는 디지털 매체가 생활 속에 확산되면서 다른 장르로 이동과 융합이 가속화되어 '이야기학(學)'에 대한 폭넓은 응용이 가능해졌다. 현재 스토리텔링은 문학을 비롯해 영화나 광고, 애니메이션과 같은 문화·예술 산업과 게임, 축제, 테마파크 등 엔터테인먼트 산업 그리고 쌍방향성이 강한 디지털 콘텐츠 산업에 이르기까지 여러 분야에서 활용되고 있다.[12]

2) 스토리텔링의 유형

스토리텔링의 특성을 잘 살리면서 효과적으로 전달하는 방식은 여러 가지가 있지만 크게 역사적 사실–수정·가공–창작의 세 가지로 구분할 수 있다.

첫째, 역사적 사실(historical fact)에 기반을 둔 스토리텔링에는 '체험담'과 '에피소드형'으로 구분이 가능하다. 체험담형 스토리텔링은 소비자가 직접 경험한 이야기를 다시 소비자에게 전달하여 제품과의 유대감을 강화시킨다. 예를 들면 SK텔레콤이 광고한 바 있는 『현대생활백서편』에서 개개인이 휴대폰을 통해 겪은 다양한 에피소드를 '내가 만들어 가는 생활의 중심'이라는 테마로 경험담을 공유하는 유형이다. '에피소드형' 스토리텔링은 CEO, 기업, 제품 탄생의 뒷 이야기. 브랜드 네임의 의미를 이야기 소재로 활용하여 최대한 리얼리티를 반영해야 효과가 크다. 예를 들면 애플의 잡스에 대한 히스토리를 부각하여 독특하고 창조적인 브랜드 가치와 이미지를 확립했다.

둘째, 수정·가공(modification)한 스토리텔링이다. 여기에는 '루머', '패러디형' 스토리텔링이 있다. 루머형 스토리텔링은 리얼리티가 아닌 흥미롭고 재미있는 이야기를 그럴듯하게 만들어 관심을 갖게 할 것이다. 예를 들면 '바나나는 원래 하얗다'라는

12) 영화, 이벤트나 면접에 이르기까지 적극적으로 활용하는 데에는 이유가 있다. 이야기를 통한 의미의 소통과 공유 때문이다. 단순한 소재보다 콘텐츠가 있고 차별화된 이야기는 받아들이고 공유하기가 쉽다. 이야기를 통해 참여했던 프로그램과 장소에 대한 이해가 증폭되고 호감이 쌓이면서 공감의 폭이 크게 넓어진다. 그리고 스토리텔링으로 이벤트에 참가했던 개인의 호의적 기억과 경험은 더욱 강렬하게 유지된다. 따라서 이벤트 프로그램에 대한 만족도가 크게 증가해 재방문으로 연결되고, 주위 사람에게 입소문으로 전달해 호의적인 이미지를 형성하는 데 도움을 준다.

광고는 제품 탄생 및 브랜드 네임의 비화를 마케팅 부서의 대화를 몰카 촬영하여 자연스럽게 전달한다. 패러디형 스토리텔링은 기존에 활용됐던 인기 스토리를 제품의 콘셉트에 맞게 새로운 시각으로 가공해 전달하는 것이다 이것은 친근하고 빨리 부각시킬 수 있는 장점이 있다. 예를 들면 롯데리아: 크랩버거=노인과 바다에 나온 소설을 활용하여 원작 속의 상어를 커다란 게로 바꾸고 과장되고 유머스럽게 표현했다.

셋째, 창작(creation) 스토리텔링이다. 창작 스토리텔링에는 '드림(dream)', '기념일형', '시리즈형' 스토리텔링이 있다. 드림형 스토리텔링은 소비자가 동경하는 꿈과 희망을 브랜드에 담아 브랜드에 대한 동경으로 느끼게 한다. 예를 들면 나이키 광고에서 승리에 대한 의지와 열정을 선수들의 멋진 모습과 플레이를 통해 동경심을 자극한다. 기념일형 스토리텔링은 특정한 기념일에 맞는 이야기를 개발하여 관련 타깃 그룹이 공감하고 참여하게 한다. 예를 들면 '빼빼로' 광고에서 빼빼로 모양과 같은 11월 11일을 '빼빼로 데이'로 지정하여 친구들끼리 선물로 빼빼로를 주고받는 의미를 전달한다. 시리즈형 스토리텔링은 하나의 주제에 대해 일관된 컨셉으로 연속적이고 다양한 이야깃거리를 전달하는 것이다. 예를 들면 '박카스' 광고에서 대학, 군대, 직장인 등 일상생활에서 드링크제와 연관성을 부여하는 스토리로 브랜드 친근감을 제고하는 형식이다.

3) 스토리텔링의 적용 사례

스토리텔링은 이야기가 가지고 있는 감성과 창의성을 바탕으로 사람을 설득시키는 데 매우 강력한 도구다. 또한 식상하고 무덤덤한 정보의 홍수 시대에 고객의 호감도와 충성도를 높이고 고객 만족을 유도한다. 따라서 고정적이고 장기적인 고객 확보에 매우 용이한 수단이 된다. 따라서 스토리를 만들어 고객에게 감동의 폭을 넓히고 그곳에 재방문하고 싶도록 동기부여를 준다. 지향하는 가치가 있는 사람들의 신념에 찬 이야기는 듣는 사람들의 몸과 마음과 영혼을 움직이게 하기 때문이다. 그것이 바로 스토리텔링의 위력이다.

축제나 이벤트에서 스토리텔링의 위력을 적용한 사례를 소개한다.

첫째, 내구성으로 유명한 지포(Zippo) 라이터는 전투 도중 가슴에 총을 맞았는데 마침 앞주머니에 있던 라이터가 총알을 막아줘 목숨을 구했다는 어느 미군 병사의 일화를 이용해 좀 더 강력한 메시지를 전달할 수 있었다. 또 1991년 일본의 아모리시(靑森市)에서는 큰 태풍에도 떨어지지 않고 견딘 사과를 생명력과 인내가 강한 사과로 이야기를 재구성해 입시생을 둔 학부모들에게 비싼 가격으로 판매하는 데 성공했다. 이처럼 창조적 이야기의 힘은 이처럼 설득력이 강력하다.

둘째, 지역 축제나 관광 축제에서 활용되는 경우다. 지역 축제의 형태 중 스토리텔링을 자주 도입하는 사례는 전통 문화 축제다.[13] 전통 문화 축제는 지역의 설화나 풍습, 민속 등과 같이 각 지역에 산재한 전통 소재를 프로그램에 반영하는 축제 유형의 하나로, 진도영등제가 있다.[14]

셋째, 관광 분야에서도 스토리텔링은 황금거위 역할을 한다. 우리는 일본 니가타현(新潟縣) 에치고(越後)의 유자와(湯澤) 온천을 거닐며 가와바타 야스나리(川端康成)의 소설 『설국(雪國)』을 떠올리고, 로마의 명물인 스페인 계단을 거닐며 영화 <로마의 휴일>의 오드리 헵번(Audrey Hepburn)을 떠올린다. 마찬가지로 우리나라에서는 배용준의 <겨울연가>의 이야기를 남이섬의 관광 포인트로 활용하는 등 관광 스토리텔링을 새로운 관광 기법으로 활용하고 있다. 2002년 드라마 <겨울연가>를 방영했다. 최지우, 배용준, 고(故) 박용하가 주연을 맡았다. 한국에서도 평균 시청률 23.1%(AGB 닐슨 통계)를 유지하며 사랑을 받았다. 그로부터 2년 후, 일본 NHK에서 방영했다. 소위 말해 한국에서보다 더 대박이 났다. 일본에서 이 드라마가 성공한 후, 유진을 맡은 최지우는 '지우히메', 준상이를 맡은 배용준은 '욘사마', 상혁을 맡은 박용하는 '욘하짱'이라는 별칭을 얻었다.[15] 이 관광 스토리텔링은 소설이나 영화, 드라마 속에 등장한 장소에서 자신이 마치 주인공이 된 듯한 판타지를 제공함으로써 날로 인기를 더해 가고 있다.

넷째, 드라마 <대장금>에서 장금이 임금에게 올린 음식이 인정을 받을 수 있었던 것은 음식의 모양새나 맛 때문만은 아니었다. 그 음식이 담고 있는 스토리가 공감과 감동을 불러일으켰기 때문이다. 그 드라마에 등장하는 음식들이 소위 '스토리 푸드'

---

13) 문화체육관광부에서 대한민국 대표 축제로 지정한 보령머드축제, 최우수 축제로 선정된 함평나비대축제, 금산인삼축제는 우후죽순 같은 국내 지역 축제 중에서도 군계일학처럼 성공한 축제들이다. 그 외에도 부여 서동연꽃축제, 강경 젓갈축제, 청도 소싸움축제는 우리나라에서 성공한 대표적인 지역 축제다.

14) 진도영등제는 매년 특정 기간 동안 바닷길이 열리는 지역 특성을 활용해 개최되는데, 프로그램은 마을에 전래되는 용왕신앙과 뽕할머니 설화를 이야기로 구성·발전시켰다. 또 역사 인물이나 사건도 스토리텔링에 활용된다. 완도장보고축제는 역사 인물 장보고의 일대기를 소재로 해 인기를 끌었던 TV 드라마 <해신>의 촬영 세트장에서 개최되는 호남의 대표 축제다. 이미 드라마에서 보여준 이야기를 다양한 프로그램으로 연출해 방문객의 공감을 유도하며 호감도와 만족도를 크게 향상시키고 있다.

15) 이들의 활약은 대단했다. 일본 열도를 뒤흔들며 한국 드라마, 배우의 입지를 굳혔다. 일본인 관광객들이 한국을 오는 이유 중의 하나가 <겨울연가> 촬영지를 방문하기 위해서일 정도였다.

였기 때문에 한국인뿐만 아니라 중국인, 일본인들에게까지 공감을 얻을 수 있었다.

다섯째, 엽기 토끼라고 불리는 마시마로가 있다. 마시마로는 대학생이 인터넷 만화 사이트에 올린 플래시 애니메이션에 등장한 것인데, 갖가지 재미있는 돌출 행동으로 인해 사람들을 놀라게 하는 토끼 캐릭터다. 시대적인 분위기에 맞는 엽기적 스토리텔링으로 폭발적인 인기를 얻어 캐릭터 상품으로 크게 히트했다. 상품화 이후에도 계속해서 공식 사이트를 통해 재미있는 이야기를 내보냄으로써 마시마로 캐릭터 상품을 홍보하는 역할을 해주고 있다.

그 외 적용 사례로 <아바타>와 <해리포터> 같은 영화뿐만 아니라 장르 불문하고 곳곳에서 나타나고 있다. 남수단의 작은 마을에서 병자들을 돌보고, 브라스 밴드를 지휘하며 종교를 떠나 인류의 보편적 가치인 '박애'를 실현한 이태석 신부의 스토리, 고독과 분노 그리고 콤플렉스를 안은 채 자신의 이상향을 향해 아파하며 싸우고 다치며 전진한 정조 이산, 두 명의 아이를 공개 입양하며 큰 테두리 안에서 가족의 의미를 재해석하는 차인표와 신애라 부부와 같은 스토리도 우리에게 감동을 주고 있다.

그림 10-6 스토리텔링의 적용 사례: 〈겨울연가〉

2 스토리텔링의 네 가지 핵심과 일곱 가지 요소

흔히 스토리텔링 하면 스타벅스(Starbucks)와 애플(Apple)을 떠올리는데 그것은 기업문화 마케팅을 한 사례이고, 대기업에서 가능한 스토리텔링이다. 하지만 필자의 견해는 일반인의 작은 이야기라도 충분히 사람들이 감동할 만한 스토리텔링의 소재가 된다. 즉, 작은 구멍가게 주인의 성공 신화, 할머니의 도전 비화, 대학생의 감동 스토리 등 실화를 모티브로 한 모든 스토리는 사람의 마음을 움직인다. 따라서 일반인들도 아는 상식을 가지고 스토리텔링이 가능하며 소통을 위한 설득의 전략으로 충분하다. 이제 스토리텔링은 사람의 마음을 움직이는 거대한 손이다. 어쩌면 새롭게 창작된 스토리보다 기존의 경험과 사실을 발견하고 윤색하면 사람들에게 더 큰 공감을 유발할 수 있을 것이다.

1) 스토리텔링의 네 가지 핵심 요소

스토리텔링의 대가 맥키(Robert Mckee) 교수에 의하면 "리더는 숫자와 팩트(fact)만 줄줄 읊어서는 안 된다. 리더는 팩트를 가지고 이야기를 만들어 내야 한다. 영화 <록키(Rocky)> 같은 스토리가 필요하다. 그래야 직원도 고객도 마음을 움직인다." 라고 했다.[16] 따라서 사람에게 기억되기 위해서는 독특한 콘셉트가 있어야 한다. 그리고 그 콘셉트를 일관되게 이어가는 중심엔 스토리가 있어야 한다. 스토리는 사람들의 호기심을 자극하고, 쉽게 기억시키며, 감정을 자극함으로써 제품이나 브랜드와 친밀감과 유대감을 갖도록 해 주기 때문이다.

스토리를 만드는 정형화된 공식은 없지만 아래의 네 가지 기본적인 요소는 꼭 갖춰야 좋은 스토리인지 아닌지 구별할 수 있는 기준을 세울 수 있다. 바로 네 가지 핵심 요소는 메시지, 갈등, 등장인물, 플롯 등이다.

첫째, 메시지(message)는 분명하게 정의된 핵심 내용이다. 스토리의 전반에 걸친 중심 테마이기도 하다. 예를 들면 <토끼와 거북이>에서 메시지는 '나태하거나 교만한 자는 실패한다'라는 메시지가 있다. 즉, "현재 상황을 탓하며 포기하지 말고 불가능에 도전하여 꿈을 이루자"와 같은 이야기를 만들어 내야 하는 것이다.

둘째, 갈등(conflict)은 스토리의 흥미를 유도하며 조화를 깨뜨리는 역동적인 변화(반전)과 같은 것이다. 이것은 스토리의 생명이다. 예를 들면 영웅과 그를 막는 적대세력의 전투와 같은 것으로 주인공의 호된 시련, 동지의 배신과 같은 것이다. 따라서 주인공의 역경과 좌절로 현재 위치의 불안, 장래에 대한 위협과 같은 내용이 등장한다.

셋째, 등장인물(characters)이다. 등장인물은 스토리를 만드는 주체자로서 스토리 전개를 위한 행동을 만들어 나간다. 예를 들면 영화 <반지의 제왕>에서 주인공 '프

16) 맥키는 미국의 서던 캘리포니아대(USC) 교수로서 할리우드의 저명한 시나리오 전문가이자 스토리텔링의 세계적인 대가다. 그의 제자들이 수많은 아카데미상 트로피를 받았고 구글이나 GE 같은 세계적 기업이 그에게 컨설팅을 받았다.

로도'와 적대 세력 '사우론', 조력자 '반지 원정대'가 여기에 해당한다. 일반적으로 영웅으로 스포츠 선수, 조력자로서 꿈과 열정을 불어넣는 사람, 멘토 혹은 선지자가 등장한다.

넷째, 플롯(plot)은 스토리 전개 과정을 뜻한다. 스토리텔링에는 스토리의 배경, 갈등, 결말이 존재한다. 일반적으로 선수들의 과거→방황과 좌절→시련의 극복→ 현재는 유명한 스포츠 스타가 되는 과정이 그려진다.

2) 스토리텔링의 일곱 가지 요소

과연 어떻게 하면 훌륭한 스토리가 될 수 있을까? 많은 사람이 그들의 제품과 서비스를 사람들에게 알리기 위해 스토리텔링 기법을 사용하고 있다. 그러나 대부분 기업에 의해 만들어진 스토리이거나 기업의 실체와는 무관한 스토리인 경우가 많다. 더욱이 스토리는 스토리일 뿐이라는 생각으로 미화하는 경우가 많으며, 지키지 못할 약속들로 오히려 고객으로부터 신뢰를 잃는 경우도 있다. 스토리텔링은 억지로 만드는 것이 아니라 기업이 좋은 제품과 서비스 그리고 고객에게 믿음을 주는 마케팅 전략을 실천할 때 스스로 생성되는 것이다. 그러기 위해서는 다음과 같은 요소를 갖춰야 한다(세스 고딘, 2007). 이를 바탕으로 스토리텔링을 할 수 있는 시사점을 얻었으면 한다.

첫째, 메시지(message)다. 스토리텔링에서는 사용할 스토리 중에서 가장 중요한 메시지를 결정해야 한다. 그리고 메시지는 스토리텔링을 통해 얻고자 하는 바를 명확히 해야 한다. 최근 모회사는 브랜드 아이덴티티를 정의하는 자리에서 영문으로 된 메시지를 발표하여 큰 지지를 받지 못했다.

둘째, 갈등(conflict)이다. 스토리텔링을 지하철 외판원처럼 사실 위주로 선전만 해서는 안 된다. 갈등이 없으면 스토리도 존재할 수 없다. 갈등은 목표를 달성하기 위해 극복해야만 하는 장벽이자, 스토리를 이끌어 가는 원동력이다. 그러므로 갈등 해결 방법을 통해, 조직과 브랜드가 추구하는 핵심 가치를 표현할 수 있다.

셋째, 흐름(flow)이다. 어떻게 갈등을 풀 것인가? 모든 스토리는 흐름에서 출발한다. 따라서 갈등을 해소하기 위한 과정과 결말인 것이 있다. 스토리가 약한 것은 대립 세력이 약하다. 따라서 기본 줄거리나 플롯을 잘 유지해야 한다. 잘된 드라마를 보면 이해가 갈 것이다. 그래서 잘된 스토리텔링은 처음 시작하는 브랜드와 중간 위치에 있는 브랜드 그리고 몰락하는 브랜드에 맞는 스토리가 잘 나타난다.

넷째, 캐릭터(characters)다. 스토리 캐릭터의 아이덴티티를 분명히 해야 한다. 갈등을 제대로 표현하기 위해서는 여러 등장인물이 필요하다. 캐릭터의 개성은 온갖 정보의 홍수와 조작 속에서도 특정 기업을 분별해낼 수 있게 해 준다. 그래서 '훌륭한' 캐릭터는 그저 '좋은' 스토리와 훌륭한 스토리를 구분짓는다. KFC의 할아버지 캐릭터를 보면 이해가 될 것이다. 샌더스의 일생과 KFC 할아버지 로고의 변신은 시사하는 바가 크다. 새로운 일을 시작하기에 늦은 나이는 없다는 것, 프랜차이즈의 성공은 자신만의 확실한 노하우와 꾸준한 노력, 지속적인 혁신을 바탕으로 한다는 것 등이 그렇다. 빈털터리 60대로 새 사업에 도전한 샌더스의 일생은 대입 혹은 취업 실패, 조기 퇴직 등 작은 좌절에 맥없이 쓰러지는 이들에게 인생이란 어디까지나 마음먹기에 달렸음을 알려주고도 남는다.17)

다섯째, 감정(emotions)이다. 사실과 허구의 절묘한 조화로 감정선을 터치해야 한다. 분명히 이유와 논리(logic)를 말하면서도 강력하고 재미있는 스토리는 우리의 감정을 움직인다. 소개팅에서 그녀에게 웃음기가 보인다면 그건 반은 먹고 들어가는 것처럼 일단 재미가 있어야 한다. 스토리의 몰입은 곧 감정이입의 성공을 뜻한다. 스토리를 맹신할 가능성이 높은 강력한 감성 자극 장치를 만들면 더욱 좋다.

여섯째, 헤드라인(headline)이다. 메시지 작성 기사에서는 맨 처음 시작되는 전문(lead)을 잘 지켜야 한다. 헤드라인의 일차적인 기능은 무엇보다 소비자의 주목을 끄는 것이고, 두 번째 중요한 기능은 보디 카피(body copy)를 읽도록 유도하는 것이므로 헤드라인, 헤드 카피가 강력해야 한다.

일곱째, 개방형 결말(open endings)과 긍정적 교훈(lesson)이다. 개방형 결말은 파워풀하다. 청중의 의견을 스토리에 반영해도 좋다. 그리고 부정적인 이야기나 결말은 사용자에게 역감정을 불러일으킬 수 있다. 끊임없이 도전 과제를 제시하고 성공 경험

17) KFC 할아버지의 모델은 창업주인 커넬 할랜드 샌더스(Colonel Harland Sanders, 1890-1980)다. 커넬(대령)은 샌더스 식당이 번창했을 때 켄터키 주지사로부터 받은 호칭이다. 그의 인생은 실로 놀랍다. 삼남매의 장남으로 태어나 6세 때 아버지를 잃고 7세 때부터 어머니 대신 빵을 굽는 등 인생은 역경의 연속이었고, KFC를 창업한 건 나이 예순이 넘어서였다. 그는 농장일꾼, 직업군인, 보험외판원 등을 거쳐 29세 때 주유소를 차렸다. 세차 먼저 해준 뒤 기름을 넣을지 물어보는 서비스 정신으로 번창했으나 대공황으로 망했다. 40세 때 주유소 모퉁이에 식당을 차려 인기를 끌었지만 4년만에 화재로 모든 걸 잃었다. 다시 카페를 열어 호황을 누렸지만 60세 때 우회도로가 생겨 문을 닫았다. 남은 건 단돈 105달러. 그는 그래도 포기하지 않고 식당을 찾아다니며 자신이 개발한 열한 가지 양념의 닭튀김 비법을 알려줄 테니 조각당 얼마씩 달라고 제안했다. 피터 하먼이 이 제의를 받아들임으로써 켄터키프라이드 치킨이 생겨났다. 이때가 1952년. 프랜차이즈는 1955년에 시작됐다. 샌더스는 75세까지 일하다 물러난 뒤에도 계속 흰 양복에 나비 넥타이를 매고 직원 교육에 앞장섰다. KFC의 상징인 할아버지 로고는 바로 이 커넬 샌더스의 모습을 담은 것이다.

을 만끽하게 해야 한다.

이와 같은 요소를 잘 갖췄다면 훌륭한 스토리로서의 자격을 갖춘 셈이다. 훌륭한 스토리는 신뢰받는다. 요즘 사람들은 그 누구도 잘 믿지 않는다. 필자는 바(bar)에 앉아 고급 위스키를 주문하는 미모의 여성조차 믿지 않는다. 주류 회사에서 돈을 받고 하는 일이라는 걸 알고 있기 때문이다. 하지만 훌륭한 스토리는 순식간에 자리 잡는다. 그래서 위대한 스토리는 세상에 나오는 순간 고객을 사로잡는다. 위대한 스토리라면 10장짜리 고급 컬러 브로셔나 일대일 인터뷰 따위는 필요 없다. 물론 거짓이라면 결국 들통나겠지만. 훌륭한 스토리는 순식간에 자리잡는다.

그림 10-7 KFC 할아버지와 스토리텔링

소통을 위한 진단 코너: 누구를 구조할 것인가?

텍사스 크기의 소행성이 시속 3만㎞ 속도로 지구와 충돌하여 지구는 방사능과 화염에 휩싸여 인류 최후의 종말을 맞이하게 되었다. 이런바 지구 종말을 일컫는 아마겟돈(Armageddon)의 순간이 다가온 것이다. 하지만 초토화된 지구의 폐허 속에서도 12명의 생명이 생존하여 건강하게 숨을 쉬고 있었다(아래 명단 참조).

한편 백두산 지하 연구실에서는 이 날을 대비해 서강과학연구원의 김재득 박사는 캡슐을 만들어 두었고, 지구상에서 방사능이 제거되고 생물이 생존할 수 있을 때까지 지구를 떠나 있다가 귀환해 인류의 새로운 지구 생활을 구상하고 있었다. 김박사는 인간의 생존이 보장되는 현대 과학의 완전한 결정체인 캡슐로 지구의 마지막 생존자이며 미래 지구촌의 새 주인공을 위한 구출 작전을 펴야 한다. 그러나 그 보호 캡슐에는 과학자 자신을 포함해서 오직 8명만이 탑승할 수 있게 되어 있다.

이제 지구의 생존자 12명 중 아래 '구조 대상자'의 인명 자료를 보고 그 중에서 7명을 엄중 선정해 보라. 각자의 성격이나 인물됨에 대한 더 이상의 정보는 없지만, 당신이 구세주라면 새로운 역사의 주인공으로 누구를 선택할 것인가? 그리고 그 이유는 무엇인가? 자신의 가치관, 직업과 사람에 대한 평소의 이미지, 인류의 생명과 정의에 대한 설득 철학으로 팀원을 설득해 보라.

구조 대상자

- 17세의 여고 1학년생
- 용감한 무장 해병대
- 인기 절정인 미모의 여가수
- 저명한 역사학자
- 젊은 성직자
- 탁월한 외교관
- 갓 학위를 받은 우주과학자
- 월드컵 축구 스타
- 임신 중인 시골 농부의 아내
- 전과 4범이나 현재는 개과천선한 여자
- 외국에서 유학 다녀온 남학생
- 대형트럭 운전기사

토론문

(1) 선정 기준과 토론 과정에서 자신의 설득 철학은 무엇이었나?

(2) 생존 대상자에서 제외된 5명과 그 이유는?

제외된 5명	그 이유는?

(3) 토론 과정에서 누구의 설득 스타일이 가장 특이했는가?

누 구	어떤 내용?

그림 10-8 누구를 구조할 것인가?

이 게임에 정답은 없다. 이 게임에서 부여한 문제는 해결 과정에서 개개인의 가치관의 표출을 유도하기 위한 것이다. 어떤 과제를 해결하기 위해 집단 의사결정을 하는 과정에서 각자의 인생관이나 가치관이 자연스럽게 표출되게 마련이다. 또한 집단의 합의 과정에서 그 집단의 구성원들이 공통적으로 가지고 있는 가치관에 따라 서로 다른 문제 해결 방안이 도출됨을 체험할 수 있을 것이다. 개인적 의사결정 후 다른 사람들과 합의를 거치는 과정에서 자신과 다른 결정을 내린 사람들이 그렇게 선택하게 된 경위 등을 듣게 되면 각자 느끼는 바가 있을 것이다.

동일한 상황에서도 사물을 보는 법과 생각하는 법에 사람마다 많은 차이가 있음을 알 수 있으며, 어떤 사람의 경우는 매우 인상적인 기억으로 남을 수도 있다. 이 게임은 서로의 가치관을 더 잘 알 수 있게 하는 동시에 개인 스스로의 가치관에 대해서도 다시 한 번 생각해 볼 수 있는 기회가 될 것이다. 개개인이 가지고 있는 설득 방식이 어떤 식으로 집단 내에서 받아들여지는지를 보면 그 집단이 얼마나 유연한 사고를 가지고 있고 얼마나 시너지를 창출할 수 있는 집단인지 알 수 있다. 자신만의 가치관을 고집하는 팀원이 있는 경우 그런 팀은 합의를 이루는 과정이 매우 어려울 것이다.

소통의 창: 분명한 생각과 말, 막연한 생각과 말

분명히 좋은 생각과 막연하게 좋은 생각은 전혀 다르다. 분명히 좋은 생각은 나를 편안하게 하지만, 막연한 생각은 나를 얽매이게 하기 때문이다. 분명히 믿는 것과 희미하게 믿는 것은 다르다. 분명히 믿으면 신뢰받지만, 막연하게 믿으면 의심받기 때문이다. 나는 분명하게 믿음으로 신뢰받는 사람이 될 것이다. 분명히 바라는 것과 막연하게 바라는 것은 전혀 다르다. 분명히 바라는 것은 이뤄지지만, 막연하게 바라는 것은 이뤄지지 않기 때문이다.

분명하게 말하는 것과 희미하게 말하는 것은 전혀 다르다. 분명히 하는 말은 나를 앞으로 나가게 만들지만, 막연하게 말하는 것은 나를 뒤로 물러나게 하기 때문이다. 나는 분명히 말함으로써 그 말과 함께 힘차게 앞으로 나가는 사람이 될 것이다. 분명히 아는 것과 막연하게 아는 것은 전혀 다르다. 분명히 아는 것은 내 것이지만, 막연하게 아는 것은 남의 것이기 때문이다. 나는 한 가지라도 분명히 알고 있으므로 그것을 내 것으로 삼는 사람이 될 것이다. 분명히 사랑하는 것과 막연하게 사랑하는 것은 다르다. 분명히 사랑하는 것은 아름답지만, 막연한 사랑은 추하기 때문이다.

제 11 장 협 상

코칭(coaching)

그동안 협상이란 단어는 몸싸움 · 대화 단절 · 극적 타결 같은 부정적 단어로 이미지가 왜곡되어 있다. 하지만 역사적으로 보면 고려 시대 거란군을 자진 철군시키고 오히려 강동 6주까지 되돌려 받은 서희 장군의 예는 우리 역사상 최고의 협상으로 손꼽을 수 있다. 또 IMF 위기의 고통을 겪은 우리는 협상의 중요성을 뼈저리게 실감했다. 대우와 하이닉스 인수 협상의 뼈아픈 교훈을 들먹이지 않더라도 글로벌화된 21세기 협상의 중요성은 날로 증가하고 있다.

아무리 품질이 우수해도 양측의 협상이 원활하게 돌아가지 않으면 결과를 도출할 수 없다. 아무리 뚜렷한 목표를 가지고 있어도 속마음을 직설적으로 드러내지 않고 부드러운 분위기 속에서 자신의 이익을 추구하는 협상력은 가장 중요하고 또한 가장 필요하다. 이런 '협상'의 기술이 자신의 능력을 측정하는 측도이기 때문이다.

제 1 절 협상, 협상의 대가

사실 우리는 살아오면서 마주치는 크고 작은 일들 모두가 설득과 협상의 대상이다. 이런 점에서 설득과 협상은 동전의 양면이다. 설득은 이유를 가지고 이해를 구하는 것이다. 수용되면 최고로 좋다. 하지만, 거부되면 별 수 없이 협상을 해야 한다. 반면에 협상은 양보(concession)를 뜻한다. 설득(persuasion)은 화자가 청자의 행동과 태도를 변화시키려는 일방향적 소통이다. 그러나 협상(negotiation)[1]은 화자가 청자의 상호작용을 통한 행동과 태도를 변화시키려는 양방향적 소통이라고 할 수 있다. 따라서 협상이란 이해관계가 다르고 목적이 다른 두 명, 또는 그 이상의 개인 및 집단이

1) 협상(negotiation)은 라틴어로 neg(아니다)+otium(여가 시간)이란 어원을 지닌 단어다. 즉, 여가 활동이 아니다. 업무를 수행하다라는 뜻을 지니고 있다.

의사소통을 통해 서로의 이해와 목적을 적절하게 충족시키는 '합의점'을 찾아내는 것이다.

그래서 협상의 실패는 갈등이 원인이 되기도 한다. 예를 들어, 이제 공부를 할 만큼 했으니 오락하며 놀겠다는 아이, 백화점에서 물건을 구입할 때, 애인과 관계를 정리하거나 다시 시작하고 싶을 때, 연봉을 재계약할 때, 자매끼리 옷을 빌릴 때, 물건을 싸게 사기 위해, 산이냐 바다냐 의논하는 여인, 우는 아이를 달랠 때 등등 실제 우리의 일상생활은 협상의 연속으로 이뤄진다. 또 협상이 실패하는 가장 큰 원인은 소통의 실패다. 그리고 소통이 실패하는 가장 큰 원인은 바로 인식의 차이다. 그렇다면 인식의 차이는 왜 생기는가? 그것은 사람마다 관심사와 가치관, 그리고 감성이 다르기 때문이다.

1 협상가의 자질과 세 가지 요소

1) 협상의 정의

협상은 외교관이나 세일즈맨들만이 하는 전문적 행위가 아니다. 다양한 이해관계자와 의견을 조율해야 하는 우리의 일상생활은 협상행위의 연속이다. 협상은 단순히 물건을 싸게 사거나 자신에게 유리한 계약을 하는 등의 경제적 행위에 한정되지 않는다. 모란(Robert T. Moran)과 해리스(Phillip R. Harris)에 의하면 "협상이란 상호 이익이 되는 합의에 도달하기 위해 둘 또는 그 이상의 당사자가 서로 상호작용을 하여 갈등과 의견의 차이를 축소 또는 해소시키는 과정"이라고 했다. 또한 셸(Richar Shell)에 의하면 "협상이란 자신이 협상 상대로부터 무엇을 얻고자 하거나 상대가 자신으로부터 무엇을 얻고자 할 때 발생하는 상호작용적인 소통 과정"으로 정의를 내린 바 있다.

또 다른 연구자에 의하면 협상이란 상대의 '요구'가 아니라 '욕구'를 자극하고, '객관적 기준'을 제시하고 '합리적인 논리'로 설득하는 것이다. 또 상호 윈-윈(win-win)의 '창조적 대안'을 찾아가는 능력이라고 정의한 학자도 있다. 이러한 정의를 바탕으로 필자는 협상의 정의를 "사람을 움직이는 능력이며, 사람의 마음을 움직이는 능력이다. 곧 이것은 세상을 움직이는 능력이다"라고 정의를 내리고 싶다.

2) 협상가의 자질과 자리 배치

협상을 할 때 협상 참가자의 권한이 어느 정도인가 확인하는 것과 의사결정권을 지닌 인물이 누구인지 파악하는 것이 협상의 출발점이다. 협상은 제로섬 게임(zero-sum game)이 아니라 상호간에 필요한 것을 주고받는 게임이다. 그러나 모든 것을 얻고자 악질적인 협상 술수를 쓰는 '등 치고 배 만져 주는' 전술에는 당당하게 대응해야 한다. 아울러 스트레스를 고조시키는 전술, '협박전술', '벼랑전술', '혼란전술', '고의착오전술', '협상거부전술', '양자택일전술' 등에는 협상의 끝을 제시하며, 상대방의 의도를 공개하도록 하는 것이 좋은 대응법이다.

무엇보다 협상에 임할 때는 우선 자신의 목표와 계획이 확고해야 한다. 따라서 협상은 신뢰가 근본으로 상대방을 신뢰하고 본심을 털어놓는 가운데 설득하는 것이 효율적이다. 그러므로 협상가의 자질은 상대방의 요구나 전술에 관한 대화 청취력, 상대방의 반응에 민첩하게 반응하는 임기응변력, 인간적 매력 등으로 거론되고 있다. 이것을 바탕으로 필자는 다음과 같은 자격 요건을 갖춘 인물을 유능한 협상가로 추천한다.

첫째, 정직한 자세와 정확한 수치를 전개하는 정확성과 논리적인 태도로 상대방에게 위압감과 더불어 신뢰감을 주어야 한다. 둘째, 상대방의 관심 사항을 재빨리 파악하여 그의 명분을 살려주면서 협상 조건을 제시한다. 셋째, 주장이 팽팽히 맞설 때에는 대담한 타협안을 제시한다. 넷째, 유머와 위트를 자주 사용한다. 다섯째, 협상 내용을 확실히 파악하고 협상 논리를 정리해 두는 것은 필수적이다.

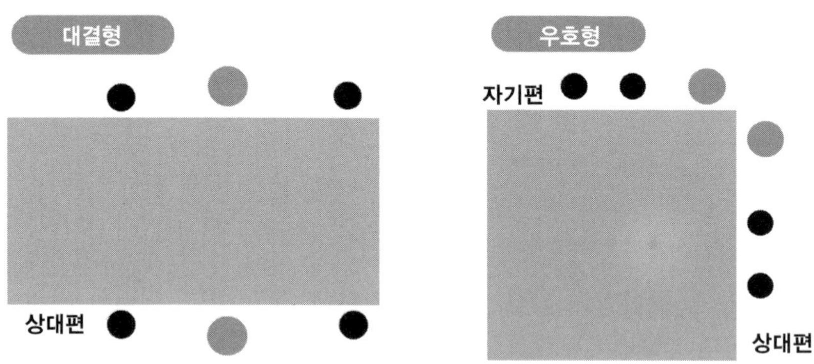

그림 11-1 협상시 효과적인 좌석 배치

한편, 협상을 효과적으로 만드는 좌석 배치로는 대결형과 우호형이 있다. 대결형으로 배치하면 서로 결투하는 듯한 인상을 주기 쉽다. 그러나 긴장감이 높은 협상을 할 경우에는 이런 좌석 배치가 적합하다. 부드러운 분위기로 협상을 이끌어 가고 싶을 때는 우호형의 좌석 배치가 적합하다. 좌석 구조나 인원 때문에 대면형이 불가피한 경우에는 상대와 조금 비껴 앉는 것이 좋다.

3) 협상의 세 가지 요소와 4단계

일반적으로 협상의 결과를 좌우하는 요소로 정보, 시간, 힘 세 가지를 이야기한다. 이 세 가지 요소의 비교에 의해 협상의 주도권이 어느 쪽으로 옮겨지느냐가 결정된다. 결국 상대보다 '얼마나 많이, 유용한 정보를 획득하느냐', '얼마나 시간을 잘 활용하고 확보하느냐' 그리고 '얼마나 많은 힘을 가지고 있느냐'의 관점에서 협상을 준비하고 계획해야 한다.

첫째, 상대에 대한 정보가 많으면 자신에게 협상의 주도권(힘)이 있다.[2] 정보를 더 많이 갖고 있는 쪽이 더 유리한 고지를 차지하는 것이 협상의 일반적인 법칙이다. 성공적인 협상에 임하기 위해서는 그다지 중요해 보이지 않는 정보까지도 소홀하게 다룰 수 없다. 시간은 이른바 최종 제약 시간으로, 상대방이나 내가 원하는 목적을 얻기 위해 최대한으로 소비할 수 있는 시간이며 기회비용이다. 실제 협상에서 시간은

2) 첫째, 협상 상대에 대한 정보는 최대한 많이 수집하고 파악해야 한다. 상대의 권한, 상대의 스타일, 가족 관계, 취미 등 필요 여부에 관계없이 파악해야 한다. 가끔 전혀 관계 없을 것 같던 정보도 협상 상황에서 유용하게 사용되는 경우도 있다. 특히 상대의 권한은 꼭 파악해야 한다. 만일 결정 권한이 없는 상대를 대상으로 협상을 끝까지 진행하고 나서 상대가 "이 합의 사항에 대해서 보스와 상의해 보겠습니다"라고 말한다면, 내놓을 수 있는 카드는 다 내놓고 상대는 원점부터 다시 시작하게 되어 협상은 교착 상태에 빠지게 되고 우리는 불리한 상태로 다시 재협상을 해야 하는 난관에 빠지게 된다. 둘째, 협상의 주제는 폭넓게 가져갈수록 유리하다. 가끔 비즈니스에서 가격이 이슈가 되는 협상을 진행할 때 대부분 가격 같은 한 가지 이슈만을 주제로 삼게 되는데 이런 경우는 협상이 이기고 지는 승부를 결과로 가져오게 되어 서로 만족한 협상을 이뤄 내기 힘들다. 결국 서로 만족스러운 결과를 내기 위해서는 주요 이슈를 보완하거나 대체할 만한 여러 가지 이슈를 협상의 주제에 포함시키는 것이 좋다. 특히 계약 이후 시행하는 과정에서 벌어질 수 있는 여러 가지 함정에 대한 고려는 필수적이다. 셋째, 이해관계자를 협상에 포함시키는 것을 소홀히 하게 되면 가끔 협상에서 이뤄 낸 합의가 뒤집히거나 무의미해지는 경우가 발생할 수 있다. 이 내용은 앞에서 다룬 상대의 권한과도 관련이 있을 뿐 아니라 제3자의 개입 가능성 같은 돌발 상황도 고려해야 한다. 마지막으로 자신에 대한 정보를 최대한 수집해야 한다. 대부분 협상에 나서는 당사자들은 상대에 대한 정보만을 파악하는데 이는 상대가 파악하고 있는 자신과는 다를 수 있다. 그러므로 중요한 협상을 앞두고 있다면 '상대라면 나의 강점과 약점을 어떻게 파악할까'라는 명제를 두고 내부적으로 가상의 상대를 정하고 시뮬레이션해 보는 것도 중요하다.

상대를 초조하게 만드는 가장 큰 두려움으로 작용한다. 왜냐하면 최종 제약 시간 전에는 반드시 협상을 끝내야 한다는 급박함과 긴장감은 실제 협상을 압박하는 큰 심리적 부담이기 때문이다.

어떤 정보를 수집해야 할지 상대방과 대면한 다음에야 깨닫게 된다면 결국 협상에서 질 수밖에 없다. 협상에 임하기 전에 어떤 정보가 필요한지 알아둬야 한다. 특히 협상에서 다뤄질 이슈를 예측하는 데도 가능한 모든 범위를 협상의 주제로 가지고 가는 것이 유리하다. 그래야만 협상을 유연하게 끌어갈 수 있다.[3]

상대방이 더 많은 정보를 가지고 있거나 전문가처럼 보인다면 당장 주눅이 들어 주도권을 놓친 채 질질 끌려다닐 것이다. 정보가 바로 권위의 힘, 협상에서의 자신감을 결정한 것이다. 그래서 정보는 시간도 결정짓는다. 만약 상대방의 정보를 알고 있거나 그의 약점을 안다면 상대방의 약점을 노리면서 그를 최종 제약 시간까지 몰리게 만들 수 있다. 그럼 상대는 시간에 쫓겨 허겁지겁 협상을 마무리지으려 할 것이다.

둘째, 협상의 세 요소 중에서 시간은 아주 중요하다. 시간의 문제는 '시간을 어떻게 활용하는가', '누가 더 시간을 많이 확보하고 있는가'의 문제다. 예를 들면, 협상에 소질이 있는 아이는 아빠에게 정해진 이외의 용돈을 요구할 때 어떤 시간을 선택할까? 아마도 아빠라면 한 번쯤은 아침에 바쁜 출근 시간을 이용한 아이의 용돈 협상 제의를 받아 보았을 것이다. 이 경우 대부분 확보된 시간의 양은 아이가 더 많을 것이다. 아이와 협상을 하고 아이를 설득하거나 타이르기에는 아빠의 시간이 너무 부족하고 대부분 아이의 요구를 받아들일 수밖에 없다. 이는 양측이 가지고 있는 시간에 의해 협상의 결과가 결정되어 버리는 상황이다. 협상에서 시간은 물리적인 시간과 정신적 시간으로 나눌 수 있는데, 시간 촉박을 드러내면 주도권을 상대에게 주는 것이다.[4]

셋째, 코헨(Herb Cohen)이 가장 먼저 이야기한 바 있는 필승 요인은 바로 힘이다. 힘은 스스로 만들 수 있고 힘은 신 스스로 창조할 수 있다. 여기서 말하는 힘이란 단순한 물리적인 힘, 폭력, 두려움 등을 말하는 것이 아니다. 힘이란 권위의 힘, 상황을

---

3) 예를 들어 중고 냉장고를 사러 간 경우 냉장고의 연식, 옵션 및 장단점, 현시세와 평가에 대한 정확한 정보를 미리 알고 간다면 유리한 결과를 이끌어 낼 수 있다. 협상에 도움이 되는 정보를 수집하는 데 그 제한을 두어서도 안 된다.

4) 협상에서 시간을 유리하게 활용할 수 있으려면 ① 협상의 시간을 최대한 확보한다. ② 참을성이 있어야 한다. 협상에서 이뤄지는 합의의 대부분은 마지막에 빠르게 결정된다. 먼저 포기해서는 안 된다. ③ 협상 시한을 연장할 수 있도록 유연성을 확보해야 한다. 즉, 상대가 협상시한 압력을 행사할 수 없도록 준비해야 하고, 또 시간에 쫓기는 느낌을 협상 내내 보여서도 안 된다. 마치 자신은 협상 시간을 상대보다 많이 확보하고 있다는 느낌을 줄 수 있어야 한다.

자신에게 유리하게 이끌어 가는 힘, 자신감 등을 말한다.

협상의 단계는 다음과 같다. 세계의 어느 나라든 협상은 보통 4단계로 진행된다. 즉, 잡담에 의한 탐색(non-task sounding)→일에 관한 정보 교환→설득 공작→양보와 합의라는 단계를 밟게 된다. 일반적으로 설득에 중점을 두는 유형과 잡담에 의한 탐색에 중점을 두는 유형으로 나눌 수 있다. 첫째, 잡담에 의한 상호탐색 단계는 상대편과의 우호적 관계를 마련하기 위한 행동으로서 일에 관한 대화를 꺼내지 않는 단계다. 둘째, 일에 관한 정보 교환 단계는 쌍방이 서로의 요구 사항과 희망 조건에 대한 정보를 교환하는 단계다. 셋째, 설득 공작 단계는 다양한 전술로써 상대편의 주장을 번복시키는 단계다. 넷째, 양보와 합의 단계는 최종적으로 양보를 통해 합의를 도출해 내는 단계다.

2 위기를 기회로 바꾸는 협상의 심리학

한국인은 협상할 때 이기심은 세계 최고 수준이나 협상 주도력은 꼴찌라는 분석이 나왔다. 팔레스타인과 이스라엘은 한국의 뒤를 이었다. 또 자발적 목표 설정과 책임감, 독립성, 창의성 등 협상 주도력에서도 한국은 꼴찌였다. 일본과 스웨덴이 우리와 비슷한 반면, 팔레스타인과 이스라엘은 상대적으로 협상 주도력이 강하게 나타났다.[5] 그런 상황에서 위기를 기회로 바꾸는 협상의 심리와 기술에 대해 연구할 필요가 있어 나이토 요시히토와 다이아몬드의 협상 심리를 소개한다.

1) 나이토 요시히토가 전하는 협상 심리

리더가 되고자 꿈꾸는 사람은 성숙한 협상문화에 대한 관심을 가져야 한다. 왜냐하면 사회생활은 보이지 않는 협상의 연속이기 때문이다. 원하는 결과를 얻기 위한 협상력은 매우 중요한 경쟁력임에도 불구하고 협상에 실패하는 원인을 보면 협상 기술 부족, 준비 부족, 시간 부족, 목표가 불분명하기 때문이다. 따라서 고도로 훈련된 전문 협상가적 리더가 필요하다. 그럼에도 불구하고 협상의 참된 성공은 기술이나 기법만으로는 이뤄지지 않는다. 필자가 생각하는 협상의 참된 성공은 서로 기분 좋게

5) 글로벌 협상 전문가인 브렛(Jeanne Brett) 노스웨스턴대 켈로그경영대학원 석좌교수와 이수진 KAIST 경영대학원 교수가 공동으로 실시한 조사다. KOTRA는 한국을 포함한 16개국 2,450명의 경영인들을 대상으로 국가별 협상 스타일 설문조사에서 이 같은 분석 결과를 밝혔다.

악수하고 헤어지는 것이다. 그래서 협상에 임하는 기본적인 마음자세와 협상 시 주의 사항을 반드시 숙지해야 한다.

필자가 한 수 배운 나이토 요시히토(內滕誼人)의 실천적이고 즉효성 높은 협상 심리 기술을 소개하면 다음과 같다.

첫째, 매사에 화를 잘 내는 상사라면 일목요연하게 사실(fact)만 얘기한다. 섣부르게 자기의 의견이나 감정을 덧붙이면 바로 핑계로 여겨져 상사를 더욱 분노하게 한다. 만일 본심을 좀처럼 드러내지 않는 부하라면 이른바 '중계법'을 활용한다. "네 진짜 목적이 뭐야?" 하고 다그치는 순간 협상은 깨진다. "김대리가 말하려는 건 그러니까……" 하면서 운을 뗀 뒤 부하의 부연 설명을 이끌어 내라.[6]

둘째, 장군을 쏘려면 우선 장군이 탄 말을 쏘라는 말이 있다. 설득하려는 대상이 고집불통일 때 그 상대가 아끼는 가족들을 내 편으로 만들어서 그 상대를 공략할 수 있다.

셋째, 아내의 말이라면 무조건 쓸데없는 소리라고 여겨 "No!"부터 외치는 남편이라면 호기심을 유발하는 피큐(pique) 기술을 활용한다. "가을 옷 한 벌 사 달라" 대신 "30만 원만 나한테 투자하면, 뭔가를 보여줄 테다"가 더 효과적이다.

넷째, 컴퓨터 오락게임이냐, 성적 올려 스마트폰을 선물로 받을 것이냐 사이에서 흔들리는 아이에게 "대학 못 가는 책임은 전적으로 너에게 있는 거야" 하면서 강하게 밀어붙인 뒤 냉큼 자리를 떠나보라. 단, 최후의 수단이라고 여겨지는 상황에서만 활용해야 한다.

다섯째, 질문이 대답을 결정한다. 회의석상에서 "자, 여러분 뭐라도 좋으니 생각나는 대로 의견을 말해 보세요"라고 하기보다는 "여러분의 느낌이나 감정이 아니라 근거를 가지고 의견을 말해 보세요"라는 식으로 질문을 하면 논리적인 의견을 끌어낼 수 있다.

여섯째, 이미지가 떠오르도록 말하라. 메뉴판에 '토마토 소스, 전복 파스타'라고 쓰기보다는 '토마토 소스, 전복 파스타: 손으로 빚은 면발에, 쫄깃쫄깃한 전복 속살, 매일 아침 주방장이 직접 갈아 만든 토마토 소스'라고 쓰는 것이 손님으로부터 선택을 받는 데 유리하다(나이토 요시히토, 2010).

---

6) 체면 때문에 속마음을 꽁꽁 숨기는 노인이라면 회갑을 기념해 잔치를 원하는지 여행을 원하시는지 알고 싶은데 대답 대신 공연히 투정만 부리는 경우 "신문에 보니 요즘 유럽으로 회갑 여행 떠나시는 커플들이 엄청 많대요." 하면서 제안해 보는 게 좋다.

2) 다이아몬드 교수가 책으로 전하는 협상 심리

다른 사람들에게 싫은 소리를 못하는 필자는 늘 손해를 보는 편이다. 그래서 주변 친구로부터 지적을 받기도 한다. 이런 필자에게 『어떻게 원하는 것을 얻는가』의 저자 다이아몬드(Stuart Diamond) 교수[7]는 진정한 협상이란 "상대의 감정이 어떤지 헤아리고 기분을 맞춰가면서 호의적인 분위기를 조성한 뒤 점진적으로 접근하는 것"이라고 말한다. 그래서 이 책은 '설득의 심리학'을 읽었을 때의 그 놀라움을 거의 10년 만에 새로 느끼게 해 주었다. 처음에는 "13년 와튼 스쿨 최고의 인기 강의"라는 수식어가 솔깃하면서도 다른 한편으로는 그러한 수식어를 가진 책치고 내용이 부실하거나 단순 이론에 머무는 경우가 많기 때문에 구매를 망설였다. 그래서, 실제 서점에 가서 두 가지 사례를 보고는 그 자리에서 바로 구매했다. 왜냐하면 이 책은 좀 과장해서 표현하자면 '악마적 유혹'이 있는 책이다. 정말로 이 책은 가급적 혼자만 봤으면 좋겠다는 생각이 드는 책이다. 왜냐하면, 다른 누군가가 이 내용을 모르고 나 혼자만이 이 책의 유용한 협상 모델 및 전략을 통해 이득을 취하고 싶게 만들기 때문이다.

요컨대, 와튼스쿨 학생들 사이에서 다이아몬드 교수의 강의는 '다이아몬드'보다 비싼 것으로 통한다고 하는데, 이 책을 보고 나서 느낀 생각은 절대 동감이다. 바로 '아는 만큼 얻을 것이니라'다. 다만, 아쉽다면 미국 사례로만 되어 있어, 한국적인 사례로 들어간 한국판 『어떻게 원하는 것을 얻는가』라는 책이 꼭 나왔으면 하는 바람이다. 그에 의하면 양자택일식 힘의 대결처럼 처음에 강하게 밀어붙인 후 한 발 물러서는 척하는 협상은 신뢰를 무너뜨려 결국 역효과가 난다고 했다. 그의 협상 기본 원칙은 정에 흔들리고 쉽게 감정의 기복이 드러나는 한국 정서에 더할 나위 없이 꼭 맞다. 상대의 기분이 상해 버리면 어떤 논리나 전술도 통하지 않는다는 저자의 주장은, 이성과 감정 사이에서 자가당착에 빠진 대한민국 사람들에게 속 시원한 해결책이 된다. 그가 책으로 전하는 협상의 포인트를 정리하면 다음과 같다.

① 상대의 머릿속을 파악하라. 협상 상대방의 생각, 감성, 정서를 파악하라. 가장 효율적인 협상은 강압적 수단이 아니라 상대방이 자발적으로 손을 내밀도록 하는 것이다.
② 감정에 신경써라. 중요한 협상일수록 사람들은 논리보다 감성에 의존한다. 상대방의 감정을 보살펴야 무엇인가를 얻을 수 있다.

---

7) 와튼스쿨 MBA와 하버드 로스쿨을 졸업한 다이아몬드 교수는 <뉴욕타임스> 기자로 활동하다가 이후 변호사와 컨설턴트로 활동하며 협상 전문가로 변신했다. 구글, 마이크로소프트 등 세계 100대 기업 중 절반이 그에게 컨설팅을 받으며 UN과 같은 국제기구도 그에게 자문을 구한다.

③ 모든 상황은 제각기 다르다. 같은 사람과 같은 내용으로 협상을 하더라도 시간, 날씨, 컨디션에 따라 상황은 달라진다.

④ 상대방이 따른 표준을 활용하라. 상대방의 정치적 성향, 과거 발언을 알면 원하는 것을 얻을 수 있다. 상대방이 전례가 있는 일인데 이를 거부하면 그 점을 지적하라. 이 방법은 까다로운 사람을 상대할 때 효과적이다.

⑤ 상대방이 원하는 것을 많이 찾아라. 사람마다 원하는 가치는 다르다. 내가 사소한 것으로 보는 가치가 상대방에게는 매우 중요한 문제일 수 있다.

⑥ 절대 거짓말을 하지 마라. 거짓말은 언젠가 상대방이 알게 되고 장기적으로 큰 손해를 입는다. 억지로 강해 보이거나 다정하게 구는 것도 좋지 않다. 가면은 언젠가 벗겨진다.

⑦ 의사소통에 안전을 기해라. 대부분의 협상 실패는 부실한 의사소통에서 나온다. 상대방을 위협하거나 비난하면 원하는 것을 더 얻을 수 없다.

⑧ 숨겨진 걸림돌을 찾아라. 협상에 문제가 생겼다면 상대방이 왜 그렇게 행동하는지부터 알아야 한다. 가장 중요한 건 상대방의 입장에서 생각해야 한다.

3) 다이아몬드 교수가 강연으로 전하는 심리 협상의 핵심

필자는 2012년 2월 19일 건국대학교 새천년관에서 열린 저자의 강연장에 행정안전부에 근무하는 최선배와 함께 참석했다. 청중들의 큰 박수를 받으며 무대에 등장한 다이아몬드 교수는 간단히 인사를 건넨 뒤 바로 책을 읽은 사람들은 손을 들어보라고 했다. 이에 많은 사람이 손을 들었지만 "실제로 오늘 책에 나온 협상법을 써보신 분?", "협상법으로 무엇인가 얻은 적이 있는 분?" 하고 연이어 질문하자 한두 명 외엔 손을 들지 않았고, 모두 웃음을 터뜨리고 말았다. 이를 보며 다이아몬드 교수는 더욱 노력하라고 하며 강의를 시작했다.

그는 많은 사람이 협상에 대한 정의부터 다시 할 필요가 있다고 지적하고, "협상은 우리 삶의 기본 원리입니다."라고 말했다. 쇼핑, 학교, 직장 생활에서든 어딜 가나 협상은 존재한다고 강조했다. 그렇기 때문에 협상은 피할 수 없는 것이기 때문에 못하거나 혹은 잘하거나 둘 중 하나라고 했다.[8)]

다양한 연구를 통해 그가 내린 결론은 바로 "어릴 때부터 협상에 대해 배운 것들

---

8) 그는 지난 20년 전부터 협상에 대해 본격적으로 연구를 했다고 한다. 3만 명이 넘는 사람들의 사례 50만 페이지가 넘는 리서치 자료, 1,000개 이상의 논문을 일일이 분석하며 연구했다고 한다. 그뿐만 아니라 그는 요즘 나와 있는 협상에 관련된 서적들은 최대한 다 읽었다고 밝혔다.

그림 12-2 건국대학교 새천년관에서 열린 다이아몬드 교수의 협상 강연장

은 모두 잘못된 것이다"라는 것이다. 사람들이 소위 교과서에서 말하는 협상의 기술은 현실에서는 전혀 효과가 없었고, 특히 협상을 할 때 이성적으로 생각하는 건 대부분의 협상에 소용이 없었다고 했다. 그는 자신의 힘과 영향력을 통해 협상하기보다는 오히려 상대방이 무슨 생각을 하고 있는지를 이해하고 이를 활용하는 게 4배 더 효과적이었다는 연구 결과를 말하자 강연을 듣던 사람들은 놀라움을 금치 못했다. 영화 <뷰티풀 마인드>의 내쉬(John Nash) 교수를 언급하면서 그는 "저는 이 책을 쓴 이유가 새로운 이론 내세우기보단 협심을 하면 훨씬 더 많은 걸 이뤄질 수 있다는 걸 말하고자 쓰게 되었습니다."라는 뜻을 밝혔다. 그는 강연을 진행하면서 실제 그가 들은 일상적인 협상의 예들을 제시했다. 가장 기억에 남는 일화는 그가 알고 있던 한 학생의 이야기였다.

> 어느 날 그 학생은 휴스턴에서 비행기를 타려 했는데 갑자기 눈이 많이 와서 4시간가량 비행기 시간이 늦춰졌다고 한다. 대부분의 사람은 불평, 불만을 늘어놓으며 항의했지만 그 학생은 보통 사람들과 달리 승무원에게 가서 "다른 사람들을 대신해 사과할게요. 승무원들의 잘못도 아닌데 욕만 듣고 수고가 많으세요. 오히려 눈 때문에 4시간 더 일해야 되니 얼마나 힘들겠어요?"라고 말했다. 그러자 그 학생과 얘기를 나눈 승무원은 그가 내릴 때 600달러를 건넸다고 한다. 모든 탑승객 중에 공짜표를 받은 유일한 사람이었던 것이다.

이런 예를 말한 이유는 단 한 가지, 인간적인 접근을 했기 때문이라고 밝혔다. 성공과 실패의 거리는 2㎜밖에 안 된다고 말한 그는 "큰 것이 필요한 게 아니라 한 번 눈을 마주치고 이야기를 들어주며 질문하는 것이 큰 차이를 만들 수 있다"며 '감정적 지불'의 중요성을 강조했다.

4) 직장인의 협상 심리 전략

직장인에게 협상력이 가장 필요할 때는 뭐니뭐니 해도 연봉 협상 시즌이다. 그러나 많은 직장인이 "열심히 일하면 알아서 올려주겠지"란 안일한 생각으로 임했다가 큰코다치는 경우가 다반사다. 바로 협상에 대한 인식이 부족하기 때문인데 평생교육 전문기관 휴넷에서 제시한 '직장인 협상력 향상 전략'을 알아본다(휴넷, 2012).

첫째, 협상이 대결이라는 편견을 버려라. 많은 직장인이 자신의 주장을 겉으로 표현하지 못하는 것은 괜히 미운 털이 박혀 불이익을 당할까봐 걱정되기 때문이라고 한다. 그러나 전문가들은 이러한 우려는 협상이라는 것이 한쪽이 이기고 지는 '전쟁'의 개념이 아니라 '공동의 목표'를 실현하는 과정이라는 것을 협상 당사자 모두 이해하지 못하기 때문에 빚어지는 것이라고 강조한다.

둘째, 문제 파악과 대안을 마련하라. 협상 전에 사전 자료 수집은 필수다. 협상에서 나올 만한 문제를 미리 파악해 두고 대안까지 마련하는 것이 바람직하다. 특히 연봉 협상에서는 자신의 실적을 증명할 수 있는 보고서나 포트폴리오 등을 준비하는 것이 필요하다.

셋째, 대화 및 토론 능력을 키워라. 평소에 업무적인 대화와 토론을 바탕으로 협상력을 키우는 것이 좋다. 이런 실력이 쌓이면 사장과의 면담, 임원과의 면담 등에서 당당히 자신의 그동안 한 일을 보고하고 홍보할 수 있다.

넷째, 전략·전술을 세워라. 협상에서 강점은 최대한 부각시키고 약점은 아예 말하지 마라. 적극적으로 대화하고 자신의 의도를 고의로 피하거나 연막을 쓴다면 정확히 설명해서 짚고 넘어가야 한다. 협상 전에 몸을 최상으로 만드는 것도 빼먹지 말아야 한다. 스트레스나 긴장을 풀기 위해 전날 과음을 한다든지 잠을 설쳐서는 안 된다.

다섯째, 신뢰를 바탕으로 설득하라. 협상에서 가장 중요한 점은 정직이다. 세상에 거짓말이 발붙일 곳은 없다는 말을 항상 명심해야 한다.

3 세상을 내 편으로 만드는 협상 전략

1) 낙타와도 협상한다

서강대 안세영 교수는 『CEO는 낙타와도 협상한다』라는 책에서 '사막을 무사히 건너기 위해 가장 중요한 것은 무엇일까?'라고 묻는다. 물론 나침반도 필요하고 오아시스도 찾을 수 있어야 할 것이다. 그러나 상인이 낙타를 타고 사막을 건너 사업을 성공시키고자 할 때 무엇보다도 중요한 것은 바로 낙타와도 협상할 줄 아는 능력이다. 낙타와 제대로 협상하지 못한 상인은 사막 한가운데 내동댕이쳐질 것이기 때문이다. 그가 전하는 협상전략을 필자의 견해를 바탕으로 다시 소개한다.

첫째, 협상장의 분위기를 장악하라. 가정이든 직장이든 협상을 방해하는 모든 조건을 제거하고 환경을 장악하라. 예를 들면 타이밍이 중요하다. 첫 협상은 감성 시간대인 오후에 해야 한다. 특히 떠나가려는 애인에게 울며 매달려야 할 때는 이성 시간대인 오전보다 감성이 풍부해지는 오후가 좋다. 따라서 좋은 향기가 나는 장소에서 협상이 성공할 확률은 56%다. 아무 향기가 없는 장소에서 성공할 확률은 20%에 불과하다. 그러므로 부탁해야 할 입장이라면 커피와 따뜻한 쿠키를 준비해 협상장 분위기를 전환시켜야 한다. 그래서 협상장에서 커피마저도 중요하다. 협상장의 분위기 파악과 더불어 현장에 입고 나가는 옷 색깔에도 신중히 해야 한다. 난항을 겪을 것 같은 바이어와의 협상과 의견을 반드시 관철시켜야 할 땐 검정색 정장과 검정색 줄의 손목시계를 찬다. 협상 초반엔 냉랭하게, 시간이 흐를수록 따뜻한 표정과 어투로 옮겨보라. 일명 게인(gain) 효과는 상대의 기쁨이 배가되고 협상의 여지도 커진다.

둘째, 상대의 성향, 취미를 완전 파악하라. 새로 만난 상사, 팔로어, 혹은 새로운 거래처 직원과 협상해야 할 때 필수 요건은 취향을 파악하는 것이다. 북핵 관련 6자 회담이 진행될 때 회담 시간의 절반 이상을 스키로 화제를 삼았다는 뒷얘기가 있다. 이처럼 상대를 잘 파악해 관계를 잘 맺는 것이 협상의 핵심이다. 영화나 주식, 감명받은 책 이야기 등 일상적인 주제에 대해 질문을 한 후 상대가 다음 네 가지 중 어떤 방식으로 설명하는지 주의 깊게 들을 필요가 있다. ① 수치를 사용하면서 논리적으로 말하는지(합리적 자아, DiSC에서 C형), ② 한 가지 이야기를 세밀하고 순차적으로 설명하는지(안정적 자아, DiSC에서 S형), ③ 인간적이고 감성적으로 말하는지(감성적 자아, DiSC에서 I형), ④ 여러 가지 주제를 넘나들면서 산만하지만 독창적으로 얘기하는지(혁신적 자아, DiSC에서 D형), 이것을 잘 지켜보면 그 사람의 유형을 파악하고 대응할 수 있다.[9]

셋째, 협상의 대화 노하우를 알아야 승리할 수 있다. 그 노하우를 소개한다. ① 구체적으로 말하라. 신빙성이 높아진다. ② 인칭어를 많이 써라. '당신' '나' '○○씨' 등

9) 새댁도 마찬가지다. 시어머니가 냉장고 안을 어떻게 정리해 놓았는지, 장롱에 걸린 옷들의 색상과 브랜드가 비슷한 계열인지, 시아버지가 주로 읽는 책과 취미는 무엇인지 그 일상을 면밀히 살펴보면 '육아 협상'을 할 때 큰 도움이 된다.

인칭어가 많을수록 상대가 내 이야기에 쉽게 집중하고 말려든다. ③ 상대가 말할 땐 고개를 끄덕이며 진심으로 이해한다는 모습을 보인다. 낮은 목소리가 신뢰감을 높인다. ④ 상대보다 정보를 더 많이 가졌다고 확신하면 자신이 먼저 제안한다. 생선을 살 때 내가 꼼꼼히 조사해 간 자료를 제시하며 먼저 가격을 부르면 주인도 그 가격을 중심으로 흥정하려고 한다. 단, 상대보다 정보가 부족한 경우 먼저 제안해선 안 된다. '당신이 이 분야의 전문가이니 먼저 말씀해 보시라' 하고 띄워준 뒤 그 사이 대안을 마련한다. ⑤ 상대가 예상했던 것보다 훨씬 좋은 제안을 했을 경우엔 일단 "No!" 하라. "Yes"를 외치는 순간 상대방은 판을 깰 생각부터 한다. 구두쇠 남편이 모처럼 "주말에 백화점에서 쇼핑이나 할래?" 하고 제안했을 경우 "정말?" 하고 감탄할 게 아니라 "좀 바쁘긴 한데, 반지 하나 사주면 생각해 볼게" 하고 대답하라는 뜻이다.

넷째, 쟁점이 큰 문제는 쪼개서 해결해야 한다. 단숨에 해결하기 벅찬 문제는 '야금야금' 전술로 해야 한다. 이른바 살라미(salami) 전술이다.[10] "게으른 남편을 가사와 육아에 동참시킬 때 '빨래 개어주면 맛있는 손만두 쪄줄게, 아이랑 축구하고 놀아주면 어깨 주물러 줄게' 하면서 조금씩 목표를 일궈가는 방식이다. 이 방법은 컴퓨터 게임만 하는 아이를 타이를 때에도 활용할 수 있다. 상대가 감당하기에 크고 어려운 부탁을 먼저 해 거절하게 한 뒤 미안한 마음을 이용해 진짜 원했던 '작은 것'을 부탁하는 방법도 효과적이다. 해외 출장을 앞둔 며느리가 시어머니에게 "1년만 아기 봐주시면 안 될까요?" 했다가 예고된 거절을 당한 뒤 "그럼 출장 가 있는 1주일 만이라도 부탁드릴게요" 하는 식이다.

그림 11-3 협상의 기술

10) 살라미 전술은 얇게 썰어 조금씩 먹는 이탈리아 소시지처럼 조금씩 순차적으로 세워놓은 목표를 달성하는 방법이다.

2) 감성협상론, Getting More!

다이아몬드 교수는 위클리비즈(WeeklyBiz)와의 인터뷰에서 감성협상론을 말했다. 왜 "요즘 '감성협상론(感性協商論)'이 인기라고 생각하나?"라는 질문에 그는 다음과 같이 대답했다.

> 실제로 나의 협상 강좌는 와튼스쿨에서 15년간 가장 인기 있는 강좌다. 내 수업을 들은 학생들은 그렇지 않은 학생보다 연봉이 평균 20~30% 정도 높다. 또 자신의 일을 선택할 수 있고 승진도 빠르다. 일례로 한 회사에서 18번이나 입사 거절을 당한 학생이 있었는데, 그는 내 협상법을 적용했더니 단번에 그 회사에 취직됐다고 전해 왔다. 원리는 간단하다. 이력서나 자기소개서를 쓸 때 지원 회사에 적합한 '맞춤형 이력서'를 쓰는 것이다. 이를 위해선 '역할 전환 연습'을 해야 한다. 면접관 역할을 해보면 각 기업 면접에서 나올 질문 대부분을 예측할 수 있다. 보통 학생들은 직장을 찾을 때 "나는 이렇게 대우받고 싶다"는 말을 회사 측에 꺼내지만, 나는 학생들에게 "어떤 인재를 찾고 계십니까?"라는 말을 회사 측에 먼저 건네라고 얘기한다. 상대방(회사) 입장을 먼저 잘 아는 게 승리의 지름길이라는 이유에서다.

세계 각국 공통으로 청년 실업과 취업난이 심각하다. 감성협상론을 응용해 입사할 수 있는 비법이 있다면? "첫째, 회사의 니즈(needs)를 파악하고, 둘째 과거에 회사가 어떤 기준으로 직원을 채용했는지를 알아봐야 한다. 셋째, 내 이력서 내용이 회사의 니즈에 부합해야 한다. 마지막으로는 열심히 일할 수 있다는 인상과 태도를 보여야 한다. 기업인들은 '지금은 낮은 연봉으로 시작하지만 내가 잘하면 더 보상받고 싶다'고 입사 지원자가 말하는 것을 좋아한다."

그는 국가 간 중대한 논의나 기업 간의 논의만이 협상이 아니라 모든 사람과의 관계가 협상이라고 말한다. 많은 사람이 협상의 기술이란 스페셜리스트들이 배워야 할 것, 기업의 고위 간부나 정치인만이 가져야 할 스킬 정도로 생각한다. 그러나 실제로 모든 사람이 겪는 관계 속에서 또한 그 관계 속에서 성공적이기 위해 필요한 것이 협상이라 했다.

그는 "힘・협박・파업・비난 등으로 상대방을 압박하면 들인 노력에 비해 얻어낼 수 있는 파이가 작아진다"고 했다. 대신 "상대방의 생각과 감성을 이해하고 존중할수록 얻는 대가가 더 커진다"고 강조했다. 상대방을 협박하고 힘으로 맞서야만 원하는 것을 조금이라도 더 얻는다는 고전적인 협상법과는 180도 다른 접근법을 제시한다.[11] 그는 "힘과 논리로 협상을 진행하면 상대방을 화나게 하고 보복을 부르며 테러리스트만 득세한다"고 했다. 그래서 그의 이른바 '감성협상론'은 요즘 글로벌 조직에서 선풍적인 인기다.[12]

그는 양자택일식의 힘의 논리가 아닌 상대방에 대한 이해가 협상에서 중요한 요소라고 말한다. 더 많은 것을 얻기 위해 또는 원하는 것을 얻기 위해서는 그만큼의 상대방에 대한 공부가 필요하다고 했다. 협상이 성공하는 결정적 계기는 호감이나 신뢰처럼 사람 관계에서 비롯되는 경우가 55%, 그 외 전문 지식의 경우는 8%에 머문다고 말하면서 상대방의 입장이 돼 그들의 생각과 감성, 니즈를 파악해야 한다고 했다. 실제 강의에서도 여러 사례를 들면서 협상이 일상과 멀리 있지 않음을 보여주었다. 특강 마지막에 나온 협상의 한 사례를 소개한다.

> 다이아몬드 교수의 수업을 듣던 학생의 딸이 부엌에서 넘어져 다쳤다. 이마가 찢어져 피가 철철 흘렀다. 병원에 데려가야 하는데 놀란 딸이 식탁 의자를 붙잡고 병원에 가지 않겠다고 버텼다. 그 학생은 내가 협상 수업을 듣고 있으니 내가 딸과 협상을 해봐야겠다고 생각했다. "엄마가 너를 사랑하지?" "네." "그럼 엄마가 너를 아프게 하는 걸 시키겠니?" "아니오." "어른이 되면 네가 하기 싫은 일도 해야 한다는 것을 알고 있니?" "네." 그리고는 엄마도 꿰맨 자국이 있고 할머니도 꿰맨 자국이 있다는 것을 보여줬다. 5분 후에 그 아이를 병원에 데려갈 수 있었다.

협상이란 상대를 나를 향해 끄는 것이 아니라 상대에 대해 더 많이 이해하고 공부하는 것이 협상의 중요한 포인트임을 제시한 것이다. 일상에서부터 중요한 협상의 탁자까지 이러한 점을 잊지 말고 실제로 어떠한 결과가 나올지 직접 해보는 것이 '감성협상론'에서는 중요한 포인트다. 이런바 다이아몬드 교수가 말하는 '감성협상론'의 정수(精髓)는 '더 많이 얻어내는 것(getting more)'이다. 상대방에게서 많이 받아내려면, 그만큼 상대방을 더 연구해야 하고, 논리가 아닌 감성(emotion)에 의존한다고 했다.

---

11) 이는 중국 춘추전국 시대에 쓰인 군사전략서인 『손자병법(孫子兵法)』에 나오는 "싸우지 않고 이기는 것이 최상(不戰而屈人之兵 善之善者也)"('謀攻' 편)이란 구절과 맥락이 닿는다. 2500여 년 전 중국 병법서에 등장한 예지(叡智)가 21세기 세계 최고 자본주의 인재양성기관에서 부활하고 있는 셈이다.

12) 다이아몬드 교수의 수업은 비싼 가격만큼 강좌 이수 요건이 엄격하다. 그의 제자들에 따르면 매주 숙제를 하지 않거나, 수업에 단 한 차례라도 결석할 경우 수업 전체가 낙제점(fail)을 받는다고 한다. IT기업인 구글은 전 세계 임직원들을 대상으로 감성 협상 교육을 벌이고 있다. 지금까지 JP모간·IBM·마이크로소프트를 포함해 세계 100대 기업 중 절반이 그에게 컨설팅을 받았다. 실제 그의 스케줄은 분 단위로 꽉 짜여 있다. 다이아몬드 교수가 공개한 일정표는 서울, 영국의 런던, 미국의 시카고 · 필라델피아 · 프린스턴 등지에서 열리는 워크숍과 강연 등으로 빼곡하게 차 있었다.

3) 양자 택일식 협상은 비극이다

"상대방 마음을 얻는 방법은 무엇인가? 상대방을 어떻게 연구해야 하는가?"라는 질문에 "협상의 가장 중요한 과제는 무엇보다 상대방 입장이 돼 그의 머릿속에 들어가 봐야 한다는 것이다. 상대방이 예전에 했던 말도 찾아내 곱씹어야 상대방이 지금 원하는 걸 알 수 있다. 내가 볼 때는 별 의미 없는 것인데, 상대방이 이를 절실히 원한다면 비용 부담 없이 들어줄 수 있다. 그러면 내가 원하는 것을 상대방으로부터 얻을 수 있다"고 했다. 실제 그런 사례가 있나?

그는 다음과 같은 사례도 들려줬다.

> 한 IT 사업가가 수백만 달러 매출을 올릴 수 있는 기업을 고객으로 끌어들이려고 했다. 그러나 그 고객은 '노(No)'라고 이미 말했다. 이 사업가는 해당 고객을 심층 연구한 끝에 해당 고객의 딸이 컴퓨터를 싫어하는 것을 고민하고 있음을 알았다. IT 사업가는 상대 고객의 집을 찾아 딸에게 컴퓨터를 가르쳤고 결국 고객과 계약 체결에 성공했다. IT 사업가가 그 고객에게 굉장히 가치 있는 사람이 된 덕분이다.

"당신 주장대로 성공적인 협상을 해 많은 것을 얻어낸 역사적 인물이 있나?"라는 질문에 그는 "마하트마 간디(Mahatma Gandhi)와 마틴 루터 킹(Martin Luther King)을 거명했다. 인도가 영국 치하에 있던 시절, 간디는 한 번도 언성을 높이지 않았다. 그는 간단하게 "당신들은 문명화된 영국인들이고 정말 그런 것 같다. 그런데 무고한 시민을 죽이고 차별하고 있다. 어찌 된 일인가?"란 말을 반복했다. 제2차 세계대전 후 결국 영국은 인도를 떠났다. 흑인 민권운동을 벌였던 킹은 '미국 헌법은 모든 사람은 동등하게 대우받기 위해 태어났다고 밝히고 있는데, 실상 그렇지 않아서 참 혼란스럽다' 하는 식으로 상대방을 압박했다. 이들은 상대방의 표준(standard)을 꿰뚫고 이용했다. 상대방이 가장 중요하게 여기는 규칙을 파악하고 이를 집중적으로 파고든 것이다."

"양자택일(all or nothing)식 힘의 대결 협상은 어떤가?"라는 질문에 그는 "엄청난 비극이며 갈등만 조장할 뿐이다. 창의성도, 협력도 모두 없다. 힘으로 싸우다 보면 상대방인 기업, 정부, 심지어 가족까지 테러리스트로 만든다. 양자택일씩 대결은 상대방을 화나게 할 뿐이다. 협력 관계에서 일하면 갈등 관계일 때보다 4배나 더 효율성이 높다는 조사 결과가 있다. 일부 협상가는 처음에 강하게 밀어붙여야 상대가 양보할 여지가 생긴다고 말한다. 처음에 극단적인 요구를 하면 상대방은 우선 '노(No)'라고 얘기할 테니 그때 한 발 물러서는 척하면서 원하는 요구를 하라는 것이다. 하지만 그런 전술은 신뢰를 무너뜨리고 합의를 이끌어 낼 가능성을 낮춘다. 역사적으로 '이에는 이, 눈에는 눈' 식의 보복을 당연하다고 생각해 왔지만 그게 옳은 방법은 아니었다."

그러면서 국내에서 활동하고 있는 그의 제자들이 공개한 일화 하나를 소개했다.

> 다이아몬드 교수는 2001년 1월 심장 발작을 일으켰다. 수소문 끝에 그가 찾은 사람은 심장 수술의 세계적인 권위자인 웨인 아이솜(Wayne Isom) 박사였다. 이미 그는 몇 달 동안 수술 일정이 꽉 차 있어 빈 일정이 없었다. 병상에 누워 있던 다이아몬드 교수는 아이솜 박사에 대한 정밀 조사에 착수했다. 아이솜 박사는 당시 소동맥의 콜레스테롤 축적을 집중 연구하고 있었다. 다이아몬드 교수가 받아야 할 수술 부위와 일치했다. 다이아몬드 교수는 이메일을 아이솜 박사에게 보냈다. '만약 내 수술을 당신이 맡는다면 당신의 연구에 결정적 도움이 될 것이다'라고. 뜻밖에도 아이솜 박사는 휴가 중 짬을 내 다이아몬드 교수를 직접 수술했다. 다이아몬드 교수가 정확하고 예리하게 아이솜 박사의 의중을 파악한 덕분에 거둔 협상의 대승리였다.

"회사 생활을 할 때도 계속 협상을 해야 하나?"라는 질문에 그는 "그렇다. 입사한 다음 고용주와 직장인 간의 관계도 협상이다. 직장인은 고용주에게 무엇보다 가치 있는 존재가 돼야 한다. 그러려면 고용주에 대한 정보를 많이 알아야 한다. 이 정보를 알기 위해서는 회사에 오래 근무하며 은퇴를 앞둔 사람을 찾아가 만나보는 게 좋다. 어느 누구도 그에게 신경쓰지 않지만, 사실 그는 사내 정보를 누구보다 많이 알고 있다. 이런 사람들에게 말을 건네면 훨씬 많은 것을 얻을 수 있다."라고 했다.

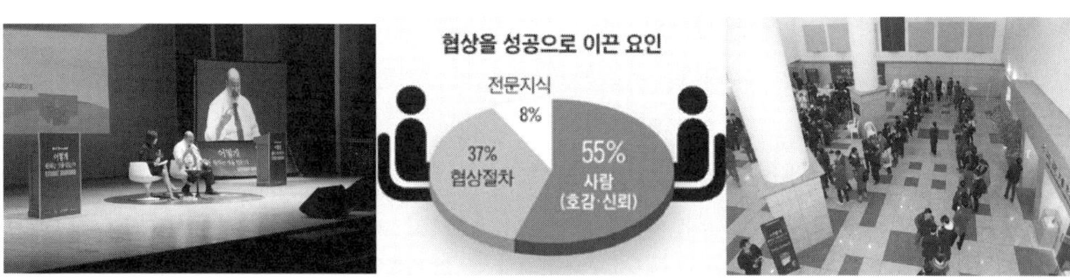

그림 11-4 감성협상론, Getting More!

소통의 창: 함께 살아가기(Getting together)

이 책의 마지막 탈고를 앞둔 시점에 만난 한 권의 책과 하나의 빅 뉴스가 있었다. 하나의 빅 뉴스는 류현진의 LA 다저스 진출 계약[13]과 바로 협상 전문가인 피셔(Roser Fisher)와 브라운(Scott Brown)은 저서 『함께 살아가기(*Getting together*)』다. 그에 의하면, 협상은 '강제하는 것'이 아니고 '설득'하여 '양측의 조화'를 이뤄내는 것이라고 한다. 그는 이 책에서 '양측의 조화를 이루며 우리의 생각을 관철하기 위해서는 어떻게 협상을 해야 할까?'라면서 다음 세 가지를 제시했다.

첫째, 최선의 대안을 준비하라. 서양의 협상 관련 서적에는 'BATNA'가 빠지지 않고 등장한다.[14] BATNA를 미리 생각하고 협상에 임하면 협상에서 오가는 내용이 우리의 대안보다 나쁜지 나은지에 대한 신속한 판단이 가능해 좀 더 효과적인 협상을 가능케 한다.

둘째, 상대를 분석하라. 동양의 고전에는 '상대를 알아야 한다'는 구절이 많다. 현안에 대한 분석만큼 중요한 것이 협상 대상에 대한 이해다. 그가 어떤 성격을 갖고 있고, 무엇을 중요시하는 사람인지 등을 알면 협상을 좀 더 유리하게 끌고갈 수 있다.

셋째, 협상 다음을 생각하라. 한 차례 만남으로 끝나는 협상이 아니라 관계가 지속돼야 할 상대와의 협상이라면 협상 결과가 향후 관계에 어떤 영향을 미칠지도 고려해야 한다. 협상을 통한 '관계 형성(relationship building)'은 협상 결과 못지않게 중요한 부분이다.

끝으로, 타협이 안 될 땐 주제를 바꿔 '상자 밖 협상' 전략을 써라. 대다수 사람은 협상 테이블에 앉으면 자신이 관철할 목표만 이야기한다. 각자의 입장만 내세우다 보니 좀처럼 타협이 이뤄지지 않고 때론 감정이 격해지기도 한다. 그럴 때 테이블 밖의 이야기, 즉 협상 주제 밖의 이야기를 통해 돌파구를 찾을 수도 있다. 상호간에 지속적인 관계가 요구되는 거래 상대방과의 협상일수록 우리에게 정말 중요한 부분이 무엇인지, 그리고 협상 이후의 관계를 어떻게 가져가야 하는지 등에 대해서도 생각할 수 있어야 한다. 창의성과 창조경영을 강조하면서 흔히 '상자 밖에서 생각하라'는 주문을 하는데, 협상에서도 '상자 밖 생각'이 필요하다.[15]

---

13) 류현진의 메이저 리그 진출을 도운 보라스(Scott Boras)의 '벼랑 끝 전술'은 필자의 관심을 끌었다. 보라스는 LA다저스가 흥행성이 높고 구단에 꼭 필요한 류현진을 강력히 원한다는 사실을 간파하고, LA다저스와 막판까지 밀고 당긴 끝에 3,600만 달러(6년치)라는 거액의 연봉은 물론 선수 동의 없이는 마이너 리그로 보내지 않는다는 조건까지 얻어냈다.

14) BATNA란 Best Alternative to Negotiated Agreement의 줄인 말로 '협상에 대한 최선의 대안'을 뜻한다. 이는 협상에서 반드시 관철해야 할 목표와 양보해도 좋을 목표를 구분하라는 뜻이기도 하다.

15) 상자 밖 협상이란, 고정 관념을 버리고 새로운 시각에서 생각하는 것을 의미하는 '상자 밖 생각' 개념에서 나온 협상 전략이다. 협상이 교착 상태에 빠졌을 때 협상 주제 밖의 이야기를 통해 돌파구를 마련하는 것을 말한다(조선일보, 2013.1.17. B10면).

소통을 위한 진단 코너: 협상 능력 테스트

> 당신의 협상 능력은 어느 정도일까요? 테스트해 보시기 바랍니다. 총 18문항이며, 각 문항마다 3~6개의 보기가 있습니다. 그 중에서 자신의 생각과 가장 가깝다고 생각되는 것을 고르시기 바랍니다. 각 문제에 대한 답은 별지 **"협상 능력 테스트 해답 및 해설"**을 참조하시기 바랍니다. 점수는 당신이 실제 협상 시 얻게 될 이익이나 손해의 크기로 배점되어 있습니다. 지금부터 마음 단단히 먹고 어디 문제에 한 번 도전해 볼까요?

1. 요트 한 척을 사기 위해 시장에 갔다. '이사벨라'라는 이름의 요트가 마음에 들었다. 가격은 9,000만 원. 그러나 가지고 있는 배를 팔고 또 은행에서 대부받고 해도 7,700만 원밖에 안 된다. 당신은 클럽 하우스로 가서 요트 주인을 만나 지나가는 말로 '당신의 배가 아주 마음에 드는데 돈은 7,700만 원밖에 없다'고 이야기한다. 그러자 주인이 그 값에 이사벨라를 팔겠다고 한다. 이 경우 당신은?
   ⓐ 주인의 제안은 아주 유리한 것이어서 거절할 수 없다고 생각한다.
   ⓑ 형편없이 나쁜 제안이라고 생각한다.
   ⓒ 협상 성공을 축하한다.

2. 사무실의 전세 기간이 끝났다. 빌딩 주인은 전세값을 20%쯤 올릴 것 같다. 당신은?
   ⓐ 10%만 올리자고 합리적인 제안을 한다.
   ⓑ 전세값을 깎아 달라고 요구한다.
   ⓒ 공인중개사를 찾아가서 중재를 부탁한다.
   ⓓ 사무실에 문제가 있다고 트집을 잡으면서 사무실의 온갖 흠을 조목조목 나열한다.

3. 당신은 퀵서비스 배달 사업을 하고 있다. 그런데 가장 바쁜 주말에 배달 차 한 대가 고장 나 버렸다. 마침 친구에게 여분의 차가 한 대 있어서 당신 차를 고칠 때까지 빌려 주겠다고 한다. 그는 다음과 같은 계약서에 서명하라고 한다. '차 한 대, 18만 원, 일주일간 빌려줌.' 이때 당신은?
   ⓐ 친구가 말한 대로 서명한다.
   ⓑ 법적으로 완벽한 계약서를 만들자고 주장한다.
   ⓒ 친구 사이에 계약서가 무슨 필요가 있냐고 말한다.
   ⓓ 좀 더 구체적인 사항을 요구한다.

4. 당신은 기업경영 컨설턴트다. 서울에 있는 한 기관으로부터 세일즈에 관한 특강을 해 달라는 요청과 함께 보수는 얼마 정도면 되겠느냐는 FAX를 받았다. 당신은?

ⓐ 이 세미나를 얼마나 많은 사람이 참석하며 또 누가 참석하는지를 알려달라고 답신을 보낸다.
ⓑ 나는 보통 하루 세미나 비용으로 100만 원의 경비를 받는다고 대답한다.
ⓒ 하루 세미나 비용 150만 원에 교통비와 호텔 숙박비는 추가로 요구한다.

5. 일본의 파이프 제조업자와 장기공급 계약을 맺기 위해 도쿄(東京)에 머물고 있는데 협상이 지지부진해 며칠이 지나도 타결될 기미를 보이지 않는다. 마치 원점에서 빙글빙글 돌고 있는 느낌이다. 당신은?
ⓐ 상대편이 먼저 양보할 때까지 기다린다.
ⓑ 협상 타결을 위해 조금 양보를 한다.
ⓒ 협상의 주제를 완전히 바꿔 버린다.
ⓓ 협상을 연기한다.

6. 집을 한 채 사려고 가 보았더니 1억 6,500만 원의 쓸 만한 집 하나가 나와 있었다. 당신은 집주인에게 처음에 얼마를 부르면서 흥정을 벌이겠는가?
ⓐ 1억 6천 200만 원쯤 불러본다.
ⓑ 1억 6천 500만 원쯤 불러본다.
ⓒ 1억 4천 700만 원쯤 불러본다.
ⓓ 1억 5천 300만 원쯤 불러본다.
ⓔ 1억 6천 900만 원쯤 줄 테니 한 시간 안에 결정하라고 한다.

7. 가지고 있는 차를 팔고 새 차를 구입하려고 한다. 차가 낡기는 했지만 450만 원의 가치는 있다고 생각한다. 물론 차에 흠이 있기는 하다. 차를 팔기 위해 광고를 하려는데 당신이라면 어떻게 광고하겠는가?
ⓐ '450만 원에 판매함. ONO도 됨'
ⓑ '490만 원에 판매함.'
ⓒ '540만 원에 판매함.'
ⓓ 가격은 명시하지 않고, 팔 차가 있다는 것만 광고한다.
ⓔ '450만 원에 판매함.'
註) ONO: Or Near Offer의 약자, 명시한 가격 또는 그 이하로도 팔 수 있다는 뜻

8. 당신은 청량음료 주식회사의 가격담당 이사로서 전국의 주요 수퍼마켓을 관할하고 있다. 1년에 1백만 상자씩 팔아주는 큰 수퍼마켓의 주인이 1상자당 18원씩 깎아주지 않으면 우리 것을 취급하지 않겠다고 한다. 당신은 어떻게 하겠는가?

ⓐ 웃으면서 '안 돼'라고 대답한다.
ⓑ 깎아주겠다고 동의한다.
ⓒ 타협안을 제시한다.

9. 당신은 여행사의 패키지 투어(여행사가 교통 및 숙식을 모두 책임지는 관광) 담당자다. 당신 여행사와 연결되어 있는 스페인의 한 호텔 측과 다음 시즌 계약 조건을 협상하고 있다. 호텔 측은 다음 시즌의 관광객 1인당 일주일 숙박요금을 지금보다 18,000원 정도 올려야겠다고 말하고 인상분 18,000원을 여행사 측과 호텔 측이 50 : 50으로 부담하자고 제의한다. 당신은?
ⓐ 당신에게 유리하도록 60은 호텔 측이 부담하고 40은 여행사 측이 감당하겠다고 제안한다.
ⓑ 50 : 50이라면 부담할 수가 없다고 말한다.
ⓒ 호텔 측 제안에 동의한다.
ⓓ 호텔 측이 75, 여행사가 25라면 동의한다.

10. 당신은 직장을 구하고 있다. 마침 트럭 운전사를 모집한다는 광고를 보았다. 희망자는 금요일 오후 2시까지 인사과로 나와 면접에 응하라는 것이었다. 서둘러 갔더니 1시 55분까지 도착할 수 있었다. 그런데, 인사과 사무실 밖에는 사람들이 길게 줄지어 서 있는 것이 아닌가. 그 순간 당신은?
ⓐ 이 회사에 취직될 가능성이 줄어들겠구나 하고 생각한다.
ⓑ 전혀 영향받지 않을 것이라고 생각한다.
ⓒ 가능성이 더 많아졌다고 생각한다.

11. 수년 동안 처박아 두었던 피아노를 팔려고 한다. 살 만한 사람에게 가격을 제시할 때 당신은?
ⓐ 생각하고 있던 가격 중 최고 가격을 제시한다.
ⓑ 상대방에게 '얼마나 내시겠냐?'고 물어본다.
ⓒ 아내가 받으라고 한 가격을 제시한다.
ⓓ 상대방이 거절할 경우에 대비해 낮은 가격을 부른다.

12. 냉동기를 사려고 갔더니 마음에 드는 것이 500 파운드라고 적혀 있었다. 할인해 달라고 했더니 직원이 이렇게 말하는 게 아닌가. "죄송합니다. 저희 물건들은 가장 싼 값으로 가격 표시가 다 되어 있습니다. 따라서 더 이상 깎아드리는 것은 회사의 방침에 어긋나는 것입니다." 이 말을 들은 당신은?
ⓐ 그렇다면 지배인을 보자고 한다.
ⓑ 그 직원이 말하는 것이 그럴듯하니까 그대로 받아들인다.
ⓒ 직원에게 계속해서 값을 깎아달라고 조른다.

13. 당신은 지금 산업용 펌프 판매 대리점 모집을 위해 남아프리카를 여행 중에 있다. 여행 도중 요하네스버그에서 펌프의 판매 가격이 너무 비싸다는 말을 들었고, 더반에서도 판매 가격이 비현실적이라는 이야기가 있었는가 하면, 케이프타운에서는 대리점 이윤이 너무 적다는 말을 듣게 됐다. 당신은?

ⓐ 본사에 즉시 텔렉스를 쳐서 펌프의 판매가격 구조가 잘못되었다고 한다.

ⓑ 예정대로 여행을 계속한다.

ⓒ 대리점 이윤 폭을 다시 조정한다.

ⓓ 즉시 판매가격의 인하를 단행한다.

14. 당신이 해저유전 탐사의 기술자라고 하자. 어느 날 싱가포르에 있는 회사에서 2년간 고용계 약을 맺고 싶다는 요청이 들어왔다. 그런데 그들이 제의하는 급료는 현재 당신이 고용되어 있는 회사에서 받고 있는 급료보다 약간 적은 수준이었다. 그럴 경우 당신은?

ⓐ 더 높은 급료를 원한다고 그들에게 전한다.

ⓑ 당신이 만족할 만한 금액을 아예 제시한다.

ⓒ 더 높은 급료를 얘기하되 절충 가능성이 있다고 한다.

15. 당신은 지금 조그만 항공회사를 설립하기 위해 그동안 모은 자금과 은행에서 대출받은 돈으로 몇 대의 경비행기를 사려고 하고 있다. 그 회사는 맨해튼에 위치한 고급빌딩 72층에 자리 잡고 있었다. 사장실은 비행기 격납고처럼 컸으며, 바닥에 깔린 양탄자 털은 발꿈치까지 올라올 정도로 무성했다. 20피트 너비의 마호가니 책상 뒤에 멋지게 정장을 한 남자가 피카소의 그림을 배경으로 앉아 있었고 헨리 무어의 조각품이 한쪽 구석에 놓여 있었으며 또 다른 한 구석에서는 조그만 분수가 조용히 물을 뿜어내고 있었다. 이런 장소를 방문한 당신은?

ⓐ 비행기 가격을 할인받을 수 있겠다고 생각한다.

ⓑ 상대방의 반응을 기다리며 조용히 관찰한다.

ⓒ 최고 가격으로 비행기를 사게 될 것만 같은 생각이 든다.

16. 당신은 조그만 기계부품업체를 경영하고 있는데, 모기업회사에서 3회에 걸쳐 납품한 대금을 아직껏 지급받지 못하고 있다. 여러 번 찾아 갔지만 그때마다 기다리라는 대답뿐이었다. 다음 주에 또 납품을 해야 하는데 이럴 경우 당신은?

ⓐ 모회사의 경리부에 대해 납품대금을 전액 지급받을 때까지 다음번 납품을 연기하겠다고 통보한다.

ⓑ 체불된 납품대금을 지불하라고 계속 요구한다.

ⓒ 납품되는 부품을 사용하는 모회사의 생산부에 대해 체불된 납품대금을 전액 지급받을 때까지는 다음 납품을 연기하겠다고 통보한다.

17. 당신은 지금 당신의 화물을 위탁한 운송회사와 분쟁 상태에 있는데 그 이유는 운송회사가 20피트짜리 컨테이너를 분실했기 때문이다. 리비아에 있는 당신의 거래 회사에서는 주문한 물건이 제때에 도착하지 않는다면 계약을 취소하겠다고 나서는데 운송회사 책임을 묻는 자리에서 당신은?
   ⓐ 그들에게 전적으로 책임이 있음을 인정하라고 촉구한다.
   ⓑ 왜 이번에도 실망시키느냐고 화를 낸다.
   ⓒ 벌써 두 번째 이런 사건이 일어나고 있는데도 신용 있는 회사라고 할 수 있겠느냐고 따진다.
   ⓓ 약속 기일을 못 지키겠는가 하고 묻는다.

18. 당신은 지금 노동조합 측과 매우 심한 분쟁 상태에 있다. 그때 지방 TV 방송국의 기자가 찾아와 노조의 대변인이 성명을 발표하면서 당신이 회사의 어려움을 이유로 근로자 측을 무마시키려 하고 있지만 결국은 일당 12달러의 임금 인상을 받아들일 것이며, 그렇지 않으면 노조 측은 파업에 들어갈 것이라고 말했다고 전하면서 당신의 입장을 설명해달라고 요청했다. 그때 당신은?
   ⓐ 공개적으로 코멘트하기를 거절한다.
   ⓑ TV에 노조 측이 헛소리를 하고 있다고 말한다.
   ⓒ TV 인터뷰에 대해 잘 알고 있는 회사 임원을 만나 보라고 기자에게 얘기한다.
   ⓓ 회사 간부들과 협의한 후 TV 인터뷰를 하겠다고 한다.

수고하셨습니다. 이제 협상 능력 테스트 해답 및 해설을 보시고 채점해 보시고 당신의 협상 수준을 점검해 보시기 바랍니다.

협상 능력 테스트 해답 및 해설

원칙 1. 상대방의 첫 번째 제안은 수락하지 말라.

ⓐ 이런! 당신은 성미가 급하군. (-15)

ⓑ 그가 당신의 첫 제안을 받아들이면 마음 속에서는 '이사벨라가 무슨 흠이 있기에 이렇게 쉽게 수락하는가?' 하는 의심이 생긴다. 또, '값을 좀 더 깎아 불렀더라도 되었을 텐데' 하는 후회하는 마음이 생긴다. 따라서 주인의 제안은 일단 좋지 않은 제안이다. (+15)

ⓒ 그것도 협상이라고 생각하는가? (-10)

원칙 2. 손해를 보상받고 싶으면 불평을 하지 말고 대안을 제시하라.

ⓐ 당신은 빌딩 주인의 의중도 제대로 파악하기 전에 15%의 타협안을 받아들여야 할지도 모른다. 주인이 정말로 20%를 올리려고 하는지 아니면 더 싸게 하려는지 알지도 못하면서 경솔하게 10% 얘기를 꺼냈다가 15% 인상으로 뒤집어쓸 수도 있다. (-10)

ⓑ 강력한 초기 대응책이다. 여기에다 d의 요소도 가미하면 더 좋다. (+10)

ⓒ 중재 좋아하네! 중재에 맡기면 당신은 싫든 좋든 공인중개사의 결정에 따라야 한다. (-15)

ⓓ 당연하다. 조금이라도 더 값을 깎으려면 흠부터 들먹이는 게 좋다. 여기에다 b의 요소도 첨가시키면서…… 당신은 주인의 인상 압력을 누그러뜨릴 수 있다. (+15)

원칙 3. 자기가 잘 모르는 협상을 할 때는 'What if'(이럴 땐 어떻게 하지?)를 반복하라

ⓐ 당신에게나 또는 그 친구에게도 대단히 위험이 많은 결정이다. (-10)

ⓑ 시간이 많다면 몰라도 당신은 우선 시간이 없지 않은가. (0)

ⓒ 저런! 망하려고 작정했군. (-15)

ⓓ 그렇지. 더 구체적인 사항을 마련해 놓아야지. 계속해서 '~하면 어떻게?(what if~?)' 질문을 하라. (+10)

원칙 4. 협상을 두려워하지 말라.

ⓐ 항상 바람직한 행동이다. 당신은 이렇게 함으로써 우선 정보를 얻을 수 있다. (+10)

ⓑ 보수란 '저쪽에서 나한테 과연 얼마나 주겠는가'에 따라 결정된다. 이런 점에서 본다면 괜찮은 행동이다. 당신은 하루에 100만 원 이하를 받고 가서는 안 된다. (+5)

ⓒ 훨씬 인상적인 행동이다. 그러나 당신은 저쪽의 의중을 모르기 때문에 당신 스스로가 보수를 너무 높게 부른 게 아닌가 하는 위험도 있다. 이것이 곧 협상에서 첫 번째 딜레마이기는 하지만…… (+10)

원칙 5. 선의의 양보는 절대 하지 말라.

ⓐ 상대가 일본 사람이라면 당신은 아주 오랫동안 기다려야 할지도 모른다. 무조건 기다리는 것만이 능사가 아니다. (-5)

ⓑ 대가도 없는 양보로 협상이 계속되도록 할 수 없다. 오히려 상대방은 더욱 강경하게 나오게 되며 당신의 다음 양보를 기다리게 된다. (-15)

ⓒ 그렇다. 그 일본인 생산업자는 당신의 뜻을 알게 될 것이다. (+10)

ⓓ 약하다. 당신의 초조함만을 보여줄 뿐이다. (-10)

원칙 6. 에누리를 하고 싶으면 처음에 후려쳐라.

ⓐ 집값이 1억 6,500만 원인데 1억 6,200만 원을 불렀다면 저쪽에서 요구하는 값에 너무 근접했다. 집주인은 '에이, 300만 원만 더 쓰시지'라고 말할 수 있다. 그리고 생각한다. '1억 6,200만 원은 다 받을 수 있겠군' 하고. (−5)

ⓑ 당신은 값을 깎을 생각이 없는 사람이다. 왜 밀어붙이지 않는가? (−10)

ⓒ 과감한 가격 제시다. 당신은 집을 놓칠 수도 있지만 이렇게 함으로써 싼 값에 살 수 있는 것이다. (+10)

ⓓ 역시 과감한 가격 제시다. 충분히 값을 후려쳐서 불렀다. 집주인은 아마 자신의 기대값을 다시 생각하게 될 것이다. (+7)

ⓔ 당신은 돈은 있지만 머리는 없는 사람이다. 아니면 그 집 어디에 보물이라도 묻혀 있는가? (−15)

원칙 7. 중고차나 가재도구를 팔 때 깎을 수 있다는 인상을 주지 말라.

ⓐ ONO는 절대로 안 된다. 당신은 지금 상대방에게 '내 자동차 값 450만 원은 깎을 수 있음'이라고 광고하는 것이나 다를 바 없다. (−15)

ⓑ 아주 강력한 제안이다. 당신은 경우에 따라서는 값을 깎아줄 수 있는 여유도 가지게 됐다. 그것은 또 당신의 기대값과 일치하고 있다. (+15)

ⓒ 적절한 가격이 아니면 사람들은 협상을 시작하지 않을 것이다. (−20)

ⓓ 시장 형편에 따라서는 좋은 방법일 수도 있다. (+10)

ⓔ 좋지 않다. 여기서 조금만 양보해 버려도 당신은 기대값 받기가 어려워진다. (−10)

원칙 8. 협상 스타일을 더욱 강하게 하라.

ⓐ 대단히 훌륭한 첫 대응이다. 이 체인점이 1년에 1백만 상자씩이나 당신 회사 제품을 팔고 있다면 그만한 가치가 있기 때문에 팔고 있다는 얘기다. 당신 회사의 콜라를 찾는 손님이 그만큼 많다는 얘기고, 따라서 이 체인점으로서는 결코 그 손님들을 놓치고 싶지는 않을 것이다. (+10)

ⓑ 동의해서는 안 된다. 이 체인점의 가격 인하 요구를 들어주게 되면 앞으로 모든 체인점의 요구를 다 받아줘야 된다. (−10)

ⓒ 당신이 약하다는 증거다. 소비자들에게 콜라 값을 깎아주고 싶으면 체인점이 알아서 깎도록 해라. (−5)

원칙 9. 양보 시 공짜로 양보하지 말고 'If~'를 사용하라.

ⓐ c보다는 낫다. 그러나 당신이 급하다는 약점을 드러낸다. (+5)

ⓑ 훨씬 좋은 대응이다. 협상하는 사람으로서 가장 좋은 긴급대응이다. 당신이 부담할 수도 있고 안할 수도 있는데 왜 당신이 먼저 50 대 50으로 나눈단 말인가? 그러한 제안은 그가 호텔 요금에다 최소한 9,000원, 혹은 그 이상을 불려서 부르고 있다는 것을 드러내고 있다. 1주일에 9,000원이라고 하지만 10,000주일이면 90,000,000원이다. 그래도 그의 제안이 공정한 것처럼 보이는가? (+10)

ⓒ 절대 안 된다. 당신이 가격차를 서로 분담해서 받아들인다는 것을 보여주면 그는 더 큰 가격 차이도 똑같이 나눠서 분담하자고 할 것이다. (−15)

ⓓ c보다는 낫고 a보다는 강경하다. 그러나 '되네' '안 되네'로 몇 번 실랑이를 하고 난 후에 제안해야 할 안이지 처음부터 내놓을 안은 아니다. 훨씬 시간이 흘러 상대방이 가격을 불려서 (9,000원만큼 불려서) 제시하고 있다는 것을 테스트한 후 내놓을 제안이다. (+7)

원칙 10. 협상하는 사람의 주관적 생각이 객관적 환경보다 더 중요하다.
ⓐ 그들이 당신과 같은 실직한 트럭 운전사인지 아닌지 어떻게 아는가? (-5)
ⓑ 그렇다. 당신이 단순히 보고 들은 것만 가지고 영향을 받아서는 안 된다. (+5)
ⓒ 분명히 경쟁은 당신을 고취시킬 것이다. (0)

원칙 11. 입장이 난처해지고 싶지 않으면 위임의 법칙을 써라.
ⓐ b와 막상막하다. 당신의 가격에 자신이 있다면 또 피아노를 치워버리기를 몹시 원한다면 망설이지 말고 상대방에게 당신의 가격을 불러라. (+5)
ⓑ 가격이 얼마쯤 되는지 모를 때 사용하는 좋은 보호 방법이다. 그러나 상대방이 너무 낮은 가격을 제시하면 좀 더 과감하게 가격을 올려서 대응할 필요가 있다. (+5)
ⓒ 누군가를 들먹이는 소위 위임의 전술은 신뢰성을 갖는다. 그렇지 않으면 당신은 항상 당신의 가격을 인하시키게 될 것이다. (+8)
ⓓ 상대방의 가격에 대해 절대 성급한 판단을 해서는 안 된다. 그렇지 않으면 당신은 항상 당신의 가격을 인하시키게 될 것이다. (-10)

원칙 12. 정찰가격이란 없다.
ⓐ 좋다. 지배인을 만나 이야기하는 편이 확실한 가능성을 타진할 수 있기 때문이다. (+10)
ⓑ 그렇게 쉽게 설득 당해서는 가격 할인을 얻을 수 없다. (-10)
ⓒ 직원과 계속 다투어 보았자 별 소득이 없을 것이다. (-5)

원칙 13. 협상의 목적은 전체이다. 하나씩 양보하지 마라.
ⓐ 판매 협상에 나서는 사람이라면 누구라도 그런 생각을 하게 될 때가 있다. 그러나 본사의 판매 부서에서는 가격정책이 잘못 되었다는 단지 한 건의 텔렉스로 그 즉시 가격정책을 바꾸지는 않는다. 그런 의미에서 당신은 시간 낭비만 한 셈이다. (-5)
ⓑ 옳은 자세다. 그런 이야기에는 어느 정도 익숙해져야만 한다. (+10)
ⓒ 당신은 상대방의 압력에 위축되고 있으며 어쩌면 쉽게 상대방의 요구에 응해 버릴 가능성도 있다. (-10)
ⓓ 당신이야말로 가격 협상에서 전형적인 부적격자다. (-15)

원칙 14. 가격이 전부는 아니다. 부대 조건도 팔아라.
ⓐ 싱가포르의 회사에서 당신을 고용하기를 원한다고 확신하며 또 당신은 싱가포르 회사로 직장을 바꾸는 일에 현재로서는 크게 급급해 하지 않는다는 전제하에서는 좋은 태도다. 그러나 상대방에게 어느 정도의 보수가 필요하다는 암시를 전혀 주지 않는다는 것은 상대방으로 하여금 당황케 할 가능성도 있다. 현재 고용되어 있는 회사에서 받고 있는 장점들을 설명하고 또 싱가포르 회사의 제의가 어떤 점에서 만족스럽지 못하다는 설명을 해 줄 필요가 있다. (+5)
ⓑ 상당히 단정적인 태도이나 상대방과의 협상에서 당신이 희망하는 보수액과 싱가포르 회사의 제시액과의 중간선에서 타결될 가능성이 많다. (+3)
ⓒ 바람직하지 못하다. 당신 스스로 약한 모습을 보이는 결과이며 상대방으로부터 부정적인 반응을 얻게 된다. (-5)

원칙 15. 외양에 기죽지 마라.

ⓐ 당신은 상대방의 위협에 압도당하지 않았다. 희망을 가져도 된다. (+5)

ⓑ 거래에서 올바른 접근 방법이다. 상대방 회사는 실상은 심각한 자금난에 허덕이고 있는 줄도 모를 일이다. (+10)

ⓒ 당신은 상대방에게 압도당했다. (−10)

원칙 16. 협박에 순응하기 싫으면 그 중 협상 가능한 것을 찾아라.

ⓐ 잘못된 방법임. 경리부야 다음 납품이 지연되더라도 걱정할 필요가 없을 테고 오히려 그걸 핑계로 대금 지불을 더 늦출 가능성이 있다. (0)

ⓑ 그들이 지불해 줄 때까지 당신이 기다릴 수만 있다면야 나쁜 방법은 아니겠지만 돈 문제는 항상 더 확실하게 해 두어야 한다. (−10)

ⓒ 다음 번 납품이 제대로 되는가에 가장 신경을 곤두세우고 있는 부서이기 때문에 효과적이다. 그들은 아마 경리부에 압력을 가해 당신의 대금을 지불해 달라고 할 것이다. (+5)

원칙 17. 협상이 교착 상태에 빠졌을 때는 감정을 노출시키지 말고 문제를 직시하여 끈덕지게 해 보라! 그래도 소득이 없을 때는 보따리를 싸고 그 자리를 빠져나오라.

ⓐ 그래 보았자 무슨 이득이 있겠는가? (−15)

ⓑ 협상을 통해 문제를 해결하려는 질문이다. (+5)

ⓒ 공격적인 질문으로서 상대방 역시 대응할 수밖에 없을 것이다. (−5)

ⓓ 상대방이 그런 질문은 도움이 되지 않음을 알고 있고, 또 반드시 분실된 컨테이너를 제 날짜까지 찾을 수 있을 것이라고 주장한다면 어떻게 할 것인가? (−10)

원칙 18. 술수에 대응하라.

ⓐ 가장 최선의 방법이다. 왜냐하면, 공개적으로 상대방에게 맞서는 것은 협상의 타결에 거의 도움이 되지 않는다. 서로 공개적으로 나서게 되면 이미 발표해 버린 체면 때문에 입장이 곤란하게 된다. (+10)

ⓑ 당신은 상대방과 일전을 불사하겠다는 심산이다. (−10)

ⓒ 상대방의 공격에 대응할 만한 위치에 있는 사람은 그 누구도 아닌 바로 당신 자신이다. (−5)

ⓓ 협상 진행 중일 때 언론에 공개하는 것은 금물이다. (−3)

※ 당신의 점수는 몇 점입니까? 그렇다면 당신의 협상 수준은 어느 단계일까요?

베테랑 협상가	140~188점	대단하시군요! 협상의 원칙을 이미 알고 계시네요!
중급 협상가	81~139점	협상의 원칙에 대한 기본기를 갖추셨군요!
초급 협상가	51~80점	조금만 더 내공을 쌓으면 발전 가능성 무궁무진!
No Comment	50점 이하	앞으로 정말 열심히 학습하셔야겠군요!

제 2 절 부탁과 거절이 오가는 대화의 극치

업무를 추진하려면 대인 관계의 능력과 업무 파악 능력을 동시에 구비해야만 노련한 협상가로서 자리매김을 할 수 있다. 특히, 지방자치정부의 공무원은 지역 주민뿐만 아니라 인접한 광역자치단체와의 협상이나 중앙정부와의 협상의 기회가 많이 발생한다. 그래서 협상은 부탁과 거절의 기술이다. 즉, 협상은 부탁과 거절이 오가는 대화의 극치다. 부탁은 자신의 행동에 찬성해 주기를 바랄 때 사용하는 대화법이라면, 거절은 부탁을 못 들어줌을 기분나쁘지 않게 말하는 대화법이다.

1 부탁의 기술

부탁은 설득 화법의 일종으로 수신자의 감정이나 의지를 움직이려는 것이다. 누구나 남에게 부탁을 하고 부탁을 받는다. 사람은 일생 동안 살면서 수많은 부탁을 해야만 한다. 부탁이란 하기도 그렇고 받기도 그런 어려운 일 중에 하나다. 부탁을 할 때 상대방이 아무런 거부감 없이 부탁을 받아들일 때 그보다 기분 좋은 일이 없다. 그래서 부탁하려면 먼저 상대방의 성격을 잘 알아야 한다. 아첨을 하면 화를 내는 사람이 있는가 하면 속이 들여다보이는 맞춤이라도 은근히 기대하는 사람이 있다. 절차를 밟지 않으면 상대도 해 주지 않는 사람, 간단히 응낙하기는 하지만 아무런 도움을 주지 않는 사람 등등 개인의 특성에 따라 대응하는 것이 포인트다.

우선 실제 협상 테이블에서는 수신자에게 안도감을 갖도록 해야 한다. 수신자가 자신에 대한 적의나 무관심이나 불안을 불식시키는 일이다. 수신자에게 친근감이나 친밀감을 느끼게 해야 한다. 붙임성 있는 태도와 동료 의식, 동지 의식을 느끼게 하는 일이 중요하다.[16] 상대방이 거절하지 못하게 부탁하는 방법이 무엇인지 알아보자.

1) 또 있다 기법

홈쇼핑에서 자주 볼 수 있는 기법이다. "69,000원에 등산복+모자를 드립니다. 이

16) 예전에 삼성그룹이 협상에 실패한 쥐라기 공원 제작자인 스티븐 스필버그와의 계약을 CJ협상 팀은 예술가들에 대한 깊은 이해심과 친밀감을 보여줌으로써 성공시킨 바 있다.

것이 전부가 아닙니다. 조끼+등산양말을 공짜로 드립니다. 또 있습니다." 뭐 대충 이런 기법이다. 이것이 부탁의 기술인 이유는 상품을 팔 때의 심리를 이용한 것인데 모니터+본체=990,000원과 본체=990,000(모니터는 공짜) 자! 어떤 광고가 더 끌리는가? 비교적 오른쪽이 더 끌리는 광고다. 이를 부탁의 기법으로 상품 판매에서 응용하는 것이다. 즉, 신사 정장+넥타이=290,000원이 아니라, 신사 정장=290,000원(사은품으로 명품 넥타이를 드립니다)로 해야 잘 된다.

2) 띠끌 모아 태산 기법

이 방법은 쉬운 부탁을 계속하면서 점점 나중에는 어려운 부탁을 하는 방법이다. 실험에서 개구리를 45℃씨 끓는 물에 넣으면 개구리가 놀라서 팔짝 도망간다. 그러나 15℃씨 미지근한 물에 넣으면 "어허~조오타 시원한데?" 하고 가만히 있다. 점점 열을 조금씩 올리고 45℃씨가 넘어도 개구리는 알아채지 못하다 결국 삶아져 죽는다. 사람을 상대로 한 전기 실험에서도 처음부터 50의 전기 자극을 주면 깜짝 놀라는데 10의 전기 자극을 주고 나서 점점 올리면 100이 넘어가도 버틴다. 이를 부탁으로 응용하면 "오빠! 나 저기 5,000원짜리 초콜렛이 너무 먹고 싶은데 사줄래?" "오빠 나는 큰 선물 필요없고, 12만 원짜리 뮤지컬 가자." 이러다가 결국 "오빠! 500만 원짜리 명품 가방인데 사줄 수 있어? 내가 너무 했나?" 뭐 이렇게 된다. 이 방법들은 응용한다면 정말 좋은 대인 관계 기술이지만, 너무 악용하지는 말자. 실제로 사기꾼들이 많이 사용하는 방법이다.

3) 승인 욕구의 자극

사람은 누구나 윗사람이나 주위 사람들로부터 인정을 받고 싶어하는 승인 욕구를 지니고 있다. 이 승인 욕구를 역으로 잘 이용하면 남에게 부탁하려는 일들이 순조롭게 이뤄지기도 한다. 예를 들어 윗사람이 부하에게 무슨 일을 부탁하려고 할 때 "유과장과 김과장 모두 바쁜 듯하니 이것은 자네가 이 일을 해 주면 어떨까?" 하고 말하는 것보다는, "이 일은 자네밖에 할 사람이 없단 말이야! 수고 좀 해 주지 않겠나?" 하고 말하는 것이 더 효과적이다.

이런 식으로 윗사람이 말하면, 비록 그 말이 겉치레하는 말이라는 생각이 들더라도 그 일을 순순히 받아들여 열심히 하게 된다. 즉, 상대방이 갖고 있는 승인 욕구를 자극해 줌으로써 '나는 인정을 받고 있다'는 만족감에 도취되어 자기를 인정해 준 상사의 부탁을 기분 좋게 수용하는 것이다.

4) 낮은 공 기법

처음에는 가벼운 듯한 부탁을 하다가 상대가 승낙하면 그때 구체적인 부탁을 하는 것이다. 우리는 흔히 길거리 설문조사에서 이런 경우를 많이 볼 수 있다. "간단한 설문조사 1분이면 되는데 써주시겠어요?" 했다가 30분 동안 붙잡혀서 전도당한 기억이 있을 것이다. 부탁을 들어준다고 약속한 상대방은 이미 수락했기 때문에 다시 승낙을 취소하지 못하는 심리를 이용한다. 특히, 피라미드 판매원들이 자주 사용하는 기법이다. "와서 딱 한 시간만 설명회 들어보라. 판단은 네가 해라"면서 조직으로 유인한다.

2 거절의 기술

스피노자(Baruch Spinoza)는 "은전(恩典)을 거절할 때에는 그것을 경멸하거나, 되갚아야 할 것을 두려워하여 거절하는 것처럼 보여서는 안 된다."고 충고했다. 그렇다! 인간관계를 해치지 않고, 상대방을 납득시켜서 능숙하게 거절할 수 있어야 협상과 교섭에 능하다고 할 수 있다. 거절을 잘하는 사람이야말로 진정한 화술가다. 거절을 잘하는 방법은 우선, 거절할 경우엔 분명히 그 이유를 말하고, 동시에 부탁을 못 들어줌을 사과하며, 모든 표현을 대단히 완곡하게 말해 상대방의 기분을 상하게 하지 않음에 있다.

1) 내겐 너무 어려운 말, 거절

좋아하든 싫어하든 누군가에게 부탁하고 부탁받는 상황이 발생한다. 다시 말해 누구나 타인에게 부탁받을 수도 있고, 그 부탁을 딱 부러지게 거절하지 못해 에너지를 소모하거나 손해를 볼 수 있다. 일반적으로 '주고받기(Give&Take)의 법칙'이 존재한다면 큰 문제가 없는 한 상대의 부탁을 들어주는 것이 좋다. 무턱대고 거절만 하다가는 인간관계에 문제가 생기기 십상이기 때문이다. 그렇지만 상대가 상처받을까봐 혹은 배신자라고 비난할까봐 울며 겨자 먹기로 요구를 수락하는 것은 결국 자기만 손해 보는 일이 된다.

사실 필자도 거절을 잘하는 편은 아니다. 그래서 거절을 잘하는 사람이 부러울 때가 많다. '무리한 Yes'로 인해 손해를 본다면 대답은 간단하다. 바로 거절이다. 내 삶의 주인이 되기 위해 반드시 적절한 타이밍에 세련된 거절을 해야 한다. 거절할 수 있는 상황을 판단해 상대방의 기분을 상하게 하지 않고 나의 이익을 보호하는 것, 그래서 궁극적으로 모두가 건강한 대인 관계를 유지하기 위해 우리는 거절과 친해져야 한다. 살아갈수록 '그때 조금 더 냉철했더라면 좋았을 걸……' 하는 개운치 않은 감정이 내 안에 쌓여가고 있음을 발견하게 된다. 무조건 "예"라고 한다 해서 이웃을 사랑한다거나 나를 편하게 해 주는 게 아니라는 걸 살다 보니 알게 되었다.

거절하고 싶지만 거절하지 못하고 어정쩡하게 대처하는 것이야말로 불행을 자초하는 것이다. 거절할 경우 미안한 마음을 갖게끔 설득하려 드는 사람을 볼 수 있다. 그 사람은 말을 통해 상대를 불안하게 만들고 또는 죄책감을 갖게 하여 목적하는 바를 이루려 한다. 이때 거절을 하지 못하는 사람은 결국 소극적 행동 또는 방어적 행동을 하게 될 뿐이다.[17]

혜민 스님의 『멈추면 비로소 보이는 것들』에서도 "3초만 참아 보는 것도 안 되면……차라리 깔끔하게 거절하라! 조금만이라도 뻔뻔함을 행할 수 있다면 인생이 즐거워진다"라고 했다.

2) 당신이 싫다면 거절해도 괜찮다

거절을 잘하는 사람보다 거절을 못하는 사람이 훨씬 더 많은 피해를 보게 되어 있다. 예를 들어 회사에서 다른 직원을 시켜야 하는 경우지만 오히려 친하다고 생각해서 부탁을 하는 경우가 있다. 그런데 그런 부탁에 거절을 못하는 경우 나중에 일을 제대로 못하거나 제 때에 못하게 되면 바로 비교가 된다. 그러므로 차라리 어려워도 처음에 거절하는 편이 훨씬 낫다. 시키는 입장에서도 제일 잘하는 줄 알고 시켰는데 의외의 결과가 나오면 더욱더 실망을 하게 된다.

거절을 못하는 사람들의 공통점은 거절을 하고 나면 사람들이 자신을 싫어할 것이라는 생각 때문이다.[18]

---

17) 영어 단어 중에 거절과 관련된 단어는 여러 개가 있다. 이는 거절의 강도에 따라 구분할 수 있다. 'decline'은 정중히 거절하다는 의미에 가깝고, 'refuse'는 분명한 거절을 의미하며, 'reject'는 가장 강한 거절을 의미한다. 심리적으로 'decline'과 'refuse'가 제안에 대한 거절의 의미라고 한다면, 'reject'는 존재에 대한 거부의 의미가 담겨 있다. 거절을 잘하지 못하는 사람들은 모든 거절을 'reject'로 받아들이는 경우가 많다. 거절이라고 함은 단순히 누군가의 부탁에 대해 못해 주겠다가 아니다. 모든 삶에서 겪을 수 있는 다양한 부탁이라는 미명 아래 나를 조정하려는 의미가 담긴 말에 거절할 수 있는 힘을 의미한다.

18) 분위기에 휩쓸려 약속해 버린 해외 여행은 여행 내내 힘들게 하고, 거절하기 힘들어서 들어준 생명보험은 10년 이상을 후회하게 만든다. 그리고 거절하기 어려워서 한 결혼 승낙은 평생을 후회하게 만들 수도 있다. 필자 역시 빚 보증을 잘 못 서서 몇 년째 고생하고 있다.

자기 주장과 거절의 기술은 솔직하고 직접적인 소통 능력을 키울 뿐 아니라 인간관계 개선에도 효과적이다. 그런데 우리는 왜 거절을 못할까? "No!"라고 말하면 뭔가 꺼림칙하고, "Yes!"라고 말한 뒤에는 자신이 미워진다. 우리가 종종 마주하는 삶의 딜레마가 있다. 주위 사람의 금전적 요구를 어떻게 거절할 것인가? 직장 상사의 잦은 술자리 요구를 어떻게 대처할 것인가? 남자 친구의 성적 유혹을 어떻게 뿌리칠 것인가? 주위 사람들이 당신에게 자신의 뜻이나 생각을 강요하는가? 그렇다면 단호하게 "No!"라고 말하라!

당신이 싫다면 거절해도 괜찮다. 미안해 하지 마라. 이유를 말할 필요도 없다. 아무도 당신의 생각이나 감정을 강요하거나 조종할 수 없다. 모든 일에 옳고 그름의 잣대를 들이대지 마라. 절대적으로 옳고 그른 도덕적 가치란 애초 존재하지 않기 때문이다. 사실 그동안 수도 없이 약자, 또는 상대방의 의견을 들어줘야 하는 입장에서 살아온 사람이 하루아침에 바뀌기는 쉽지 않다. 하지만 힘의 논리에서 자꾸 위축될 필요가 없다. 잘못한 건 인정하고, 원하는 것은 말하면 된다. 내가 원하는 것에 대해 둘러 말해서 얻을 수 있는 것도 있지만 오히려 서로 답답하게만 될 수도 있다. 표현하자! 표현하라고 해서 상대에게 기분 나쁘게 하는 것이 아니다. 좀 더 투명한 대화, 그래서 덜 상처받고, 덜 상처 주는 상생의 결과를 얻고자 함이다. 필자 주변에 그런 사람이 있어서 좋다.

3) 거절의 테크닉

싫은 소리 못하고, 좋은 게 좋다는 식으로 살아가는 사람들이 많다. 사실 그들의 속은 곪아터지고 있다. 다른 사람의 눈치를 많이 살피는 편이므로 부정적인 메시지가 담긴 말에 스트레스도 엄청 받는다.[19] 만일 자기 자신이 거절하는 데 어려움이 있다면 인간관계는 꼬이기 마련이다. 심하면 자신의 세계가 사라질지도 모른다. 청바지를 사러 갔다 티셔츠까지 사게 되고, 시험 공부를 해야 하는데 동아리 모임이나 여자 친구의 전화에 "안 돼"라고 외치고 싶지만 입 밖으로 나오지 못한 말은 입 안에서만 빙그르르 맴돈다. 상대가 상처 받을까, 등 돌릴까 걱정부터 앞서는 사람이라면 이들에게 꼭 필요한 건 바로 거절의 테크닉이다. 그러므로 우리에게는 거절 훈련이 필요하다. 자! 그럼 어떤 마음으로 어떻게 거절하는 것이 좋을까? 거절을 세련되게 하는 방

19) 이들은 흔히 존재 자체로 사랑받지 못한 애정 결핍을 지니고 있기 때문에 관계가 멀어지거나 거절당하는 것에 대한 민감도가 무척 높다. 그래서 부탁이나 요청을 거절당하면 마치 자신의 존재 자체가 거부당한 것처럼 여기고, 타인의 부탁을 거절하면 관계가 단절되지 않을까 두려워한다.

법을 소개한다.

첫째, 칭찬 중독에서 벗어나라. 잘 거절하지 못하는 사람의 공통적 특성 중의 하나는 '사람들에게 좋은 평가를 받는 것'이라 할 수 있다. 이들에게 자기 존중감의 원천은 자기 계발이 아닌 자기 희생을 통한 타인의 칭찬에 기반을 두고 있는 경우가 많다. 하지만 그러한 태도는 자신의 삶을 한없이 마모시키고 관계의 상호성도 잃게 만든다. 그러므로 본질적인 삶의 위안과 존중감의 원천은 타인이 아닌 자기자신에서 나와야 한다.

둘째, 즉시 답하는 것이다. 즉답은 기대도 하지 않게 만들므로 실망도 없다. 물론 시간이나 방법에 여유가 있을 때는 기한을 정해서 대답을 한다. 예를 들어 스케줄이나 상황을 확인해서 내일 오전 중으로 답을 주겠다든가 하는 식이다. 대신 약속한 시간에는 거절하는 이유 등과 함께 확실한 거절을 해야 한다. 시간이 주어질 경우는 무조건 거절하는 것보다 후자가 훨씬 신뢰를 줄 수 있다. 단, 사람에 따라 핑계를 대는 것으로 생각하는 사람이 있을 수 있다.

셋째, 내용에 따라서 다를 수 있지만 웃으면서 거절해라. "웃는 얼굴에 침 못 뱉는다"라는 속담은 거의 예외 없이 적용이 된다. 당당하게 웃으면서 거절해라. 물론 조문 등의 분위기일 때는 웃는 대신 자신감 있는 당당한 목소리로 거절해야 한다.

넷째, 실수를 인정하라. 때론 결정을 번복할 수도 있다. 대개 거절을 못하는 사람은 요청을 듣자마자 자신의 처지와 형편을 고려하지 않고 먼저 "그래!"라고 대답하고마는 수가 많다. 그러므로 부탁을 받으면 습관적으로 대답하기보다 일단 멈추고 생각의 시간을 갖는 것이 필요하다. 무언가 꺼려지면 "생각해 보고 이야기할게"라고 대답하길 바란다. 그리고 설사 바로 수락을 했다 하더라도 정확한 정보를 듣지 못했거나 상황이 달라졌다면 결정을 번복해도 된다. 상대가 좋은 사람이라면 번복했다는 이유만으로 당신을 비난하지는 않을 것이다. 하지만 상대가 독종이라면 당신의 번복을 반박할 것이다. 그러나 아닌 것은 아닌 것이다. 고수하라!

다섯째, 맥킨지형 스피치 기법인 '3S 기법'을 사용하라! 이것은 상황(situation), 유감(sorry), 제안(suggest)으로 구성된 3단계의 머리글자를 뜻한다. 돈을 빌려달라는 부탁을 받았을 때 3S로 거절하는 방법이다.

① situation(empathy) 단계에서는 청중이나 상대방의 마음을 잘 이해하고 있다는 것을 알리고 공감을 형성한다. 상대가 기대하는 내용과 상황에 대해 직접 언급해 사정을 이해하고 있음을 표시하는 것이다. "네가 일요일까지 돈이 필요하다고 부탁했는데, 많이 급한 거 알아"라는 식으로 말한다.

② sorry(sincere) 단계다. 즉, 거절에 대한 유감스러움과 그 이유를 진솔하게 표현하는 것이다. 거절할 수밖에 없는 이유를 최대한 솔직하게 밝히는 것이 중요하다. 정확한 이유를 들어서 거절해야 한다. 상대방에 이해할 수 있는 수준의 그럴듯한 이유를 들어야 한다. 우물쭈물하면서 변명하듯 거절하면 그 거절은 상대에게 상처가 될 수도 있다. 예를 들면 "그런데 정말 미안하다. 다음 주에 아버님 환갑인데, 형제끼리 해외 여행을 보내드리기로 해서 나도 여유가 없어" 정도면 된다.

③ suggest(substitute) 단계다. 원래 부탁 대신 해 줄 수 있는 다른 것을 역으로 제안한다. 상대방의 마음을 다독이고 관계 악화를 예방하는 것으로 마무리하는 것이다. "대신, 다음 달이라면 다만 얼마까지는 가능할 것 같아"라든가, "네가 ○○○을 사려고 돈이 필요다면 내가 아는 영업사원을 소개해 줄게. 아마 조금 더 저렴한 비용으로 구입이 가능할 거야" 등 다양한 방법이 있다. 꼭 기억해 두어 위기나 곤란한 사항을 지혜롭게 풀어 나가길 바란다.

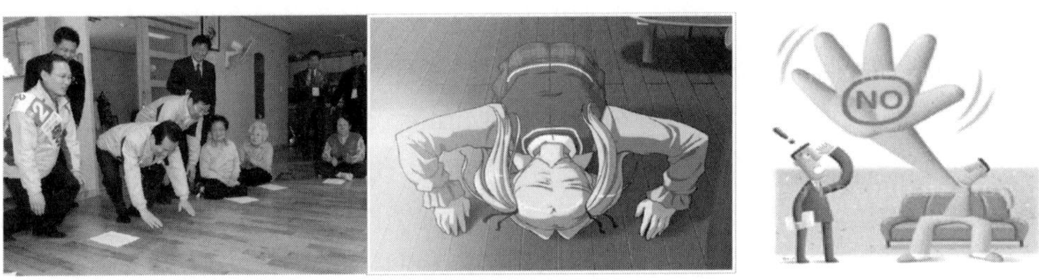

그림 11-5 부탁과 거절의 기술

제 3 절 협상대국의 놀라운 협상술

훌륭한 국제협상가가 되기 위해 보이지 않는 것을 간파할 줄 아는 통찰력을 기르고, 상대방과의 인간적인 신뢰 관계를 구축하는 것이 중요하다. 그래서 각국의 특성을 충분히 알고 협상에 임해야 한다. 하지만 필자는 협상에 관한 경험이 다양하지 못하므로 외교통상부에서 근무하다 국장으로 퇴직한 최선배를 만나보았다. 최선배는 50여 개국 협상전문가의 기술과 국제 협상에서 어떻게 대응했고, 어떤 점을 배웠는지 구체적으로 알려주었다.

예를 들면 독일인은 틀린 주장으로도 승리를 거두며, 프랑스인은 잡담 속에 주장을 섞어 설득시킨다고 했다. 또 와인과 식사 그리고 대화로 서로를 알아가는 스페인인, 분위기를 띄워 협상에 성공하는 이탈리아인, 상대방이 마음에 들면 다 받아들이는 아랍인, 질문 세례로 OK를 이끌어 내는 인도인, 코너로 몰아 주도권을 쥐는 것은 미국인이라면서 그는 각 나라별 협상 스타일을 흥미롭게 소개했다. 그 중에서 가장 흥미롭고도 중요한 중국인, 일본인, 유대인의 놀라운 협상술에 대해 소개한다.

1 협상의 고수, 중국인의 협상술

중국의 협상술이 지금 세계를 흔들고 있다. 대륙의 중국인, 세계 속 화교들의 성공은 결코 패하지 않는 협상의 힘에 있다. 중국인들은 비교적 이성적인 사람이라 하늘과도 흥정을 할 수 있다. 그래서 중국인의 협상술은 타의 추종을 불허한다. 하지만 한국인은 감성적이라서 한국식으로 중국인들과 담판을 벌일 경우, 중국인을 제압하기 어렵다. 코헨(Herb Cohen)이 강조한 정보(information), 시간(time), 힘(power) 중에서 한국인이 쉽게 간과하는 것이 상대방에 대한 정보, 나에 대한 정보와 주변 상황에 대한 정확한 정보를 입수하지 못한 채 협상에 임하는 경우가 많다. 이상하게도 한국인은 자신이 진정 원하는 것이 무엇인지 혼동하는 경우가 많다. 한마디로 '무대뽀'로 감정에 쉽게 휩싸이는 경우가 많다. 실제로 상대방에 대한 정보가 별로 없는 상태에서 해당 성(省)·시(市)·촌(村)정부의 감언이설에 속아 덜컥 투자를 결정하고 나중에 후회하는 경우가 너무 많다.[20]

중국은 연속극을 보더라도 대부분의 상황이 '다툼'에서 시작해서 '정반합(正反合)'이 계속되면서 마지막에 결론을 얻는다. 하지만 우리나라 연속극은 우연히 많고 갑자기 주연들이 병에 걸리거나 사고를 당한다. 좀 황당한 경우가 많다는 이야기다. 말 한 마디의 차이가 가능과 불가능을 나누고 얼굴 표정 하나하나에도 협상의 큰 기술이 담겨 있는데도 말이다. 어쨌든 연회의 협상, 느림의 협상, 인맥의 협상으로 상징되는 대륙의 협상술을 따라가 본다.

20) 개인적으로 꼽을 수 있는 협상 실패 사례는 중국 동북에 투자한 S컴퓨터다. 연해 근처, 혹은 원부자재 소싱이 수월한 광둥성(廣東省) 지역으로 진출해야 했지만, 후한 접대와 적극적인 협조 약속을 그대로 믿고 들어간 것이 실패의 시작이라고 생각한다.

1) 대륙 협상의 기본 특징

중국 상점에는 '當面点清 過後不管(그 자리에서 확인하지 않으면 지난 후에는 책임지지 않습니다.'라는 표시가 붙어 있다. 즉, 물건을 사는 사람이 현장에서 물건에 대한 하자를 확인하지 않을 경우 나중에 와서 반환이나 교환은 절대 없으며 절대 책임을 지지 않는다는 것이 중국인 상법의 기본 원칙이다. 그래서 사려고 하는 물건에 조그만 하자가 있다면 중국인은 무슨 방법을 쓰더라도 값을 깎아내리려 한다.

상품 거래의 협상에서 미국인이나 일본인은 협상 재량권의 귀속이 명확한데 비해 중국인은 그렇지 않다. 협상에서 조직은 의견 일치를 볼 수 있도록 매개체 역할을 수행할 뿐, 같은 문제를 가지고 승낙 여부를 수 없이 다시 묻는 형태를 보인다. 또한 협상 진행을 매우 느긋하게 이끄는 표면적인 협상은 시간 확보의 수단으로 사용하고 만찬, 연회, 관광 등의 스케줄이 마련되어 있다. 그래서 중국인은 배타적이고 자기 중심적인 사고, 즉 중화사상(中華思想)으로 인해 자기 식으로 협상하려는 태도를 강하게 보인다.

한국인과 중국인 모두 명분과 체면을 중시하는 것은 마찬가지이나 둘 중 하나를 택하라 하면 중국인은 먼저 실리를 택한다는 것이 보편적이다 즉, 실리를 많이 확보하면 명분은 저절로 따라 올 수 있다는 생각이니 따지고 보면 실리와 명분을 모두 가지겠다는 것과 다름없다.[21] 그래서 실리를 택하는 모습을 보게 되면 한국인은 "아니 이럴 수가?" 하며 깜짝 놀란다. 놀라는 것까진 좋은데 한국인 자신이 배신과 금전적 피해를 당하게 되면 욕설까지 한다. 일반적으로 중국인은 "하늘은 선한 자의 편도 약한 자의 편도 아니니다. 그냥 주어진 환경에 적응해 사회 속에 나를 세우면 된다"라고 생각하고 보통 그렇게 살아간다. 따라서, 일단 좀 비겁하더라도(그들 생각에는 비겁한 것도 아니지만), 우선 실리를 챙겨 부자가 되면…… 나도 편하고 사람들의 추앙도 받게 되고…… 이렇게 되면 나중에 다시 부자가 되어 명분이 선다는 식으로 접근한다. 그래서 이런 유머가 있다.

> 한국인, 중국인, 일본인 3국인이 냄새가 고약한 닭장 앞에서 누가 닭장 속에 들어가서 누가 오래 있는지 내기를 했다. 닭장 안에 들어가서 불과 몇 분이 못 되어서 일본인이 코를 막고 뛰쳐나왔다. 뒤이어 한참 있다가 한국인이 초죽음이 되어 기어나왔다. 그런데 중국인

---

21) 중국인은 대부분 특정 종교를 가지고 있지 않고, 역사적으로 몸에 밴 불교, 도교, 유교, 처세술, 실용주의, 금전주의 등을 복합적으로 지니고 있다. 반면에 한국인은 아직도 대다수가 조선 시대 국교였던 유교사상을 신봉하며 대의와 명분을 중시하는 편이다.

은 몇 시간이 지나도 나오지를 않았다. 그러더니 그 후 얼마가 지나자 중국인이 계란을 하나 손에 쥐고 나왔다.

이 중국인은 기왕에 들어갔으니 계란이라도 한 개 가져오는 것이 이익이 아니냐는 것이다. 한국인은 결국 냄새나는 곳에서 고생만 실컷 하고 실리도 못 얻고 나온 것이다. 일본인은 실리는 못 얻었어도 고생만은 안했다. 그리고 중국인은 실리를 얻었다. 이 이야기는 한국인을 비하하기 위해 하는 말이 결코 아니다. 이러한 특징을 알고 협상 테이블에서 만날 중국인에 대해 연구해 보았다. 다음은 중국인과의 협상에 대한 대응 방안으로 적용이 가능한 전략들이다.

▲간편 복장을 하더라도 회의의 형식은 엄격하다. ▲미국인이나 유럽인은 계약서에 세세한 내용까지 삽입하려는 반면 중국인은 당장 사업의 차원을 넘어 장기적인 신뢰 관계를 우선한다. ▲실제 중요한 사안은 공식 회의보다는 비공식 모임에서 결정된다. ▲중국인에게 거래는 항상 장기적인 의미를 지닌다. 협상 자체는 일종의 행사로 상대방과의 관계를 돈독히 하고 상대방과 장기적으로 거래를 할 수 있는가를 타진하는 자리로 활용한다. ▲중국인은 검소하고 사려가 깊으며 인내심이 많다. 당신도 중국인과 협상하려면 그만한 끈기와 인내심을 갖고 덤벼야 한다. 그렇지 않으면 실패한다. ▲중국인은 서두르지 않고 천천히 단계를 밟아 협상을 진행하며, 협상에 임해서는 사업뿐 아니라 상호 관심사를 폭넓게 논의한다. 회의 첫 날은 이 정도에 그친다. 그래서 중국인은 미국인이 회의 첫 날에 계약하자고 달려드는 것을 싫어한다. ▲중국인은 시장의 규모를 놓고 가격을 결정한다. ▲중국인은 외국인이 기술적인 측면에서는 강점이 있지만 협상에는 경험이 없다고 생각한다. ▲중국인은 항상 정중하며 의견 대립이나(자신뿐 아니라 상대방의) 체면을 손상시킬 수 있는 주장을 자제하는 특성이 있으며, 여간해서는 "No"라고 얘기하지 않는다. ▲집단주의적 성격으로 항상 '나'보다는 '우리'라고 표현한다. 결정은 항상 위로 미뤄지며 실제 누가 그 결정에 책임져야 하는지 모호하다. ▲협상 진행이 느리고 같은 것이 반복되기도 한다. 서양인이 보기에 중국인의 시간계획은 지나치게 늘어진다. ▲회의 좌석은 위계 질서에 따라 정해지며 회의 전에 명함을 교환한다. ▲중국인은 능력, 역할의 많고 적음에 불문하고 연장자들에 대해 존경을 표하며, 항상 최상급자가 결정한다.

2)『삼국지』의 나라, 중국인의 협상 전략

트집 잘 잡고 외상값 안 주기로 유명한 중국이다. 중국 상인의 배짱 튕기기, 협박, 공갈에 당한 수많은 실패자가 있으므로 협상 시에 준비를 철저히 해야 한다. 한마디로 중국 시장은 야누스다. 그러나 중국인과의 협상은 한국인이 가장 많은 실수를 하고, 가장 경쟁력이 없는 영역이다. 중국 내수시장을 겨냥해, 많은 한국 기업이 중국에 진입하고 있으나, 중국 협상술의 ABC도 모르는 채, 조선족(한국말 잘하는 중국인)의 입을 통해 중국 시장 공략에 나서고 있다. 중국인들의 전략은 『삼국지』의 나라인 만큼 셀 수 없을 만큼 많은 협상술이 있다. 그러나 협상에 임할 때 겁먹지 말고 절대로 흥분해서는 안 된다.

중국인과의 협상에서 대응책으로 유용한 협상전략을 소개한다. 이런 전략을 익히고 협상장에서 사용할 정도가 되면, 많은 수업료를 절약하게 될 것이다.

(1) 비사후례(卑詞厚禮)

공손한 태도로 상대방을 칭송하고 풍부한 예물을 듬뿍 안겨주어 상대방의 자만심을 부추김으로써 상대방의 협상 입장을 약화시킨다. 중국인이 한국인을 다루는 방법으로 많이 사용된다. 상대방의 장점을 한껏 치켜 세워주거나, 예쁜 접대원을 옆에 앉혀 정신 못 차리게 하거나, 상대방의 주요 협상 대표를 단독으로 주연에 초대하거나, 뇌물로 매수하는 방법이다. 이런 과정에서 상대방의 약점이 노출될 때를 기다려 약점이 노출되면 재빨리 상대방을 장악하여 목표를 달성한다.

(2) 장매(裝賣)

협상 중에 고의로 성을 내거나, 난폭하게 굴거나, 급하게 서둘거나, 상식적으로 납득하기 어려운 행동 등으로 상대방의 협상 결심을 뒤흔드는 전략이다. 또한 모른다로 일관함으로써 상대방의 결심과 인내력을 시험하는 동시에 첨예한 문제를 회피하는 전략이다. 중국인 중에는 이런 연기를 잘하는 사람이 아주 많다. 외모가 좀 무뚝뚝하고 거칠게 생긴 스타일이 이용하는 방법이다. 따라서 여러 번 실제 협상을 경험하고 스스로 느껴 연기인지 진심인지 깨달아야 할 것이다.

(3) 양장가련(洋裝可憐)

협상 중 의도적으로 처량한 표정을 짓거나 괴로운 표정을 짓고 때로는 책상에 얼굴을 파묻거나 간청하여 의도적으로 상대방의 측은한 마음을 불러일으키게 하여 협상 목표를 달하는 전략이다. '장매'와 마찬가지로 일종의 연기로서 이 전략은 좀 왜소하고 불쌍하게 생긴 사람이 애걸하면서 써먹는 협상법이다.

(4) 악인고상(惡人告狀)

협상 중 협상 대표에 '강적'이 있어 각종 전략이 도무지 먹혀들지 않을 때 상사의 면전에서나 그 동료들 사이에서 그를 비방하여 이간시키는 전략으로 이와 같은 방법으로 상대방 대표가 상사나 동료로부터 신임을 잃게 되면 상대방에게 심리적 압박을 가할 수 있고 그 의지를 꺾을 수 있다. 중국에 파견된 지사원들은 항상 한국 본사에서 실적과 기한으로 능력을 평가받는다. 그러므로 이것을 이용해 지사원을 애태우면 가격을 깎을 수도 있고, 고의로 시간을 지체하면 협상 시 내가 유리한 계약 조건을 많이 써넣을 수 있다는 식으로 많이 악용한다. 그래서 결국 실적과 기한에 쫓겨 당한 지사원들이 많다고 한다.

(5) 승낙쟁취전략(承諾爭取戰略)

협상 중 각종 방법을 동원해 어떤 의제나 그 중 일부분에 대해 상대방의 동의나 승낙을 받아내는 전략이다. 예를 들면, A: 당신의 물건은 기능성도 떨어지고 디자인도 구식이다. B: 디자인은 구식이나 물건은 쓸 만하다. 이 경우 디자인이 구식이라는 동의를 받아내고, 이를 근거로 가격 협상을 유리하게 이끈다.

(6) 이유극강전략(以柔克剛戰略)

강경한 상대방에 대해서는 잠시 반응을 보이지 않고 조용히 기다리면서 지구전으로 끌고가는 전략으로 침묵으로 상대방의 예봉(銳鋒)을 꺾고 상대가 피로하고 지친 다음 반격을 개시하는 전략이다. 한국인들의 조급증, 본사의 실적 및 기한 독촉은 중국 상인들이 한국 상인을 괴롭히는 데 아주 유용하게 사용된다. 적어도 중국 상인들은 "한국인은 급하다"는 것을 대부분 알고 있다. 따라서 중국인과는 절대 급하게 일을 진행하면 안 된다. 중국인은 자기자신에게 이득이 없다고 생각되면 어차피 안 올 사람이고, 자기에게 실리가 주어진다고 생각되면 '수퍼맨'보다 빠르게 달려올 사람들이기 때문이다

(7) 연경병시전략(軟硬幷施戰略)

협상 대표를 강경파와 온건파로 구성하여 강경파는 협상 초반을 주도하면서 할 말을 다하고 필요할 경우 난폭한 말과 행동도 서슴지 않는다. 한편, 온건파는 상대방의 반응을 관찰하고 해결 방안을 모색하면서 회담 분위기가 이렇게 된 이유는 상대방에도 책임이 있음을 은근히 지적하고 타협안을 제시하면서 협상의 최종 결론은 온건파가 마무리를 한다. 사실 이 방법은 미국이 자주 사용한다. 군인이나 거친 외교관을 협상장에 보내 어르고 뺨치고 이러저러 하다가 나중에 아주 순하게 생긴 여자가 비둘기 브로치를 달고 미국 대표로 가서 부드러운 목소리로 협상을 진행하면서 얻을 것은 다 얻는 방식으로 이해된다.

(8) 감화전략(感化戰略)

상대방의 감정을 상하게 하지 않고 솔직한 태도와 성의 있는 말로 감동을 주어 해결의 장으로 끌어들이는 전략이다. 한국인이 쓰기에 가장 좋은 전략이다. 한국인은 거짓이 없고 정직해야 이런 전략을 편하게 쓸 수 있다. 중국인이 이 전략을 쓰는 경우는 중국인이 실제로 마음 좋은 사람이거나 한국인의 속마음을 읽는 사람이거나 혹은 자신이 절대적 열세에 있을 때 쓰게 될 것으로 생각된다.

(9) 휴회전략(休會戰略)

협상이 대치 상태에 들어갈 경우 상부의 지침을 받아 오겠다든가, 전문가의 자문을 구해 본다고 하면서 잠시 휴회를 제의하여 시간을 번다. 이 전략의 효과는 상대방에게 궁금증을 불러일으키고, 회의에 대한 의문을 불러일으키게 하여 다시 한 번 생각케 할 수 있는 이점이 있다. 협상장에 나온 중국인은 실제로는 자신이 결정권 있는 협상자임에도 불구하고 "본사의 의견을 물어보고 나서, 내가 권한이 없어서, 변호사 자문을 받아봐야 한다"고 하는 경우가 왕왕 있다.

(10) 차륜전략(車輪戰略)

이 전략은 마치 경찰서 취조실에서 범인 조사할 때, 형사들 여러 명이 왔다 갔다 하는 것처럼 협상 대표를 자주 바꿔 상대방을 피로하게 하고 이를 이용하여 양보를 받아내려는 전략이다.

(11) 공유전략(恭維戰略)

감정형인 사람은 인연을 위해서는 어떤 대가를 아끼지 않으며 상대방과 다른 사람들로부터 인정을 받고 싶어한다. 이런 사람은 추켜주는 것을 좋아하고, 세부적이고 구체적인 것에 오래 매달리는 것을 싫어한다. 그리고 전체적인 큰 그림을 그림으로써 자신의 능력을 과시하려 한다. 따라서 협상자는 세부적인 문제를 붙잡고 늘어져 귀찮게 함으로써 양보를 얻어낼 수 있다. 대체로 성미가 급하고 화통하다는 성격의 소유자가 이 방법에 많이 넘어간다.

(12) 고포의진(故布疑陳)

협상 중 의도적으로 조작된 정보를 누설하는 전략 즉 자신의 협상 메모, 문건 혹은 통계 자료 등을 상대방이 쉽게 찾을 수 있는 곳에 의도적으로 흘림으로써 착각과 오판을 일으키게 하는 전략이다.

(13) 혼란조성전략(混亂造成戰略)

원래 협상 질서에 혼란을 가져와 복잡하게 만드는 전략으로 상대방의 실수를 유도하기도 하고 상대방의 임기응변 능력을 시험해 볼 수도 있다. 따라서 이 전략에 속지 않기 위해서는 항상 침작해야 한다. 상대가 나를 침착하고 분별 있는 사람으로 인식하면 이 전략은 나에게 쓰지도 않을 것이다.

(14) 허위정보 역이용전략

의도적으로 상대방이 이용하기 좋은 거짓 정보를 주어 이를 역이용하는 전략이다. 실제로 중국인 자신이 구매할 품목의 개수가 300개인데 30,000개라고 시장에다 허위정보를 유출시켜 한편으로 시장가격을 알아보고 다른 한편으로 공급자들을 애태우게 하는 방법으로 이 방법에 당한 외국인이 제법 많다.

(15) 고의범착(故意犯錯)

실수를 가장하여 본의를 왜곡하는 것으로 계약서 작성 시에 부품목록, 규격, 가격 등 자구(字句)를 부정확하게 표현하거나 고의로 누락시키는 전략이다. 설사 상대방에게 발각될 경우에도 누구나 실수는 있을 수 있는 것이므로 이해를 구하기가 쉽다.

(16) 병임성하전략(兵臨城下戰略)

음모형 협상 대표에게 유용한 전략이다. 이것은 상대방에게 과감하게 협박을 하여 반응을 살피는 전략으로 다소 모험성은 있으나 원래 상대방이 계책을 써서 우리 쪽을 속이려 했기 때문에 일단 들통이 나면 사기가 꺾이고 바로 허물어진다. 상대방이 보내온 계약서에 "음모적인 부분이 있을 경우" 과감하게 고쳐서 서명해 보내면 상대방은 계약서 내용에 대해 재고하게 된다.

(17) 바보전략

중국인들 특유의 수법이다. 겉으로는 어수룩하게 보이고 속아주면서 소리없이 비밀계획을 세워 기회를 잡아 상대방의 양보를 받아 내거나 상대방을 역으로 속이는 방법이다. 따라서 상대방이 어리숙하다고 항상 얕잡아 보지 말고 끊임없이 의심해야 한다. 단, 내가 의심하고 있다는 것을 눈치채게 하면 안 된다.

(18) 출기부의전략(出其不意戰略)

협상 중 새로운 요구를 갑작스럽게 제기하거나, 의제를 갑자기 변경하여 상대방을 놀라게 한다. 그리하여 상대방을 굴복시키거나 혼란에 빠지게 함으로써 양보를 받아내는 전략이다. 구체적인 방법으로는 끊임없이 말 트집 잡기, 퇴장, 돌연한 인신 공격, 주요한 일정 변경, 회담 진행 속도의 돌연한 변경 등이다. 이런 전략에 넘어가지 않기 위해서는 침착해야 한다. 또는 오히려 내가 협상에 별 관심없는 것처럼 가장하고 시간 끌기를 하면, 상대가 애가 달아서 먼저 달려오기도 한다. 중국인은 자신에게 제법 돈이 된다고 생각하면 대체로 다시 협상장으로 되돌아온다.

그 외 중국인의 주요한 전략으로 허영형에 대한 전략이다. 허영형은 자아 의식이 강하고, 자기를 나타내기 좋아하므로 상대방이 잘 아는 내용으로 화제를 삼아 그가 자기를 나타낼 기회를 만들어 주면 된다. 허영형은 비공식 통로를 통해 받은 정보가 공개적인 것보다 더 가치가 있다고 생각하는 심리를 가지고 있다.[22]

2 일본, 야쿠자의 협상술

'야쿠자'라고 하면 대부분의 사람은 영화에서 본 폭력적이고 무자비한 집단의 이미지를 떠올린다. 하지만 야쿠자는 폭력조직이 아닌 거대한 체계를 이루고 합법적인 사업 영역에 뛰어들고 있는 하나의 거대한 그룹이다. 야쿠자는 철저히 이윤을 추구하는 극대화된 하나의 조직일 뿐이다. 사업에 임하는 그들의 자세는 일반인과 뚜렷한 차이를 보인다. 만일 뛰어든 사업에 만족할 만한 성과를 이뤄내지 못하고 조직 내 자기 존립 자체가 불투명하거나, 조직 내 상사와 부하 사이에서 자기 관리에 허점을 보이면 하루아침에 자기가 이뤄낸 모든 성과를 잃고 설 자리를 잃게 된다. 그렇다고 이들이 사업에 임하면서 폭력적인 행사를 벌이지 않는다. 야쿠자들은 협박하거나 위협하지 않는다. 그들은 날카로운 논리와 상대방을 압도하는 분위기로 협상을 완수한다.

보편적으로 받아들이고 있는 기존의 협상 기술을 야쿠자식 역발상으로 접근한다면 협상의 세계에 참신한 자극을 가져다 줄 것이다. 약육강식의 세계에서 하루에 수많은 기업이 도난하고, 실업자가 양산되는 냉혹한 승부의 세계에 야쿠자의 협상술은 바람직한 대안을 무수히 가지고 있다. 그 어느 때보다 협상의 세계에서 야쿠자가 지닌 덕목은 피부에 직접 와닿는 유익한 실전 체험이 될 것이다.

---

22) 따라서 그런 사람에게는 자료를 비공식적인 자리에서 슬쩍 내놓으면 효과가 있다. 허영형의 최대 약점은 가볍다는 것이다. 따라서 반드시 서면으로 남기는 것이 중요하다. 반대 의견을 낼 때도 의견에 대한 반대 의견이어야 하며 사람에 대한 반대가 되어서는 안 된다.

1) 첫인상을 포장하여, 속내를 감춰라

보통 원만한 협상을 위해 협상 테이블의 분위기를 부드럽게 하려고 다양한 방법과 기술을 구사한다. 그 중 하나가 자신의 속내를 드러내고 상대방과 함께 솔직한 감정을 공유하려고 한다. '나'를 먼저 드러내는 것이 상대방과 나의 어색한 사이를 화기애애하게 만들고 유연한 협상 분위기를 만든다고 생각하기 때문이다. 그러나 야쿠자식 협상에서 이것은 착각에 불과하다. 솔직함을 드러내는 첫인상은 자기의 패를 드러내고 화투를 치는 것과 같다고 본다. 협상의 세계에서 자신의 속내를 드러내는 것은 자기의 패를 보여주고 화투를 치는 것과 같은 어리석은 행동이다. 나의 의중을 그만큼 보여주는 것은 그 사람으로 하여금 나를 파악하는 데 도와주는 것이다. 그것은 또한 협상의 결과에 영향을 미칠 수 있다. 따라서 유능한 야쿠자는 좀처럼 속내를 보이지 않는다. 자신이 상대방에게 주는 두 번째, 세 번째, 네 번째 인상까지 생각하며 첫인상을 연출한다. 설령 그렇게까지 깊이 생각하지 않는다 하더라도 그들은 무의식적으로 그렇게 하고 있다.

속내를 보이는 행동은 그저 거래하기 편하다는 것일 뿐 인격이나 능력과는 전혀 무관하다. 상대방 입장에서 보면 쉽게 다가설 수 있다는 것은 쉽게 손을 잡을 수 있다는 것을 의미한다. 퇴근 후에 술을 한잔하는 정도의 만남이라면 상관없겠지만 협상의 세계는 다르다. 상대방과 쉽게 손을 잡을 수 있다고 비춰지는 것만으로도 엄청난 핸디캡이 된다. 그러므로 유능한 야쿠자가 말한 것처럼 "어떻게 하면 자신의 속내를 숨길 수 있을까?"라는 문제를 항상 머릿속에 담아야 한다. 즉, 다음 만남을 염두해두고 첫인상을 연출하라.

2) 강한 리더가 되어 팔로어에게 전폭적인 신뢰를 보내라

수많은 지침서에서 가장 많이 다루고 있는 것이 팔로어와 리더 간의 인간관계다. 그만큼 리더와 팔로어 간의 관계는 리더십과 소통에서 영원한 테마다. 특히 리더의 경우 자라나는 팔로어를 대할 때 많은 어려움을 가지고 있다. 더구나 조직의 시스템이 세분화, 현대화되면서 '아날로그'에 익숙한 리더는 '디지털'화되어 있는 젊은 팔로어를 대하기가 여러 모로 껄끄럽다. 그러나 높은 자리에 올라갈수록 업무보다 조직적인 인간관계에 역할을 발휘해야 한다. 중간 관리자 이후의 역할은 효율적인 조직 시스템, 즉 생산적인 인간관계를 확립하는 것이다. 그렇다면 어떻게 역량을 쌓아가고 발휘해야 하는가? 그것은 강한 리더가 되어 팔로어를 전폭적으로 신뢰하는 것이다.

야쿠자는 보스를 정점으로 하여 피라미드 구조가 이뤄져 있고 상사에게는 절대 복종이라는 규범을 가지고 있다. 그러나 젊은 조직원들도 인간이다. 아무리 절대 복종의 세계라 할지라도 그냥 죽이라고 명령을 내리는 것만으로는 동기 부여가 부족하다. 상사는 부하에게 전폭적인 신뢰의 제스처를 보여야 한다.

야쿠자의 세계에서 '적재적소'는 잘못된 발상이다. 즉, 그 일에 적합한 재능이 있는 사람을 적합한 장소에 배치해야 한다는 발상은 우선 그 일에 적합한 재능이 있는 사람이 있어야지만 가능하다. 이러한 발상으로는 승부의 세계에서는 뒤처지게 된다. 야쿠자에게 '적재적소'라는 발상 자체가 없다. 야쿠자는 항상 일이 우선이다. 따라서 야쿠자에게는 인재 육성이라는 발상 자체가 없다. 조직의 관습을 철저히 가르치는 것은 조직을 위해 제 구실을 할 수 있도록 만들기 위한 것이지 '이 녀석을 좀 키워 줄까?' 하는 온정 때문은 아니다. 단지 너를 믿고 있다는 믿음으로 책임을 느끼게 한다.

야쿠자의 젊은 조직들이 수행을 통해 스스로의 노력으로 성장해 나가는 것처럼 팔로어도 스스로의 노력으로 성장해 간다. 팔로어는 키워주는 것이 아니라 스스로 성장해 간다. 야쿠자식은 어떤 일에 적합한 능력을 가진 사람을 적합한 장소에 배치하는 것이 아니다. 그 장소에 있는 사람이 얼마나 그 일에 적합하고 재능 있는 사람인가를 먼저 생각한다. 즉, 일이 생기면 그 일을 성공시키기 위해 어떤 팔로어를 쓸지를 생각한다. 이것이 야쿠자식 적소에 적재의 인물을 배치하는 발상이다.

이처럼 야쿠자의 효율적인 시스템은 조직사회에 대입해 볼 수 있다. 현대 사회에서 부하 직원의 능력을 일일이 살펴보고 평가하고 자리를 찾아보고 배치하기에는 너무 시간이 없다. 그러한 일련의 과정에서 동의하는 부하 직원이 있는가 하면, 불평을 드러내는 부하 직원이 나타나기 마련이다. 자기 입맛과 부하 직원의 입맛을 일일이 맞추려 하지 말고 조직 내 그 일을 담당할 만한 부하 직원을 발견하고 전폭적인 신뢰를 보낸다.

3) 적절한 타이밍에 중간 보고를 하라

상사의 비위를 맞추는 것만큼 직장인이 힘들어하는 일도 없다. 상사의 기분에 따라 그 부서의 분위기가 결정되고 자기의 업무에 영향을 받기까지 한다. 사소한 트러블이라도 일으키면 부하 직원인 '나'에게 불이익이 돌아오지 않을까 하는 생각에 머릿속에 스트레스만 쌓아갈 뿐 말로 표현하지 못한다. 그렇다고 상사에게 일방적으로 끌려다닐 수도 없는 노릇이다. 그렇게 된다면 취침 시간을 제외하고 하루 절반 이상을 생활하는 직장이란 곳이 지옥이나 다름없기 때문이다.

상관의 비위를 맞춰주면서 자기의 자존심도 유지할 수 있어야 조직생활을 잘 영위할 수 있다. 예를 들면 A보스의 명령으로 B본부장이 채권 징수 건을 진행한 상황이다. B는 몇 번의 협상 끝에 좋은 조건으로 징수에 관여하게 되었고, 협상의 결과를 A보스에게 보고했다. A보스는 "그런 이야기는 금시초문이다"라며 차갑게 말을 끊었다. 중간 경과를 생략했기 때문에 심사가 뒤틀린 것이다. B본부장이 힘들게 성사시킨 협상도 A보스의 한 마디로 백지화되었다. B는 사건이 문제될 경우 보스에게 누를 끼칠까봐 일부러 중간 경과를 생략한 것이었는데, 그런 배려가 이와 같은 결과를 초래한 것이다. 그렇다면 반대로 중간 경과를 보스에게 확실히 보고했으면 괜찮았을까? 그것도 아니다. 중간 경과를 보고해도 생략해도 보스의 비위를 건드리기는 마찬가지다.

사실 많은 리더가 야쿠자와 같은 의식구조를 가지고 있다. 팔로어가 결론만을 보고하면 식상해져 심사가 뒤틀린다. 그 반대로 일일이 보고하면 귀찮아하면서 화를 낸다. 이런 경우에 리더의 지시를 기다리지 말고 "현재 이러이러한 상황입니다. 앞으로는 이렇게 할 생각입니다"라고 간결하게 보고를 해야 한다. 그렇게 하면 나중에 리더가 그런 이야기는 금시초문이라고 발뺌할 수도 없게 만든다. 그 시점에서 별다른 지시 사항이 없었다는 것은 부하 직원의 생각에 호응했다는 것이다.

상하 관계가 엄격하고 업무의 결과에 따라 조직 내 자기의 위치에 영향을 받는 야쿠자는 자기 업무에서 책임 소재를 명확히 할 필요가 있다. 공직사회나 기업 또한 입장이 무관하지 않다. 오히려 업무에서 상사와의 책임 소재를 명확히 하는 야쿠자의 능력을 본받아 조직 내에서 리더와의 관계 설정을 깔끔하게 정립할 필요가 있다. 야쿠자식 노하우로 협상술의 지름길을 찾아보라. 야쿠자가 지닌 협상 능력은 외교관을 상회하기 때문이다.

그림 11-6 협상대국의 놀라운 협상술

3 유대인의 협상술

70억 인류 가운데 가장 생명력이 강한 민족이 유대인이라고 한다. 전 세계에서 가장 영향력 있는 민족을 꼽으라면 단연 유대인이다. 전 세계에 흩어져 살고 있는 1,500만 유대인이 세계를 좌우한다고 해도 과언은 아니다. 유대인은 흔히 '상술의 천재'라고 한다. 그래서 '유대인 상인'이라든가 '유대인의 상술'이라는 말을 듣기만 해도 '돈 버는 비법 전수'라는 생각으로 귀를 기울이는 사람이 많다.[23] 전 세계의 부와 권력을 쥐락펴락하는 유대인들 특유의 인생관과 돈에 대한 철학, 그들의 기부문화는 우리가 배워야 할 많은 교훈과 메시지를 담고 있다.

한편, 한국인은 경제적으로는 성장했지만, 정신적으로는 아직 미숙한 상태다. 유대인이 열심히 일해 안정감을 갖고 살아가는 데 비해 한국인은 열심히 일하지만 여전히 살기 위한 몸부림치는 단계에서 벗어나지 못하고 있다. 우리의 공허한 맘속을 채워가려는 노력 없이 선진국 진입을 외치는 것은 모래성과 같다. 유대인들은 어떻게 원하는 것을 얻는가? 유대인의 상술은 각양각색이어서 한두 마디로 나타내기는 매우 어렵지만 그들의 일상생활 속에서 혹은 그들과 상담을 나눌 때 흔히 발견할 수 있는 특징을 간추려 보았다. 물질이 앞서 가는 이 혼란스러운 세상에서 유대인의 지혜를 배워보자.

1) 여성을 공략했다

유대인의 상술은 끊임없는 박해와 이주의 역사 속에서 철저하게 만들어진 것이다. 쓰라린 역사를 통해 유대인은 상술의 기회를 포착하는 감각을 얻게 되었다. 유대인에게는 소위 세속적인 성공이 인생의 커다란 목표였다. 유대인이 비즈니스에서 다른 어느 집단이나 민족의 추월을 불허한다는 평가는 유대인이 돈에 대해 갖고 있는 인식과 궤를 같이한다. 유대인은 돈에 관한 한 더러운 돈, 깨끗한 돈을 가리지 않으며 돈으로 사람을 평가한다는 말이 나올 정도다.[24] 그래서 그들은 돈벌이 대상에서 여성

---

23) 실제로 유대인은 상술이 뛰어나고 이재(理財)에도 밝다. 또 전쟁이 나면 해외에 거주하는 유대인의 상당수가 조국으로 돌아가 전쟁에 참여할 정도다. 유대인에게는 2천 년간 국가가 없었다. 이스라엘이 건국된 것은 55년 전인 1948년이다. 국가가 없었으므로 떠돌이 생활 속에 압박과 박해를 받아온 그들이 생존할 수 있는 절대 조건은 지력과 재력이었다.

24) 유대인의 격언 중 하나로 "사람의 마음에 상처를 입히는 세 가지는 번민과 불화와 비어 있는 지갑이다 …… 돈은 악도 저주도 아니다. 돈은 인간을 축복해 주는 고마운 것…… 부유함은 견고한 요새

을 집중 공략했다.

유대인 역사의 가르침에 의하면 남자는 일해서 돈을 벌어오고 여자는 남자가 벌어온 돈으로 생활을 해 나가야 된다는 것이다. 그래서 돈을 벌려면 여자를 공격하여 여자가 가지고 있는 돈을 빼어내어야 한다고 했다. 이것이 유대인 사상의 공리(公理)다. 상술이 남보다 뛰어나다고 생각하는 사람은 여자를 노려 장사하면 꼭 성공했다. 반대로 남자를 상대로 장사를 하려면 열 배 이상의 노력이 필요하다. 왜냐하면 원래 남자는 돈을 가지고 있지 않기 때문이다. 더 정확히 말하면 남자는 돈을 소비하는 권한이 없기 때문이다. 다이아몬드, 화려한 드레스, 반지나 브로치, 목걸이, 액세서리, 고급 핸드백…… 이러한 상품들은 그 어느 것이나 넘쳐흐를 정도의 이윤을 가지고 상인을 기다리고 있다.

2) 백화점의 첫 시도와 고객의 입 안을 타깃으로 했다

입을 상대로 하는 장사란 입에 들어가는 것을 취급하는 장사를 말한다. 예를 들면 주류, 미곡, 청과물, 어물, 과자 등이 그렇고 이 식품을 가공하여 판매하는 바, 카바레, 음식점, 클럽 등도 그렇다. 먹은 것은 반드시 소화되어 배설된다. 즉, 입에 들어간 식품은 시시각각으로 소모되어 몇 시간 후에는 또 다른 상품이 필요하게 된다. 하지만 입에 넣는 상품도 여성용 상품만큼 돈벌이가 되지 않는다. 유대인에 버금가는 화교 상인 중에 입을 상대로 하는 상품을 취급하는 사람이 많다. 유대 상인이 화교 상인보다 상술이 뛰어나다고 말하는 것은 유대 상인의 대부분이 여성을 상대로 하는 상품을 취급하고 있기 때문이다.

에누리를 하지 않고 물건을 파는 것, 다시 말해서 제값을 다 받고 물건을 파는 것을 생각해낸 것도 유대인이다. 백화점이 바로 그것이다. 백화점에서 볼 수 있는 것처럼 유대인은 새로운 분야를 개척하고 그때까지 없었던 것을 만들어 내었다. 그때까지 서구 사회에서는 '구두는 구두 상점에서, 냄비는 철물상에서'라는 사고에 얽매여 있었다. 하지만 유대인은 기존 시장으로부터 내몰렸기 때문에 기독교인과 같은 전문점을 열 수 없었다. 그들은 이렇게 불리한 상황을 역이용하면서 '백화점'이라는 개념을 생각해 냈다. 백화점은 상품의 제값을 다 받고 모든 상품을 고루 갖춘 가게라는 원칙과 특징을 가졌다. 백화점은 미국에서 유대인이 만든 것으로 처음에는 손수레를 끌고 이 동네 저 동네로 떠돌이 장사를 다니면서 벌어 모은 돈으로 세운 것이다. 한 대의

이고 빈곤은 폐허와 같다"라는 말이 있다. 이는 돈에 관한 그들의 사고를 엿볼 수 있는 내용이다. 지금도 그런 전통은 이어지고 있다.

손수레에다 여러 가지 상품을 싣고 다니던 것을 한 지붕 밑에 여러 가지 상품을 고루 차려놓고 팔고 있음이 다를 뿐이다.

3) 숫자의 생활화

유대인은 어릴 때부터 생활 속에 숫자를 끌어들이고 숫자를 생활의 일부로 여긴다. 일반적으로 "오늘 날씨가 매우 덥다."라던가, "날씨가 어제보다는 풀렸다"라고 말하는 것이 보통이지만 유대인은 이를 숫자로 표현한다. 즉, "오늘은 화씨 85℃입니다" 또는 "오늘은 어제보다 화씨 13도 정도 내려갔습니다."라고 정확한 수치로 표현하기를 좋아한다. 유대인은 오래전부터 일상생활을 통해 숫자에 익숙해지고 친밀해졌기 때문에 계산이 정확하고 돈벌이의 기회를 갖추게 된 것이다.

4) 철저한 현금주의

유대인은 지폐를 만들어 널리 유통시켰다. 언제 박해가 시작되어 도망가야 할지 몰랐기 때문에 무거운 동전보다는 가벼우면서도 고액인 지폐가 편리했기 때문이었다. 그리고 이것은 근대 경제를 발전시킨 최대의 공적으로 남는다. 어음이나 수표 등을 처음 만든 것도 유대인이다. 유대인 사회는 유럽에서 중동에 이르는 넓은 지역에 수많은 점처럼 분포해 있으면서도 같은 민족이라는 의식을 가지고 국경을 초월하여 장사와 금융 분야에서 서로를 도왔다. 그래서 그들끼리는 현금 없이 신용장이나 수표로 거래하는 일이 가능했으며 지참인이 지불하는 수표도 고안해 냈다.

그래서 유대인은 현금주의에 매우 철저하다. 그들은 상거래를 하는 상대는 물론 상담 시간까지도 현금으로 평가한다. 유대인 상술에는 천재지변이나 인간들에 의한 재난으로부터 내일의 생명이나 생활을 보장해 주는 것은 현금밖에 없다는 특징적인 관념이 깔려 있다. 인간도, 사회도, 자연도 매일 변해 간다는 것이 유대교 신의 섭리이며 유대인들의 신념이기도 하다. 그래서 유대인들에게 변하지 않는 것은 현금뿐이다.

5) 모든 계약은 신과의 약속이다

유대인은 계약한 일에 대해서는 어떤 일이 있어도 반드시 이행하는 특성을 지니고 있다. 자신을 대신하여 사형대에 오르게 된 친구와의 약속을 지키기 위해 어머니의 장례를 치른 후 천신만고 끝에 약속된 시각에 돌아왔고, 이들의 우정과 신의에 감탄한 왕이 그들을 사면했다는 일화는 유대인이 얼마나 그들의 약속에 충실하고 신의를 중히 여기는 백성인가를 보여주는 이야기다. 유대인을 '계약의 백성'이라고 부르는 까닭도 여기에 있다. 그만큼 계약에 충실하고 또한 이를 반드시 이행하는 신용이야말로 유대인 상술의 핵심이다.

유대인과의 비즈니스에서 신용이 최우선이며 신용이 쌓이면 위험해도 밀어준다. 그러나 그들로부터 신용을 얻는 과정은 매우 까다로운데 그들은 엄격하고 정확하게 신용을 평가하기 때문이다. 그러나 유대민족이 우월한 점만 가진 것은 아니다. '사브라(Sabra)'라는 말은 선인장의 열매를 말하는 것으로 겉에는 가시가 많지만 속은 붉은 색으로 단맛이 나는데, 그만큼 유대인들이 사귀기 어렵다는 뜻이기도 하다. 종종 "유대인들은 모든 것을 돈으로 평가한다"는 비난이 있는가 하면 심지어 "바늘로 찔러도 피 한 방울 나오지 않을 사람들"이라고까지 평하기도 한다. 이와 함께 대한무역진흥공사(KOTRA) 텔아비브 무역관이 꼽는 다음의 '유대인의 비즈니스 십계'도 유대인과 유대인의 상술을 이해하는 데 참고할 만하다.[25]

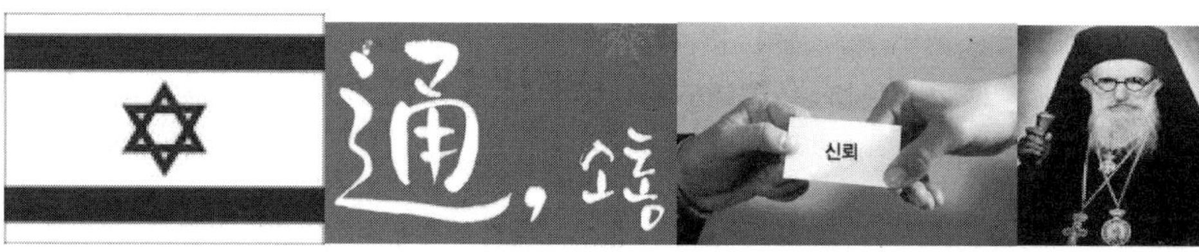

그림 11-7 유대인의 협상술

소통을 위한 진단 코너: 테이블 협상 게임

"굶주린 곰과 추위에 떠는 사람이 있었다. 둘은 중립지대인 동굴 안에서 협상을 하기로 했다. 몇 시간에 걸친 협상 끝에 마침내 타협이 이뤄졌다. 동굴 밖으로 나온 둘. 털 외투를 입은 사람은 춥지 않았고, 먹이를 얻은 곰은 더 이상 배고프지 않았다." 고인돌 시대에나 있음직한 이 고전적 협상 결과는 사람과 곰의 '윈-윈'일까? 아무리 성공적인 협상이고, 양쪽 모두 승자가 되는 경우라도 현실을 따져보면 분명히 어느 한 쪽이 더 많이 얻는 법이다. 그러나 협상 결과가 어느 쪽에 유리한지 판단하기란 어려운 일이다.

25) ▲계약은 생명처럼, 우리 조상은 하나님과도 계약했다. ▲막히면 뚫어라, 모든 길은 마음에서 나온다. ▲서명은 신중하게, 운명이 왔다 갔다 한다. ▲온 세상이 장사거리다. 흰 구름도 쥐어짜면 비가 된다. ▲올바른 장사를 하려면 시장으로 가라. ▲체면과 형식에 사로잡힌 자는 알맹이가 없으니 멀리 하라. ▲평생 신용을 지켜라, 신용이 없으면 문이 열리지 않는다. ▲한 우물을 파라, 결국 맑은 물이 용솟음칠 것이다. ▲항상 수집하는 정보에 거래 성패가 좌우된다.

협상을 넓게 생각하면 특정한 사람에게만 '협상력'이 필요한 게 아니다. 우리는 크고 작은 협상 속에 살아간다. 협상력을 키우는 것은 자기와 자신이 속한 조직을 업그레이드할 수 있는 엄청난 기회다. 또한 협상은 게임이다. 게임처럼 그걸 즐길 수 있어야 하며, 게임 규칙을 잘 알고 잘 활용해야 한다. 취업을 위한 면접, 물건값을 흥정하는 행위, 가사 분담처럼 협상이라고 해서 굵직굵직한 것만 있는 게 아니다.

오늘 당신은 다음과 같은 상품을 팔아야 한다. 예를 들면 첫째, 유형의 상품(밍크 옷, 명품 화장품, 중고 명품백)을 팔아야 한다. 둘째, 무형의 상품(함 팔기, 여행상품, 성형 수술, 대학원 진학)을 팔아야 한다. 이 과제를 '협상 게임'의 매뉴얼이라 생각하고 작고 사소한 협상에서 승리하고, 나아가 훨씬 크고 의미 있는 일에서도 업그레이드된 협상력을 발휘할 수 있도록 해라. 그럼 상품을 협상해 보아라!

협상이 끝난 후에는 다음의 협상력을 체크 리스트(check list)해 보아라.

1. 스몰 토크(small talk)는 충분했는가?
2. 팀 내 역할 분담은 적절하게 이뤄졌는가?
3. 상대의 문화 및 특성에 맞게 협상 전략을 수립했는가?
4. 협상 내용을 순서에 맞게 수립했는가?
5. 협상 시 상대의 욕구를 잘 파악했는가?
6. 협상을 급하게 하지는 않았는가?
7. 협상 후 우리가 더 손해라는 생각을 하게 되었는가?
8. 협상에서 팀 내 의견 조율은 잘 이뤄졌는가?
9. 협상을 적절한 시간 내에 진행했는가?
10. 두 팀이 만족할 만한 결과를 얻었는가?

4 외국인이 본 한국의 협상술

구글을 검색을 하던 중 모처럼 참신한 정보를 발견했다. 누가 작성한 것인지는 모르겠으나, 한국인에 대해 내공이 강한 사람으로 보였다. 그 내용을 참고로 필자의 의견을 소개한다.[26]

1) 빨리빨리의 한국인

한국인은 오늘 협상하면 내일 계약하고 모레는 개업하려 든다. 그들은 마치 처음 만나는 상대와 거래가 꼭 이뤄져야만 한다는 강박감을 가지고 있는 것 같다. 처음에는 당혹스럽지만 빨리 성과를 보아야 직성이 풀리는 한국인의 조급성을 잘 알고 대처하면 그들처럼 손쉬운 외국 상인은 없을 것이다. 한국인은 '만만디' 중국 상인을 답답하게 여기는 반면 중국 상인은 '빨리빨리' 한국인에 얼이 빠진다. 한국인은 세밀하고 차분한 시장조사와 사업타당성 심사 과정은 생략한 채 우선 일을 저질러놓고 보는 경향이 있다.[27]

중국인이 '만만디'라면 한국인은 '빨리빨리'다. 한국을 다녀온 대부분의 중국인은 한국에서 가장 많이 들은 단어는 '빨리빨리'와 '미치겠다'라고 증언한다. 따지고 보면 '미치겠다'도 '빨리빨리'가 욕심대로 신속하게 이뤄지지 않을 경우 나오는 탄식이다. 늘 조용하고 안달내지 않고 여유 만만한 한국인이 있다면 서양인은 아마 "당신 정말

---

26) 예로부터 한국인에게 중국인은 '협상의 고수'로 알려져 왔다. 한국에서는 중국인의 협상문화와 협상술에 대한 연구가 이뤄지고 있고, 또 어떤 대학에서는 중국인의 비즈니스 상담술만을 전문적으로 가르치는 강의도 개설해 놓고 있다. 하지만 이제 한국인은 청출어람(青出於藍)이라 할 만큼 중국 상인 뺨치는 경지에 달해 있다. 왜냐하면 요즘의 한국인은 중국인 전문가보다 훨씬 『손자병법』, 『육도삼략』, 『삼국지』 등을 꿰뚫고 있으니 그럴 만도 하다.

27) 한국에서 게으름은 죄악처럼 여겨졌다. 자원이 많지 않아 늘 아귀다툼하듯 해야 겨우 살아남을 수 있었다. 농번기에는 밥 먹는 시간도 아까워 비빔밥을 만들었다. 비빔밥은 '한국식 패스트푸드'다. 빨리빨리는 치열한 생존경쟁의 산물이자 압축 성장을 가능하게 한 요인임에 분명하다. 2011년 (주)지노스알앤씨는 성인 남녀 550명을 대상으로 '성질 급한 한국 사람 Best 10'을 발표했다. 1위, 상대방이 통화 중인데 전화 안 받는다고 3번 이상 계속 전화하는 사람. 2위, (현금인출기/마트/패스트푸드) 짧은 줄 찾아 동분서주하는 사람. 3위, 컵라면 물 붓고 3분을 못 참아 계속 젓가락으로 뒤적이는 사람. 4위, 커피 자판기 동작 완료 불이 꺼지기도 전에 컵 꺼내는 사람. 5위, 노래방에서 남의 노래 중간에 꺼버리는 사람. 6위, 지하철 환승역, 빠른 이동 경로 줄줄 외는 사람. 7위, 수업종 울리기도 전에 가방부터 챙기는 학생. 8위, 사탕을 처음에만 빨아먹고 살짝 녹았다 싶으면 씹어 먹는 사람. 9위, 전자레인지 동작 버튼 누르고, 돌아가는 접시 들여다보고 있는 사람. 10위, 고기 다 익었는지 쉴 새 없이 뒤집어 확인해 보는 사람 등으로 나왔다(지노스알앤씨, 2011).

한국인 맞아?"라고 물을 것이다. 한국인은 영국인보다 1분에 15번 발걸음을 더 걷는다는 통계조사도 나와 있는 판이다.

'빨리빨리' 한국인도 원래는 중국인 못지않게 느긋한 성품이었다. 양반 걸음처럼 천천히 여유 있게 걸었다고 한다. 그런데 '압축 성장', '고속 성장'이라는 산업화 과정을 거치면서 체질이 바뀐 것이다. 1960년대 이후 빨리 성공하고 싶은 절박감과 또 그런 심리를 이용한 한강의 기적과 같은 것 때문이다. 그러나 한편으로 한국인의 '빨리빨리'는 약점만이 아니라 최대의 강점이기도 하다. 빠르면 살고 느리면 죽는 시간전쟁의 세기. 21세기에는 '빨리빨리'야말로 한국인이 보유한 경쟁력의 원천이다. 더구나 '빨리빨리'와 함께 '미리미리'라는 비장의 무기를 함께 갖춘 한국인도 많다는 점을 간과해서는 안 된다. 즉, 모든 한국인을 '만만디'로만 대처하면 만사 오케이라고 방심하다간 망하기 십상이다.

2) 음주가무에 능하고 직선적인 한국인

음주가무에 능한 한국인은 외향적이며 다혈질이다. 한국인 중에는 고독을 좋아하고 속내를 좀처럼 비치지 않는 이른바 크렘린형은 드물다. 그들은 대화하고 같이 어울리고 일함으로써 에너지를 충전한다. 한국인은 라틴계 사람처럼 쉽게 흥분하고 쉽게 화를 잘 내는 편이다. 화가 나면 무서운 게 없는 기질이다. 온몸의 활력이 금방이라도 피부를 뚫고 터져나올 듯한 그들은 한번 열을 받으면 그 누구도 못 말린다.

한국인과의 거래 시에는 두루뭉수리 모호한 화법보다는 솔직하고 직선적 의사 표시가 바람직하다. 그들에게는 히든카드 기법보다 먼저 이쪽의 카드를 노출시킴으로써 성의 있는 협력을 유도하는 오픈카드 기법의 구사가 호소력이 크다. 따라서 희로애락이 얼굴 표정이나 태도에서 쉽게 드러나는 한국인을 면밀히 관찰하며 그들의 진정한 의도가 무언가를 확실히 파악해야 한다.

3) 소탈하면서도 꼼꼼한 한국인

한국인은 소탈하고 대범한 가운데서도 깔끔하고 꼼꼼하다. 매사를 통크게 생각하고 행동하더라도 어떤 분야에 이르러서는 아무리 사소한 것이라도 그냥 넘어가는 법이 없다. 한국인은 융통성이 많다고 한다. 또 그것이 한국인의 약점 가운데 하나라고 알려져 있다. 하지만 그들을 적당주의라고 꼬집는 것은 어디까지나 젓가락으로 밥알 한 톨까지 파먹는 일본인이나 서구인의 기준에 근거한 것이다. 한국인은 중국인처럼 차부둬(差不多: 대충대충)가 아니라는 사실을 항상 유념해야 한다.

많은 한국 기업에서는 '직장 여성은 근무 중 치마를 입어야지 바지를 입어서는 안 된다'는 불문율이 있거나 심지어 그것을 근무수칙의 하나로 명문화하고 있다. 중국 진출 15년이 가까운 한국인들 중에서는 아직도 바지 차림으로 사무실을 활보하는 현지 고용 중국 여성들을 못마땅한 눈으로 흘겨보는 사람이 없지 않다. 중국 식당에서 한국인을 가장 참을 수 없도록 하는 것은 이빨 빠지고 금이 간 지저분한 접시, 물컵, 사발, 쟁반 등이다. 베이징의 맥도널드나 KFC 등의 페스트푸드점에서도 한국인은 먹고 나면 그대로 일어나 가버리는 중국인과 달리 남은 쓰레기를 자신 손으로 깨끗이 치운다. 깔끔한 한국인과 비하자면 중국인은 청결과는 거리가 멀어도 한참 멀었다.

4) 시작 단계와 논리 정연한 체계를 선호하는 한국인

한국인은 협상에서 시작 단계를 매우 중시한다. 그들은 서로 만나자마자 좋은 협상 분위기를 만들기 위해 애쓴다. 시작이 좋으면 결과도 좋다고 말하며 쌍방이 굳은 악수를 한 직후 자신의 성명과 직위를 밝히며 자기를 소개한다. 자리에 앉은 후에는 협상과 직접적으로 관계없는 화제를 꺼낸다. 기후, 여행, 취미, 스포츠, 최근 소식 등의 이야기로 긴장된 분위기를 누그러뜨리려 한다. 그 틈을 타 그들은 상대방을 탐색하며 머릿속으로는 협상의 책략을 선택한 후 정식으로 협상의 본론으로 들어간다.

한국인은 논리 정연한 체계화를 선호한다. 협상이 개시되면 상대방에게 협상의 주요 의제를 밝힌다. 협상의 주요 의제가 협상 진행의 과정과 단계마다 다르더라도 그들은 의향과 호가, 흥정, 협상, 계약 체결 등을 간략히 밝히는 습성이 있다.

5) 성동격서와 선고후락을 선호하는 한국인

한국인은 협상의 주도권을 쥐기 위해서 정력을 집중한다. 한국인이 쓰는 협상전술은 다종다양하지만 그 중에서도 자주 쓰는 전술은 '선고후락(先苦後樂)'과 '성동격서(聲東擊西)' 두 가지다.

첫째, 선고후락은 먼저는 어렵고 뒤는 즐거운 기법이다. 협상 개시 때 강경한 조건을 제시한 후, 협상을 진행하면서 요구 조건들을 조금씩 악화시켜 최종적으로 당초 예상한 것보다 유리한 조건을 얻어낸다. 가격 협상을 유리하게 이끌기 위해 상품 품질, 운송 조건, 인도 기한, 지불 조건 등에 괜한 트집을 잡는다. 상대방에게 이런 리스크를 감수하고도 많은 양보를 한 것으로 여기게끔 하고 난 다음, 마지막으로 가격 인하를 끄집어내 상대방이 양보하게끔 한다.[28]

둘째, 성동격서는 동쪽에서 소리 내고 서쪽을 공격하는 '삼십육계' 중 하나로 적의 병력을 분산시켜 힘을 약화시키는 기법이다. 상대를 혼란에 빠뜨리는 것이 이 기법의 성공 관건이다. 한국인은 의도적으로 협상의 의제를 다른 데로 돌림으로써 상대방의 주의력을 분산시킨다. 예를 들면 그들에게는 운송 분야가 핵심 의제이지만 지불 방법 문제를 꺼내든다. 상대방의 주의력이 충분히 흐트러졌다고 판단되면 그들은 지불 방법에 일정한 편의를 제공하는 대신 운송 문제는 상대방의 양보를 받아낸다.

요즘 한국인은 이런 성동격서 기법을 한 단계 업그레이드시킨 전술을 구사한다. 동쪽의 갑은 "당신의 물건은 볼품도 없고 내구성도 떨어진다"라고 소리치면 서쪽의 을은 "볼품은 없지만 내구성은 있네"라고 절반만 거든다. 얼떨결에 상대방은 볼품은 없다고 자인하게 되고 그들은 이를 근거로 협상을 유리하게 전개해 나간다(천관련, 2012).

6) 연장자와 상급자의 천국

외향적이며 다혈질이라고 해서 한국인이 촐싹거리거나 무질서하다는 의미는 아니다. 그들은 새벽에 출근하고 밤늦게까지 열심히 일하고 매사에 절도가 있고 예의가 바르다. 빈부귀천을 막론하고 연장자에게는 허리를 굽혀 인사하고 공손히 대한다. 효도와 충성 부문에서 한국인이 세계 챔피언이라면 예절 부문에서도 그들은 세계 제일이라는 일본 상인과도 비겨도 손색이 없을 만큼 탁월하다. 한국인은 장유유서와 상명하복 등 수직적 서열 관념이 유난히 강하다. 직업과 직종을 불문하고 계급과 연령의 수직적 서열은 중시된다.

존댓말이 거의 없고 부모 앞에서 맞담배질을 하는 중국과 비교하면 한국은 연장자와 상급자의 천국이라 불러도 좋을 대단한 서열 사회다. 외국 바이어가 보는 앞에서 부하에게 호되게 야단을 치는 상사, 또 그렇게 야단을 맞고도 아무렇지도 않는 부하, 아마 한국인이라 가능할 것이다. 이런 광경은 중국에서는 상상할 수가 없다. 좀 친해졌다고 해서 한국인을 중국에서처럼 어깨를 툭툭 치며 펑요우(朋友: 친구)라고 함부로 불러서는 안 된다. 한국에서의 친구 개념은 관계도 친할 뿐만 아니라 나이와 계급도 같아야 비로소 친구라고 부를 수 있다.

나이가 한 살이라도 많으면 형님이나 오빠, 누나, 언니, 적으면 동생으로 불러야 한

---

28) 머리 좋은 한국인은 이 선고후락 기법도 응용하여 새로운 전술을 개발해 냈다. 즉, 상대방이 가격 조건에만 집착하는 것을 역이용하는 기법이다. 그들은 가격 조건 쪽에서는 양보를 하되, 그 대가로 여타 조건에서는 상대방으로부터 최대한 양보를 얻어내어 결과적으로 득실을 자신의 플러스로 만드는 전술도 곁들여 구사한다.

다. 브러더(brother)와 시스터(sister)보다는 그것의 앞에 붙는 엘더(elder)냐 영거(younger)냐를 더 심하게 따지는 이들이 한국인이다. 유별난 한국인의 서열 의식 자체도 놀랍지만 원래 그것이 중국의 유교사상에서 유래했던 탓으로 돌리는 한국의 지식인이 많다는 사실이 더욱 놀랍다. 공자(孔子)는 수직적 서열을 그다지 강조하지 않았는데…….

만일 나이가 한두 살 적은 외국인이 한국인에게 호감을 표한다고 '펑요우(붕우)'라고 부른다면 그 한국인은 그를 건방지고 교양 없는 자로 불쾌하게 여길 것이다. 아무리 친하더라도 한국인의 성 뒤에는 직책을 붙여 변 부장님, 홍 사장님 식으로 불러야 안전하다.

그림 11-7 한국인의 협상술

소통의 창: 협상에 관한 팁

코헨(Herb Cohen)은 힘과 시간과 정보, 그리고 협상의 기술에 대해 다양한 사례와 설명을 통해 상세한 지식을 전하고 있다. 칼과 창으로 먹을 것을 얻는 시대가 수렵의 시대라면 지금은 협상으로 먹을 것을 얻는 협상의 시대다. 그가 『협상의 법칙(*You can negotiate anything*)』에서 밝힌 협상의 팁을 적어 보았다.

- 가능한 한 당신이 가지고 있다고 다른 사람들이 생각하는 지식을 실제로 습득하라.
- 가장 얻어야 되는 협상안은 가장 나중에 꺼내들어라. 그동안 쓰인 시간이 아까워서라도 나를 따라준다.
- 결코 포기하지 말고, 결코 굴복하지 마라.
- 계획을 세우는 데 실패한다면 실패하도록 계획을 세우고 있는 것이다.
- 기억하라. 당신이 그 무언가를 가져야 한다고 느낄 때 당신은 항상 가장 높은 가격을

지불하게 된다.

- 난간에서 뛰어내려 자살하려는 사람조차도 전화 벨이 울리면 '받아라' 하는 심리적 압박감을 느낀다.
- 당신이 힘을 갖고 있다고 굳게 믿어라. 실제로 어떤 경우라도 당신은 힘을 소유하고 있다.
- 만일 상대편을 당신과 동일하게 느끼도록 할 수 있다면 당신의 협상 능력은 최대가 된다.
- 많은 사람의 참여를 얻는 것은 당신이 감수해야 할 위험을 분산시킨다.
- 말로 한 합의는 그걸 쓴 종이만큼의 가치도 없다.
- 모든 일의 시작은 신뢰 형성에서부터 시작된다.
- 변화나 새로운 생각은 조금씩 조금씩 천천히 소개될 때에만 받아들여질 수 있다는 것을 명심하라.
- 상대방이 무언가를 해 주고 싶은 사람이 되어야 한다.
- 서로 이익이 되는 협상 테크닉 세 가지: 신뢰 형성, 지지 획득, 반대자를 다루기
- 선례의 힘에 이용당하는 것을 피하면서 이 힘을 당신에게 이롭게 이용하라.
- 선택 사항이 없는 상태에서 협상은 절대 임하지 말라.
- 설마 일이 잘못된다고 해서 인생 자체가 끝나는 것은 아니다.
- 어디를 가는지 모른다면, 아무 길이나 당신을 데려갈 것이다.
- 어떤 협상에서도 가장 중요한 양보 행위나 해결은 마감 직전에 이뤄진다.
- 전화의 효용성을 잘 이용한다면 더 많은 일을 훌륭히 해낼 것이다.
- 정보는 성공이라는 창고로 들어가는 문을 여는 열쇠다.
- 정보를 모은 후 알지 못한 상태에서 누군가에게 무엇인가를 바라는 것은 어린아이나 하는 짓이다.
- 조사한 결과에 대한 예측이 없거나 실질적으로 이뤄지지 않는다면 현재 가진 것도 잃을 수 있다.
- 지긋지긋할 정도로 끈질겨져라.
- 한정된 경험으로 보편된 진리를 나타내는 양 행동하지 마라.
- 협상이 있기 전에 정보를 수집하는 동안 당신은 반드시 은밀하고 지속적으로 탐색해야 한다.
- 흙탕물을 가라앉게 하는 가장 좋은 방법은 가라앉을 때까지 기다리는 것이다.
- 힘은 한 곳에서 다른 곳으로 다다르기 위한 방법이다.

소통을 위한 진단 코너: 연필 협상 게임

연필 협상 게임은 참석자들에게 협상과 전략의 수립, 그리고 팀워크의 체험, 신뢰의 체험, 상생과 화합의 절차를 체험할 수 있는 기회를 제공하는 교육 기법으로 팀 내의 활발한 논의와 활동을 기대할 수 있다. 또한 지지자와 협상 대표자와의 역학 관계, 국가 간의 이해관계와 중재 등의 상황을 이해시킬 수 있는 방법이다.[29]

1. 준비물: 깎지 않은 연필 1자루, 연필깎이, 종이 카드 20장
2. 실행 방법은 다음과 같다.

(1) 먼저 전체 참가자를 3개조로 편성한다. 제1조는 깎지 않은 연필을 주고, 제2조는 연필깎이 하나를 그리고 제3조는 20장의 종이 카드를 배부한다. 게임의 현실성을 높이기 위해 연필을 석유나 석탄 등과 같은 원자재로, 연필깎이를 노동력으로, 그리고 카드를 자본으로 간주할 수 있다는 설명을 한다.

(2) 게임의 원칙은 깎지 않은 연필을 연필깎이로 깎아서 종이 카드에 별표(☆) 표시를 한 종이 카드를 가장 많이 획득한 조가 승리하는 것이다. 따라서 각 조에서는 어떻게 하면 연필로 ☆ 표시가 되어 있는 종이 카드를 가능한 많이 얻을 수 있겠는가에 대한 상대 팀에 대한 전략을 개발하여 막후 협상과 공개 협상을 진행하는 것이다. 이때 사용할 수 있는 물건은 주어진 것으로 제한된다.[30]

(3) 이제 각 팀은 어떤 협상 조건을 상대에게 제시하고 소기의 목적을 달성할 수 있겠는가를 고민하고, 더 많은 표시된 종이 카드를 획득하기 위해 우선 내부적으로 공동으로 내부 전략 협의를 가진다. 이때 주제는 먼저 각 조가 처해 있는 상황과 상대의 입장은 무엇이고, 상대에게 어떠한 제안을 해야 하는가 등에 대해 전략을 협의하는 것이다.

(4) 전략 협의가 끝나면 다른 조에게 막후에서 비공식으로 협상 의견을 타진해 볼 수도 있다. 이후 각 조의 대표가 공개 협상을 진행한다. 일반적으로 자기 소속 집단의 승리에 집착하여 원만한 협상이 이뤄지지 못할 경우가 대부분이다.

(5) 끝없이 진행되는 협상을 미연에 방지하기 위해 진행 시간의 길이를 제한한다. 일반적으로 전략 협의 단계 약 10~15분, 협상 단계 약 15~20분, 해결이나 결과의 소개와 느낀 소감 등 토론을 위해 약 10분이 필요하다(출처: 세종리더십개발원, 2012).

---

29) 이 게임은 상호 신뢰가 전제되었을 때에만 공동의 이익을 위한 해결이 가능한 것으로 마치 죄수의 딜레마(prisoner's dilemma)와 흡사하다.

30) 예를 들어 종이카드에 특정한 표시를 하려면 연필이 필요하다. 그러나 연필은 깎지 않은 상태이기 때문에 표시를 할 수 없어 연필깎이가 필요하다. 세 가지 무기를 가진 세팀 모두가 강점과 동시에 상대의 도움을 필요로 하는 약점을 가지고 있다. 게임 기간 중 폭력 사용은 금지되어 있다.

게임이 시작하고 난 뒤 정해진 시간 이내에 협상을 마치지 못하거나 원활한 협상 타결을 마쳤을 경우 각자의 느낌과 어려움 등에 대한 소감을 말한다. 정치와 국제사회에서의 협상에 대한 어려움과 신뢰 속에 상호 이익을 추구하는 것이 어렵다는 점을 알게 될 것이다. 필자가 경험하고 실시한 게임에서 끝까지 진행된 경우는 대학생 그룹 몇 팀을 제외하고는 원활한 진행이 된 적이 없었다. 협상! 그만큼 어려운 것이다.

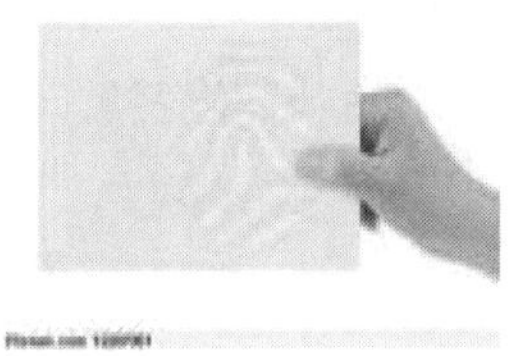

제 5 부

소통의 종결자를 찾아서

-소통의 플러스 알파-

제 12 장 제자백가와 소통하기

제 13 장 영혼에 놓는 주사. 힐링을 찾아서

제 12 장 제자백가와 소통하기

코칭(coaching)

몸이 아프면 의사를 찾듯이, 영혼이 아프거든 고전을 찾으라 했다. 그래서 필자는 제자백가의 사상집을 권한다. 제자백가는 중국 역사상 분열과 대립이 가장 극명했던 춘추전국 시대를 완벽하게 통치하고 국가 정책과 이론을 정립한 핵심적인 인물들이다. 예를 들면, 순자와 한비자는 조직관리와 강력한 중앙집권적 통치 체제를 강조했고, 공자는 통치자의 자질과 인적 자원 계발의 노하우를 설파했다. 그리고 손자와 오자는 부국강병책과 철저한 팔로어 관리 기법을 강조했고, 노자는 유연한 감각과 처세의 교훈에 대한 내용으로 새롭게 조명했다.

2500년 전 중국 고대 사상의 지혜를 21세기 현대 행정에 접목시킨 황제의 리더십, 인재 등용술, 소통 기법, 조직관리, 위기 극복 능력을 오늘날 한국 사회의 소통과 리더십 정신에 맞게 필자가 재구성해서 소개한다. 그 이유는 고전 학습을 통해 과거의 역사적 경험을 창조적으로 활용하고, 현대적 소통법을 개발하는 지혜의 기회로 삼아 보고자 함이다.

필자는 최근 명리학(命理學)[1)]과 중국의 노장(老莊) 사상에 관심을 갖고 있다. 특히 '명리학 리더십'을 2016년 2월 출간할 목표를 세우고 명리학을 공부 중이다. 2500여 년 전에 유행했던 제자백가의 가르침은 여전히 유효하고 오늘날 소통 분야에서도 학문적 파급 효과가 높다. 모든 기존 질서가 붕괴되고 바닥과 같은 춘추전국 시대였지만 제자백가의 사상은 진흙탕에서 연꽃이 피듯이 희망을 꿈꿨고 다양한 사유와 철학이 피어났다. 제자백가는 극한의 상황에서 인간과 사회에 대한 꿈과 희망을 버리지

---

1) 사람이 태어난 연(年)·월(月)·일(日)·시(時)의 네 간지(干支), 곧 사주(四柱)에 근거하여 사람의 길흉화복(吉凶禍福)을 알아보는 학문으로 사주학(四柱學)이라고도 한다. 개인의 생년·월·일·시를 분석해 나무·불·물·쇠·흙 등 다섯 가지 기운의 상생(相生)·상극(相剋) 관계를 따져 길흉화복을 판단한다. 사람이 출생한 연월일시(年月日時)의 간지 여덟 글자에 나타난 음양(陰陽)과 오행(五行)의 배합을 보고, 그 사람의 부귀와 빈천, 부모, 형제, 질병, 직업, 결혼, 성공, 길흉 등의 제반 사항을 판단하는 것이다. 이처럼 간지 여덟 글자로 운명(運命)을 추리한다고 해서 팔자학(八字學), 추명학(推命學), 산명학(算命學)이라고도 한다.

않았던 사람들이다. 그들의 철학은 철학의 시작이자 미래였고, 세상과의 소통을 향한 시발점이었다. 우주의 광대한 비밀에서부터 인간의 깊숙한 내면까지 그들이 밟지 않은 사유의 땅은 단 한 곳도 없었다.

중국 역사상 정치·사회적으로 분열과 대립이 가장 치열하게 전개된 시기였던 춘추전국 시대는 오늘날 행정환경과 매우 흡사하다. 이러한 혼란을 바로잡기 위해 국가 조직을 훌륭하게 이끌어 나가고자 했던 제자백가의 메시지는 치열한 경쟁 속에 살고 있는 지금의 상황에도 그대로 적용된다. 필자는 소통과 리더십, 팔로어 육성, 인재 등용 등 다양한 국제환경에 대한 대비책들이 이미 2500년 전에도 시행되었다는 점에 무척이나 놀라울 따름이었다. 그들의 사상은 국가와 권력을 앞세운 지배 질서의 담론이 되어 오랫동안 영향력을 끼쳤지만, 개인의 삶과 행복은 그러지 못했다. 오늘날 자본주의와 민주주의가 위기를 맞아 바닥에 이를수록 필자는 그들의 사유와 철학으로부터 대안을 찾고 싶어진다. 이것이야말로 행정학자로서 필자가 꼭 하고 싶은 일이다. 하지만 필자의 역량이 부족하여 이번 장에서는 공자, 노자, 순자, 손자, 오자, 한비자 등 제자백가를 대표하는 사상가만을 불러내어 서술했다. 관중, 도가, 묵자, 맹자, 상앙, 장자와 같은 사상가는 다음 기회에 초대하겠다.

그림 12-1 춘추전국 시대와 제자백가

제1절 공자가 전하는 소통 스타일

공자(孔子)는 기원전 551년 노나라 추읍(현재의 중국 산둥성 취푸)에서 태어났다. 춘추 시대 말기의 사람으로, 유학을 창시했다. 춘추 시대에는 도(道)[2]가 무너져 질서가 붕괴되고 약육강식의 논리에 따라 하극상이 빈번히 일어났다. 공자는 인(仁)과 예(禮)를 근본 개념으로 삼아 나라의 질서를 회복하고자 했다. 도덕적 이상 사회를 꿈꾸며 천하를 주유하면서 자신의 뜻을 펼쳤으나 실현할 수 없다는 것을 깨닫고 고향으로 돌아와 제자 양성에 힘썼다. 결국 자신의 이상을 실현하지 못하고 기원전 479년 제자들이 지켜보는 가운데 세상을 떠났다. 세계 4대 성인 중 한 명인 공자는 교육자이자 정치가, 철학자이자 사상가였다. 그가 죽은 후 제자들이 그의 가르침을 전하기 위해 편찬한 책이 바로 『논어』다.

1 내 인생의 『논어』

1) 군자의 덕은 바람이요, 소인의 덕은 풀이다

공자는 사실상 두 사람이라 한다. 한 명은 역사상 실존했던 인간 공자이고, 다른 한 명은 역사 속에서 만들어진 이미지의 공자 즉 성인의 공자라 한다. 공자는 거리의 인생을 살았다 한다. 아마도 실패로 끝난 인생이 죽어서 가장 화려하게 부활한 전형적인 모습일 것이다. 공자는 자신의 사상 때문에 생전에는 널리 사용되지 못했으나, 그 사상 때문에 죽은 후에 부활할 수 있었다.

사기에서 공자가 "천하에 도가 없어진 지 오래 되었다. 아무도 나를 존중하지 않는다"라고 말했다고 한다. 문화대혁명 시절 그토록 비난의 대상이 되었음에도 끊임없이 잘못된 현실을 개선하려고 노력했던 지식인이었기 때문에 사후에 역사적 인물로 부활했다. 공자는 천하에 통용되는 원칙, 인간은 출신이나 계급으로 나뉘지 않고, 도에 나아간 경지에 따라 군자와 소인으로 나뉘었다. 자신을 닦는 수기(修己)와 천하 평화를 위해 노력하는 치인(治人)이 결합된 인물이 군자라 했다. 백성이 많으면 무엇을 해야 하냐고 묻자 부유해야 한다고 했고, 그 다음이 가르쳐야 한다 했다. 군자의 덕은 바람이요, 소인의 덕은 풀이다. 윗사람이 잘해야 아랫사람이 절로 따라온다는 의미다. 필자는 안으로는 인격 완성에 힘쓰고 밖으로는 천하의 평화를 갈구하는 것이 21세기 군자의 길이라고 생각한다. 그래서 공자는 2500년 세월을 뛰어넘어 양극화로 고통받는 21세기에 다시 살아난다라고 말하고 싶다.

---

2) '도(道)'라는 한자를 풀이하면 '길'이다. 어떤 길을 찾아가기 위해서는 지도가 필요한데 그 지도가 인·의·예·지이고, 인·의·예·지가 알려준 길을 그대로 따라가는 것이 바로 '도'다.

2) 나는 날마다 세 번 나 자신을 반성한다

공자와 그 제자들의 대화를 기록한 사서인 『논어』는 공자의 가르침을 전하는 가장 확실한 문헌이라고 할 수 있다. 세상의 모든 인생을 위한 고전이 『논어』다. 공자는 항상 '인(仁)', 즉 타인을 배려하고 열린 마음을 가지며, 자신을 절제하고 낙(樂)을 즐길 줄 아는 등 이상적인 도덕사회를 구현할 수 있는 군자와 같은 '어진 삶'을 강조했다.

시대가 빠르게 변화하며 그 속에서 피어나는 혼란함, 복잡성으로 인해 요즘 사회에서는 옛 고전, 즉 인문학의 열풍이 뜨겁다. 10년 전만 해도, 초등학생들이 고전 문학을 접한다거나 하는 일은 거의 없었다. 하지만 요즘은 초등학생들도 쉽게 『논어』, 『손자병법』 등의 인문학을 많이 접하고 있으며, 세상 역시 인문학을 많이 찾는다. 최근 고전, 인문학을 조금씩 접하면서, '나는 왜 지금까지 피하기만 했을까?'라는 반성을 하게 되었다.

최근 협상론 교재와 소통에 관한 글을 적기 시작하면서 『논어』를 배우게 되었다. 고등학교 윤리 시간에 공자의 사상에 대해 배운 얄팍한 지식으로는 『논어』를 이해하기란 쉬운 일이 아니었다. 단지 '공자란 그런 사람이고, 이런 사상을 가지고 있다'라는 것만 알았을 때는 내가 공자와 인(仁)이란 어떠한 것인지 어느 정도의 지식을 가지고 있는 줄 알았지만, 막상 『논어』를 접해 보니 나는 정말 낮은 수준의 지식에 머물러 있다는 것을 알게 되었다. 그리고 잘 알지 못했던 공자가 남긴 삶에 대한 교훈, 우리 자신을 돌아보게 하는 반성의 힘 등을 깨닫게 되었다.

『논어』 속에는 무수히 많은 대화가 실려 있다. 정말 그 시대에는 일상적으로 평범하게 오갔을 대화일지도 모르지만, 그 속에는 유가사상의 신념, 공자의 교훈이 확실히 담겨 있다. 한 어록, 한 어록이 추운 겨울날 몸을 녹여주는 따뜻한 어묵 국물같이 값지지만, 그 중 '학이' 편을 보면,

> 증자가 말했다. "나는 날마다 세 번 나 자신을 반성한다. 다른 사람을 위해 도모하는 데 진심을 다하지 않았는가? 벗들과 사귀면서 믿음이 없었는가? 전수받은 것을 익히지 않았는가?"(曾子曰: "吾日三省吾身: 爲人謨而不忠乎? 與朋友交而不信乎? 傳不習乎.")

이 어록이 나의 머릿속에 남아 여운을 주고 있다. 우리는 요즘 자아 성찰의 시간이 부족하다. 나 또한 그 많은 시간 중에 나를 돌아보는 시간이 없다. 우리는 내가 다른 사람과 친구, 나에게 어떠한 사람인지, 또 난 그들 혹은 나에게 배려와 믿음, 사랑을 주었는지 모르는 경우가 허다하다. 그래서인지 점점 신뢰가 부족해지고 이기적인 사

고가 남발하는 사회가 되어가는 것 같다. 우리 자신이 하루에 다른 사람과 친구, 나에게 그리하지는 않았는지를 성찰하여 서로에게 믿음과 사랑을 심어주며 나를 돌아볼 줄 안다면 지금보다는 좀 더 유연성을 가진 밝은 사회가 형성되지 않을까 싶다.

『논어』는 한 편의 긴 글이 아닌, 짤막한 대화로 이뤄진 어록집이다. 그렇기 때문에 그 한 말씀, 한 말씀이 어떤 말인지 이해해야만이 『논어』를 통해 공자와 그 제자들이 이말로 우리에게 무엇을 전하고자 하는 것인지 깨닫게 된다. 때론 공자의 유가적 사상이 현실과는 거리감이 있어 이질적으로 느껴질지 모르지만, 우리가 이 혼잡한 세상 속에서 공자의 가르침을 찾는 이유는 다 그만한 이유가 있지 않을까? 그릇처럼 틀에 갇힌 사고가 아닌 유연한 사고를 하며, 나 자신, 부모, 이웃을 모두 사랑하며 알아주기만을 바라지 말고, 반성하며 남 탓이 아닌 내 탓을 하며 발전하는 나를 만들고 그것이 우리를, 사회를 만든다는 것은 아닐까 싶다. 하지만 자기의 신념이 확고해서 현실적 사고가 부족해 끝내 성공하지는 못한 사람이라고 평가가 따르는 공자처럼, 아무리 좋은 말씀이라도 시대 상황에 맞춰 현실적으로 생각해야 하는 것을 잊지 말아야 될 것 같다.

2 그 사람 공자! 핵심 테마는 인간이다

1) 직위보다 직분에 기쁨을 느껴라

공자가 전하는 소통 스타일과 핵심 테마는 인간(人間)이다. 공자는 리더에게 성실성을 강조했고, 팔로어를 다스리는 데는 인화와 우애를 기본으로 삼았다. 그래서 공자의 리더십은 오늘날 어떤 분야에도 잘 적용된다. 팔로어가 능력을 발휘하기 위해서는 먼저 리더의 인간적 배려가 있어야 한다는 점과 리더가 먼저 수양한 후에 팔로어를 다스리라고 충고한 점 등은 오늘날 리더가 지녀야 할 필수 자세다.

공자는 '인(仁)'의 정치를 주장하며 각 나라를 순회하고 덕치(德治)를 전파했으나, 정치적으로 큰 성공을 거두지는 못했다. 그러나 수십 명의 기라성 같은 세컨드 리더들을 길러냈다. '인'의 완성이야말로 정치는 물론 인간의 궁극적 목표라는 신념으로 공자는 당시의 실패에도 불구하고 오늘날 죽어서도 잊혀지지 않는 유가(儒家)의 거목, 성인으로 높이 존경받고 있다. 인을 실천하기 위해서는 자신의 직무에 충실하면서 남의 의견과 충돌하지 않고, 자신을 보호하면서 남도 보호해 주는 여유가 필요하다. 또한 아부하지 않으면서 모나지 않고, 주장을 관철시키면서 겸손하며, 또 적극적이면서도 실수가 없어야 한다고 설파했다.

공자가 전하는 리더의 근본은 '성실성'에 있다고 했다. 공자는 행정의 가장 중요한 과제를 식량의 충족, 군비의 충실, 그리고 사회 속에 성실한 관계를 확립시키는 일이라고 생각해서 리더의 제1 원칙으로 성실성을 꼽았다. 성실성은 훌륭한 인격에서 나오므로, 팔로어가 리더를 따르는 것은 직위 때문이 아니라 인격 때문이라고 말한다. 그래서 리더가 리더십을 잃었다는 것은 곧 성실성을 잃었다는 메시지를 전하고 있다. 아무리 열심히 노력을 해도 모든 사람을 만족시킬 수는 없지만, 성실성은 리더로 하여금 눈에 띄지 않게 목표를 향해 가도록 도와준다는 가르침이다.

공자는 새로운 벼슬자리에 취임했을 때 몹시 기뻐했다. 왜냐하면 권한을 가지면 권선징악을 바탕으로 아랫사람을 지도할 수 있기 때문이었다. 다스리고 지휘하고 이끄는 역할은 어떤 조직에 있는 리더라도 큰 차이가 없다. 다만, 공자가 기뻐한 이유는 지위가 높아져서 좋아한 것이 아니라, 뜻한 바를 실천할 수 있기 때문에 즐거워했다. 모름지기 직분을 통해 일의 즐거움을 느껴야 한다는 것이다. 리더라면 지위보다 직분에 기쁨을 느껴야 한다는 메시지를 암시하고 있다.

2) 나쁜 짓을 다시 행하지 못하게 하라

공자의 메시지는 바른 정치를 위해 '도덕성과 솔선수범'을 말했고, 이것은 '덕치주의'를 통해 확인시킨다. 이처럼 공자의 주요 관심사는 내적으로 확고한 도덕성을 갖추고 외적으로 다른 사람들을 바르게 지도할 수 있는 인간, 다시 말해서 군자(君子)에 이르는 길을 찾는 것이다. 팔로어의 잘못에도 인간적인 접근이 필요하다면서 공자는 처벌 위주의 리더십보다는 나쁜 짓을 다시 행하지 못하도록 했다. 그리고 항상 '지나친 중벌은 피하라'는 평소의 지론을 몸소 실천하고자 했다.

리더는 팔로어에 대한 상벌의 기준이 확고해야 한다. 팔로어가 리더에게 거리감을 느끼는 것도 대부분 징벌 방법이 잘못되어 있기 때문이다. 우선 팔로어에게 징벌을 내리기 전에 잘못된 점을 먼저 인식시켜야 한다. 그래서 때로는 사규(社規)에 의한 징벌도 필요하지만, 먼저 인간적으로 접근하는 것이 중요하다고 강조했다.

팔로어가 잘못한 이유를 인간적으로 깨우쳐 주게 되면, 팔로어의 실수는 되풀이되지 않을 뿐만 아니라 리더를 신뢰하는 덤을 얻을 수 있기 때문이다. 또한 큰 실수를 했을 때는 오히려 격려해 주는 역발상도 필요하다. 그렇게 해야 다음에 실수를 만회

子曰 吾十有五而志于學
三十而立 四十而不惑
五十而知天命 六十而耳順
七十而從心所欲 不踰矩(爲政 4)

그림 12-2 공자와 인(仁)

하기 위해 더 많은 노력을 기울이기 때문이다. 이처럼 공자는 올바른 삶, 즉 인을 실천해야 인간다운 삶이며, 결실을 맺을 수 있다고 보았다. 따라서 결과에 집착하기에 앞서 목표 이상으로 '과정'과 '원칙'을 더 중요시했다.

제 2 절 노자가 전하는 소통 스타일

필자는 노자(老子)의 『도덕경』을 퍽 사랑한다. 로마에 본부를 둔 가톨릭계 수도회의 저명한 신부도 필자처럼 노자의 사상에 심취되어 있는데 그에 의하면 마음이 심란하거나 삶의 의미를 되새기고 싶을 때면 책장을 넘기며 노자의 말에 귀를 기울인다고 한다. 노자의 소통 스타일은 현실의 틀에서 벗어나지 않으면서 격식보다는 겸허와 관용, 무위(無爲)와 청정(淸淨)을 내세워 자연스러운 도의 경지에 이르기를 갈망하는 겸손 리더십을 전하고 있다.

현대 사회에서 리더가 노자처럼 숨은 듯이 활동하기란 거의 불가능하지만, 겉으로 드러나는 조직활동 이외의 숨은 자아를 깨우치는 정신적인 노력은 계속되어야 한다. 이익을 사회에 환원하는 '베풂과 나눔'의 원리나 상대방을 대할 때 '겸허'와 '관용'의 원리는 소통 리더가 갖춰야 할 최고의 덕목이기 때문이다.

노자가 전하는 이상적인 리더로는 "도를 깨우친 인물은 결코 자랑하지 않는다. 지식을 뽐내는 인간은 도를 깨쳤다고 할 수 없다. 훌륭한 리더는 욕망의 노예가 되지 않고 지식에 현혹되지 않으며 재능을 감춘다. 일을 해도 자기가 한 것 같은 얼굴을 하지 않고, 공적을 세워도 자랑하지 않는다"고 하면서 그러한 인물을 가장 이상적인 리더라고 했다.[3] 조선 초 맹사성에게 고승이 준 가르침인 "고개를 숙이면 부딪치는 법이 없습니다"와 같은 의미다.

1 물(水)에서 겸손과 처하(處下)를 논하다

노자는 수적천석(水適穿石: 유연한 물이 강한 바위를 뚫는다)을 말하면서 뛰어난 지휘관은 무력을 함부로 사용하지 않는다고 강조했다. 싸움을 잘하는 사람은 싸움을 즐기지 않을 뿐 아니라 감정의 사주를 받고 행동하지 않는다. 세상의 이치를 아는 인물은 힘에 호소하는 대결을 하지 않는다. 사람을 잘 부리는 리더는 오히려 상대보다 아래에 서서 실천한다고 유능제강론(柔能制剛論)을 제시했다. 노자는 이러한 소통 태도를 '다투지 않는 덕'이라고 불렀다. 상대방에게 거스르지 않고, 상대와 다투지 않으며 오직 주어진 상태에 잘 적응한다. 그러면서도 어느새 상대방의 위에 서 있다는 것이다.

1) 정말로 큰 사람이 되면 자연스럽게 겸손해진다

소통하는 리더는 백성 위에 군림하지 않고 겸허한 태도로 자신을 낮춘다고 했다. 백성을 지도하려고 할 때는 겸손하게 처신해 권세를 가진 것처럼 행세하지 않는다. 그렇기 때문에 그런 인물이 윗자리에 있어도 백성들은 조금도 억눌려 있다고 생각하지 않으며, 앞장 서 있어도 백성들은 결코 가로막는 방해물로 여기지 않는다. 노자는 물을 통해 리더의 겸손과 무위(無爲)의 리더십을 설명했다. "세상에 어떤 것도 물보다 연약하고 부드러운 것은 없다. 그러나 단단하고 센 것을 뚫는 데 물을 이길 자는 아무도 없다(天下莫柔弱於水, 而攻堅强者, 莫之能勝)."

노자가 꿈꾸는 소통 리더는 겉은 한없이 부드럽고 연약하지만 내면은 누구보다도 강한 사람이다. 자신을 남에게 낮추지만 결국은 최후의 승자가 되는 겸손과 처하(處下)의 리더십을 가진 사람, 이런 인간형이 노자가 바라는 이상적인 소통의 모습이다. 노자는 물(水)에서 겸손한 리더십을 보았던 것이다.

리더는 높은 자리에 있을수록 정중하고 겸손해져야 한다. 조그만 능력을 갖추고 있을 때는 거만한 태도를 앞세워 자기자신이 대단한 인물처럼 꾸미려 하지만, 정말로

---

3) 노자는 리더에게도 등급이 있다고 말했다. 태상(太上)은 아랫사람이 그가 존재한다는 것만을 안다. 그 아래 등급은 아랫사람과 친밀해지고 존경받는다. 그 다음 등급은 아랫사람이 두려워한다. 최하위 등급은 아랫사람이 마음속으로 업신여긴다.

큰사람이 되면 자연스럽게 겸손해진다. 팔로어 역시 조직이 커질수록 겸손해져야 한다. 그렇지 않을 경우, 그 조직의 존엄성은 유지되기 어렵다. 조직의 성과가 올라가고 어느 정도의 궤도에 올라갔다고 해서 그것을 자랑으로 여겨 거만하거나 불친절하면 국민이나 사회는 그 조직에 채찍질을 가할 것이기 때문이다.

2) 작은 생선 굽듯이 하라

노자는 '무위(無爲)'와 '청정(淸淨)'을 소통의 화두로 삼으면서 리더의 마음가짐으로 규제나 금지령 따위는 될 수 있으면 억제하고, 백성에게 부담을 강요하는 정책은 최대한 행하지 않으며, 가능하면 개입을 피하고 자율에 맡기라고 했다. 그래서 그가 전하는 소통 메시지는 "작은 생선 굽듯이 하라"는 말이다. 작은 생선을 구울 때 자주 뒤집거나 바짝 구우면 생선의 형태도 부서지고 생선 고유의 맛도 사라진다. 나라를 다스리는 일도 이와 같아서 권력을 지나치게 남용하면 이상적인 정치는 사라지고 오히려 백성들의 고통은 가중된다. 이것은 자율에 맡기면 오히려 잘 다스려진다는, 상대의 마음을 헤아리는 '열린 리더십'을 강조했다.

따라서 노자는 리더라면 비협력적인 사람들과 상대할 경우, 그 사람이 놓인 환경이나 입장을 이해하고 그들이 나아가야 할 방향을 제시해야 한다고 말한다. 그리고 지속적인 인내심을 갖고 이들을 대해야 한다고도 한다. 선과 악이라는 대립 관계에서, 악의 경우에도 열린 마음으로 대해야 한다고 했다. 따라서 조직의 이방인 같은 사람들도 잘 다뤄야 하는 것이 소통 리더의 임무라고 전하고 있다.

3) 작은 내부의 속사정까지 직접 관여하지 마라

노자가 이상으로 삼는 국가 형태는 '지방자치제'다. 나라는 작고 주민은 적은 것이 바람직하다는 말이다. 정치가 중앙집권 형태를 강화하면 할수록 관청과 관리의 수는 기하급수적으로 늘고 백성의 고통은 가중된다고 했다.

오늘날 행정국가는 로컬 거버넌스, 조직은 단위 사업본부 체제로 업무의 효율성을 높이는 추세로 바뀌어 가고 있다. 이런 점에서 현재 행정국가는 노자의 통치 스타일을 접목해야 한다. 노자는 간섭이나 통제보다 구성원 각각이 책임지도록 만드는 것이 필요하다는 메시지를 던졌다. 따라서 유능한 리더는 구체적인 비전과 원대한 목표에 따라 움직이지 작은 내부의 속사정까지 직접 관여하지 않는다. 적절한 권한을 위임하고 책임을 부여할 수 있는 방향으로 나가는 것이 리더의 역할이라면서 업무의 효율성을 위한 자율 리더십을 강조했다. 자율 리더십은 곧 책임 리더십이라고 했다.

2 '도'를 '도'라고 할 수 있는 '도'는 영원한 도가 아니다

1) 유무상통

노자는 "도가도비상도 명가명비상명 무명천지지시 유명만물지모(道可道非常道 名可名非常名 無名天地之始 有名萬物之母)," 즉 "도를 도라고 할 수 있는 도는 영원한 도가 아니며, 이름이라 붙인 것은 영원한 이름이 아니다. 무는 우주의 시작이고, 유는 만물의 어미다. 유는 무로 돌아간다. 무는 유를 낳고 유는 무를 낳는다. 그러니 유무상통(有無相通)이 아닌가?"라고 전하고 있다. 경쟁은 싸움이다. 싸움에서는 이겨야 살아남고, 지면 죽는다고 생각한다. 그러므로 사람들은 마음 무장을 단단히 하고 벼르며 생활 전선으로 나갈 것이다. 무장을 했으니 겸허도, 배려도 모르고, 따뜻할 줄도 모른다. 수단 방법을 가리지 않고 상대방을 짓밟고 앞으로 나서려 한다. 그러한 현대인에게 『도덕경』은 '이긴다는 것은 지는 것이요, 진다는 것은 이기는 것'이라는 지혜를 준다. 강하게만 살려는 사람들에게 '강한 것은 약한 것이고, 약한 것은 강한 것'이라고 가르친다. 치열한 경쟁에서 살아가는 사람들에게 노자의 도덕경을 일독해 보기를 권한다. 그러면 극한 경쟁에 짓눌린 마음을 한층 다독여 줄 것이다. 경쟁에 익숙하고 경쟁에 지친 이 사회, 마음을 쉬게 하는 노자를 잠시 만나 대화를 나누는 것은 마음의 평정을 회복함은 물론 행복을 찾는 일이 될 것이다.

2) 물은 싸우지 않고 돌아 흐른다

상선약수(上善若水), 노자 중에서도 특히 인구에 회자되는 명구다. 최고의 선은 물과 같다! 노자철학을 물의 철학이라고도 하는데, 왜 노자는 물을 최고의 선과 같다고 했을까? 물은 만물을 이롭게 한다. 물은 만물을 생육시키는 생명의 근원이다. 물은 다투지 않는다. 물은 산이 가로막으면 멀리 돌아서 간다. 바위를 만나면 몸을 나눠 비켜 간다. 가파른 계곡을 만나면 숨가쁘게 달리기도 하고 아스라한 절벽을 만나면 용사처럼 뛰어내리기도 한다. 깊은 분지를 만나면 차곡차곡 남김없이 채운 다음 뒷물을 기다려 비로소 나아간다. 너른 평지를 만나면 거울 같은 수평을 이뤄 유유히 하늘을 담고 구름을 보내기도 한다.

물은 가장 낮은 곳에 처한다. 물은 낮은 곳으로 흐른다. 세상에서 가장 낮은 물이 바다다. 낮기 때문에 바다는 모든 물을 받아들인다. 바다가 세상의 모든 물을 다 받아들일 수 있는 것은 가장 낮은 곳에 위치하기 때문이다. 큰 강이든 작은 실개천이든 가리지 않고 다 받아들임으로써 그 크기를 이뤄내는 것이다.

따라서 가장 이상적인 소통 리더는 흐름을 타는 것이다. 반대를 인정할 줄 아는 것은 도량이 아니라 리더가 지녀야 할 철학이자 올바른 자질이라고 할 수 있다. 상대를 얻고자 한다면 먼저 베풀어야 기회가 온다. 한 발 늦게 간다는 생각으로 처신하면 오히려 앞서 가게 되는 것이 리더십의 이치다. 소통하는 리더란 낮은 곳에 몸을 두고 심연과 같은 깊은 마음으로 먼 바다로 항해하는 것과 같다. 생각이 많은 것과 생각이 깊은 것은 분명히 다르다는 점을 이야기한 것이다.

따라서 노자의 도가는 현실에 밀착된 서민의 사상이라 할 수 있다. 유가들의 주장이 이상을 논한 표면적인 도덕에 기울어져 있다면, 노자의 주장은 현실적인 생활을 뒷받침해 주는 내면의 도덕에 더 큰 비중을 두었다. 노자는 각박한 현실을 사는 백성들의 삶에 대해 현실 도피나 무위가 아니라, 어떻게 살아야 시비에 얽매이지 않고 속 편히 살 수 있는지 논하며, 실생활에 뿌리내린 처세의 지혜를 제시했다. 이른바 노자의 리더십은 '쓰레받기'에 비유할 만하다. 리더란 가장 낮은 곳에 거처하면서 힘들고 더러운 일을 도맡고, 억지로 일을 꾸미지 않으면서 묵묵히 제 일을 처리하는 존재이기 때문이다. 제일 밑바닥에 거처하는 '쓰레받기형 소통'이다.

이것은 실패는 자신의 탓으로, 성공은 아랫사람들 덕택으로 돌리는 것이다. 여기서 피어나는 꽃송이가 덕(德)이다. 묘한 것은 '덕은 억지로 하지 않는데도 안 되는 일이 없다'는 아이러니다. 눈에 보이지 않는 리더의 덕이 사람들을 따뜻하게 하고, 부끄럽게 하고, 또 분발하게도 만들기 때문이다. 그래서 노자가 전하는 소통의 메시지를 한마디로 압축한다면, '나를 숙이라'가 될 것이다.

상선약수, 흐르는 물에 도(道)가 있으니 물 흐르듯 살라는 말이다. 하지만 필자의 경험상 물 흐르듯 사는 일이 어디 쉬운 일인가? 물은 낮은 곳으로 흐르고 흘러 수평의 넓은 바다에 도달하지만, 이 세상은 격랑의 난장, 꿍꿍이 꾼과 뻔뻔한 이들의 저급한 각축장이 아니던가? 유유한 물이 되기가 자못 어려운 게 세상의 모습 아닌가? 나이가 들어서인지 이제는 "목적 지향적인 삶에서 탈피하고 싶다"라는 생각이 들 때가 있었다. 성취해야 할 목적이 있을 때 삶이 뚜렷해진다고 하지만, 그렇다고 지나치게 목적 중심으로 살면 삶 전체가 피곤해지기 십상이라는 생각이다. '이것은 반드시 이뤄야겠다'라면서 무엇을 맹렬히 추구하는 것이 때로는 철모르는 객기 또는 작위처럼 보이기도 한다.

3 정말 큰 그릇은 영원한 미완성이다

『손자병법』과 비슷한 시기에 나온 노자의 『도덕경(道德經)』 41장의 구절을 연구하면 할수록, 단순히 어떤 정신적인 해탈의 경지만을 설명한 글이 아니었다.

가장 큰 사각형의 끝은 사각이 아닙니다(大方無隅).
가장 큰 그릇은 미완성입니다(大器晩成).
가장 큰 소리는 귀에 들리지 않습니다(大音希聲).
가장 큰 물체는 눈에 보이지 않습니다(大象無形).

가장 큰 것에 대한 노자의 생각이다. 정말 큰 사각의 끝을 쫒아가 보면 사각을 만날 수 없다. 사각을 만난다면 그것은 더 이상 가장 큰 사각이 아니다. 앞에서 맞이하려 하나 앞을 알지 못하고, 뒤에서 따르려 하나 그 뒤를 찾지 못하는 경지와 같은 것이다. 지구가 돌아가는 소리는 너무 커서 어떤 것으로도 측정할 수도 없고 들리지도 않는다. 지구 돌아가는 소리를 인간의 귀로 듣는다면 고막이 바로 녹아버릴 것이다.

당시 제후들에게 어떻게 해야 똑똑한 신하들 위에 리더의 카리스마를 유지할 수 있는지를 충고하는 노자의 정치적 견해가 담긴 글이다. 자신의 모습과 실체를 쉽게 간파당해 신하들의 농락거리가 되어 끝내는 자신의 지위를 잃고마는 당시 제후들에게 진정 큰 리더로 남으려면 당신의 소리와 모습을 신하들에게 간파당하지 말라는 충고다. 정말 큰 그릇은 영원한 미완성이다. 완성과 동시에 그 그릇보다 더 큰 그릇이 만들어질 수 있기 때문이다. 눈에 보이는 물체라면 세상에서 제일 큰 물체라고 할 수 없다. 눈에 보임과 동시에 더 큰 물체가 존재할 수 있기 때문이라고 했다.

이 말의 뜻은 진정 큰 리더라면 자신이 가지고 있는 의도와 능력을 절대로 밖으로 드러내지 않는다. 당신의 마음을 알 수 없기에 신하들은 당신 앞에서 머리를 숙일 수밖에 없다. 당신이 가진 그릇의 크기를 가늠할 수 없기에 신하들은 감히 당신을 넘어서지 못하는 것이다. 팔로어에게 뻔한 리더로 인식될 때 그는 더 이상 카리스마를 유지할 수 없다. 베일에 싸인다는 것은 자신이 가진 능력 이상의 힘을 보유할 수 있는 방법 중 하나다. 노자는 이런 리더의 리더십을 다음과 같이 묘사하고 있다.

그분의 실체는 보려고 해도 볼 수 없습니다(視之不見).
들으려 해도 들리지 않습니다 (聽之不聞).
잡으려 해도 잡을 수 없습니다(搏之不得).

낮에는 그토록 아름답고 만만하던 산이 캄캄한 저녁이 되어 그 앞에 서면 어떤 공포감에 전율하게 된다. 이것이 형체를 도저히 알 수 없는 무형(無形)에 대한 공포감이다. 도무지 파악할 수 없는 리더 앞에서 팔로어는 어떤 경외감과 존경심을 느낀다. 자신의 속을 꿰뚫고 있다는 생각에 카리스마를 가진 리더 앞에서 한없이 작아지는 자신을 발견하는 것이다. 노자는 이런 리더의 카리스마를 황홀하다고 표현한다.

형상이 없는 가운데 당신의 큰 형상을 봅니다(無狀之狀).
형체가 없는 가운데 당신의 큰 모습을 느낍니다(無物之象).
아아! 이것을 황홀한 당신이라고 해야겠지요(是謂恍惚).

어떻게 들으면 남녀 간에 느끼는 황홀의 경지로 들린다. 실제로 노자가 그것을 염두에 두고 한 말이다. 황홀한 리더, 남녀 간에나 느낄 수 있는 극치를 느낄 수 있는 카리스마를 가진 리더, 그 앞에만 서면 황홀감에 빠질 수밖에 없다. 소통 리더의 가장 높은 경지는 황홀의 경지다. 따라서 가장 위대한 소통은 언어와 문자로 표현할 수 없는 황홀함에 있다.

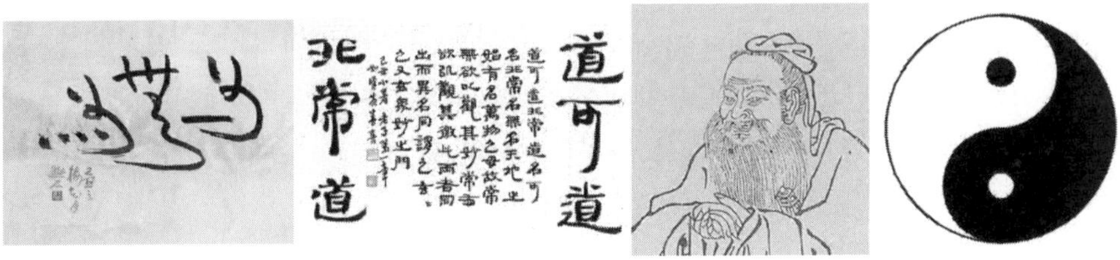

그림 12-3 노자의 겸허와 관용

제 3 절 순자가 전하는 소통 스타일

아리스토텔레스에 비견할 만한 순자(荀子)가 전하는 메시지는 상하 관계의 유기적인 조직과 경쟁자에 대한 철저한 분석이다. 따라서 순자는 부국강병에 입각한 제도적 장치를 완성함과 동시에 실력 위주의 인사 제도를 주장했다. 후진국에서 태어난 순자는 특히 선진국인 진나라의 자유스러운 학풍과 선진 문물에 영향을 받았으며, 여러 나라를 두루 살피면서 정치가, 학자, 사상가와 의견을 교환하고 유행하고 있던 사조(思潮)와 접촉했다. 그러면서 그것을 그냥 받아들인 것이 아니라 여러 학설을 비판하면서 그 요점을 섭렵하고 중국의 고대 사상을 종합해서 『비십이자(非十二子)』라는 책을 저술했는데, 그 책에서 공자, 묵자, 맹자 등 12인의 사상가에 대해 간결하게 요약하고 예리한 비판을 가했다.[4]

순자는 "임금이란 사람들을 관직에 임명하는 것을 본분으로 삼는 사람"이라고 정의했다. 그러면서 리더(임금)가 한 가지 일을 합당하게 처리하면 곧 모든 일이 바르게 된다고 했다. 리더는 '큰 목표'를 가지고 '큰 그림'을 그리는 전략가다. 따라서 팔로어가 효과적으로 일을 할 수 있도록 환경을 조성하고 팔로어의 능력을 최대한 이끌어 낼 수 있는 리더십을 발휘해야 한다면서 비전을 강조했다.[5]

1 소통은 '협력'과 '동의'에서 시작된다

성악설(性惡說)에 근거해 순자는 백성의 욕구를 절제시키는 요인으로 사회적 규제를 찾았다.[6] 이것은 국가가 강력한 조직이 되어야 함을 의미한다. "굽어진 나무를 곧바르게 고치려면 버팀목을 제대로 세워야 하고, 무디어진 칼날을 예리하게 만들려면 숫돌에 갈아야 한다"라고 전하면서 나무(백성)와 칼날(군사)을 다루기 위해서는 끊임없는 교육과 훈련을 강조했다. 또한 개성 강한 팔로어를 통일시키기 위해 질서와 규율이 필요하다고 했다. 따라서 엄격한 상하 관계를 인식시키고 조직의 법칙을 가르칠 필요가 있다면서 '질서'와 '규율'을 소통의 핵심 테마로 보았다.

4) 국가를 원만하게 이끌기 위해서는 리더의 자질이 중요하다고 생각했는데, 조직원의 마음을 사로잡을 것, 부분을 보지 말고 전체를 파악할 것, 신상필벌(信賞必罰)은 엄격하게 집행할 것, 조직원의 동의와 협력을 이끌어 낼 것 등 리더의 역할이 국가의 홍망을 좌우하는 핵심 요소라고 생각했다.

5) 한편, 리더가 경계해야 할 것으로 첫째, 자신의 지위가 해임당할 것을 두려워해서는 안 된다. 둘째, 이기는 데만 사로잡혀 패배하는 경우도 있다는 것을 잊어서는 안 된다. 셋째, 위신을 높이는 데 연연해서 중요한 적을 소홀히 해서는 안 된다. 넷째, 유리한 점만을 생각하고 불리한 점을 잊어서는 안 된다. 다섯째, 지출은 신중히 집행해야 하지만 일단 싸움이 벌어지면 경비를 아껴서는 안 된다고 강조했다.

6) "리더가 먼저 예와 의를 가지고 백성을 통치할 때 비로소 정도(正道)의 정치를 완성할 수 있다…… 인간의 본성은 악하다…… 그것이 키워지면 규범을 지키려는 마음이 흐려져서 자기 멋대로 행동하거나 좋지 않은 것을 저지르게 된다. 여기서 벗어나는 방법은 예에 의해 각자의 역할과 지위를 명확하게 분별하고 활동을 조화시키는 것이다."

강력한 조직을 만들기 위해서는 "조직원의 마음을 사로잡는 자야말로 명장(名將)이다"라면서 조직 체계의 완성도를 높이기 위한 방안으로 리더와 조직원의 일체감을 강조했다. 그리고 백성의 마음을 사로잡고 나라를 강하게 하는 방법으로 덕에 의한 방식, 무력에 의한 방식, 경제력에 의한 방식을 말했다. 이러한 순자의 리더십은 오늘날의 조직 합병이나 인수, 국제 정치에도 적용된다. 강국이 약소국을 경제력으로 지배하지만, 신뢰를 얻기는커녕 오히려 지식인이나 시민들의 반발에 직면하고, 정치·경제적인 부담이 더욱 가중되는 것을 볼 수 있다. 따라서 다른 조직을 합병했을 때 조직 확대와 영리만 추구하다 보면 어느 정도 경제적 수준까지는 올라갈 수 있지만 끝까지 유지되는 경우가 드물다.

그래서 순자가 전하는 강력한 리더십은 바로 '협력'과 '동의'에서 시작된다. "물이 파도치고 거칠어지면 배는 순식간에 전복되고 만다. 배의 안정 여부는 오로지 물에 달려 있다." '물'이란 백성을 가리킨다. 군주가 안정되려면 백성에게 신뢰를 받아야 한다고 순자는 생각했다. 그렇게 하기 위해 다음의 세 가지에 유의하라고 했다. 첫째, 공평무사한 정치를 행하고 백성을 위로해 준다. 둘째, 예를 존중하고 훌륭한 인물을 등용한다. 셋째, 유능한 인물에게 권한을 주고 책임을 부여한다.

순자는 짧은 기간에 효율적으로 업무를 완수하고 싶으면 백성들에게 힘든 일을 강요하기보다는 이해와 협력을 구하는 편이 훨씬 능률적이라고 지적했다. 따라서 오늘날 조직관리 역시 팔로어로부터 동의를 얻어 그들이 자발적으로 나서게 하는 것이 중요하다. 즉, 팔로어에게 일방적인 지시를 내리기 전에 협력과 동의를 구하는 것을 소통과 의사결정의 핵심 지혜로 보았다.

2 청출어람, 후천적 노력이 중요하다

순자의 성악설은 인간의 후천적인 노력이 필요하다는 것을 강조하면서 다음과 같은 제안을 한다. 첫째, 주위 환경을 정돈하라. "군자는 올바르게 사는 데 적합한 환경을 선택해서 살며, 훌륭한 인물을 골라서 사귄다." 둘째, 내적 충실을 위해 노력하라. "천리 길도 한 걸음 한 걸음씩 거듭해 감으로써 도달할 수 있다. 아무리 큰 강일지라도 작은 냇물이 모여서 이뤄진다." 셋째, 훌륭한 스승을 선택해 배우고 따르라. "스승을 따르면서 군자의 가르침을 몸으로 익혀야 한다. 그렇게 하면 성과가 오르고 빠른 시일 내에 목표하는 바를 이루게 된다." 넷째, 한 가지 일에 집중하라. "군자는 책장

그림 12-4 순자의 청출어람

에 구멍이 나도록 되풀이해서 읽고 납득이 될 때까지 사색을 거듭한다고 하면서 후천적인 노력을 강조했는데 그 유명한 청출어람(靑出於藍)이란 말도 『순자』에 나오는 말이라면 이해가 될 것이다.

순자는 현실주의자에 가까운 사상가다. 그가 사회의 구체적인 현실에서 해결책을 모색한 점이나, 조직 체계를 완성하고 인재 등용 시에 '신분 차별 폐지'를 주장한 것은 그의 현실적인 사상에서 비롯한 것이다. 순자의 국가 통치 스타일은 '전문가형 리더십'에 바탕을 두고 있다. 순자는 인재를 등용하는 데도 편견이 없는 실력 위주의 인사 제도를 단행했다. 인재를 발탁하는 관리의 사사로운 감정을 배제하고, 인격적으로 성숙되고 전문적인 능력을 겸비한 인물을 중용의 기준으로 삼았다. 이처럼 순자의 철저한 실력 위주의 인사 제도는 당시 문벌이나 학벌 · 지연을 중시하던 유가들의 주장을 벗어난 파격적인 발상이었다.

그런 주장으로 인해 순자는 유교 역사상 가장 급진적으로 현실적인 사상가로 평가받고 있다. 그러나 리더의 원칙을 지키는 자세와 지혜, 백성들의 처세훈에 이르기까지 순자의 현실을 바탕으로 한 사상은 오늘날 원칙론의 모형으로 받아들여지고 있다.

제 4 절 손자가 전하는 소통 스타일

손자(孫子)는 오나라에서 자신의 군사 이론과 철학을 한 권의 보고서인 『손자병법』을 남겼다. 현재 남아 있는 것은 노자의 『도덕경』보다 분량이 약간 많은 6,400여 자

13편으로 이뤄진 짧은 브리핑용 전쟁 보고서다. 하지만 그 후 2500년 동안 중국과 아시아를 넘어서 세계를 변화시킨 중요한 고전 중에 하나가 되었고, 경쟁 시대의 탁월한 지침서로서 손색이 없는 명저다.

『손자병법』은 세계 각국에서 광범위하게 응용해 경제 전쟁 속에서 그 효용적 가치가 충분히 입증된 바 있다. 일본 경제가 거대한 성공을 거둘 수 있었던 것은 그들 스스로가 말했던 것처럼 미국의 관리과학과 동양의 유가 사상, 특히 『손자병법』을 결합했기 때문이라고 볼 수 있다. 많은 국가 역시 위기 상황에 처해 있을 때 『손자병법』에서 도움을 받아왔는데, 그것은 『손자병법』이 현대사에서 중요한 이론적 지침서로서 가치가 있기 때문이다.

『손자병법』 첫 편인 시계(始計) 편에서 손자는 소통과 리더십에 대해 다음과 같이 말한다. "리더십(道)이란 병사들의 마음을 장군과 같은 마음이 되도록 만드는 것이다. 그리하여 병사들로 하여금 죽어도 같이 죽고 살아도 같이 산다는 마음으로, 전쟁에서 어떤 위험도 두려워하지 않게 만드는 것이다." 『손자병법』의 이러한 구절을 소통에 대입하여 현대식으로 재해석하면 "소통 리더란 팔로어의 마음을 하나로 묶는 것이며, 조직과 같이 살고 같이 죽는다는 신념을 갖게 하는 것이다"라고 할 수 있다.

1 군주의 간섭

손자는 "군주가 출정한 군대에 근심을 끼치는 경우가 세 가지 있다(君之所以患於軍者三)"면서 세 가지 군주의 간섭으로 인해 소통 실패가 일어난다고 경고하고 있다. 즉 행정, 작전, 인사에 대한 간섭이다.

1) 행정에 대한 간섭

손자에 의하면, 최고 책임자나 본부장이 현장(site)의 사정도 모르고 현장의 행정에 관여하지 말아야 한다고 한다. 현장에는 현장의 지휘관인 야전 책임자가 있다. 그들이 소신 있게 자신의 조직을 끌고 갈 수 있는 기회를 주어야 한다.

> 출정한 군대의 업무를 알지 못하면서 군대의 행정에 참여하려고 하는 군주는 장교들의 반발을 일으킬 것이다(不知三軍之事, 而同三軍之政者, 則軍士惑矣).

2) 작전에 대한 간섭

손자에 의하면 공격과 후퇴의 작전권은 장군의 고유 임무다. 군주의 감정이 앞서서 후방에서 공격과 후퇴를 결정한다면 자유롭게 전술을 세워 효과적으로 부대를 운영하는 것이 불가능할 것이다. 군대의 작전은 요즘으로 말하면 마케팅이다. 일선 업무는 현장 상황을 가장 잘 아는 일선 조직원의 의견이 존중되어야 한다. 상부에서는 큰 전략을 수립하고 기획하지만 현장에서 발로 뛰는 현장 조직의 결정을 무시한다면 소통하는 조직으로 살아남을 수 없는 법이다.

> 군대가 진격해서는 안 되는 상황을 모르고 진격하라고 명령하거나, 후퇴해서는 안 되는 상황을 모르고 후방에서 후퇴하라는 명령을 하는 것을 군주에게 코 꿴 군대라고 하는 것이다(不知軍之不可以進而謂之進, 不知軍之不可以退而謂之退, 是謂縻軍).

3) 인사에 대한 간섭

손자에 의하면, 현장 상황도 모르고 인사행정에 끼어들어 좌지우지하는 군주는 나라를 망칠 군주다. 인사권은 재정권과 함께 조직을 장악하는 두 축 중에 하나다. 따라서 누구나 리더라면 그 권한을 유지하고 싶을 것이다. 그러나 시시콜콜한 하부 조직의 인사까지 간섭해 자신의 권한을 유지하려 하기보다는 그들을 지휘할 수 있는 관리자를 잘 선택해 등용하는 것이 더 큰 리더의 모습이다.

> 군대의 상황을 알지 못하고 군대의 인사에 참견하려는 군주는 장교들이 의혹을 살 것이다(不知三軍之權, 而同三軍之任, 則軍士疑矣).

2 소통, 싸우지 않고 이기는 법

1) 백전백승의 교만이 아니라, 백전불태의 겸손

『손자병법』 하면 제일 먼저 떠오르는 것이 산전(山戰), 수전(水戰), 그리고 '지피지기 백전백승(知彼知己 百戰百勝)'이란 구절이다.[7] 그러나 『손자병법』의 13편 모두를 읽어나가도 백전백승이라는 문장은 찾을 수 없다. 대신 손자는 '지피지기 백전불태

7) 지피지기 백전백승이란 중국 춘추전국 시대 말엽에 쓴 이후 2500년이라는 긴 세월 동안 승리자를 위한 성공 법칙을 제시된 '적을 알고 나를 알면 백 번 싸워서 백 번을 이긴다'는 뜻이다.

(知彼知己 百戰不殆)'라는 표현을 사용했다. 우리말로 하면 '적을 알고 나를 알면 백 번 싸워서 백 번 모두 위태롭게 되지 않는다'는 뜻이다. 백전백승보다는 훨씬 현실적인 생각이다.

과연 경쟁자와 자신을 안다고 해서 모두 승리할 수 있을까? 손자는 교만하지 않았다. 적을 알고 나를 알게 되면 자신의 경쟁력이 약한 위기 상황에서는 싸움을 하지 않음으로써 위태롭지 않을 수 있다는 것까지를 이야기한 것이지, 백전백승의 비법이 있다고 속이지 않은 것이다. 그것은 백전백승의 교만이 아니라, 백전불태의 겸손이었다. 현실적으로 백 번 싸워서 백 번 모두 이긴다는 것은 불가능한 일이기 때문이다. 아무리 상대방과 아군의 전력을 정확히 분석해서 싸운다고 해도 백 번 싸워서 백 번 이긴다는 명제는 현실적이지 못하다.

이 구절은 『손자병법』을 제대로 읽어보지 못한 사람들이 지어낸 말이 분명하다. 『손자병법』에 이런 구절은 있다. '지피지기, 백전불태' 우리말로 하면 '적을 알고 나를 알면 백 번 싸워서 백 번 모두 위태롭게 되지 않는다'는 뜻이다. 백전백승보다는 훨씬 현실적인 생각이다.

손자의 눈으로 보았을 때 전쟁의 목표는 싸워서 이기는 것에만 목표가 있지 않았다. 내가 이끌고 있는 조직과 조직원들이 위기에 빠지지 않고 상처 나지 않는 것이 리더의 가장 중요한 목표였다. 승부에 집착해서 나와 내 조직에 큰 상처를 입히고 얻은 승리라면 바람직한 승리가 아니다. 상처뿐인 승리는 실제로 조직에 어떤 도움도 주지 못한다.

얼굴은 상처가 나서 피가 흐르고, 내가 아끼는 팔로어가 자리를 잃고 방황하는데 얻은 승리가 무슨 의미가 있단 말인가? 사회적으로 성공은 했지만 가족들의 마음은 모두 떠나 있고, 친구와 형제들이 저 멀리 떠나가 버린 성공이라면 진정한 성공이라고 할 수 없다. 승리보다 더 중요한 것은 조직의 안전과 평안이다. 승부욕과 명예에 집착해 진정 중요한 것을 잃어버리는 우(愚)를 범해서는 안 된다는 것이 손자의 생각이다. 백 번 싸워서 백 번 안 다치는 승리가 가장 아름다운 승리다.

이처럼, 손자는 '백전백승'의 허구성을 비판하고 싸우지 않고 이기는 승리가 진정한 승리라고 강조하면서 휴머니즘적인 '부전이승(不戰而勝)' 사상을 말하고 있다.[8] 내 칼에 피를 안 묻히고 적을 제압할 수 있다면 그것보다 확실한 승리는 없다. 피 흘

8) "백 번 싸워서 백 번 모두 이기는 것(百戰百勝)은 최상의 용병술이 아니다(非善之善者也). 적과 싸우지 않고 적의 군대를 굴복시키는 것(不戰而屈人之兵)이 최상의 용병술이다(善之善者也)." 싸우지 않고 적을 이길 수만 있다면 가장 이상적인 전략일 것이다.

리고 이기는 전쟁은 아군이나 적군 모두 그 대가가 너무나 혹독하기 때문이다. '싸우지 않고 승리한다!'는 '부전이승' 사상은 다소 이상적이긴 하나 따뜻한 휴머니즘을 담고 있는 『손자병법』의 진수다. 필자는 소통 역시 군이 말하지 않아도 알 수 있는 지음(知音)의 단계처럼 목청 높여 말하지 않아도 알아주는 사이였으면 한다. 이런 리더 밑에서 세금 내며 살고 싶다. 이런 사람을 만나고 싶다.

2) 소통과 병형상수

필자가 손자의 명언 중에서도 가장 공감하는 문장이 있다. 바로 병형상수(兵形象水)다. 승리를 위한 전략에서 손자는 유연성과 돌아가는 길을 강조하고 있다. 『탈무드』에서도 "물이란 본디 정상에 머물지 않고 계곡을 따라 흘러가는 법이다. 이처럼 진정한 미덕은 다른 사람보다 높아지려고 하는 사람에게는 머무르지 않으며 겸손하게 낮아지려는 사람에게만 머무는 법이다"라고 물에서 겸손을 배우라고 가르친다.

소통하는 리더의 자세는 물의 흐름과 같아야 한다. 물은 고정되어 있지 않으며 높은 곳을 피해 낮은 곳으로 흘러간다. 일부러 먼 길을 돌아서 적보다 빨리 목적지에 도달해 불리한 상황을 유리하게 바꾼다. 이것은 적에 따라 임기응변으로 대처하라는 것이다. 즉, 물이 그릇에 따라 모습을 바꾸듯 움직이라는 것이다. 그리고 상대의 행동을 억지로 바꾸려 하지 말고 취약한 부분을 간파하면 된다.

조직의 유연성이 조직의 생존력을 가름한다. 유연성은 실행에서도 나타난다. 힘으로 밀어붙여 중앙 돌파를 도모하는 것보다는 언뜻 우회하는 것처럼 보일 수 있는 코스를 선택하는 쪽이 오히려 더 빨리 목표에 도달할 수 있다. 따라서 돌아가는 길처럼 보일지는 몰라도 제안에 찬성해 줄 수 있는 환경으로 바뀔 때까지 기다리는 것이 더 낫다. 중요한 것은 그 상황에 따라 판단해야 한다는 것이다.

2) 소통과 우직지계

손자가 말하는 우직지계(迂直之計)는 곡선 사고와 일맥상통한다. 곡선 사고는 대포의 원리를 생각하면 쉽게 이해할 수 있다. 직선보다는 곡선이 멀리 나간다. 순간의 이익보다는 길게 보고 멀리 생각하며, 목적을 잊지 않고 장기적인 안목을 가지라는 뜻이다.[9] 급할수록 돌아가라는 속담과 일맥상통한다.

---

9) "우회했지만 직선의 효과를 낳을 것이다(以迂爲直)", "돌아가는 것이 나에게 근심이었고 슬픔이었지만 결국엔 이익이 될 것이다(以患爲利)", 이처럼 인생의 일이란 누구도 결과를 쉽게 장담할 수 없다. 인간만사(人間萬事) 새옹지마(塞翁之馬)이기 때문이다.

그림 12-5 손자의 병형상수와 우직지계

꼬인 실을 예로 들어 보자. 꼬인 실을 풀 때 무작정 잡아당기는 사람은 없다. 무턱대고 잡아당기면 오히려 더 엉킨다는 사실을 경험을 통해 알기 때문이다. 꼬인 실을 풀려면 천천히 시간을 들여 차분하게 풀어야 한다. 누구나 한번쯤은 더 이상 갈 곳 없는 막다른 골목에 봉착했다고 생각한 적이 있을 것이다. 그러나 하나의 끝은 하나의 시작과도 같다. 대화와 타인에 대한 소통에서도 우직의 계가 적용된다. 서로가 뒤엉킨 관계를 제자리에 돌려놓으려면 충분한 시간을 가지고 마지막 순간까지 최선을 다하는 자세가 중요하다.

제 5 절 오자가 전하는 소통 스타일

민노총에서 간부로 일한 바 있는 강선배는 오자(吳子: 吳起)의 신봉자다. 오자의 소통 스타일은 현실 전략적 스타일이다. 오자는 전투에 임하기 전에 장기 계획을 수립하고 내부 결속을 통해 조직의 힘을 강화하며, 팔로어에게 애정을 쏟았다. 그리고 팔로어의 신뢰를 기반으로 76번의 전투에서 한 번도 패하지 않았다. “진정한 리더십은 잠들지 않는 영혼까지 지배한다!”는 오자의 소통 스타일에 대해 알아보자.

1 진정한 힘은 명령이 아닌 마음

중국의 병서 가운데 『손자병법』과 『오자병법』처럼 극명하게 대비되는 경우는 드물다. 『손자병법』이 지혜로써 전법을 풀어나가고, 원론적이며 관념적인 개념을 다룬 것에 비해 『오자병법(吳子兵法)』은 정면에서 직공하는 방식을 택했고, 전쟁의 기술을 다룬 차이점이 있다.[10] 오자는 용인술(用人術)의 귀재로서 노나라에서 뛰어난 용병술(用兵術)로 적을 물리치지만, 시기하는 무리들에 의해 쫓겨나게 된다. 당시 위나라의 문후는 인재를 모으고 있었는데, 오자의 능력을 높이 사 그를 중용했다.

그는 위나라 문후가 죽자 초나라로 가서 활약하다 그를 시기하는 무리에게 피살되고 만다. 출중한 능력은 약인 동시에 독이었던 것이다. 오자는 팔로어와 똑같은 조건에서 생활했고 그들의 고통을 나눴다. 한번은 종기로 고생하는 팔로어의 종기를 직접 입을 대고 빨아주기도 했다. 오자는 결국 인간을 움직이는 진정한 힘은 명령이 아닌 마음이라는 것을 알고 있었고, 소통을 몸소 실천으로 보여주었다. 명령만으로는 마음까지 복종시킬 수 없다는 주의자였다.

그는 "현명한 인재를 우대해 높은 지위를 주고 무능한 자를 낮은 자리에 있게 한다면 우리 진영은 안정될 것입니다. 또 백성들이 집에서 편안히 농사를 지으며 담당 관리를 믿고 따른다면, 그로써 이미 수비는 견고해질 것입니다. 그리고 백성들이 모두 주군의 정치를 옳게 여기고 적국의 정치는 나쁘다고 믿게 된다면 전쟁은 이긴 것이나 다름없습니다"라면서 그의 소통 스타일은 조직의 활성화와 상하 간의 관계, 즉 조직의 내부 결속이 다져져야 비로소 힘을 발휘할 수 있다고 했다. 현대 행정관리에도 이러한 내부 결속은 매우 중요한 사안이다. 상사와 팔로어와의 관계가 원만하게 돌아가야 업무의 효율도 극대화시킬 수 있고 소통이 되기 때문이다.

2 병사의 등에 난 고름을 친히 입으로 빨아 주다

오자는 자질과 능력에 따라 일을 맡겼는데, 팔로어의 관리 체계가 확실하면 평상시에는 질서가 있어 예의 바르고, 전쟁 시에는 적군을 압도할 수 있다고 했다. 그는 전쟁터에 나갈 때 다음 세 가지 일에 유의해야 한다고 했다. "진격해야 할 때와 후퇴할 때를 분명히 한다. 즉, 진퇴의 요령을 알아야 한다. 병사를 굶주리게 해서도 안 되지만, 지나치게 배불리 먹여서도 안 된다. 즉, 식사의 절도를 지킨다. 병사를 마소같

10) 예를 들면 『손자병법』을 쓴 손무(孫武: 孫子)는 싸우지 않고 이기는 것이 가장 훌륭한 승리라고 했지만 오자는 전쟁을 현실로 보고 싸움에서 반드시 이기는 방법을 논했다. 실제 오자는 일생 76번을 싸워 64번을 이기고 12번은 무승부를 기록했을 정도로 실전에 강했다.

이 혹사시키지 않고 충분한 휴식을 준다. 즉, 병사가 언제나 최대의 힘을 발휘할 수 있도록 여유를 갖게 한다."

그는 교육 과정에서 병사 개개인의 자질을 파악하는 것이 중요하다고 말했다. "키가 작은 자는 접근전에 유리하므로 칼과 창을 익히게 한다. 키가 큰 자는 멀리까지 바라다볼 수 있으므로 궁술을 습득시킨다. 몸이 약한 자는 후방 근무에 돌리고 수완이 있는 자는 참모로 등용한다. 동향 출신은 한 부대에 모아 협력시키고, 분대마다 일치단결해 행동하게 한다"면서 리더는 팔로어의 특성에 따라 적재적소의 근무지를 배치해 그들의 능력을 최대한 발휘할 수 있도록 했다.

오자는 말단 병사와 같은 옷을 입고, 같은 음식을 먹고, 병사들과 함께 잠을 잤다. 병사의 등에 난 고름을 손수 입으로 빨아주면서 고통을 함께 나눴다. 오자가 수십 차례의 전쟁에서 단 한 번의 패배도 없었던 것은 팔로어와 고통을 함께하고 소통을 한 진정한 리더십이 있었기 때문이다. 오자가 팔로어를 얼마나 사랑했는가를 보여준 일화가 있다. 중국의 고대 정사인 사마천(司馬遷)이 쓴 『사기(史記)』의 기록이다.

병사가 등창이 나서 몹시 고생하고 있었다. 의원에게 그 병사의 종기를 보였더니 이 등창은 입으로 고름을 빨아주지 않으면 낫지 않는다는 것이었다. 이 말을 들은 오기 장군은 곧 그 병사의 종기에 입을 대고 고름을 빨아주었다고 한다. 며칠 후, 과연 그 병사의 등창은 의원의 말대로 씻은 듯 나았다. 이 광경을 본 한 동향(同鄕)의 병사가 휴가를 얻어 고향으로 가서는 등창을 고친 병사의 어머니에게 그 사실을 자랑삼아 전해 주자, 그 병사의 어머니가 뜻밖에도 눈물을 흘리며 슬퍼하는 것이었다. 소식을 전해 준 병사가 이상히 여겨 연유를 물어보니, 그 병사의 어머니는 더욱 슬퍼하며 이렇게 말하는 것이었다. "내 남편도 일찍이 오 장군의 부하였다오. 등창은 우리 가문의 내력이오. 그이가 등창으로 고생하고 있을 때 오 장군이 몸소 입으로 그 고름을 빨아 병을 고쳐주었다오. 그러자, 내 남편은 이렇게 고마운 장군에게는 목숨을 바쳐 은혜에 보답해야 한다고 말하고는 싸움터에서 용감히 싸우다 죽었다오. 그런데 이번에는 자식이 똑같은 병을 앓아 또다시 장군으로부터 은혜를 입었으니, 자식도 죽음으로써 은혜에 보답할 게 뻔한 일이오."

이 이야기는 오기 장군이 얼마나 부하를 사랑했는가를 보여준 전우애의 최상의 귀감이다. 전우애는 부하에 대한 사랑에서 시작하여 상관에 대한 복종으로 매듭지어진다. 이처럼 오자는 전국 시대의 대표적인 실천주의자였고, 현실적인 사고 방식을 지닌 인물로 손꼽힐 수 있다. 그가 팔로어에게 쏟는 애정이나 관심은 당시에도 큰 반향을 일으켰으니 시대를 초월해 팔로어의 마음을 움직인 그의 탁월한 리더십은 오늘날의 리더도 꼭 되새겨야 할 부분이다.

그림 12-6 오자의 오자병법

제 6 절 한비자가 전하는 소통 스타일

대학생 시절 읽었던 마키아벨리(Niccolo Machiavelli)의 『군주론』이 머릿속에서 희미해질 즈음에 동양의 마키아벨리라 불리는 『한비자』에 관심을 갖게 되었다. 어설픈 신뢰보다는 현명한 불신과 철저한 자기관리를 강조한 한비자는 춘추전국 시대 말기의 사상가로서 그의 저서 『한비자』는 제왕학(帝王學)의 고전으로 꼽힌다.[11]

사마천(司馬遷)의 『사기(史記)』에 의하면 한비자의 저서 중 『고분(孤憤)』과 『오두(五蠹)』를 우연히 진시황이 보게 되어 "이 책이야말로 내가 기다리던 것이다. 내 이 자를 만나 사귈 수 있다면 죽어도 여한이 없을 것이다!"고 감탄했다고 한다. 그때 이사(李斯)가 진시황(秦始皇)에게 "한비자를 얻고 싶으면 한나라를 공격하라. 그러면 반드시 한비자를 사신으로 보내올 것이다"고 건의하자 예상대로 한나라는 한비자를 사신으로 보내 화친을 빌었다.

한편 이사는 진시황이 한비자를 중용할 것을 두려워해서 황제에게 모함하고, 진시황은 그의 인물됨을 아껴 투옥시키는 데 그쳤다. 그러나 옥에 갇힌 한비자에게 이사는 독약을 보내 자살할 것을 강요하자 한비자는 그의 결백을 입증하기 위해 진시황을 만나볼 기회를 간청했으나 받아들여지지 않았다. 그 후 진시황이 자기의 잘못을

11) 중국을 최초로 통일시킨 진시황도 한비자의 글에서 통일의 비법을 찾았고, 현대 중국의 아버지인 마오쩌둥(毛澤東)도 『한비자』를 애독한 것으로 전해진다. 우리가 흔하게 알고 있는 『삼국지』의 주인공 축의 유비가 임종 시 유선에게 당부한 것도 바로 한비자였다. 전국 시대 말기 한나라 왕의 서얼에다 말더듬이로 출생한 그는 어머니가 신분이 낮은 출신이었기 때문에 비록 왕족이었지만 왕실에서 대우받지 못하는 불운한 처지였다. 이 같은 불운한 소년기를 가졌기에 일찍부터 학문 연구에 눈을 돌렸다.

깨닫고 그에게 석방 명령을 내렸을 때는 이미 그가 자살한 후였다. 이처럼 동문수학한 이사에게 비운의 죽음을 당한 한비자, 그는 냉철하고도 차가운 사상과는 달리 지독한 말더듬이인 탓에 자신의 주장을 군주 앞에서 조리 있게 내세우지 못함으로써 한나라에서 자신의 뜻을 펼치지 못했다.

1 가슴 속에는 『논어』의 '인'을, 머리에는 『한비자』의 '법'을 담아라

1) 옛것에 치우치면 새로운 상황에 대응할 수 없다

그의 대작 『한비자』를 통해 제대로 된 제왕이 되려면 권력을 어떻게 운용해야 되는지를 살펴볼 수 있다. 한비자의 소통 스타일은 전형적인 '법치형 리더십'이다. 그는 인재보다 조직 우선의 정책을 펼쳤는데, 뛰어난 인재라도 자기 역할에 충실하지 못한다면 해악을 가져온다고 했다. 한비자는 스승인 순자의 사상을 바탕으로 자신의 법치론을 실천적 학문으로 정리했다. 한비자는 순자가 말하는 인간의 악을 규제함에 예(禮)를 좀 더 엄격하고 실제적인 법 체계로 바꿔 실천적 법 체계론을 완성했다. 그래서 한비자의 리더십은 강력한 리더는 조직을 만들고, 뛰어난 리더는 조직을 움직인다는 법치형 리더십에 가깝다.

한비자는 세상이 끊임없이 변하기 때문에 이에 즉각적으로 대처할 필요가 있다고 생각했고, 그는 세상이 변화하는 이유를 물자의 부족에서 보았다. 리더는 "옛것에 치우치면 새로운 상황에 대응할 수 없고, 그래서는 이익이 생기지 않는다." 도(道)가 불변의 진리라고 주장하는 유가와 묵가를 비판하고, 상황 변화에 따라 적절히 대처해야 한다고 말했다. 시대의 변화에 따라 새로운 행정과 정치가 필요하다. 그리고 "사물에 위험한 징조가 보이면 주저하지 말고 결단을 내려야 한다"면서 유능한 리더는 "변화를 두려워하지 않아야 하며, 변화는 새로운 도약과 반전을 노릴 수 있는 기회가 될 수 있다"라고 했다.

한비자의 명언 중 유명한 모순(矛盾)이라는 것은 '원래 현실을 깊이 헤아려 살펴보지 않으면 안 된다'는 의도에서 나온 것으로, '모순이 없으면 변혁도 진보도 존재하지 않는다'는 의미다. 변화에 적극 대처해서 위기를 극복하라. 한비자는 유가의 도덕적인 주장을 '인의 소꿉장난'에 불과하다고 비판하면서, 부국강병을 이루지 않는다면, 행정을 잘하는 것이 결코 아니라고 했다.

2) 이익이 생기면 능력 이상의 힘을 발휘한다

한비자는 "이익이 있다면 무엇이든 하는 것이 인간이다"라고 하면서, 100% 이익만으로 인간이 움직이지는 않지만 이익 추구가 인간을 움직이게 만드는 강력한 동기 부여가 된다는 사실을 강조했다. 사실 전국 시대는 약육강식의 시대로 군신 관계는 이익을 둘러싼 줄다리기 관계였다.

한비자는 이회(李悔)의 이야기를 들면서 "시비를 가리기 어려운 소송 사건에는 활을 쏘게 하여 과녁을 맞힌 자의 승소로 하겠다"고 하자 백성들이 활쏘기 연습을 해서 전쟁 때 적국을 물리칠 수 있었다고 했다. 이처럼 사람들은 이익이 생기면 능력 이상의 힘을 발휘한다고 그는 확실한 동기 부여가 업무 능률을 향상시킨다고 말했다.

하지만 "네가 이익을 얻으려면 군주의 이익부터 도모하라. 네 집이 부자가 되고 싶거든 우선 나라부터 부강하도록 만들어라"라고 하면서, 한비자는 이익의 근본이 개인이 아니라 국가에서 비롯된다고 주장했다. 관리 기술을 이루는 근간은 개인이 아니라 집단이고 조직이다. 따라서 조직의 이익이 창출되면 자연히 개인도 이익을 얻게 된다면서 이익 창출의 순서를 조직 우선에서 찾았다.

3) 식언, 입에서 나온 것을 입으로 되돌려 넣는다

리더의 비전과 관리 목표가 일치할 때는 진언이 자연스럽게 받아들여지지만, 그렇지 않을 경우 의견이 묵살될 수 있다. 따라서 리더는 홀로 결정할 것이 아니라 다른 임원들과 상의해서 합의점을 찾는 것이 현명한 일이다. 따라서 한비자는 팔로어의 의도와 지혜를 분명히 파악하라고 했다.

신하(중간관리자)는 리더의 손과 같다. 신하란 군주의 신체에 비유하면 손과 같다. 손은 위쪽에 있으면서 머리를 매만지고 아래로는 발을 씻으며 또 추위와 더위에 따라 몸을 보호하는 역할을 한다. 예리한 칼이 몸을 위협하면 맨손으로라도 막지 않으면 안 된다. 신하란 이렇듯 군주의 손이므로 잘 관리하지 않으면 안 된다.

이렇게 뛰어난 인재를 잘 살펴서 등용해야 한다고 한비자는 생각했다. 그는 "현명한 군주라면 백성을 직접 다스리지 않으려니와 하찮은 일에 손대지 않는다." 즉, 현명한 리더는 신뢰할 만한 팔로어에게 위임해서 일을 올바로 처리한다는 점을 강조했다.

한비자는 군주가 신하의 말에 귀를 기울이는 방법은 신하의 입에서 나온 것을 그 입에 다시 넣는 것이라고 했다. '입에서 나온 것을 입으로 되돌려 넣는다'는 말은 자기 스스로 한 발언을 집어삼키는 이른바 '식언(食言)'이다. 즉, 스스로 약속한 말은 반드시 실천에 옮기라는 의미다. 군주는 계획이나 정책을 진언하는 팔로어가 제대로 실천에 옮기는지 잘 살펴야 하고, 성공의 가능성이 있는지 잘 살펴야 한다. 팔로어의 진언을 수동적으로 듣지 않고 적극적으로 들을 때 팔로어의 식언을 없앨 수 있다고 했다.

"하등 군주는 자기 능력으로 처리하고, 중등 군주는 남의 힘을 가급적 사용하며, 상등 군주는 팔로어의 지혜를 이끌어 낸다"고 한 것은 사람의 능력에 따라 일을 맡기는 것이 중요하다는 것이다. 따라서 리더는 팔로어의 능력을 잘 살펴서 합당한 업무를 맡기는 것이 좋다.

2 가까운 곳부터 살피는 자기 관리의 술법

1) 탁월한 능력을 소유했다면 사심을 버리고 등용해야 한다

한비자는 권세를 신하에게 빌려 주어서는 안 된다고 했다. 만약 그렇게 한다면 다른 신하들이 군주를 위해 일하는 것이 아니라 권세 입은 신하를 위해 일하기 때문이다. 즉, 조직의 운영은 인간의 성정에 거스르지 않고 사물의 도리에 따라 합리적인 틀 안에서 이뤄져야 한다는 주장이다. 한비자가 말하는 올바른 조직이란 오늘날 행정에서 국내외 정세를 면밀히 분석, 평가하고 종합적인 전략을 세워 그 틀 안에서 각 부서가 유기적으로 움직이는 시스템을 말하는 것이다.

한비자는 관리들에게 '원가 의식'을 심어 주어야 기본적으로 국가 통치가 수월해진다고 강조했다. 따라서 합리적이고 능률적인 조직을 만들기 위해 원가 의식을 필수적인 일로 보았다. 그런가 하면 훌륭한 자를 추천하는 데는 원수라도 개의치 않고 가까이는 제 자식도 상관이 없다고 주장했다. 즉, 리더는 적임자가 마음에 들지 않아도 탁월한 능력을 소유했다면 사심(私心)을 버리고 등용해야 한다. 이런 리더가 적재적소에 배치되어야만 리더의 약점과 결점이 보완되고 유기적인 체계로 조직을 이끌어 갈 수 있다고 했다. 이점은 오늘날 낙하산 인사, 정실 인사 및 특혜와 결부하여 숨은 의도를 새겨보아야 할 대목이다.

2) 신하의 여러 가지 말을 서로 비교하며 관찰하라

한비자는 나라를 태평하게 하는 술(術)과 위태롭게 하는 길을 구분했다. '나라를 태평스럽게 하는 술'의 일곱 가지는 첫째, 상벌은 행위의 결과를 보고 시비에 따라 행한다. 둘째, 재난(災難)과 봉록(俸祿)은 선악에 따라서 생기게 된다. 셋째, 형사 처벌은 법규에 따라서 행한다. 넷째, 사람의 구별은 선악에 따라야 한다. 다섯째, 현명함과 우둔함에 따라 팔로어를 구별하되, 평판으로 하지 않는다. 여섯째, 일을 하는 데는 추측 판단으로 하지 말고, 일정한 규칙에 따른다. 일곱째, 사람을 대하는 데는 신실(信實)을 으뜸으로 하고, 거짓으로 대하지 않는다.

한편, 군주가 신하를 제대로 거느리기 위해서는 일곱 가지의 술법(術法)을 알아야 한다고 했다. 첫째, 신하의 여러 가지 말을 서로 비교하며 관찰한다. 둘째, 죄 있는 자는 반드시 처벌해 위엄을 보여 준다. 셋째, 공을 세운 자는 반드시 상을 주어 그 능력을 십분 발휘하게 한다. 넷째, 신하의 말을 한번 들으면 만족하지 말고 그것을 실행하도록 한다. 다섯째, 신하에게 의심스러운 명령을 내리고 위계(爲計)를 써서 그 신하를 부린다. 여섯째, 알고 있으면서도 모르는 체하며 신하에게 묻는다. 일곱째, 마음과 반대하는 말을 하여 신하의 행동을 관찰한다.

한비자의 사상은 관료 제도를 통한 절대 군주 정치와 신상필벌을 통한 엄격한 법의 시행, 그리고 속국의 경제적 자족(自足) 등의 특색을 지녔다. 물론 윤리와 도덕의 역할을 과소평가한 것은 다시 되새겨볼 만한 문제지만, 혼란한 시기에는 이런 법가 체제가 가장 적합했는지도 모르는 일이다.

한비자의 사상은 중국 대대로 이어져 내려왔으며 한나라 무제 등 역대 황제는 말할 것도 없고 근세에 이르러 마오쩌둥 역시 한비자의 법가 사상을 존중했다. 임종에 이른 유비의 경우 아들에게 꼭 읽으라고 당부한 책 중 하나가 한비자였다고 하므로 현대 조직이론 및 소통과 협상 분야에서 필독해야 할 위대한 고전임에 틀림없다.

그림 12-7 한비자(韓非子)

제 13 장 영혼에 놓는 주사, 힐링을 찾아서

코칭(coaching)

영화 이야기를 하고 싶다. 어떤 책이라 해도 필자는 영화 이야기를 놓치지 않는다. 영화는 인간과 세상에 관한 소통 이야기를 담고 있기 때문이다. 모든 영화는 인간에 대한 이야기이고, 영화를 본다는 것은 결국 인간을 이해하는 일이다. 영화 속에는 나, 너, 그리고 우리의 이야기가 담겨 있다. 더불어 사랑하는 그녀에게 말 못한 고백도 숨겨 있다. 그것은 바로 나의 이야기다.

영화는 우리가 살고 있는 세상과 인간의 이야기로 나에게 말을 건다. 영화는 내가 생각하는 것, 내가 말하는 것, 내가 느끼는 것과 내가 선택한 것들에 대해 당신은 어떻게 생각하는냐?고 조용히 때로는 강렬하게 묻는다. 영혼에 놓는 주사 같은 영화를 만나 그대와 함께 힐링되고 싶다.

제 1 절 영화, 소통과 만나다

유통회사에 근무하는 박전무는 영화 마니아다. 필자는 그와의 만남에서 항상 좋은 영화를 소개받는다. 소통은 공감에서 시작되고, 공감은 나와 너의 생각과 감정이 하나가 되는 것이다. 우리가 영화를 보고 웃고, 울고, 분노하는 것도 '공감'이 있기 때문이다. 공감하고 싶으면 눈과 가슴을 열고 영화를 만나야 한다. 단순히 영화가 정해놓은 길만을 무작정 따라가도, 자신이 좋아하는 이야기만 들어서도 안 된다. 때론 정반대의 길을 가고, 다른 사람들을 만나고, 다른 눈과 가슴을 가질 때 영화는 새로운 세상과 인간을 만나게 해 준다. 영화에서 상처를 읽고 치유의 답을 찾고 싶다. 그래서 영화가 원하는 것은 나와의 '소통'이다.

1 <카모메 식당>: 말은 귀로 듣는 것이 아니라 마음으로 듣는 것

<카모메 식당>(2007)은 오기가미 나오코(荻上直子) 감독의 일본 영화다. 하지만 배경은 핀란드의 헬싱키다. 먼 타향에서 일본(?) 식당을 경영하고 있는 사치에상을 둘러싼 에피소드로 이뤄져 있다. 낯선 타국만큼 단지 고향이 같다는 이유만으로 터놓고 이야기할 수 있는 공간이 있을까? 오기가미 감독은 같은 나라, 같은 가정에서도 문을 걸어 잠그고 소통하지 않는 사람들을 낯선 타국으로 끌고 가 '관계'를 맺고 '소통'하게 만든다. 감독이 원하는 소통의 끝은 영화의 맨 마지막에 제시한다. 그 마지막 장면은 사치에상과 함께 카모메 식당에서 일하는 사람들, 그리고 손님들로 북적거리는 모습이다. 그런데 그 식당에서 일하고 있는 사람들은 사실 사치에상과 아무런 관계가 없는 사람들이었다. 관계와 소통이 형성되기까지 아무런 이유나 논리도 없는 그야말로 관계없는 사람들이었다. 한 명은 세계지도를 펴고 눈감고 찍은 곳이 핀란드에서 날아온 여인이고, 또 한 명은 비행사의 실수로 짐을 찾지 못해서 핀란드에 머물게 된 아주머니다. 그 외에 첫 손님이기에 커피는 평생 무료로 제공받는 청년, 술주정을 하던 여인 등 손님과 주인이 혼재하고 소통하는 공간이 바로 이 카모메 식당인 것이다.

1) 혹시 <갓챠맨> 주제가를 아세요?

관계를 만드는 방법을 이토록 잘 설명하는 장면이 있을까 싶었다. 사치에상은 첫 손님인 핀란드 청년이 물어본 <갓챠맨> 주제가가 아무리 생각해도 떠오르지 않는다. 그래서 처음 본 일본인에게 묻는다. '혹시 <갓챠맨> 주제가를 아세요?' 그리고 그녀는 <갓챠맨> 주제가를 부르며 써서 내민다.

소통의 시작은 물음과 답변이다. 얼마나 많은 인연이 이런 식으로 시작되었을까? "혹시 어느 학교 다니지 않으셨어요?, 어디 사시지 않으셨어요? 길 좀 알려주시겠어요? 커피 좋아하세요?" 등이다. 우리는 얼마나 많은 물음과 답으로 인생을 채우고 있을까? 만일 문답을 빼고 우리의 대화가 남는 것이 있을까? 잘 떠오르지 않는다. 어떻든 두 사람은 이런저런 이야기를 나누고 사치에상의 집으로 온다. 타향에서 동향 사람을 만나고 그가 함께 가자는데 거절할 만한 배짱을 가진 사람은 많지 않을 것이다. 그리고 차려진 밥상. 일본식 밥상이다. 밥과 된장국, 계란말이, 감자조림. 여인은 밥을 먹으며 눈물을 흘린다. 이때 사치에상은 조용히 휴지를 건넨다. 그리고 말없이 기다려 준다. 상대방이 감정을 추스르고 말을 다시 꺼낼 때까지…….

사람을 만나서 관계를 맺고 소통을 하는 과정을 이렇게 부드럽고 자세히 소개한 영화를 보지 못했던 것 같다. 영화 속 주연들은 모두 소통의 달인들 같다.

2) "마사코상 핀란드어 할 줄 아세요? 아뇨 전혀."

또 한 명의 소통의 달인은 마사코상이다. 짐 때문에 핀란드에 머무는 여인이다. 그녀 역시 카모메 식당에서 일을 돕고 있었다. 어느 날 술 취한 핀란드 여인이 식당으로 들어온다. 며칠째 식당 안을 째려보고 있던 여인이었는데 다짜고짜 들어와 독한 술을 시킨다. 핀란드는 잔술이 일반적인 것 같다. 한 잔을 시키고 한 번에 비우고는 주인을 향해 잔을 내민다. '핀란드도 잔을 돌리는구나' 싶은 대목이다. 영업 중엔 술을 마시지 않는다고 하니 옆에 있는 마사코상에게 내민다. 마사코상은 아무 말 없이 잔을 받아들고 단숨에 비워낸다. 술잔은 되돌아가야 하는 법! 마사코상은 다시 술잔을 내민다. 다시 한 잔을 마시던 여인은 그 자리에서 고꾸라진다. 카모메 식당 일행은 술 취한 여인을 업고 그녀의 집으로 간다. 거기서 마사코상은 그 여인의 간호를 자처한다. 핀란드어로 그 여인의 자신의 신세 한탄을 한다. 작은 액자를 보여주고 울고 이야기하고…… 이때 마사코상은 고개를 끄떡이며 그 이야기를 다 알아(?)듣는다.

돌아오며 그 여인의 사정을 정확히 설명하는 마사코상, 그녀에게 핀란드어를 아느냐고 했을 때 그녀는 당연하게 대답한다. '아뇨, 전혀.' 의사소통은 말로만 하는 것이 아니라는 것을 참 멋지게 보여주는 장면이었다. 메라비언의 법칙을 굳이 들먹이지 않더라도 언어가 생겨나기 이전에 우리는 무엇으로 소통했을까? 바로 이해하려는 '마음'이 아니었을까?

2 <템플 그랜딘>

<템플 그랜딘(Temple Grandin)>(2010)은 믹 잭슨 감독의 작품으로 세상과 소통하는 방법을 알게 하는 영화다. 실화를 그려낸 이 영화는 엔딩 부문에 묘한 전율이 있다. 먼저 주인공과는 무척이나 다른 외모(항상 영화 속의 주인공보다 훨씬 못한 외모)에 놀란다. 그리고 그들이 너무나 우리와 닮은 '보통' 사람의 모습이라서 더더욱 놀란다. 영화의 주인공과 대비해서 너무 수수한 모습, 그러나 너무나 행복한 모습이기에 놀라웠다.

이 영화의 주인공 템플 그랜딘은 현재 교수다. 그리고 지금까지 자폐증(autism)을 앓고 있다. 영화는 어린 템플이 세상으로 나아가고, 그 단계 단계를 소통으로 해결해 나아가는 성장 영화다. 이 영화를 보고 나면 틱 장애의 껄끄러운 말들과 자폐증의 끝없는 동작의 반복, 그리고 극도로 꺼리는 터치에 대해 잘 이해하게 된다. 또 그들의 반복이 더 이상 '나'를 위협하는 행동이나 말이 아니라는 것과 '나'와 '그(녀)' 사이에 다른 소통의 방법이 존재한다는 것을 이해하게 된다.

아이러니컬하게도 템플의 장애는 세상으로 나아가는 '문'처럼 그녀를 막기도 하고 열기도 한다. 자폐이기 때문에 세상을 사진 찍듯이 기억하고, 그래서 상대를 정확히 파악하고 방법을 만들어 낸다. 멀쩡히 말을 하고 그 말을 다른 이들이 다 알아듣고 있다고 착각하는 우리 스스로가 창피해지게 만드는 영화다. 템플의 말로 소통을 시작해 보자.

1) "고개를 높이 들고 어둠 속에도 두려워하지 말아요!"

템플 그랜든이 대학이라는 관문을 통과하며 졸업식사로 하는 연설에서 한 노래다. 졸업식사에 노래를 부르다니 참 대단하다는 생각이 들고 '인용'의 힘을 알고 했을까라는 생각도 들었다. 즐겨 보는 TV 프로그램에서 나온 노래를 외우고 반복하며 스스로의 삶에 지렛대로 만드는 템플. 그녀는 흡사 불가능한 적과 오합지졸로 멋지게 싸워 이기는 영웅의 모습을 닮아 있다.

템플은 스스로를 안정시키기 위해 소들을 안정시키는 기계를 본떠서 자신을 위한 기계를 만들었다. 이 기계가 대학에서 성(性)적인 것이라는 오해를 받기도 하고 부서지기도 하지만 결국 그들이 말하는 '근거'를 제시하고 설득해 낸다. 이런 어려움 속에서 템플은 소의 습성을 이해하게 되고, 순전히 소를 위해 인도적인(?) 도축 시스템을 고안한다.[1] 그녀는 이 시스템과 동물의 행동에 관한 연구로 교수가 된다. 세상에 거의 없는 자폐증 교수인 것이다. 자폐증을 가지고 있는 사람들과 가족들의 영웅, 템플 그랜딘 그녀의 졸업식사에서처럼 '고개를 높이 들고 어둠 속에도 두려워하지 말았던' 결과가 아닐까?

2) 함께 손잡고 문을 열다

영화에서 템플이 자동문을 두려워하고 건너지 못하는 장면이 나온다. 자동으로 닫

---

1) 이 시스템이 미국에서는 보편적인 도축 시스템이 되었다고 한다.

그림 13-1 〈카모메 식당〉과 〈템플 그랜딘〉

히는 문을 마치 단두대나 칼처럼 느끼는 것이다. 이때 어떤 사람이 템플의 손을 잡고 문을 함께 건네준다. 이 여인 역시 자폐증을 갖고 있는 가족이 있었다. 소통의 기반은 이해하는 것이고, 가장 좋은 이해는 겪어보는 것이다.

영화에서 '진정한 소통은 함께 두려움을 걸어가 주는 것'이라는 뜻을 지닌 장면이었다. 영화의 막바지에 템플이 자폐증학회에서 연설을 하게 될 때 또 문이 등장한다. 이번에는 템플의 상상 속에서만 보였다. 템플 스스로 열고 연단에 선다. 이제 그녀에게 가이드나 보호자는 필요 없는 단계에 이른 것이다. 문은 스스로 열 수 있고 스스로 닫을 수 있는 것이다. 누군가 문을 열고 들어올 때까지 기다린다면 당신은 문만 바라보고 인생을 끝낼 수도 있다. 하지만 그 문을 열고 먼저 다가간다면 또 다른 소통과 관계의 세계로 나아갈 수 있다. 혹시 또 아는가? 문 뒤에 '행운'이라든가 '사랑'이라든가 당신이 원하는 '성공'이 서 있을지!

3 <김씨 표류기>

이해준 감독의 <김씨 표류기>(2009)는 소통에 대한 새로운 소통의 규칙을 만든 영화다. "무슨 표류인데?"라고 묻는다면 이렇게 대답하고 싶다. <김씨 표류기>는 미국 영화 <캐스트 어웨이>와 비교되지만 사뭇 다른 영화라고……. 영화 내내 가볍고 유쾌한 코드들이 즐비하다. 하지만 그 웃음들 사이사이로 울 수밖에 없는 현실을 그려내고 있다. 이 영화는 한강에서 자살을 시도하고 밤섬에 표류하게 된 김씨, 그리고 어머니와도 문자로 대화할 수밖에 없는 은둔형 외톨이인 또 다른 김씨인 김정윤 두 주인공의 소통 이야기다.

1) 돌아온 대답 'Hi'

도저히 만날 수 없을 것 같은 두 사람은 김씨가 자살을 시도하다가 밤섬에 표류하고 처음 한 행동으로 소통이 시작한다. "무슨 표류인데?"라고 말할 때 그는 밤섬 모래 바닥에 'HELP'라고 써놓는다. 밤섬 바닥에 쓰인 구조 신호를 그 어떤 사람도 눈여겨 보지 않지만 방 안에 틀어박혀서 인터넷과 취미로 달 사진을 찍는 김정윤은 눈여겨 본다. 김씨는 밤섬의 표류 생활에 적응해 나아가면서 'HELP'를 'HELLO'로 바꿔 쓴다.

'도와 달라'와 '안녕하세요'의 차이는? 이제 김씨는 소통의 자세가 된 것이다. '도와 달라'는 기대고 기대어지는 관계다 즉, 동등한 소통이 될 수 없다. 반면 '안녕하세요'는 양쪽이 동등하다는 뜻이다. 세상을 향해 나는 이제 괜찮고 당신과 소통할 수 있다는 신호다. 그 신호에 누군가 답한다. 바로 자신의 좁고 어두운 방이 온 지구이자 세상의 모두인 여자다. 하지만 그녀는 홈피 관리, 하루 만보 달리기……. 그녀만의 생활 리듬도 있다. 유일한 취미인 달사진 찍기에 열중하던 어느 날, 저 멀리 한강의 섬에서 낯선 모습을 발견하고 그에게 리플을 달아주기로 하는 그녀. 3년 만에 자신의 방을 벗어나 그를 향해 달려간다.

김씨가 세상을 향해 보낸 HELLO는 의외의 답을 듣는다. 로빈슨 크루소가 수없이 떠나보냈던 병 속의 편지를 닮은 병 속에서 편지를 발견한다. 이때부터 두 김씨의 소통은 시작된다. 한쪽이 이야기하면 다른 쪽이 답하는 소통의 기본 틀은 유지한다. 하지만 사람들마다 삶의 방식이 다르듯 이 두 김씨도 그들만의 소통 방식을 만들어 낸다. 김씨가 모래 바닥에 쓰면 또 다른 김씨는 병에 편지를 넣어 던진다. 김정윤이 병을 밤섬에 던지기까지 준비하는 과정을 보면, 우리가 우리 주위의 사람들과 아무 의미 없이 주고받는 소통이 부끄러워지기도 한다. 그리고 모든 의사소통이 그렇듯 이들은 오해도 하고 갈등도 한다.

2) "짜장면 시키신 분~"

이 영화를 보고 모두 웃는 장면이다. 짜장면 배달원이 오리 배를 빌려 밤섬으로 가는 장면이다. 웃음 속에서 감독은 배달원의 노란색 티셔츠에 영문으로 한 문장을 새겨놓는다. 영화를 볼 때 유심히 보아라. 김정윤이 짜파게티를 먹고 싶어하는 김씨를 위해 짜장면 풀 세트를 배달시켜 주는 장면이다. 소통을 강화시키는 장치, 즉 선물이다. 상대가 가장 갖고 싶은 것을 주는 것은 상대방을 이해한다는 것이고, 그 대상과 완벽하게 소통한다는 증거다. 그래서 사람들이 오히려 작지만 꼭 필요한 선물에 감동하는 것이다.

김씨는 자장면, 간짜장, 삼선짜장 그리고 군만두까지 있는 이 선물을 감히 '반려'한다. '짜장면은 나에게 희망입니다'라는 대사를 남기고. 이 대사 역시 짜장면 배달원의 입을 통해 전해진다. 두 사람 정말 애틋하다. 두 사람이 처음 만나는 것은 시내버스 안에서다. 사람들의 시선도, 2억이 넘는 사채도 자살을 시도하러 63빌딩으로 가던 것도 아무 문제 될 수 없게 만들어 버리는 것, 그것은 바로 '잘 아는' 사람과의 소통이 아닐까? 소통은 삶을 만드는 것이니까.

4 <에브리바디스 파인>

<에브리바디스 파인(Everybody's Fine)>(2009)은 내가 본 가족 영화 중에서 가장 흠 잡을 곳이 없을 정도로 완벽에 가까운 가족 영화다. 혹시 아직 이 영화를 보지 않았다면 강력히 추천한다. 이 영화의 주인공인 로버트 드 니로! 아주 오래전 <택시 드라이버>(1976)에서 보았던 그 면도 자국 파랗던 젊은 얼굴이 이렇게 늙어버렸다. 장성한 네 자녀를 두고, 8개월 전에 아내를 잃었고, 직장에서 은퇴한 지 하도 오래되어 기억도 잘 나지 않고, 폐와 심장이 약해서 먼 곳에 여행조차 가기 어려운 노년의 사나이가 된 것이다.

평생 일밖에 모르고 살았던 남자가 이젠 아무도 없는 집에 혼자 남았고 흩어진 자녀들의 얼굴을 오랜만에 볼 겸 이번 주말에 자녀들에게 집에 와 달라고 부탁했다. 그래서 기대에 가득 차 집안을 청소하고 정원 잔디를 깎아놓고 맛있는 그릴 파티를 열심히 준비해 놓았는데, 모두들 사정이 생겨 못 온단다. 그것도 모이기로 한 당일 아침에 전화를 걸어서 말이다. 그나마 아들 데이빗에게선 아예 연락조차 없다. 그때 아버지는 결심한다. 자식들은 예고 없이 방문해서 놀라게 해주기로 한다. 깜짝 방문식 소통을 시도해 보기로 한 것이다. 하지만 이 영화에선 예고 없는 방문은 하지 말라는 메시지도 담겨 있다. 자식들은 다들 제 일로 바삐 돌아가고 아버지는 그들 집에서 하룻밤도 지내지 못한 채 거리로 내몰리고 만다. 그래서 프랭크는 버스를 타고, 기차를 타고, 트럭을 얻어 타고 의사가 절대 말리는 비행기까지 타면서 멀리멀리 여행을 한다. 뉴욕에서 라스베이거스까지. 그 와중에도 데이빗은 여전히 얼굴조차 보지 못한다.

로지(드류 베리모어: <라이딩 위드 보이즈>)와 로버트(샘 록웰: <웰컴 투 콜린우

드>)와 에미(케이트 베킨세일: <반 헬싱>)는 먼 길 찾아온 아버지를 냉정하게 돌려보낸다. 그렇다고 해서 이 영화가 <애리조나 유괴사건>(1987)처럼 비정한 가족사를 다룬다거나 <노인을 위한 나라는 없다>(2009)처럼 노인을 경시하는 막돼먹은 미국의 세태를 풍자하진 않는다. 오히려 그보다 훨씬 깊은 곳에 놓여 있는 '인생'을 다룬다고 해야 옳을 것이다. 특히, 사경을 헤매는 프랭크가 상상 속에서 어린 네 자녀와 식사하는 장면은 정말 좋았다.

정원 식탁에 늙은 아버지와 어릴 적 모습의 네 자녀가 앉아 있다. 이제 막 비가 내려 집안으로 서둘러 뛰어들어 가야 할 참이다. 그들은 무엇인가 아버지에게 한두 가지씩 비밀을 갖고 있다. 평생 모든 가정사를 아내에게 맡겨두었던 아버지는 목하 어린 자녀들을 혼내는 중이다. 그 중에서도 데이빗, 이 녀석은 그저 묘한 웃음으로 아버지를 비웃는다.

'영화에서 잔잔한 감동을 받았다.' 사실 이렇게 표현하면 영화평 치고 너무 건조하긴 하다. 그러나 어찌 보면 이 영화에 부여하는 가장 적절한 표현일지 모른다. 아버지는 데이빗을 결국 못 만난다. 하지만 아들은 어릴 적 들었던 아버지의 말을 잘 기억하고 있었다. "아버지가 아니었으면 절대 화가가 못 되었을 겁니다. 아버지 말대로 그저 벽에다 잡 그림이나 그리고 지나던 개가 벽에 오줌이나 누었겠지요." 그저 잔소리 삼아 했던 말인데 아들에게 중요한 인생 좌표가 된 셈이다. 그리고 데이빗의 멋진 그림(실제로 정말 멋진 그림이다!)까지……. 아버지의 유산이 그렇게 물려진 것이다. 탄탄한 연기력을 갖춘 네 배우들 덕분에 영화의 품위가 한껏 살아났다. 특히, 로버트 드 니로의 연기는 일품이었다. "모두 잘 있어요!(Everybody's Fine!)" 그 말이 무슨 뜻인지 잘 생각해 보기 바란다. 추천한다~! 가족 간 소통 영화의 최고봉이다.

그림 13-2 〈김씨 표류기〉와 〈에브리바디스 파인〉

5 <늑대소년>

2012년 11월에 개봉한 따끈따끈한 영화다. 집필의 막바지에 낙엽 진 가을 길을 걷다가 한숨을 쉬기 위해 CGV에서 보게 된 영화다. 줄거리는 뻔한 이야기였지만, 풋풋하고 사람과 사람이 어울려 적응하며 살아가는 모습을 잘 보여준 것 같다. 사람의 언어와 행동을 습득하지 못한 늑대 소년은 거칠고 야생적이지만 영혼 깊숙이는 굉장히 여리고 순수한 캐릭터다. 이 영화에서는 철수(늑대 소년)는 말하는 방법, 글 쓰는 방법을 모른다. 하지만 사람들과의 의사소통에는 문제가 없으며 자신의 의견을 표현할 수 있다. 그 이유는 그가 표정, 몸짓으로 하고 싶은 말을 표현하기 때문이다.

영화를 보면서 기억나는 장면 중에 여자 주인공(박보영) 소녀가 늑대 소년에게 옷 입는 법, 글을 읽고 쓰는 법 등 소년에게 세상에서 살아가는 방법들을 하나씩 가르쳐 준다. 그때 늑대 소년이 잘 습득하면 머리를 쓰다듬는 행동을 반복적으로 한다. 신발 끈을 묶는 방법을 배우고 소녀가 잘한다고 말만 하자 소년이 머리를 들이밀면서 쓰다듬어 달라고 행동으로 말하고 있는 장면은 꼭 말이 아니어도 그가 칭찬받고 싶어하고 사랑받고 싶어한다는 것을 느낄 수 있었다.

이 영화를 보면서 소녀와 철수의 진실한 사랑을 느낄 수 있었다. 그들은 서로에게 무언가 바라지 않고, 순수한 형태로 상대의 있는 그대로를 바라보고 사랑하면서, 아끼고 서로 보호하려고 노력한다. 자신의 모든 것을 걸고 상대방을 지키려는 그들의 모습은 진정한 사랑으로 보였다. 또 명장면으로 손꼽을 만한 것은 소녀가 철수가 위험에 처해 그를 지키기 위해 모질게 그에게 "가! 꺼지라고!" 소리치는 장면이다.

이런 말은 철수를 위하는 마음과 반대로 된 말을 그에게 함으로써 그를 다른 위험으로부터 보호하려 하는 대사였다. 말과는 다른 행동과 표정을 짓는 소녀의 감정과 그 말에서 느껴지는 애절함이 말과 행동이 반대로 표현되면서 더 크게 다가왔다. 같은 말이어도 표정과 행동으로써 다른 의미를 가지게 되는 언어의 표현이 매력적으로 다가오는 장면이었다. 그리고 이런 말을 들은 늑대 소년은 처음으로 말을 하게 되는데 그 말이 "가지 마"란 말이어서 더욱 슬프게 다가왔다. <늑대소년>이란 영화를 보면 의사소통을 하는 방법(비언어적 의사소통)과 사람과 사람이 맺어가는 관계, 그들의 순수한 마음을 읽을 수 있다.

아무튼 이 영화는 남자라서 안 울고 여자라서 우는 그런 영화가 아니다. 가슴 시린 기다림을 해본 사람이라면, 그렇게 기다리는 마음으로 누군가를 가슴에 품어본 적 있

그림 13-3 〈늑대소년〉

는 사람만이 이 영화가 노리는 감정선을 따라 갈 수 있다. 볼거리 풍성하고 화려한 영화를 좋아하는 사람이라면 이 영화에 실망한다. 다만, 소중히 여겼던 그 사람을 시간이 흘러 아, 내가 잊고 살았구나! 그렇게 아름답고 또 간절했던 내 사랑을…… 나는 그 사람의 그 마음을 잊고 살았구나! 하는 기억과 추억이 있는 사람만이 크게 공감할 수 있는 그런 영화다. 끝으로 이 영화를 여자 친구와 같이 본 남자는 송중기를 질투하지 마라.

소통을 위한 진단 코너: 영화가 묻다, 당신에게……

1. 영화를 보면서 가장 재미있었던 장면은 어딘가?
2. 영화를 보면서 가장 궁금했던 장면은 무엇인가?
3. 영화를 보면서 가장 중요하다고 생각한 점은 무엇인가?
4. 영화를 보면서 가장 가슴에 와닿는 명대사는 어딘가?
5. 이 영화를 만든 감독은 무슨 얘기를 하고 싶었을까?

제 2 절 소통의 최일선, 술자리에서 살아남기

소통의 최일선 현장인 술자리에서 술예절의 꼴불견자들, 이런 사람은 승진도 애인도 없다. 술자리는 화기애애하고 스트레스 푸는 좋은 좌석이지만 간혹 매너 안 좋은 꼴불견 때문에 분위기를 망치는 경우가 있다. 술자리 예절 중 최악의 유형은 어떤 것이 있을까? 술자리 예절은 자리마다, 지역마다, 나라마다 많이 다르지만 한국에서는 어느 정도 통용되는 것들이 있다. 필자 역시 술을 좋아해서(특히 막걸리) 술자리를 많이 하는 편이라 그동안 수많은 술자리에서 배우고 느낀 술자리 예절과 꼴불견을 정리해서 소개한다.

1 술자리의 기본 예절

무엇보다 가장 중요한 술자리 예절, 술자리 예절은 자신의 주량에 맞게 음주를 하는 것이다. 어려운 사람들이 술을 준다고 자신의 주량을 넘기면서까지 술을 마시게 될 경우 더 큰 실수를 하게 됨은 불 보듯 뻔한 일이다. 공적인 술자리에서는 되도록 자신의 주량보다 조금 덜 마시는 것이 좋으며 취했을 경우 안 보이는 자리에 가서 잠깐 쉬고 오거나 바람을 쐬고 오는 것도 좋은 방법이다.

최근 지방자치단체장과 각 당의 국회의원이 참석한 포럼에서 술자리 매너의 중요성을 재인식하게 되었다. 술자리에서 지켜야 하는 예절이라고 하면 별로 어려운 것은 없음에도 불구하고, 윗사람이나 어려운 사람과 술을 함께 하면 혹시 내가 예의에 어긋나진 않았나 하고 걱정한다. 술자리의 예절은 어려운 것이 아님에도 불구하고, 술자리에서 매너를 지키는 것은 술을 마실 때 중요한 것 중에 하나일 뿐이다. 하지만 잘못하면 윗사람이나 상사에게 미운털이 박힐 수도 있다. 그러므로 이성에게 비호감으로 찍히지 않게 세련된 술자리를 가져보아라. 사실 술자리 예의, 은근히 헷갈리거나 어려울 때가 있다. 상사나 윗사람하고 먹을 때 술자리 예의를 지켜야 한다는 강박 관념도 생기기 때문이다. 술자리 예절과 술자리 꼴불견은 어떤 것들이 있는지 알아보자.

1) 첫 잔은 사양하지 않는다

술자리 예절은 어른이나 직장 상급자와 함께 할 때는 전통적인 주도(주법)에 따르는 것이 도움이 된다. 즉, 기분 좋게 술이 취하지 않는 정도로 마시고 어른이나 상급자를 받쳐주는 역할에 충실하면 좋다. 또 나이가 같거나 직급이 같은 이들과 어울리는 술자리라면 적당한 선에서 분위기도 띄우고 일상과 직장생활에 쌓인 피로도 풀 정도로 끼와 재능을 맘껏 드러내되 다른 이들 보기에 지나치지 않은 정도가 좋다. 일반적으로 적당히 분위기를 맞추며 술에 과하게 취하지 않게 자기를 절제하며 즐겁고 유쾌하게 취하면 된다.

단, 첫 잔은 사양하지 않는다. 술을 못 마시는 사람이라도 첫 잔은 받고 입을 살짝 대는 것이 좋다. 초대받은 자리라면 취하지 않도록 긴장해야 하고 과음하지 않는다. 또 이때 술잔의 1/3의 양을 늘 남겨 놓으면 많이 마시지 않게 되고 조절하게 된다. 업무 이야기는 조심스럽게 해야 하며 기분이 좋아져서 엉뚱한 제안이나 약속을 하지 않아야 한다.

한편, 옆 사람하고만 대화하지 말라! 전체 분위기를 흐린다. 또 민감한 주제의 이야기는 피하고, 술을 강요하지 마라! 술자리에서 제일 듣기 싫은 말이 "제사 지내냐? 잔 비워? 원 샷! 먹고 죽자"라고 하는 것이다. 억지로 술 권하지 않는 것이 요즘 추세다. 술을 마신 다음날 전화 한 통을 잊지 마라. 가벼운 안부 전화는 필수다. 그러나 전날 술자리에 대해서는 말하지 마라. '집에 잘 들어갔느냐'는 정도에서 그치는 것이 제일 낫다.

2) 술자리에도 상석이 있다

술자리의 상석은 연장자, 직장 상사, 모임의 주체자가 앉도록 권한 뒤 나머지 사람들이 앉는 것이 예의다. 모임의 윗자리는 방 아랫목이나 벽을 등지고 앉아 출입문을 바라볼 수 있는 자리의 가운데라고 보면 된다. 즉, 1인자의 자리인 것이다. 상석에 버금가는 자리인 차석은 상석 맞은편인데 그곳에 앉으면 술먹는 내내 눈치는 보인다.

한국의 독특한 술 문화를 꼽자면 많은 사람이 잔을 돌려 마시는 문화다. 윗사람이 본인의 술잔을 주었을 때는 받은 술을 마시고 그 잔을 돌려주며 술을 따라주는 것이 예의다. 이때 술잔을 냅킨 등으로 닦아서 돌려주는 경우가 있는데 사람에 따라서 이를 기분 나빠하는 경우가 있으니 조심해야 한다. 또한 잔을 받고 급하게 바로 돌려줄 필요는 없으나 시간이 너무 지체될 경우 좋지 않은 인상을 줄 수 있으므로 유념하라.

한편, 음주 운전의 경우 자신의 명예와 재산상의 손해를 가져올 뿐만 아니라 전체 이미지를 악화시킬 수 있으므로 절대 하지 마라. 음주 운전을 한 사람에게는 인사고과에도 악영향을 받는다. 그러므로 주위에 많이 취한 사람이 있을 경우 적극 챙겨 줌으로써 좋은 자리도 만들어가고 자신의 이미지도 좋게 할 수 있다. 특히 귀가시 거래처 사람이나 상사에게 숙취 해소 음료를 한 병 챙겨줄 경우 자신의 센스를 뽐낼 수 있는 좋은 의전이 되니 적극 활용해 보길 권한다. 필자의 경험상 가장 기억에 남는 사람은 그들이었다.

술자리는 언제 어디서든 정신 똑바로 차리고 실수하지 않길 바란다. 술 마시기 전에 체내에 축적되는 알코올 독성을 해소하기 위해 숙취해소제를 30분 전에 챙기는 것도 몸을 보호하는 방법이다. 어쨌든 회식에 술자리가 있다면 젠틀한 술 매너를 보여주라.

3) 폼 나게 마시는 법

폼 나게 마시는 법이 딱히 정해져 있는 것은 아니다. 하지만 필자의 경험상 술을 받았을 때 자기가 먼저 술병을 집어 사람들에게 먼저 따라주는 것이 꽤 폼이 나 보였다. 물론 이럴 경우 샴페인이나 와인 같은 것은 따르는 법이나 병을 여는 방법 같은 것을 미리 숙지해야 한다. 소주 같은 것은 돌아가면서 상대 소주잔을 모두 채우고, 마지막에 자신이 소주잔을 받는게 좋다. 그리고 술자리에서는 폼 내려는 몸짓이나 말보다도 술좌석 예절을 잘 지키는 것이 제일 멋있어 보였다. 술을 못 마시는 사람이나, 여성을 챙기는 모습 같은 것도 폼이 나고 멋지지만 여자만 특히 챙기거나 립 서비스를 남발하는 사람을 보면 왜 저렇게 사나 싶다. 좀 조심스러운 사람으로 비춰진 것이 필자의 경험이다.

4) 술잔, 어떻게 권할까?

술잔을 두 손으로 따르는 것은 당연하고 술상이 마련되면 먼저 어른에게 술잔을 권한다. 그리고 정중한 태도로 두 손으로 술을 따른다. 오른손은 술병을 잡고, 왼손은 오른팔 밑에 댄 상태에서 옷이 음식에 닿지 않게 조심하여 따르면 된다. 술을 따르는 장소가 방이라면 두 무릎을 꿇거나 왼쪽 무릎을 꿇고 오른쪽 무릎을 세운 자세에서 따른다. 방은 불편하므로 윗사람과 술 마실 때는 테이블이 좋을 것이다. 장소가 테이블 의자일 땐 선 채로 따르면 된다. 술병은 오른손으로 병의 목을 쥐고 왼손 손바닥이나 검지를 오른손 손목에 가볍게 받쳐 들고 따르면 된다. 만일 술병이 무겁다면 술병의 몸통 아래를 왼손으로 받치고 따른다.

주전자로 따를 땐 오른손으로 들고 왼손으로 뚜껑을 가볍게 누른 자세로 따르면 된다. 이때 주전자나 술병 바닥이 자신의 몸 쪽을 향하게 해야 한다. 술을 술잔에 너무 가득 부어 넘치게 되면 예의 없어 보일 수 있다. 사랑이 넘친다는 것은 거짓말이다. 또 너무 적게 따라도 서운하게 생각할 수 있으므로 술잔의 약 80~90% 정도로 따르는 것이 적당하다. 왼손으로 술잔을 주는 것은 술자리에서 사람을 내쫓는다는 뜻이 있다고 하니 술잔을 권할 땐 꼭 오른손을 쓰도록 한다. 이 점 왼손잡이라도 오른손으로 해야 하므로 조심하기 바란다.

필자의 술자리 스타일을 소개한다. 첫째, 자기가 자기 잔에 술을 따르지 않는다.

단. 상대가 여성이라면 내가 스스로 따라 마신다. 절대 따라주길 원하거나 기다리지 않는다. 다만 몇 잔이 오간 후 여성이 따라주면 그때에는 잔을 받는다. 둘째, 술잔이 비었으면 발견한 상대가 즉시 술을 따라준다. 특히 윗사람일 때에는 상황을 잘 파악하여 술을 따라준다. 셋째, 되도록 방석(?)을 깔지 않는다. 즉, 술잔 비울 때 바닥을 깔지 않고 깨끗이 비우기를 실천했지만 이 방법은 술을 많이 마시게 되므로 최근에는 반 잔씩 나눠 마신다. 넷째, 윗사람이 자신에게 다가와 잔을 건네며 술을 따라주면 바로 마셔서 잔을 비운 후 그 잔에 다시 술을 따라주며 답한다. 다섯째, 술에 술을 가득 따르지 않는다. 잘 못 마시는 사람이면 조금만 따라준다. 아주 못 마시는 사람이면 사이다와 같은 음료수라도 잔에 따라서 같이 건배한다.

5) 상대방 사람에 따른 술자리 예절

웃어른이 술을 권해 받는 자리에서는 무릎을 꿇고 앉는다. 다만 어른이 편히 앉으라고 권하면 "감사합니다"라고 인사한 뒤 편히 앉으면 된다. 어른이 술을 따라주면 두 무릎을 꿇고 앉거나 오른쪽 무릎을 꿇고 왼쪽 무릎을 세운 자세에서 양손으로 술을 받는다. 오른손은 잔을 잡고 왼손으로 오른손 손목을 살짝 받친다. 술을 마시고 나서는 "감사합니다"라는 인사를 올린 다음 어른이 술을 마시길 기다린 뒤 잔을 비운다. 마실 때는 돌아앉거나 상체와 고개를 돌려 소리가 나지 않도록 마신다. 술을 권할 땐 먼저 "제가 한 잔 올리고 싶다"라고 양해를 구하고 따른다. 동년배에게 술을 권할 때는 오른손으로 술병의 목을 잡고 왼손바닥을 가슴 위에 가볍게 대고 술이 넘치지 않게 따르도록 한다. 만일 자신보다 연하의 사람이라 해도 술을 받는다면 정중하게 술잔을 받아야 한다. 이때 술잔을 왼손으로 받거나 손으로 턱을 받치고 술을 받는 건 예의에 어긋난다. 아무튼 나이가 많든 적든, 같은 연배이든 상관없이 이미 잘 알고 있거나 오랜 친구 사이라 해도 술자리에서는 공손히 예의를 갖추도록 한다.

6) 술을 못 마실 경우의 예절

술 못 마시는 사람이 의외로 많다. 술을 마시지 못해도 첫 잔은 받는 게 예의다. 첫 잔은 무조건 완 샷!!이 정석이 아니다. 감사 인사를 하며 받은 뒤, 마시기 싫으면 여럿이 첫 잔을 들 때 술잔에 입술을 대는 정도로 예를 표하면 된다. 그 와중에 술 안 마셨다고 너 딱 거렸어! 벌주 2잔!! 이런 사람은 드물다. 하지만 술을 받고 바로 술잔을 내려놓으면 예의가 아니다. 일단 입에 대어 조금 마신 뒤에 내려놓으면 된다. 또 건배한 뒤 술을 마시지 않아도 술잔을 바로 내려놓으면 실례다. 건배의 의미가 술을 마시자는 뜻이기 때문이다.

술을 마시기 싫어도 건배를 해야 할 때는 건배 후 술잔을 입에 살짝 대었다가 내려놓으면 된다. 어려운 것 하나도 없다. 하지만 술을 많이 마시면 실수를 하기 마련이니 꼭 적당히 주량껏 먹는 습관을 가져야 한다. 한편 술을 못 마시는 사람들에게 억지로 술을 강권하는 것은 절대 금물이며, 특히 남성이 여성에게 그럴 경우 더욱 좋지 않은 인상을 가질 수 있으므로 남성은 조심해야 한다.

2 술자리에서 꼴불견인 스타일

검찰청에서 마약전담반을 담당하는 권검사는 나의 고등학교 동기다. 권검사와 술자리 꼴불견에 대해 이야기를 나눈 적이 있다. 그때의 기억을 바탕으로 다음과 같은 사람을 술자리 최악의 매너자로 임명한다. 술자리 대상이 이런 스타일이라면 조심해야 한다. 만일 당신이 그런 스타일이라면 조심하라. 잘못하면 술 때문에 신세 망친다.

1) 술자리에서 반말하는 스타일

술만 조금 들어가면 반말하는 사람이 가장 꼴불견이다. 분명 처음에는 제대로 된 호칭을 썼던 사람이 술이 조금 들어가면 반말하는 사람들이 있다. 반말을 한다는 것은 이미 말도 막하는 것이다. "○○씨~"하던 사람이 "○○야~~! 마셔!!"로 변하고, "형님~~했어요?" 하던 사람이 "형! 그랬어?"로 변하고, "선배님" 하던 사람이 "○○아~~"로 변하고… 여직원에게 "김양아~ 오늘 좀 마셔!~" 이렇게 변하는 사람도 있다. 정말 듣는 사람으로 하여금 기분이 나쁘게 만든다. 남녀노소 눈에 보이는 것 없이 혼자 야자타임 시작하는 사람들이다. 정말 꼴불견이다. 단, 귀엽게 좌중을 웃기면서 레크리에이션을 겸해서 한다면 그는 '주신(酒神)'이다.

2) 자기 이야기만 하는 스타일

아무도 모르는 자기 얘기를 계속 늘어놓는 사람이 있다. 특히 어디에서 누구를 만났는데, 어디를 갔는데 등 처음에는 서로 얘기하고 들어주고 그럴 수 있다. 그러나 너무 지나치면 모르는 분야 이야기고 내용도 딱딱하고 재미도 없다. 상대방을 배려하여 이야기를 들어주는 사람도 생각해 주어야 한다. 도를 넘어서면 안 된다. 같은 분야, 같은 전공, 같은 학교, 같은 직장 사람들이라고 해도, 술자리에서 공적 이야기는 가급적 조금만 하는 것이 좋다. 술자리에서 동료 간 간단한 일 이야기는 좋지만 너무 심하면 술자리 분위기를 깬다. 이처럼 경박하게 자기 자랑을 하는 사람은 자신을 과시하고 싶은 마음에 떠벌리기를 좋아한다. 이들의 말과 행동은 술좌석에 참석한 사람들에게 상처를 주기도 하고, 비난을 사기도 한다. 그러므로 우리는 늘 말과 행동을 조심해야 한다. 아무리 재능이 뛰어나고 자신감이 넘쳐도 오만한 태도를 가져서는 안 된다. 재능과 능력이 우월해도 항상 몸을 낮추는 법을 배워야 한다. 머리를 숙이면 문지방에 부딪히는 일이 없다고 했다.

3) 집에 갈 생각 안 하는 스타일

이미 시간이 늦었는데 집에 갈 생각이 전혀 없는 사람이 있다. 1차, 2차, 3차~밤늦게까지 술 마시면서 집에 간다는 사람 끝까지 잡고 안 놓아주는 경우가 있다. 상대방은 몸이 아플 수도 있고 컨디션이 안 좋을 수도 있다. 집이 멀 수도 있고, 집에 가서 해야 할 일이 있을 수도 있다. 정말 집에 가고 싶은 사람도 많을 것이다. 그런데 끝까지 함께해야 하는 의지를 불태우는 사람이 있다. 전생에 전쟁터의 전우였는지 왜 그렇게 집에 갈 때만 똘똘 뭉치는 것일까? 1차 간단히 시작해서 농구처럼 4쿼터까지 가는 스타일, 야구처럼 9회까지 가는 스타일, 아니면 완전 일찍 귀가하는 스타일(다음날 아침?) 등 다양하다. 놀 사람은 놀고 갈 사람은 가고, 적당히 분위기 조절해야 한다.

4) 술주정이 심한 스타일

술 취하면 주위의 물건을 때려 부수고 사람과 싸움을 시도하는 남자, 보이는 대로 주먹으로 치고, 다른 사람한테 시비 거는 사람, 술 취하면 우는 여자, 그것도 대성통곡하면서 우는 여자, 이런 말도 안 되는 술주정을 가진 사람은 절대 술을 마시지 않는 것이 자신의 이미지를 유지할 수 있는 유일한 방법이다. 그래도 술을 마시고 싶다면 혼자 집에서 마시면 된다. 이런 사람들은 의외로 많다. 자신의 술버릇이 어떤지 철저히 점검하고 자신의 주량을 철저히 지켜야 나중에 왕따를 면할 수 있다. 술자리에서 매너 좋은 사람이 진짜 멋진 사람이다. 특히 여성들은 술을 마셔도 끝까지 자신을 지키는 남자를 보면 매력을 느낀다.

5) 술 마시기 전과 마신 후가 다른 스타일

좋았던 회식 자리. 서로가 마음에 들어서 2차로 맥주 한잔 마시러 가기로 합의를 했다. 분위기 좋게 둘이서 맥주 한잔 하고 있는데…… 술이 어느 정도 돌자 갑자기 터프해진다. 여기서 터프란 한마디로 사나워진다는 것이다. 갑자기 반말하거나 다른 사람을 비판하기 시작한다. 또는 뭐가 마음에 안 드는지 소리지르며 주인을 찾아서 따지고…… 이런 일이 있다면 당신은 어떻겠는가? 아무리 지금까지의 이미지가 좋았다 하더라도 이렇게 이중적인 모습을 보이면 차라리 처음부터 이미지가 나빴던 것보다 더 느낌이 좋지 않다.

특히 여자의 경우, 술 마시기 전까지는 얌전하고 요조숙녀 같아 보이다가 술이 들어가니까 갑자기 반말을 하고, 소리를 크게 지르는 등 돌변해 버린다면 모든 정은 그 순간 떨어져버리고 만다. 만약, 당신이 이런 이중적인 모습을 갖고 있다면 어떤 핑계를 대서든지 절대 술은 마시지 마라.

6) 안주발만 세우는 스타일

어렵고 힘든 요즘 시기에 모두의 주머니 사정이 좋지 않을 때다. 그러므로 웬만하면 안주발은 삼가야 한다. 그렇지 못하고 안주발만 세우고 있는 사람은 두 번 다시 술자리에 끼이지 못할 것이다. 아마 이런 사람은 술도 잘 안 마신다. 배가 고프면 술자리에 가기 전에 바나나 우유나 떡볶이, 라면 같은 것으로 약간의 요기라도 하고 가라. 그렇지 않으면 미운 털 박힌다. 물론 처음에는 예뻐 보이지만 나중에는 결국 그런 사람임을 알게 된다. 이런 사람일수록 회비는 안 내면서 회식 자리에는 꼭 참석한다. 회비도 옆 친구에게 나중에 갚는다면서 빌려서 낸다. 이런 사람일수록 마치 자기가 술값을 낼 것처럼 마구마구 안주를 시킨다. 필자가 겪은 경험담이므로 거의 정확하다.

7) 지나치게 멀쩡한 스타일

술은 마시다 보면 어느 정도 취해서 서로의 진실된 이야기를 하게 되고 정겹게 이야기하는 시간이 다가온다. 물론 이런 때는 서로 약간의 실수도 하고 그런다. 이런 것들은 다음날 웃으며 얘기할 수 있는 추억이 된다. 그런데 이런 상황에서도 여전히 멀쩡하게 선배들의 취한 모습을 멀뚱멀뚱 구경하고 앉아 있는 후배들이나, 무슨 구경난 것처럼 얼굴 찡그리며 다른 사람들을 바라보고 앉아 있는 사람이 있다면 영 거북하다. 술자리에서 다들 취해 있을 때는 자신도 약간이라도 취한 척 해 주는 것이 좋다. 같이 노래도 부르고, 같이 소리도 질러보라. 이런 것을 혼자하면 나쁜 술버릇으로 찍히지만 모두 그렇게 놀 때에는 어느 정도 수준을 맞춰주는 것이 현명하다.

8) 술자리에서 억지로 술 권하는 스타일

술을 못 마시겠다는데…… 술을 안 먹겠다는데~ 왜 그렇게 억지로 먹이려고 하는지? 또 술 안 먹는다고 분위기까지 험악하게 조장하는 사람이 있다. 특히 정말 매너 없게 남성들이 술 못하는 여성에게 억지로 마시라고 하는 경우가 있다. 술 먹여서 취하면 뭐 어쩌겠다는 것인지? 그 정체를 알 수가 없다. 만일 당신이 여성이라면 억지로 술 강요하는 남자는 절대 만나지 마라. 그런 사람 다른 곳에서도 그 짓 하고 다닌다. 특히 그놈의 건배는 3분에 한 번씩 하려고 한다. 상대방 술 그만 먹이고 술 마시고 싶은 사람만 적당히 마시게 해야 한다. 술을 못 마시거나 마시기 싫은 사람은 분위기상 적당히 자리만 지켜주고 서로 배려하는 마음이 필요하다.

9) 끝까지 술 안 마시는 스타일

이런 스타일은 여자에게 많다. 얌전한 척을 하는 건지 끝까지 술 못 마신다면서 버티면 술자리 분위기는 그 한 여자 때문에 완전히 망쳐지게 된다. 술을 정말로 못 마신다 해도 술잔은 우선 받아 두는 것이 좋다. 또 이런 사람은 안주발만 세우는 스타일이다. 아침, 점심, 저녁 굶고 왔나라는 생각이 든다. 술자리에서는 술을 마시고 술안주로 먹기를 간절히 바란다. 그래서 다른 사람이 건배할 때는 따라서 웃으면서 건배하고 입술만 닿게 하면 된다. 간혹 억지로 먹이려고 하는 사람도 있지만 요즘에는 그렇게 강권하는 사람은 많지 않다. 하지만 끝까지 술 안마시고 내 차를 대리운전해 주거나. 다른 사람을 챙겨준다면 꼴불견에서 신사로 변한다.

10) 필자의 사심이 담긴 꼴불견

필자가 개인적으로 제일 싫어하는 술자리 스타일은 술잔 받아놓고 술 안 따라주는 사람이다. 이때에는 나 혼자 따라 먹고 앞에 앉은 사람 3년간 재수있으라고 기도해 준다. 대학 시절에는 술자리에 자기 친구 데리고 오는 스타일이 용서가 안 되었다. 당신 친구가 원빈, 김태희급이라면 용서가 될지 모르겠지만 보통은 그 친구와의 만남을 원했기 때문에 다른 사람의 방문은 참기 힘들었다. 요즘 와서 참기 힘든 스타일은 "한 말씀 하시죠?~" 했을 때 눈치 없이 너무 길게, 횡설수설 연설하는 사람이다. "아~ 누가 한 말씀하라고 시켰냐?"라 되묻고 싶다. 이처럼 분위기 고려 없이 자기 말만 늘어놓는 자기 주도형 스타일은 나를 멘붕 상태로 만든다. 술이 갑자기 깬다. 물론 멋진 취중 명언이 술자리에 넘쳐나고 감동의 명연설이라면 대환영이다.[2)]

그림 13-4 술 한잔 해요

제 3 절 소통, 그 이상의 이야기

1 게임 세대와 소통하기

1) 게임에 대한 편견을 버려라

'게임 세대'는 게임을 통해 소통하고 새로운 가치관과 사고 방식을 배우므로 부모들은 게임에 대한 편견을 버려야 한다. 1970~80년대에 TV와 영화에 열광한 청소년들이 오늘날 미디어 산업을 이끌듯 게임은 현대 청소년들의 피할 수 없는 문화이자 라이프 스타일이다.

세계적인 미래전략가 벡(John C. Beck)의 저서 『게임 세대 회사를 점령하다』에서

---

2) 그 밖에 일반인을 대상으로 설문조사한 것을 보면 다음과 같은 스타일이다. 음담패설과 말로 분위기를 어지럽히는 사람, 술값을 내지 않으려고 이리저리 빼거나 그냥 가버리는 사람, 술만 마시면 여기저기 시비 거는 사람, 이성에게 마구 들이대는 사람, 술 마시는 중간에 도망치듯 혼자 빠져나가는 사람, 했던 말을 끝도 없이 반복하는 사람, 갈등을 유발시켜 분위기를 저하시키고 참석자의 불편을 유도하는 행위, 술자리 분위기 파악 못하고 자기 이익만 꾀하는 행위, 술에 취해 이성을 스킨십 혹은 성추행하거나 동료, 친구, 상급자, 하급자 인신 공격하거나 모욕하는 행위, 술에 만취해 울거나, 갑자기 사라지거나 폭언이나 폭행을 하는 행위, 술 마시고 귀가 시 음주 운전하는 사람이다. 한편, 술자리에서 함께 하고 싶은 최고의 멤버로는 술값을 지불하는 데 인색하지 않은 물주 친구, 재미있는 말, 즐거운 게임으로 유쾌한 분위기를 주도하는 사람, 탁 터놓고 무슨 말이든 털어놓을 수 있는 사람, 나와 코드가 맞는 사람, 술자리에서 있었던 일은 다시 입에 올리지 않는 사람, 술자리가 끝날 때까지 함께하는 진득한 사람, 묵묵히 내 기분을 맞춰주는 사람 등이다.

도 미래의 지배자인 게임 세대들은 전문가적 능력, 새로운 상황에 대한 빠른 분석력, 경쟁과 성취감 즐기기, 동시에 여러 일을 처리하는 멀티태스킹, 위험 감수와 위기관리 능력 등을 갖추고 있다고 분석했다.

게임의 가장 큰 효과는 몰입이라고 할 수 있다. 몰입하는 순간에 사람이 스스로 주인 의식을 갖고 기분이 고양되어 최적의 행복감을 느낀다. 그래서 게임도 공부도 몰입할 때 좋은 성과를 낼 수 있다. 게임이 공부를 방해만 하는 것이 아니라는 보고에 의하면 게임을 하면서 집중력도 키우고 리더십을 기를 수도 있다는 것이다. 특히 롤플레잉 게임은 성취감을 주고 사회성을 높여준다는 것이다. 보고에 의하면 1주일에 평균 12시간 게임을 하는 평균 16세 이용자 500명을 대상으로 설문 조사한 결과 롤플레잉 게임을 하는 가장 큰 이유로 성취감을 꼽았다. 응답자들은 게임을 하면서 사회성 · 탐구력 · 전략 조작력 · 캐릭터 운용 · 몰입 · 집단 및 개별 활동력 등을 기를 수 있었다고 했다.

이런 요소들은 소통과 리더십의 요건에 해당되는 것이다. 게이머들이 게임 프로그램에 따라 과제를 수행하면서 다른 게이머들과 집단을 구성하고 역할을 분담하는가 하면 위기를 관리하기 위해 의사결정을 하고 팀원의 갈등을 중재하면서 상황 대처 능력을 배운다는 것이다. 또한 리더는 능력에 맞게 팀원들과 소통하면서 협동력을 이끌어 낸다는 것이다. 실제로 롤플레잉 게임은 게이머의 지도력을 키우는 데 활용되는데, 세계적인 기업 IBM과 미 국방부 같은 곳도 직원들의 목표 성취 동기와 타인과의 사회성을 향상시키기 위해 롤플레잉 게임을 시키고 있다(중앙일보, 2008.1.30).

2) 마음의 빗장을 닫은 아이들

게임은 항상 부정적 결과만을 가져오는 악마가 아니다. 다만 현실 도피와 고독의 해결책으로 게임에 빠져 반사회적인 행동을 하는 것이 더 큰 문제이므로 과도한 게임 몰입은 피해야 한다. 그런데 아이들에게 학교란 재미없는 곳이다. 학교에서 배운(울) 것을 학원에서도 다뤄주기 때문이다. 공부란 남과의 경쟁에서 이기고 성적을 올리는 수단일 뿐이다. 친구들과 놀 시간도 부족하다. TV 보는 시간보다 부모와 이야기할 시간이 훨씬 짧다. 성적을 생각하다 보면 가출 충동을 느끼고, 자살마저 떠올리는 아이들도 있다. 이 아이들이 쌓인 스트레스를 풀 수 있는 거의 유일한 해방구가 인터넷과 게임이다. 사이버 공간은 어리다고 무시당하지 않을 수 있고 하고 싶은 말을 마구 할 수 있다. 그러나 게임을 통해 성취감과 만족감을 느끼지만, 다시 현실로 돌아오면 별 볼 일 없는 모습뿐이다.

이때 진정한 대화란 있을 수 없으며 아이들은 아무 생각 없이 그저 재미로 게임을 즐기고 인터넷으로 소통을 하는 것처럼 보일 뿐이다. 꿈이 없는 아이들에게 무료한 시간을 보내는 놀이터에 불과한 것이다. 그들에겐 무언가 채워지지 않는 것이 있다. 아이들은 휴대폰과 메신저를 통해 다른 사람들과 늘 연결되어 있기를 바란다.

함께 할 시간이 부족하고 외롭기 때문에 게임 속에서 상대방 캐릭터를 짓밟으며 쌓이는 울분과 스트레스를 욕설과 함께 배출한다. 현실에서 인정받고 감정을 해소할 만한 출구가 없을수록 온라인 세계에 더 깊이 빠져들게 된다. 게임 자체가 목적으로 변질되기도 한다. 청소년 사이에서 유명한 온라인 게임은 게임 머니나 아이템을 얻기 위해 다른 사람을 속이거나 괴롭히는 일이 허다하다.

게임과 인터넷에 빠진 아이들이 겪는 스트레스와 정서적 필요가 무엇인지 들여다 보아야 한다. 그 마음을 알아줄 때에 소통이 시작되고, 마음의 빗장이 열리기 때문이다. 인터넷과 게임에 빠져 허우적대는 아이들을 양산한 데는 어른들의 책임이 크다. 게임 회사는 게임을 통해 게이머가 심리적으로 보상을 받고 오랜 시간 게임 속에 머물도록 다양한 장치를 심어놓았다. 특히 온라인 게임은 기존 게임과 달리 여러 사람과 협력을 하는 경우가 많기 때문에 단독적으로 그만두고 나오기가 어렵고 중독성도 강하다. 자신의 행동에 대한 결과인 게임 점수로 즉시 화면에 나타나므로 더욱 빨려

그림 13-5 게임 세대와 소통하기

3) 최근 지하철이나 버스를 타면 대부분의 사람이 작은 스마트폰 화면에 몰두한 채 게임을 즐기는 모습을 자주 목격할 수 있다. 엄청난 인기를 끌고 있는 스마트폰 게임 '애니팡', '드래곤 플라이트', '모두게임', '퀴즈 킹' 등이 주인공이다. 국내 3,000만 명 정도인 스마트폰 가입자 절반가량이 즐기고 있는 이 게임은 간단한 게임 규칙과 지인과의 순위 싸움 등으로 인해 일종의 중독성을 보이며 아침부터 저녁까지 틈만 나면 스마트폰에 몰두하게 만든다. 동시에 스마트폰 과사용으로 인한 '스마트폰 신종 질병'이 늘고 있다. 집착, 환청, 중독 등 정신적 부작용을 포함해 스마트폰은 우리의 신체 건강에 매우 나쁜 영향을 미친다.

든다.[3] 그래서 마음의 창을 닫아버린 아이들과의 진정한 소통을 위하고 건강한 게임 문화를 위한 사회적 안전장치에 관심과 배려가 필요하다. 이제라도 기성 세대들은 게임 세대와의 소통에도 게을리하지 말자.

2 자연과 소통하기

최근 우리 사회의 화두는 '소통'과 더불어 '힐링'이다. 서로 통하지 못하고 막혀 있어서 치유가 되지 않고, 그로 인해 각종 질병에 노출되기 쉽다. 자연과의 끊임없는 소통을 추구했던 옛 선조들은 깨끗한 공기, 물, 흙, 나무 등의 생명 인자를 통해 건강한 생체환경을 유지했으나 현대인들은 자연과의 소통을 원하기는 하지만 이미 오염되어 있는 자연환경 때문에 소통의 통로가 막혀 버린 상태다.[4]

1) 질주하는 경주마

오늘을 살아가는 우리의 모습은 질주하는 경주마와 같다. 왜 이리 바쁘고, 무엇이 급한지? 어디를 향해 달리는지? 어디쯤에서 멈춰야 할지 모르고 그냥 달린다. 질주 본능이랄까? 잠시라도 멈추고 있다면 지금까지 쌓아온 모든 것이 금방 무너지는 것 같고, 사람들에게 무시당하고 따돌림받을 것 같다. 남에게 뒤처지는 것 같고, 낙오하는 것 같아서 가슴이 아파오든 등골이 휘든 체력이 소진되고 에너지가 고갈되어도 뛰다가 죽는 한이 있어도 달려간다.

이 얼마나 불쌍한 우리의 자화상인가? 사람이 사람인 것은 감동하는 능력, 생각하는 능력, 사물의 이치를 깨닫고 행동하는 능력일 텐데 늘 군중 속에서 그들과 경쟁하고 비교하고 뒤엉켜 살다보니 내가 누구인지? 왜 사는지 목적을 상실하고 있다. 나 자신보다는 남을 의식하면서 행복과는 동떨어진 삶을 살아가고 있다. 눈 깜짝할 사이 정년퇴직이 다가오고 황혼기에 접어든다. 지나간 삶을 돌아보면 번갯불 같고, 한바탕 꿈을 꾼 것 같고, 물거품 같고, 아침 이슬 같다.

잘살아야 한다. 지나간 과거에 얽매일 필요 없다. 아직 다가오지 않은 내일을 걱정

4) 암이나 난치성 질환자들은 자연환경의 적절한 조화만이 예방과 최선의 치료 방법이다. 그래서 많은 힐링센터와 식이요법으로 암을 치료하는 기관들이 생겨나고 있고, 자연과의 소통을 통한 치유 프로그램을 운영하고 있다. 청정지역에서 재배된 각종 야채, 과일 등으로 건강 식단을 제공하고 자체 시설인 산책로와 등산로를 통해 끊임없이 자연과의 대화를 이끌어 내고 있다.

할 필요는 없다. 과거의 상처 대문에 현재 괴로워하는 사람은 착각을 하고 있는 것이다. 아직 오지 않은 미래의 일을 걱정하는 것도 착각 속에 사는 사람이다. 미래에 대한 계획을 세우는 것은 좋지만 미래에 대한 걱정에 빠져 현재 괴로워하지 말라. 오직 오늘, 지금, 이 순간, 나하고 마주한 일과 사람들에게 최선을 다하면서 물같이 유연하게 흐르는 삶을 살 때, 행복도 찾아오고 건강도 지키는 법이다. 의학, 생명공학, 유전공학 분야가 눈부시게 발전하면 할수록 사람의 목숨은 자꾸자꾸 연장된다. 평균수명 125세가 바로 눈앞에 펼쳐졌다. 이제 몇 살까지 살고 싶다고 하는 고민은 지났다. 어떻게 살까? 삶의 질과 행복지수가 문제일 뿐 병들지 않는 건강한 삶, 노년에 추하지 않을 경제력, 건전한 여가 선용만이 당면한 과제이자 한결같은 소망이다.

자식들이 부모를 섬기고 봉양하고 노후를 끝까지 책임지는 세상은 이미 지났다. 자식에게 부담되지 않는 노후와 건강하게 살아갈 의무가 우리 자신에게 있다. 병들지 않으려면 지속적인 운동도 해야 한다. 마음을 채우기보다는 비우기에 힘쓰고 긍정적 마인드로 전환해야 한다. 이것은 빠를수록 좋다. 건강할 때 예방 차원의 운동은 큰 힘 들이지 않고도 쉽다. 몸이 아프기 시작하면 의지력이 약화되고 의욕이 상실되며 나중에는 자포자기하게 되기 때문이다.

2) 내 삶을 촉촉한 여유로움으로 채워주는 애인

앞만 보면서 질주하는 현대인에게 자연과의 소통은 절실한 세상이다. 삶을 업그레이드시키고, 여유롭게 전환하려면 자연과 친숙해져야 한다. 자연은 위대한 어버이요, 스승이요, 친구이자 파트너다. 자연과의 소통에 눈을 돌려야 한다. 자연 속에 만병 퇴치의 묘방이 숨어 있으며 자연과 친교가 많을수록 마음은 너그러워지며 욕심은 현저하게 줄어들고 참사랑이 무엇인가를 알게 된다. 울창한 숲 속에서 살아가는 수많은 생명의 지혜를 터득하고 작은 돌멩이 하나에서 억겁(億劫)의 세월과 응집한 에너지를 섭취하게 된다.

늦가을 청량하게 울어대는 귀뚜라미 소리에서 세월을 인지하는 능력을 배우고, 높은 곳에서 낮은 곳으로 흐르는 물의 성정에서 겸손과 하심(下心)을 배우게 된다. 하염없이 내리는 빗소리와 불어오는 바람소리를 들으면서 평정심을 찾는 등 자연은 훌륭한 치료사요, 의사이며, 내 삶을 촉촉한 여유로움으로 채워주는 나의 애인이다.

자연과의 통교가 원활한 사람은 허세를 부리지 않는다. 자연과 대화가 가능한 사람은 욕심내거나 서두르지 않는다. 지연과의 일치가 완성된 사람은 어디를 가나 무엇을 하나 늘 상생과 화합을 이루게 된다. 오늘부터라도 우리의 폐와도 같은 역할을 해

주는 도심 속 작은 산일지라도 산책해 보길 권한다. 그 안에는 수많은 자연이 살아 숨쉬고 있다.

필자는 촛불을 보고 감사할 줄 아는 이에게 별빛을, 별빛을 보고 감사할 줄 아는 이에게 햇빛을 준다는 사실을 믿는다. 바다도 산도 좋아해 보라. 그 안에서 불어오는 바람을 사랑하고 바람을 좋아하는 연인과 멋진 데이트도 해 보아라. 자연 속에서 생명에 대한 경외감과 사랑, 그리고 행복을 만끽하며 서로에게 힘과 용기를 주고받으며 공존하는 삶을 살고 싶지 않은가?

그림 13-6 자연과의 소통

소통의 창: 바람은 그 소리를 남기지 않는다

바람이 성긴 대숲에 불어와도
바람이 지나가면 그 소리를 남기지 않는다.
기러기가 차가운 연못을 지나가도
기러기가 지나가고 나면
그 그림자를 남기지 않는다.
그러므로 군자는 일이 생기면
비로소 마음이 나타나고
일이 지나고 나면 마음도 따라서 비워진다.

삶들은 무엇이든 소유하기를 원한다.
그들의 눈을 즐겁게 해 주는 것,
그들의 귀를 즐겁게 해 주는 것,
그리고 그들의 마음을 즐겁게 해 주는 것이면

가리지 않고 자기 것으로 하기를 주저하지 않는다.

남의 것이기보다는 우리 것으로,
그리고 우리 것이기보다는 내 것이기를 바란다.
나아가서는 내가 가진 것이 유일하기를 원한다.
그들은 인간이기 때문에, 인간이기 위해 소유하고 싶다고 거리낌없이 말한다.
얼마나 맹목적인 욕구이며 맹목적인 소유인가?

모든 강물이 흘러 바다로 들어가 보이지 않듯이,
사람들은 세월의 강물에 떠밀려
죽음이라는 바다로 들어가 보이지 않게 된다.
소유한다는 것은 머물러 있음을 의미한다.
모든 사물이 어느 한 사람만의 소유가 아니었을 때
그것은 살아 숨쉬며 이 사람 혹은 저 사람과도 대화한다.

모든 자연을 보라.
바람이 성긴 대숲에 불어와도
바람이 가고 나면 그 소리를 남기지 않듯이, 모든 자연은 그렇게 떠나며 보내며 산다.
하찮은 일에 너무 집착하지 말라.

지나간 일들에 가혹한 미련을 두지 말라.
그대를 스치고 지나는 것들을 반기고
그대를 찾아와 잠시 머무는 시간을 환영하라.
그리고 비워두라.
언제 다시 그대 가슴에
새로운 손님이 찾아들지 모르기 때문이다.

- 채근담에서-

3 신과의 소통

1) 신으로부터 오는 선물은 선하고 거룩하다

사랑, 자비, 박애, 신을 대표하는 말들이다. 절대자의 전능한 능력은 사랑과 자비와 박애에 있다는 말이다. 사실 필자가 신을 믿는 이유는 이것이 실천되길 바라는 마음에서 신에게 의지해 왔다. 이것을 통해서만 신과 소통할 수 있기 때문이다. 과학이나 철학으로는 신의 존재 유무를 증명하지 못한다. 신의 존재는 이성에 있는 것이 아니라 실천에 있기 때문이다. 사랑을 실천하는 사람만이 하느님과 만날 수 있고, 자비를 실천하는 사람만이 부처님을 만날 수 있고, 박애를 실천하는 사람만이 알라를 만날 수 있다고 필자는 믿는다. 하지만 우리는 종교를 믿는다 하면서 신과 소통하지 못하는 사람이 얼마나 많은가? 실천이 없기 때문이다. 나는 신과 소통한다고 생각할지 모르지만, 신 역시 너는 참 말귀 못 알아듣는다고 생각할 것이다. 신에게 회개하면 용서해 줄지 모르지만, 세상 속 법률가나 국민은 용서를 잘하지 않는다.

사람들과 소통은 서로 자신들만 드러내려고 하기 때문에 상대에 대한 배려나 사랑보다는 단점을 보려고 하는 경향이 많다. 그래서 상대의 단점만을 보려고 하고 자신의 단점은 보려고 하지 않는다. 그것도 그럴 수밖에 없다. 어둠에 속해 있으면 자신의 내면을 들여다볼 능력도 없으며 보려고 해도 어둠의 죄악으로 가득하여 보이지도 않는다. 그런 죄악의 사람들과 소통하면 늘 다툼의 분란만 일어난다. 나의 모든 단점이나 죄악을 신의 은총과 사랑으로 덮어주고 또 모든 것을 다 주고 최고의 좋은 것만을 주시려고 하는 신과 소통을 하면 참으로 행복하다. 사람으로부터 오는 것은 악에서 나오는 것이지만 신으로부터 오는 선물은 선하고 거룩한 영광으로 오기 때문이다. 그 영광의 옷을 나에게 입혀 주고 빛을 발하게 하니 참으로 영광이다. 신이 전하는 침묵의 음성에 귀기울여 보라.

신과의 소통이야말로 '제대로 듣기'가 필수다. 신의 목소리에는 억만금을 주고도 살 수 없는 축복이 담겨 있다. 지금까지 신의 말씀을 건성으로 들으며 듣고 싶은 것만 골라 듣고 소중한 정보를 놓쳐버렸다면 이제부터라도 마음을 다하고 정성을 다하여 귀를 기울여 보라. 당신의 소망에 대한 신의 뜻과 목소리를 잘 식별할 수 있도록! 그래도 신이 내게 오지 않으면 내가 가면 된다.

2) "나는 신과 인터뷰하는 꿈을 꿨습니다……"

최근 서비스 경영에 대해 함께 공부하던 친구로부터 전해 받은 글이다. 종교가 달라도 많은 것을 생각할 수 있는 좋은 글이다.

> 나는 신과 인터뷰하는 꿈을 꿨습니다.
> 신이 말했습니다.

"네가 나를 인터뷰하고 싶다고 했느냐?"

저는 대답했습니다.

"시간이 있으시다면……."

신이 미소지었습니다

"나의 시간은 영원이다.

무슨 질문을 품고 있느냐?"

"사람들을 보실 때 어떤 것이 가장 신기한지요?"

신이 대답했습니다.

"어린 시절을 지루해 하는 것,

서둘러 자라나길 바라고 다시 어린 시절로 돌아가길 갈망하는 것……

"돈을 벌기 위해 건강을 잃어버리는 것 그리고는 건강을 되찾기 위해 돈을 잃어버리는 것……."

"미래를 염려하다가 현재를 놓쳐버리는 것……

결국 미래에도 현재에도 살지 못하는 것……."

"결코 죽지 않을 것처럼 살더니 결국 살았던 적이 없었던 것처럼 죽는 것……."

신이 나의 손을 잡았고 우리는 잠시 침묵에 빠졌습니다.

그리고 난 질문했습니다.

"아버지로서, 어떤 교훈들을 당신의 자녀들에게 해주고 싶으신가요?"

"다른 사람이 자기를 사랑하도록 강요할 수 없다는 것을.

단지 네가 할 수 있는 것은 너 스스로를 사랑받게 만드는 것이라는 것을……."

"다른 사람과 너 자신을 비교하는 것이 좋지 않다는 것을……."

"용서함으로써 용서를 배우기를……."

"사랑하는 사람에게 커다란 상처를 주기에는 단지 몇초의 시간밖에 걸리지 않지만 그 상처가 아물기에는 몇 년의 시간이 걸린다는 것을……."

"부자는 가장 많이 가진 사람이 아니라 가장 적게 필요한 사람이라는 것을……."

"너희에게 사랑을 표현 못하거나 말하지 못하는 사람 중에서도 너희를 진실히 사랑하는 사람이 있다는 것을……."

"두 사람이 똑같은 것을 보고서도 다르게 느낄 수 있다는 것을……."

"다른 사람을 용서할 뿐만 아니라 나 자신 역시도 용서해야만 된다는 것을……."

"시간을 내주셔서 감사합니다"

나는 겸손히 말했습니다.

소통을 위한 진단 코너: 신과 나눈 대화

(1) 나는 자신에 대해 말하는가? 아니면 불안해서 말하지 못하는가?
(2) 나는 어떤 때 의심을 품으며, 그때 내가 던지는 가장 깊은 의문점은 무엇인가?
(3) 내 삶을 '함께 만들어 온' 가장 중요한 다섯 가지 '예'와 '아니오'는 무엇인가?
(4) 나는 무엇에 만족하며 어떤 때에 가장 깊은 평화를 얻는가?
(5) 나의 정신적 지주는 누구인가? ________, ________, ________
(6) 내가 지금까지 살아온 삶의 과정을 영화 제목처럼 붙인다면? '______'이다.
(7) 내 삶에서 가장 중요한 체험은 무엇이었나?
(8) "사랑한다"는 말을 달리 어떻게 표현하겠는가?
(9) 사랑은 내게 어떻게 왔는가?
(10) 내가 가장 절실히 동경하는 것은 무엇인가? 그것을 알 수만 있다면 얼마나 좋을까? 내가 그것 없이는 살아 갈 수 없다고 여기는 그것은 바로 ______이다.

그림 13-7 신과의 소통

참고 문헌

국내 문헌

김재득(2000). 인간과 조직의 이해, 21세기.
———(2003). 정보사회의 인간관계, 박영사.
———(2008). 리더십, 대영문화사.
———(2009a). 리더십 워크북: 진단, 처방, 적용, 공동체.
———(2009b). 리더십의 정글에서 길 찾기: 리더십플랜, 공동체.
———(2010). 하우 빅토리!, 비전 코리아.
———(2011). 성직자 리더십, 학위사.
———(2012). 리더십(개정판), 대영문화사.
송항룡(2012). 노자를 이렇게 읽었다, 사람의무늬.
안세영(2005). CEO는 낙타와도 협상한다, 삼성경제연구소.
양광모(2008). 당신만의 인맥, 청년정신.
이정훈(2012). 성공하는 사람들의 1% 다른 소통의 기술, 리더북스.
정성호(2003). 유대인, 살림지식총서 39, ㈜살림출판사.
천관련(2012). 독일 맥주집에서 만난 세계 각국 상인.
최윤재(2000). 한비자가 나라를 살린다, 청년사
한근태(2007). 눈부시게 푸른 젊은 날을 위한 청춘예찬, 눈과마음.
허태균(2012). 가끔은 제정신, 쌤앤파커스.
홍숙영(2011). 스토리텔링 인간을 디자인하다, 상상채널.

국외 문헌(번역본)

나이토 요시히토, 양윤옥 옮김(2003). 협상의 기술, 대교베텔스만.
———, 장은주 옮김(2010). 상대를 꿰뚫어보려면 디테일이 답이다. 위즈덤하우스.

데브라 파인, 김미옥 옮김(2007). 스몰 토크, 21세기북스.
데일 카네기, 최염순 옮김(2007). 카네기 인간관계론, 씨앗을 뿌리는 사람.
돈 리처드 리소, 러스 허드슨, 주혜명 옮김(2009). 에니어그램의 지혜, 한문화.
돈 허트슨 외, 문수민 옮김(2011). 1분 협상수업, 랜덤하우스코리아.
래리 바커, 윤정숙 옮김(2006). 경청의 힘, 이아소.
로버트 치알디니 외 2인, 이현우 옮김(2010). 설득의 심리학 2, 21세기북스.
마이클 J. 골드버그, 박종영 옮김(2001). 에니어그램 성격의 리더십, 상상북스.
마이클 J. 마쿼트, 최요한 옮김(2006). 질문리더십, 흐름출판.
마크 도미오카, 전새롬 옮김(2009). 유대인 3000명에게 YES를 이끌어낸 협상, 비전코리아.
미국합동참모본부(1990). 국방부전사편찬위원회 옮김, 한국전쟁(상), 국방부전사편찬위원회.
세스 고딘, 안진환 옮김(2007). 마케터는 새빨간 거짓말쟁이, 재인.
스튜어트 다이아몬드, 김태훈 옮김(2011). 어떻게 원하는 것을 얻는가, 8.0.
스티븐 맨스필드, 김정수 옮김(2003). 윈스턴 처칠의 리더십: 결코 포기하지 마라, 청우.
앨런 피즈 외, 이종인 옮김(2011). 말을 듣지 않는 남자 지도를 읽지 못하는 여자, 김영사.
앨빈 토플러(1990). 권력이동, 한국경제신문사.
요시다 덴세, 김정환 옮김(2007). 최강 팀장의 현장 대화법, 미래의 창.
이언 맥더모트, 박정길 옮김(2007). 코칭 바이블, 웅진 윙스.
커트 모텐슨, 김정혜 옮김(2006). 설득의 힘, 황금부엉이.
한스 핀젤, 조기현 옮김(2002). 리더가 저지르기 쉬운 10가지 실수, 프리셉트.
허브 코헨, 강문희 옮김(2011). 협상의 법칙(개정판), 청년정신.
호리이 케이, 심교준 옮김(2004). NLP 행복코드로 세팅하라, 한언.
후쿠다 다케시, 임희선 옮김(2007). 설득기술, 청림출판.

국외 문헌(원본)

Barnard, Chester I.(1938). *The Functions of the Executive*(Cambridge: Harvard University Press).
Cherry, Coin(1961). *On Human Communication*(New York: John Wiley & Sons).
Flippo, Edwin B.(1961). *Principle of Personnel Managment*(McGraw-Hill).
Gerbner, George(1958). "Content Analysis and Critical Research in Research Communication," *AV Communication Review*, 6: 85.
Hersey, P. & Blanchard, K. H.(1988). *Management of Organization Behavior: Utilizing Human Resource,* 5th ed.(Englewood Cliffs, NJ.: Prentice-Hall).
Hovland, Carl I., Irving L. Janis, & Harold H. Kelly(1953) *Communication and*

Persuasion(New Haven: Yale University Press).
Simon. Herbert A.(1957). Administrative *Behavior*, 2nd ed.(New York: Macmillan).

소통 관련 연구단체 및 언론기관

김재득교수의 명리학 & 리더십센터 /http://m.biog.naver.com/leadership33/
김재득교수의 미래리더십센터 /http://cafe.daum.net/leadershipandKJD
로젠탈교육연구소 /http://cafe.daum.net/funku
리더피아(LEADERPIA) /http://www.leaderpia.com/
매일경제 /http://www.mk.co.kr/
사회정의 시민행동 /www.casj.or.kr
삼성경제연구소 /http://www.seri.org/
수토피아 /cafe.daum.net/oci00
에니어그램 파워 /http://www.9-mind.com
인간경영연구소 /http://www.yoontaeik.com/
인간과학연구소 /http://www.nlppower.co.kr/
조선일보 /http://www.chosun.com
조인스 카페 /http://cafe.joins.com/
펀리더십협회 /http://funny.or.kr/
한겨레신문 /http://www.hani.co.kr/
한국경제신문 /http://www.hankyung.com/
한국리더십센터 /http://www.eklc.co.kr/index.asp/
한국심리검사연구소 /http://www.kpti.com/
한국에니어그램교육연구소 /www.kenneagram.com/
한국에니어그램연구소 /http://www.enneagram.re.kr/
한국카네기연구소 /http://www.carnegie.co.kr/
한국MBTI연구소 /mbti.co.kr
한국NLP센터 /http://www.koreanlp.com/
CS를 스케치하는 코치; http://cafe.daum.net/reikiselfhealing
LG경제연구원 /http://www.lgeri.com/
Mind Test /http://www.mindtest.com/

찾아보기

ㄱ

ㄴ

ㄷ

ㄹ

ㅁ

ㅂ

ㅅ

ㅇ

ㅈ

ㅊ

ㅋ

ㅌ

ㅍ

ㅎ

저자 소개

김재득(金載得; Kim, Jae Deuk)

주요 경력

대구 출생으로 대륜고를 졸업했다. 경희대학교 행정학과에 입학한 후 천주교 인천교구 수요사제모임 제1기 장학생으로 미국 UNCW 연수와 케네디 스쿨 등에서 리더십을 공부했다. 최종적으로 경희대학교 대학원에서 인사·조직(리더십)을 전공하여 행정학박사 학위를 받았다.

기업체 교육연수팀장과 국회의원 비서관, 가톨릭대학교에서 연구교수를 지냈고, 코칭 리더(coaching leader), 국제 NLP 프랙티셔너(practitioner), DiSC 트레이너(trainer)이기도 하다. 서강대학교 공공정책대학원 행정법무학과와 예수회센터 'G' 리더십아카데미 부소장 겸 주임교수로 재직했다. 동시에 '침묵과 영혼의 소리를 찾는 사람'이란 미션으로 '공공리더십연구원'과 국제청소년교류센터(IYEZ), 무궁화 리더스아카데미, '사회정의시민행동(www.casj.or.kr)'을 이끌며 특강 및 관심 영역을 확장하고 있다.

주요 저서로는 『리더십: 수신제가치국평천하의 길』, 『리더십』, 『하우! 빅토리』, 『리더십의 정글에서 길 찾기』, 『리더십 워크북』, 『성직자 리더십』, 『의사소통론』, 『인간과 조직의 이해』, 『현대사회와 행정』, 『정보사회와 인간관계』, 『조직행위론』, 『행정사례』, 『행정조직론』 등 28권의 저서와 수십 편의 논문이 있다.

주요 강의 및 연구 분야

1. 행정학 분야: 행정학총론, 조직(행태)론, 인사행정론, 조사통계론
2. 리더십 분야: 언(Un)-리더십, 셀프 리더십, 질문 리더십, 신뢰 리더십, 글로벌 리더십, 평신도 리더십, 창조적 리더십, 수신제가치국평천하의 리더십
3. 마인드 분야: NLP, DiSC, Enneragram & Leadership 교육자 양성
4. 공동체 분야: 코칭과 교수법, 의사소통, 팔로어십, 팀 빌딩, 갈등관리, 설득과 협상

특강 문의 및 연락처

- E-mail_ leadership@sogang.ac.kr/leadership10@daum.net
- Cafe_Cafe.daum.net/leadershipandKJD(김재득 교수의 공공리더십센터)

의사소통과 협상론

-Communication & Negotiation-

펴낸날 / 제1판 제1쇄 2013년 2월 15일
제1판 제3쇄 2017년 7월 25일
지은이 / 김재득
펴낸이 / 임춘환
펴낸곳 / 도서출판 대영문화사
주소 / 서울 용산구 청파동 1가 178-2 ㊗ 140-869
등록 / 1975년 12월 26일 제3-16호
전화 / (02)716-3883, (02)714-3062
FAX / (02)703-3839
홈페이지 / http://www.dymbook.co.kr

ISBN 978-89-7644-429-5

〔값 27,000원〕